ŒUVRES

DE

J. F. COOPER

IMPRIMERIE DE H. FOURNIER ET Cⁱᵉ, 7 RUE SAINT-BENOÎT

J. F. COOPER

TRADUCTION

par Defauconpret.

LE TUEUR DE DAIMS.

Paris,
FURNE & Cⁱᵉ CH. GOSSELIN
Éditeurs.
1842.

OEUVRES

DE

J. F. COOPER

TRADUITES

PAR

A. J. B. DEFAUCONPRET

TOME DIX-NEUVIÈME

LE TUEUR DE DAIMS

PARIS

FURNE ET Cⁱᵉ, CHARLES GOSSELIN

ÉDITEURS

M DCCC XLIII

PRÉFACE.

Ce livre n'a pas été écrit sans quelques appréhensions, quant aux probabilités de succès. Reproduire un seul et même personnage dans cinq ouvrages différents, cela peut paraître abuser volontairement de la bienveillance du public, et bien des gens pourraient supposer avec beaucoup de raison que c'est une faute de nature en elle-même à attirer le blâme. A cette objection fort naturelle l'auteur peut seulement répondre que, s'il a commis une faute grave en cela, ses lecteurs en sont jusqu'à un certain point responsables. La manière favorable dont on a accueilli la relation de la carrière plus avancée et de la mort de Bas-de-Cuir a fait penser du moins à l'auteur qu'il se trouvait dans une sorte d'obligation de donner quelques détails sur la jeunesse de son héros. Bref, les tableaux de sa vie, tels qu'ils sont, étaient déjà assez complets pour inspirer quelque léger désir de voir l'étude d'après laquelle ils ont tous été peints.

Les aventures de Bas-de-Cuir forment maintenant une espèce de drame en cinq actes, complets quant au fond et au plan, bien que probablement très-imparfaits quant à l'exécution. Tels qu'ils sont, le monde lisant les a devant lui. L'auteur espère que si cet acte-ci, produit le dernier, quoique suivant l'ordre des temps il eût dû se lire le premier, n'est pas jugé le meilleur de la série, on en viendra en même temps à conclure qu'il n'en est pas absolument le plus mauvais. Plus d'une fois il a été tenté de brûler son manuscrit et de traiter un autre sujet, en dépit d'un encouragement reçu durant le cours de ses travaux; encouragement d'un genre si singulier, qu'il vaut la peine d'être mentionné. Il lui arriva d'Angleterre une lettre anonyme, écrite, à ce qu'il croit, par une dame, qui le pressait de s'occuper d'un ouvrage qui était presque le même que celui dont il avait déjà fait plus de la moitié. Il se laissa assez volontiers aller à voir dans cette requête un gage, sinon d'approbation unanime, au moins de pardon partiel pour ce nouvel essai.

Il y a peu de chose à dire au sujet des personnages de cette histoire et des lieux où la scène se passe : ceux-là sont une fiction, comme on peut bien le croire; ceux-ci, au contraire, sont dessinés d'après nature avec autant de fidélité que l'auteur a pu le faire à l'aide d'une connaissance parfaite de la contrée qu'il décrit et des conjonctures probables qu'il a puisées dans son imagination touchant les changements opérés par le temps. Il croit avoir dépeint avec assez d'exactitude le lac, les montagnes, les forêts et la vallée; et il a calqué sur la nature la rivière, le rocher et le banc de sable. Les pointes mêmes existent, un peu changées par la civilisation; mais elles se rapprochent à un tel point des descriptions, qu'elles sont aisément reconnaissables pour tous ceux qui ont visité le pays en question.

Quant à la vérité des incidents de cette histoire, dans l'ensemble ou dans les différentes parties, l'auteur a l'intention de s'appuyer sur son droit, et de ne dire que ce qu'il juge à propos. Dans la grande lutte de véracité, où l'histoire et la fiction sont engagées, cette dernière a si souvent l'avantage, qu'il consent de tout son cœur à s'en rapporter aux recherches personnelles du lecteur pour décider cette question. S'il arrivait ensuite que quelque historien de profession, quelque document public, et même quelque tradition locale, semblassent contredire les assertions contenues dans ce livre, l'auteur est tout prêt à admettre que cette circonstance a complétement échappé à son attention, et à confesser son ignorance. D'un autre côté, si l'on découvrait que les annales de l'Amérique ne contiennent pas une syllabe en opposition avec ce qui est placé ici sous les yeux du public, comme, selon sa ferme conviction, les recherches le prouveront, il réclamera pour sa légende tout autant d'autorité qu'elle en mérite.

Il existe une classe respectable de lecteurs de romans, — respectable par le nombre aussi bien assurément que pour toute autre chose, — qu'on a souvent comparés à l'homme qui chante quand il lit et qui lit quand il chante. Ces gens-là ont une merveilleuse imagination toutes les fois qu'il s'agit de faits, et un esprit aussi littéral que l'est la traduction d'un écolier pour tout ce qui a rapport à la poésie. Pour la gouverne de toutes personnes semblables, l'auteur déclare explicitement que Judith Hutter est Judith Hutter, et non Judith telle ou telle; et en général que, quelles que puissent être les ressemblances en fait de noms de baptême ou de couleur de cheveux, on ne peut en tirer d'autres inductions que celles qu'on peut légitimement tirer d'une coïncidence de noms de baptême ou de couleur de cheveux. Une longue expérience a appris à l'auteur que cette portion de ses lecteurs est de beaucoup la plus difficile à contenter; et il les invite respectueusement, dans leur intérêt et dans le sien, à essayer de lire ses ouvrages d'imagination comme s'ils étaient destinés à reproduire des faits réels. Ce moyen pourrait peut-être les mettre en état de croire à la possibilité de la fiction.

DEERSLAYER

OU

LE TUEUR DE DAIMS.

CHAPITRE PREMIER.

> On trouve du plaisir dans les bois qu'aucun sentier ne traverse ; on éprouve des transports sur le rivage solitaire ; il existe une société où nul intrus ne se présente, sur les bords de la mer profonde, dont les mugissements ont une harmonie. Après toutes ces entrevues où je vais à la dérobée, après tout ce que je puis être, ou ce que j'ai été auparavant, je n'en aime pas l'homme moins, et j'aime la nature davantage en me mêlant à l'univers, et je sens ce que je ne puis jamais exprimer, ni cacher entièrement.
> Lord Byron. *Childe Harold.*

Les événements produisent les mêmes effets que le temps sur l'imagination des hommes. Ainsi celui qui a fait de longs voyages et qui a vu beaucoup de choses est porté à se figurer qu'il a vécu long-temps, et l'histoire qui offre le plus grand nombre d'incidents importants est celle qui prend le plus vite l'aspect de l'antiquité. On ne peut expliquer d'une autre manière l'air vénérable que prennent déjà les annales de l'Amérique. Quand l'esprit se reporte aux premiers jours des colonies en ce pays, l'époque en semble éloignée et obscure ; les mille changements qui se rencontrent dans les anneaux qui forment la chaîne des souvenirs rejettent l'origine de la nation à un jour si éloigné, qu'il semble se perdre dans les brouillards du temps ; et cependant quatre vies d'une durée ordinaire suffiraient pour transmettre de bouche en bouche, sous la forme de tradition, tout ce que l'homme civilisé a fait dans les limites de la république. Quoique l'état de New-York seul possède une population excédant celle de l'un ou de l'autre des quatre plus petits royaumes de l'Europe, ou de toute la Confédération suisse, il n'y a guère plus de deux siècles que les Hollandais ont commencé à s'y établir et à tirer le pays de l'état sauvage. Ainsi ce qui paraît vénérable par une accumulation de changements devient familier à l'esprit quand on vient à le considérer sérieusement sous le seul rapport du temps.

Ce coup d'œil jeté sur la perspective du passé préparera le lecteur à voir les tableaux que nous allons esquisser avec moins de surprise qu'il n'en pourrait éprouver sans cela, et quelques explications additionnelles le reporteront en imagination à l'état exact de société que nous désirons mettre sous ses yeux. C'est un fait historique que les établissements sur les rives orientales de l'Hudson, comme Claverack, Kinderbook, et même Poughkeepsie, n'étaient pas regardés comme à l'abri des incursions des Indiens il y a un siècle, et il se trouve encore sur les bords du même fleuve, et à une portée de fusil des quais d'Albany, une habitation appartenant à une branche cadette des Van Rensselaers, ayant des meurtrières qui ont été percées pour la défendre contre ces ennemis astucieux, quoiqu'elle n'ait été construite qu'à une époque encore moins éloignée. On trouve d'autres souvenirs semblables de l'enfance du pays, dispersés dans ce qu'on regarde aujourd'hui comme le centre de la civilisation américaine, offrant les preuves les plus claires que tout ce que nous possédons de sécurité contre l'invasion et la violence est presque l'ouvrage de l'espace de temps qui est assez fréquemment rempli par la vie d'un seul homme.

Les incidents de notre histoire se sont passés entre les années 1740 et 1745, quand les portions habitées de la colonie de New-York se bornaient aux quatre comtés baignés par l'Atlantique, à une étroite ceinture de territoire de chaque côté de l'Hudson s'étendant depuis son embouchure jusqu'aux cataractes voisines de sa source, et à quelques établissements avancés sur les bords du Mohawk et du Schoharie. De larges ceintures du désert encore vierge non-seulement atteignaient les bords de la première rivière, mais la traversaient même, s'étendaient dans la Nouvelle-Angleterre, et offraient le couvert des forêts au moccasin silencieux du guerrier sauvage, dont le pied marchait sans bruit sur le sentier sanglant de la guerre. Une vue à vol d'oiseau de toute la région à l'est du Mississipi, ne devait offrir alors qu'une vaste étendue de bois, bordés d'une frange étroite de terre cultivée sur les bords de la mer, et coupés par la surface brillante de différents lacs et par les lignes fantastiques de quelques rivières. Près de ce vaste tableau de solitude solennelle, le district que nous avons dessein de décrire ne forme qu'un point; mais nous puisons quelque encouragement dans la conviction qu'à l'aide de quelques distinctions légères et peu importantes, celui qui réussit à donner une idée exacte d'une partie quelconque de cette région sauvage doit nécessairement en présenter une assez correcte de la totalité.

Quels que puissent être les changements produits par l'homme, le retour éternel des saisons est invariable. L'été et l'hiver, le temps des ensemencements et celui de la récolte reviennent, avec une précision sublime, aux époques qui leur ont été fixées, et fournissent à l'homme une des plus nobles occasions de prouver jusqu'à quel point son esprit peut atteindre en s'élevant à la connaissance des lois qui assurent cette uniformité, et en calculant leurs révolutions constantes. Des siècles de soleil d'été avaient échauffé les cimes de ces nobles chênes et de ces pins toujours verts, et fait sentir leur chaleur jusqu'à leurs dernières racines, lorsque des voix humaines, s'appelant l'une l'autre, se firent entendre dans la profondeur d'une forêt, tandis que, par un jour du mois de juin, le feuillage du haut des arbres était baigné dans des flots de lumière, et que leurs troncs s'élevaient en sombre grandeur dans l'ombre au-dessous. Ces appels se faisaient sur un ton différent, et ils provenaient évidemment de deux hommes qui avaient perdu leur chemin, et qui le cherchaient chacun de son côté. Enfin, un grand cri annonça le succès, et au même instant un homme sortant du labyrinthe formé par de grands buissons croissant sur un marécage, entra dans une percée qui semblait avoir été pratiquée dans la forêt par les ravages du vent et du feu. En cet endroit, la voûte du ciel était visible, quoique beaucoup d'arbres morts fussent encore debout, et l'on était sur la rampe d'une des petites montagnes qui couvraient presque toute la surface du pays adjacent.

— Il y a place pour respirer ici, s'écria cet individu en voyant un ciel pur sur sa tête, et en secouant ses membres vigoureux comme un matin sortant d'un trou plein de neige dans lequel il est tombé ; hourra ! Deerslayer, on voit clair ici enfin, et voilà le lac.

A peine ces mots avaient-ils été prononcés que son compagnon, écartant les branches dans une autre partie du marécage, se montra dans la percée. Après avoir arrangé à la hâte ses armes et ses vêtements en désordre, il rejoignit son compagnon, qui faisait déjà ses préparatifs pour une halte.

— Connaissez-vous cet endroit ? demanda celui que l'autre avait nommé Deerslayer[1], ou criez-vous de joie de revoir le soleil ?

— L'un et l'autre, mon garçon ; je connais cet endroit, et je ne

---

[1]. Tueur de daims On prononce *Dirslayeur*.

suis pas fâché de revoir un ami aussi utile que le soleil. A présent, nous avons retrouvé tous les points du compas, et ce sera notre faute si nous les perdons encore, comme cela vient de nous arriver. Mon nom n'est pas Hurry Harry, si ce n'est pas ici que les chasseurs de terres [1] ont campé et passé une semaine l'année dernière. Voyez! voilà là-bas des restes d'arbres qu'ils ont brûlés; et je reconnais cette source. Quoique j'aime le soleil, jeune homme, je n'ai pas besoin de lui pour savoir qu'il est midi. J'ai un estomac qui est une aussi bonne horloge qu'on puisse en trouver dans toute la colonie, et il m'avertit qu'il est midi et demi. Ainsi donc, ouvrez la valise et remontons la pendule pour six heures.

D'après cet avis, ils se mirent tous deux à faire les préparatifs nécessaires pour leur repas habituel, toujours frugal, mais toujours assaisonné d'un bon appétit. Nous profiterons du moment où ils sont ainsi occupés, pour donner au lecteur quelque idée de deux hommes destinés à figurer au premier plan dans notre histoire. Il aurait été difficile de trouver un plus noble échantillon de l'âge viril dans toute sa vigueur que celui qu'offrait en sa personne l'individu qui s'était donné le nom de Hurry Harry. Son véritable nom était Henry March; mais, les habitants des frontières ayant adopté l'usage des Indiens de donner des sobriquets, le nom de Hurry lui était appliqué plus souvent que celui qui lui appartenait réellement, et on l'appelait même assez souvent Hurry Skurry [2], autre sobriquet qu'on lui avait donné d'après la manière pressée, insouciante et rapide dont il agissait en toutes choses, et à cause d'un caractère remuant qui le tenait si constamment en mouvement, qu'il était connu sur toute la ligne des habitations éparses entre la province de New-York et le Canada. Hurry Harry avait quelque chose de plus que six pieds quatre pouces [3], et sa force justifiait pleinement l'idée que donnait de lui sa taille gigantesque. Sa figure ne déparait pas le reste de son extérieur, car il avait de beaux traits et un air de bonne humeur. Son ton était franc, et quoiqu'il eût nécessairement quelque chose de la rudesse qui caractérisait les habitants des frontières, la grandeur d'un physique si noble faisait qu'il ne s'y mêlait rien qui fût tout à fait commun.

Deerslayer, comme Hurry avait appelé son compagnon, était un

---

1. Les colons qui cherchaient des positions favorables pour s'y établir.
2. *Harry* est une abréviation familière du nom Henry. — *Hurry* signifie hâte, précipitation. — *Hurry Skurry* est une expression qu'on applique dans la conversation à un homme qui fait tout avec une rapidité qui conduit à la confusion.
3. Mesure anglaise. Le pied anglais est à peu près d'un pouce plus petit que le nôtre.

homme tout différent, tant à l'extérieur que par son caractère Il avait six pieds dans ses moccasins, mais ses membres étaient comparativement moins charnus et moins vigoureux que ceux de son ami, quoique son corps montrât des muscles qui promettaient une agilité peu commune, sinon une force extraordinaire. La principale recommandation de sa physionomie aurait été la jeunesse, sans une expression qui manquait rarement de gagner le cœur de ceux qui pouvaient l'observer à loisir, et d'obtenir la confiance qu'elle inspirait. Cette expression était simplement celle de la candeur et de la véracité, accompagnée d'une fermeté de résolution et d'une sincérité parfaite, qui la rendaient remarquable. Quelquefois son air d'intégrité paraissait si simple, qu'il l'exposait au soupçon de ne pas posséder les moyens ordinaires pour distinguer la vérité de la fourberie; mais peu de gens se trouvaient quelque temps avec lui sans oublier ce soupçon pour respecter ses opinions et les motifs de toute sa conduite.

Tous deux étaient encore jeunes, Hurry pouvant avoir de vingt-six à vingt-huit ans, tandis que Deerslayer comptait quelques années de moins. Leur costume n'exige pas une description particulière; nous pouvons pourtant dire qu'il se composait en grande partie de peaux de daims apprêtées, et qu'il suffisait pour prouver qu'il était porté par des hommes qui passaient leur vie entre les confins de la civilisation et des forêts interminables. Il y avait pourtant quelque prétention à une sorte d'élégance et au pittoresque dans l'arrangement de celui de Deerslayer, et particulièrement dans ce qui concernait ses armes et ses accoutrements. Sa carabine était dans le meilleur état, le manche de son couteau de chasse proprement sculpté, sa poire à poudre décorée d'ornements convenables légèrement taillés dans la corne, et sa gibecière ornée de ces petites coquilles nommées *wampum* par les Indiens. De son côté Hurry Harry, soit par insouciance naturelle, soit par un sentiment secret qui l'avertissait que son extérieur n'avait pas besoin de secours étrangers, ne donnait aucun soin à son costume, comme s'il eût senti un noble mépris pour les accessoires frivoles de la parure et des ornements. Peut-être l'effet particulier de ses belles formes et de sa grande taille gagnait-il quelque chose à cet air d'indifférence dédaigneuse, au lieu d'y perdre.

— Allons, Deerslayer, en besogne, et prouvez que vous avez l'estomac d'un Delaware, comme vous dites que vous en avez reçu l'éducation, s'écria Hurry prêchant d'exemple en faisant entrer dans sa bouche un morceau de venaison froide qui aurait suffi pour le dîner d'un paysan d'Europe; en besogne, mon garçon; prouvez avec vos dents à cette pauvre diablesse de daine que vous êtes véritablement homme, comme vous le lui avez déjà prouvé avec votre carabine.

— Un homme n'a guère à se vanter pour avoir tué une daine, et surtout hors de saison, Hurry, répondit son compagnon en se disposant à l'imiter; à la bonne heure s'il avait abattu une panthère ou un chat sauvage. Les Delawares m'ont donné le nom que je porte, moins à cause de ma hardiesse que parce que j'ai le coup d'œil sûr et le pied agile. Ce n'est pas un acte de lâcheté de tuer un daim; mais il est certain que ce n'est pas une preuve de grande valeur.

— Les Delawares eux-mêmes ne sont pas des héros, murmura Hurry entre ses dents, sa bouche étant trop pleine pour qu'il pût parler autrement; sans quoi ils n'auraient jamais souffert que ces vagabonds, les Mingos, les réduisissent à l'état de femmes.

— Cette affaire n'a pas été bien comprise; elle n'a jamais été bien expliquée, s'écria Deerslayer avec chaleur, car il était ami aussi zélé que son compagnon était ennemi dangereux. Les Mingos remplissent les bois de mensonges, et ne sont fidèles ni à leurs paroles ni à leurs traités. J'ai vécu dix ans avec les Delawares, et je sais qu'ils agiront en hommes aussi bien que toute autre nation, quand le moment de frapper sera arrivé.

— Puisque nous en sommes sur ce sujet, Deerslayer, nous pouvons nous parler à cœur ouvert, comme d'homme à homme; répondez à une question : vous avez assez bien réussi dans les bois pour y gagner un nom, à ce qu'il semble; mais avez-vous jamais abattu quelque être humain et intelligent? Avez-vous jamais tiré sur un ennemi qui fût en état de riposter de la même manière?

Cette question occasionna une singulière collision entre la mortification et un sentiment plus louable dans le cœur du jeune homme, et ses traits ingénus en rendirent témoignage. Mais cette lutte ne fut pas longue, la droiture de son cœur ayant bientôt pris l'ascendant sur un faux orgueil et sur l'esprit de fanfaronnade des frontières.

— Pour dire la vérité, Hurry, cela ne m'est jamais arrivé, parce que l'occasion légitime de le faire ne s'est jamais présentée. Les Delawares ont été en paix pendant tout le temps que j'ai vécu avec eux, et je regarde comme illégal d'ôter la vie à un homme, si ce n'est en état de guerre ouverte.

— Quoi! n'avez-vous jamais surpris un drôle à piller vos trappes ou à voler vos peaux? Et en ce cas, n'exécutez-vous pas la loi de vos propres mains contre lui, pour en éviter la peine aux magistrats des établissements, et pour épargner au coquin lui-même les frais du procès?

— Je ne suis point trappeur, Hurry, répondit le jeune homme avec fierté; je vis de ma carabine, et avec cette arme je ne tournerai le dos à personne de mon âge entre l'Hudson et le Saint-Laurent. Je n'offre jamais une peau qui n'ait un trou à la tête entre ceux que la nature y a faits pour voir et pour respirer.

— Cela est fort bon, en parlant d'animaux, mais cela fait une pauvre figure à côté de chevelures enlevées et d'embuscades. Se mettre en embuscade pour tuer un Indien, c'est agir d'après les propres principes de celui-ci, et alors nous avons ce que vous appelez une guerre légale. Plus tôt vous purgerez votre conscience de cette honte, mieux vous en dormirez, quand cela ne viendrait que de savoir que vous avez un ennemi de moins rôdant dans les bois. Je ne fréquenterai pas longtemps votre société, ami Natty, si votre carabine ne vise pas plus haut que sur des quadrupèdes.

— Notre voyage est presque fini, à ce que vous dites, maître March, et nous pouvons nous séparer ce soir si vous le jugez à propos. J'ai un ami qui m'attend, et il ne regardera pas comme un déshonneur la compagnie d'un homme qui n'a pas encore tué un de ses semblables.

— Je voudrais savoir ce qui a porté ce Delaware à venir se tapir dans cette partie du pays, et de si bonne heure dans la saison, murmura Hurry de manière à montrer de la méfiance, et à faire voir en même temps qu'il s'inquiétait fort peu qu'on s'en aperçût; où dites-vous que le jeune chef vous a donné rendez-vous?

— Près d'un petit rocher rond à l'extrémité du lac, où l'on m'assure que les tribus indiennes ont coutume de se rendre pour conclure leurs traités et enterrer leurs haches. J'ai souvent entendu les Delawares parler de ce rocher, quoique je ne connaisse encore ni le rocher ni le lac. Cette partie du pays est réclamée par les Mingos et les Delawares. C'est une sorte de territoire commun pour la pêche et la chasse en temps de paix; mais Dieu seul sait ce qu'il pourra devenir en temps de guerre.

— Un territoire commun! s'écria Hurry avec un grand éclat de rire; je voudrais bien savoir ce que Hutter Tom Flottant dirait à cela, lui qui réclame le lac comme lui appartenant, en vertu d'une possession de quinze ans! Il n'est pas probable qu'il le cède sans contestation aux Mingos ou aux Delawares.

— Et que dira la colonie d'une telle querelle? Tout ce pays doit avoir quelque propriétaire. Les désirs des colons avancent dans le désert, même dans les parties où ils n'oseraient se hasarder à pénétrer eux-mêmes pour les reconnaître.

— Cela peut être dans d'autres parties de la colonie, Deerslayer, mais il n'en sera pas de même ici. Personne, excepté Dieu, ne possède un pied de sol dans ces environs. La plume n'a jamais rien griffonné sur le papier concernant une montagne ou une vallée de ces environs, comme j'ai entendu le vieux Tom le dire mainte et mainte fois. Il a donc un meilleur droit que personne à réclamer ce lac comme lui appartenant, et ce que Tom réclame, il n'est pas homme à y renoncer aisément.

— D'après ce que vous dites, Hurry, ce Tom Flottant doit être un homme peu ordinaire : ce n'est ni un Mingo, ni un Delaware, ni une Face Pâle. Sa possession, suivant vous, remonte d'ailleurs bien loin, plus loin qu'on ne le souffre ordinairement sur les frontières.

— Quelle est l'histoire de cet homme? quelle est sa nature?

— Quant à la nature du vieux Tom, elle ne ressemble guère à la nature de l'homme; elle tient davantage de la nature du rat musqué, vu qu'il a les habitudes de cet animal plutôt que celles d'aucun de ses semblables. Il y a des gens qui pensent que, dans sa jeunesse, c'était une sorte de flibustier sur l'eau salée, en compagnie avec un certain Kidd qui a été pendu comme pirate longtemps avant que vous et moi fussions nés, et qu'il est venu ici dans la persuasion que les croiseurs du roi ne pourraient jamais lui donner la chasse sur ces montagnes, et qu'il pourrait y jouir en paix des fruits de ses pillages.

— Il se trompait, Hurry; il se trompait fort. Un homme ne peut jouir *en paix* nulle part des fruits de ses pillages.

— C'est suivant la tournure de son esprit : j'en ai connu qui ne pouvaient en jouir qu'au milieu d'une compagnie joyeuse, et d'autres qui en jouissaient mieux seuls dans un coin. Il y a des hommes qui n'ont point de paix s'ils ne trouvent le moyen de piller, et d'autres qui en sont privés après qu'ils ont pillé. La nature humaine ne marche pas sur la même ligne en cela, voyez-vous. Le vieux Tom semble n'être ni des uns ni des autres, car il jouit de son pillage, si pillage il y a, avec ses filles, d'une manière tranquille et confortable, et il ne désire rien de plus.

— Oui, je sais qu'il a des filles. J'ai entendu des Delawares qui ont chassé dans ces environs, raconter leurs histoires de ces jeunes personnes. N'ont-elles pas une mère?

— Elles en ont eu une, comme de raison; mais il y a deux bonnes années qu'elle est morte et coulée à fond.

—Comment dites-vous? demanda Deerslayer en regardant son compagnon avec quelque surprise.

— Je dis : morte et coulée à fond ; et j'espère que c'est parler bon anglais. Le vieux drôle a enterré sa femme dans le lac, par manière de lui faire ses derniers adieux ; mais Tom le fit-il pour s'épargner la peine de lui creuser une fosse, ce qui n'est pas une besogne aisée au milieu des racines, ou dans l'idée que l'eau efface les péchés plus vite que la terre, c'est plus que je ne saurais dire.

—La pauvre femme en avait-elle donc commis un grand nombre pour que son mari ait pris tant de peines pour son corps?

— Pas outre mesure, quoiqu'elle eût ses défauts. Je pense que Judith Hutter avait aussi bien vécu, et doit avoir fait une aussi bonne fin qu'aucune femme qui soit restée si longtemps sans entendre le son des cloches d'une église ; et je suppose que le vieux Tom la coula à fond autant pour s'épargner de la fatigue que pour se consoler plus vite. Il avait un peu d'acier dans le caractère ; et comme celui du vieux Hutter tient beaucoup du caillou, on voyait de temps en temps des étincelles jaillir entre eux, mais au total on pouvait dire qu'ils vivaient amicalement ensemble. Quand ils s'échauffaient, ceux qui étaient présents voyaient quelque lueur se répandre sur leur vie passée, comme il arrive dans la forêt quand un rayon de soleil tombe à travers le feuillage jusqu'aux racines des arbres. Mais j'estimerai toujours Judith Hutter, car c'est une recommandation suffisante pour une femme d'avoir été la mère d'une créature comme sa fille aînée, qui porte le même nom.

— Oui, Judith est le nom que citaient les Delawares, quoiqu'ils le prononçassent à leur manière. D'après leurs discours, je crois que cette fille ne serait pas mon caprice.

— Votre caprice! s'écria March prenant feu au ton d'indifférence et à la présomption de son compagnon.—Comment diable osez-vous parler de caprice quand il est question d'une créature comme Judith? Vous n'êtes qu'un enfant, un arbrisseau qui a à peine pris racine. Judith a compté des hommes parmi ses amants depuis qu'elle a atteint l'âge de quinze ans, et il y en a maintenant près de cinq : elle n'aura pas envie de jeter même un regard sur un être comme vous, qui n'est encore qu'à la moitié de sa croissance.

— Nous sommes en juin, et il n'y a pas un nuage entre nous et le soleil, Hurry ; toute cette chaleur est donc inutile, répondit Deerslayer d'un ton calme ; chacun peut avoir son caprice, et un écureuil peut penser ce qu'il veut d'un chat sauvage.

— Oui, mais il ne serait pas toujours prudent que le chat sauvage en fût instruit, répliqua March. Mais vous êtes jeune et inconsidéré, et je vous pardonne votre ignorance. Allons, Deerslayer, ajouta-t-il avec un sourire de bonne humeur après un moment de silence, nous nous sommes juré amitié, et nous ne nous querellerons pas pour une coquette à tête légère, parce qu'il arrive qu'elle est jolie ; d'autant plus que vous ne l'avez jamais vue. Judith ne sera jamais qu'à un homme dont les dents ont toutes leurs marques, et c'est une folie à moi de craindre une enfant. — Et que disaient d'elle les Delawares? car, après tout, un homme rouge a ses idées sur les femmes aussi bien qu'un blanc.

— Ils disaient qu'elle était belle à voir, et que ses discours étaient agréables, mais qu'elle aimait trop à avoir des admirateurs, qu'elle avait de la légèreté dans l'esprit.

— Les démons incarnés! Après tout, quel maître d'école est en état de faire tête à un Indien pour observer la nature? Il y a des gens qui pensent qu'ils ne sont bons que pour suivre une piste ou pour se battre ; mais je dis, moi, que ce sont des philosophes, et qu'ils connaissent les voies d'un homme aussi bien que celles d'un castor, et les voies d'une femme aussi bien que celles de tous les deux. Ils vous ont fait le portrait de Judith jusqu'à un ruban! Pour vous avouer la vérité, Deerslayer, il y a deux ans que je l'aurais épousée, si ce n'eût été pour deux raisons particulières, dont la première était cette légèreté d'esprit.

— Et quelle est la seconde? demanda le chasseur, continuant à manger en homme qui prenait fort peu d'intérêt à cette conversation.

— La seconde était que je ne savais pas trop si elle voudrait de moi. La drôlesse est jolie, et elle le sait fort bien. Non, mon garçon, il n'y a pas un arbre croissant sur ces montagnes qui soit plus droit ou qui se courbe sous le vent avec plus de grâce, et vous n'avez jamais vu une biche bondir avec plus d'agilité. Si c'était là tout, toutes les bouches sonneraient ses éloges ; mais elle a des défauts sur lesquels je trouve difficile de fermer les yeux, et je jure quelquefois de ne jamais revoir ce lac.

— Et c'est pourquoi vous y revenez toujours. Jurer qu'on fera une chose, ce n'est pas un bon moyen pour être sûr de la faire.

— Ah! Deerslayer, vous êtes une nouveauté en tout cela. Vous êtes aussi fidèle à votre éducation que si vous n'aviez jamais quitté nos établissements. Quant à moi, le cas est tout différent, et je n'ai jamais besoin de river une idée dans mon cerveau sans sentir une démangeaison de jurer que j'y tiendrai. Si vous connaissiez Judith comme je la connais, vous me trouveriez excusable de jurer un peu.

Les officiers des forts sur les bords du Mohawk viennent quelquefois jusqu'au lac pour pêcher et chasser, et alors la pauvre créature semble en perdre l'esprit. On peut le voir à la manière dont elle se requinque, et aux airs qu'elle se donne avec ces galants.

—Cela ne convient pas à la fille d'un pauvre homme, dit Deerslayer d'un ton grave.—Tous les officiers sont des hommes comme il faut, et ils ne peuvent jeter les yeux sur une fille comme Judith qu'avec de mauvaises intentions.

—C'est ce qui me rend indécis et ce qui me refroidit. Il y a surtout un certain capitaine qui me cause des pressentiments fâcheux; et si j'ai tort, Judith ne doit en accuser que sa propre folie. Au total, je voudrais la regarder comme modeste et prudente; mais les nuages que le vent pousse par-dessus nos montagnes ne savent pas plus où ils vont que son esprit. Il n'y a pas une douzaine d'hommes blancs qui aient jeté les yeux sur elle depuis son enfance, et pourtant les airs qu'elle se donne avec deux ou trois de ces officiers sont un éteignoir pour mes espérances.

—A votre place, je ne songerais plus à une telle femme; je tournerais toutes mes idées vers la forêt, qui ne vous trompera jamais, parce qu'elle est sous les ordres et le gouvernement d'une main qui ne peut errer.

—Si vous connaissiez Judith, vous verriez qu'il est plus facile de donner ce conseil que de le suivre. Si je pouvais me décider à ne pas m'occuper des officiers, je l'emmènerais de vive force sur les bords du Mohawk, je l'épouserais en dépit des petites façons qu'elle pourrait faire, et je laisserais le vieux Tom aux soins de son autre fille Hetty, qui, si elle n'est aussi belle ni aussi spirituelle que Judith, est certainement la fille la plus soumise.

—Ah! il y a donc un autre oiseau dans le même nid? dit Deerslayer avec une espèce de curiosité qui commençait à s'éveiller;—les Delawares ne m'avaient parlé que de Judith.

—Cela est assez naturel, quand il s'agit de Judith et de Hetty. Hetty n'est que jolie, tandis que sa sœur, je vous le dis, mon garçon, est une fille comme on n'en trouverait pas une autre d'ici aux bords de la mer. Judith est aussi pleine d'esprit, d'adresse et de paroles qu'un vieil orateur indien, tandis que la pauvre Hetty n'est tout au plus que *compass meant us* [1].

— Comment dites-vous? demanda Deerslayer encore une fois.

—*Compass meant us*, comme je l'ai entendu dire aux officiers; et

---

[1]. Voulant dire *compos mentis*; jouissant de son bon sens.

je suppose que cela veut dire qu'elle a toujours l'intention de marcher du bon côté; mais quelquefois elle ne sait comment s'y prendre.

— *Compass*, pour l'endroit où elle veut aller, et *meant us*, pour l'intention. Oui, la pauvre Hetty est ce que j'appelle sur les frontières de l'ignorance, et elle va tantôt d'un côté de la ligne, tantôt de l'autre.

— Il y a des êtres que le Seigneur prend sous sa garde particulière, dit Deerslayer d'un ton solennel, car il veille spécialement sur ceux qui n'ont pas reçu leur part ordinaire de raison. Les Peaux Rouges honorent et respectent ceux qui sont dans cette situation, car ils savent que le mauvais esprit préfère habiter dans un corps plein d'astuce que dans celui qui est sans artifice.

— En ce cas, je réponds qu'il ne restera pas longtemps avec la pauvre Hetty, car, comme je disais, elle est toujours juste *compass meant us*. Le vieux Tom a de l'attention pour elle, et Judith aussi, toute spirituelle et glorieuse qu'elle est; sans quoi je ne garantirais pas qu'elle fût tout à fait en sûreté au milieu de l'espèce de gens qui viennent quelquefois sur les bords du lac.

— Je croyais que ce lac était inconnu et peu fréquenté, dit Deerslayer, évidemment contrarié de se trouver si près du monde civilisé.

— Et vous aviez raison, mon garçon. Les yeux de vingt hommes blancs ne s'y sont jamais arrêtés. Mais qui pourrait dire quel mal peuvent faire une vingtaine d'hommes nés et élevés sur la frontière, chasseurs, trappeurs et vagabonds, si la fantaisie leur en prend? — Ce serait une chose terrible pour moi, Deerslayer, si je trouvais Judith mariée après une absence de six mois.

— Vous a-t-elle promis sa foi, pour vous encourager à de meilleures espérances?

— Non. — Je ne sais comment cela se fait; je ne suis pas mal bâti, comme je puis le voir dans chaque source sur laquelle le soleil brille; et pourtant je n'ai jamais pu obtenir d'elle une promesse, ni même un sourire de bonne volonté, quoiqu'elle rie des heures entières. — Si elle a *osé* se marier en mon absence, il est probable qu'elle connaîtra les plaisirs du veuvage avant d'avoir vingt ans.

— Vous ne voudriez sûrement pas attaquer l'homme qu'elle aurait choisi, Hurry, uniquement parce qu'elle l'aurait trouvé plus à son goût que vous?

— Pourquoi non? Si un ennemi me barre le chemin, n'ai-je pas le droit de m'en débarrasser? — Regardez-moi bien! Ai-je l'air d'un homme disposé à souffrir qu'un marchand de peaux, rampant et astucieux, me supplante dans une affaire qui me touche d'aussi près que l'affection de Judith Hutter? D'ailleurs, quand nous vivons hors de l'empire des lois, nous devons être juges et exécuteurs. Et quand on trouverait un homme mort dans les bois, qui irait dire quel est celui qui l'a tué, même en supposant que la colonie y attachât assez d'importance pour prendre l'affaire en mains?

— Si cet homme était le mari de Judith Hutter, je pourrais du moins, après ce qui vient de se passer, en dire assez pour mettre la colonie sur la piste.

— Vous, moitié d'homme! vous, misérable chasseur de daims! vous oseriez songer à dénoncer Hurry Harry!

— J'oserais dire la vérité, Hurry, en parlant de vous comme de tout homme qui ait jamais vécu.

March regarda un instant son compagnon avec un étonnement silencieux. Le saisissant ensuite des deux mains par le cou, il le secoua avec une violence qui menaçait de lui disloquer quelque membre. Et ce n'était point une plaisanterie, car la fureur étincelait dans les yeux du géant, et certains signes annonçaient qu'il agissait plus sérieusement que l'occasion ne semblait l'exiger. Quelles que fussent les intentions réelles de March, et il est probable qu'il n'en avait aucune bien fixe, il est certain que sa colère était montée au plus haut point, et la plupart de ceux qui se seraient trouvés entre les mains d'un tel colosse transporté de courroux, dans une solitude si profonde et si loin de tout secours possible, auraient été intimidés et tentés de sacrifier leurs principes de justice. Mais il n'en fut pas ainsi de Deerslayer : sa physionomie resta impassible; ses mains ne tremblèrent pas, et il lui dit d'une voix calme, sans recourir à l'expédient de parler bien haut pour prouver sa résolution :

— Vous pouvez secouer la montagne jusqu'à ce que vous l'abattiez, Hurry; mais vous ne tirerez de moi rien que la vérité. Il est probable que Judith n'a point de mari à qui vous puissiez dresser des embûches; mais si elle en avait un, je l'avertirais de vos menaces dans la première conversation que j'aurai avec elle.

March cessa de le secouer, et le regarda avec encore plus de surprise.

— Je croyais que nous étions amis, lui dit-il; mais je vous ai appris le dernier de mes secrets qui passera jamais par vos oreilles.

— Je n'en veux connaître aucun, s'ils sont semblables à celui-ci. Je sais que nous vivons dans les bois, Hurry, et qu'on nous regarde comme étant en dehors des lois, — et peut-être le sommes-nous par le fait, quoi qu'il en soit du droit. — Mais il y a une loi et un législateur qui règnent sur tout le continent. Celui qui n'obéit pas à ses ordres ne doit pas m'appeler son ami.

— Sur ma foi, Deerslayer, je crois que vous êtes un des frères Moraves, et non un chasseur franc et loyal comme vous prétendiez l'être.

— J'espère, Hurry, que vous trouverez toujours de la franchise et de la loyauté dans mes actions comme dans mes discours. Mais vous abandonner ainsi tout à coup à la colère est une folie qui prouve combien peu vous avez vécu avec les Peaux Rouges. Judith Hutter n'est sans doute pas mariée, et votre langue a dit ce que votre tête et non votre cœur lui suggérait. — Voici ma main, n'en parlons plus, et n'y pensons pas davantage.

Hurry parut plus étonné que jamais. Reprenant son air de bonne humeur, il partit d'un grand éclat de rire qui lui fit venir les larmes aux yeux. Il prit la main qui lui était offerte, et l'amitié se renoua entre eux.

— Il aurait été fou de nous quereller pour ce qui n'est qu'une idée, dit March en se remettant à son repas; c'eût été agir comme des hommes de loi dans les villes, et non comme des hommes sensés dans les bois. On dit que dans les comtés du Midi, on se prend quelquefois aux cheveux pour des idées, et qu'on en vient même à de plus grandes extrémités.

— C'est vrai, c'est vrai; et pour d'autres sujets dont il vaudrait mieux ne jamais parler. J'ai entendu les frères Moraves dire qu'il y a des pays où les hommes se querellent même sur leur religion. S'ils peuvent se mettre en colère pour un pareil sujet, Hurry, que Dieu ait pitié d'eux! Quoi qu'il en soit, nous n'avons pas besoin de suivre leur exemple, et surtout pour un mari que cette Judith Hutter peut ne voir jamais et ne jamais désirer de voir. Quant à moi, je suis plus curieux de voir la sœur, qui n'a qu'un simple bon sens, que votre beauté. Il y a quelque chose qui parle au cœur d'un homme quand on rencontre une créature qui a tout l'extérieur d'un être raisonnable et qui n'est pas tout ce qu'elle paraît être. Cela est déjà assez fâcheux dans un homme; mais quand cela arrive à une femme, et qu'elle est jeune et peut-être attrayante, elle a droit à toute la compassion qui est dans la nature humaine. Dieu sait, Hurry, que ces pauvres créatures sont assez sans défense, même quand elles ont tout l'esprit qui leur est accordé; mais c'est un grand malheur quand ce guide et ce protecteur viennent à leur manquer.

— Ecoutez-moi, Deerslayer: vous savez ce que sont en général les chasseurs, les trappeurs et les marchands de peaux; leurs meilleurs amis ne nieront pas qu'ils ne soient entêtés, et portés à en faire à leur tête sans s'inquiéter des droits et de la sensibilité des autres; mais je ne crois pas qu'on trouverait dans tout ce pays un seul homme qui voulût nuire à Hetty Hutter, quand même il le pourrait; — non, pas même une Peau Rouge.

— En disant cela, l'ami Hurry, vous ne faites que rendre justice aux Delawares et aux tribus qui leur sont alliées, car une Peau Rouge regarde comme étant sous sa protection spéciale tout être que la puissance divine a frappé de cette manière. Quoi qu'il en soit, je suis charmé d'entendre ce que vous dites. Mais comme le soleil commence à descendre vers l'occident, ne ferions-nous pas bien de nous remettre en marche pour avoir l'occasion de voir plus tôt ces sœurs merveilleuses?

Henry March y consentit avec plaisir; et ayant recueilli les restes de leur repas, les deux voyageurs remirent leurs valises sur leurs épaules, reprirent leurs armes, et quittant la percée dans laquelle ils étaient entrés, ils se plongèrent de nouveau dans l'ombre de la forêt.

CHAPITRE II.

> Tu quittes les bords verdoyants du lac et le foyer du chasseur pour la saison des fleurs et l'orgueil de l'été, ma fille! tu ne peux l'arrêter.
> *Souvenirs de la femme.*

Nos aventuriers n'avaient pas bien loin à aller. Ayant une fois trouvé la percée et la source, Hurry connaissait le chemin, et il conduisit alors son compagnon avec la confiance d'un homme qui est sûr de son fait. Comme de raison, la forêt était sombre, mais elle n'était pas obstruée par des broussailles; le sol était sec, et l'on y marchait d'un pas ferme. Quand ils eurent fait près d'un mille, March s'arrêta, et commença à jeter les yeux autour de lui, examinant avec soin tous les objets qui l'entouraient, et même les troncs d'arbres tombés, dont il se trouve toujours un assez grand nombre dans une forêt d'Amérique, surtout dans les parties du pays où le bois n'a encore aucune valeur.

— Ce doit être ici l'endroit, Deerslayer, dit March. Voici un hêtre à côté d'un chêne, et plus loin trois pins, et un bouleau dont la cime est cassée; et cependant je ne vois pas le rocher, ni les branches cassées que je vous ai dit que nous trouverions.

— Ne vous fiez pas aux branches cassées, Hurry : il ne faut pas beaucoup d'expérience pour savoir que des branches se cassent souvent d'elles-mêmes. Elles donnent même des soupçons et amènent des découvertes. Les Delawares ne se fient jamais aux branches cassées, à moins que ce ne soit en temps de paix, et qu'ils n'aient pas besoin de cacher leur piste. Quant aux hêtres, aux chênes et aux pins, nous en voyons tout autour de nous, non-seulement par groupes de deux ou trois, mais par cinquantaines et centaines.

— Cela est vrai, Deerslayer; mais vous ne calculez pas la position; le hêtre et le chêne que voici...

— Et voilà un autre hêtre et un autre chêne qui semblent aussi s'aimer comme deux frères, et quant à cela, plus que certains frères; et en voilà d'autres un peu plus loin, car ces arbres ne sont pas une rareté dans ces forêts. Je crois, Hurry, que vous êtes plus habile à prendre des castors dans une trappe et à chasser l'ours, qu'à suivre une piste bien cachée. Ah! voici ce que vous cherchez, après tout.

— C'est une de vos prétentions à la delaware, Deerslayer; car je veux être pendu si je vois autre chose qui y ressemble que ces deux arbres, qui semblent se multiplier autour de nous d'une manière inexplicable et embarrassante.

— Regardez par ici, par ici, en ligne avec ce chêne noir. Voyez-vous ce jeune hêtre un peu tortu qui est accroché dans les branches de ce chêne dont il est voisin? Il a eu la tête courbée sous le poids des neiges; mais ce n'est pas lui qui s'est redressé, et qui s'est accroché aux branches de ce chêne comme vous le voyez; c'est la main de l'homme qui lui a rendu ce service.

— Et cette main est la mienne, s'écria Hurry. J'ai trouvé ce jeune arbre penché jusqu'à terre comme un malheureux courbé sous l'infortune, et je l'ai relevé et mis dans cette position. Après tout, Deerslayer, il faut que j'en convienne, vous commencez à avoir une excellente vue pour les bois.

— Elle commence à devenir meilleure, Hurry; oui, elle n'est pas mauvaise; mais ce n'est que la vue d'un enfant, en comparaison de celle de quelques Peaux Rouges de ma connaissance. Il y a Tamenund, par exemple, quoiqu'il soit si vieux que peu de gens peuvent se souvenir de l'avoir vu jeune; rien ne peut échapper à ses regards, qui ressemblent plutôt à l'odorat d'un chien qu'à la vue d'un homme. Et Uncas, père de Chingachgook, chef légitime des Mohicans, en est un autre à l'œil sûr duquel il est impossible d'échapper. Oui, ma vue s'améliore, je dois le dire; mais elle est encore loin d'être parfaite.

— Et qui est ce Chingachgook dont vous parlez si souvent? demanda Hurry en se mettant en marche dans la direction du hêtre redressé; quelque vagabond à peau rouge, je n'en doute pas.

— C'est le meilleur des vagabonds à peau rouge, comme vous les appelez, Hurry. Si ses droits lui étaient rendus, ce serait un grand chef : mais à présent ce n'est qu'un juste et intègre Delaware, respecté généralement, et même obéi en certaines choses, mais descendant d'une race déchue, et faisant partie d'une tribu anéantie. Ah! Hurry March, cela vous échaufferait le cœur de passer une nuit d'hiver dans un de leurs wigwams, à écouter les anciennes traditions de la grandeur et de la puissance des Mohicans.

— Ecoutez, ami Nathaniel, dit Hurry, s'arrêtant tout à coup pour regarder son compagnon en face, afin de donner plus de poids à ses paroles; si l'on croyait tout ce qu'il plaît aux autres de dire d'eux-mêmes, on aurait une trop bonne opinion d'eux, et une trop pauvre de soi. Vos Peaux Rouges sont des fanfarons bien connus, et je regarde plus de la moitié de leurs traditions comme du pur bavardage.

— Il y a de la vérité dans ce que vous dites, Hurry, je ne le nierai pas; car je l'ai vu et je le crois. Oui, ils aiment à se vanter; mais c'est un don de la nature, et l'on ferait mal de ne pas se servir des dons qu'elle nous a faits. Mais voyez, voici l'endroit que vous cherchiez.

Cette remarque mit fin à cette conversation, et tous deux dirigèrent alors leur attention sur l'objet qui était à quelque distance devant eux. Deerslayer montra de la main à son compagnon le tronc d'un énorme tilleul, ou *bass-wood*, comme on appelle cet arbre en Amérique, qui avait fait son temps, et qui était tombé par son propre poids. Cet arbre, comme tant de millions de ses frères, reposait à l'endroit où il était tombé, et il pourrissait sous l'influence lente mais certaine des saisons. Cependant un chancre en avait déjà attaqué le centre quand il était encore debout et dans tout l'orgueil de sa végétation, comme une maladie détruit quelquefois les parties vitales de la vie animale, quand tout l'extérieur annonce encore la santé. Ce tronc couvrait une longueur de près de cent pieds sur la terre, et l'œil exercé du chasseur le reconnut sur-le-champ pour l'arbre dont March lui avait déjà parlé.

— Oui, nous avons ici tout ce qu'il nous faut, s'écria Hurry regardant l'arbre du côté de la racine; tout y est aussi en sûreté que si une vieille femme l'avait enfermé dans son buffet. Prêtez-moi la main, Deerslayer, et nous serons sur l'eau dans une demi-heure.

Le chasseur s'approcha de son compagnon, et tous deux se mirent régulièrement à l'ouvrage en hommes habitués au travail dont ils s'occupaient. D'abord Hurry enleva les morceaux d'écorce qui couvraient un grand creux dans l'intérieur de l'arbre, et que Deerslayer déclara avoir été placés de manière à attirer l'attention de tout rôdeur qui aurait passé par là, plutôt qu'à cacher ce qu'on voulait dérober à la vue. Ils en tirèrent ensuite une pirogue d'écorce garnie de bancs, de rames, en un mot de tout ce qui pouvait être nécessaire à un pareil esquif, et même de lignes à pêcher. Cette pirogue n'était pas de la plus petite dimension, mais elle était si légère et la force de March était telle, qu'il la mit sur son épaule sans avoir besoin d'aide, pas même pour la lever de terre.

— Marchez en avant, Deerslayer, dit Hurry, et écartez les buissons; je me charge du reste.

Son compagnon obéit, et ils se mirent en marche, Deerslayer frayant le chemin et prenant à droite ou à gauche, suivant que March le lui indiquait. Au bout d'environ dix minutes, ils se trouvèrent tout à coup sous les rayons brillants du soleil, sur une petite pointe sablonneuse dont une bonne moitié était baignée par les eaux d'un lac.

Quand Deerslayer arriva sur le bord du lac, et qu'il vit l'aspect inattendu qui s'offrait à ses regards, une exclamation de surprise lui échappa, mais d'une voix basse et retenue, car il avait l'habitude de la présence d'esprit et de la circonspection à un degré beaucoup plus grand que son ami Hurry. Dans le fait, cette vue était assez frappante pour mériter une courte description. Presque de niveau avec la pointe sur laquelle ils se trouvaient, était une belle nappe d'eau tranquille et limpide, dont la longueur s'étendait à environ trois lieues, tandis que sa largeur en face de la pointe pouvait être d'une demi-lieue et plus, mais se resserrait à moins de moitié de cette distance du côté du sud. Ses bords étaient irréguliers, tantôt étant dentelés par de petites criques, tantôt des langues de terre basse s'avançant dans les eaux du lac. A l'extrémité septentrionale, le lac était borné par une montagne dont les flancs s'abaissaient régulièrement des deux côtés par une pente douce. Cependant le caractère du pays était montagneux, des hauteurs assez élevées sortant presque du sein des eaux sur les neuf dixièmes de la circonférence du lac. Les exceptions ne servaient qu'à varier un peu la scène; et même au-delà des parties du rivage qui étaient comparativement basses, le sol s'élevait considérablement, quoiqu'à une plus grande distance.

Mais ce qui distinguait surtout cette scène, c'était son caractère de solitude complète et de repos solennel. De quelque côté qu'on jetât les yeux, on ne voyait que la surface du lac, lisse comme un miroir, un ciel pur et un entourage d'épaisses forêts, dont la végétation était si riche, qu'à peine pouvait-on apercevoir une ouverture dans la forêt; toute la terre visible, depuis le sommet arrondi des montagnes jusqu'au bord de l'eau, ne présentait qu'une teinte non interrompue de verdure. Comme si la végétation n'eût pas été satisfaite d'un triomphe si complet, les branches des arbres qui bordaient le lac s'élançaient vers la lumière et s'avançaient sur les eaux, de sorte que le long de la côte orientale une pirogue aurait pu faire plusieurs milles sous les branches des chênes, des trembles et des pins; en un mot, la main de l'homme n'avait encore rien changé, rien détérioré à une scène qui était l'ouvrage de la nature, et qui en ce moment réfléchissait les rayons du soleil; glorieux tableau de la grandeur des forêts, adouci par l'haleine parfumée de juin, et varié par la présence d'une si belle nappe d'eau.

— C'est un grand spectacle, un spectacle solennel! c'est une éducation entière de le contempler! s'écria Deerslayer debout et appuyé sur sa carabine, et regardant à droite, à gauche, au nord, au midi, sur sa tête et à ses pieds, dans toutes les directions que sa vue pouvait prendre; — pas un arbre n'a été touché même par une Peau Rouge, à ce que je puis voir; tout a été laissé à la volonté du Seigneur, pour vivre et pour mourir comme il l'a ordonné. — Hurry, votre Judith doit être une jeune fille sage et bien disposée, si elle a passé la moitié du temps que vous dites dans un lieu si favorisé.

— C'est la vérité, et cependant elle a ses caprices. Mais elle n'a pas passé ici tout son temps, car le vieux Tom, avant que je le connusse, avait coutume d'aller passer les hivers dans les environs des établissements et sous les canons des forts. C'est là que Judith a appris des colons, et surtout des galants officiers, tant de choses qu'il aurait mieux valu pour elle qu'elle ignorât.

— En ce cas, et si cela est vrai, Hurry, cet endroit est une école qui peut encore la porter à tourner la tête du bon côté. Mais quel est cet objet que je vois là-bas en face de nous, qui est trop petit pour être une île et trop grand pour une barque, quoiqu'il soit au milieu de l'eau?

— C'est ce que les officiers du fort appellent le château du Rat-

Musqué. Le vieux Tom lui-même sourit de ce nom, quoique ce soit un sarcasme sur son caractère. C'est sa maison stationnaire, car il en a deux, celle-ci qui ne change jamais de place, et une autre qui flotte sur l'eau, et qui est tantôt dans une partie du lac, tantôt dans une autre. Il appelle cette dernière l'arche; mais que signifie ce mot? c'est plus que je ne saurais vous dire.

— Ce nom doit venir des missionnaires, Hurry, car je les ai entendus parler d'une chose semblable. Ils disent que la terre fut autrefois entièrement couverte d'eau, et que Noé et ses enfants évitèrent d'être noyés en construisant un navire nommé l'arche, à bord duquel ils se réfugièrent à temps. Il y a des Delawares qui croient à cette tradition, et d'autres qui la rejettent. Quant à nous, notre devoir, comme hommes blancs, est d'y croire. — Apercevez-vous cette arche?

— Non; elle est sans doute du côté du sud, ou à l'ancre dans quelqu'une des criques. Mais la pirogue est prête, et dans quinze minutes, deux rameurs comme vous et moi, nous serons au château.

Deerslayer aida alors son compagnon à placer leurs valises et leurs armes dans la pirogue, qui était déjà à flot. Aussitôt après, ils s'embarquèrent, et poussant vigoureusement la terre de leurs pieds, ils lancèrent leur nacelle à huit ou dix verges du rivage. Hurry s'assit à l'arrière, et Deerslayer se plaça sur l'avant; et comme ils étaient tous deux excellents rameurs, la pirogue glissa sur la nappe d'eau tranquille, dans la direction de l'édifice extraordinaire que le premier avait appelé le château du Rat-Musqué. Plusieurs fois ils cessèrent de ramer pour contempler une nouvelle vue qui s'offrait à eux; car chaque fois qu'ils avaient doublé une pointe, tantôt ils pouvaient voir plus avant dans le lac, tantôt les montagnes boisées leur offraient un aspect plus étendu. Tous ces changements ne consistaient pourtant qu'en formes nouvelles que prenaient les montagnes, en dentelures variées des différentes criques, et en une vue plus directe de la vallée au sud, toute la terre étant revêtue d'une parure de feuillage.

— C'est une vue qui réchauffe le cœur, s'écria Deerslayer quand ils se furent arrêtés ainsi quatre ou cinq fois; ce lac semble fait pour mieux nous montrer ces nobles forêts, et la terre et l'eau attestent la beauté de la Providence divine. Ne dites-vous pas, Hurry, qu'il n'y a personne qui puisse se dire propriétaire légitime de cette contrée glorieuse?

— Personne que le roi, mon garçon. Il peut prétendre à quelque droit de cette espèce; mais il est si loin d'ici que ses prétentions ne nuiront jamais au vieux Tom, qui a la possession pour lui, et qui la gardera sans doute tant qu'il vivra. Tom Hutter n'est pas propriétaire terrien, puisqu'il n'habite pas sur la terre, et je l'appelle Tom Flottant.

— Je porte envie à cet homme. Je sais que je fais mal, et je lutte contre ce sentiment; mais je porte envie à cet homme. Ne vous imaginez pas, Hurry, que je forme quelque plan pour mettre mes pieds dans ses moccasins; rien n'est plus éloigné de ma pensée; mais je ne puis m'empêcher d'avoir un peu d'envie. Cela est naturel, après tout, et les meilleurs de nous cèdent par moments aux mouvements de la nature.

— Vous n'avez qu'à épouser Hetty, et vous hériterez de la moitié de ses biens, s'écria Hurry en riant. Elle est jolie, et sans le voisinage de sa sœur, on pourrait même dire qu'elle est belle. Ensuite elle a si peu d'esprit, que vous pourrez aisément lui faire adopter votre manière de penser en toute chose. Débarrassez le vieux Tom de sa fille Hetty, et je réponds qu'il vous donnera une prime sur chaque daim que vous tuerez à cinq milles de son lac.

— Y a-t-il beaucoup de gibier dans ce canton? demanda tout à coup Deerslayer, qui avait fait peu d'attention aux plaisanteries de March.

— C'est le gibier qui en est le maître. A peine y tire-t-on un coup de fusil; et quant aux trappeurs, ils ne fréquentent guère ces environs. Je ne devrais pas moi-même y être si souvent; mais Judith m'attire d'un côté, et les castors de l'autre. Elle m'a fait perdre plus de cent dollars d'Espagne pendant les deux dernières saisons; et pourtant je ne puis résister au désir de la voir encore une fois.

— Les hommes rouges viennent-ils souvent sur les bords de ce lac? demanda encore Deerslayer suivant le fil de ses pensées.

— Ils vont et viennent, quelquefois en troupe, quelquefois seuls. Ce canton ne paraît appartenir particulièrement à aucune peuplade des naturels du pays, et c'est ainsi qu'il est tombé entre les mains de la tribu Hutter. Le vieux Tom m'a dit que quelques gens rusés ont cajolé les Mohawks pour qu'ils leur fissent la cession de ce canton, afin d'avoir un titre à des terres hors de la colonie. Mais il n'en est rien résulté, attendu qu'il ne s'est encore présenté personne qui fût assez solide pour faire un tel marché. Les chasseurs ont donc encore un bon bail à vie de ces solitudes.

— Tant mieux, Hurry, tant mieux! Si j'étais roi d'Angleterre, quiconque abattrait un de ces arbres sans en avoir réellement besoin, serait banni dans quelque pays désert et éloigné, où il ne se trouverait pas un seul animal à quatre pieds. Je suis charmé que Chingachgook ait choisi ce lac pour notre rendez-vous, car mes yeux n'avaient jamais vu un si glorieux spectacle.

— C'est parce que vous êtes resté si longtemps parmi les Delawares, dans le pays desquels il n'y a pas de lacs. Mais plus au nord et plus à l'ouest, il s'en trouve un grand nombre, et, comme vous êtes jeune, vous pouvez vivre assez pour les voir. Mais quoiqu'il y ait d'autres lacs, Deerslayer, il n'y a pas une autre Judith Hutter.

Son compagnon sourit de cette remarque, et laissa tomber sa rame dans l'eau, comme par considération pour l'empressement que devait avoir un amant d'arriver auprès de sa maîtresse. Tous deux ramèrent alors vigoureusement jusqu'au moment où ils arrivèrent à une cinquantaine de toises du château, comme Hurry appelait familièrement la maison de Hutter. Alors ils cessèrent de ramer, l'amant de Judith réprimant d'autant plus aisément son impatience qu'il s'était déjà aperçu qu'il ne s'y trouvait personne en ce moment. Cette nouvelle pause avait pour objet de donner à Deerslayer le temps d'examiner cet édifice singulier, qui était d'une si nouvelle construction qu'il mérite une description particulière.

Le château du Rat-Musqué, comme cette maison avait été facétieusement nommée par quelque malin officier, s'élevait sur le lac, à la distance d'un bon quart de mille de la rive la plus voisine. De tous les autres côtés, l'eau s'étendait beaucoup plus loin, étant à la distance d'environ deux milles de là fin de cette pièce d'eau vers le nord et à celle de près d'un mille de son extrémité à l'orient. Comme il n'y avait pas la moindre apparence d'île, que la maison était bâtie sur pilotis, sous lesquels on voyait l'eau, et que Deerslayer avait déjà découvert que le lac avait une grande profondeur, il fut obligé de demander l'explication de cette singulière circonstance. Hurry la lui donna en lui apprenant qu'un banc long et étroit, qui s'étendait du nord au sud, sur quelques centaines de toises, s'élevait en cet endroit jusqu'à six ou huit pieds de la surface de l'eau, et que Hutter y avait enfoncé des pilotis sur lesquels il avait placé sa maison pour pouvoir l'habiter en pleine sécurité.

— Le vieux Tom, continua-t-il, a vu trois fois brûler son habitation, soit par les Indiens, soit par les chasseurs, et dans une escarmouche avec les Peaux Rouges il a perdu son fils unique. Depuis ce temps, il a eu recours à l'eau pour plus de sûreté. Ic personne ne peut l'attaquer sans y venir en bateau, et le pillage et les chevelures ne vaudraient guère la peine de creuser des pirogues dans des troncs d'arbres. D'ailleurs on ne saurait trop dire quel parti battrait l'autre dans une pareille attaque; car Tom ne manque ni d'armes ni de munitions, et, comme vous pouvez le voir, le château est construit de manière à ne pas craindre les balles.

Deerslayer avait en théorie quelque connaissance de la guerre, telle qu'elle se faisait sur les frontières, quoiqu'il n'eût jamais eu occasion de lever la main contre un de ses semblables. Il vit donc aisément que Hurry n'exagérait pas la force de cette position, sous un point de vue militaire, car il n'aurait pas été facile de l'attaquer sans que les assaillants fussent exposés au feu des assiégés. On avait mis beaucoup d'art dans l'arrangement du bois dont le bâtiment était construit, ce qui assurait aux habitants une protection beaucoup plus grande que celle qu'on trouvait ordinairement dans les maisons construites en bois sur les frontières. Tous les murs étaient formés de troncs de gros pins, coupés à la longueur de neuf pieds, et placés perpendiculairement, au lieu d'être couchés en ligne horizontale, comme c'était l'usage du pays. Ces troncs étaient équarris de trois côtés, et avaient à chaque bout de grands tenons. Des espèces de poutres massives, équarries avec soin, étaient solidement attachées sur le haut des pilotis, et des mortaises de proportion convenable avaient été pratiquées dans leur partie supérieure pour recevoir les tenons du bout inférieur des troncs placés perpendiculairement, et qui, par ce moyen, étaient solidement retenus par le bas. D'autres pièces de bois étaient placées sur le haut des mêmes troncs, dont les tenons entraient dans de semblables mortaises, ce qui achevait de les assurer. Enfin les bois qui formaient les coins du bâtiment étaient assemblés à queue, ce qui lui donnait une solidité à toute épreuve. Les planchers étaient faits de plus petits troncs d'arbres également équarris, et le toit était composé de longues perches fermement attachées ensemble et soigneusement couvertes d'écorces. L'effet de cet arrangement judicieux avait été de donner au vieux Tom une maison dont on ne pouvait approcher que par eau; dont les murs étaient formés de troncs d'arbres solidement joints ensemble, et ayant partout au moins deux pieds d'épaisseur, et qui ne pouvaient être séparés que par le travail difficile et laborieux de la main de l'homme, ou par suite de la lente opération des efforts du temps. L'extérieur du bâtiment était raboteux et inégal, attendu que tous les troncs d'arbres n'étaient pas de même grosseur, et que le côté non équarri était placé en dehors; mais l'équarrissage étant complet à l'intérieur, les murs et les planchers offraient toute l'uniformité qu'on pouvait désirer, tant pour la vue que pour l'usage. La cheminée n'était pas la partie la moins singulière de cet édifice, comme Hurry le fit remarquer à son compagnon en lui expliquant comment elle avait été construite. On y avait employé une sorte de terre glaise à laquelle on avait donné la forme de briques, en la plaçant dans des moules de branches entrelacées, et en les y laissant durcir. On les mettait ensuite en place les unes sur les autres, jusqu'à la hauteur d'un ou deux pieds, et quand elles étaient bien sèches on continuait de même. Quand toute la cheminée fut construite, et qu'on l'eut soutenue par des arcs-boutants extérieurs, on y alluma un grand feu, qu'on eut soin d'entretenir jusqu'à ce qu'elle fût d'un rouge de brique. Ce ne fut pas une opération facile, et elle ne réussit pas d'abord tout à fait; il s'y forma des fentes et des crevasses; mais à force de les remplir de nouvelle glaise et d'y faire du feu, on parvint à avoir une bonne cheminée, qui était soutenue par un pilotis particulier. Cette maison offrait quelques autres singularités qui paraîtront mieux dans le cours de cette histoire.

— Le vieux Tom ne manque jamais d'expédients, ajouta Hurry. Il était butté à réussir dans sa cheminée, qui dans l'origine ne promettait rien de bon, mais sa persévérance a obtenu du succès, et il l'a même empêchée de fumer, quoiqu'elle parût d'abord vouloir envoyer dans l'intérieur la flamme et la fumée.

— Vous paraissez connaître toute l'histoire du château, dit Deerslayer; l'amour est-il une passion assez forte pour qu'un homme étudie l'histoire de l'habitation de celle qu'il aime?

— Partie cela, partie mes yeux, répondit le colosse en riant. — J'étais en compagnie assez nombreuse sur les bords du lac, l'été pendant lequel le vieux Tom bâtit sa maison, et nous l'aidâmes à la construire. J'ai porté sur mes propres épaules une bonne partie de ces troncs que vous voyez plantés tout debout, et je puis vous répondre que les haches marchaient grand train parmi les arbres sur ce rivage. Le vieux coquin n'est pas chiche de ce qu'il a, et comme nous avions souvent mangé de sa venaison, nous crûmes devoir l'aider à se bâtir une maison confortable, avant de porter nos peaux à Albany. — Oui, oui, j'ai pris plus d'un repas sous le toit de Tom Hutter, et je puis vous dire que Hetty, quoique faible du côté de l'esprit, ne manque pas de talent en ce qui concerne le gril et la poêle à frire.

Tout en discourant ainsi, ils s'approchaient du château, et la pirogue en était alors si près qu'il ne fallait plus qu'un coup de rames pour y arriver. Il y avait en face de l'entrée une plate-forme en bois d'environ vingt pieds carrés.

— Le vieux Tom appelle cette espèce de quai sa cour, dit Hurry en amarrant sa nacelle quand ils l'eurent quittée; et les officiers des forts l'appellent la cour du château. Je ne vois pourtant pas ce qu'une cour a à faire ici, puisqu'il n'y a point de lois. — Eh bien! c'est comme je le supposais : il n'y a personne ici; toute la famille fait un voyage de découvertes.

Tandis que Hurry s'occupait, sur la plate-forme, à examiner les javelines, les lignes, les filets pour pêcher, et autres objets semblables qu'on trouve dans toutes les habitations sur les frontières, Deerslayer, dont les manières étaient plus tranquilles, entra dans le bâtiment avec une curiosité qui n'était pas ordinaire à un homme qui avait pris depuis si longtemps les habitudes des Indiens. L'intérieur du château était aussi propre que l'extérieur en était nouveau. Tout l'espace, d'environ quarante pieds sur vingt, était divisé en petites chambres, et la plus grande, celle par laquelle il entra, servait en même temps de cuisine, de salle à manger et de salon. L'ameublement offrait cet étrange mélange que présentent assez souvent aux yeux les maisons construites en troncs d'arbres dans les situations éloignées dans l'intérieur des terres. La plupart des meubles étaient rustiques et grossièrement façonnés; mais on y voyait une pendule dans une belle caisse de bois d'ébène, deux ou trois chaises, une table et un bureau, qui s'étaient certainement trouvés jadis dans une maison ayant plus de prétentions. On entendait le tic-tac du balancier de la pendule, dont les aiguilles, auxquelles le temps avait donné une couleur de plomb, marquaient onze heures, quoique le soleil indiquât clairement qu'il était beaucoup plus tard. Il s'y trouvait aussi dans un coin une caisse massive. Les ustensiles de cuisine étaient du genre le plus simple et fort peu nombreux; mais tous étaient rangés à leur place et tenus avec le plus grand soin.

Lorsque Deerslayer eut jeté un regard autour de lui dans cette chambre, il leva un loquet de bois, et entra dans un corridor étroit qui divisait le derrière de la maison en deux parties inégales. Les usages des frontières ne rendant pas scrupuleux, et sa curiosité étant fortement excitée, il ouvrit la première porte qui s'offrit à ses yeux, et entra dans une chambre à coucher. Un seul regard suffit pour lui apprendre que c'était l'appartement de deux femmes. Un grand lit de plume, rempli à comble des dépouilles d'oies sauvages, était placé sur une couchette grossière qui ne s'élevait pas à plus d'un pied de terre. D'un côté du lit on voyait, suspendus à des chevilles, divers vêtements d'une qualité fort supérieure à tout ce qu'on aurait pu s'attendre à trouver dans un pareil endroit, avec des rubans et d'autres objets de parure. De jolis souliers, avec de belles boucles d'argent, comme en portaient alors les femmes qui vivaient dans l'aisance, frappaient aussi la vue, et non moins de six éventails de différents dessins et de diverses couleurs étaient placés, à demi ouverts, sur une petite table, de manière à attirer les yeux. Même l'oreiller de ce côté du lit était d'une toile plus fine que son compagnon, et était orné d'une petite dentelle. Un bonnet, que la coquetterie avait décoré de rubans, était suspendu au-dessus, et une paire de gants longs, que les femmes de condition tant soit peu inférieure portaient rarement à cette époque, y était attachée par deux épingles, comme pour les montrer avec ostentation quand on ne les voyait pas sur les bras de celle à qui ils appartenaient.

Deerslayer vit et remarqua tout cela avec une attention minutieuse qui aurait fait honneur à des observateurs aussi attentifs que ses amis les Delawares, et il ne manqua pas de s'apercevoir de la différence qui régnait entre ces deux côtés du lit, dont la tête était appuyée contre la muraille. Là, tout était de la plus grande simplicité, et rien n'attirait les regards qu'une propreté exquise. Le peu de vêtements suspendus aux chevilles étaient d'étoffes communes, de la coupe la plus ordinaire, et rien n'y sentait l'ostentation. Il ne s'y trouvait pas un seul ruban, et l'on n'y voyait ni bonnets ni fichus plus élégants qu'il ne convenait aux filles de Hutter d'en porter.

Il y avait alors plusieurs années que Deerslayer ne s'était trouvé dans un endroit spécialement destiné à l'usage des femmes de sa race et de sa couleur. Cette vue lui rappela une foule de souvenirs d'enfance, et il resta quelque temps dans cette chambre, agité d'une émotion qu'il n'avait pas éprouvée depuis longtemps. Il songea à sa mère, dont il se souvint d'avoir vu, suspendus à des chevilles, les vêtements, qui étaient aussi simples que ceux qu'il regardait comme appartenant à Hetty Hutter. Il pensa aussi à sa sœur, chez qui le goût de la parure s'était manifesté comme chez Judith, quoique nécessairement à un moindre degré. Toutes ces réminiscences ouvrirent en lui une veine de sensations qui était fermée depuis longtemps ; et quittant cet appartement sans y jeter un autre coup d'œil, il retourna dans la — cour —, à pas lents et d'un air pensif.

— Le vieux Tom a essayé un nouveau métier, et a fait son apprentissage comme trappeur, s'écria Hurry, qui avait trouvé sur la plate-forme quelques trappes à castors. Si telle est son humeur, et que vous soyez disposé à rester dans ce canton, nous pouvons faire une excellente saison. Tandis que Tom et moi nous prouverons aux castors que nous sommes plus malins qu'eux, vous vous occuperez de la pêche et de la chasse pour nous maintenir à tous le corps et l'âme. Nous donnons toujours une demi-part aux plus pauvres chasseurs ; mais un jeune homme aussi alerte et aussi sûr de son coup que vous l'êtes, a droit de s'attendre à une part entière.

— Je vous remercie, Hurry, je vous remercie de tout mon cœur ; mais je chasse un peu moi-même le castor quand l'occasion s'en présente. Les Delawares m'ont donné le nom de Tueur de daims ; mais c'est moins parce que je suis un assez bon fournisseur de venaison que parce que, si je tue tant de daims et de daines, je n'ai jamais ôté la vie à un de mes semblables. Ils disent que leurs traditions ne citent pas un seul homme qui ait jamais fait couler le sang de tant d'animaux sans avoir répandu une goutte de sang humain.

— J'espère qu'ils ne vous regardent pas comme une poule mouillée, mon garçon. Un homme sans cœur est comme un castor sans queue.

— Je ne crois pas qu'ils me regardent comme extraordinairement timide, quoiqu'ils puissent ne pas me regarder comme extraordinairement brave. Mais je ne suis pas querelleur, et cela va loin pour ne pas avoir les mains teintes de sang parmi les chasseurs et les Peaux Rouges, et je vous dirai, Henry March, que cela met aussi la conscience à l'abri des taches de sang.

— Eh bien, quant à moi, je regarde les daims, les Peaux Rouges et les Français à peu près comme la même chose, quoique je ne sois pas un querelleur comme il y en a tant dans les colonies. Je méprise un querelleur comme un chien hargneux ; mais il ne faut pas être trop scrupuleux quand vient le moment de montrer justement les dents.

— Je regarde comme l'homme le plus estimable, Hurry, celui qui se tient toujours le plus près possible de la justice. — Mais ce lac est glorieux, et je ne me lasse pas de le regarder.

— C'est parce que vous n'en aviez pas encore vu, et ces idées nous viennent à tous en pareille occasion. Les lacs ont un caractère général, après tout : ce n'est que de la terre et de l'eau, avec des pointes et des criques.

Comme cette définition ne s'accordait pas avec les sentiments qui occupaient le jeune chasseur, il ne répondit rien, et se livra à une jouissance silencieuse en regardant l'eau limpide et les montagnes verdoyantes.

— Le gouverneur ou les gens du roi ont-ils donné un nom à ce lac ? demanda-t-il tout d'un coup, comme frappé d'une nouvelle idée. S'ils n'ont pas encore commencé à marquer leurs arbres, à étendre leurs compas et à tracer des lignes sur leurs cartes, il n'est pas probable qu'ils aient songé à troubler la nature par un nom.

— Ils n'en sont pas encore arrivés là. La dernière fois que j'ai été vendre mes peaux, un des arpenteurs du roi me fit des questions sur les environs de ce canton. Il avait entendu dire qu'il s'y trouvait un lac, et il s'en faisait une idée générale, comme par exemple qu'il y avait de l'eau et des montagnes; mais combien y en avait-il, c'est ce qu'il ne savait pas plus que vous ne savez la langue des Mohawks. Je n'ouvris pas la trappe plus qu'il n'était nécessaire, et je ne lui donnai pas beaucoup d'encouragement pour défricher les bois et établir des fermes. En un mot, je laissai dans son esprit une idée de ces environs semblable à celle qu'on peut se faire d'une source d'eau trouble à laquelle on ne peut arriver que par un chemin si bourbeux, qu'on s'y engouffre avant de partir. Il me dit qu'il n'avait pas encore mis ce lac sur sa carte; mais je crois que c'est une méprise, car il me la montra, et il y avait placé un lac dans un endroit où il n'en existe aucun, et qui est à cinquante milles du lieu où il devrait être, si c'est celui-ci qu'il a eu en vue. Je ne crois pas que ce que je lui en ai dit l'engage à en ajouter un autre.

Ici Hurry se mit à rire de tout son cœur, car de pareils tours étaient particulièrement du goût de ceux qui craignaient les approches de la civilisation comme tendant à diminuer l'étendue de leur empire. Les erreurs grossières qui existaient dans les cartes de ce pays, qui toutes étaient faites en Europe, étaient parmi eux un sujet constant de risée; car s'ils n'étaient pas assez savants pour faire mieux eux-mêmes, ils avaient assez de connaissances locales pour découvrir les méprises palpables qui s'y trouvaient. Quiconque voudra prendre la peine de comparer ces preuves inexplicables de la science topographique de nos ancêtres il y a un siècle, aux détails plus exacts que nous possédons aujourd'hui, reconnaîtra sur-le-champ que les hommes qui habitaient les bois étaient assez excusables de critiquer le manque de connaissance en cette partie des gouvernements coloniaux, qui n'hésitaient pas un instant à mettre un lac ou un fleuve à un degré ou deux hors de leur place véritable, même quand ils n'étaient qu'à une journée de marche des parties habitées du pays.

— Je suis charmé qu'il n'ait pas de nom, reprit Deerslayer, ou du moins qu'il n'en ait pas un qui lui ait été donné par les Faces Pâles;

car leurs baptêmes de ce genre prédisent toujours dévastation et destruction. Mais les Peaux Rouges doivent avoir leur manière de le désigner, ainsi que les chasseurs et les trappeurs, et il est probable qu'ils lui ont donné un nom raisonnable et qui y ressemble.

— Quant aux tribus sauvages, elles ont chacune leur langue et leur manière de nommer les choses, et elles traitent cette partie du pays comme toutes les autres. Pour nous, nous nous sommes habitués à l'appeler le lac de Glimmerglass, vu que son bassin est tellement entouré de pins que sa surface réfléchit, qu'on dirait qu'il veut repousser en arrière les montagnes qui s'avancent sur ses eaux.

— Je sais qu'il en sort une rivière, car on dit qu'il en sort de tous les lacs, et le rocher près duquel je dois trouver Chingachgook est tout près d'une rivière. La colonie ne lui a-t-elle pas donné un nom?

— A cet égard, elle a l'avantage sur nous, car elle a en sa possession un bout de cette rivière, et c'est le plus large. Le nom qu'elle porte a remonté jusqu'à sa source, car les noms remontent naturellement contre le courant. Je ne doute pas, Deerslayer, que vous n'ayez vu le Susquehannah dans le pays des Delawares?

— Oui, sans doute, et j'ai chassé cent fois sur ses bords.

— Eh bien! c'est la même rivière que celle dont vous parlez, et elle porte le même nom des deux côtés. Je suis charmé qu'on ait été forcé de lui conserver le nom que lui avaient donné les Peaux Rouges, car c'est bien assez de leur voler leurs terres, sans les dépouiller de leurs noms.

Deerslayer ne répondit rien, et resta le menton appuyé sur sa carabine, contemplant la vue qui l'enchantait. Le lecteur ne doit pourtant pas supposer que ce n'était que le pittoresque qui attirait si fortement son attention. L'aspect du lac était certainement admirable, et il se montrait dans un des moments les plus favorables. La surface en était lisse comme une glace, limpide comme l'air le plus pur, et elle réfléchissait les montagnes couvertes de sombres pins, tout le long de ses côtes orientales; les arbres croissant sur les pointes avançaient leurs branches sur l'eau en lignes presque horizontales, et formaient çà et là une arche de verdure à travers laquelle on voyait l'eau briller dans les criques. C'était l'air de parfait repos, la solitude qui parlait de scènes et de forêts que la main de l'homme n'avait jamais touchées, le règne de la nature en un mot, qui transportait d'un plaisir si pur le cœur d'un homme ayant les habitudes et la tournure d'esprit de Deerslayer. Il sentait pourtant aussi en poëte, quoique ce fût sans le savoir. S'il trouvait une douce jouissance à étudier le grand livre des mystères et des formes des bois en homme satisfait d'avoir une vue plus étendue d'un sujet qui a longtemps occupé ses pensées, il n'était pas insensible aux beautés naturelles d'un paysage semblable, et il sentait une partie de ce contentement d'esprit qui est ordinairement produit par la vue d'une scène si complétement empreinte du saint calme de la nature.

CHAPITRE III.

> Allons, irons-nous chasser le daim? Et pourtant je vois avec peine ces pauvres fous à peau diaprée, à tête ombragée de beaux bois, bourgeois naturels d'un désert qui est leur cité, périr sur leur propre territoire, le flanc percé par une javeline.
> SHAKSPEARE.

HURRY HARRY pensait plus aux charmes de Judith Hutter qu'aux beautés du Glimmerglass et du paysage qui entourait ce lac. Dès qu'il eut fini son examen de tout ce qui se trouvait sur la plate-forme, il retourna près de la pirogue, et appela son compagnon, afin d'aller chercher sur le lac la famille Hutter. Cependant, avant d'y monter, il examina très-soigneusement toute la partie septentrionale du lac, et surtout les pointes et les criques, à l'aide d'une longue-vue assez médiocre, qui faisait partie des effets de Hutter.

— C'est comme je le croyais, dit Hurry, le vieux Tom est allé sur la partie méridionale du lac, et il a laissé au château le soin de se défendre lui-même. Eh bien! à présent que nous savons qu'il n'est pas au nord, ce ne sera pas une grande affaire de ramer vers le sud et de le trouver dans sa cachette.

— Est-ce qu'il a jugé à propos de se creuser un terrier sur les bords du lac? demanda Deerslayer en suivant son compagnon sur la pirogue. Selon moi, on est ici dans une solitude où l'on peut se livrer à ses pensées sans craindre que personne vienne en déranger le cours.

— Vous oubliez vos amis les Mingos et tous les sauvages alliés aux Français, Deerslayer. Y a-t-il un endroit sur la terre où ces chiens remuants n'aillent pas? Où est le lac ou le ruisseau que ces coquins ne finissent point par découvrir, et à l'eau duquel ils ne donnent pas tôt ou tard la couleur du sang?

— Je n'en ai certainement jamais entendu dire rien de bon, l'ami Hurry, quoique je n'aie pas encore été appelé à les rencontrer, ni eucun de mes semblables, sur le sentier de la guerre. J'ose dire qu'il n'est pas probable qu'un endroit aussi beau que celui-ci soit oublié par de tels pillards; car, quoique je n'aie encore eu aucune occasion de querelle avec ces tribus, tout ce que m'en ont dit les Delawares fait que je les regarde comme de vrais mécréants.

— Ce que vous pouvez faire en toute conscience; et quant à cela, il en est de même de tout autre sauvage que vous pouvez rencontrer.

Deerslayer protesta contre cette assertion, et tout en ramant pour gagner la partie méridionale du lac, ils eurent une vive discussion sur le mérite des Faces Pâles et des Peaux Rouges. Hurry avait contre ces derniers toute l'antipathie et tous les préjugés d'un chasseur blanc, qui, en général, regarde l'Indien comme une sorte de compétiteur, et même assez souvent comme un ennemi naturel. Comme de raison, il parlait d'un ton dogmatique, criait beaucoup et ne raisonnait pas. De l'autre part, Deerslayer montrait un tout autre caractère, et prouvait par la modération de son langage, par la justesse de ses vues et par la simplicité de ses distinctions, qu'il avait un penchant décidé à entendre la raison, un désir véritable d'être juste, et une franchise qui ne lui permettait pas d'avoir recours à des sophismes pour soutenir une opinion ou pour défendre un préjugé, quoiqu'il n'en fût pas tout à fait exempt lui-même. Ce tyran de l'esprit humain, qui trouve mille moyens pour se jeter sur sa proie presque aussitôt que l'homme commence à penser et à sentir, et qui cesse rarement de le gouverner avec sa verge de fer avant qu'il soit privé de ces deux facultés, avait fait quelque impression même sur les dispositions du jeune chasseur à la justice, quoiqu'il offrit probablement à cet égard un bon échantillon de ce que l'absence du mauvais exemple, le manque de tentation de faire le mal, et de bonnes dispositions naturelles peuvent faire d'un jeune homme.

— Vous conviendrez, Deerslayer, qu'un Mingo est plus d'à moitié un diable, s'écria Hurry, continuant la discussion avec une véhémence qui allait presque jusqu'à la férocité, quoique vous cherchiez à me persuader que les Delawares sont presque des anges. Quant à moi, je nie cette dernière assertion, et je soutiens qu'elle n'est pas même applicable aux blancs. Tous les blancs ne sont pas sans défauts, et par conséquent tous les Indiens n'en sont pas exempts. Ainsi votre argument pèche par la base. Mais voici ce que j'appelle raisonner : il y a sur la terre des hommes de trois couleurs, des blancs, des noirs et des rouges; le blanc est la plus belle couleur, et par conséquent l'homme blanc vaut mieux que les autres; l'homme noir vient ensuite, et il peut vivre dans le voisinage du blanc, parce qu'il est en état de lui être utile et de le servir. L'homme rouge est au dernier rang, ce qui prouve que celui qui l'a créé n'a jamais entendu qu'un Indien soit regardé comme autre chose qu'une créature à demi humaine.

— Dieu les a fait tous trois semblables, Hurry.

— Semblables! Prétendez-vous qu'un nègre soit semblable à un blanc, ou que je sois semblable à une Peau Rouge?

— Vous faites feu quand mon mousquet n'est qu'à demi armé, et vous ne m'écoutez pas jusqu'au bout, Hurry. Blancs, noirs et rouges, c'est Dieu qui nous a faits tous, et sans doute sa sagesse a eu ses motifs pour nous donner des couleurs différentes. Au total, il nous a donné à tous à peu près les mêmes sensations, quoique je ne nie pas qu'il ait donné à chaque race des dons particuliers. Ceux qu'il a faits à l'homme blanc sont christianisés, tandis que ceux qu'il a accordés aux Peaux Rouges conviennent mieux à l'état sauvage. Ainsi ce serait une grande faute dans un blanc de scalper un mort, tandis que dans un Indien c'est une vertu signalée. D'une autre part, un blanc, pendant la guerre, ne peut dresser une embuscade pour tuer des femmes et des enfants, et une Peau Rouge peut le faire. C'est une cruauté, j'en conviens; mais pour eux c'est une œuvre licite, et pour nous c'en serait une criminelle.

— Cela dépend de savoir quel est votre ennemi. Quant à scalper ou même écorcher un sauvage, c'est ce que je regarde à peu près comme la même chose que de couper les oreilles d'un loup pour recevoir la prime payée par la colonie, ou de dépouiller un ours de sa peau. Et quant à lever la chevelure d'un Indien, vous vous trompez grandement, puisque la colonie paie la même prime pour cela que pour les oreilles de loups et les têtes de corbeaux.

— Je le sais, et c'est une mauvaise besogne, Hurry. Les Indiens eux-mêmes crient que c'est une honte, attendu que cela est contraire aux dons que le ciel a accordés aux blancs. Je ne prétends pas que tout ce que font les blancs soit christianisé, car alors ils seraient ce qu'ils devraient être, et nous savons fort bien qu'ils ne le sont pas; mais je soutiens que les traditions, les coutumes, les lois et la couleur établissent dans les races des différences qui sont presque comme des dons du ciel. Je sais qu'il y a parmi les Indiens des tribus qui sont naturellement perverses et méchantes; mais il y a des nations semblables parmi les blancs. Les Mingos font partie des premières, et les Français du Canada des secondes. Dans un état de guerre légitime, comme nous en avons eu une récemment, c'est un devoir d'étouffer tout sentiment de compassion en ce qui touche la vie des hommes; mais en venir à scalper, c'est une chose toute différente.

— Ecoutez la raison, je vous prie, Deerslayer. Est-ce que la colonie peut faire une loi illégale? Une loi illégale n'est-elle pas contre nature plus que de scalper un sauvage? une loi ne peut pas plus être illégale que la vérité ne peut être mensonge.

— Cela sonne raisonnablement, Hurry, mais cela nous mène à des conséquences qui ne sont pas raisonnables. Toutes les lois ne sortent pas de la même source: Dieu nous a donné les siennes, quelques-unes viennent de la colonie, et le roi et le parlement nous en envoient encore d'autres. Or, quand les lois de la colonie et même celles du roi sont contraires aux lois de Dieu, elles deviennent illégales, et l'on ne doit pas y obéir. Je pense donc qu'un blanc doit respecter les lois des blancs quand elles ne viennent pas à la traverse de celles qui partent d'une autorité supérieure, et que l'homme rouge doit avoir le même privilége pour suivre ses usages de Peau Rouge. Mais il est inutile de parler, car chacun pense à sa manière, et parle d'après sa pensée. Ayons l'œil au guet pour chercher votre ami Tom Flottant, de peur qu'il n'échappe à notre vue, caché sous ce feuillage épais.

Ce que craignait Deerslayer n'était pas impossible. Sur toute la longueur des rives du lac, du côté qu'il indiquait, les plus petits arbres avançaient sur l'eau leurs branches, dont l'extrémité touchait même souvent à l'élément transparent. Les bords, sans être très-élevés, étaient escarpés, et comme la force de la végétation se porte invariablement vers la lumière, l'effet qui en résultait était précisément ce qu'aurait désiré un amateur du pittoresque, si l'arrangement de cette superbe lisière de forêt avait été soumis à ses ordres. D'une autre part, les pointes et les criques étaient assez nombreuses pour jeter de la variété sur les contours du lac. Comme la pirogue se tenait près de la rive occidentale, afin, comme Hurry l'avait dit, de reconnaître s'il n'y avait pas d'ennemis avant de s'exposer trop ouvertement à leur vue, l'attention des deux amis était toujours portée au plus haut point; car qui savait ce qui pouvait se trouver derrière chaque pointe qu'ils avaient à doubler? Leur course était rapide, car la force colossale de March le mettait en état de faire voler la pirogue comme une plume, et la dextérité de son compagnon le rendait presque aussi utile, malgré son infériorité physique.

Chaque fois que la pirogue doublait une pointe, Hurry jetait un coup d'œil dans la crique, s'attendant à y voir *l'arche* à l'ancre, ou amarrée au rivage : mais il était toujours désappointé, et ils n'étaient qu'à un mille de l'extrémité méridionale du lac, ou à une distance de deux bonnes lieues du *château*, qui était alors caché à leurs yeux par une demi-douzaine de langues de terre, quand il cessa tout à coup de ramer, comme s'il n'eût su dans quelle direction il devait gouverner.

— Il est possible que le vieux Tom soit entré dans la rivière, dit-il après avoir regardé avec soin le long de la rive orientale, qui était à environ un mille de distance, et qu'il pouvait voir sans obstacle dans la moitié de sa longueur; car il paraît qu'il s'est considérablement adonné depuis peu au métier de trappeur, et, sauf les obstacles du bois flottant, il peut la descendre aisément pendant un mille ou deux, mais il aura diablement à remuer les bras pour la remonter.

— Mais où est donc cette rivière, Hurry? Je ne vois ni dans les rives du lac ni entre les arbres aucune ouverture assez large pour qu'un fleuve comme le Susquehannah puisse y passer.

— Ah! ah! Deerslayer, les fleuves ressemblent aux hommes, qui sont bien chétifs en arrivant dans le monde, et qui finissent par avoir de larges épaules et de grandes bouches. Vous ne voyez pas la rivière, parce qu'elle passe entre des rives hautes et escarpées, et que les pins, les chênes et les tilleuls en couvrent les eaux comme un toit couvre une maison. Si le vieux Tom n'est pas dans la crique du Rat, il faut qu'il soit entré dans la rivière; mais nous le chercherons d'abord dans la crique.

Ils se remirent à ramer, et Hurry expliqua à son compagnon qu'il se trouvait à peu de distance une crique dont l'eau était peu profonde, formée par une longue et basse pointe; qu'on l'avait nommée la crique du Rat, parce qu'il s'y trouvait toujours une quantité prodigieuse de rats musqués; et qu'elle mettait l'arche si complètement à couvert, que Hutter aimait à y jeter l'ancre quand il était dans les environs.

— Comme on ne sait jamais quels visiteurs on peut avoir dans cette partie du pays, continua Hurry, c'est un grand avantage de pouvoir les voir avant qu'ils soient trop près. A présent qu'on est en guerre, cette précaution est plus que jamais nécessaire, car un Canadien ou un Mingo peut arriver chez vous avant d'y être invité. Mais Hutter a bon nez, et il sent le danger comme un chien sent un daim.

— Je pense que le château est tellement ouvert, qu'il ne pourrait manquer d'attirer les ennemis s'ils venaient à découvrir ce lac, ce qui n'est pas vraisemblable, j'en conviens, vu qu'il n'est pas sur le chemin des forts et des établissements.

— En vérité, Deerslayer, je suis porté à croire qu'il est plus facile de rencontrer des ennemis que des amis. Il est terrible de songer combien il y a de manières pour se faire des ennemis, et combien il y en a peu pour gagner des amis. Les uns déterrent la hache parce que vous ne pensez pas tout à fait comme eux; les autres, parce que vous prenez l'avance sur eux en suivant la même idée. J'ai une fois entendu un vagabond chercher querelle à un ami parce que celui-ci ne le trouvait pas beau. Or, vous, par exemple, Deerslayer, vous n'êtes pas un monument en fait de beauté, mais vous ne seriez pas assez déraisonnable pour devenir mon ennemi si je vous le disais.

— Je suis ce que le ciel m'a fait, et je ne désire passer pour être ni mieux ni pire. Il est possible que je n'aie pas ce qu'on appelle de beaux traits, c'est-à-dire suivant que l'entendent les esprits vains et légers; mais je me flatte que je ne suis pas tout à fait sans quelque recommandation du côté de la bonne conduite. Peu de gens ont une physionomie plus noble que la vôtre, Hurry, et je sais que je ne dois pas m'attendre à voir les yeux se tourner vers moi quand ils peuvent se fixer sur un homme comme vous; mais je ne sache pas qu'un chasseur soit moins sûr de son coup et qu'on puisse moins compter sur lui pour sa nourriture, parce qu'il ne s'arrête pas au bord de chaque ruisseau qu'il rencontre pour admirer dans l'eau sa beauté.

Hurry partit d'un grand éclat de rire, car, quoiqu'il fût trop insouciant pour songer beaucoup à sa supériorité physique, qui était manifeste, il ne l'en connaissait pas moins; et, comme bien des gens qui se font un mérite des avantages qu'ils doivent à la nature ou à leur naissance, il y pensait avec une sorte de complaisance quand ce sujet se présentait à son esprit.

— Non, non, Deerslayer, dit-il, vous n'êtes pas une beauté, et vous en conviendrez vous-même si vous voulez regarder par-dessus le bord de la pirogue. Judith vous le dira en face, si vous la mettez sur ce sujet, car il n'y a pas dans tous nos établissements une seule fille qui ait la langue plus légère et plus agile, si vous la provoquez à s'en servir. L'avis que j'ai à vous donner, c'est de ne pas vous frotter à elle. Quant à Hetty, vous pouvez tout lui dire, et elle vous écoutera avec la douceur d'un agneau. Et il est très-probable que Judith elle-même ne vous dira pas son opinion sur votre physionomie.

— Et quand elle me la dirait, Hurry, elle ne m'en dirait pas plus que ce que vous m'avez déjà dit.

— J'espère, Deerslayer, que vous n'allez pas vous fâcher pour une petite remarque que j'ai faite sans vouloir vous offenser. Vous devez savoir vous-même que vous n'êtes pas une beauté; et pourquoi des amis ne se diraient-ils pas l'un à l'autre ces petites bagatelles? Si vous étiez beau, ou qu'il fût possible que vous le devinssiez, je serais le premier à vous le dire, et cela doit vous contenter. Si Judith me disait que je suis aussi laid qu'un pêcheur, je prendrais cela comme une sorte d'obligation, mais je tâcherais de n'en rien croire.

— Il est aisé à ceux que la nature a favorisés de plaisanter sur ce sujet, Hurry; mais cela est quelquefois difficile aux autres. Je ne nierai pas que je n'aie moi-même désiré parfois d'être plus beau que je ne le suis. Oui, j'en ai eu le désir; mais j'ai toujours été en état d'en triompher en songeant combien j'ai connu de gens qui avaient un bel extérieur, mais qui n'avaient intérieurement rien dont ils pussent se vanter. Je l'avouerai, Hurry, j'ai plus d'une fois regretté de n'avoir pas été créé plus agréable à voir, plus semblable à un homme comme vous; mais j'ai toujours surmonté ce sentiment en réfléchissant combien je suis plus heureux que plusieurs de mes semblables. Je pouvais naître boiteux, et incapable de chasser même un écureuil; ou aveugle, ce qui m'aurait rendu un fardeau pour moi-même et pour ma famille. J'aurais pu être sourd, ce qui m'aurait mis hors d'état de faire une campagne ou de marcher en vedette, ce que je regarde comme faisant partie des devoirs d'un homme dans des temps de troubles. Non, non, il n'est pas agréable de voir des gens qui sont plus beaux, plus recherchés, plus honorés que vous, j'en conviens; mais cela peut se supporter quand on sait voir le mal en face, et que l'on connaît les autres dons qu'on a reçus du ciel et les obligations qu'on lui a.

Hurry, au fond, avait le cœur aussi bon que le caractère, et l'humilité de son compagnon l'emporta promptement sur un mouvement passager de vanité personnelle. Il regretta d'avoir parlé comme il l'avait fait de la physionomie de son compagnon, et il chercha à lui en exprimer ses regrets, quoique avec la rudesse des habitudes et des opinions de la frontière.

— Je n'y entendais pas de mal, Deerslayer, répondit-il d'un ton conciliant, et j'espère que vous oublierez ce que je vous ai dit. Si vous n'êtes pas tout à fait beau, vous avez un certain air qui dit plus clairement que toutes les paroles du monde qu'il n'y a rien de laid dans votre intérieur. D'ailleurs, vous n'attachez pas un grand prix à la beauté, et vous en pardonnerez plus aisément une plaisanterie sur ce sujet. Je ne vous dirai pas que Judith vous admirera beaucoup, ce serait vous exposer à un désappointement; mais il y a

Hetty, par exemple, qui aura autant de plaisir à vous regarder que quelque autre homme que ce soit. D'ailleurs vous êtes trop grave et trop réfléchi pour vous soucier de Judith ; car, quoiqu'il y ait peu de filles comme elle, elle partage son admiration entre tant de monde, qu'un homme ne doit pas s'en faire accroire, parce qu'il lui arrive d'obtenir d'elle un sourire. J'ai quelquefois pensé que la drôlesse s'aime mieux que qui que ce soit dans le monde.

— Quand cela serait, Hurry, je crois qu'elle ne ferait que ce que font la plupart des reines sur leur trône, et des belles dames dans les villes, répondit Deerslayer, sa physionomie franche et honnête n'offrant aucun signe de mécontentement. Je n'ai jamais connu même une Delaware dont vous ne puissiez en dire autant. Mais nous voici au bout de la longue pointe dont vous avez parlé, et la crique du Rat ne peut être bien loin.

Cette pointe, au lieu d'avancer en ligne droite dans le lac comme toutes les autres, en suivait une presque parallèle au rivage, qui, reculant en demi-cercle à la distance d'un quart de mille, formait ainsi une baie profonde qui terminait le lac du côté du sud. Hurry se croyait presque sûr d'y trouver l'arche ; car, à l'ancre derrière les arbres qui couvraient cette étroite langue de terre, elle aurait pu rester cachée pendant tout un été aux yeux les plus perçants. Elle y aurait été si bien à couvert, qu'une pirogue amarrée au rivage de la pointe du fond de la baie n'aurait pu être vue que d'un seul point, qui était couvert d'arbres et de buissons si épais, qu'il n'était pas probable que des étrangers voulussent y pénétrer.

— Nous verrons bientôt l'arche, dit Hurry en doublant la pointe dans un endroit où l'eau était si profonde qu'elle paraissait presque noire. Le vieux Tom aime à s'enfoncer dans les roseaux ; mais nous serons dans son nid dans quelques minutes, quoiqu'il puisse l'avoir quitté pour examiner ses trappes.

March fut un faux prophète. La pirogue doubla la pointe de manière à commander la vue entière de cette crique, ou plutôt de cette baie, car elle en méritait le nom, et il en fit ensuite le tour, sans voir autre chose que ce que la nature y avait placé. L'eau tranquille, fendue par la pirogue, décrivait des courbes avec grâce ; les roseaux se courbaient sur sa surface, et les branches d'arbres la couvraient d'une voûte. C'était une scène qui aurait fait l'admiration d'un poëte ou d'un artiste ; mais elle n'eut aucun charme pour Hurry Harry, qui brûlait d'impatience de revoir sa beauté légère.

La marche de la pirogue n'avait fait presque aucun bruit, les habitants des frontières étant habitués à mettre la plus grande circonspection dans tous leurs mouvements, et elle glissait sur l'eau comme si elle eût flotté dans l'air. En ce moment les deux voyageurs entendirent le craquement d'une branche sèche sur l'étroite langue de terre qui séparait la baie du lac. Ils tressaillirent, et chacun d'eux avança la main vers son fusil, qui était toujours à la portée de leur bras.

— Le pied qui a appuyé sur cette branche n'est pas celui d'un animal léger, dit Hurry à voix basse; il a fait un bruit qui ressemble au pas de l'homme.

— Non, non, répondit Deerslayer du même ton ; si le pied était trop pesant pour être celui d'un animal faible, il était trop léger pour appartenir à un homme. Mettez votre rame à l'eau, et faites approcher la pirogue du rivage; je sauterai à terre, et je couperai la retraite à cette créature, que ce soit un Mingo ou un rat musqué.

Deerslayer fut bientôt sur la pointe, et il y avança avec assez de précaution pour ne faire aucun bruit. Comme il arrivait à mi-chemin de la largeur de cette étroite langue de terre, marchant à pas lents au milieu d'épaisses broussailles, et l'œil au guet, il entendit encore une fois le craquement d'une branche de bois mort, et le même bruit se répéta à courts intervalles, comme si quelque créature vivante se fût avancée vers l'extrémité de la pointe. Hurry entendit aussi ces sons, et repoussant la pirogue dans la baie, il attendit ce qui allait arriver. Au bout d'une minute qu'il passa presque sans respirer, il vit un noble daim sortir des broussailles, s'avancer à pas lents vers l'extrémité sablonneuse de la langue de terre, et se désaltérer dans l'eau pure du lac. Hurry hésita un instant, puis, levant son fusil et l'appuyant contre son épaule, il ajusta le daim, et fit feu. L'explosion fut suivie de quelques moments de silence pendant lesquels le son flottait en l'air et traversait le lac; mais quand il eut atteint les rochers et les montagnes qui couvraient l'autre côté, les vibrations s'accumulèrent, roulèrent de cavité en cavité, et semblèrent éveiller tous les échos des forêts. Le daim ne fit que secouer la tête au bruit de l'explosion et au sifflement de la balle, car c'était la première fois qu'il se trouvait en contact avec l'homme; mais les échos des montagnes éveillèrent sa méfiance, et sautant en avant, les jambes repliées sous son corps, il se jeta à l'eau et se mit à nager pour gagner l'extrémité du lac. Hurry poussa un grand cri, et fit force de rames pour atteindre l'animal fuyant. Pendant une ou deux minutes l'eau écumait entre le daim et le chasseur; et le dernier allait doubler la pointe, quand Deerslayer parut sur le sable et lui fit signe de revenir.

— C'était agir inconsidérément que de tirer un coup de fusil avant d'avoir fait une reconnaissance exacte pour nous assurer qu'il n'y avait pas d'ennemis dans les environs, dit Deerslayer quand son compagnon l'eut rejoint, un peu à contre-cœur; j'ai appris cela des Delawares par manière d'avis et de tradition, quoique je n'aie pas encore marché sur le sentier de la guerre. D'ailleurs, on peut à peine dire que la saison de la venaison soit commencée, et nous ne manquons pas de nourriture pour le présent. On m'appelle Tueur de Daims, et peut-être mérité-je ce nom, tant par la connaissance que j'ai des habitudes de ces créatures que parce que j'ai le coup d'œil sûr; mais on ne peut me reprocher d'en tuer un seul quand ni sa chair ni sa peau ne peuvent m'être utiles. Je puis être un tueur, d'accord; mais je ne suis pas un massacreur.

— Comment ai-je pu manquer ce daim? s'écria Hurry en passant ses doigts à travers sa belle chevelure, comme s'il eût voulu démêler en même temps ses cheveux et ses idées; je n'ai pas fait une telle maladresse depuis que j'ai atteint l'âge de quinze ans.

— Ne le regrettez pas : la mort de cette créature ne pouvait nous faire aucun bien; mais, en voulant le tuer, vous pouviez nous faire beaucoup de mal. Le bruit qu'ont fait ces échos est quelque chose de plus important qu'un coup de fusil manqué. C'est comme la voix de la nature qui réclame contre une tentative inconsidérée de dévastation.

— Si vous restez longtemps dans ces environs, vous entendrez un grand nombre de réclamations semblables, répondit Hurry en riant. Les échos répètent presque tout ce qui se dit ou se fait sur le Glimmerglass, pendant ce temps calme de l'été. Si vous laissez tomber une rame dans une pirogue, ce léger bruit se répète comme si les montagnes se moquaient de votre gaucherie; et si vous riez, si vous sifflez, vous croiriez que ces pins en font autant, quand ils sont en humeur de parler, de manière à vous faire penser qu'ils peuvent réellement converser avec vous.

— C'est une raison de plus pour être prudent et silencieux. Je ne crois pas que les ennemis aient encore pénétré dans ces montagnes, car je ne vois pas ce qu'ils auraient à y gagner; mais tous les Delawares disent que, si le courage est la première vertu, la prudence est la seconde. Le bruit des échos de ces montagnes suffit pour apprendre à toute une tribu le secret de notre arrivée.

— S'ils ne nous font pas d'autre bien, ils avertiront du moins le vieux Tom de mettre le pot au feu, en lui annonçant qu'il lui arrive des visiteurs. Allons, mon garçon, sautez dans la pirogue, et nous donnerons la chasse à l'arche pendant qu'il fait encore jour.

La pirogue partit dès que Deerslayer y fut entré, et Hurry lui fit traverser l'extrémité du lac en ligne diagonale, en se dirigeant vers le sud-est. Dans cette direction, ils n'étaient qu'à environ un mille du rivage, et comme ils étaient tous deux bons rameurs, cette distance décroissait rapidement. Quand ils en eurent parcouru la moitié, un léger bruit en arrière attira leur attention, et ils virent le daim sortir de l'eau et monter sur le rivage le plus près de l'endroit d'où il était parti. Le noble animal secoua l'eau de ses flancs, regarda les arbres, et s'enfonça dans la forêt en bondissant.

— Cette créature s'en va avec de la reconnaissance dans le cœur, dit Deerslayer, car la nature lui dit qu'elle a échappé à un grand danger. Vous devriez éprouver quelque chose du même sentiment, Hurry, et remercier le ciel de ne pas avoir eu l'œil plus sûr et la main plus ferme, quand nul bien ne pouvait résulter d'un coup de feu tiré sans réflexion plutôt qu'avec raison.

— Je nie ce que vous dites de mon œil et de ma main, s'écria March avec quelque chaleur. Vous vous êtes fait parmi les Delawares la réputation de ne jamais manquer un daim; mais je voudrais vous voir derrière un de ces pins, et un Mingo, le corps peint en guerre, derrière un autre; chacun ayant sa carabine armée, et attendant sa chance. Ce sont ces situations-là qui mettent à l'épreuve l'œil et la main, Nathaniel, car elles commencent par agir sur les nerfs. Je ne regarde pas comme un exploit de tuer un animal à quatre pieds, mais tuer un sauvage en est un. Le temps viendra d'essayer votre main, à présent que nous en sommes venus aux coups encore une fois; et nous saurons bientôt ce qu'une réputation de tueur de daims peut valoir sur un champ de bataille. Je nie que mon œil et ma main aient manqué de justesse ou de fermeté. C'est la faute du daim si j'ai manqué mon coup; car il s'est arrêté tout court quand il aurait dû continuer à courir, de sorte que le coup a porté en avant de lui.

— Expliquez cela comme il vous plaira, Hurry; tout ce que je soutiens, c'est qu'il est heureux que vous ayez manqué votre coup. Quant à moi, j'ose dire que je ne tirerai pas sur un de mes semblables avec le même sang-froid que sur un daim.

— Qui vous parle de tirer sur vos semblables? C'est un Indien qui est dans ma supposition. Je crois bien qu'un homme ne serait pas sans émotion s'il était en face de son semblable, et qu'il y allât de la vie ou de la mort pour l'un d'eux. Mais on ne peut avoir de pareils scrupules à l'égard d'un Indien : ce n'est que la chance de tuer ou d'être tué.

— Je regarde les Peaux Rouges comme des hommes tout aussi bien que nous, Hurry. Ils ont leurs coutumes et leur religion, j'en conviens ; mais cela ne fera aucune différence quand chacun sera jugé suivant ses actions, et non d'après la couleur de sa peau.

— C'est parler comme les missionnaires, et cela ne prendra pas dans cette partie du pays, où les frères Moraves n'ont pas encore mis le pied. Je vous dis, moi, que c'est la peau qui fait l'homme ; et cela doit être : sans quoi, comment pourrait-on se reconnaître les uns les autres ? Une peau a été accordée à toutes les créatures afin qu'on puisse savoir ce qu'elles sont en les voyant. C'est par la peau que vous distinguez un ours d'un cochon, et un écureuil gris d'un noir.

— Cela est vrai, Hurry, répondit Deerslayer en souriant ; mais le gris et le noir n'en sont pas moins tous deux des écureuils.

— Qui dit le contraire? Mais vous ne prétendrez pas qu'une Peau Rouge et un blanc soient tous deux des Indiens ?

— Non, mais je dirai qu'ils sont tous deux des hommes, des hommes de différentes races et de différentes couleurs, ayant des coutumes et des traditions différentes, mais au total ayant les uns et les autres la même nature. Tous ont une âme, et tous auront à rendre compte de leurs actions pendant leur vie.

Hurry était un de ces théoriciens qui croyaient à l'infériorité de toute la partie de la race humaine qui n'est pas blanche. Ses idées à cet égard n'étaient pas très-claires ni ses définitions très-correctes ; mais ses opinions n'en étaient pas moins dogmatiques et opiniâtres. Sa conscience l'accusait de plusieurs actes illégaux, pour ne rien dire de plus, contre les Indiens, et il avait trouvé un moyen très-facile de lui imposer silence en mettant tout d'un coup toute la famille des hommes rouges hors de la catégorie des droits humains. Rien ne le mettait plus en colère que d'entendre contester ses opinions à ce sujet, surtout si, en les contestant, on faisait usage d'arguments plausibles, et il n'écouta pas avec beaucoup de sang-froid les remarques de son compagnon.

— Vous êtes un enfant, Deerslayer, s'écria-t-il, un enfant à qui les artifices des Delawarres et l'ignorance des missionnaires ont donné de fausses idées. Vous pouvez vous regarder comme le frère des Peaux Rouges, mais moi je les regarde comme des animaux qui n'ont rien d'humain que l'astuce. Ils n'en manquent pas, j'en conviens, mais le renard et même l'ours en ont autant qu'eux. Je suis plus vieux que vous, et j'ai vécu plus longtemps dans les bois, car, en quelque sorte, j'y ai toujours vécu, et ce n'est pas à moi qu'il faut dire ce qu'est un Indien et ce qu'il n'est pas. Si vous voulez passer pour un sauvage, vous n'avez qu'à le dire, je vous présenterai sous ce nom à Judith et à son vieux père, et nous verrons si l'accueil que vous en recevrez vous plaira.

L'imagination de Hurry lui fut utile en ce moment pour le remettre en bonne humeur, car, en se représentant l'accueil que sa vieille connaissance semi-aquatique ferait à un homme qui lui serait présenté de cette manière, il partit d'un grand éclat de rire. Deerslayer savait trop bien qu'il était inutile de chercher à convaincre un être tel que son compagnon de l'injustice de ses préjugés pour vouloir entreprendre cette tâche; et il ne fut pas fâché de voir que l'approche de la pirogue de l'extrémité du lac au sud-est donnait une nouvelle direction à ses idées. Ils étaient alors très-près de l'endroit où March lui avait dit qu'ils devaient trouver la rivière, et tous deux commencèrent à la chercher des yeux avec une curiosité rendue encore plus vive par l'espoir d'y trouver l'arche.

Il pourra paraître un peu singulier au lecteur que l'endroit par où passait une rivière quelconque, entre des rives élevées d'une vingtaine de pieds, pût être l'objet d'un doute pour des hommes qui n'en étaient pas alors à plus de cent toises. Mais il faut qu'il se rappelle qu'en cet endroit, comme en beaucoup d'autres, les arbres et les buissons s'étendaient sur l'eau de manière à ne laisser apercevoir presque aucune différence dans le contour général du lac.

— Il y a maintenant deux étés que je ne suis venu dans ce bout du lac, dit Hurry, qui se tenait debout dans la pirogue pour mieux voir. Ah! oui; voici le rocher qui montre son menton hors de l'eau, et je sais que la rivière n'en est pas loin.

Sans avoir repris leurs rames, ils se trouvèrent bientôt à quelques toises du rocher, un courant les portant de ce côté. Ce rocher ne s'élevait que de trois à quatre pieds au-dessus de la surface du lac. L'action de l'eau, continuée pendant des siècles, en avait tellement arrondi le sommet, qu'il ressemblait à une grande ruche, et qu'il était plus uni et plus régulier que les rochers ne le sont ordinairement. En passant à côté, Hurry fit la remarque que ce rocher était connu de tous les Indiens de cette partie du pays, et qu'ils avaient coutume de le prendre pour rendez-vous quand ils se séparaient dans leurs chasses ou dans leurs marches.

— Et voici la rivière, ajouta-t-il, quoiqu'elle soit tellement cachée par les arbres et les buissons, qu'elle a l'air d'être en embuscade plutôt que de faciliter l'écoulement du trop-plein d'un lac comme le Glimmerglass.

Hurry n'avait pas mal décrit cet endroit, qui semblait véritablement offrir aux yeux une rivière en embuscade. Les deux rives pouvaient être à environ cent pieds l'une de l'autre; mais du côté de l'occident, un rivage de terre basse réduisait cette largeur à environ moitié. Comme des buissons se courbaient sur l'eau par le bas, et que des pins, dont la taille égalait celle d'un clocher d'église, s'élevaient en hautes colonnes, en inclinant vers la lumière, et entrelaçaient leurs branches supérieures, l'œil, à moins d'être directement en face, ne pouvait aisément, même à très-peu de distance, découvrir sur la côte aucune ouverture qui marquât l'endroit où l'eau sortait du lac. Vue du lac, la forêt ne laissait voir aucune trace de la rivière; et elle présentait partout un tapis de feuillage uniforme et paraissant interminable. La pirogue, avançant lentement, à l'aide du courant, entra sous une arche formée par les branches des arbres, où la clarté du ciel, pénétrant çà et là par quelques ouvertures, empêchait l'obscurité d'être complète.

— C'est une embuscade naturelle, dit Hurry à demi-voix, comme s'il eût senti que cet endroit était consacré au silence et à la vigilance. Comptez-y bien, le vieux Tom s'est enfoncé avec son arche quelque part dans ces environs. Nous suivrons le courant jusqu'à une certaine distance, et nous le dénicherons.

— Cette rivière est si étroite qu'elle ne peut recevoir même le plus petit bâtiment, dit Deerslayer; il me semble que nous aurons à peine assez de place pour notre pirogue.

Hurry sourit de cette idée, et il parut bientôt que c'était avec raison, car à peine eurent-ils passé la frange de buissons qui croissaient sur les bords du lac, que les deux amis se trouvèrent sur les bords étroits d'une eau limpide ayant un fort courant, sous un dais de feuilles dont de vieux arbres étaient les colonnes. Des buissons en bordaient les rives, mais ils laissaient entre eux un libre passage d'environ vingt pieds de largeur, et permettaient à la vue de s'étendre en avant à huit ou dix fois cette distance.

Les deux voyageurs ne se servaient de leurs rames que pour maintenir leur petite nacelle, mais ils surveillaient avec la plus grande attention tous les coudes que faisait la rivière, et ils en trouvèrent deux ou trois dans les premières cinquante toises. Ils en passèrent ainsi plusieurs, et ils avaient déjà parcouru une petite distance quand Hurry, sans dire un seul mot, arrêta le mouvement de la pirogue en saisissant une branche d'arbrisseau avec tant de précipitation, qu'il semblait avoir un motif particulier pour agir ainsi. Deerslayer mit la main sur la crosse de sa carabine dès qu'il s'en aperçut; mais c'était autant par habitude que par un sentiment d'alarme.

— Le voilà, le vieux coquin, dit Hurry à voix basse en allongeant un doigt, et riant de tout son cœur, quoiqu'il évitât de faire aucun bruit. C'est ce que je supposais. Le voilà comme les rats, enfoncé dans l'eau et la boue par dessus les genoux, et examinant ses trappes. Mais, sur ma vie, je ne vois rien de son arche. Je suis pourtant prêt à gager toutes les peaux que je prendrai cette saison, que Judith ne hasarde pas ses jolis petits pieds dans le voisinage de cette boue noire; la coquette est plutôt assise sur le bord de quelque source, arrangeant ses cheveux, et occupée à admirer elle-même sa beauté, et à s'armer de dédain pour nous autres hommes.

— Vous jugez trop sévèrement les jeunes filles, Hurry, répondit Deerslayer; oui, vous les jugez trop sévèrement, car vous songez à leurs défauts aussi souvent qu'elles pensent à leurs perfections. J'ose dire que cette Judith n'est pas si disposée à s'admirer elle-même et à mépriser notre sexe que vous semblez le penser, et qu'il est aussi probable qu'elle sert son père dans sa maison, en quelque lieu qu'elle puisse être, comme il la sert elle-même en examinant ses trappes.

— C'est un plaisir d'entendre la vérité sortir de la bouche d'un homme, quand ce ne serait qu'une fois dans la vie, s'écria une voix de femme forte, mais douce et agréable, si près de la pirogue, que les deux voyageurs en tressaillirent. Quant à vous, maître Hurry, les belles paroles vous étouffent tellement, que je ne m'attends plus à vous en entendre prononcer, car la dernière fois que vous l'avez essayé, elles se sont arrêtées dans votre gosier, et vous avez pensé en mourir. Cependant je suis charmée de m'apercevoir que vous voyez meilleure compagnie qu'autrefois, et qu'un homme qui sait apprécier et traiter convenablement les femmes ne rougit pas de voyager avec vous.

A peine ces mots avaient-ils été prononcés qu'une jeune femme d'une beauté remarquable avança la tête par une ouverture entre les feuilles, à si peu de distance, que Deerslayer aurait pu la toucher avec sa rame. Elle adressa à celui-ci un sourire agréable, et le froncement de sourcil qui accompagna le regard de mécontentement simulé qu'elle jeta sur Hurry eut l'effet de mettre en jeu une physionomie expressive, mais capricieuse, qui semblait pouvoir passer avec indifférence et facilité de la douceur à la sévérité et de l'enjouement au reproche.

Un moment d'examen expliqua toute l'affaire. Sans que les voyageurs s'en doutassent, leur pirogue se trouvait bord à bord avec l'arche, qui avait été cachée soigneusement derrière les branches inclinées des arbrisseaux croissant sur la rive, de sorte que Judith n'avait eu besoin que d'écarter le feuillage qui était devant une fenêtre, pour se montrer à eux et leur parler.

CHAPITRE IV.

> Ce timide faon ne tressaille pas de crainte quand j'arrive doucement dans le bosquet qu'il préfère ; — cette jeune violette de mai m'est bien chère ; — et je visite ce petit ruisseau silencieux pour contempler l'aimable fleur qui croit sur ses bords.
>
> BRYANT.

L'ARCHE, comme on appelait généralement l'habitation flottante de Hutter, était d'une construction fort simple. Une espèce de grand bateau plat, ou de *scow*, comme on l'appelle en Amérique, en composait la partie qui flottait sur l'eau, et au centre on avait construit un *rouf* peu élevé, occupant toute la largeur du bateau et environ les deux tiers de sa longueur, et ressemblant au château par le mode de sa construction, quoique les bois en fussent très-légers et n'eussent que l'épaisseur strictement nécessaire pour les rendre à l'épreuve des balles. Comme les côtés du scow s'élevaient un peu plus haut que de coutume, et que la cabine n'avait que la hauteur nécessaire pour qu'on y fût à l'aise, cette addition inusitée n'avait rien de gauche ni de très-remarquable. Dans le fait, ce n'était guère qu'un coche d'eau moderne, mais plus large, plus grossièrement construit, et montrant par le toit couvert en écorces de la cabine que c'était une production des forêts. Le scow avait pourtant été assemblé avec intelligence ; car il était léger comparativement à sa force, et assez facile à gouverner. La cabine était divisée en deux pièces : l'une servait de salle à manger et était la chambre à coucher du père ; l'autre était destinée à ses deux filles. Un très-simple arrangement suffisait pour la cuisine, car elle était en plein air à une des extrémités du scow, l'arche n'étant qu'une habitation d'été.

Il est aisé de comprendre pourquoi Hurry avait dit que cette rivière était une embuscade. En plusieurs parties du lac et de la rivière, les buissons et les arbrisseaux courbaient leurs branches au-dessus de l'eau, à laquelle elles touchaient même quelquefois. En certains endroits ces branches s'avançaient en ligne presque horizontale jusqu'à une distance d'une vingtaine de pieds. L'eau étant uniformément profonde près des rives élevées, comme l'étaient celles de la rivière, ainsi que nous l'avons déjà dit, Hutter n'avait trouvé aucune difficulté à faire entrer l'arche sous un de ces abris naturels, et il y avait jeté l'ancre, dans la vue de cacher sa position, pensant que le soin de sa sûreté exigeait cette précaution. Une fois sous les arbres et les buissons, quelques grosses pierres attachées au bout des branches les avaient fait se courber jusque dans l'eau; et quelques branches coupées et placées convenablement avaient fait le reste. Le lecteur a vu que cet abri était si complet, qu'il avait trompé deux hommes accoutumés aux bois, et qui cherchaient même ceux qui étaient ainsi cachés, ce que comprendront aisément ceux qui connaissent la végétation vigoureuse d'une forêt vierge en Amérique, et surtout dans un sol riche.

La découverte de l'arche produisit des effets tout différents sur nos deux voyageurs. Dès qu'on eut pu faire entrer la pirogue sous l'abri, Hurry sauta à bord, et au bout d'une minute il était en conversation animée avec Judith, attaquant et se défendant avec gaieté, et semblant oublier l'existence du reste du monde. Il n'en était pas de même de Deerslayer. Il avança sur l'arche d'un pas lent et circonspect, et examina, en curieux et en amateur, les moyens qu'on avait pris pour la mettre à l'abri de tous les regards. Il est vrai que la beauté singulière et brillante de Judith lui extorqua un coup d'œil d'admiration; mais cela ne l'empêcha qu'un instant de se livrer à l'intérêt que lui inspirait la demeure étrange de Hutter. Il en étudia la construction dans toutes ses parties, en calcula la force, la solidité et les moyens de défense, et fit toutes les questions qui pouvaient s'offrir à l'esprit d'un homme dont toutes les pensées roulaient sur de pareils expédients. L'arrangement des branches ne lui échappa même pas : il le considéra dans tous ses détails, et fit quelques commentaires qui tendaient à le louer. Les usages des frontières permettant cette liberté, il traversa la première chambre, comme il l'avait fait au château, ouvrit une porte qui donnait entrée dans la seconde, et il y trouva Hetty travaillant à quelque ouvrage d'aiguille.

Comme il avait alors terminé son examen, il appuya sur le plancher la crosse de sa carabine, et plaçant ses deux mains sur la bouche du canon, il la regarda avec un intérêt que la beauté supérieure de sa sœur n'avait pu lui inspirer. Les remarques de Hurry lui avaient appris qu'on trouvait dans Hetty moins d'intelligence qu'il n'en est ordinairement accordé à tous les êtres humains, et l'éducation qu'il avait reçue chez les Indiens l'avait habitué à traiter avec une bonté particulière ceux que la Providence avait affligés ainsi. Comme cela arrive assez souvent, on ne remarquait dans l'extérieur de cette jeune fille rien qui pût affaiblir l'intérêt que sa situation éveillait. On n'aurait pu avec justice l'appeler une idiote, car son esprit n'était faible que parce qu'il ne pouvait s'élever aux traits les plus artificiels de notre nature, tandis qu'il conservait son ingénuité et son amour pour la vérité. Le peu de personnes qui l'avaient vue et qui étaient en état de la juger avaient souvent remarqué que le sentiment intime de ce qui est bien était en elle un instinct, et que son aversion pour tout ce qui est mal était un trait si caractéristique de son esprit, qu'elle était comme entourée d'une atmosphère de pure innocence : ce qui n'est pas sans exemple dans les personnes qu'on appelle faibles d'esprit, comme si Dieu avait défendu aux malins esprits d'approcher d'êtres si dépourvus de défense, dans ce dessein bienveillant de prendre sous sa protection spéciale ceux qui sont privés du secours généralement accordé à l'humanité. Ses traits étaient agréables, et offraient une forte ressemblance avec ceux de sa sœur, dont ils étaient une humble copie. Si elle n'avait pas l'éclat de Judith, l'expression calme, tranquille et presque sainte de sa douce physionomie manquait rarement de gagner le cœur de ceux qui l'observaient, et peu l'observaient longtemps sans commencer à prendre à elle un intérêt profond et durable. Ses joues avaient peu de couleur, et son esprit simple ne lui présentait jamais des images qui pussent y en appeler davantage ; car elle avait une pudeur naturelle qui l'élevait presque à la dignité confiante d'un être supérieur aux faiblesses humaines. La nature et sa manière de vivre avaient fait d'elle une créature innocente, sans détours et sans méfiance, et la Providence l'avait entourée d'une auréole de lumière morale, pour écarter d'elle jusqu'à l'apparence du mal.

— Vous êtes Hetty Hutter, dit Deerslayer de la manière dont on se parle quelquefois à soi-même sans y penser, et avec un ton de bonté qui était particulièrement fait pour gagner la confiance de celle à qui il s'adressait. Hurry Harry m'a parlé de vous, et je sais que vous devez être Hetty.

— Oui, je suis Hetty Hutter, répondit la jeune fille d'une voix douce que la nature, aidée de quelque éducation, avait préservée de tout accent désagréable ou vulgaire, sœur de Judith et fille cadette de Thomas Hutter.

— En ce cas, je connais votre histoire, car Hurry Harry parle beaucoup, et il ne se gêne pas pour parler des affaires des autres quand il en trouve l'occasion. — Vous passez la plus grande partie de votre vie sur le lac?

— Certainement. Ma mère est morte, mon père s'occupe de ses trappes, et Judith et moi nous restons à la maison. — Quel est votre nom?

— Il est plus facile de faire cette question que d'y répondre, Hetty; car, tout jeune que je suis, j'ai déjà porté plus de noms que quelques-uns des plus grands chefs de toute l'Amérique.

— Mais vous avez un nom? — Vous ne quittez pas un nom avant d'en avoir gagné honnêtement un autre?

— J'espère que non, jeune fille, j'espère que non. Mes noms me sont venus naturellement, et je suppose que celui que je porte aujourd'hui ne sera pas de longue durée, car il est rare que les Delawares tombent sur le nom qui convient réellement à un homme, avant qu'il ait eu occasion de montrer ce qu'il est, soit dans le conseil, soit sur le sentier de la guerre. Or, cela ne m'est pas encore arrivé; d'abord, parce que, n'étant pas né Peau Rouge, je n'ai pas le droit de siéger dans leurs conseils, et que je suis placé trop bas pour que les grands de ma propre couleur me demandent mon opinion, et ensuite parce que cette guerre est la première qui ait eu lieu de mon temps, et qu'aucun ennemi ne s'est encore assez avancé dans cette colonie pour qu'un bras, même plus long que le mien, puisse l'atteindre.

— Dites-moi vos noms, répéta Hetty le regardant d'un air ingénu, et peut-être vous dirai-je ce que vous êtes.

— Il y a en cela quelque vérité, je ne le nierai pas, quoique cela manque souvent. Les hommes se trompent en appréciant le caractère des autres, et ils leur donnent fréquemment des noms qu'ils ne méritent pas. Vous pouvez en voir la preuve dans les noms des Mingos, qui, dans leur langue, signifient la même chose que ceux des Delawares dans la leur, à ce qu'on m'a dit du moins, car je ne connais guère cette tribu que par ouï-dire. Or, personne ne peut dire que ce soit une nation aussi juste et aussi honnête que les Delawares. Je n'accorde donc pas une grande confiance aux noms.

— Dites-moi tous vos noms, s'écria encore la jeune fille avec chaleur, car elle attachait de l'importance à un nom. Je veux savoir que penser de vous.

— Eh bien, très-volontiers, je vous les dirai tous. D'abord je suis chrétien et blanc comme vous, et mon père avait un nom qu'il tenait du sien en guise d'héritage, et qu'il me transmit tout naturellement à son tour. Ce nom était Bumppo, et l'on y ajouta Nathaniel en me baptisant, nom que bien des gens jugèrent à propos de changer en Natty, pour l'abréger.

— Oui, oui, Natty et Hetty, s'écria la jeune fille levant les yeux de dessus son ouvrage pour le regarder en souriant. Vous êtes Natty, et je suis Hetty, quoique vous soyez Bumppo et que je sois Hutter. — Ne trouvez-vous pas Hutter un plus joli nom que Bumppo?

— C'est suivant les goûts. Bumppo n'a pas un son bien relevé, j'en conviens; cependant mon père et mon grand-père s'en sont contentés toute leur vie. Mais je ne le portai pas bien longtemps, car les Delawares découvrirent, ou crurent avoir découvert que je n'étais pas porté au mensonge, et ils m'appelèrent d'abord *Straight-Tongue*[1].

— C'est un bon nom, s'écria Hetty vivement et d'un ton positif. Ne me dites plus qu'il n'y a pas de vertu dans un nom.

— Je ne dis pas tout à fait cela, et peut-être méritai-je d'être ainsi nommé, car le mensonge ne me plaît pas autant qu'à bien des gens. Au bout d'un certain temps, ils trouvèrent que j'avais le pied agile, et ils me nommèrent *Pigeon*, parce que cet oiseau a de bonnes ailes et vole en ligne directe.

— C'était un joli nom, dit Hetty; le pigeon est un joli oiseau.

— La plupart des choses que Dieu a faites sont jolies à leur manière, ma bonne fille; mais l'homme, en y touchant, en change l'aspect et même la nature. — Eh bien, après avoir porté des messages et suivi des pistes, j'en vins enfin à suivre les chasseurs; et comme on s'aperçut que je découvrais le gibier plus vite et plus sûrement que la plupart des jeunes gens de mon âge, on me nomma *Lapear*[2], parce que j'avais, disaient-ils, la sagacité d'un chien de chasse.

— Ce nom n'était pas si joli, et j'espère que vous ne l'avez pas gardé longtemps.

— Non, répondit le jeune chasseur, quelque fierté perçant à travers son air tranquille et sans prétention; car quand je fus assez

---

1. Langue droite, c'est-à-dire vraie. — 2. Oreille pendante.

riche pour acheter une carabine, et qu'on vit que je pouvais fournir à un wigwam autant de venaison qu'il en avait besoin, on me nomma *Deerslayer*[1], et c'est le nom que je porte à présent, quelque insignifiant qu'il puisse paraître à ceux qui attachent plus de valeur à la chevelure d'un de leurs semblables qu'aux bois d'un daim.

— Je ne suis pas de ce nombre, Deerslayer, dit Hetty avec simplicité. Judith aime les soldats, les beaux uniformes et les beaux panaches; mais tout cela n'est rien pour moi. Elle dit que les officiers sont de grands hommes, qu'ils sont élégants, qu'ils tiennent de beaux discours; moi je frissonne en les voyant, car leur métier est de tuer leurs semblables. Le vôtre me plaît davantage, et votre dernier nom est très-bon, il vaut mieux que Natty Bumppo.

— Cela est naturel dans une jeune fille qui a votre tournure d'esprit, Hetty, et je m'y attendais. On m'a dit que votre sœur est d'une beauté rare, et la beauté aime à être admirée.

— N'avez-vous jamais vu Judith? s'écria Hetty avec vivacité. Si vous ne l'avez pas encore vue, allez la voir bien vite. Hurry Harry lui-même n'est pas plus agréable à voir, quoiqu'elle ne soit qu'une femme et qu'il soit homme.

Deerslayer la regarda un instant avec un intérêt pénible. Les joues pâles de la jeune fille s'étaient un peu animées, et son œil, ordinairement si doux et si serein, brillait, tandis qu'elle parlait, de manière à trahir ses sentiments secrets.

— Hurry Harry, murmura-t-il en retournant vers la première chambre, voilà ce que c'est que d'avoir bonne mine, si une langue bien pendue ne s'en est pas mêlée. Il est aisé de voir de quel côté penchent les sentiments de cette pauvre créature, quels que puissent être ceux de votre Judith.

Mais la galanterie de Hurry, la coquetterie de sa maîtresse, les réflexions de Deerslayer et la douce émotion de Hetty, furent interrompues par l'apparition subite du propriétaire de l'arche dans l'étroite ouverture qui avait été conservée pour entrer dans les buissons, et qui était pour la position de ce bateau ce qu'un fossé est pour une place-forte. Il paraît que Thomas Hutter, Tom Flottant, comme le nommaient familièrement les chasseurs qui connaissaient ses habitudes, avait reconnu la pirogue de Hurry, car il ne montra aucune surprise en le trouvant sur le scow. Au contraire, l'accueil qu'il lui fit annonçait un plaisir mêlé de quelque mécontentement de ne pas l'avoir vu quelques jours plus tôt.

---

1. Tueur de daims.

— Je vous attendais la semaine dernière, dit-il d'un ton moitié grondeur, moitié satisfait, et j'ai été désappointé par votre absence. Un courrier a passé par ici pour avertir les trappeurs et les chasseurs qu'il y a une nouvelle guerre entre la colonie et le Canada, et je me suis trouvé bien esseulé dans ces montagnes, ayant à veiller à la sûreté de trois chevelures, et n'ayant qu'une paire de bras pour les protéger.

— Cela était dans la raison, répondit March, c'était penser comme un père; et si j'avais eu deux filles comme Judith et Hetty, j'aurais sans doute pensé de même, quoique, en général, j'aime autant avoir mon plus proche voisin à cinquante milles de moi que tout à côté.

— Quoi qu'il en soit, il paraît que vous ne vous êtes pas soucié de venir seul dans le désert, à présent que vous savez que les sauvages du Canada commencent à se remuer, répliqua Hutter jetant un coup d'œil de méfiance et de curiosité sur Deerslayer.

— Et pourquoi non, Tom? On dit qu'un mauvais compagnon fait paraître le chemin plus court en voyage, et je regarde ce jeune homme comme en étant un assez bon. C'est Deerslayer, chasseur bien connu parmi les Delawares, né chrétien, et ayant reçu une éducation chrétienne comme vous et moi. Je ne dis point qu'il soit parfait, mais il y en a de pires dans le pays d'où il vient, et il est probable qu'il en trouvera qui ne valent pas mieux dans cette partie du pays. Si nous avons besoin de défendre nos trappes et notre territoire, il nous sera très-utile pour nous fournir des vivres, car on sait qu'il ne manque jamais un daim.

— Vous êtes le bien-venu, jeune homme, grommela Tom en offrant à Deerslayer une main dure et osseuse, comme un gage de sa sincérité; dans un temps comme celui-ci, tout visage blanc est celui d'un ami, et je compte trouver en vous un appui. Les enfants rendent quelquefois faible le cœur le plus ferme, et nos deux filles me donnent plus d'inquiétudes que toutes mes trappes et mes peaux, et tous mes droits dans ce pays.

— Cela est naturel, dit Hurry. Oui, Deerslayer, ni vous ni moi nous ne le savons encore par expérience; mais, au total, je crois que cela est naturel. Si nous avions des filles, il est plus que probable que nous penserions de même, et j'honore l'homme qui ne craint pas de l'avouer. Eh bien! vieux Tom, je m'enrôle sur-le-champ comme défenseur de Judith, et voici Deerslayer qui vous aidera à défendre Hetty.

— Bien des remercîments, maître March, répondit la belle Judith d'une voix harmonieuse qui, comme celle de sa sœur, prouvait par ses intonations et par l'exactitude de sa prononciation, qu'elle avait été mieux élevée qu'on n'aurait pu s'y attendre, d'après l'apparence de son père et la vie qu'il menait; bien des remerciements; mais sachez que Judith Hutter a assez de courage et d'expérience pour compter sur elle-même plus que sur des rôdeurs de bonne mine comme vous. S'il devient nécessaire de faire face aux sauvages, allez à terre avec mon père, au lieu de vous enfermer dans des huttes, sous prétexte de défendre des femmes, et....

— Ma fille! ma fille! s'écria Hutter, laissez reposer une langue qui court trop vite, et écoutez la vérité. Il y a déjà des sauvages sur les bords du lac, et personne ne peut dire à quelle distance ils sont de nous en ce moment, ni quand nous en entendrons parler.

— Si cela est vrai, maître Hutter, dit Hurry, dont le changement de physionomie annonça qu'il regardait cette information comme une chose très-sérieuse, quoiqu'il n'eût pas un air d'alarme indigne d'un homme; si cela est vrai, votre arche est dans une très-malheureuse position; car, quoique la manière dont elle est cachée ait pu tromper Deerslayer et moi-même, elle n'échapperait pas aux yeux d'un Indien qui serait à la chasse de chevelures.

— Je pense comme vous, Hurry; et je voudrais de tout mon cœur que nous fussions partout ailleurs que sur cette rivière étroite et tortueuse, qui offre quelques avantages pour s'y cacher, mais qui pourrait nous devenir fatale si nous étions découverts. D'ailleurs les sauvages sont près de nous, et la difficulté est de sortir de la rivière sans qu'ils tirent sur nous comme sur des daims qui sont à se désaltérer.

— Etes-vous bien certain, maître Hutter, que les Peaux Rouges que vous craignez soient de véritables Canadiens? demanda Deerslayer d'un ton modeste, mais sérieux. En avez-vous vu quelques-uns, et pouvez-vous me dire comment leur corps est peint?

— J'ai trouvé des preuves qu'ils sont dans le voisinage, mais je n'en ai vu aucun. Je descendais la rivière à environ un mille d'ici, examinant mes trappes, quand j'aperçus une piste qui traversait le coin d'un marécage, et qui allait vers le nord. Elle était toute fraîche, et je reconnus que c'était la piste d'un Indien, à la dimension du pied et au gros orteil tourné en dedans, avant même d'avoir trouvé un vieux moccasin qu'on avait laissé comme hors de service. Je reconnus même l'endroit où l'homme s'était arrêté pour s'en faire un autre, et ce n'était qu'à quelques toises de l'endroit où il avait laissé celui qui était usé.

— Cela n'a pas l'air d'une Peau Rouge étant sur le sentier de guerre, dit Deerslayer en secouant la tête ; du moins un guerrier expérimenté aurait brûlé, ou enterré, ou jeté dans la rivière ce signe de son passage, et votre piste est probablement une piste pacifique. Je suis venu ici pour avoir une entrevue avec un jeune chef indien, et sa route serait à peu près dans la direction que vous avez indiquée. Il est très-possible que ce soit sa piste.

— Hurry Harry, j'espère que vous connaissez bien ce jeune homme qui a des rendez-vous avec des sauvages dans une partie du pays où il n'était jamais venu? demanda Hutter d'un ton qui indiquait suffisamment le motif de cette question, car la délicatesse empêche rarement les habitants des frontières de dire tout ce qu'ils pensent. — La trahison est une vertu chez les Indiens, et les blancs qui vivent longtemps avec eux apprennent bientôt leurs pratiques.

— Vrai, — vrai comme l'Evangile, Tom ; mais cela ne peut s'appliquer à Deerslayer, qui est un jeune homme franc, quand il n'aurait que cette recommandation. Je réponds de son honnêteté. — Quant à son courage dans un combat, c'est autre chose.

— Je voudrais savoir ce qu'il vient faire dans ces environs.

— Cela sera bientôt dit, maître Hutter, répondit le jeune chasseur avec le calme d'un homme à qui sa conscience ne reproche rien. Le père de deux filles comme les vôtres, qui occupe un lac, à sa manière, a le même droit de demander à un étranger quelle affaire il a dans son voisinage ; que la colonie de s'informer pour quelle raison les Français ont plus de régiments que de coutume sur la ligne de la frontière. Non, non ; je ne vous refuse pas le droit de demander à un étranger pourquoi il entre dans votre habitation dans des circonstances si sérieuses.

— Si telle est votre façon de penser, l'ami, contez-moi votre histoire sans plus de préambule.

— Cela sera bientôt fait, comme je vous l'ai déjà dit, et je ne vous dirai que la vérité. Je suis jeune, et je n'ai pas encore fait mon premier pas sur le sentier de guerre ; mais dès que les Delawares apprirent qu'on allait envoyer la hache dans leur tribu, ils me chargèrent d'aller parmi les hommes de ma couleur pour connaître l'état exact des choses. Je fis ce message, et après avoir débité ma harangue aux chefs blancs, je rencontrai à mon retour, sur les bords du Schoharie, un officier du roi qui avait de l'argent à envoyer à quelques tribus alliées qui demeurent plus loin à l'ouest. On pensa que c'était une bonne occasion pour Chingachgook, jeune chef qui n'a pas encore mesuré ses forces avec un ennemi, et pour moi, d'entrer ensemble sur le sentier de guerre, et un vieux Delaware nous conseilla de prendre pour rendez-vous un rocher qui est à l'extrémité de ce lac. Je ne nierai pas que Chingachgook n'ait eu un autre objet en vue, mais cela ne concerne aucun de ceux qui sont ici ; et comme c'est son secret et non le mien, je n'en dirai pas davantage.

— Il s'agit de quelque jeune femme, s'écria Judith en riant, et non sans rougir un peu de la précipitation avec laquelle elle avait attribué un pareil motif au jeune chef indien ; s'il n'est question ni de guerre ni de chasse, il faut bien que ce soit l'amour.

— Oui, oui, quand on est jeune et belle, et qu'on entend si souvent parler de ce sentiment, il est bien aisé de supposer qu'il cause la plupart des actions des hommes; mais sur ce sujet, je ne dis ni oui ni non. Chingachgook et moi, nous devons nous trouver près du rocher demain soir, une heure avant le coucher du soleil, après quoi nous ferons chemin ensemble sans molester personne que les ennemis du roi, qui sont légalement les nôtres. Connaissant depuis longtemps Hurry, qui a bien des fois dressé ses trappes sur le territoire des Delawares, et l'ayant rencontré sur les bords du Schoharie, comme il allait partir pour son excursion d'été, nous résolûmes de faire route ensemble, non pas tant par crainte des Mingos que pour nous tenir compagnie l'un à l'autre, et faire paraître le chemin plus court, comme il vous l'a dit lui-même.

— Et vous croyez que la piste que j'ai vue peut être celle de votre ami, qui serait arrivé avant le temps convenu?

— C'est mon idée. Elle peut être fausse, mais elle peut être vraie. Quoi qu'il en soit, si je voyais le moccasin que vous avez trouvé, je pourrais dire en une minute si c'est celui d'un Delaware ou non.

— Eh bien, le voici, s'écria Judith qui avait déjà été le chercher dans la pirogue : dites-nous s'il se déclare ami ou ennemi. Vous avez l'air honnête, et je crois tout ce que vous dites, quoi que mon père puisse en penser.

— Voilà comme vous êtes toujours, Judith : vous croyez sans cesse trouver des amis, quand je crains de rencontrer des ennemis. — Eh bien, jeune homme, parlez; dites-nous ce que vous pensez de ce moccasin.

— Il n'est pas fait à la manière des Delawares, répondit Deerslayer en examinant d'un œil attentif cette chaussure usée et rejetée. Je suis trop jeune sur le sentier de guerre pour parler positivement; mais je pense que ce moccasin doit venir du côté du nord, d'au-delà des grands lacs.

— En ce cas, nous ne devons pas rester ici une minute de plus qu'il n'est nécessaire, dit Hutter en regardant à travers les branches qui cachaient son arche, comme s'il eût déjà craint d'apercevoir un ennemi sur la rive opposée de la rivière. — Il ne nous reste guère qu'une heure de jour, et il nous serait impossible de partir dans l'obscurité sans faire un bruit qui nous trahirait. Avez-vous entendu l'écho d'un coup de feu dans les montagnes, il y a environ une demi-heure ?

— Oui, oui, et le coup aussi, répondit Hurry, qui sentit alors l'indiscrétion qu'il avait commise, car c'est moi-même qui l'ai tiré.

— Je craignais qu'il ne l'eût été par les Indiens alliés aux Français ; mais il peut leur donner l'éveil et leur fournir le moyen de nous découvrir. Vous avez eu tort de faire feu, en temps de guerre, sans nécessité pressante.

— C'est ce que je commence à croire moi-même, oncle Tom ; et cependant, si l'on ne peut se hasarder à tirer un coup de fusil dans une solitude de mille milles carrés, quel besoin a-t-on d'en porter un?

Hutter eut alors une longue consultation avec ses deux hôtes, et il leur fit bien comprendre dans quelle situation il était. Il leur fit sentir la difficulté qu'ils trouveraient à faire remonter à l'arche une rivière si rapide et si étroite pendant l'obscurité, sans faire un bruit qui ne pouvait manquer d'être entendu par des oreilles indiennes. Tous les rôdeurs qui pourraient se trouver dans leur voisinage se tiendraient près de la rivière et du lac ; mais les bords de la rivière étaient si marécageux en beaucoup d'endroits, elle faisait un si grand nombre de coudes, et les rives en étaient tellement couvertes de buissons épais, qu'il était facile de la remonter pendant le jour sans faire de bruit, et sans courir un bien grand danger d'être vu. L'oreille était même encore plus à craindre que les yeux, tant qu'ils seraient sur une rivière étroite, bordée d'arbres et de buissons dont les branches formaient un dais sur leur tête, ou se courbaient jusque dans l'eau.

— Je n'entre jamais derrière cet abri, qui est commode pour mes trappes, et qui est plus que le lac à l'abri des yeux curieux, sans me ménager les moyens d'en sortir, continua cet être singulier. — Il est plus facile de tirer que de pousser. Mon ancre est en ce moment mouillée dans le lac, au-dessus de l'endroit où le courant commence à se faire sentir ; une corde y est attachée ; vous la voyez là ; et il n'y a qu'à la tirer pour y arriver. Sans quelque aide semblable, une paire de bras aurait fort à faire pour faire remonter la rivière à un scow comme celui-ci. J'ai aussi une sorte de chèvre qui aide à tirer la corde dans l'occasion. Judith sait gouverner le scow sur l'arrière aussi bien que moi, et quand nous n'avons pas d'ennemis à craindre, nous n'avons pas de peine à remonter la rivière.

— Mais que gagnerons-nous à changer de position, maître Hutter? demanda Deerslayer d'un air très-sérieux. Nous sommes en sûreté derrière cet abri, et, de l'intérieur de la cabine, on peut faire une vigoureuse défense. Je ne connais les combats que sous la forme de tradition; mais il me semble qu'avec de pareilles palissades devant nous, nous pouvons mettre en fuite une vingtaine de Mingos.

— Oui, oui, vous ne connaissez les combats que sous la forme de tradition; cela est assez évident, jeune homme. Aviez-vous jamais vu une nappe d'eau aussi grande que celle qui est là-bas, avant de l'avoir traversée avec Hurry?

— Non, jamais. La jeunesse est le temps d'apprendre, et je suis loin de vouloir élever la voix dans le conseil avant que l'expérience m'y autorise.

— Eh bien! je vais vous apprendre le désavantage de combattre dans cette position, et l'avantage de gagner le lac. Ici, voyez-vous, les sauvages sauront sur quel point ils doivent diriger leurs balles, et ce serait trop espérer que de croire que pas une ne pénétrera à travers les joints et les crevasses de nos palissades. Nous autres, au contraire, nous n'aurons d'autre point de mire que les arbres de la forêt. — D'une autre part, nous ne sommes pas à l'abri du feu ici, car il n'y a rien de plus combustible que les écorces qui couvrent ce toit. Ensuite, les sauvages pourraient entrer dans le château en mon absence, le piller, le dévaster et le détruire. Une fois sur le lac, les ennemis ne peuvent nous attaquer que sur des pirogues ou des radeaux, et alors notre chance est égale à la leur, et l'arche peut protéger le château. Comprenez-vous ce raisonnement, jeune homme?

— Il sonne bien, il sonne raisonnablement, et je ne trouve rien à y redire.

— Eh bien! vieux Tom, s'écria Hurry, s'il faut changer de place, plus tôt nous commencerons, plus tôt nous saurons si nous aurons ou non nos chevelures pour bonnets de nuit.

Comme cette proposition se démontrait d'elle-même, personne n'en contesta la justesse. Les trois hommes, après une courte explication préliminaire, s'occupèrent sérieusement de leurs préparatifs de départ. Les légères amarres qui retenaient le pesant bateau furent bientôt détachées, et en halant la corde, il se dégagea peu à peu des buissons qui le couvraient. Dès qu'il ne fut plus encombré par les branches, il entra dans le courant, dont la force l'emporta vers la rive occidentale. Pas une âme à bord n'entendit sans un sentiment d'inquiétude le bruit que firent les branches quand la cabine vint en contact avec les buissons et les arbres qui bordaient cette rive, car personne ne savait à quel instant et en quel endroit un ennemi caché et cruel pouvait se montrer. Peut-être le peu de lumière pénétrant encore à travers le dais de feuillage qui les couvrait, ou descendant par l'ouverture étroite et semblable à un ruban qui semblait marquer dans l'air le cours de la rivière qui coulait en dessous, contribuait-il à augmenter l'apparence du danger; car il suffisait à peine pour rendre les objets visibles, sans donner à leurs contours leurs formes exactes. Quoique le soleil ne fût pas encore couché, ses rayons ne tombaient plus que diagonalement sur la vallée, et les teintes du soir commençaient à atteindre les objets qui étaient découverts, et rendaient encore plus sombres ceux qui étaient sous l'ombre de la forêt.

Le mouvement de l'arche n'occasionna pourtant aucune interruption, et tandis que les hommes continuaient à haler la corde, l'arche avançait constamment, la grande largeur du scow empêchant qu'il tirât trop d'eau et qu'il offrit beaucoup de résistance à la marche rapide de l'élément sur lequel il flottait. Hutter avait aussi adopté une précaution, suggérée par son expérience, qui aurait fait honneur à un marin, et qui prévint complétement les embarras et les obstacles qu'ils auraient rencontrés sans cela dans les coudes fréquents que faisait la rivière. Tandis que l'arche la descendait, de lourdes pierres attachées à la corde avaient été jetées au centre du courant, formant en quelque sorte des ancres locales, dont aucune ne pouvait draguer, grâce à l'aide que lui prêtaient celles qui étaient en avant, jusqu'à ce qu'on eût atteint la première de toutes, qui tirait sa résistance de l'ancre ou du grappin qui était dans le lac. Par suite de cet expédient, l'arche évita les branches et les broussailles qui couvraient le rivage, et avec lesquelles elle serait nécessairement venue en contact à chaque coude de la rivière, ce qui aurait été une source féconde d'embarras, que Hutter, seul, aurait trouvé fort difficile de surmonter.

A l'aide de cette précaution, et stimulés par la crainte d'être découverts, Tom Flottant et ses deux vigoureux compagnons firent avancer l'arche avec autant de rapidité que le permettait la force de la corde. A chaque coude que faisait la rivière, ils détachaient une des grosses pierres dont nous venons de parler, et le scow se dirigeait sur-le-champ vers celle qui la précédait. De cette manière, et ayant, comme l'aurait dit un marin, sa route marquée par des bouées, Hutter continua à avancer, pressant de temps en temps ses compagnons, à voix basse et retenue, de redoubler d'efforts, et quelquefois aussi, quand l'occasion l'exigeait, en certains moments, les exhortant à ne pas en faire qui pussent les mettre en danger par un excès de zèle. Quoique habitués aux bois depuis longtemps, la nature sombre de la rivière, ombragée partout par les arbres, ajoutait à l'inquiétude que chacun d'eux éprouvait; et quand l'arche arriva au dernier coude du Susquehannah, et que leurs yeux entrevirent la vaste étendue du lac, ils éprouvèrent un soulagement qu'aucun d'eux n'aurait peut-être voulu avouer. Là, ils levèrent du fond de l'eau la dernière pierre, et la corde les conduisit directement vers le grappin, qui, comme Hutter l'avait expliqué à ses compagnons, avait été jeté hors de l'influence du courant.

— Grâce à Dieu, s'écria Hurry, nous verrons clair là, et nous aurons bientôt la chance de voir nos ennemis, si nous devons les sentir.

— C'est plus que personne ne saurait dire, grommela Hutter; il n'y a pas d'endroit si propre à cacher une embuscade que les bords de la rivière à l'instant où elle sort du lac; et le moment où nous quitterons les arbres pour entrer en pleine eau sera le plus dangereux, parce que l'ennemi sera à couvert, et que rien ne nous couvrira plus. — Judith, Hetty, laissez les rames avoir soin d'elles-mêmes; rentrez dans la cabine, et ayez soin de ne pas vous montrer à une fenêtre, car ce ne sont pas des compliments que vous devez attendre de ceux qui vous verraient. — Et maintenant, Hurry, nous entrerons nous-mêmes dans cette première chambre, et nous halerons par la porte : de cette manière nous serons tous à l'abri d'une surprise, du moins. — Ami Deerslayer, comme le courant est moins fort, et que la corde est aussi tendue que la prudence le permet, allez de fenêtre en fenêtre, et ne laissez pas voir votre tête, si vous faites cas de la vie : personne ne sait ni où ni quand nous entendrons parler de nos voisins.

Deerslayer lui obéit en éprouvant une sensation qui n'avait rien de commun avec la crainte, mais qui avait tout l'intérêt actif d'une situation complétement nouvelle pour lui. Pour la première fois de sa vie, il se trouvait dans le voisinage d'ennemis, ou du moins il avait tout lieu de le croire; et cela avec toutes les circonstances excitantes des surprises et des artifices ordinaires aux Indiens. A l'instant où il se plaçait près d'une fenêtre, l'arche se trouvait précisément dans la partie la plus étroite du courant, point où l'eau du lac commençait à entrer dans ce qu'on pouvait appeler plus proprement la rivière. Les arbres qui croissaient sur les deux rives entrelaçaient leurs cimes, de sorte que le courant passait sous une arche de verdure, trait peut-être aussi particulier à ce pays qu'à la Suisse, où les rivières se précipitent littéralement du haut des glaciers.

L'arche allait passer le dernier coude du Susquehannah, quand Deerslayer, après avoir examiné tout ce qu'il pouvait voir de la rive orientale, traversa la cabine pour examiner par une fenêtre de l'autre côté la rive occidentale. Il était temps qu'il y arrivât, car il n'eut pas plus tôt appliqué un œil à une fente, qu'il vit un spectacle qui aurait pu alarmer une sentinelle si jeune et ayant encore si peu d'expérience. Un arbre s'avançait sur l'eau presque en forme de demi-cercle, s'étant incliné vers la lumière pendant sa première croissance, et ayant ensuite été courbé sous le poids des neiges, ce qui n'est pas rare dans les forêts de l'Amérique. Six Indiens se montraient déjà sur cet arbre, et d'autres se préparaient à les suivre dès que les premiers leur laisseraient de la place. Il était évident que leur but était d'y avancer assez loin pour se laisser couler sur le toit de la cabine quand l'arche passerait au-dessous. Cet exploit n'était pas très-difficile, l'inclinaison de l'arbre permettant d'y monter aisément, les branches offrant aux mains un bon appui, et la chute n'étant pas assez haute pour être dangereuse. Deerslayer aperçut ces Indiens à l'instant même où ils se montraient en montant sur la partie de l'arbre qui était voisine de la terre, ce qui était la partie la plus difficile de leur entreprise; et la connaissance qu'il avait déjà des habitudes des Indiens lui apprit qu'ils avaient le corps peint en guerre, et qu'ils faisaient partie d'une tribu ennemie.

— Halez la corde, Hurry ! s'écria-t-il, halez, il y va de la vie. Halez! halez! si vous aimez Judith Hutter !

Cet appel était fait à un homme qui avait la force d'un géant, et le ton en était si pressant et si solennel, que Hutter et March sentirent qu'il n'était pas fait sans raison. Ils halèrent tous deux la corde de toutes leurs forces, et passèrent sous l'arbre avec la même rapidité que s'ils eussent connu le danger qui les menaçait. S'apercevant qu'ils étaient découverts, les Indiens poussèrent leur horrible cri de guerre, et continuant à monter sur l'arbre, tous les six sautèrent tour à tour, espérant tomber sur leur prise supposée; mais ils tombèrent tous dans l'eau à plus ou moins de distance de l'arche, suivant qu'ils étaient arrivés plus ou moins vite à l'endroit d'où il fallait sauter. Le chef seul, qui marchait à leur tête, et qui avait pu arriver assez à temps pour sauter avec plus de succès, tomba juste sur le bord de l'arrière. Mais il tomba de plus haut qu'il ne l'avait calculé, et il resta un instant étourdi de sa chute. Judith se précipita aussitôt hors de la cabine; courant à lui, les joues enflammées par l'idée de sa hardiesse, et réunissant toutes ses forces, elle le fit rouler dans la rivière avant qu'il lui eût été possible de se relever. Après ce trait d'héroïsme, elle redevint une femme. Elle regarda par-dessous la poupe, pour voir ce qu'était devenu le sauvage.—Ses joues rougirent de sa témérité, moitié honte, moitié surprise; enfin elle sourit avec son air ordinaire de douceur et de gaieté. Tout cela n'avait pas duré plus d'une minute, quand le bras de Deerslayer lui entoura la taille, et l'entraîna dans la cabine pour la mettre à l'abri du danger. Cette retraite ne fut pas effectuée trop tôt. A peine étaient-ils tous deux en sûreté, que la forêt retentit de cris horribles, et que les balles commencèrent à frapper les troncs d'arbres équarris qui formaient les murailles de la cabine.

Pendant ce temps, l'arche continuait sa course rapide, et était déjà alors hors de tout danger de poursuite. Enfin les sauvages, leur premier accès de fureur s'étant calmé, cessèrent de faire feu, reconnaissant que c'était perdre leurs munitions sans utilité. Dès qu'on fut arrivé au grappin, Hutter le fit déraper, de manière à ne pas empêcher la marche du scow; et étant alors hors de l'influence du courant, il continua à avancer jusqu'à ce qu'il fût en plein lac, quoique encore assez près de la terre pour pouvoir être atteint d'une balle si l'on s'y exposait. Hutter et March prirent donc leurs rames, et, couverts par la cabine, ils eurent bientôt fait avancer l'arche assez loin du rivage pour ôter à leurs ennemis toute envie de faire de nouvelles tentatives pour leur nuire.

CHAPITRE V.

Une autre consultation eut lieu sur l'avant du scow, et Judith et Hetty y étaient présentes. Comme aucun ennemi ne pouvait alors approcher sans se laisser voir, la seule inquiétude qui restât pour le moment était celle causée par la certitude que des ennemis étaient en forces considérables sur le bord du lac, et qu'on pouvait être sûr qu'ils ne négligeraient aucun moyen possible pour les exterminer. Comme de raison, Hutter était celui qui sentait le mieux cette vérité, ses filles étant habituées à compter sur les ressources de leur père, et ayant trop peu de connaissances pour bien apprécier tous les risques qu'elles couraient, tandis que ses deux compagnons pouvaient le quitter dès qu'ils le jugeraient à propos. Sa première remarque prouva qu'il avait, cette dernière circonstance présente à l'esprit, et un bon observateur aurait vu que c'était ce qui l'occupait le plus en ce moment.

— Nous avons un grand avantage sur les Iroquois, ou sur les ennemis, quels qu'ils puissent être, dit-il, en ce que nous sommes sur le lac. Il ne s'y trouve pas une seule pirogue que je ne sache où elle est, et maintenant que nous avons la vôtre sous la main, Hurry, il ne s'en trouve plus que trois sur les bords, et elles sont si bien cachées dans des troncs d'arbres creux, que je ne crois pas que les Indiens puissent les trouver, quelque temps qu'ils passent à les chercher.

— Je n'en sais trop rien, dit Deerslayer, c'est ce que personne ne saurait dire. Un chien n'est pas plus sûr de la piste qu'une Peau Rouge qui s'attend à y gagner quelque chose. Que ces vagabonds voient devant eux des chevelures, du pillage, ou de l'honneur, suivant les idées qu'ils s'en font, et je ne sais où est le tronc d'arbre qui pourrait cacher une pirogue à leurs yeux.

— Vous avez raison, Deerslayer, s'écria Harry March, et vous parlez à ce sujet comme l'Evangile. Je suis charmé d'avoir une pirogue en sûreté et à portée de mon bras. Je calcule qu'ils auront trouvé les autres avant demain soir, s'ils ont dessein de vous enfermer dans votre tanière, vieux Tom.—Et en parlant de cela, nous ferons bien de reprendre nos rames.

Hutter ne lui répondit pas sur-le-champ. Il regarda autour de lui une bonne minute, examinant le ciel, le lac et la ceinture de forêts qui l'enfermait, comme on pourrait le dire, hermétiquement, comme s'il eût cherché à y découvrir des signes. Il n'y vit aucun symptôme alarmant; les bois étaient ensevelis dans le sommeil profond de la nature, le ciel était pur, et encore éclairé au couchant par la lumière du soleil, et le lac semblait encore plus calme et plus tranquille qu'il ne l'avait été dans la journée. C'était une scène faite pour donner aux passions un caractère de saint calme. Jusqu'à quel point elle produisit cet effet sur ceux qui en étaient témoins à bord de l'arche, c'est ce qu'on verra dans la suite de notre histoire.

— Judith, dit le vieux Tom quand il eut fini cet examen, la nuit s'approche, préparez à souper pour nos amis : une longue marche aiguise l'appétit.

— Nous n'avons pas grand'faim, maître Hutter, répondit March, nous nous sommes rempli l'estomac en arrivant près du lac, et quant à moi, je préfère la compagnie de Judith, même au souper. Il est agréable d'être assis à côté d'elle par une si belle soirée.

— La nature est la nature, répliqua Hutter, et le corps doit être nourri. — Judith, faites ce que je vous ai dit, et emmenez votre sœur pour vous aider. — J'ai quelques petites choses à vous dire, mes amis, continua-t-il dès que les deux sœurs furent parties, et je désirais vous parler sans que mes filles m'entendissent. Vous voyez ma situation, et je voudrais avoir votre avis sur ce qu'il y a de mieux à faire. J'ai déjà vu trois fois brûler ma maison ; mais c'était quand je demeurais à terre, et je me regardais comme assez bien en sûreté après avoir bâti le château et construit cette arche. Mes trois premiers accidents me sont arrivés en temps de paix, et ce n'était que la suite des querelles qu'on peut avoir quand on vit dans les bois et sur la frontière ; mais la circonstance présente paraît très-sérieuse, et je voudrais avoir vos avis à ce sujet.

— Quant à moi, vieux Tom, mon opinion est que votre vie, vos trappes et toutes vos possessions sont dans le danger le plus imminent, répondit Hurry, qui ne vit aucune utilité à lui cacher ce qu'il pensait. Suivant mes idées de la valeur des choses, tout cela ne vaut pas aujourd'hui la moitié autant qu'hier, et je n'en donnerais pas davantage en faisant le paiement en peaux.

— Ensuite j'ai des enfants, ajouta le père d'un ton qu'un observateur désintéressé aurait pu prendre comme un appât présenté à ses auditeurs, ou comme une exclamation arrachée par la tendresse paternelle ; deux filles, comme vous le savez, Hurry ; et je puis dire d'excellentes filles, quoique je sois leur père.

— Un homme peut tout dire, maître Hutter, surtout quand il est pressé par le temps et les circonstances. Vous avez deux filles, comme vous le dites, et il y en a une qui n'a pas son égale sur toute la frontière pour la bonne mine. Quant à la pauvre Hetty, elle est Hetty Hutter, et c'est tout ce qu'il y a à dire de mieux pour la pauvre créature. Mais hourah pour Judith, si sa conduite répondait à sa bonne mine.

— Je vois, Hurry Harry, que je dois vous regarder comme un homme dont l'amitié dépend du beau temps, et je suppose que votre compagnon aura la même façon de penser, répondit le vieux Tom avec un certain air de fierté qui n'était pas sans dignité ; eh bien ! il faut que je compte sur la Providence, qui ne fermera peut-être pas l'oreille aux prières d'un père.

— Si vous supposez que Hurry veut dire qu'il a dessein de vous abandonner, dit Deerslayer, avec un ton de simplicité qui donnait une double assurance de sa véracité, je pense que vous êtes injuste à son égard, comme je suis sûr que vous l'êtes envers moi en supposant que je le suivrais s'il avait le cœur assez dur pour abandonner une famille de sa propre couleur dans un embarras comme celui-ci. Je suis venu sur les bords de ce lac, maître Hutter, pour avoir un rendez-vous avec un ami, et je voudrais seulement qu'il fût ici, comme il y sera demain soir, je n'en doute pas; et alors vous aurez une carabine de plus à votre aide, — une carabine qui n'a pas plus d'expérience que la mienne, j'en conviens; mais elle a si bien servi son maître contre toute espèce de gibier, que je suis sûr qu'elle ne rendra pas de moins bons services en guerre qu'à la chasse.

— Puis-je donc compter sur vous pour m'aider à défendre mes filles, Deerslayer? demanda le vieillard, ses traits exprimant l'inquiétude paternelle.

— Vous le pouvez, Tom Flottant, si c'est là votre nom; et je les défendrai comme un frère défendrait sa sœur, un mari sa femme, et un amant sa maîtresse. Oui, vous pouvez compter sur moi en toute adversité, et Hurry ne ferait pas honneur à son caractère s'il n'en disait pas autant.

— Non, non, s'écria Judith entr'ouvrant la porte; il est précipité de caractère comme de nom, et il nous quittera avec précipitation dès qu'il croira sa belle figure en danger. Ni le vieux Tom, ni ses filles, ne compteront beaucoup sur Henry March, à présent qu'ils le connaissent; mais ils compteront sur vous, Deerslayer, car votre physionomie, aussi honnête que votre cœur, leur assure que vous tiendrez ce que vous promettez.

Elle s'exprimait ainsi peut-être avec autant d'affectation de dédain pour Hurry que de sincérité; et pourtant ses beaux traits prouvaient évidemment qu'elle sentait ce qu'elle disait; et si March pensa qu'il n'avait jamais vu dans ses yeux un sentiment de mépris plus prononcé que lorsqu'elle jeta un regard sur lui en ce moment, ils avaient certainement rarement exprimé plus de douceur et de sensibilité que lorsqu'ils se fixèrent sur son compagnon.

— Laissez-nous, Judith, s'écria Hutter d'un ton ferme, avant qu'aucun des deux jeunes gens eût eu le temps de répondre; laissez-nous, et ne revenez ici que pour apporter la venaison et le poisson.
—Elle a été gâtée par les cajoleries des officiers qui viennent quelquefois jusqu'ici. — J'espère que vous ne ferez pas attention à ses sottes paroles, maître March.

—Vous n'avez rien dit de plus vrai, vieux Tom, répliqua Hurry, piqué des observations de Judith. Ces jeunes gens des forts ont des langues du diable qui lui ont tourné la tête. J'ai peine à reconnaître Judith à présent, et je crois que je me mettrai bientôt à admirer sa sœur, qui commence à être beaucoup plus de mon goût.

— Je suis charmé de vous entendre parler ainsi, Hurry, et je regarde cela comme un signe que vous reprenez votre bon sens. Hetty serait une femme plus sûre et plus raisonnable que Judith, et je crois qu'elle prêterait l'oreille plus aisément à vos propositions ; car je crains que les officiers n'aient fait entrer de sottes idées dans la tête de sa sœur.

— Personne ne peut trouver une femme plus sûre que Hetty, répondit Hurry en riant ; mais plus raisonnable, c'est autre chose. Mais n'importe, Deerslayer m'a rendu justice en disant que vous me trouveriez à mon poste. Je ne vous quitterai certainement pas pour le présent, oncle Tom, quels que puissent être mes sentiments et mes desseins relativement à votre fille aînée.

Hurry avait une réputation de prouesse parmi ses connaissances, et Hutter entendit cette promesse avec une satisfaction qu'il ne chercha point à déguiser. La force physique d'un tel homme était importante soit pour gouverner l'arche, soit dans cette espèce de combats singuliers qui n'étaient pas rares dans les bois ; et nul commandant, serré de près, n'aurait pu apprendre l'arrivée d'un renfort avec plus de joie, que l'habitant des frontières n'en éprouva quand il fut assuré qu'un auxiliaire si utile ne le quitterait pas. Une minute auparavant, Hutter se serait contenté de prendre des arrangements pour rester sur la défensive ; mais dès qu'il fut tranquille sur ce point, il ne songea plus qu'aux moyens de faire une guerre agressive.

— On offre des deux côtés un bon prix pour les chevelures, dit-il avec un sourire équivoque, comme s'il eût senti la force de cette tentation, et qu'il eût voulu en même temps se montrer supérieur au désir de gagner de l'argent par des moyens qui répugnent ordinairement aux hommes qui prétendent être civilisés, même en les adoptant. Il n'est peut-être pas bien de recevoir de l'or pour prix du sang humain, et cependant, quand les hommes sont occupés à se tuer les uns les autres, il ne peut y avoir grand mal à ajouter au pillage un petit morceau de peau garnie de cheveux. Que pensez-vous sur ce sujet, Hurry ?

— Que vous avez commis une énorme erreur, vieux Tom, en appelant le sang des sauvages du sang humain. Je ne me fais pas plus de scrupule de scalper une Peau Rouge que de couper les oreilles d'un loup, et je touche la prime avec le même plaisir dans un cas que dans l'autre. A l'égard des blancs, la chose est toute différente, parce qu'ils ont une aversion naturelle à être scalpés, au lieu que vos Indiens se rasent la tête pour la préparer au couteau, et y laissent sur le haut, par bravade, une touffe de cheveux, afin qu'on puisse la saisir pour faciliter l'opération.

— Cette conduite est mâle du moins. J'ai pensé dès l'origine qu'il ne fallait que vous avoir avec nous pour vous avoir cœur et main, dit le vieux Tom perdant toute sa réserve, et sentant renaître sa confiance en son compagnon. Cette incursion des Indiens peut leur valoir quelque chose de plus qu'ils ne s'y attendaient. — Deerslayer, je suppose que vous pensez comme Hurry, et que vous regardez l'argent gagné de cette manière comme aussi bon que celui que gagnent un trappeur et un chasseur.

— Non. Je n'ai ni ne désire avoir de pareils sentiments. Les dons que m'a faits le ciel sont ceux qui conviennent à ma couleur et à ma religion, et celui de scalper n'en fait point partie. Je vous défendrai, Tom Hutter, soit sur l'arche, soit dans le château, dans les bois comme sur une pirogue, mais je ne sortirai pas de ma nature humaine en entrant dans des voies que Dieu a destinées pour une autre race d'hommes. Si vous et Hurry vous avez envie de gagner ainsi l'argent de la colonie, partez avec lui et laissez vos filles sous ma garde. Quoique je pense tout autrement que vous relativement aux dons qui n'appartiennent pas aux blancs, nous serons d'accord que c'est le devoir du fort de prendre soin du faible, surtout quand celui-ci fait partie de cette classe de créatures que la nature a voulu que l'homme protége et console par sa force et par sa douceur.

— Hurry Harry, c'est une leçon que vous devriez apprendre, et dont vous feriez bien de profiter, dit la voix douce mais animée de Judith, de la seconde chambre, ce qui prouvait qu'elle avait entendu tout ce qui avait été dit jusqu'alors.

— Taisez-vous, Judith! s'écria le père d'un ton de colère. Allez plus loin; nous parlons de choses qu'il ne convient pas à une femme d'écouter.

Il ne prit pourtant aucune mesure pour s'assurer si sa fille lui avait obéi ou non; mais, baissant un peu la voix, il reprit la parole ainsi qu'il suit :

— Le jeune homme a raison, Hurry, et nous pouvons lui confier le soin de mes filles. Or, voici quelle est mon idée, et je crois que vous conviendrez qu'elle est correcte et raisonnable. Il y a une troupe nombreuse de ces sauvages sur les bords du lac, et, quoique je n'aie pas voulu le dire devant mes filles parce que ce sont des femmelettes, et que les femmelettes gênent quand il y a quelque chose de sérieux à faire, il se trouve des femmes parmi eux. Je l'ai reconnu à l'empreinte de leurs moccasins ; et il est probable après tout que c'est une troupe de chasseurs, qui sont en course depuis si longtemps, qu'ils n'ont encore entendu parler ni de la guerre ni des primes pour les chevelures.

— Mais en ce cas, dit Hurry, pourquoi leur première salutation a-t-elle été une tentative pour nous couper le cou?

— Nous ne sommes pas sûrs que tel fût leur dessein. Il est naturel aux Indiens de dresser des embuscades et de préparer des surprises. Ils voulaient sans doute tomber tout à coup à bord de l'arche, et faire ensuite leurs conditions. Que des sauvages, trompés dans leur espoir, aient fait feu sur nous, cela va tout seul, et je ne m'en occupe pas. D'ailleurs, que de fois n'ont-ils pas brûlé ma maison, volé mes trappes, et tiré sur moi dans un temps de paix profonde?

— Les misérables font tout cela, j'en conviens, et nous les payons assez bien en même monnaie. Mais des femmes ne les accompagneraient pas sur le sentier de guerre, et à cet égard il y a de la raison dans votre idée.

— Mais des chasseurs n'auraient pas le corps peint des couleurs de la guerre, dit Deerslayer. J'ai vu les Mingos, et je sais qu'ils sont à la piste des hommes, et non des daims et des castors.

— Vous voilà encore pris, vieux Tom, s'écria Hurry. Pour la sûreté du coup d'œil, je me fierais à Deerslayer autant qu'au plus vieil habitant de la colonie. S'il dit qu'ils étaient peints pour la guerre, le fait est certain.

— En ce cas, il faut qu'une troupe de guerriers ait rencontré une troupe de chasseurs, car il y a des femmes avec eux. Il n'y a que quelques jours que le courrier a passé par ici avec la nouvelle de la guerre, et il est possible que des guerriers soient partis pour rappeler les femmes et les enfants, et frapper de bonne heure un premier coup.

— C'est un raisonnement qui serait bon devant une cour de justice, dit Hurry, et il faut que ce soit la vérité; mais je voudrais bien savoir ce que vous comptez y gagner?

— La prime, répondit Hutter en regardant son compagnon attentif d'un air froid et impassible, qui indiquait plus de cupidité et d'indifférence sur les moyens de la satisfaire que d'animosité et de désir de vengeance. — Les femmes et les enfants ont des chevelures, et la colonie les paie toutes sans distinction.

— Cela n'en est que plus honteux, s'écria Deerslayer. Oui, il n'en est que plus honteux pour les blancs de ne pas comprendre les dons qu'ils ont reçus du ciel, et de ne pas faire plus d'attention à la volonté de Dieu.

— Écoutez la raison, mon garçon, dit Hurry sans s'émouvoir, et ne criez pas ainsi avant de connaître l'affaire. Ces sauvages, quels qu'ils puissent être, scalpent vos amis les Delawares et les Mohicans comme les autres; pourquoi donc ne les scalperions-nous pas à leur tour? Je conviens qu'il serait mal à vous et à moi d'aller dans les établissements et d'y enlever des chevelures; mais c'est une chose toute différente en ce qui concerne les Indiens. Un homme ne doit pas en scalper un autre, s'il n'est prêt à être scalpé lui-même en occasion convenable. A beau jeu beau retour; c'est la loi dans tout le monde. Il y a de la raison à cela, et je crois que c'est aussi la bonne religion.

— Ah! maître Hurry! s'écria encore la voix de Judith, la religion dit-elle qu'un mauvais office en mérite un semblable?

— Je ne veux plus raisonner avec vous, Judith, car vous appelez à votre aide votre beauté pour me battre quand votre esprit ne vous suffit pas. Voilà les Canadiens qui paient à leurs Indiens nos chevelures; pourquoi ne paierions-nous pas.....?

— A nos Indiens, ajouta Judith avec une espèce de rire qui avait quelque chose de mélancolique. Mon père, mon père! ne pensez plus à cela! Ecoutez l'avis de Deerslayer; il a une conscience, et c'est plus que je ne puis dire ou penser de Henry March.

Hutter se leva, entra dans la chambre voisine, en fit sortir ses filles, qu'il envoya surveiller le souper, ferma la porte, et revint près de ses amis. Hurry et lui continuèrent à discuter le même sujet; mais comme tout ce qu'il y avait d'important dans leur conversation se trouvera dans la suite de cette histoire, il est inutile d'en parler ici en détail. Le lecteur ne peut avoir de difficulté à comprendre les principes de morale qui présidaient à cet entretien. C'étaient, dans le fait, ceux qui, sous une forme ou une autre, dirigent la plupart des actions des hommes, et dont le premier axiome est qu'une injustice en justifie une autre. Les ennemis de la colonie payaient les chevelures, et cela semblait suffisant pour autoriser les représailles de la colonie. Il est vrai que les Français du Canada faisaient usage du même argument, circonstance, comme Hurry l'avait fait observer en réponse à une des objections de Deerslayer, qui en prouvait la vérité, puisqu'il ne paraissait pas probable que des ennemis mortels eussent eu recours à la même raison, si elle n'eût été bonne. Mais ni Hurry ni Hutter n'étaient hommes à s'arrêter à des bagatelles en ce qui avait rapport aux droits des aborigènes, parce qu'une des suites de l'agression est qu'elle endurcit la conscience, parce que c'est le seul moyen d'en étouffer la voix. Même dans les temps les plus paisibles, il existait toujours une sorte de guerre entre les Indiens, principalement entre ceux du Canada et les autres tribus; et du moment qu'une guerre ouverte était légalement déclarée, ils la regardaient comme un moyen légitime de se venger de mille griefs réels ou imaginaires. Il y avait donc quelque vérité et beaucoup d'à-propos dans le principe de représailles que Hutter et Hurry adoptaient tous deux pour répondre aux objections de leur compagnon, dont l'esprit était plus juste et plus scrupuleux.

— Il faut combattre un homme avec ses propres armes, Deerslayer, dit Hurry avec sa manière dogmatique de répondre à toute proposition morale. S'il est féroce, il faut que vous le soyez davantage; s'il a un cœur de pierre, il faut que le vôtre soit de rocher : c'est le moyen de l'emporter sur le chrétien comme sur le sauvage; et, en suivant cette piste, on arrive plus vite à la fin de son voyage.

— Ce n'est point là la doctrine des frères Moraves, qui nous apprend que tous les hommes doivent être jugés suivant leurs talents et leurs connaissances : l'Indien en Indien, et l'homme blanc en homme blanc. Quelques-uns disent même que, si l'on vous frappe sur une joue, il faut présenter l'autre; et ce que j'entends par là.....

— Cela suffit, s'écria Hurry; il ne m'en faut pas plus pour connaître la doctrine d'un homme. Combien faudrait-il de temps pour souffleter un homme d'un bout de la colonie à l'autre, d'après ce principe?

— Entendez-moi bien, March, répondit le jeune chasseur avec dignité. Tout ce que je veux dire, c'est qu'il est bien de faire cela, *si on le peut*. La vengeance est un don qui appartient aux Indiens; le pardon en est un qui est propre aux hommes blancs. Voilà tout. Pardonnez tant que vous le pouvez, et ne vous vengez pas tant que vous le pourriez. Quant à souffleter un homme d'un bout de la colonie à l'autre, maître Hurry, ajouta-t-il, ses joues brûlées par le soleil prenant une teinte plus vive, ce n'est ni le temps ni le lieu d'en parler, vu qu'il n'y a ici personne qui le propose, et probablement personne qui voulût s'y soumettre. Ce que je veux dire, c'est que les Peaux Rouges en enlevant des chevelures ne justifient pas les blancs d'en faire autant.

— Faites aux autres ce que les autres vous font, Deerslayer, c'est là la doctrine chrétienne.

— Non, Hurry; j'en ai fait la question aux frères Moraves, et ils m'ont parlé tout différemment. Ils m'ont dit que la vraie doctrine chrétienne est : faites aux autres ce que vous voudriez qu'ils vous fissent; mais que les hommes en pratiquent une qui est fausse. Ils pensent que les colonies ont tort d'accorder une prime pour les chevelures, et que la bénédiction du ciel ne suivra point cette mesure. Par-dessus tout ils défendent la vengeance.

— Voilà pour vos frères Moraves, s'écria Hurry levant le bras en faisant claquer son pouce contre son index; ils sont presque sur le même niveau que les quakers. Si on les écoutait, on n'oserait écorcher un rat. Qui a jamais entendu parler de merci pour un rat musqué?

L'air dédaigneux de Hurry empêcha Deerslayer de lui répondre; et le premier reprit avec Hutter la discussion de leurs plans, d'un ton plus tranquille et plus confidentiel. Leur conférence dura jusqu'au moment où Judith apporta le souper. March remarqua avec un peu de surprise qu'elle servait les meilleurs morceaux à Deerslayer, et que dans toutes les petites attentions qu'elle pouvait avoir pour lui, elle montrait évidemment le désir de faire voir qu'elle le regardait comme le convive qui méritait le plus d'honneur. Cependant, étant accoutumé aux caprices et à la coquetterie de cette jeune beauté, cette découverte ne l'inquiéta guère, et il mangea avec un appétit qu'aucune cause morale ne pouvait diminuer. La nourriture qu'on prend dans les forêts étant de facile digestion et n'offrant guère d'ostacles à la jouissance de ce plaisir animal, Deerslayer, malgré le repas copieux qu'il avait fait dans les bois, ne fit pas moins d'honneur au souper que son compagnon.

Une heure plus tard, la scène avait grandement changé. Le lac était encore lisse et tranquille, mais l'obscurité avait succédé au doux crépuscule d'une soirée d'été, et dans l'enceinte ténébreuse des bois tout était plongé dans le paisible repos de la nuit. Nul chant, nul cri, pas même un murmure ne s'y faisait entendre, et les forêts qui entouraient le beau bassin du lac étaient ensevelies dans un silence solennel. Le seul son qui se fit entendre était le bruit régulier des rames dont Hurry et Deerslayer se servaient indolemment pour faire avancer l'arche vers le château. Hutter s'était placé sur l'arrière pour gouverner; mais voyant que les deux jeunes gens suffisaient pour maintenir le scow sur sa route, il avait laissé l'aviron-gouvernail, s'était assis et avait allumé sa pipe. Il n'était dans cette situation que depuis quelques minutes, quand Hetty sortit de la cabine, ou de la maison, comme ils nommaient souvent cette partie de l'arche, et s'assit à ses pieds sur un petit banc qu'elle avait apporté. Ce n'était pas en elle une chose extraordinaire, et Hutter n'y fit attention qu'en passant la main avec affection sur la tête de sa fille, sorte de caresse qu'elle reçut en silence.

Au bout de quelques minutes, Hetty se mit à chanter. Sa voix était basse et tremblante, mais elle avait un caractère solennel. L'air et les paroles étaient de la plus grande simplicité : c'était un hymne qu'elle avait appris de sa mère, et un de ces airs qui plaisent à toutes les classes dans tous les siècles, parce qu'ils partent du cœur et qu'ils lui sont adressés. L'effet de cette simple mélodie était toujours d'attendrir le cœur et d'adoucir les manières du vieux Tom. Hetty le savait, et elle en avait souvent profité, par suite de cette espèce d'instinct qui éclaire le faible d'esprit, surtout quand il a pour but de faire le bien.

La voix de Hetty ne s'était fait entendre que quelques instants, quand le bruit des rames cessa tout à coup, et son chant religieux s'éleva seul au milieu du silence de la solitude. A mesure que son sujet lui inspirait un nouveau courage, ses moyens semblaient augmenter, et quoiqu'il ne se mêlât rien de bruyant ni de vulgaire à sa mélodie, l'oreille y trouvait une force mélancolique toujours croissante, et enfin l'air fut rempli du simple hommage d'une âme presque sans tache. L'inaction des deux jeunes gens qui étaient sur l'avant du scow prouvait qu'ils n'étaient pas insensibles à ses accents, et leurs rames ne recommencèrent à être mouillées par les eaux du lac que lorsque le dernier de ces sons pleins de douceur eut expiré le long des rives qui, à cette heure, portaient à plus d'un mille la plus basse modulation de la voix humaine. Hutter lui-même fut ému ; car, tout grossier que l'eussent rendu ses anciennes habitudes, et quoique son cœur se fût endurci par la longue pratique des coutumes de l'extrême frontière qui séparait la civilisation de l'état sauvage, son caractère avait ce mélange de bien et de mal qui entre si généralement dans la composition morale de l'homme.

— Vous êtes triste ce soir, mon enfant, lui dit Hutter, dont les manières et les discours prenaient souvent une partie de la douceur et de l'élévation de la vie civilisée, à laquelle il n'avait pas été étranger dans sa jeunesse, quand il causait ainsi avec la plus jeune de ses filles ; nous venons d'échapper à des ennemis, et nous devrions plutôt nous réjouir.

— Vous n'en ferez rien, mon père, dit Hetty sans répondre à

cette observation, en prenant sa main dure entre les siennes. Vous avez causé longtemps avec Harry March; mais ni vous ni lui vous n'aurez le cœur de le faire.

— C'est vouloir aller au-delà de vos moyens, sotte enfant. Il faut que vous nous ayez écoutés, sans quoi vous ne pourriez rien savoir de ce que nous disions.

— Pourquoi vous et Hurry voudriez-vous tuer des hommes, et surtout des femmes et des enfants?

— Paix, ma fille, paix! nous sommes en guerre, et nous devons faire à nos ennemis ce qu'ils nous feraient à nous-mêmes.

— Ce n'est pas cela, mon père; j'ai entendu Deerslayer parler tout autrement. Vous devez faire à vos ennemis ce que vous voudriez que vos ennemis vous fissent à vous-même. Personne ne désire que ses ennemis le tuent.

— Nous tuons nos ennemis quand nous sommes en guerre, de peur qu'ils ne nous tuent, mon enfant. Il faut qu'on commence d'un côté ou de l'autre, et ceux qui commencent les premiers sont les plus près d'être victorieux. Mais vous n'entendez rien à tout cela, ma pauvre Hetty, et vous feriez mieux de ne pas en parler.

— Judith dit que c'est mal, mon père; et Judith a du jugement, si je n'en ai pas.

— Judith sait trop bien ce qu'elle doit faire pour me parler de pareilles choses; car elle a du jugement, comme vous le dites, et elle sait que je ne le souffrirais pas. Que préféreriez-vous, Hetty, qu'on vous enlève votre chevelure pour la vendre aux Français, ou que nous tuions nos ennemis pour les mettre hors d'état de nous nuire?

— Ce n'est pas cela, mon père. Ne les tuez pas, et ne souffrez pas qu'ils nous tuent. Vendez vos peaux, amassez-en encore davantage, mais ne vendez pas le sang.

— Allons, allons, mon enfant, parlons d'affaires qui soient à votre portée. Etes-vous charmée du retour de notre ancien ami Marc? Vous aimez Hurry, et vous devez savoir qu'un de ces jours il peut être votre frère, sinon quelque chose de plus proche.

— Cela n'est pas possible, mon père, répondit-elle après une assez longue pause; Hurry a eu un père et une mère, et personne ne peut en avoir deux.

— Voilà ce que c'est que d'être faible d'esprit, Hetty. Quand Judith sera mariée, le père de son mari sera son père, et la sœur de son mari sera sa sœur. Si elle épouse Hurry, il sera donc votre frère.

—Judith n'épousera jamais Hurry, répondit Hetty d'un ton doux mais positif; Judith n'aime pas Hurry.

— C'est plus que vous ne pouvez savoir, Hetty. Hurry March est le plus beau, le plus fort et le plus hardi des jeunes gens qui soient jamais venus sur les bords de ce lac, et comme Judith est la plus grande beauté de toute la frontière, je ne vois pas ce qui les empêcherait de se marier ensemble. C'est à condition que j'y consentirais qu'il m'a presque promis d'entreprendre avec moi l'expédition dont nous causions.

Hetty commença à remuer le corps en avant et en arrière, et à donner d'autres signes d'agitation mentale; mais elle fut plus d'une minute sans rien répondre. Son père, accoutumé à ses manières, et ne lui soupçonnant aucune cause immédiate d'inquiétude, continua à fumer avec cette apparence de flegme qui semble appartenir à ce genre de jouissance.

— Hurry est beau, mon père, dit-elle avec une emphase pleine de simplicité, dont elle se serait probablement bien gardée si son esprit eût senti les conséquences que les autres pouvaient en tirer.

—C'est ce que je viens de vous dire, mon enfant, murmura Hutter sans ôter sa pipe de sa bouche. C'est le plus beau jeune homme de cette partie du pays, comme Judith est la plus belle fille que j'aie jamais vue depuis les beaux jours de la jeunesse de votre mère.

— Est-on coupable pour être laide, mon père?

— On peut être coupable de bien des choses qui sont pires. Mais vous n'êtes pas laide, Hetty, quoique vous ne soyez pas aussi belle que Judith.

— Judith en est-elle plus heureuse, pour être si belle?

— Elle peut l'être, ou elle peut ne pas l'être, mon enfant.—Mais parlons d'autre chose, car vous comprenez à peine tout ceci. — Comment trouvez-vous notre nouvelle connaissance Deerslayer?

—Il n'est pas beau, mon père; Hurry l'est beaucoup plus.

— Cela est vrai; mais c'est un chasseur qui a de la réputation. J'en avais entendu parler avant de l'avoir vu, et j'espérais que ce serait un guerrier aussi brave qu'il est habile à tuer le daim. Au surplus, tous les hommes ne se ressemblent pas, et il faut du temps, comme je le sais par expérience, pour rendre le cœur véritablement propre à la solitude des forêts.

— Ai-je un cœur de cette espèce, mon père? Et Hurry, son cœur est-il propre à la solitude des forêts?

—Vous faites quelquefois d'étranges questions, Hetty: votre cœur est bon, et il est plus propre aux établissements qu'aux forêts; mais votre raison, mon enfant, est plus propre aux forêts qu'aux établissements.

— Pourquoi Judith a-t-elle plus de raison que moi?

— Dieu vous protége, ma pauvre enfant, c'est plus que je ne saurais dire. C'est Dieu qui donne la raison, la beauté et toutes ces sortes de choses, et il les accorde à qui bon lui semble. Voudriez-vous avoir plus de jugement?

— Non; car le peu que j'en ai ne sert qu'à me tourmenter. Plus je réfléchis et plus il me semble que je suis malheureuse. Je ne crois pas que la réflexion me convienne; mais je voudrais être aussi belle que Judith.

— Et pourquoi? La beauté de votre sœur peut lui causer des chagrins, comme celle de votre mère lui en a causé. Ce n'est pas un grand bonheur de posséder un avantage qui vous fasse remarquer au point de devenir en butte à l'envie, ou d'être plus recherchée que les autres.

— Ma mère était bonne, si elle était belle, dit Hetty, les larmes lui venant aux yeux, ce qui lui arrivait toutes les fois qu'elle parlait de sa mère.

Hutter, s'il n'était pas également ému, prit un air sombre et garda le silence en entendant cette allusion à sa femme. Il continua à fumer sans avoir l'air disposé à faire aucune réponse. Hetty répéta sa remarque, de manière à laisser voir qu'elle craignait que son père ne fût porté à nier son assertion. Enfin, il secoua les cendres de sa pipe, et lui passant encore la main sur la tête, il lui dit :

— Votre mère était trop bonne pour ce monde, quoique d'autres pussent ne pas penser ainsi. Sa beauté ne fut pas un grand avantage pour elle, et vous n'avez pas lieu de regretter de ne pas lui ressembler autant que votre sœur. Pensez moins à la beauté, mon enfant, et plus à votre devoir, et vous serez aussi heureuse sur ce lac que vous pourriez l'être dans le palais du roi.

— Je le sais, mon père; mais Hurry dit que la beauté est tout dans une jeune fille.

Hutter fit une exclamation qui indiquait le mécontentement, et se levant, il traversa la maison pour se rendre sur l'avant du scow. La simplicité avec laquelle Hetty avait trahi sa faiblesse pour Hurry lui avait donné de l'inquiétude sur un sujet qui ne lui en avait jamais causé auparavant, et il résolut d'en venir sur-le-champ à une explication avec lui; car marcher droit à son but dans ses discours, et montrer de la décision dans sa conduite, étaient deux des meilleures qualités de cet être grossier, dans lequel les germes d'une meilleure éducation semblaient constamment vouloir croître, mais étaient étouffés par l'ivraie d'une vie pendant laquelle les efforts pénibles qu'il avait eu à faire pour assurer sa subsistance et sa sûreté avaient émoussé ses sentiments et endurci son cœur. En arrivant sur l'arrière, il dit qu'il venait changer de poste avec Deerslayer, et prenant la rame du jeune chasseur, il l'envoya gouverner le scow sur l'arrière. Par ce changement, Hutter se trouva seul avec Hurry.

Hetty avait disparu quand Deerslayer arriva sur l'arrière, et il y resta seul quelque temps, tenant en main l'aviron-gouvernail. Cependant Judith ne tarda point à sortir de la cabine, comme si elle eût été disposée à faire les honneurs du scow à un étranger qui rendait service à sa famille. Les étoiles donnaient assez de clarté pour permettre de distinguer clairement les objets dont on n'était pas éloigné, et les yeux brillants de Judith quand ils rencontrèrent ceux du jeune chasseur avaient une expression d'intérêt que celui-ci découvrit aisément. Ses beaux cheveux ombrageaient sa physionomie animée quoique douce, et la rendaient encore plus belle même à cette heure, comme la rose est plus aimable quand elle est à demi cachée sous son feuillage. Les relations de la vie ne connaissent guère la cérémonie dans les bois, et l'admiration que Judith excitait généralement lui avait donné une aisance qui, sans aller jusqu'à une assurance trop libre, ne prêtait certainement pas à ses charmes l'aide de cette retenue modeste que les poëtes aiment à décrire.

— J'ai cru que je mourrais de rire, Deerslayer, dit-elle sans autre préambule, mais avec un air de coquetterie, en voyant cet Indien tomber dans la rivière. C'était un sauvage de bonne mine. — Elle parlait toujours de la beauté comme d'une sorte de mérite. — Et cependant on ne pouvait s'arrêter pour voir si sa peinture résisterait à l'eau.

— Et moi je craignais de vous voir tomber sur le scow d'un coup de mousquet, Judith. C'était un grand risque pour une femme de courir en face d'une douzaine de Mingos.

— Et est-ce pour cela que vous êtes aussi sorti de la cabine en dépit de leurs mousquets? demanda-t-elle avec plus d'intérêt véritable qu'elle n'aurait voulu en montrer, quoique avec un air d'indifférence qui était le résultat de la pratique, aidée par des dispositions naturelles.

— Les hommes ne sont pas habitués à voir une femme en danger sans aller à son secours. Les Mingos mêmes savent cela.

Il prononça ce peu de mots avec une simplicité si cordiale, que Judith l'en récompensa par un sourire plein de douceur. Malgré les soupçons que les discours de Hurry lui avaient inspirés sur la légèreté de cette coquette des forêts, le charme agit sur Deerslayer, quoique l'obscurité lui fît perdre une partie de son influence. Il en résulta qu'il s'établit entre eux une sorte de confiance, et si le jeune chasseur avait commencé cette conversation avec des préventions défavorables à la jeune beauté, il la continua certainement sans y songer davantage.

— Vous êtes un homme plus porté à agir qu'à parler, Deerslayer, dit Judith en s'asseyant près de l'endroit où il était debout tenant en main l'aviron-gouvernail, et je prévois que nous serons fort bons amis : Hurry Harry a une bonne langue, et, tout géant qu'il est, il parle plus qu'il n'agit.

— March est votre ami, Judith, et des amis doivent se ménager quand ils ne sont pas ensemble.

— Tout le monde sait ce que c'est que l'amitié de March. Qu'il ait sa volonté en toute chose, et c'est le meilleur garçon de toute la colonie ; mais contrariez-le, et il est maître de tout ce qui l'approche, excepté de lui-même. Hurry n'est pas mon favori, Deerslayer, et j'ose dire que si la vérité était connue, et qu'on répétât ce qu'il dit de moi, on verrait qu'il ne pense pas mieux de moi que j'avoue ne penser de lui.

La dernière partie de ce discours ne fut pas prononcée sans quelque embarras. Si le jeune chasseur eût eu moins de simplicité naturelle, il aurait remarqué le visage détourné, la manière dont un joli petit pied était agité, et d'autres symptômes qui indiquaient que, pour quelque raison qui n'était pas expliquée, l'opinion de March n'était pas aussi indifférente à Judith qu'elle jugeait à propos de le prétendre. Que ce ne fût que l'effet ordinaire de la vanité d'une femme qui veut paraître insensible à ce qu'elle sent le plus vivement, ou que ce fût la suite de ce sentiment intime du bien et du mal, que Dieu lui-même a mis dans nos cœurs pour que nous puissions distinguer ce que la droiture permet de ce qu'elle défend, c'est ce que le lecteur verra mieux à mesure que notre histoire avancera. Deerslayer ne sut trop que lui répondre ; il n'avait pas oublié les imputations cruelles que la méfiance avait suggérées à Hurry ; et quoiqu'il fût bien loin de vouloir nuire à l'amour de son compagnon en excitant du ressentiment contre lui, sa langue ne connaissait pas le mensonge. C'était donc une tâche difficile pour lui de répondre à Judith sans dire ni plus ni moins que ce qu'il désirait.

—March parle de tout à tort et à travers, de ses amis comme de ses ennemis, dit-il enfin. C'est un de ces hommes qui parlent comme ils pensent, pendant que la langue est en travail, et qui parleraient tout autrement s'ils se donnaient le temps de réfléchir. Parlez-moi d'un Delaware, Judith. Ce sont là des hommes qui n'ouvrent jamais la bouche sans avoir bien réfléchi et bien ruminé. L'inimitié les a rendus réfléchis, et une langue agile n'est pas une grande recommandation autour du feu de leur conseil.

— J'ose dire que la langue de March se donne assez de liberté quand elle s'exerce sur Judith Hutter et sa sœur, dit-elle avec une sorte de dédain insouciant. La réputation des jeunes filles est un sujet agréable de conversation pour certaines gens qui n'oseraient ouvrir la bouche si elles avaient un frère pour les défendre. Maître March peut trouver du plaisir à lancer des sarcasmes contre nous, mais tôt ou tard il s'en repentira.

— C'est prendre la chose trop au sérieux, Judith; jamais Hurry n'a prononcé devant moi une syllabe contre la bonne renommée de votre sœur, pour commencer par elle, et...

— J'entends, je vois ce que c'est, s'écria Judith avec impétuosité; je suis la seule que sa langue de vipère ait jugé à propos d'attaquer. Hetty! la pauvre Hetty! et sa voix prit alors un ton bas et presque rauque, qui aurait fait croire que la respiration lui manquait en parlant, elle est au-dessus ou au-dessous de ses calomnies et de sa méchanceté. Si Dieu l'a créée faible d'esprit, cette faiblesse est de nature à l'empêcher de tomber dans des erreurs dont elle ne se fait pas une idée. Il n'y a pas sur la terre un être plus pur que Hetty Hutter, Deerslayer.

— Je le crois; oui, je crois cela, Judith, et j'espère qu'on peut en dire autant de sa charmante sœur.

La voix de Deerslayer avait un accent de vérité qui émut la sensibilité de Judith, et l'allusion qu'il avait faite à sa beauté n'en diminua pas l'effet sur une femme qui ne connaissait que trop bien le pouvoir de ses charmes. Cependant la voix de sa conscience ne fut pas étouffée, et ce fut elle qui lui dicta sa réponse, après quelques instants de réflexion.

— J'ose dire qu'il a fait quelques-unes de ses indignes insinuations relativement aux officiers des forts. Il sait que ce sont des hommes bien élevés, et il ne peut pardonner à personne d'être ce qu'il sent qu'il ne sera jamais.

— Non certainement dans ce sens de devenir un officier du roi, Judith; March n'a reçu aucun don du ciel pour cela; mais dans le sens de la réalité, pourquoi un chasseur de castors ne pourrait-il être aussi respectable que le gouverneur d'une colonie? Puisque vous en parlez vous-même, je ne nierai pas qu'il ne se soit plaint qu'une fille de votre condition fût si souvent dans la compagnie d'habits écarlates et de ceintures de soie. Mais c'était la jalousie qui le faisait parler ainsi, et je crois qu'il était affligé de ses propres pensées, comme une mère serait affligée de la mort de son enfant.

Deerslayer ne sentait peut-être pas toute la portée de ce qu'il venait de dire ingénument. Il est certain qu'il ne vit pas la vive rougeur qui couvrit en ce moment tout le beau visage de Judith, et qu'il ne s'aperçut pas de la détresse irrésistible qui y fit succéder au même instant une pâleur mortelle. Une ou deux minutes se passèrent dans un profond silence, le bruit des rames qui frappaient l'eau semblant occuper toutes les avenues du son; et alors Judith, se levant, prit une main du chasseur, et la serra avec une force qui allait presque jusqu'à la convulsion.

— Deerslayer, dit-elle vivement, je suis charmée que la glace soit rompue entre nous. On dit qu'une amitié subite conduit à une longue inimitié; mais je ne crois pas que cela arrive à notre égard. Je ne sais comment cela se fait, mais vous êtes le premier homme que j'aie jamais vu qui n'a pas semblé vouloir me flatter, désirer ma ruine, être un ennemi déguisé. N'importe, ne dites rien à Hurry, et une autre fois nous reprendrons cette conversation.

Elle lâcha la main du jeune chasseur, rentra à la hâte dans la cabine, et laissa Deerslayer étonné, debout, l'aviron-gouvernail à la main, et immobile comme un des pins des montagnes. Il était tombé dans une telle abstraction, que Hutter fut obligé de le héler pour lui dire de maintenir le cap du scow sur la route convenable, avant qu'il se souvînt de sa situation.

CHAPITRE VI.

> Ainsi parla l'ange apostat, quoique dans la douleur; se glorifiant bien haut, mais navré d'un profond désespoir. MILTON.

PEU de temps après la disparition de Judith, un vent léger s'éleva du sud, et Hutter établit une grande voile carrée qui avait été autrefois un hunier à bord d'un sloop d'Albany, mais qui, étant usée, avait été vendue. L'effet qu'elle produisit fut suffisant pour dispenser de la nécessité de ramer. Au bout de deux heures, on vit dans l'obscurité le château s'élever hors de l'eau à environ cinquante toises de distance. Alors la voile fut amenée, et le scow dériva peu à peu sur la plate-forme et y fut amarré.

Personne n'était entré dans la maison depuis que Hurry et son compagnon l'avaient quittée. On la trouva dans le repos de minuit, sorte de type de la solitude d'un désert. Comme on savait qu'il y avait des ennemis dans les environs, Hutter recommanda à ses filles de ne pas allumer de lumières, espèce de luxe qu'on n'y connaissait guère pendant les mois d'été, de peur que leur clarté n'indiquât aux Indiens où ils pouvaient les trouver.

— En plein jour, je ne craindrais pas une armée de sauvages derrière ces bons troncs d'arbres, tandis qu'ils n'auraient rien pour se mettre à l'abri, ajouta Hutter après avoir expliqué à ses hôtes par quel motif il avait défendu les lumières; car j'ai ici trois ou quatre bons mousquets toujours chargés, et Tue-Daim surtout est un fusil qui ne manque jamais son coup. Mais ce n'est pas la même chose pendant la nuit : un canot peut arriver ici à la faveur de l'obscurité, sans être vu, et les sauvages ont tant de manières rusées d'attaquer, que je regarde comme bien suffisant d'avoir à se défendre contre eux à la clarté du soleil. J'ai bâti cette demeure pour les tenir plus loin qu'à la longueur du bras, en cas que j'aie encore à en venir aux coups avec eux. Il y a des gens qui croient que cette situation est trop découverte, trop exposée; mais je persiste à jeter l'ancre ici, loin des buissons et des broussailles, et je ne crois pas qu'on puisse trouver un meilleur ancrage.

— On m'a dit que vous avez été marin, vieux Tom, dit Hurry avec le ton de liberté qui lui était ordinaire, se rappelant en ce moment qu'il l'avait déjà deux ou trois fois entendu employer des termes de marine; il y a des gens qui croient que vous pourriez raconter d'étranges histoires de combats et de naufrages, si la fantaisie vous en prenait.

— Il y a des gens, Hurry, répondit Hutter éludant cette question, qui vivent des pensées des autres, et il y en a même quelques-uns qui viennent jusque dans les bois. Ce que j'ai été et ce que j'ai vu dans ma jeunesse est de moindre importance pour nous en ce moment que les sauvages. Il est plus essentiel de chercher à découvrir ce qui peut nous arriver d'ici à vingt-quatre heures, que de nous occuper de ce qui peut s'être passé il y a vingt-quatre ans.

— C'est parler avec jugement, Deerslayer, dit Hurry; oui, et avec un bon jugement. Voici Judith et Hetty dont il faut prendre soin, sans parler de nos chevelures; quant à moi, je puis dormir dans l'obscurité aussi bien qu'au grand jour, et il ne m'importe guère que le soleil ou une lumière me voie fermer les yeux.

Comme Deerslayer jugeait rarement nécessaire de répondre aux plaisanteries du genre qui était habituel à son compagnon, et qu'il était évident que Hutter n'était pas disposé à prolonger cette discussion, cette remarque termina l'entretien. Le vieux Tom avait pourtant dans l'esprit autre chose que des souvenirs du passé. Dès que ses filles l'eurent quitté en annonçant l'intention de se coucher, il invita ses deux compagnons à le suivre sur l'arche. Quand ils y furent arrivés, il leur exposa ses projets, en gardant le silence sur la partie qu'il se réservait d'exécuter avec Hurry.

— Le grand objet des gens qui sont postés comme nous le sommes, dit-il, c'est de commander l'eau. Tant qu'il n'y aura sur ce lac aucun autre esquif, une pirogue d'écorce y est aussi bonne qu'un vaisseau de guerre, car le château ne sera pas aisément pris à la nage. Or, il n'y a que cinq pirogues dans les environs sur ce lac. De ces cinq pirogues, deux sont à moi, et la troisième appartient à Hurry, et toutes trois sont en notre possession. L'une est amarrée au pilotis sous la maison, et les deux autres sont le long du bord de l'arche. Les deux autres sont à peu de distance du rivage, cachées dans des troncs d'arbres creux, et si les sauvages ont sérieusement envie de gagner la prime offerte pour les chevelures, ces ennemis malins ne passeront demain devant rien qui puisse servir de cachette, sans l'examiner de bien près; ainsi donc...

— Je vous dis, ami Hutter, s'écria Hurry, qu'il n'existe pas un Indien qui soit en état de découvrir une pirogue convenablement cachée dans un tronc d'arbre; je me connais un peu en pareille besogne, et voici Deerslayer qui vous dira que je sais si bien cacher une pirogue, que je ne puis la retrouver moi-même.

— Vous avez raison, Hurry, dit le jeune chasseur, mais vous oubliez la circonstance que si vous n'avez pu découvrir la piste de l'homme qui l'avait cachée, je l'ai trouvée, moi. Je pense comme maître Hutter, qu'il est beaucoup plus sage de se méfier de la clairvoyance d'un sauvage que de compter sur son manque d'yeux. Si donc il est possible d'amener ces deux pirogues au château, le plus tôt sera le mieux.

— Prendrez-vous part à cette entreprise? demanda Hutter de manière à prouver que cette proposition le surprenait et lui plaisait.

— Très-certainement. Je suis prêt à m'enrôler pour toute entreprise qui ne sera pas contraire aux dons que le ciel a faits aux hommes blancs. La nature nous ordonne de défendre notre vie, et la vie des autres quand l'occasion s'en présente. Avec un tel objet en vue, je vous suivrai jusque dans le camp des Mingos s'il le faut, Tom Flottant, et je ferai tous mes efforts pour m'acquitter de mon devoir, s'il faut que nous en venions aux coups; quoique, n'ayant encore pris part à aucun combat, je n'ose promettre plus que je ne serai peut-être en état de faire. Nous connaissons tous nos désirs, mais personne ne connaît ses forces avant d'en avoir fait l'épreuve.

— Cela est modeste et convenable, mon garçon, dit Hurry; vous n'avez pas encore entendu la détonation d'un mousquet en colère, et permettez-moi de vous dire qu'elle est aussi éloignée du ton persuasif de votre carabine quand elle parle aux daims, que le sourire de Judith, quand elle est dans sa meilleure humeur, l'est des criailleries de la maîtresse hollandaise d'une ferme sur les bords du Mohawk. Je ne m'attends pas à trouver en vous un grand guerrier, Deerslayer, quoique, pour attaquer les daims, vous n'ayez pas votre égal dans cette partie du pays. Mais quant au service réel, vous vous trouverez un peu en arrière, à ce que je pense.

— C'est ce que nous verrons, Hurry, c'est ce que nous verrons, répondit Deerslayer avec douceur, sans paraître aucunement piqué des doutes qui venaient d'être exprimés sur un point qu'on n'attaque guère sans blesser la vanité des hommes, précisément en proportion de ce que leur conscience leur fait sentir que c'est leur côté vulnérable. N'ayant jamais été mis à l'épreuve, j'attendrai l'événement pour savoir ce que je dois en penser moi-même; et alors je parlerai avec certitude, au lieu de faire des fanfaronnades. J'ai entendu parler de gens qui étaient très-vaillants avant le combat, et qui n'y faisaient pas grand'chose quand il était engagé; et d'autres qui avaient voulu attendre pour parler, qu'ils le connussent eux-mêmes, et qui se comportaient mieux qu'on ne l'avait supposé, quand le moment en était venu.

— Dans tous les cas, nous savons que vous êtes en état de manier une rame, jeune homme, dit Hutter, et c'est tout ce que nous vous demanderons ce soir. Ne perdons plus de temps, entrons dans une pirogue, et agissons au lieu de parler.

La pirogue était prête; Hurry et Deerslayer y entrèrent, et prirent les rames. Le vieux Tom, avant de s'embarquer, retourna au château, où il eut une conférence de quelques minutes avec Judith;

revenant ensuite trouver ses amis, il prit sa place dans la pirogue, qui s'éloigna de l'arche au même instant.

S'il y avait eu un temple élevé à Dieu dans cette solitude profonde, l'horloge aurait sonné minuit lorsque nos aventuriers partirent pour leur expédition. L'obscurité avait augmenté, mais le ciel était pur, et la clarté des étoiles suffisait aux projets des trois compagnons d'entreprise. Hutter connaissait les endroits où les deux pirogues étaient cachées, et il indiquait la route, tandis que les deux autres maniaient leurs rames avec la plus grande circonspection, de peur que, dans le silence de la nuit, le moindre bruit ne fût porté à travers cette nappe d'eau tranquille jusqu'aux oreilles de leurs ennemis. Mais l'esquif était trop léger pour exiger des efforts extraordinaires, et la dextérité remplaçant la force, au bout d'une demi-heure ils approchèrent du rivage sur une pointe à environ une lieue du château.

— Cessez de ramer, mes amis, dit Hutter à voix basse, et regardons un instant autour de nous. Il faut que nous soyons tout yeux et tout oreilles; car ces reptiles ont des nez comme des limiers.

Le rivage fut examiné soigneusement pour découvrir quelque reste de lumière qui aurait pu avoir été laissé dans le camp des ennemis, et tous les yeux firent les plus grands efforts pour s'assurer si un fil de fumée partant d'un feu presque éteint, s'élevait le long de la rampe des montagnes. Ils n'aperçurent rien d'extraordinaire; et comme ils étaient à une assez grande distance du Susquehannah, c'est-à-dire de l'endroit où l'on avait trouvé les sauvages, ils crurent pouvoir débarquer sans danger. Les deux jeunes gens reprirent les rames, et firent avancer doucement la pirogue, qui toucha sur les sables du rivage presque sans aucun bruit. Hutter et Hurry débarquèrent sur-le-champ, le premier portant son mousquet et celui de son compagnon, et ils laissèrent à Deerslayer le soin de la pirogue. Le tronc creux était à peu de distance sur la rampe d'une montagne; le vieux Tom marchait le premier pour montrer le chemin à son compagnon, et il avait la précaution de s'arrêter tous les trois ou quatre pas pour écouter si nul son n'annonçait la présence d'un ennemi. Le même silence continuait à régner, et ils arrivèrent à l'endroit désiré sans avoir eu le moindre sujet d'alarme.

— Nous y voici, dit tout bas Hutter en appuyant le pied sur le tronc d'un gros tilleul étendu par terre. Otez d'abord les morceaux d'écorce, et retirez ensuite la pirogue sans bruit, car ces coquins pourraient l'avoir laissée comme un appât.

— Ayez soin que mon mousquet soit prêt, et tournez-en la crosse de mon côté, répondit Hurry sur le même ton ; s'ils m'attaquent quand je serai chargé, je veux du moins décharger mon fusil contre eux. — Voyez si le bassinet est plein.

— Tout est en bon ordre. — Marchez lentement quand vous serez chargé, et laissez-moi passer le premier.

La pirogue fut tirée du tronc d'arbre avec le plus grand soin ; Hurry la plaça sur son épaule, et tous deux retournèrent vers le rivage, ne faisant qu'un pas à la fois, de peur de trébucher en descendant la montagne. La distance n'était pas grande, mais la descente était difficile, et quand ils arrivèrent près du rivage, Deerslayer fut obligé d'aller les joindre pour les aider à faire passer la pirogue à travers les buissons. Avec son aide cette tâche fut accomplie heureusement, et la seconde pirogue flotta bientôt sur le lac à côté de la première. Tous trois tournèrent alors leurs regards vers la forêt et la montagne, s'attendant à voir des ennemis sortir de l'une ou descendre l'autre ; mais rien n'interrompit le silence, et ils partirent en prenant les mêmes précautions qu'en arrivant.

Hutter s'avança alors vers le centre du lac, traînant après lui la seconde pirogue à la remorque ; mais quand il fut à une certaine distance du rivage, il en détacha l'amarre, sachant que le léger vent du sud qui continuait, la conduirait à la dérive du côté du château, où il se proposait de la reprendre à son retour. Le vieux Tom fit alors gouverner vers la même pointe sur laquelle Hurry avait attenté sans succès à la vie d'un daim. Comme la distance de cette pointe au Susquehannah était à peine d'un mille, et qu'ils entraient en quelque sorte en pays ennemi, il fallait plus de circonspection que jamais. Ils atteignirent pourtant l'extrémité de la pointe, et abordèrent en sûreté sur le rivage sablonneux dont il a déjà été parlé. Là, il n'y avait point à monter, les montagnes se montrant dans les ténèbres à un bon quart de mille de distance à l'ouest, laissant une marge de terrain plat entre elles et le rivage. La pointe elle-même, quoique longue, n'offrait que quelques inégalités de sol, et jusqu'à une certaine distance n'avait que quelques toises de largeur. De même que la première fois, Hurry et Hutter quittèrent seuls la pirogue, et la laissèrent sous la garde de leur compagnon.

En cette occasion, l'arbre mort contenant la pirogue qu'ils venaient chercher, se trouvait à peu près à mi-chemin entre l'extrémité de la pointe et l'endroit où elle se rattachait au continent ; et sachant qu'il y avait de l'eau si près de lui sur la gauche, le vieux Tom conduisit son compagnon le long de la rive orientale avec quelque confiance, marchant hardiment, quoique avec circonspection. Il avait débarqué à l'extrémité de la pointe pour pouvoir jeter un coup d'œil dans la baie, et s'assurer que rien n'y annonçait aucun danger; sans quoi il aurait amené sa pirogue en face de l'endroit où se trouvait l'arbre creux. Ils n'eurent aucune difficulté à trouver l'arbre creux, ni à en retirer la pirogue; mais au lieu de la porter à l'endroit où ils avaient laissé Deerslayer, ils la mirent à l'eau à l'endroit le plus favorable; Hurry prit les rames, la conduisit jusqu'à l'extrémité de la pointe, et Hutter le suivit le long du rivage. Comme ils avaient alors en leur possession toutes les pirogues du lac, leur confiance avait considérablement augmenté, et ils n'avaient plus la même impatience de s'éloigner du rivage, ni la même nécessité de prendre les plus grandes précautions. Leur position à l'extrémité de cette longue et étroite langue de terre leur inspirait encore plus de sécurité; car elle ne permettait à un ennemi de s'approcher d'eux que d'un seul côté, et c'était en face et avec des circonstances qui, jointes à leur vigilance habituelle, rendaient presque impossible de ne pas le découvrir. Ils se réunirent tous trois sur le sable, et entrèrent en consultation.

— Nous avons joliment damé le pion à ces vagabonds, dit Hurry, fier du succès qu'ils avaient obtenu. S'ils veulent rendre une visite au château, qu'ils cherchent un gué, ou qu'ils viennent à la nage. Vieux Tom, votre idée de vous faire un terrier sur le lac était excellente, et elle prouve que vous avez une bonne tête. Il y a des gens qui croiraient la terre plus sûre que l'eau, mais, après tout, la raison démontre le contraire. Le castor, le rat musqué, et d'autres créatures intelligentes, se jettent à l'eau quand on les serre de trop près. J'appelle à présent notre position bien retranchée, et je défie tous les Canadiens.

— Longeons cette côte du côté du sud, dit Hutter, et voyons si nous n'y apercevons aucun signe d'un camp. Mais d'abord, que je jette un coup d'œil plus attentif sur cette baie, car aucun de nous n'a remonté assez loin le rivage de cette pointe qui fait face à la terre pour être sûr de ce qui peut se passer de l'autre côté.

Dès que Hutter eut cessé de parler, tous trois se mirent en marche du côté qu'il avait désigné. A peine entrevoyaient-ils le fond de la baie, qu'un tressaillement général prouva que le même objet avait frappé leurs yeux. Ce n'était rien de plus que la dernière lueur d'un tison qui s'éteint; mais en ce lieu et à cette heure, c'était une chose aussi remarquable qu'une bonne action dans un monde corrompu. Il n'y avait pas le moindre doute que cette lueur passagère ne fût le reste d'un feu allumé dans un camp d'Indiens. La situation, à l'abri des regards, excepté d'un seul côté, et presque sur un seul point, prouvait qu'on avait pris un soin plus qu'ordinaire pour cacher ce campement. Hutter, qui savait qu'une source était à deux pas et que cet emplacement était un des meilleurs endroits pour la pêche qui fût sur les bords du lac, en conclut que c'était là que se trouvaient les femmes et les enfants des Indiens.

— Ce n'est pas un camp de guerriers, dit-il tout bas à Hurry; et il y a assez de primes endormies autour de ce feu pour nous assurer un bon butin. Envoyez ce jeune homme aux pirogues, car nous ne ferions rien de bon de lui dans une pareille entreprise, et mettons-nous à l'œuvre comme des hommes.

— Il y a du jugement dans votre idée, vieux Tom, et je l'aime jusqu'à la moelle des os. — Deerslayer, retournez à la pirogue, et avancez dans le lac en emmenant l'autre avec vous. Vous la laisserez ensuite aller à la dérive, comme nous l'avons fait de la première. Après cela, vous reviendrez le long du rivage, et vous vous tiendrez le plus près possible de l'entrée de la baie, mais de l'autre côté de la pointe, et sans vous engager dans les roseaux. Vous pourrez nous entendre quand nous aurons besoin de vous, et si la chose pressait, j'imiterai le cri d'un *loon*[1]. Oui, ce sera le signal. Si vous entendez des coups de feu, et que vous sentiez en vous le cœur d'un soldat, vous pouvez sauter à terre, et voir si vous avez le coup d'œil aussi sûr contre les Indiens que contre les daims.

— Si vous vouliez suivre mon avis, Hurry, vous ne tenteriez pas cette entreprise.

— C'est vrai, mon garçon, très-vrai; mais votre avis ne peut être suivi, et cela finit l'affaire. Partez donc avec les pirogues, et quand vous serez de retour il y aura du mouvement dans ce camp.

Le jeune chasseur obéit avec beaucoup de répugnance et à contre-cœur; mais il connaissait trop bien les préjugés des habitants des frontières pour essayer de faire de nouvelles remontrances; car, dans les circonstances où ils se trouvaient, elles pouvaient devenir dangereuses, et il était sûr qu'elles seraient inutiles. Il se mit donc à ramer silencieusement, et avec les mêmes précautions qu'il avait prises jusqu'alors; et quand il fut arrivé à peu près à moitié de la largeur du lac, il détacha la seconde pirogue, qui dériva lentement vers le château, à la faveur du vent du sud. Cet expédient avait été adopté dans les deux cas, parce qu'on avait la certitude que la

---

1. Espèce de plongeon.

dérive ne pouvait porter les pirogues plus d'une lieue ou deux vers le nord avant le lever de l'aurore, et qu'alors il serait facile de les reprendre. Pour empêcher quelque sauvage errant dans les bois de se mettre à la nage pour s'en emparer et s'en servir, s'il les voyait, événement possible, mais fort peu probable, on en avait retiré toutes les rames.

Après avoir vu la pirogue partir à la dérive, Deerslayer tourna le cap de la sienne vers la pointe, du côté qui lui avait été indiqué par Hurry. La petite nacelle était si légère, et le bras du rameur si vigoureux, qu'avant que dix minuttes se fussent écoulées, il était déjà près de la terre. Dès qu'il entrevit les roseaux qui croissaient dans l'eau jusqu'à environ cent pieds du rivage, il arrêta sa pirogue en saisissant la tige flexible, mais fortement enracinée, d'une de ces plantes. Il y resta ainsi, attendant avec une inquiétude qu'il est aisé de s'imaginer, le résultat de l'entreprise hasardeuse de ses compagnons.

Il serait difficile de faire concevoir à ceux qui n'en ont jamais été témoins, la sublimité du silence dans une solitude aussi profonde que celle du lac de Glimmerglass. Cette sublimité s'augmentait encore par l'effet des ténèbres de la nuit, qui remplissait de formes obscures et fantastiques le lac, la forêt et les montagnes. Il n'est pas facile de se faire une idée d'un endroit plus propre à rendre encore plus fortes ces impressions naturelles, que celui qu'occupait alors Deerslayer. La circonférence du lac était assez limitée pour être à la portée des sens de l'homme, et même en ce moment l'œil en voyait suffisamment une partie des contours, pour que cette scène imposante produisît un effet solennel. Comme nous l'avons déjà dit, c'était le premier lac que Deerslayer eût jamais vu. Il ne connaissait que le cours des rivières et des ruisseaux, et il n'avait jamais vu la solitude, qu'il aimait tant, se présenter à lui sur un si grand cadre. Cependant, accoutumé aux forêts, il était en état de s'en représenter les mystères tandis qu'il examinait la vaste surface de leur feuillage. C'était aussi la première fois qu'il avait suivi une piste qui pouvait conduire à la mort de ses semblables. Il avait souvent entendu raconter des traditions sur les guerres des frontières, mais il n'avait jamais fait face à un ennemi.

Le lecteur comprendra donc aisément quelle devait être l'intensité de l'attente du jeune chasseur, assis solitairement dans sa pirogue, tandis qu'il s'efforçait d'entendre le moindre son qui pourrait lui apprendre ce qui se passait sur le rivage. Il connaissait parfaitement la guerre des frontières, quant à la théorie; et son sang-froid, malgré une vive agitation qui était le fruit de la nouveauté, aurait fait honneur à un vétéran. De l'endroit où il était, il ne pouvait avoir des preuves visibles de l'existence du feu ou du camp, et il ne pouvait compter que sur son oreille pour s'en assurer. Il n'était pas impatient, car les leçons qu'il avait reçues lui avaient appris que la patience est une vertu, et lui avaient surtout inculqué la nécessité de la prudence pour conduire une attaque secrète contre des Indiens. Il crut une fois entendre le craquement d'une branche sèche, mais la vivacité de son attente avait pu le tromper. Les minutes se passèrent ainsi les unes après les autres, et une heure s'était déjà écoulée depuis l'instant où il avait quitté ses compagnons. Il ne savait s'il devait se réjouir ou s'affliger de ce délai; car si c'était un augure de sûreté pour eux, c'en était un de destruction pour des êtres faibles et innocents.

Il pouvait y avoir une heure et demie qu'il était séparé de ses compagnons, quand son attention fut éveillée par un son qui fit naître en lui l'inquiétude et la surprise. Le cri d'un *loon* se fit entendre sur les bords du lac qui étaient en face de lui, évidemment à peu de distance du Susquehannah. Il n'y a pas à se méprendre sur le cri de cet oiseau; qui est si connu de tous ceux qui ont vu les lacs d'Amérique. Aigu, tremblant, fort et prolongé, c'est un son qui semble véritablement donner un avis. On l'entend souvent pendant la nuit, ce qui fait exception aux habitudes des autres habitants emplumés de la solitude, circonstance qui avait porté Hurry à le choisir pour signal. Il y avait certainement eu assez de temps pour que les deux aventuriers se rendissent par terre de l'endroit où ils avaient débarqué jusqu'à celui d'où le cri était parti; mais pourquoi l'auraient-ils fait? Si le camp avait été abandonné, ils seraient revenus trouver la pirogue; si, au contraire, il s'y trouvait trop de monde pour qu'ils pussent l'attaquer, quel motif pouvaient-ils avoir pour faire un si grand circuit afin de se rembarquer à une si longue distance? S'il obéissait au signal, et qu'il s'éloignât de la pointe, il pouvait laisser en danger ses compagnons; et s'il le négligeait, dans la supposition que c'était le cri d'un oiseau véritable, les suites pouvaient en être également désastreuses, quoique par une cause différente. Il resta dans cette indécision, espérant qu'il entendrait bientôt une seconde fois le même cri, soit réel, soit contrefait. Il ne se trompait pas. Quelques minutes se passèrent, et le même cri se répéta, et toujours du même côté. Cette fois, comme il était sur le qui-vive, son oreille ne fut pas trompée. Quoiqu'il eût souvent entendu imiter admirablement le cri de cet oiseau, et qu'il fût lui-même en état de le faire assez bien, il fut convaincu que Hurry, qui avait déjà fait devant lui quelques essais de ce genre, n'aurait jamais pu imiter si parfaitement la nature. Il résolut donc de ne faire aucune attention à ce cri, et d'en attendre un qui fût moins parfait et qui partît de plus près.

A peine Deerslayer avait-il pris cette détermination, que le silence de la nuit et de la solitude fut interrompu par un autre cri, mais d'un caractère si déchirant, qu'il bannit du souvenir du jeune chasseur le son mélancolique de l'oiseau qu'il venait d'entendre. C'était un cri d'agonie poussé par une femme, ou par un jeune homme dont la voix n'avait pas encore pris les accents mâles de son sexe. Nulle méprise n'était possible. Ces sons peignaient une terreur mortelle, sinon l'agonie de la mort, et l'angoisse dont fut saisi Deerslayer fut aussi soudaine que terrible. Il lâcha le roseau qu'il tenait, et battit l'eau de ses rames, pour faire, il ne savait quoi; pour aller, il ne savait où. Quelques instants mirent fin à son indécision. Le brisement de branches, le craquement de bois sec, et un bruit de pieds se firent entendre distinctement; les sons paraissaient approcher de l'eau, quoique dans une direction qui ne tendait que diagonalement au rivage, et un peu au nord de l'endroit où il avait été recommandé à Deerslayer de rester avec la pirogue. Celui-ci dirigea sa nacelle en avant du même côté, sans faire alors beaucoup d'attention à ne pas se trahir par le bruit des rames. Il arriva bientôt près d'une partie du rivage dont les bords étaient assez élevés et très-escarpés. Des hommes se frayaient évidemment un passage sur ce banc, à travers les arbres et les buissons qui le couvraient, en suivant la ligne du rivage, comme si ceux qui fuyaient eussent cherché un endroit favorable pour en descendre. En ce moment, cinq ou six coups de mousquet partirent en même temps, et les échos des montagnes répétèrent leurs détonations. On entendit ensuite un ou deux cris, comme ceux qui échappent aux plus braves, quand ils sont surpris par une angoisse ou une alarme inattendue; après quoi le bruit, dans les broussailles, se renouvela de manière à prouver qu'il y avait une lutte d'homme à homme.

— Maudite anguille! s'écria Hurri avec la fureur du désappointement. Ce diable infernal a la peau graissée; je ne puis le saisir.

— Eh bien, prends cela pour ta peine.

Ces mots furent suivis du bruit que fit la chute de quelque corps pesant tombant sur les broussailles, et Deerslayer pensa que son compagnon à taille gigantesque s'était débarrassé de son ennemi en l'enlevant en l'air et le précipitant par terre. La fuite et la poursuite recommencèrent, et alors il vit un homme descendre la montagne et avancer dans l'eau à quelques toises. En ce moment critique, la pirogue était assez près de cet endroit pour permettre à Deerslayer de voir ce mouvement, qui ne fit pas peu de bruit, sans être vu lui-même; et sentant que c'était en ce moment ou jamais qu'il devait chercher à prendre ses compagnons sur sa pirogue, il gouverna de manière à aller à leur secours. Mais il n'avait pas levé deux fois ses rames, quand il entendit la voix de Hurry remplir l'air d'imprécations, tandis qu'il se roulait sur le rivage, littéralement chargé d'ennemis. Tandis qu'il était presque étouffé sous le poids de ses adversaires, il fit entendre son cri du *loon* d'une manière qui, dans des circonstances moins terribles, aurait paru risible. A ce son, l'homme qui était dans l'eau parut tout à coup se repentir de sa fuite, et retourna vers le rivage pour aller au secours de son compagnon; mais, à l'instant où il touchait la terre, cinq ou six autres sauvages qui arrivaient au même moment, se jetèrent sur lui, le terrassèrent et s'en rendirent maîtres.

— Laissez-moi me relever, reptiles peints, s'écria Hurry; n'est-ce pas assez de m'avoir lié comme vous l'avez fait? faut-il encore que vous m'étouffiez?

Ce discours convainquit Deerslayer que ses amis étaient prisonniers, et qu'il ne pouvait avancer sur le rivage que pour partager leur destin; il n'était plus alors qu'à environ cent pieds de la terre, mais quelques coups de rames données à propos le mirent bientôt à cinq ou six fois cette distance. Heureusement pour lui tous les Indiens avaient jeté leurs mousquets pour pouvoir plus aisément poursuivre les fuyards, sans quoi il aurait pu recevoir quelque balle avant d'être hors de portée, quoique sa pirogue n'eût pas été aperçue dans le premier moment de confusion.

— Prenez le large, mon garçon, s'écria Hutter; mes filles n'ont plus que vous pour appui à présent, et vous aurez besoin de toute votre prudence pour échapper à ces sauvages. — Éloignez-vous de la terre, et que Dieu vous protége comme vous protégerez mes filles!

Il n'y avait pas en général beaucoup de sympathie entre Hutter et Deerslayer; mais l'angoisse d'esprit et de corps qui accompagnait ces paroles fit oublier en ce moment à celui-ci tous les défauts du premier. Il ne vit en lui que le père souffrant, et il résolut de lui promettre d'être fidèle à ses intérêts et de tenir sa parole.

— Soyez tranquille, maître Hutter, s'écria-t-il, j'aurai soin de vos filles aussi bien que du château. L'ennemi est maître des côtes du lac, on ne peut le nier, mais il n'a pas l'eau en sa possession. La Providence veille sur tout, et personne ne peut dire ce qui en résultera; mais si la bonne volonté suffit pour vous servir vous et les vôtres, comptez sur moi. Je n'ai pas beaucoup d'expérience, mais la bonne volonté y est.

— Oui, oui, Deerslayer, s'écria Hurry de sa voix de stentor, qui avait pourtant perdu son ton de gaieté insouciante. — Vous avez de bonnes intentions, mais que pouvez-vous faire? vous n'êtes pas grand'chose dans le meilleur des temps, et vous ne ferez pas un miracle dans le pire. S'il y a un sauvage sur ce lac, il y en a quarante, et c'est une armée que vous n'êtes pas homme à vaincre. Ce que vous pouvez faire de mieux, suivant moi, c'est d'aller droit au château, de prendre les deux filles sur la pirogue avec quelques provisions, de gagner le coin du lac par où nous sommes venus, et de vous mettre en marche sur-le-champ vers le Mohawk. Ces démons ne sauront où vous chercher d'ici à quelques heures; et quand ils le sauraient, vous aurez une bonne avance sur eux. Voilà mon avis dans cette affaire, et si le vieux Tom veut faire son testament d'une manière favorable à ses filles, il en dira autant.

— Cela ne vaut rien, jeune homme, répliqua Hutter. Les ennemis ont les yeux ouverts; ils vous verront, et ils s'empareront de vous. Ne comptez que sur le château, et par-dessus tout n'approchez pas de la terre. Tenez bon une semaine, et des détachements envoyés des forts chasseront ces sauvages.

— Il ne se passera pas vingt-quatre heures, vieux Tom, avant que ces renards aient fabriqué des radeaux pour attaquer le château, s'écria Hurry avec plus de force qu'on n'aurait pu en attendre d'un prisonnier ayant les jambes et les bras garrottés, et à qui il ne restait que la langue de libre. Votre avis est bon en lui-même, mais il aura de mauvaises suites. Si vous ou moi nous étions dans le château, nous pourrions y tenir bon quelques jours; mais n'oubliez pas que ce jeune homme n'avait jamais vu un ennemi avant cette nuit, et qu'il a ce que vous avez appelé vous-même une conscience des établissements; quoique, quant à moi, je pense que les consciences sont à peu près les mêmes dans les établissements et sur les frontières. — Deerslayer, ces sauvages me font signe de vous engager à venir à terre avec la pirogue; mais je n'en ferai rien. Ce serait agir contre la raison et la nature. Quant au vieux Tom et à moi, nous scalperont-ils cette nuit, nous garderont-ils pour nous faire mourir dans les tortures, ou nous emmènerontils dans le Canada? c'est ce que personne ne saurait dire, excepté le diable, qui est leur conseiller. J'ai la tête si bien garnie de cheveux, que je m'imagine qu'ils tâcheront d'en faire deux chevelures, car la prime a quelque chose de tentant, sans quoi le vieux Tom et moi nous ne serions pas pris dans cette nasse. Oui, les y voilà encore avec leurs signes ; mais si je vous engage à venir à terre, je leur permets de me rôtir et de me manger. Non, non, Deerslayer, n'avancez pas d'un pied de plus vers le rivage ; et quand le jour paraîtra, n'en approchez pas à plus de deux cents toises.

Un sauvage mit fin à la harangue de Hurry en lui appliquant rudement la main sur la bouche, signe certain qu'un de ces Indiens savait assez d'anglais pour comprendre le but de son discours. Immédiatement après, tous les sauvages rentrèrent dans la forêt, emmenant avec eux Hutter et March, qui parurent ne faire aucune résistance. Au milieu du craquement des branches sèches, Deerslayer entendit encore la voix de Hutter qui s'écriait de nouveau :

— Que Dieu vous protége comme vous protégerez mes enfants !

Le jeune chasseur se trouva alors seul, et libre d'agir suivant sa discrétion. Plusieurs minutes se passèrent dans un silence semblable à celui de la mort après le départ des Indiens. Attendu la distance et l'obscurité, Deerslayer avait à peine pu les distinguer et voir qu'ils se retiraient ; mais ces formes humaines animaient la scène, et faisaient contraste avec la solitude absolue dans laquelle il se trouvait. Quoiqu'il se penchât en avant pour écouter, retenant son haleine, et concentrant toutes ses facultés dans le seul sens de l'ouïe, pas le moindre son qui annonçât le voisinage des hommes ne frappa ses oreilles. On aurait dit que le silence qui régnait en ce lieu n'avait jamais été interrompu ; et pendant un instant, même le cri horrible qui s'était fait entendre dans la forêt, ou les imprécations de March, auraient été un soulagement au sentiment d'isolement qu'il éprouvait.

Cette sorte de paralysie d'esprit et de corps ne pouvait durer longtemps dans un homme constitué au moral et au physique comme Deerslayer. Laissant tremper ses rames dans l'eau, il fit tourner sa pirogue et avança lentement, comme on marche quand on réfléchit profondément, vers le centre du lac. Quand il fut arrivé à un point qu'il crut en ligne avec l'endroit où il avait laissé aller à la dérive la dernière pirogue, il changea de direction et avança vers le nord, en se maintenant vent arrière autant qu'il était possible. Après avoir fait un quart de mille, il vit sur le lac un objet noir un peu sur la droite, et changeant de route pour s'en approcher, il reconnut la pirogue en question, et la prit à la remorque. Il examina ensuite l'état du ciel, le côté d'où venait le vent, et la position de ses deux pirogues. Ne voyant rien qui dût le porter à changer de plan, il s'étendit au fond de sa pirogue, et se prépara à prendre quelques heures de sommeil, afin que le retour du jour le trouvât prêt à faire tout ce que les circonstances pourraient exiger.

Quoique l'homme fatigué et habitué à une vie dure dorme profondément, même dans le voisinage du danger, Deerslayer fut quelque temps sans goûter de repos. Son esprit se reporta sur ce qui venait de se passer, et ses facultés à demi endormies lui retracèrent tous les événements de la nuit dans une espèce de songe qu'il faisait tout éveillé. Tout à coup il se leva, croyant entendre le signal de Hurry qui l'appelait au rivage ; mais tout était silencieux comme le tombeau. Les deux pirogues dérivaient lentement vers le nord ; les étoiles brillaient sur sa tête dans toute la douceur de leur gloire, et la belle nappe d'eau, entourée d'un cercle de forêts et de montagnes, était aussi calme et aussi mélancolique que si elle n'eût jamais été agitée, et que les rayons du soleil du midi ne se fussent jamais gaiement réfléchis sur son miroir limpide. Le *loon* fit encore une fois entendre son cri à l'extrémité du lac, et le mystère fut complétement expliqué. Deerslayer se coucha une seconde fois au fond de sa pirogue, et finit par s'endormir.

CHAPITRE VII.

> Tranquille Leman, ton lac, comparé au monde étrange dans lequel je vis, m'avertit par son calme d'oublier les eaux troubles de la terre pour songer à une source plus pure. Cette voile tranquille est comme une aile destinée à m'éloigner sans bruit de l'égarement d'esprit. J'aimais autrefois les rugissements de l'Océan courroucé, mais ton doux murmure ressemble à la voix d'une sœur qui me reproche d'avoir jamais été ému par un plaisir si étrange.
>
> BYRON.

L'AURORE venait de paraître, quand le jeune chasseur, que nous avons laissé endormi à la fin du chapitre précédent, ouvrit les yeux. Il se leva sur-le-champ, et regarda autour de lui avec l'empressement d'un homme qui sentait l'importance de s'assurer exactement de sa situation. Son repos avait été profond et non interrompu, et il se sentit en s'éveillant une clarté d'intelligence et une disposition à trouver des ressources, dont il avait grand besoin en ce moment. Il est vrai que le soleil n'était pas encore levé; mais la voûte du firmament était enrichie de ces couleurs brillantes qui annoncent le jour et qui le terminent, et l'air était rempli des gazouillements des oiseaux, hymnes des tribus emplumées. Ces sons apprirent aussitôt à Deerslayer les risques qu'il courait. Le vent était encore léger; cependant il avait un peu augmenté pendant la nuit, et comme les pirogues n'étaient que des plumes sur l'eau, elles avaient dérivé deux fois plus loin qu'on ne s'y était attendu, et, ce qui était encore plus dangereux, elles s'étaient tellement approchées de la montagne, qui s'élevait perpendiculairement en cet endroit sur la rive orientale, qu'il ne perdait pas une note du chant des oiseaux. Mais ce n'était pas le pire : la troisième pirogue avait pris la même route, et elle dérivait lentement vers une pointe sur laquelle elle devait nécessairement toucher, à moins qu'elle n'en fût écarté par un changement de vent, ou par les efforts de la main humaine. A tout autre égard, il ne vit rien qui attirât son attention ou qui pût lui inspirer quelque alarme. Le château s'élevait sur ses pilotis, presque sur la même ligne que les pirogues, car elles avaient fait plusieurs milles à la dérive pendant le cours de la nuit, et l'arche était amarrée comme on l'avait laissée.

Naturellement toute l'attention de Deerslayer se porta d'abord sur la pirogue qui était la plus avancée. Elle était déjà près de la pointe, et quelques coups de rames suffirent pour faire voir au jeune chasseur que la pirogue toucherait avant qu'il lui fût possible de l'atteindre. Précisément en ce moment le vent fraîchit fort mal à propos, et rendit la dérive du petit esquif plus rapide et plus certaine. Sentant l'impossibilité de l'empêcher de venir en contact avec la terre, il résolut sagement de ne pas s'épuiser par des efforts inutiles; et après s'être assuré que sa carabine était bien amorcée, il avança lentement et avec circonspection vers la pointe, ayant soin de faire un détour pour n'être exposé que d'un côté en s'approchant.

La pirogue abandonnée à elle-même continua à dériver, et toucha sur un petit rocher à fleur d'eau à vingt ou vint-cinq pieds du rivage. Deerslayer était alors par le travers de la pointe, et il tourna le cap de sa pirogue vers la terre. Celle qui avait touché resta un instant sur le rocher; mais ensuite l'eau, s'étant élevée d'une manière presque imperceptible, la souleva de l'épaisseur d'un cheveu, et décrivant un demi-cercle autour du rocher, elle toucha bientôt au rivage. Deerslayer vit tout cela, mais le battement de son pouls n'en fut pas accéléré, et il ne chercha point à ramer avec plus de force. Si quelque Indien était en embuscade pour attendre l'arrivée de la pirogue, ce sauvage devait le voir lui-même, et en ce cas la plus grande circonspection lui était nécessaire pour s'approcher du rivage; si, au contraire, personne n'était aux aguets, il était inutile de se presser. Cette pointe étant à une grande distance du camp des Indiens, il espérait que cette dernière supposition serait la véritable; et pourtant la première était non seulement possible, mais probable, car les sauvages trouvaient et adoptaient promptement tous les expédients auxquels donnait lieu leur manière de faire la guerre, et il était à croire qu'ils avaient sur les bords du lac plus d'un espion cherchant quelque pirogue pour les conduire au château. Comme il ne fallait qu'un coup d'œil, de l'extrémité d'une pointe, ou du haut de la moindre élévation de terre, pour découvrir le plus petit objet flottant sur l'eau, on ne pouvait espérer qu'aucune des pirogues échappât à leurs regards, et ils avaient trop de sagacité pour ne pas savoir de quel côté dériverait une pirogue ou un tronc d'arbre quand ils avaient une fois reconnu d'où venait le vent. Les rames de Deerslayer battirent donc l'eau moins fréquemment à mesure qu'il s'approchait du rivage; son œil devint plus vigilant, et ses oreilles et ses narines semblèrent se dilater par suite des efforts qu'il faisait pour découvrir tout danger caché. C'était un moment difficile pour un novice, et il n'avait pas même l'encouragement que donne à un homme timide la certitude qu'on le voit et qu'on observe sa conduite. Il était seul, réduit à ses propres ressources, et nulle voix amie ne l'animait à de grands efforts. Malgré toutes ces circonstances, le vétéran le plus expérimenté dans la guerre des forêts n'aurait pu mieux se comporter. Également éloigné de l'hésitation et de la témérité, il continuait sa route avec une sorte de prudence philosophique qui semblait écarter de lui l'influence de tout autre motif que ceux qui étaient les plus propres à le faire réussir dans son dessein. Tel fut le commencement des exploits de cet homme dans la guerre des forêts, exploits qui le rendirent aussi renommé, à sa manière, et dans le cercle limité de sa carrière et de ses habitudes, que bien des héros dont les noms ornent des histoires plus célèbres qu'une légende aussi simple que celle-ci ne peut jamais le devenir.

Quant il fut à environ cinquante toises du rivage, Deerslayer se mit debout sur sa pirogue, donna quelques vigoureux coups de rames pour imprimer à son esquif l'impulsion nécessaire pour le porter jusqu'à la terre, et quitta rapidement l'instrument du travail pour prendre celui de la guerre. Il levait sa carabine quand une détonation subite fut suivie du sifflement d'une balle qui passa si près de lui qu'il tressaillit involontairement. Au même instant, le jeune chasseur eut l'air de chanceler, et tomba ensuite de son long au fond de la pirogue. Un cri perçant poussé par une seule voix s'ensuivit, et un Indien, sortant des buissons, courut en bondissant sur la pointe vers la pirogue. C'était ce que Deerslayer attendait. Il se releva sur-le-champ, dirigea sa carabine vers son ennemi qui était à découvert; mais sa main hésita à lâcher son coup contre un homme sur lequel il avait tant d'avantage. Ce petit délai sauva probablement pour le moment la vie de l'Indien, qui s'enfuit vers les buissons avec la même vitesse qu'il en était sorti. Pendant ce temps, la pirogue approchait du rivage, et y toucha à l'instant où l'Indien disparut. Comme le mouvement de sa nacelle n'avait pas été dirigé, elle se trouvait à quelques toises de l'endroit où l'autre pirogue avait abordé, et quoique le sauvage eût à recharger son mousquet, Deerslayer n'avait pas le temps d'aller s'en assurer, et de la conduire hors de portée, avant d'être exposé à un autre coup de feu. Il sauta donc à terre sans hésiter, et entra dans le bois pour y chercher un couvert.

Le bord de la pointe était un espace découvert, de peu d'étendue, et terminé par une frange épaisse de buissons. Après avoir traversé cette étroite ceinture de végétation d'un ordre inférieur, on entrait sous la voûte sombre de la forêt. Le sol y était presque de niveau sur une centaine de toises, après quoi il s'élevait tout à coup et formait la rampe d'une montagne escarpée. Les arbres qui croissaient entre les buissons et la montagne étaient d'une grosseur proportionnée à leur taille élevée, et comme il ne se trouvait pas de broussailles entre eux, les troncs ressemblaient à de hautes colonnes irrégulièrement placées et soutenant un dôme de feuillage. Quoiqu'ils ne fussent pas très-éloignés les uns des autres, vu leur âge et leur grandeur, l'œil pouvait pénétrer entre eux jusqu'à une assez grande distance, et deux corps ennemis auraient pu se livrer un combat sous leur ombre et s'entendre pour concerter leurs mouvements.

Deerslayer savait que son ennemi, à moins qu'il n'eût pris la fuite, devait être occupé à recharger son mousquet. Effectivement, dès qu'il se fut placé derrière un arbre, il aperçut un bras de l'Indien, dont tout le corps était caché par un gros chêne, enfoncer une balle couverte de peau dans le canon de son mousquet. Rien ne lui eût été plus facile que de se précipiter sur lui, et de l'attaquer avant qu'il fût prêt à le recevoir; mais la générosité de Deerslayer se révolta à l'idée d'assaillir un homme sans défense, quoique l'Indien eût voulu le tuer sans se mettre à découvert. Il n'avait pas encore acquis l'expérience des expédients féroces adoptés par les sauvages dans leurs guerres, qu'il ne connaissait que par tradition et par théorie, et il pensa que c'était profiter d'un injuste avantage que d'attaquer un ennemi non armé. La couleur de ses joues avait pris une teinte plus foncée, il avait les sourcils froncés et les lèvres serrées, toutes ses forces et son énergie étaient réunies; mais, au lieu de s'avancer pour tirer, il baissa sa carabine, et la tint dans la position que lui donne un chasseur qui attend l'instant de prendre son point de mire, en se disant à lui-même, presque sans savoir qu'il parlait :

— Non, non; cela peut être bon dans une guerre de Peau-Rouge, mais cela ne fait point partie des dons accordés à un chrétien. Que le mécréant charge son mousquet, et alors nous combattrons comme des hommes; car il ne faut pas qu'il ait la pirogue, et il ne l'aura pas. Non, non, laissons-lui le temps de charger son arme, et la justice de Dieu fera le reste.

Pendant tout ce temps, l'Indien avait été tellement occupé de ses propres projets, qu'il ne savait même pas que son ennemi fût entré dans le bois. Sa seule crainte était que l'homme blanc ne s'emparât de la pirogue, et ne l'emmenât avant qu'il fût prêt à l'en empêcher. Il avait cherché un couvert par habitude, mais il n'était qu'à quelques toises de la frange des buissons, et en un instant il pouvait être hors de la forêt et prêt à faire feu. En ce moment, il se trouvait à environ vingt-cinq toises de son ennemi, et la nature avait tellement arrangé les arbres qu'il n'en existait aucun qui arrêtât la vue entre les deux derrière lesquels chacun d'eux était placé.

Dès qu'il eut chargé son mousquet, le sauvage regarda autour de lui, et s'avança avec beaucoup de précautions pour que son ennemi ne pût le voir de l'endroit où il le supposait, mais se montrant complétement à lui dans la position où celui-ci se trouvait réellement. Alors Deerslayer sortit de derrière son arbre.

— Par ici, Peau-Rouge, par ici, s'écria-t-il, si c'est moi que vous cherchez. Je suis jeune en fait de guerre, mais pas assez pour rester sur un rivage découvert, en plein jour, pour être abattu par une balle comme un hibou. Il dépend de vous que nous soyons en paix ou en guerre, car les dons que le ciel m'a accordés sont ceux des hommes blancs, et je ne suis pas de ceux qui croient faire un grand exploit en tuant un de leurs semblables dans les bois.

L'Indien fut très-surpris en voyant tout à coup le danger qu'il courait. Il savait un peu d'anglais, et il comprit à peu près ce que lui disait le jeune chasseur. Mais il était trop prudent pour montrer aucune alarme, et appuyant la crosse de son mousquet sur la terre, avec un air de confiance, il fit un geste indiquant une politesse mêlée de fierté, avec le calme et l'aisance d'un homme habitué à ne pas reconnaître de supérieur. Mais, au milieu de cette affectation de sang-froid, le volcan qui était en éruption dans son cœur faisait étinceler ses yeux, et dilatait ses narines comme celles d'un animal féroce arrêté par quelque obstacle à l'instant où il va faire le bond fatal pour s'élancer sur sa proie.

— Deux pirogues, dit-il du ton guttural de sa race, en levant deux doigts pour qu'il n'y eût pas de méprise; une pour vous — une pour moi.

— Non, non, Mingo, cela ne se peut pas. Ni l'une ni l'autre n'est à vous, et vous n'aurez ni l'une ni l'autre tant que je pourrai l'empêcher. Je sais que votre nation et la mienne sont en guerre; mais ce n'est pas une raison pour que deux hommes qui se rencontrent veuillent se tuer l'un l'autre, comme les bêtes sauvages qui habitent les bois. Allez à vos affaires, et laissez-moi faire les miennes; la forêt est assez grande pour tous deux. Si nous nous rencontrons dans une bataille, alors Dieu décidera du sort de chacun de nous.

— Bon! s'écria l'Indien. — Mon frère missionnaire. — Longue harangue, — toujours sur le grand Manitou.

— Non, non, guerrier. — Je ne suis pas digne d'être frère Morave, et je n'aimerais pas qu'on me prît pour un de ces autres vagabonds qui se mêlent de prêcher dans les bois. Non, je ne suis qu'un chasseur quant à présent, quoiqu'il y ait toute apparence qu'avant que la paix soit faite, ma carabine aura occasion de s'exercer contre votre nation. Cependant je désire que ce soit en combat légitime, et non pour une querelle sur la propriété d'une misérable pirogue.

— Bon! — Mon frère fort jeune, mais fort sage. — Petit guerrier, — grand orateur. — Un chef dans le conseil.

— Je n'en sais rien et je ne le dis pas, Mingo, répliqua Deerslayer en rougissant de dépit du sarcasme mal déguisé de l'Indien. J'ai dessein de passer ma vie dans les bois, et je désire qu'elle s'y passe en paix. Tous les jeunes gens doivent marcher sur le sentier de guerre quand l'occasion l'exige; mais le massacre n'est pas la guerre; j'en ai vu assez cette nuit même pour savoir que la Providence le réprouve, et je vous invite encore à passer votre chemin, et à me laisser prendre le mien. J'espère que nous nous séparerons en amis.

— Bon! — Mon frère a deux chevelures — une grise sous la noire; — vieille prudence, — jeune langue.

L'Indien s'avança, la main étendue, le visage souriant, et son extérieur annonçant la confiance et l'amitié. Deerslayer en fit autant de son côté, et ils se serrèrent la main avec cordialité, chacun cherchant à assurer l'autre de la sincérité de son désir de vivre en paix.

— Chacun le sien, dit l'Indien; ma pirogue à moi, — votre pirogue à vous, — allez voir. — Ma pirogue pour moi, — votre pirogue pour vous.

— Cela est juste, Peau-Rouge; mais vous vous trompez en disant qu'une de ces pirogues est à vous. Quoi qu'il en soit, on doit croire ce qu'on voit; allons ensemble sur le rivage; vous verrez les choses de vos propres yeux, et vous les croirez sans doute plus facilement que les miens.

L'Indien proféra son exclamation favorite, — Bon! — et ils s'acheminèrent ensemble vers le rivage. Ni l'un ni l'autre ne montrait la moindre appparence de méfiance, et l'Indien marchait même quelquefois en avant, comme pour prouver à son compagnon qu'il ne craignait pas de lui tourner le dos. Lorsqu'ils arrivèrent sur le terrain découvert, l'Indien étendit la main vers la pirogue de Deerslayer, et dit avec emphase :

— Pas ma pirogue — pirogue de Face-Pâle. — Celle-là pirogue de Peau-Rouge. — Pas besoin de la pirogue d'un autre. — Besoin de la mienne.

— Vous vous trompez, Peau-Rouge, vous vous trompez complétement. Cette seconde pirogue a été laissée sous la garde du vieux Tom Hutter; et, suivant toutes les lois rouges ou blanches, elle lui appartient jusqu'à ce que le propriétaire vienne la réclamer. Regardez-en le travail, il parle de lui-même : jamais Indien n'a fait une pareille pirogue.

— Bon! — mon frère un peu vieux, — profonde sagesse. — Cette pirogue pas le travail d'un Indien, — ouvrage de Face-Pâle.

— Je suis charmé que vous pensiez ainsi, car si vous aviez soutenu le contraire, cela aurait pu semer la zizanie entre nous, chacun ayant droit de se mettre en possession de ce qui lui appartient. Mais je vais mettre cette pirogue hors de portée de toute dispute, comme le meilleur moyen de prévenir toutes difficultés.

En parlant ainsi, il appuya le pied sur le bord de la pirogue, et la poussant vigoureusement, il l'envoya à plus de cent pieds du rivage, où, rencontrant le vrai courant, elle ne pouvait plus courir le danger de se rapprocher de la terre. Le sauvage fit un geste de surprise à cet exploit décidé et inattendu, et son compagnon le vit jeter un regard furtif et équivoque sur l'autre pirogue, qui contenait toutes les rames. Cependant le changement de physionomie de l'Indien ne dura qu'un instant; il reprit sur-le-champ son air amical, et un sourire parut même sur ses lèvres.

— Bon! dit-il avec plus d'emphase que jamais. — Jeune corps, vieille tête. — Bon moyen, — querelle finie. — Adieu, mon frère. — Vous à la maison sur l'eau, la maison du rat musqué, — moi, au camp, dire aux chefs pas trouvé de pirogue.

Deerslayer ne fut pas fâché d'entendre cette proposition, car il lui tardait d'aller rejoindre les filles de Hutter, et il serra avec plaisir la main que l'Indien lui offrait. Leurs derniers mots furent de nouvelles assurances d'amitié, et tandis que l'homme rouge retournait vers le bois son mousquet sous le bras, comme le porte un chasseur, sans se retourner une seule fois par inquiétude ou méfiance, l'homme blanc s'avança vers sa pirogue en portant sa carabine d'une manière aussi pacifique, mais en suivant des yeux tous les mouvements de l'Indien. Cependant cette méfiance finit par lui paraître déplacée, et comme s'il eût été honteux de s'y être livré, il monta indolemment sur sa pirogue, et ne songea plus qu'à faire ses préparatifs de départ. Il n'y avait pas une minute qu'il s'en occupait, quand ses yeux, se portant par hasard vers la terre, lui apprirent le danger imminent que courait sa vie. Les yeux noirs et féroces du sauvage étaient fixés sur lui comme ceux d'un tigre à travers les branches entr'ouvertes d'un buisson, et il y passait déjà le canon de son mousquet pour ajuster celui qu'il venait de nommer son frère.

Ce fut alors que la longue pratique de Deerslayer comme chasseur lui fut utile. Accoutumé à tirer sur le daim pendant qu'il bondissait, et même quand il ne pouvait connaître que par conjecture la position précise du corps de l'animal, il eut recours en ce moment aux mêmes expédients. Ramasser sa carabine, l'armer, et en appuyer la crosse sur son épaule furent l'affaire d'un seul instant et d'un seul mouvement, et, presque sans ajuster, il tira sur la partie du buisson où il savait qu'un corps devait se trouver pour soutenir la tête menaçante qui se montrait seule. Il ne crut pas avoir le temps de lever plus haut sa carabine, ni d'ajuster avec plus de précision. Ses mouvements furent si rapides que les deux coups partirent en même temps, et que les échos des montagnes ne répétèrent qu'une seule détonation. Deerslayer resta la tête levée, droit comme un pin, et attendit le résultat. Le sauvage poussa un cri effroyable, fit un bond au-dessus du buisson, et courut dans l'espace découvert en brandissant un tomahawk. Deerslayer demeura immobile, sa carabine appuyée sur une épaule, et sa main cherchant machinalement sa poire à poudre. Quand il fut à environ quarante pieds de son ennemi, l'Indien lui lança son tomahawk ; mais ce fut d'un œil si peu sûr et d'une main si faible, que le jeune chasseur saisit cette arme par le manche pendant qu'elle passait à son côté. En ce moment, les forces de l'Indien l'abandonnèrent ; il chancela, et tomba par terre.

— Je le savais, je le savais ! s'écria Deerslayer, qui se préparait à mettre une autre balle dans sa carabine. Oui, je savais ce qui en arriverait du moment où j'ai vu à quelle portée étaient les yeux de cette créature ; il ne faut pas longtemps à un homme pour prendre son point de mire et faire feu, quand sa propre vie est en danger. Je l'ai prévenu peut-être de la centième partie d'une seconde, sans quoi j'en aurais été mauvais marchand, car la balle de ce reptile m'a effleuré le côté. Mais qu'on dise tout qu'on voudra pour ou contre, une Peau-Rouge, avec sa poudre et ses balles, n'a jamais son coup aussi sûr qu'un homme blanc. Non, non, ce n'est pas là un de leurs dons. Chingachgook lui-même, malgré toutes ses grandes qualités, a quelquefois manqué son coup.

En parlant ainsi, il avait rechargé sa carabine, et après avoir jeté le tomahawk dans sa pirogue, il s'approcha de l'Indien, et resta debout près de lui, le regardant avec une attention mélancolique. C'était la première fois qu'il voyait un homme mourir en combattant, c'était le premier de ses semblables contre lequel il avait jamais levé la main. Les sensations qu'il éprouvait étaient nouvelles pour lui, les sentiments les plus doux de la nature humaine étaient encore frais dans son cœur, et le regret se mêla à la joie du triomphe. L'Indien n'était pas mort, quoiqu'il eût le corps percé de part en part. Il était étendu sur le dos sans mouvement ; mais ses yeux, indiquant qu'il avait toute sa connaissance, suivaient tous les mouvements de son vainqueur, comme l'oiseau pris au piége regarde l'oiseleur ; il attendait sans doute le coup fatal qui devait précéder l'enlèvement de sa chevelure, ou peut-être pensait-il que cet acte de cruauté aurait lieu avant sa mort. Deerslayer lut dans ses pensées, et il trouva une satisfaction mélancolique à bannir les craintes du sauvage mourant.

— Non, non, Peau-Rouge, lui dit-il, vous n'avez rien de plus à craindre de moi ; je suis de race chrétienne, et scalper n'est pas un de mes dons. Je vais m'assurer de votre mousquet, et je reviendrai vous rendre tous les services que je pourrai, quoique je ne puisse rester ici longtemps, car le bruit de trois coups de feu peut faire tomber sur moi quelques-uns de vos démons.

Cette dernière phrase fut une sorte de soliloque qu'il prononça en allant chercher le mousquet du sauvage. Il le trouva dans le buisson d'où l'Indien avait tiré, le porta dans sa pirogue, y laissa aussi sa carabine, et retourna près du blessé.

— Nous ne sommes plus ennemis, Peau-Rouge, lui dit-il, et vous pouvez être sans crainte pour votre chevelure ou toute autre chose. Les dons que m'a faits le ciel sont blancs, comme je vous l'ai dit, et j'espère que ma conduite sera blanche aussi.

Si Deerslayer avait pu comprendre tout ce que signifiaient les regards de l'Indien, il est probable que la vanité innocente que lui inspirait sa couleur n'aurait pas été très-satisfaite ; mais il vit la reconnaissance qu'exprimaient les yeux du mourant, sans s'apercevoir de l'air de sarcasme qui s'y mêlait.

— De l'eau, s'écria le moribond, de l'eau pour le pauvre Indien !

— Oui, vous aurez de l'eau, quand vous devriez mettre le lac à sec. Je vais vous porter sur ses bords, et vous pourrez boire tant que vous voudrez. On dit qu'il en est de même de tous les blessés ; l'eau est leur plus grande consolation.

En parlant ainsi, il leva l'Indien dans ses bras et le porta sur les bords du lac, ayant soin de l'y placer de manière qu'il pût apaiser sa soif brûlante. Il s'assit ensuite près du blessé, dont il appuya la tête sur ses genoux, et dont il chercha de son mieux à adoucir les angoisses.

— Ce serait péché, guerrier, lui dit-il, si je vous disais que votre temps n'est pas encore venu, et par conséquent je ne vous le dirai pas. Vous avez déjà passé le milieu de la vie, et vu la manière dont vous vivez, vous autres, vos jours ont été assez bien remplis. La principale chose pour vous, à présent, c'est de songer à ce qui vient ensuite. Au total, ni les Peaux-Rouges, ni les Faces-Pâles ne comptent beaucoup s'endormir pour toujours. Les uns comme les autres s'attendent à vivre dans un autre monde. Chacun de nous a reçu ses dons du ciel, et sera jugé en conséquence. Je suppose que vous ayez pensé à cela assez souvent pour ne pas avoir besoin de sermons, à l'instant où votre jugement va être prononcé. Si vous avez bien rempli vos devoirs d'Indien, vous irez chasser dans des bois pleins de gibier, sinon vous serez traité d'une autre manière. J'ai mes idées sur tout cela, mais vous êtes trop âgé, et vous avez trop d'expérience pour avoir besoin des explications d'un homme si jeune que moi.

— Bon! s'écria l'Indien, dont la voix conservait encore sa force, quoique sa fin approchât; jeune tête, — vieille sagesse.

— C'est quelquefois une consolation, quand nous sommes près de notre fin, de savoir que ceux à qui nous avons nui ou voulu nuire nous pardonnent. Je suppose que la nature cherche ce soulagement pour obtenir un pardon sur la terre, car ce n'est qu'après le jugement que nous pouvons savoir si le Grand-Esprit nous a pardonné. On est plus tranquille, dans un pareil moment, quand on sait qu'on a obtenu un pardon quelconque, et j'en conclus que c'est là tout le secret. Quant à moi, je vous pardonne entièrement d'avoir voulu m'ôter la vie; d'abord parce qu'il n'en est résulté aucun mal pour moi, ensuite parce que cela était dans vos dons, dans votre nature et dans vos habitudes, et enfin et surtout parce que je ne puis conserver de ressentiment contre un homme mourant, n'importe qu'il soit païen ou chrétien. Ainsi soyez tranquille, en tant que cela me concerne. Pour ce qui est du reste, vous savez mieux que moi ce qui doit vous inquiéter ou vous donner de la satisfaction dans un moment si délicat.

Il est probable que l'Indien avait sur l'état inconnu d'existence après la mort quelqu'une de ces lueurs terribles que Dieu, dans sa merci, semble accorder à toute la race humaine; mais elle était probablement conforme à ses habitudes et à ses préjugés. Comme la plupart des hommes de sa race, et comme un trop grand nombre d'individus de la nôtre, il songeait plutôt à mourir de manière à obtenir les applaudissements de ceux qu'il allait quitter, qu'à s'assurer ensuite un meilleur état d'existence. Il n'avait pas très-bien compris ce que Deerslayer venait de lui dire, quoiqu'il rendît justice à ses bonnes intentions; et quand celui-ci eut fini de parler, il éprouva le regret qu'aucun membre de sa tribu ne pût être témoin du stoïcisme avec lequel il supportait ses souffrances, et de la fermeté avec laquelle il attendait la mort. Avec cette courtoisie fière et naturelle qui distingue si souvent le guerrier indien, avant qu'il soit corrompu par un commerce trop fréquent avec la classe la plus dépravée des blancs, il s'efforça de lui exprimer ses remerciements de ses bonnes intentions, et de lui faire comprendre qu'il les appréciait.

— Bon! répéta-t-il, car c'était un mot que tous les sauvages em-

ployaient souvent; bon! jeune tête, et jeune cœur aussi. Vieux cœur endurci, plus de larmes. Indien à sa mort, pas de mensonge.
— Votre nom?

— Deerslayer est celui que je porte à présent, mais les Delawares m'ont dit que, lorsque j'aurai marché sur le sentier de guerre, j'en aurai un autre plus digne d'un homme, si je l'ai mérité.

— Deerslayer, bon nom pour un enfant, pauvre nom pour un guerrier. — Un meilleur avant peu ; pas de crainte de cela. — L'Indien eut encore la force de soulever un bras et de toucher la poitrine du jeune chasseur. — L'œil sûr, la main un éclair ; point de mire, la mort. Grand guerrier bientôt. Non Deerslayer, non ; *Hawkeye*, *Hawkeye*[1]. La main !

Deerslayer, ou Hawkeye, comme l'Indien venait de l'appeler pour la première fois, car il porta ce nom par la suite dans tout ce pays, prit la main du sauvage, qui rendit le dernier soupir en regardant avec un air d'admiration un étranger qui avait montré tant de sang-froid, d'adresse et de fermeté dans toute cette scène. Si le lecteur se rappelle que la plus grande satisfaction que puisse éprouver un Indien, c'est de voir son ennemi montrer de la faiblesse, il en appréciera mieux la conduite qui avait extorqué à celui-ci une si grande concession à l'instant de sa mort.

— Son esprit a pris son vol, dit Deerslayer d'un ton mélancolique. Hélas ! c'est à quoi il faut que nous arrivions tous plus tôt ou plus tard; et le plus heureux, n'importe quelle soit la couleur de sa peau, est celui qui est le plus en état de voir la mort en face. Voici le corps d'un brave guerrier sans doute, et son âme est déjà sur le chemin de son ciel, soit que ce soit une forêt giboyeuse ou des bois dépourvus de tout gibier, ou, suivant la doctrine des frères Moraves, une région de gloire ou de flammes dévorantes. Et d'un autre côté, voilà le vieux Hutter et Hurry Harry qui se sont mis dans l'embarras et exposés à la torture et à la mort pour gagner une prime que ma bonne fortune place sur mon chemin d'une manière que bien des autres trouveraient légale et convenable. Mais pas un farthing de pareil argent ne me souillera jamais la main. Blanc je suis né et blanc je mourrai, tenant à ma couleur jusqu'à la fin, quand bien même le roi, ses gouverneurs et tous ses conseillers, tant en Europe que dans les colonies, oublieraient d'où ils viennent et où ils espèrent aller, et tout cela pour un faible avantage dans la guerre. Non, non, guerrier, ma main ne touchera pas à votre

---

[1] Œil-de-Faucon.

chevelure; que votre âme soit tranquille ! Quand votre corps ira la rejoindre dans le pays des esprits, il pourra y figurer décemment.

Après avoir ainsi parlé, Deerslayer se leva, plaça le corps du sauvage comme s'il eût été assis, le dos appuyé contre un petit rocher, et prit soin qu'il ne pût tomber ou prendre une attitude qui, suivant les idées de sensibilité bizarre des Indiens, pût paraître inconvenante. Quand il eut accompli ce devoir, il regarda son ennemi avec une sorte d'abstraction mélancolique, et suivant la coutume qu'il avait contractée en vivant si souvent seul dans la forêt, il commença bientôt à penser tout haut.

— Je n'en voulais pas à votre vie, Peau-Rouge, dit-il; mais vous ne m'avez laissé d'autre alternative que de vous tuer ou d'être tué. Nous avons agi tous deux suivant nos dons respectifs, et l'on ne doit blâmer ni l'un ni l'autre. Vous m'avez attaqué en trahison, parce que c'est votre nature dans la guerre, et j'ai manqué de précaution, parce que la mienne est d'avoir confiance dans les autres. Eh bien! voilà mon premier combat contre un de mes semblables, et il est probable que ce ne sera pas le dernier. J'ai combattu la plupart des créatures des forêts, les ours, les loups, les panthères et les chats sauvages, et voici mon commencement avec les Peaux-Rouges. Si j'étais né Indien, je pourrais m'en vanter, emporter une chevelure, et faire trophée de cet exploit devant toute ma tribu; si mon ennemi avait été un ours, je pourrais raconter comment les choses se sont passées; mais je ne vois pas comment je puis confier ce secret même à Chingachgook, puisque je ne puis le faire qu'en me vantant avec une langue blanche. Et pourquoi voudrais-je m'en vanter, après tout? C'est un homme que j'ai tué, quoique ce fût un sauvage; puis-je savoir si c'était un Indien fidèle à sa nature, ou si je ne l'ai pas envoyé tout d'un coup partout ailleurs que dans ses forêts pleines de gibier? Quand on n'est pas sûr d'avoir fait bien ou mal, le plus sage est de ne pas s'en vanter. Cependant je voudrais que Chingachgook sût que je ne fais pas honte aux Delawares ni à l'éducation qu'ils m'ont donnée.

Une partie de ce discours fut prononcée tout haut, et il ne fit que murmurer le reste entre ses dents. Ses opinions bien décidées eurent le premier avantage, mais ses doutes ne furent exprimés qu'à demi-voix. Ses réflexions et son soliloque furent interrompus d'une manière inquiétante par l'apparition subite d'un second Indien sur le bord du lac à deux ou trois cents toises de la pointe. Ce sauvage, évidemment un espion comme le premier, et qui avait été probablement attiré en cet endroit par le bruit des coups de feu, sortit du bois avec si peu de précaution, que Deerslayer le vit avant d'en avoir été aperçu lui-même. Quand cela arriva, ce qui eut lieu un moment après, l'Indien poussa un grand cri, auquel une douzaine de voix répondirent de différents côtés de la montagne. Ce n'était pas le temps de s'arrêter davantage, et, une minute après, Deerslayer, sur sa pirogue, s'éloignait du rivage à toutes rames.

Dès qu'il se crut à une distance qui le mettait en sûreté, il cessa de ramer, laissa sa pirogue aller à la dérive, et se mit à considérer l'état des choses. La pirogue qui avait été la première abandonnée à la dérive, flottait vent arrière, à un bon quart de mille au-dessus de lui, et un peu plus près du rivage qu'il ne l'aurait voulu, attendu le voisinage des Indiens. Celle qu'il avait repoussée de la pointe n'était qu'à quelques toises de la sienne, car il avait dirigé sa route de manière à la rejoindre en s'éloignant de la terre. Le corps de l'Indien était où il l'avait placé. Le guerrier qui s'était montré en sortant de la forêt avait déjà disparu, et les bois semblaient eux-mêmes silencieux comme au moment où ils étaient sortis des mains du Créateur. Ce profond silence ne dura pourtant qu'un moment. Quand les espions de l'ennemi eurent eu le temps de faire une reconnaissance, les Indiens s'élancèrent de la forêt, accoururent sur la pointe, et remplirent l'air de cris de fureur en apercevant le cadavre de leur compagnon. A ces cris succédèrent des acclamations de joie, quand ils s'approchèrent du défunt, autour duquel ils se groupèrent. Deerslayer connaissait assez bien les usages des Indiens pour comprendre le motif de ce changement. Les cris étaient les lamentations d'usage lors de la mort d'un guerrier, et les acclamations un signe de réjouissance de ce que le vainqueur n'avait pas eu le temps, comme ils le supposaient, de lui enlever sa chevelure, trophée sans lequel une victoire n'est jamais regardée comme complète. La distance à laquelle étaient déjà les pirogues les empêcha probablement de faire aucune tentative pour attaquer le vainqueur; car les Indiens du nord de l'Amérique, comme les panthères de leurs forêts, cherchent rarement à attaquer leurs ennemis, sans être à peu près certains de réussir dans leur entreprise.

Comme Deerslayer n'avait plus aucun motif pour rester près de la pointe, il songea à prendre ses pirogues à la remorque pour les conduire au château. Il ne lui fallut que quelques minutes pour s'assurer de celle qui était à peu de distance, et il se mit ensuite à la poursuite de l'autre qui continuait à remonter le lac. Dès qu'il y eut jeté les yeux, il pensa qu'elle était plus près du rivage qu'elle n'aurait dû l'être si elle n'avait fait que céder à l'influence du peu de vent qu'il faisait, et il commença à croire qu'il existait dans le lac un courant invisible qui l'entraînait. Il redoubla donc d'efforts pour s'en remettre en possession avant qu'elle arrivât à une proximité dangereuse de la terre. Quand il en fut plus près, il pensa que la pirogue avait un mouvement sensible dans l'eau, et que, quoiqu'elle fût par le travers du vent, ce mouvement la portait vers la terre. Quelques vigoureux coups de rames l'en approchèrent encore davantage, et le mystère s'expliqua. Quelque chose était évidemment en mouvement sur le côté de la pirogue qui était le plus éloigné du jeune chasseur, et un examen plus sérieux lui apprit que c'était le bras nu d'un homme. Un Indien était étendu au fond de la pirogue, et se servant de son bras comme d'une rame, il la faisait avancer vers la terre lentement, mais avec certitude. Un seul coup d'œil fit comprendre à Deerslayer tout ce qui s'était passé. Un sauvage s'était mis à la nage pour s'emparer de la pirogue, tandis que le jeune chasseur était occupé avec l'autre Indien sur la pointe, et il avait imaginé ce moyen pour la conduire à terre.

Convaincu que l'homme qui était dans la pirogue ne pouvait avoir d'armes, Deerslayer n'hésita pas à avancer la sienne de manière à la placer bord à bord avec l'autre, sans même juger nécessaire de lever sa carabine. Dès que le sauvage entendit le bruit des rames de l'autre pirogue, il se leva précipitamment, et poussa une exclamation qui prouvait combien il était pris par surprise.

— Si vous vous êtes assez amusé de votre promenade dans cette pirogue, Peau-Rouge, lui dit Deerslayer d'un ton calme, cessant de ramer assez à temps pour prévenir un contact entre les deux nacelles, vous agirez prudemment en la quittant à la nage comme vous y êtes arrivé. Je ne vous demande que ce qui est raisonnable, car je n'ai pas soif de votre sang, quoiqu'il y ait bien des gens qui regarderaient votre chevelure comme un bon de prime plutôt que comme le couvre-chef d'un homme. M'entendez-vous? Jetez-vous dans ce lac à l'instant, avant que nous n'en venions aux gros mots.

Ce sauvage ne savait pas un mot d'anglais, et s'il comprit à peu près ce que lui disait Deerslayer, il en fut redevable aux gestes de celui-ci, et à l'expression d'un œil qui ne trompait jamais. Peut-être aussi la vue de la carabine qui était à portée de la main de l'homme blanc accéléra-t-elle sa détermination. Quoi qu'il en soit, il s'accroupit comme un tigre qui va prendre son élan, poussa un grand cri, et le moment d'après son corps nu disparut sous l'eau. Quand il revint à la surface pour respirer, il était à quelques toises de la pirogue, et le regard qu'il jeta derrière lui prouva combien il craignait que l'arme du blanc ne lui envoyât un fatal message. Mais Deerslayer n'avait aucune intention hostile. Il amarra tranquillement la pirogue aux deux autres, et se mit à ramer pour s'éloigner de la terre; et quand l'Indien eut gagné le rivage, où il se secoua comme un épagneul qui sort de l'eau, l'ennemi qu'il redoutait était déjà hors de portée du mousquet et en route pour le château. Suivant sa coutume, il ne manqua pas alors de faire un soliloque sur ce qui venait d'arriver, tout en ramant pour arriver à sa destination.

— Eh bien, dit-il, j'aurais eu tort de tuer un homme sans nécessité. Une chevelure n'a aucune valeur pour moi, au lieu que la vie a son prix, et ceux qui ont reçu du ciel les dons accordés aux blancs ne doivent en priver légèrement personne. Ce sauvage était un Mingo, c'est la vérité, et je ne doute pas qu'il n'ait toujours été et qu'il ne soit toujours un vrai reptile et un vagabond; mais ce n'est pas une raison pour que j'oublie ma couleur. Non, non, qu'il s'échappe, et si nous nous retrouvons jamais, la carabine en main, on verra qui a la main la plus ferme et l'œil le plus sûr. — *Hawkeye!* ce ne serait pas un mauvais nom pour un guerrier; il a le son plus mâle et plus vaillant que celui de Deerslayer. Ce ne serait pas un mauvais titre pour commencer, et je l'ai assez bien gagné. Si c'était Chingachgook, il pourrait aller dans sa tribu se vanter de ses exploits, et les chefs le nommeraient *Hawkeye* en une minute; mais il ne convient pas au sang blanc de se vanter, et il n'est pas aisé de voir comment l'affaire pourra être connue, à moins que je n'en parle! — Eh bien! tout est entre les mains de la Providence, cette affaire aussi bien que toute autre, et je compte sur elle pour obtenir en toute chose ce qui m'est dû.

Ayant ainsi trahi ce qu'on peut appeler son côté faible, il continua à ramer en silence, avançant vers le château aussi rapidement que le permettaient les deux pirogues qu'il traînait à la remorque. Le soleil alors non-seulement était levé, mais son disque se montrait au-dessus des plus hautes montagnes du côté de l'orient, et répandait des flots de lumière glorieuse sur cette belle nappe d'eau à laquelle les Européens n'avaient pas encore donné un nom. Toute cette scène était radieuse de beauté; et à moins de savoir ce qui se passait ordinairement dans les bois, on n'aurait pu s'imaginer que ce beau site eût été si récemment témoin de tant d'incidents si étranges et si barbares. En approchant du château, Deerslayer pensa, ou plutôt sentit, que l'extérieur en était en singulière harmonie avec toute la scène. Quoiqu'on n'eût consulté en le construisant que la force et la sûreté, les troncs d'arbres massifs, couverts de leur écorce à l'extérieur, le toit en saillie, et la forme de l'édifice, auraient contribué à rendre cet édifice pittoresque presque dans toute situation, tandis que sa position actuelle ajoutait une nouveauté piquante aux autres motifs d'intérêt qu'il offrait.

Mais quand Deerslayer fut plus près du château, il vit se présenter à lui des objets d'intérêt qui éclipsèrent toutes les beautés du lac et l'attrait de cet édifice singulier. Judith et Hetty étaient sur la plate-forme, devant la porte, attendant son arrivée avec la plus grande inquiétude, et la première cherchait de temps en temps à distinguer l'expression de sa physionomie à l'aide de la longue-vue dont il a déjà été parlé. Elle n'avait peut-être jamais paru plus belle qu'en ce moment, l'alarme et l'anxiété donnant à son coloris sa plus riche teinte, tandis que la douceur de ses yeux, charme que la pauvre Hetty elle-même partageait avec elle, puisait un nouvel attrait dans l'intensité de son inquiétude. Sans nous arrêter à analyser les motifs ou à faire des distinctions subtiles entre la cause et l'effet, telle fut du moins l'opinion du jeune chasseur quand il arriva près de l'arche, à laquelle il amarra soigneusement ses trois pirogues avant de mettre le pied sur la plate-forme.

CHAPITRE VIII.

> Ses paroles sont des liens, ses serments des oracles, son amour sincère, ses pensées pures comme le jour, ses pleurs des messagers partis de son cœur, et son cœur aussi loin de la fausseté que le ciel l'est de la terre.
>
> SHAKSPEARE.

AUCUNE des deux sœurs ne parla quand Deerslayer se présenta seul devant elles, sa physionomie annonçant les craintes qu'il avait pour la sûreté de ses deux compagnons absents.

Enfin Judith, faisant un effort presque désespéré, réussit à s'écrier : Et mon père?

— Il a eu du guignon, et il est inutile de vouloir le cacher, répondit Deerslayer avec son ton de simplicité franche. Lui et Hurry sont entre les mains des Mingos, et Dieu seul sait ce qu'il en résultera. Je ramène les pirogues en sûreté, et c'est une consolation, puisque les vagabonds ne pourront venir ici sans se mettre à la nage, ou sans avoir construit des radeaux. Au coucher du soleil, nous aurons pour renfort Chingachgook, si je puis l'amener ici en pirogue. Alors je crois que lui et moi nous pourrons répondre de l'arche et du château, jusqu'à ce que les officiers des forts entendent parler de cette escarmouche, ce qui doit arriver tôt ou tard, et ils nous enverront du secours, si nous n'en avons pas d'autres.

— Les officiers! s'écria Judith, la rougeur de ses joues et le feu de ses yeux annonçant une émotion vive, mais passagère; qui pense à eux? qui parle d'eux en ce moment? Nous suffisons pour la défense du château. Parlez-nous de mon père et du pauvre Hurry Harry.

— Il est naturel que vous preniez cet intérêt à votre père, Judith, répondit Deerslayer, et je suppose qu'il ne l'est pas moins que vous en éprouviez pour Hurry.

Il commença alors une relation claire, mais succincte, de tout ce qui s'était passé la nuit précédente, ne cachant rien de ce qui était arrivé à ses compagnons, et ne dissimulant pas son opinion sur ce qui pouvait en résulter. Les deux sœurs l'écoutèrent avec une grande attention; mais aucune d'elles ne montra les craintes et les inquiétudes qu'auraient manifestées des femmes moins habituées aux hasards et aux accidents de la vie des frontières. A la grande surprise de Deerslayer, Judith parut la plus affligée; Hetty l'écouta très-attentivement, mais elle semblait réfléchir en silence sur les faits, au lieu de donner des signes extérieurs de sensibilité. Le jeune chasseur ne manqua pas d'attribuer l'agitation de l'aînée à l'intérêt qu'elle prenait à Hurry autant qu'à l'amour filial, tandis qu'il pensait que l'indifférence apparente de la plus jeune venait de la faiblesse de son esprit, qui l'empêchait de prévoir les suites fatales que pouvait avoir leur captivité. Cependant elles parlèrent fort peu et s'occupèrent des préparatifs du déjeuner, comme ceux qui sont chargés de soins semblables s'en acquittent machinalement, même au milieu des souffrances du corps et des chagrins de l'esprit. Le déjeuner se passa dans un sombre silence; les deux sœurs mangèrent à peine; mais Deerslayer prouva qu'il possédait une des qualités nécessaires à un bon soldat, celle de conserver un bon appétit au milieu des plus grands embarras et des circonstances les plus alarmantes. Le repas se termina sans qu'on eût à peine prononcé une syllabe. Alors Judith prit la parole avec le ton rapide et convulsif d'une sensibilité qui ne peut plus supporter de se contraindre, et qui trouve plus pénible de se cacher que de montrer de l'émotion.

— Mon père aurait aimé ce poisson, s'écria-t-elle en soupirant.

Il dit que le saumon du lac est presque aussi bon que celui de la mer.

— Votre père connaît la mer, à ce qu'on dit, Judith, dit Deerslayer qui ne put s'empêcher, en lui faisant cette question, de jeter sur elle un regard annonçant sa curiosité; car, de même que tous ceux qui connaissaient Thomas Hutter, il aurait voulu savoir quelque chose de l'histoire de sa jeunesse. Hurry Harry m'a dit qu'il avait été marin.

Judith parut d'abord embarrassée; puis, cédant à des sentiments qui étaient nouveaux pour elle de plus d'une manière, elle devint tout à coup communicative, et parut même prendre intérêt à cette conversation.

— Si Hurry sait quelque chose de l'histoire de mon père, s'écria-t-elle, je voudrais qu'il me l'eût dit. Quelquefois je crois aussi qu'il a été marin, et ensuite je ne le crois plus. Si cette caisse était ouverte, ou qu'elle pût parler, elle pourrait peut-être nous faire connaître toute son histoire; mais la fermeture en est trop solide pour qu'elle puisse se briser comme un fil.

Deerslayer jeta un regard sur la caisse, et l'examina avec attention pour la première fois. Quoiqu'elle fût décolorée, et qu'il fût évident qu'elle avait été traitée avec fort peu de cérémonie, il reconnut que, pour les matériaux et la main-d'œuvre, elle était fort supérieure à tout ce qu'il avait jamais vu en ce genre. Le bois en était noir, très-dur, et l on voyait encore qu'il avait été autrefois parfaitement poli, quoiqu'il n'en restât plus que peu de traces ; et la manière dont elle était sillonnée de raies profondes prouvait qu'elle avait été en collision avec des substances encore plus dures qu'elle. Les coins en étaient garnis en acier bien travaillé, et les serrures, qui étaient au nombre de trois, ainsi que les gonds, étaient d'un travail égal à tout ce qu'on aurait pu trouver même dans les premières boutiques de Londres. La caisse était très-grande, et quand Deerslayer prit une des poignées pour essayer de la soulever, il vit que le poids était en proportion de la grandeur.

— Avez-vous jamais vu cette caisse ouverte, Judith? demanda-t-il avec toute la liberté de la frontière; car ceux qui habitaient sur les limites de la civilisation ne connaissaient guère la délicatesse sur de pareils sujets à cette époque, s'ils la connaissent même aujourd'hui.

— Jamais. Mon père ne l'a jamais ouverte en ma présence, et je ne crois pas qu'il en ait jamais levé le couvercle. Du moins, personne ici n'en a été témoin.

— Vous vous trompez, Judith, dit tranquillement Hetty; j'ai vu mon père en lever le couvercle.

Un sentiment de retenue ferma la bouche du jeune chasseur. Il n'aurait pas hésité à aller au-delà de ce qu'on aurait cru les bornes des convenances en questionnant la sœur aînée, mais il se fit un scrupule de chercher à profiter de l'esprit faible de la cadette. Mais Judith, n'éprouvant pas la même contrainte, se tourna sur-le-champ vers sa sœur et continua la conversation.

— Quand avez-vous vu mon père ouvrir cette caisse, Hetty?

— Bien des fois. Mon père l'ouvre bien souvent quand vous n'êtes pas ici; et il s'inquiète fort peu que je sois présente, que je voie tout ce qu'il fait, et que j'entende tout ce qu'il dit.

— Et que dit-il? que fait-il?

— C'est ce que je ne puis vous dire, Judith, répondit Hetty en baissant la voix, mais d'un ton ferme. Les secrets de mon père ne sont pas les miens.

— Ses secrets! cela est encore plus étrange! — N'est-il pas singulier, Deerslayer, que mon père fasse connaître ses secrets à Hetty, et qu'il me les cache?

— Il y a de bonnes raisons pour cela, Judith, quoique vous ne deviez pas les savoir. Mon père n'est pas ici pour répondre, et je ne dirai plus un mot sur ce sujet.

Judith et Deerslayer parurent surpris, et pendant quelques instants la sœur aînée eut l'air piqué. Mais, reprenant tout à coup son sang-froid, elle se détourna de sa sœur, comme par pitié pour sa faiblesse d'esprit, et s'adressa au jeune chasseur.

— Vous ne nous avez conté que la moitié de votre histoire, lui dit-elle; vous en êtes resté à l'endroit où vous vous êtes endormi dans la pirogue, ou, pour mieux dire, à celui où vous vous êtes levé en entendant le cri d'un loon. Nous avons aussi entendu ces oiseaux, et nous avons pensé que leurs cris pouvaient annoncer une tempête, quoiqu'il y en ait bien rarement sur ce lac dans cette saison de l'année.

— Le vent souffle et la tempête gronde quand il plaît à Dieu, tantôt dans une saison, tantôt dans une autre, et les loons parlent suivant leur nature. Après m'être levé pour écouter ce cri, étant assuré que ce ne pouvait être le signal de Hurry, je me recouchai et je m'endormis. Quand l'aurore parut, je me levai, et je donnai la chasse aux deux pirogues, de peur que les Mingos ne s'en emparassent.

— Ce n'est pas encore tout, Deerslayer; nous avons entendu des coups de feu sous les montagnes du côté de l'orient, et les échos les ont répétés si vite, qu'ils ont dû être tirés sur le rivage, ou à bien peu de distance de la côte. Nos oreilles sont accoutumées à ces sons, et elles ne peuvent se tromper.

— Elles ont fait leur devoir pour cette fois, Judith. Oui, il y a eu des coups de feu tirés ce matin, quoique en moins grand nombre qu'il en eût pu être tiré. Un guerrier est parti pour aller chasser dans les forêts de la terre des esprits. On ne doit pas s'attendre à ce qu'un homme de sang blanc se vante de ses exploits et fasse étalage de chevelures.

Judith respirait à peine en l'écoutant, et comme Deerslayer, avec sa manière tranquille et modeste, semblait disposé à ne pas en dire davantage, elle se leva, traversa la chambre, et alla s'asseoir à côté de lui. Ses manières n'avaient rien de hardi; elles indiquaient seulement le vif instinct de l'affection et la bonté compatissante d'une femme. Elle prit la main endurcie du chasseur, la serra entre les siennes, peut-être sans le savoir, et le regarda avec intérêt, et presque avec un air de reproche.

— Vous avez combattu les sauvages, seul et sans aide, Deerslayer, par désir de nous protéger Hetty et moi. Vous les avez combattus avec bravoure, sans avoir personne pour vous encourager, ou pour être témoin de votre chute si la Providence eût permis une si grande calamité.

— Oui, Judith, oui, j'ai combattu l'ennemi, et c'était pour la première fois de ma vie. De pareilles choses doivent arriver, et elles causent un sentiment mêlé de chagrin et de triomphe. La nature humaine est une nature combattante, je suppose, puisque nous voyons les nations se battre et s'entre-tuer; et nous devons être fidèles à notre nature. Ce que j'ai fait jusqu'ici n'est pas grand'chose; mais si Chingachgook vient ce soir à notre rendez-vous près du rocher, comme cela est convenu entre nous, et que je puisse le ramener ici à l'insu des sauvages, ou, s'ils le savent, en dépit d'eux, alors nous pourrons voir quelque chose qui ressemblera à la guerre, avant que les Mingos s'emparent du château, de l'arche ou de vous.

— Qui est ce Chingachgook? D'où vient-il? Pourquoi vient-il ici?

— Ces questions sont naturelles et justes, je suppose, quoique le nom de ce jeune homme soit déjà célèbre dans son pays. Chingachgook a dans ses veines le sang des Mohicans, et il vit avec les Delawares, comme la plupart des membres qui restent de sa tribu, qui a été détruite par l'accroissement du nombre des hommes de notre couleur. Il appartient à la famille des grands chefs, son père, Uncas, ayant été l'homme le plus distingué de sa tribu, tant pendant la guerre que dans les conseils. Le vieux Tamenund lui-même honore Chingachgook, quoiqu'on le trouve encore trop jeune pour pouvoir conduire les autres à la guerre. Mais cette nation est tellement dispersée et diminuée, que le titre de chef chez elle n'est guère autre chose qu'un nom. Eh bien! cette guerre étant commencée tout de bon, Chingachgook et moi nous prîmes rendez-vous pour ce soir, au coucher du soleil, près du rocher rond qui est à l'extrémité du lac, pour ensuite partir ensemble pour notre première expédition contre les Mingos. Pourquoi nous sommes venus précisément par ici, c'est notre secret; mais, comme vous pouvez le supposer, des jeunes gens réfléchis, qui sont sur le sentier de la guerre, ne font rien sans calcul et sans dessein.

— Un Delaware ne peut avoir d'intentions hostiles contre nous, dit Judith après un moment d'hésitation, et nous savons que les vôtres sont amicales.

— La trahison est le dernier crime dont j'espère être jamais accusé, répondit Deerslayer, blessé de l'espèce de méfiance que Judith venait de montrer, et surtout la trahison contre ma propre couleur.

— Personne ne vous soupçonne, Deerslayer, s'écria-t-elle vivement. Non, non, votre physionomie honnête serait une garantie suffisante de la fidélité de mille cœurs. Si tous les hommes avaient une langue aussi véridique, et ne promettaient pas ce qu'ils n'ont pas dessein d'exécuter, il y aurait moins de perfidie dans le monde, et l'on ne regarderait plus de beaux panaches et des habits écarlates comme des excuses pour la bassesse et la tromperie.

Elle parlait avec force et même avec énergie, et ses beaux yeux, ordinairement si doux et si attrayants, étincelaient à l'instant où elle se tut. Deerslayer ne put s'empêcher de remarquer cette émotion extraordinaire; mais, avec le tact d'un courtisan, non-seulement il évita d'y faire allusion, mais il réussit même à cacher l'effet qu'avait produit sur lui cette découverte. Judith reprit peu à peu son air calme, et comme elle désirait évidemment se montrer sous un jour favorable aux yeux du jeune chasseur, elle fut bientôt en état de renouer la conversation, comme si rien n'eût troublé son sang-froid.

— Je n'ai pas le droit de vouloir pénétrer vos secrets ou ceux de votre ami, Deerslayer, dit-elle, et je suis disposée à donner pleine confiance à tout ce que vous dites. Si nous pouvons réellement nous adjoindre un autre allié de votre sexe, dans un moment si difficile, ce sera une grande aide pour nous, et je ne suis pas sans espoir que, lorsque les sauvages verront que nous sommes en état de tenir le lac, ils nous offriront de rendre leurs prisonniers en échange de peaux, ou du moins du baril de poudre que nous avons dans la maison.

Le jeune chasseur avait sur les lèvres les mots chevelure et prime, mais la crainte d'alarmer la sensibilité des deux sœurs l'empêcha de faire allusion, comme il se le proposait, au destin probable de leur père. Mais il était si loin d'être initié dans l'art de déguiser ses pensées, que ses traits expressifs les dévoilèrent à Judith, dont l'intelligence naturelle avait encore été rendue plus vive par les habitudes de la vie qu'elle menait et par les risques qui en étaient inséparables.

— Je vous comprends fort bien, continua-t-elle, et je sais ce que vous diriez, si vous n'étiez retenu par la crainte de m'affliger, de *nous* affliger, veux-je dire, car Hetty aime son père tout autant que moi. Mais cette idée n'est pas celle que nous avons des Indiens. Ils ne scalpent jamais un prisonnier qui n'a pas été blessé, et ils préfèrent l'emmener vivant, à moins qu'ils ne se laissent entraîner par le désir féroce de le torturer. Je ne crains rien pour la chevelure de mon père, et je n'ai que peu de crainte pour sa vie. S'ils tombaient sur nous à la dérobée pendant la nuit, ils nous massacreraient tous; mais les prisonniers faits dans un combat sont rarement mis à mort, du moins jusqu'à ce que le temps de les faire périr dans les tortures soit arrivé.

— C'est leur tradition, et c'est même leur pratique, j'en conviens : mais savez-vous, Judith, pourquoi votre père et Hurry ont attaqué les Indiens ?

— Oui, je le sais, et c'était un motif bien cruel. Mais que voulez-vous ! les hommes seront toujours des hommes, et il y en a qui portent des galons d'or et d'argent, et qui ont dans leur poche un brevet du roi, et qui sont coupables de la même cruauté. — L'œil de Judith étincela de nouveau; mais, par un effort désespéré, elle reprit son calme, et affectant de sourire, sans pouvoir y réussir tout à fait, elle ajouta : Mon sang s'enflamme quand je songe à tout le mal que font les hommes; mais c'est une faiblesse. Ce qui est fait est fait, et ni les plaintes ni les regrets ne peuvent y remédier. Quant aux Indiens, ils pensent si peu à répandre le sang, et ils estiment tellement les hommes qui montrent de la hardiesse dans leurs entreprises, que s'ils savent dans quel dessein leurs prisonniers sont venus dans leur camp, il est probable qu'ils les honoreront au lieu de les en punir si cruellement.

— Pour un certain temps, Judith; oui, j'en conviens, pour un certain temps. Mais quand ce sentiment s'efface, la soif de la vengeance y succède. Chingachgook et moi, nous devrons réfléchir à ce que nous pouvons faire pour rendre la liberté à votre père et à Hurry, car les Mingos rôderont encore quelques jours dans les environs de ce lac pour tirer tout l'avantage qu'ils pourront de leur premier succès.

— Vous croyez qu'on peut avoir toute confiance en ce Delaware?

— Autant qu'en moi-même. Vous avez dit que vous ne me soupçonniez pas, Judith.

— Vous! s'écria Judith en lui prenant encore la main et en la serrant entre les siennes avec une ferveur qui aurait éveillé la vanité d'un homme moins simple et moins modeste, et plus disposé à se targuer de ses bonnes qualités; je soupçonnerais aussitôt un frère. Je ne vous connais que depuis un jour, Deerslayer, mais ce jour a suffi pour me donner une confiance d'une année en vous. Votre nom ne m'était pourtant pas inconnu, car les officiers des forts parlent fréquemment des leçons que vous leur avez données à la chasse, et tous proclament hautement votre honnêteté.

— Parlent-ils de nos parties de chasse? demanda Deerslayer, riant à sa manière silencieuse. Je ne vous demande pas ce qu'ils disent de ce que je puis faire en ce genre, car si l'on n'en est pas convaincu à présent dans toute cette partie du pays, ce n'est pas la peine d'avoir la main ferme et l'œil sûr. Mais que disent-ils de ce qu'ils savent faire eux-mêmes? oui, qu'en disent-ils? On dit que les armes sont leur métier, et pourtant il y en a quelques-uns qui ne savent guère s'en servir.

— J'espère qu'il n'en est pas de même de votre ami Chingachgook, comme vous l'appelez. Que signifie ce nom dans notre langue?

— Le Grand Serpent. On l'a nommé ainsi à cause de sa prudence et de sa dextérité. Uncas est son véritable nom. Tous les membres de sa famille s'appellent Uncas, jusqu'à ce qu'ils aient mérité qu'on leur donne un autre titre.

— S'il a tant de prudence, ce sera pour nous un ami très-utile, à moins que les affaires qui l'amènent dans ces environs ne l'empêchent de nous servir.

— Je ne vois pas grand mal, après tout, à vous dire quelles sont ses affaires, et comme vous pouvez trouver le moyen de nous aider, je vous confierai ce secret ainsi qu'à Hetty, comptant que vous le garderez comme si c'était le vôtre. Vous saurez donc que Chingachgook est un jeune Indien de bonne mine, et que toutes les jeunes filles de sa tribu voient de bon œil, tant à cause de sa famille que pour lui-même. Or, il y a un chef qui a une fille nommée Wahta!-Wah; ce qui signifie en anglais hist-oh!-hist [1], et c'est la plus jolie fille de toute sa tribu, et tous les jeunes guerriers désirent l'avoir pour femme. Eh bien, Chingachgook s'est pris d'affection pour Wah-ta!-Wah, et Wah-ta!-Wah s'est prise d'affection pour Chingachgook. — Ici Deerslayer interrompit son récit, en s'apercevant que Hetty s'était levée pour s'approcher de lui, et qu'elle restait debout, l'écoutant avec l'intérêt et l'attention qu'accorde un enfant à l'histoire que sa mère lui raconte. Il jeta un regard affectueux sur cette jeune et innocente fille et reprit ensuite son récit.

—Oui, il l'aima, et il en fut aimé, et quand cela arrive, et que les deux familles sont d'accord, il est rare que le mariage n'ait pas lieu. Cependant Chingachgook ne pouvait obtenir une telle conquête sans se faire quelques ennemis parmi ceux qui étaient ses rivaux; un certain Yocommon, nom qui signifie en anglais *Briarthorn* [2], fut celui qui prit la chose le plus à cœur, et nous le soupçonnons d'avoir mis la main à tout ce qui s'est passé ensuite. Wah-ta!-Wah, il y a deux mois, partit avec son père et sa mère pour aller pêcher le saumon dans les rivières de l'Ouest, où tout le monde convient que ce poisson se trouve en plus grande quantité, et pendant qu'ils étaient ainsi occupés, la jeune fille disparut. Pendant plusieurs semaines, nous ne pûmes en avoir aucunes nouvelles; mais il y a dix jours, un courrier qui traversa le pays des Delawares nous apporta un message qui nous apprit qu'elle avait été enlevée à ses parents, à ce que nous croyions, sans en être tout à fait sûrs, par quelque fourberie de Briarthorn, et qu'elle est à présent avec nos ennemis, qui l'ont adoptée, et qui veulent la marier avec un jeune Mingo. Le même message disait que cette troupe de Mingos comptait chasser dans ces environs pendant un mois ou deux, avant de s'en retourner dans le Canada, et que si nous pouvions découvrir sa piste, il pourrait arriver des événements qui nous fourniraient les moyens de l'enlever à notre tour.

— Et en quoi cela vous concerne-t-il, *vous*, Deerslayer? demanda Judith avec quelque inquiétude.

— Cela me concerne comme tout ce qui touche un ami concerne

---

[1]. *Hist* est une interjection qui a le même sens anglais que celle *st!* en français.
[2]. Epine de ronce.

un ami. Je suis ici comme l'aide et le soutien de Chingachgook, et si je puis contribuer à lui rendre sa maîtresse, j'en serai presque aussi charmé que si c'était la mienne.

— Et où est-elle donc la vôtre, Deerslayer?

— Elle est dans la forêt, Judith. Je la vois suspendue à chaque feuille d'arbre, après une douce pluie, dans les gouttes de rosée qui couvrent chaque brin d'herbe, dans les beaux nuages qui flottent sur l'azur du firmament, dans les oiseaux dont les chants remplissent les bois, dans les sources pures où j'étanche ma soif; en un mot, dans tous les dons glorieux que nous devons à la Providence.

— Ce qui veut dire que vous n'avez jamais aimé une femme, et que vous donnez la préférence aux bois dans lesquels vous vivez?

— C'est cela, — précisément cela. Je suis blanc, j'ai le cœur blanc, et je ne puis raisonnablement aimer une fille à peau rouge, qui doit avoir le cœur et les sentiments rouges. Non, non; je suis sain et sauf à cet égard, et j'espère bien rester ainsi, du moins jusqu'à la fin de cette guerre. Je suis trop occupé de l'affaire de Chingachgook pour désirer d'en avoir une pour mon propre compte.

— Celle qui gagnera votre cœur, Deerslayer, gagnera du moins un cœur honnête, un cœur droit et franc; et ce sera un triomphe que la plupart des femmes devront lui envier.

Tandis que Judith parlait ainsi, son beau front était plissé avec un air de ressentiment, et l'on voyait un sourire amer sur une bouche qu'aucun dérangement de muscles ne pouvait empêcher d'être charmante. Son compagnon remarqua ce changement, et quoiqu'il ne fût pas versé dans la connaissance du cœur des femmes, il eut assez de délicatesse naturelle pour sentir que le mieux était de terminer cette conversation.

Comme l'heure à laquelle il attendait Chingachgook était encore éloignée, Deerslayer eut le temps d'examiner les moyens de défense du château, et de faire les arrangements additionnels qui étaient en son pouvoir, et que les circonstances semblaient exiger. L'expérience et la prévoyance de Hutter avaient laissé fort peu de chose à faire à cet égard; cependant quelques autres précautions se présentèrent à l'esprit du jeune chasseur, qu'on pouvait dire avoir étudié l'art de la guerre de frontières dans les traditions et les légendes de la peuplade au milieu de laquelle il avait vécu si longtemps. La distance qui existait entre le château et la partie la plus voisine de la terre ne laissait rien à craindre d'une balle partie du rivage. Il était vrai que la maison n'était pas tout à fait hors de la portée du mousquet; mais ajuster un individu était tout à fait hors de question, et Judith elle-même déclarait qu'elle ne craignait pas le moindre danger de ce côté ; ils étaient donc en sûreté tant qu'ils seraient en possession du château, à moins que les ennemis ne réussissent à s'en approcher, à le prendre d'assaut, à y mettre le feu, ou à employer contre eux quelque autre invention de l'astuce et de la perfidie des Indiens. Hutter avait pris de bonnes précautions contre le premier danger, et quant au feu, le bâtiment, à l'exception du toit couvert en écorces, n'était pas très-combustible. D'ailleurs des trappes étaient pratiquées dans le plancher à plusieurs endroits, et l'on avait des seaux et des cordes pour tirer de l'eau du lac, ce qui arrivait tous les jours. Si l'on parvenait à mettre le feu dans un endroit, une des deux sœurs pouvait donc aisément l'éteindre, pourvu qu'on ne lui laissât pas le temps de faire trop de progrès. Judith, qui semblait connaître parfaitement tous les plans de défense de son père, et qui avait assez de courage pour contribuer à les exécuter, expliqua tous ces détails à Deerslayer, ce qui rendit son examen plus court et plus facile.

Ils n'avaient pas grand'chose à craindre pendant le jour. Ils étaient en possession de l'arche et des pirogues, et il n'existait aucun autre esquif sur le lac. Cependant Deerslayer savait qu'il ne faut pas longtemps pour construire un radeau, et comme il se trouvait un grand nombre d'arbres morts et tombés sur les rives, si les sauvages voulaient sérieusement risquer un assaut, il ne leur serait pas difficile de s'en procurer les moyens. La célèbre hache d'Amérique, instrument sans égal dans son genre, n'était pas encore généralement connue, et les sauvages n'étaient pas très-experts à manier l'espèce de cognée qui en tenait lieu ; cependant ils avaient coutume de traverser les rivières sur des radeaux grossièrement fabriqués, et s'ils voulaient s'exposer aux dangers d'un assaut, il était presque certain qu'ils emploieraient ce moyen. La mort d'un de leurs guerriers pouvait les y exciter, mais il était aussi possible qu'elle leur inspirât de la circonspection. Deerslayer pensa pourtant qu'il était plus que probable que la nuit suivante amènerait la crise de l'affaire, et précisément par ce moyen. Cette idée lui faisait désirer la présence et le secours du Mohican, son ami, et il attendait l'approche du coucher du soleil avec une impatience toujours croissante.

Lorsque le jour avança, ils mûrirent leurs plans et firent tous leurs préparatifs. Judith était pleine d'activité, et paraissait trouver du plaisir à se consulter avec sa nouvelle connaissance et à recevoir ses avis. L'indifférence du jeune chasseur pour le danger, le mâle dévouement qu'il lui montrait, ainsi qu'à sa sœur, ses manières simples et franches et sa véracité imperturbable, s'étaient rapidement emparées de son imagination et de son affection. Quoique les heures parussent longues sous quelques rapports à Deerslayer, Judith les trouva bien courtes, et quand le soleil commença à descendre vers la cime couverte de pins des montagnes de l'occident, elle exprima sa surprise que le jour fût déjà si près de sa fin. De son côté, Hetty était sérieuse et gardait le silence. Il est vrai qu'elle ne parlait jamais beaucoup, et quand il lui arrivait d'être plus communicative, c'était par suite de quelque incident qui donnait à son esprit une effervescence temporaire; mais dans le cours de cette journée importante, il se passa plusieurs heures de suite pendant lesquelles elle parut avoir tout à fait perdu l'usage de sa langue. Du reste, l'inquiétude pour leur père n'influa pas beaucoup sur les manières d'aucune des deux sœurs. Ni l'une ni l'autre ne paraissait craindre sérieusement pour lui un plus grand malheur que la captivité; et il arriva même à Hetty, dans un de ces rares instants où elle rompait le silence, d'exprimer l'espoir que Hutter trouverait le moyen de se remettre en liberté. Quoique Judith ne partageât pas cette espérance, elle énonça celle que les Indiens leur feraient des propositions de rançon quand ils verraient que le château bravait leur astuce et tous leurs expédients. Mais Deerslayer regarda les opinions des deux sœurs à ce sujet comme des idées mal digérées, et continua à faire ses arrangements avec autant de soin et à s'occuper de l'avenir aussi sérieusement que si elles ne les lui eussent pas communiquées.

Enfin l'heure arriva où il était nécessaire qu'il partît pour le rendez-vous qu'il avait avec le Mohican, ou le Delaware, comme on appelait plus communément Chingachgook. Comme le plan avait été mûri par Deerslayer et communiqué par lui à ses deux compagnes, tous trois se mirent à l'exécuter de concert et avec intelligence. Hetty passa dans l'arche, et attachant ensemble deux des pirogues, elle descendit sur l'une d'elles, prit les rames et les fit passer par une porte pratiquée dans les palissades qui entouraient la maison. Elle les amarra ensuite sous le bâtiment avec des chaînes dont l'extrémité était attachée dans l'intérieur de l'édifice. Ces palissades étaient des troncs d'arbres profondément enfoncés dans le banc dont il a déjà été parlé, et elles servaient, tant à former un petit enclos destiné à cet usage qu'à tenir à une certaine distance tout ennemi qui pourrait s'approcher dans une pirogue. Des pirogues placées dans cette espèce de bassin étaient presque cachées à la vue; et comme la porte était bien fermée et barricadée, il n'aurait pas été facile de s'en emparer, quand même on les aurait vues. Cependant, avant de fermer la porte, Judith entra dans l'enclos sur une troisième pirogue, laissant Deerslayer occupé à fermer dans l'intérieur la porte et les croisées du bâtiment. Comme tout était solide et massif, et que de petits troncs d'arbres étaient les barres dont on se servait pour tout fermer, il aurait fallu une heure ou deux de travail pour pénétrer dans le bâtiment quand Deerslayer eut terminé son opération, même en supposant que les assaillants fussent munis de bons outils et qu'ils n'éprouvassent aucune résistance. Ce soin pris par Hutter pour sa sûreté venait de ce qu'il avait été volé une ou deux fois par les blancs de la frontière pendant ses fréquentes absences de sa maison.

Lorsque tout fut bien fermé dans l'intérieur, Deerslayer ouvrit une des trappes dont nous avons parlé, et descendit par là dans la pirogue de Judith, après quoi il ferma la trappe avec une grosse barre et un bon cadenas. Hetty passa sur cette pirogue que l'on fit sortir de l'enceinte formée par les palissades; puis on ferma avec soin la porte de l'enceinte, dont on emporta les clefs dans l'arche. Au moyen de toutes ces précautions, personne ne pouvait entrer dans le château sans effraction, ou sans suivre la même marche que Deerslayer avait prise pour en sortir.

On avait préliminairement porté la longue-vue à bord de l'arche, et Deerslayer s'en servit pour examiner, autant que sa position le permettait, toutes les rives du lac. Pas une seule créature vivante n'était visible, à l'exception de quelques oiseaux qui sautillaient de branche en branche, comme s'ils eussent craint de s'exposer aux rayons encore brûlants du soleil d'une après-midi d'été. Toutes les pointes les plus voisines furent particulièrement l'objet d'un strict examen, car il voulait être bien sûr que les sauvages n'étaient pas occupés à préparer quelque radeau; mais il ne vit partout que le même tableau d'une solitude calme. Quelques mots expliqueront suffisamment le plus grand embarras de la situation du jeune chasseur et de ses deux compagnes : ils étaient exposés aux yeux vigilants de leurs ennemis, tandis que tous les mouvements de ceux-ci étaient cachés par la draperie d'une épaisse forêt. Pendant que l'imagination des premiers serait portée à peupler les bois d'un plus grand nombre de sauvages qu'il ne s'y en trouvait réellement, leur faiblesse serait aisément reconnue par tout Indien qui jetterait un regard de leur côté.

— Il n'y a rien qui remue, dit Deerslayer en baissant la longue-vue. Si les vagabonds ruminent quelques mauvais desseins contre nous, ils sont trop malins pour le laisser voir. Il est vrai qu'ils peuvent préparer un radeau dans l'intérieur du bois, quoiqu'ils ne l'aient pas encore transporté sur les bords du lac. Ils ne peuvent deviner que nous sommes sur le point de quitter le château, et quand même ils le devineraient, ils n'ont aucun moyen de savoir où nous voulons aller.

— Cela est si vrai, Deerslayer, dit Judith, qu'à présent que tout est prêt, nous ferons bien de partir sur-le-champ hardiment et sans aucune crainte, sans quoi nous arriverons trop tard.

— Non, non. L'affaire exige quelque adresse; car quoique les sauvages ne sachent rien de Chingachgook, ni de mon rendez-vous avec lui près du rocher, ils ont des yeux et des jambes. Ils verront de quel côté nous avançons, et ils ne manqueront pas de nous suivre. Mais je tâcherai de leur tailler des croupières, en tournant le cap du scow tantôt d'un côté, tantôt de l'autre, jusqu'à ce que leurs jambes se fatiguent et qu'ils se lassent de courir après nous.

Deerslayer exécuta ce projet aussi bien qu'il le pouvait, et en moins de cinq minutes l'arche fut mise en mouvement. Un vent léger venait du nord; et ayant établi sa voile, il plaça le cap du scow de manière à aborder plus bas sur la rive orientale du lac, à environ deux milles du château. L'arche n'était jamais bonne volière, quoique, flottant sur la surface du lac, il ne fût pas difficile de la mettre en mouvement, et de lui faire faire trois ou quatre milles par heure. Le rocher était à un peu plus de deux lieues du château; et connaissant la ponctualité des Indiens, Deerslayer avait fait ses calculs très-exactement, et avait pris un peu plus de temps qu'il ne lui en fallait pour gagner son rendez-vous, de manière à pouvoir retarder ou accélérer son arrivée, comme les circonstances pourraient l'exiger. Quand il avait établi sa voile, le soleil était encore bien au-dessus de la cime des montagnes de l'occident, élévation qui lui promettait encore plus de deux heures de jour, et quelques minutes le convainquirent que le scow faisait route avec autant de vitesse qu'il s'y était attendu.

C'était une glorieuse après-midi d'été, et jamais cette nappe d'eau solitaire n'avait moins ressemblé à une arène sur laquelle peut bientôt couler le sang des combattants. La brise légère descendait à peine jusqu'au niveau du lac, et elle en effleurait la surface comme si elle eût craint d'en troubler la tranquillité. Les bois mêmes semblaient sommeiller sous les rayons du soleil, et quelques légers nuages, immobiles depuis plusieurs heures à l'horizon oriental, paraissaient y avoir été placés pour embellir la scène. Quelques oiseaux aquatiques rasaient de temps en temps la surface de l'eau, et ils ne virent qu'un seul corbeau, qui volait bien au-dessus de la cime des arbres de la forêt, et dont les yeux cherchaient à percer le dôme de feuillage dans l'espoir d'y trouver quelque proie.

Le lecteur peut avoir remarqué que, malgré la franchise un peu brusque des manières de Judith qui était la suite des habitudes qu'elle avait prises sur la frontière, son langage était fort supérieur à celui des hommes qu'elle avait occasion de voir, sans même en excepter son père. Cette différence se faisait observer, tant dans la prononciation que dans le choix des expressions et la manière d'arranger les phrases. Rien peut-être ne fait mieux connaître l'éducation qu'on a reçue, et la société qu'on a vue, que la manière de s'exprimer, et bien peu de talents contribuent autant à faire valoir les charmes d'une femme qu'une élocution facile et gracieuse; tandis que rien ne dissipe si promptement l'enchantement produit par la beauté, que le contraste qu'on remarque entre de beaux traits et des manières agréables, et un ton commun et des expressions vulgaires. Judith et sa sœur formaient à cet égard des exceptions marquées aux jeunes filles de leur classe sur toute la ligne de la frontière, et les officiers en garnison dans le fort le plus voisin avaient souvent assuré la sœur aînée que peu de dames des villes possédaient cet avantage à un aussi haut degré. Ce compliment n'était pas tout à fait la vérité, mais il en approchait assez pour qu'on pût se le permettre. Les deux sœurs devaient à leur mère cette distinction, ayant acquis d'elle, dans leur enfance, un avantage que ni l'étude ni le travail ne peuvent procurer ensuite, s'il est négligé dans les premières années. Qui était, ou, pour mieux dire, qui avait été cette mère, c'était ce que personne ne savait, excepté Hutter. Il y avait deux ans qu'elle était morte, et, comme l'avait dit Hurry, elle avait été enterrée dans le lac. Hutter avait-il agi ainsi par suite d'un préjugé, ou pour s'épargner la peine de lui creuser une fosse; cette question avait été un sujet de discussion fréquente entre les êtres grossiers qui habitaient cette frontière. Judith n'avait jamais vu le lieu où elle avait été enterrée, mais Hetty avait été présente à l'enterrement. Elle se rendait souvent en pirogue à cet endroit, au coucher du soleil ou au clair de la lune, et elle regardait dans l'eau, avec l'espoir d'entrevoir la forme de celle qu'elle avait si tendrement aimée depuis son enfance jusqu'au triste moment de leur séparation.

— Faut-il que nous soyons au rocher exactement à l'instant du coucher du soleil? demanda Judith à Deerslayer, qui tenait l'aviron-gouvernail, tandis qu'elle était près de lui, travaillant à quelque parure fort au-dessus de sa situation dans le monde, et qui était une nouveauté sur la frontière. Quelques minutes de plus ou de moins sont-elles une chose importante? Il sera dangereux de rester longtemps près d'un rocher qui est si voisin du rivage.

—Cela est vrai, Judith; c'est là la difficulté. Ce rocher est à portée de mousquet du rivage, et il ne serait pas bon d'en approcher de trop près, ni d'y rester trop longtemps. Quand on a affaire à un Indien, il faut toujours calculer et ruser, car une Peau Rouge n'aime rien tant que l'astuce. Or vous voyez que je ne gouverne pas vers le rocher, mais que je m'en dirige à l'est, ce qui fera que les sauvages se mettront à courir de ce côté, et se fatigueront les jambes sans en retirer aucun avantage.

—Vous croyez donc qu'ils nous voient, et qu'ils épient nos mouvements, Deerslayer? J'espérais qu'ils se seraient retirés dans ces bois, et qu'ils nous laisseraient quelques heures de repos.

—C'est bien là l'idée d'une femme. Il n'y a jamais d'interruption à la vigilance des Indiens, quand ils sont sur le sentier de guerre, et ils ont en ce moment les yeux sur nous. Quoique le lac nous protége, il faut nous approcher du rocher avec calcul, et tâcher de mettre les mécréants sur une fausse piste. Les Mingos ont bon nez, à ce qu'on dit; mais la raison d'un homme blanc doit bien valoir leur instinct.

La conversation de Judith avec le jeune chasseur roula alors sur divers sujets, et, dans cet entretien, elle ne put cacher l'intérêt toujours croissant qu'elle prenait à lui; intérêt que sa franchise naturelle, son caractère décidé, et le sentiment intime de l'effet que ses traits produisaient si universellement, firent qu'elle chercha moins à dissimuler qu'elle ne l'aurait probablement fait sans cela. On ne pouvait dire qu'elle eût des manières hardies, mais il y avait quelquefois dans ses regards un air de liberté qui avait besoin de l'aide de toute sa beauté pour prévenir des soupçons défavorables à sa discrétion, sinon à ses mœurs. Ces regards étaient pourtant moins susceptibles d'une interprétation si fâcheuse quand elle était avec Deerslayer, car elle ne le regardait presque jamais qu'avec cet air de naturel et de sincérité qui accompagne toujours les plus pures émotions d'une femme. Il est assez remarquable qu'à mesure que la captivité de leur père se prolongeait, aucune de ses filles ne montrait beaucoup d'inquiétude pour lui; mais, comme on l'a déjà dit, leurs habitudes leur inspiraient de la confiance, et elles comptaient sur sa libération par le moyen d'une rançon, avec une assurance qui pouvait, jusqu'à un certain point, expliquer leur indifférence apparente. Hutter avait déjà été une fois prisonnier des Iroquois, et il avait obtenu sa liberté pour quelques peaux. Mais cet événement, dont les deux sœurs n'étaient pas instruites, avait eu lieu dans un temps où la France et l'Angleterre étaient en paix, et où la politique des deux gouvernements était de réprimer les excès des sauvages, au lieu de les encourager.

Tandis que Judith causait ainsi avec Deerslayer d'un air presque caressant, Hetty resta pensive et silencieuse. Une fois seulement, elle s'approcha du jeune chasseur et lui fit plusieurs questions sur ses intentions et sur la manière dont il comptait les exécuter; mais son désir de causer n'alla pas plus loin. Dès qu'il eut répondu à ses questions, — et il répondit à toutes de la manière la plus complète et la plus complaisante, — elle se retira, et se remit à travailler à un vêtement grossier qu'elle faisait pour son père, fredonnant de temps en temps un air mélancolique, et soupirant fréquemment.

Le temps s'écoula de cette manière, et quand le soleil commença à descendre derrière la frange de pins qui couvraient les montagnes occidentales, ou environ vingt minutes avant son véritable coucher, l'arche était presque à la hauteur de la pointe sur laquelle Hutter et Hurry avaient été faits prisonniers. En gouvernant d'abord vers un côté du lac et ensuite vers l'autre, Deerslayer avait voulu jeter de l'incertitude sur ses desseins, et les sauvages, qui, sans aucun doute, surveillaient tous ses mouvements, furent portés à croire qu'il voulait entrer en communication avec eux, tantôt dans un endroit, tantôt dans un autre, et ils le suivirent partout, afin d'être prêts à profiter de toutes les circonstances favorables qu'ils pourraient trouver. Cette ruse était bien imaginée; car la profondeur de la baie, la courbe que décrivait le lac, et le sol bas et marécageux qui intervenait, devaient probablement permettre à l'arche d'atteindre le rocher, avant que les Indiens, s'ils étaient réellement réunis près de cette pointe, eussent eu le temps de faire le circuit nécessaire pour y arriver eux-mêmes. Pour ajouter à la vraisemblance des soupçons qu'il voulait leur inspirer, Deerslayer avança vers la rive occidentale autant que la prudence le permettait. Faisant alors entrer Judith et Hetty dans la cabine, il se pencha de manière à être entièrement caché par les bords du scow, dont il tourna le cap tout à coup de manière à avancer vers le Susquehannah. Favorisée par une augmentation de vent, l'arche fit des progrès qui promettaient la réussite des plans du jeune chasseur, quoique le mouvement du scow, semblable à celui du crabe, l'obligeât à en maintenir le cap dans une direction très-différente de celle qu'il suivait réellement.

CHAPITRE IX.

> Cependant, tu es prodigue de sourires, sourires plus doux que le froncement de tes sourcils n'est sévère. Les îles innombrables de la terre célèbrent ton retour par des cris d'allégresse. La gloire qui descend de toi baigne dans une joie profonde et la terre et les ondes.
> *Le Firmament.*

Une esquisse rapide de la scène placée dans son ensemble devant les yeux du lecteur pourra l'aider à comprendre les événements que nous allons rapporter. On n'oubliera pas que le lac avait la forme d'un bassin irrégulier, dont les contours formaient en grande partie un ovale, mais dont l'uniformité était variée par des baies et des pointes qui embellissaient ses bords. La surface de cette belle nappe d'eau brillait en ce moment comme une pierre précieuse aux derniers rayons du soleil du soir, et son entourage, avec ses collines revêtues de la plus riche verdure des forêts, était animé par une sorte de radieux sourire, dont l'effet ne saurait être mieux rendu que par les beaux vers que nous avons cités en tête de ce chapitre. Comme les bords, à quelques exceptions près, s'élevaient à pic hors de l'eau, là même où la montagne n'arrêtait pas brusquement la vue, une frange presque continue de feuillage était suspendue sur les bords du lac paisible; car les arbres s'élançaient de la pente des côteaux en cherchant l'éclat du jour, et parfois ils étendaient leurs troncs droits et leurs longs bras à plus de quarante à cinquante pieds au-delà de la ligne perpendiculaire. Nous ne voulons parler ici que des géants de la forêt, de ces pins qui s'élèvent à cent ou cent cinquante pieds; car ceux de moindres proportions étaient pour la plupart tellement inclinés, que leurs branches inférieures plongeaient dans l'eau.

Dans la position qu'occupait actuellement l'arche, le château était dérobé aux regards par la saillie d'une pointe, aussi bien que l'était l'extrémité septentrionale du lac même. Une montagne vénérable, revêtue de bois, et de forme ronde, comme toutes les autres, bornait la vue dans cette direction, en se développant soudain sur toute l'étendue de cette scène magnifique, à l'exception d'une baie profonde qui la dépassait à l'ouest, en allongeant le bassin de plus d'un mille. On a déjà dit de quelle manière l'eau s'écoulait hors du lac sous les voûtes de feuillage des arbres qui bordaient chaque côté de la rivière, et l'on a dit aussi que le rocher, qui était dans tout le pays un lieu de rendez-vous favori, et où Deerslayer s'attendait en ce moment à rencontrer son ami, s'élevait près de cet endroit, à peu de distance du rivage. C'était un grand roc isolé, appuyé sur le fond du lac, où il avait sans doute été laissé quand les eaux en arrachèrent la terre qui l'entourait, en se frayant un passage jusqu'à la rivière, et sa forme lui avait été donnée par l'action des éléments, pendant les lents progrès de plusieurs siècles. L'élévation de ce rocher pouvait à peine atteindre six pieds, et, ainsi qu'on l'a dit, sa forme avait quelque ressemblance avec celle qu'on donne généralement aux ruches ou à une meule de foin. Cette dernière donne même l'idée la plus exacte, non-seulement de sa forme, mais de ses dimensions. Il était, et est encore situé, car nous décrivons des scènes réelles, à cinquante pieds de la rive, et dans un endroit où l'eau n'avait que deux pieds de profondeur, quoique pendant certaines saisons sa cime arrondie fût couverte par le lac. Une foule d'arbres étendaient leurs branches si loin en avant, qu'ils semblaient rattacher le rocher au rivage, à les voir même à peu de distance ; et surtout un pin élevé s'y avançait de manière à former une noble voûte, digne d'un siége qu'occupa plus d'un chef des forêts, pendant la longue suite de siècles inconnus dans lesquels l'Amérique, et tout ce qu'elle contenait, ont existé à part dans une solitude mystérieuse, monde isolé, à la fois sans histoire familière et sans origine accessible aux annales de l'homme.

Une fois arrivé à deux ou trois cents pieds du rivage, Deerslayer serra ses voiles, et mouilla son grappin aussitôt qu'il s'aperçut que l'arche avait dérivé dans une direction tout à fait au vent du rocher. La marche du scow fut ainsi arrêtée, quand il vint à faire tête au vent, par l'action de la brise. Aussitôt que cela fut fait, Deerslayer fila le cablot, et laissa le scow s'appuyer au rocher, aussi vite que le souffle léger de l'air put le pousser sous le vent. Comme le scow flottait entièrement sur la surface, cela fut bientôt fait, et le jeune homme arrêta la dérive en apprenant que l'arrière de l'arche était à quinze ou seize pieds du lieu désiré.

En exécutant cette manœuvre, Deerslayer avait agi avec promptitude ; car, tout en ne doutant pas le moins du monde qu'il ne fût à la fois épié et suivi par l'ennemi, il croyait en avoir dérouté les mouvements, par l'apparence d'indécision qu'il avait donnée aux siens, et il savait que les Indiens ne pouvaient avoir aucun moyen de s'assurer qu'il se dirigeait vers le rocher, à moins, cependant, qu'un des prisonniers ne l'eût trahi; supposition si peu probable, du reste, qu'elle ne lui donnait aucune inquiétude. Malgré la célérité et la décision de ses mouvements, il ne s'aventura pourtant pas aussi près du rivage sans prendre des précautions convenables pour assurer sa retraite dans le cas où elle deviendrait nécessaire. Il tenait la corde dans sa main, et Judith était postée à une ouverture sur le côté de la cabine faisant face au rivage, d'où elle pouvait observer à la fois la plage et le rocher, et donner à temps l'éveil à l'approche d'un ami ou d'un ennemi. Hetty était aussi placée en sentinelle, mais c'était pour ne pas perdre de vue les arbres qui s'étendaient au-dessus d'eux, de peur que quelque ennemi ne vînt à monter sur leurs branches, et ne rendît inutiles les préparatifs de défense de la cabine en commandant l'intérieur du scow.

Le soleil avait disparu du lac et de la vallée quand Deerslayer arrêta l'arche, ainsi que nous l'avons rapporté. Cependant il s'en fallait de quelques minutes que le soleil fût tout à fait couché, et il connaissait trop bien la ponctualité indienne pour s'attendre à quelque hâte prématurée de la part de son ami. La grande question était de savoir s'il avait échappé aux pièges des ennemis dont il le savait entouré. Les événements des dernières vingt-quatre heures devaient être un secret pour lui, et Chingachgook était, ainsi que Deerslayer, encore novice sur le sentier de guerre. A la vérité, il était préparé à rencontrer sur sa route le parti qui retenait sa fiancée, mais il n'était pas en son pouvoir d'apprécier l'étendue des dangers qu'il courait, non plus que les positions précises qu'occupaient ses amis ou ses ennemis. En un mot, la sagacité éprouvée et la prudence infatigable d'un Indien étaient les seuls avantages sur lesquels il pût compter, au milieu des périls qu'il courait inévitablement.

— Ne voyez-vous personne sur le rocher, Judith? demanda Deerslayer aussitôt qu'il eut rendu l'arche stationnaire, ne jugeant pas prudent de s'aventurer aussi près du rivage sans nécessité. — Apercevez-vous le chef delaware?

— Nullement, Deerslayer. Rocher, rivage, arbres, lac, rien ne semble avoir jamais porté une forme humaine.

— Tenez-vous à couvert, Judith; — tenez-vous à couvert, Hetty.
— Une carabine a l'œil perçant, le pied leste, et la langue mortel-

lement fatale. Tenez-vous donc bien à couvert, mais ayez toujours l'œil au guet, et soyez sur le qui-vive. S'il arrivait quelque accident à l'une de vous, j'en serais inconsolable.

— Et *vous*, Deerslayer! s'écria Judith en écartant sa tête de l'ouverture pour adresser au jeune chasseur un regard gracieux et reconnaissant; — *vous* aussi, tenez-vous à couvert et prenez bien garde de vous montrer un seul instant aux sauvages! Une balle pourrait être tout aussi fatale pour vous que pour l'une de nous, et nous ressentirions toutes deux le coup qui vous frapperait.

— Ne craignez rien pour moi, Judith; ne craignez rien pour moi, ma bonne fille. Ne regardez pas de ce côté, quoique vos regards soient bien aimables et bien doux, mais fixez les yeux sur le rocher, le rivage et le...

Deerslayer fut interrompu par une légère exclamation que poussa la jeune fille, qui, pour se conformer autant aux gestes précipités qu'aux paroles du jeune homme, avait de nouveau porté ses regards dans la direction opposée.

— Qu'y a-t-il? qu'y a-t-il, Judith? demanda-t-il à la hâte. — Voit-on quelque chose?

— Il y a un homme sur le rocher! — Un guerrier indien peint et armé!

— Où porte-t-il sa plume de faucon? ajouta vivement Deerslayer en serrant moins fortement la corde qu'il tenait, afin de pouvoir être prêt à dériver plus près de l'endroit du rendez-vous. — Est-elle attachée sur la touffe de guerre, ou la porte-t-il au-dessus de l'oreille gauche?

— Elle est, comme vous le dites, au-dessus de l'oreille gauche; et puis, il sourit, et murmure le mot Mohican.

— Dieu soit loué, c'est le Serpent, enfin! s'écria le jeune homme en laissant glisser la corde entre ses mains; mais entendant un léger bond à l'autre bout du scow, il retint aussitôt la corde, qu'il se mit à haler de nouveau, convaincu qu'il avait atteint son but.

En cet instant, la porte de la cabine s'ouvrit précipitamment, et un guerrier, s'élançant dans la petite chambre, s'arrêta près de Deerslayer, en proférant seulement cette exclamation — *Hugh!* — Le moment d'après, Judith et Hetty poussèrent un cri aigu, et l'air retentit des hurlements de vingt sauvages, qui sautèrent sur la rive à travers les broussailles, quelques-uns, dans leur précipitation tombant dans l'eau la tête la première.

— Halez! Deerslayer, cria Judith en barrant vivement la porte, afin de prévenir l'invasion du passage par lequel le Delaware venaît d'entrer. — Au large! il y va de la vie; le lac est plein de sauvages qui passent l'eau à gué pour arriver jusqu'à nous.

Les jeunes gens, — car Chingachgook vint immédiatement au secours de son ami; — les jeunes gens n'eurent pas besoin d'une seconde invitation; ils se mirent à l'œuvre avec un zèle qui montra combien ils jugeaient l'occasion pressante. La grande difficulté était de vaincre le *vis inertiæ* d'une masse comme le scow; car, une fois en mouvement, il était aisé de le faire avancer avec toute la vitesse nécessaire.

— Halez! Deerslayer, pour l'amour de Dieu! cria de nouveau Judith restée à son poste. — Ces misérables se précipitent dans l'eau comme des chiens poursuivant leur proie! Ah! — Le scow est en mouvement! Et voilà l'eau qui monte jusque sous les bras du plus avancé; cependant ils s'élancent en avant, et ils saisiront l'arche!

La jeune fille fit encore entendre un léger cri, qui fut suivi d'un rire joyeux. L'un était produit par les efforts désespérés de ceux qui les poursuivaient, et l'autre par leur manque de succès.

L'esquif était maintenant en plein mouvement, et glissait sur une eau plus profonde avec une vélocité qui bravait les desseins des ennemis. Les deux hommes, que la position de la cabine empêchait de voir ce qui se passait à l'arrière, furent forcés de demander aux jeunes filles où en était la chasse.

— Que se passe-t-il maintenant, Judith? — Que veulent-ils faire? — Les Mingos nous poursuivent-ils toujours, ou en sommes-nous débarrassés quant à présent? demanda Deerslayer en sentant la corde céder, comme si le scow eût marché rapidement, et en entendant le cri et l'éclat de rire de la jeune fille presque en même temps.

— Ils ont disparu! Un seul, le dernier, se cache en ce moment dans les buissons du rivage. — Tenez! il a disparu sous l'ombre des arbres! Vous avez votre ami, et nous sommes tous en sûreté!

Les deux hommes firent en ce moment de nouveaux efforts; ils halèrent la corde et firent avancer rapidement l'arche jusqu'au grappin, puis ils le dérapèrent; et une fois que le scow eut franchi quelque distance et perdu son aire, ils jetèrent de nouveau le grappin : alors, pour la première fois depuis leur rencontre, ils se reposèrent. Comme la maison flottante se trouvait actuellement assez éloignée du rivage, et qu'elle offrait une entière protection contre les balles, il n'y avait plus aucun danger ni aucun besoin pressant de faire de nouveaux efforts.

La façon dont s'accostèrent les deux amis fut très-caractéristique.

Chingachgook, jeune guerrier indien, ayant l'air noble, une grande taille, de beaux traits, et taillé en athlète, examina d'abord son mousquet avec soin, et en ouvrit le bassinet, pour s'assurer que l'amorce n'était pas mouillée. Une fois certain de ce fait important, il jeta des regards furtifs et observateurs autour de lui, sur l'étrange habitation et sur les deux sœurs; mais il ne parla pas, et avant tout il évita de trahir une curiosité de femme en faisant des questions.

— Judith et Hetty, dit Deerslayer avec une politesse naturelle et sans apprêt, voici le chef mohican dont vous m'avez entendu parler, Chingachgook, ainsi qu'on l'appelle, ce qui signifie le *grand serpent*, ainsi nommé pour sa sagesse, sa prudence et sa dextérité; il est en outre mon plus ancien ami. Je savais que ce devait être lui par la plume de faucon qu'il porte au-dessus de l'oreille gauche, tandis que la plupart des autres guerriers la portent dans la touffe de guerre.

Après avoir cessé de parler, Deerslayer se mit à rire de tout cœur, plutôt peut-être par suite du ravissement qu'il éprouvait à voir son ami sain et sauf à son côté après une épreuve aussi rude, que par l'effet d'aucune idée plaisante qui se présentât à son esprit; et cette manifestation de sentiment fut assez remarquable, en ce que sa gaieté ne fut accompagnée d'aucun éclat bruyant.

Quoique Chingachgook entendît et parlât l'anglais, il n'aimait pas à s'en servir pour communiquer ses pensées, semblable en cela au plus grand nombre des Indiens; et après avoir reçu un serrement de main cordial de Judith et un salut plus réservé de Hetty, de la manière affable qui convient à un chef, il se détourna comme pour attendre le moment où il plairait à son ami d'entrer en explication sur ses projets futurs, et de lui faire le récit de ce qui s'était passé depuis leur séparation. Deerslayer comprit son intention, et il fit connaître son opinion sur l'affaire en question en s'adressant aux deux sœurs.

— Cette brise tombera bientôt tout à fait, maintenant que le soleil est couché, dit-il, et il est inutile de ramer contre le vent. Dans une demi-heure ou environ, nous aurons un calme plat, ou bien la brise du sud viendra de la terre, et alors nous commencerons à retourner vers le château. En attendant, le Delaware et moi nous parlerons d'affaires, et nous nous communiquerons réciproquement nos idées précises sur ce que nous avons à faire.

Personne ne s'opposa à cette proposition, et les sœurs se retirèrent dans la cabine pour préparer le repas du soir, tandis que les deux jeunes gens s'assirent sur l'avant du scow et se mirent à causer. L'entretien eut lieu dans la langue des Delawares. Néanmoins, comme ce dialecte est peu compris, même par les savants, nous rendrons librement en anglais, non-seulement en cette occasion, mais aussi désormais, tous les détails qu'il pourra être nécessaire de donner, tout en conservant, autant que possible, l'idiôme et les expressions particulières de chaque interlocuteur, afin de présenter les descriptions à l'esprit du lecteur sous les formes les plus faciles à saisir.

Il n'est pas nécessaire d'entrer dans les détails racontés en premier lieu par Deerslayer, qui fit un récit succinct des événements qui sont déjà familiers à ceux qui ont lu tout ce qui précède.

Cependant il sera peut-être bon de dire qu'en racontant ces événements le narrateur se borna à les esquisser, en s'abstenant particulièrement de parler de sa rencontre avec l'Iroquois, de la victoire qu'il avait remportée, et de ses efforts en faveur de deux jeunes filles abandonnées à elles-mêmes. Quand Deerslayer eut fini, le Delaware prit la parole à son tour; il parla sentencieusement et avec beaucoup de dignité. Son récit fut à la fois clair et laconique, sans être embelli par aucun incident qui ne se rattachât pas intimement à l'histoire de son départ des villages de sa peuplade et de son arrivée dans la vallée du Susquehannah.

En atteignant cette vallée, qui n'était qu'à environ un demi-mille au sud du lac, il avait bientôt découvert une piste qui l'avait averti du voisinage probable des ennemis. Comme il était préparé à cette rencontre, et que l'objet de l'expédition l'appelait directement dans le voisinage du parti d'Iroquois qu'on savait être en campagne, il considéra cette découverte plutôt comme fortunée que fâcheuse, et il prit les précautions ordinaires pour la mettre à profit. Ayant d'abord remonté la rivière vers le lac, pour s'assurer de la position du rocher, il rencontra une autre piste, et il passa plusieurs heures à rôder sur les flancs de l'ennemi, en épiant à la fois l'occasion de rejoindre sa maîtresse et d'enlever une chevelure; et l'on peut mettre en doute lequel des deux il désirait le plus ardemment. Il se tenait près du lac, et de temps en temps il s'aventurait en quelque endroit d'où il pût voir ce qui se passait sur sa surface. Il avait aperçu l'arche et l'avait suivie des yeux depuis le moment où elle avait été visible, quoique le jeune chef ignorât nécessairement qu'elle dût servir à effectuer le rapprochement si ardemment désiré entre lui et son ami. Cependant les allures incertaines de l'esquif et la certitude où il était qu'il ne pouvait être monté que par des blancs, le portèrent à supposer la vérité, et il se tint prêt à sauter à bord à la première occasion favorable. Quand le soleil se rapprocha de l'horizon, il gagna le rocher, et là, en sortant de la forêt, il vit avec plaisir que l'arche semblait attendre pour le recevoir. On sait de quelle manière il arriva sur le scow.

Quoique Chingachgook eût épié ses ennemis durant des heures entières, leur poursuite soudaine et acharnée au moment où il atteignit le scow le surprit lui-même autant que son ami. Il ne put se l'expliquer qu'en supposant que leur nombre était plus considérable qu'il ne l'avait d'abord supposé, et qu'ils avaient en campagne quelques partis dont il ignorait l'existence. Leur campement régulier et permanent, si l'on peut appliquer ce mot à la résidence d'une troupe qui se proposait de tenir la campagne pour quelques semaines seulement, suivant toute probabilité, n'était pas éloigné du lieu où Hutter et Hurry étaient tombés entre leurs mains, et nécessairement dans le voisinage d'une source.

— Eh bien ! Serpent, demanda Deerslayer quand l'autre eut achevé son récit, court, mais animé, toujours dans la langue delaware, que nous traduisons dans celle de l'interlocuteur pour la commodité du lecteur ; eh bien ! Serpent, puisque vous avez rôdé autour de ces Mingos, avez-vous quelque chose à nous dire au sujet de leurs prisonniers, le père de ces jeunes filles et un autre blanc qui, j'ai quelque raison de le supposer, est l'amant de l'une d'elles ?

— Chingachgook les a vus. Un vieillard et un jeune guerrier ; le chêne tombant et le pin altier.

— Vous ne devinez pas si mal, Delaware ; vous ne devinez pas si mal. Le vieux Hutter devient cassé assurément, mais on pourrait encore élaguer de son tronc plus d'un bloc solide ; et quant à Hurry Harry, si l'on ne parle que de taille, de force et de bonne mine, on peut le nommer l'orgueil de la forêt humaine. Ces hommes étaient-ils garrottés ou souffraient-ils des tortures de quelque espèce ? Je vous fais cette question à cause de ces jeunes filles, qui, j'ose le dire, aimeraient à savoir quelque chose à cet égard.

— Non, Deerslayer ; les Mingos sont trop nombreux pour mettre leur gibier en cage. Quelques-uns veillent, d'autres dorment, d'autres rôdent, d'autres chassent. Les Faces-Pâles sont traités en frères aujourd'hui ; demain ils perdront leurs chevelures.

— Oui, voilà bien le caractère du sang rouge, et il faut s'y soumettre. Judith, Hetty, voici de bonnes nouvelles pour vous : le Delaware dit que ni votre père ni Hurry Harry ne sont en souffrance, et à part la perte de leur liberté, ils ne sont pas plus à plaindre que nous. Naturellement on les retient dans le camp; mais du reste ils font à peu près ce qu'ils veulent.

— Je suis ravie d'apprendre cela, Deerslayer, répliqua Judith ; et maintenant que votre ami nous a rejoints, je ne doute pas un seul instant que nous ne trouvions une occasion de racheter les prisonniers. S'il y a des femmes dans le camp, j'ai des articles de toilette qui attireront leurs regards ; et au pis-aller, nous pouvons ouvrir la bonne caisse, et je crois que nous y trouverons des objets dont la vue pourra tenter les chefs.

— Judith, dit le jeune chasseur en la regardant avec un sourire et une expression de vive curiosité, qui, malgré l'obscurité croissante, n'échappa point à l'œil perçant de Judith, aurez-vous bien la force de vous séparer de vos ajustements afin de délivrer les prisonniers, quoique l'un soit votre père, et l'autre votre amant?

La rougeur dont se couvrit le visage de la jeune fille était en partie causée par le dépit, mais plus encore peut-être par des sentiments nouveaux et plus doux, qui, à l'aide de la capricieuse fantaisie du goût, l'avaient rapidement rendue plus sensible à la bonne opinion du jeune chasseur qui la questionnait, qu'à celle de toute autre personne. Étouffant ce mouvement de mécontentement avec un empressement d'instinct, elle répondit avec une vivacité et une candeur qui engagèrent sa sœur à s'approcher pour écouter, quoique la faiblesse d'esprit de celle-ci fût loin de comprendre ce qui s'opérait dans un cœur aussi perfide, aussi inconstant et aussi impétueux dans ses mouvements, que peut l'être celui d'une beauté gâtée par la flatterie.

— Deerslayer, répondit Judith après un moment de silence, je serai franche avec vous. J'avoue qu'il fut un temps où je n'aimais rien tant au monde que ce que vous appelez ajustements ; mais je commence à penser différemment. Quoique Hurry Harry ne me soit rien, et ne puisse jamais être rien pour moi, je donnerais tout ce que je possède pour lui rendre la liberté. Si donc je faisais volontiers ce sacrifice pour ce tapageur, ce fanfaron, ce bavard de Hurry, qui n'a d'autre recommandation que sa bonne mine, vous pouvez juger de ce que je ferais pour mon propre père.

— Cela sonne bien, et se trouve conforme aux dons naturels de la femme. Ma foi! on trouve les mêmes sentiments chez les femmes des Delawares. Je les ai vues bien des fois sacrifier leur vanité à leurs cœurs. Cela devrait être ainsi, je le suppose, dans les deux couleurs. La femme a été créée pour les sentiments, et ce sont eux qui assez souvent la gouvernent.

— Les sauvages voudraient-ils laisser partir mon père, si Judith et moi nous leur donnions ce que nous avons de plus précieux? demanda Hetty avec son air doux et innocent.

— Leurs femmes pourraient intervenir, bonne Hetty; oui, leurs femmes pourraient intervenir, avec un tel motif en vue. Mais, dites-moi, Serpent, comment cela se passe-t-il avec les squaws[1] parmi ces bandits? Ont-ils un grand nombre de leurs femmes dans le camp?

Le Delaware entendit et comprit tout ce qui précède, quoiqu'il fût resté assis avec un air de gravité et de finesse indienne, la tête tournée d'un autre côté, et sans paraître prêter aucune attention à une conversation qui ne le concernait pas directement. Cependant, ayant été ainsi interpellé, il répondit à son ami du ton sentencieux qui lui était habituel. Six, dit-il en levant tous les doigts d'une main, et le pouce de l'autre, outre *celle-ci*. La dernière indiquait sa fiancée, qu'il avait représentée, avec la vraie poésie de la nature en appuyant la main sur son cœur.

— L'avez-vous vue, chef, avez-vous aperçu son aimable physionomie, ou vous êtes-vous approché assez près de son oreille pour y chanter la chanson qu'elle aime tant?

— Non, Deerslayer; les arbres étaient trop serrés, et les feuilles couvraient leurs branches comme les nuages qui voilent le ciel dans une tempête. Mais, — et le jeune guerrier tourna vers son ami son visage rouge empreint d'un sourire qui en illuminait la peinture et les traits naturellement sévères, de l'éclat brillant de la passion, — Chingachgook a entendu le rire de Wah-ta!-Wha, et il l'a distingué de celui des femmes des Iroquois. Il a retenti à son oreille comme le gazouillement du roitelet.

— Oui, fiez-vous à l'oreille d'un amant pour cela, et à l'oreille d'un Delaware pour tous les bruits qui se font entendre dans les bois. Je ne sais pourquoi il en est ainsi, Judith; mais quand des jeunes gens, et j'ose dire qu'il en est sans doute de même des jeunes femmes, éprouvent de doux sentiments l'un pour l'autre, on ne saurait croire combien le rire ou le son de la voix de l'un plaît à l'autre. J'ai vu de farouches guerriers écouter le babil et les rires de jeunes filles, comme si c'eût été de la musique d'église, telle qu'on peut en entendre dans la vieille église hollandaise située dans la grande rue d'Albany, où je suis allé plus d'une fois avec des peaux et du gibier.

---

1. Nom qu'on donne aux Indiennes.

— Et vous, Deerslayer, dit Judith avec vivacité, et avec plus de sensibilité que n'en montraient d'ordinaire ses manières légères et insouciantes; n'avez-vous jamais éprouvé combien il est agréable d'écouter le rire de la fille que vous aimez?

— Dieu vous bénisse, Judith! Je n'ai jamais vécu assez longtemps parmi les femmes de ma couleur pour tomber dans cette sorte de sentiment. Non, jamais! J'ose dire qu'ils sont naturels et justes; mais pour moi, il n'est pas de musique aussi douce que les soupirs du vent dans les cimes des arbres, et que les bouillonnements des eaux d'une source fraîche et pure; si ce n'est pourtant, continua-t-il en laissant retomber un instant sa tête d'un air pensif; si ce n'est pourtant l'aboiement d'un certain chien, quand je suis sur les traces d'un daim bien gras. Quant à d'autres chiens que celui-là, je m'inquiète peu de leurs aboiements; car ils semblent être aussi prêts à parler quand le daim n'est pas en vue que quand il y est.

Judith s'éloigna lentement et d'un air pensif; et il n'y eut aucun de ses calculs ordinaires de coquetterie dans le soupir tremblant et léger qui s'échappa de ses lèvres à son insu. D'un autre côté, Hetty écouta avec une attention réelle, quoiqu'il semblât étrange à son esprit borné que le jeune homme pût préférer la mélodie des bois aux chants des jeunes filles, ou même au rire de l'innocence et de la joie. Néanmoins, accoutumée comme elle l'était à s'en rapporter en toutes choses à sa sœur, elle suivit bientôt Judith dans la cabine, où elle s'assit, et resta occupée à réfléchir à quelque événement, résolution ou opinion, qui resta un secret pour tout autre qu'elle-même. Une fois seuls, Deerslayer et son ami reprirent leur entretien.

— Le jeune chasseur à visage pâle est-il depuis longtemps sur ce lac? demanda le Delaware après avoir attendu par courtoisie que son compagnon parlât le premier.

— Seulement depuis hier à midi, Serpent, quoique ce temps ait été assez long pour voir et faire beaucoup de choses.

Le regard fixe que l'Indien attachait sur son compagnon était si perçant, qu'il semblait défier l'obscurité croissante de la nuit. En le regardant furtivement à son tour, son ami vit ses deux yeux noirs briller comme ceux de la panthère ou du loup pris au piége. Il comprit le langage de ces regards étincelants, et il y répondit évasivement, de la manière qu'il crut la plus en harmonie avec la modestie d'un blanc.

— C'est comme vous le soupçonnez, Serpent; oui, c'est un peu comme cela : j'ai rencontré l'ennemi, et je suppose qu'on peut dire aussi que je l'ai combattu.

Une exclamation de ravissement échappa à l'Indien ; puis il demanda à son ami, en lui pressant vivement le bras, s'il y avait eu des chevelures de prises.

— Je soutiendrai en présence de toute la tribu delaware, en présence du vieux Tamenund, et de votre père le grand Uncas, aussi bien qu'en présence des autres, que cela est contre les dons de l'homme blanc ! Ma chevelure est sur ma tête, ainsi que vous pouvez le voir, Serpent, et c'était la seule chevelure qui fût en danger, quand un des combattants était blanc et chrétien.

— Aucun guerrier n'est-il tombé? Ce n'est point parce qu'il n'a pas le coup d'œil prompt et sûr que Deerslayer a obtenu son nom.

— Sous ce rapport, chef, vous êtes près d'avoir raison, et par conséquent plus près de la réalité. Je crois pouvoir dire qu'un Mingo est tombé.

— Un chef? demanda l'autre avec une brusque véhémence.

— Ah ! c'est plus que je ne sais ou que je ne puis dire. Il était rusé, perfide, et plein de bravoure ; il pourrait bien avoir obtenu assez de popularité dans sa peuplade pour être arrivé à ce rang. L'homme se battit bien, quoiqu'il n'eût pas l'œil assez prompt pour combattre un homme formé à votre école, Delaware.

— Mon frère a-t-il frappé le corps?

— Cela était inutile, attendu que le Mingo mourut dans mes bras. Mais autant vaut dire la vérité tout d'un coup. Nous avons combattu, lui comme un homme doué des dons rouges, et moi comme un homme doué des dons de ma couleur. Dieu m'a donné la victoire ; je ne pouvais pas offenser sa providence en oubliant ma naissance et ma nature. Il m'a fait blanc, et blanc je dois vivre et mourir.

— Bon ! Deerslayer est une Face-Pâle, et il a les mains d'une Face-Pâle. Un Delaware ira chercher la chevelure pour la suspendre à un pieu, et chanter une chanson en son honneur à son retour chez les siens. L'honneur appartient à la tribu ; il ne doit pas être perdu.

— Cela est aisé à dire, mais peu facile à faire. Le corps du Mingo est entre les mains de ses amis, et, sans doute, caché dans quelque trou où toute l'adresse d'un Delaware ne pourra jamais trouver la chevelure.

Le jeune homme fit alors à son ami un récit succinct mais clair de l'événement de la matinée, sans rien cacher d'important, et cependant passant rapidement sur le tout avec modestie, et évitant avec soin de se vanter comme le font ordinairement les Indiens. Chingachgook exprima de nouveau sa satisfaction de la victoire remportée par son ami ; puis ils se levèrent tous deux, car à l'heure qu'il était il devenait prudent d'éloigner l'arche à une plus grande distance de la terre.

Il faisait tout à fait sombre en ce moment ; le ciel s'était couvert de nuages, et les étoiles étaient cachées. Le vent du nord avait cessé, comme d'ordinaire, au coucher du soleil, et une légère brise s'élevait du sud. Comme ce changement favorisait les desseins de Deerslayer, il leva son grappin, et l'arche commença aussitôt, et d'une manière tout à fait sensible, à dériver plus avant dans le lac. La voile fut établie, et alors la vitesse du scow augmenta de près de près de deux milles par heure.

De cette façon, comme il était inutile de ramer, sorte d'occupation peu goûtée d'un Indien, Deerslayer, Chingachgook et Judith s'assirent à l'arrière de l'esquif, dont le premier dirigea les mouvements en tenant l'aviron qui servait de gouvernail. Là, ils s'entretinrent de leurs desseins futurs, et des moyens à employer pour parvenir à délivrer leurs amis.

Judith prit part à cet entretien. Le Delaware comprenait aisément tout ce qu'elle disait, et ses réponses et ses remarques, rares mais énergiques, étaient de temps à autre traduites en anglais par son ami. Judith gagna beaucoup dans l'esprit de son compagnon durant la demi-heure qui suivit. Prompte dans ses résolutions et ferme dans ses projets, ses avis et ses expédients se ressentaient de son ardeur et de sa sagacité, qualités qui toutes deux étaient de nature à trouver faveur auprès d'habitants de la frontière. Les événements qui s'étaient passés depuis leur rencontre, aussi bien que sa position dépendante et isolée, portèrent la jeune fille à considérer Deerslayer comme un ancien ami plutôt que comme une connaissance de la veille ; et elle avait été tellement séduite par la franche candeur de son caractère et de ses sentiments, chose tout à fait nouvelle pour elle dans notre sexe, que les bizarreries de son ami avaient piqué sa curiosité, et fait naître en elle une confiance que jamais aucun autre homme n'avait éveillée. Jusqu'à ce jour, elle avait été forcée de se tenir sur la défensive dans ses rapports avec les hommes ; — avec quel succès, — c'est ce qu'elle savait mieux que personne ; mais elle venait d'être jetée dans la société et sous la protection d'un jeune homme qui, évidemment, n'avait pas plus de mauvais desseins sur elle que s'il eût été son frère. La pureté de ses intentions, la poésie et le naturel de ses sentiments, et jusqu'à l'originalité de son langage, tout cela avait contribué à créer une affection qu'elle trouva aussi pure qu'elle était soudaine et profonde. La belle figure et la mâle tournure de Hurry n'avaient jamais racheté ses manières brusques et vulgaires; et les relations de Judith avec les officiers qui venaient parfois sur le lac pour pêcher et chasser, l'avaient disposée à faire des comparaisons qui ne devaient pas être à l'avantage du jeune étranger; mais c'étaient ces relations mêmes qui avaient fait naître ses sentiments pour lui. Avec eux, tandis que sa vanité était flattée et son amour-propre vivement excité, elle avait bien des raisons de regretter profondément d'avoir fait leur connaissance, sinon de le déplorer avec un chagrin secret; car il était impossible qu'une intelligence aussi prompte que la sienne ne comprît pas toute la sécheresse qui existe dans les rapports de supérieur à inférieur; elle s'était aperçue aussi qu'elle était regardée comme le passe-temps d'une heure de loisir, plutôt que comme une égale et une amie, par ceux mêmes de ses admirateurs en habits rouges qui avaient les intentions les plus louables et les plus désintéressées. D'un autre côté, chez Deerslayer, le cœur était si transparent, qu'on y voyait briller la droiture comme à travers un cristal; et son indifférence même pour des charmes qui avaient si rarement manqué de faire sensation, piquait la vanité de la jeune fille, et lui faisait éprouver pour lui un sentiment qu'un autre, en apparence plus favorisé par la nature, n'aurait peut-être pas su lui inspirer.

Une demi-heure se passa de la sorte. Pendant ce temps, l'arche avait lentement glissé sur l'eau, et les ténèbres s'étaient épaissies. Cependant il était aisé de voir que les sombres masses de la forêt à l'extrémité méridionale du lac commençaient à se perdre dans le lointain, tandis que les montagnes bordant les flancs du magnifique bassin le couvraient de leurs ombres presque dans toute sa largeur. Il y avait, à la vérité, un filet d'eau au centre du lac sur la surface duquel tombait la pâle lueur que le ciel répandait encore; cette ligne s'étendait du nord au sud; et ce fut en suivant cette faible trace, sorte de voie lactée renversée dans laquelle l'obscurité n'était pas aussi épaisse qu'ailleurs, que l'arche continua sa course; car celui qui gouvernait savait bien que cette ligne conduisait au point où il désirait arriver. Le lecteur ne doit pas supposer toutefois qu'il pût exister aucune difficulté à cet égard : la route eût été indiquée par le cours de l'air, s'il eût été impossible de distinguer les montagnes, aussi bien que par le sombre débouché au sud qui marquait la position de la vallée de ce côté, au-dessus du massif de grands arbres, par une espèce d'obscurité adoucie et produite par la différence entre les ténèbres de la forêt et celles de la nuit, différence qui n'est visible que dans l'air. A la fin les détails de cette scène attirèrent l'attention de Judith et de Deerslayer, et ils cessèrent leur entretien, afin de contempler la tranquillité solennelle et le profond repos de la nature.

— C'est une nuit bien obscure, dit la jeune fille après une pause de plusieurs minutes. J'espère que nous pourrons trouver le château.

— Il n'y a guère à craindre que nous le manquions si nous suivons ce chemin tracé au milieu du lac, répliqua le jeune homme. La nature nous a préparé ici une route, et, toute sombre qu'elle est, il y aura peu de difficulté à la suivre.

— N'entendez-vous rien, Deerslayer? on dirait que l'eau est agitée près de nous!

— Certainement; l'eau a une agitation extraordinaire : c'est sans doute quelque poisson; ces créatures-là se font la guerre comme les hommes et les animaux se la font sur la terre. Un poisson aura sauté hors de l'eau et sera retombé lourdement dans son propre élément. Il n'est prudent à personne, Judith, de vouloir sortir de son élément, puisque la nature veut qu'on y reste; et la nature doit avoir son cours. Ah! cela ressemble au bruit d'une rame maniée avec des précautions plus qu'ordinaires!

En ce moment le Delaware se pencha en avant, et d'un geste significatif il montra les limites des ténèbres comme si quelque objet eût tout à coup frappé ses regards. Deerslayer et Judith suivirent tous deux la direction de son geste, et tous deux aperçurent une pirogue au même instant.

On voyait obscurément cet inquiétant voisin, que des yeux moins exercés n'auraient peut-être pas pu distinguer, quoique pour ceux qui se trouvaient dans l'arche cet objet fût évidemment une pirogue montée par un seul individu qui se tenait debout et qui ramait. Quant au nombre de ceux qui pouvaient être cachés dans le fond, naturellement on l'ignorait. Il était impossible de s'éloigner à force de rames d'une pirogue d'écorce conduite par des bras vigoureux et habiles : aussi les deux hommes saisirent-ils leurs carabines dans l'attente d'un combat.

— Je puis aisément abattre le rameur, dit Deerslayer à voix basse, mais nous le hélerons d'abord pour lui demander sa destination. Alors élevant la voix, il cria d'une voix solennelle : Holà! Si vous approchez, je serai obligé de faire feu, quoique malgré moi, et une mort certaine s'ensuivra. Cessez de ramer, et répondez !

— Faites feu, et tuez une pauvre fille sans défense, répliqua une voix de femme douce et tremblante ; mais Dieu ne vous le pardonnera jamais ! Suivez votre route, Deerslayer, et laissez-moi continuer la mienne.

— Hetty ! s'écrièrent à la fois le jeune chasseur et Judith ; puis le premier s'élança aussitôt vers l'endroit où il avait amarrée la pirogue qu'ils avaient prise à la remorque. Elle était partie, et il comprit toute l'affaire. Quant à la fugitive, effrayée par la menace, elle cessa de ramer, et resta confusément visible, semblable à un spectre à forme humaine debout sur l'eau. Le moment d'après, la voile fut amenée, pour empêcher l'arche de dépasser l'endroit où se trouvait la pirogue. Cette dernière mesure ne fut pourtant pas prise à temps, car l'impulsion que l'arche avait reçue et l'action du vent la portèrent bientôt à distance ; de sorte que Hetty se trouva directement au vent, quoique toujours visible, car le changement de position des deux esquifs avait placé la pirogue dans cette espèce de voie lactée dont nous avons parlé.

— Que signifie ceci, Judith ? demanda Deerslayer. Pourquoi votre sœur a-t-elle pris la pirogue et nous a-t-elle quittés ?

— Vous savez qu'elle est faible d'esprit, la pauvre fille ! Elle a ses idées à elle sur ce qu'il faut faire. Elle aime son père plus que la plupart des enfants n'aiment leurs parents, et alors.....

— Alors quoi, Judith ? Le moment est critique et veut qu'on dise la vérité !

Judith éprouvait un regret généreux d'être obligée de trahir sa sœur, et elle hésita avant de reprendre la parole. Mais, pressée de nouveau par Deerslayer, et sentant elle-même tous les dangers dont l'imprudence de Hetty les entourait, elle ne put s'en dispenser plus longtemps.

— Eh bien ! je crains que cette pauvre insensée de Hetty n'ait pas été entièrement capable de découvrir la vanité, l'emportement, la folie, qui sont cachés sous les beaux traits et la tournure agréable de Hurry Harry. Elle parle de lui en dormant, et parfois elle trahit son penchant, même quand elle est éveillée.

— Vous pensez, Judith, que votre sœur se dispose maintenant à exécuter quelque projet extravagant pour secourir son père et Hurry, projet qui, suivant toute probabilité, rendra ces reptiles, les Mingos, maîtres d'une pirogue ?

— Je crains que cela n'arrive, Deerslayer ; la pauvre Hetty n'a pas assez d'adresse pour tromper un sauvage.

Pendant ce temps, la pirogue, à l'une des extrémités de laquelle Hetty se tenait debout, était à peine visible, et la dérive plus rapide de l'arche la rendit à chaque instant moins distincte. Il était évident qu'il n'y avait pas de temps à perdre, si l'on ne voulait pas la voir disparaître entièrement. Les carabines furent alors déposées comme inutiles; puis les deux hommes saisirent les rames et mirent le cap du scow dans la direction de la pirogue. Judith, habituée à cette fonction, s'élança à l'autre bout de l'arche, et se plaça à ce qu'on pourrait appeler le gouvernail. Hetty s'alarma à la vue de ces préparatifs, qui ne purent être faits sans bruit, et elle s'éloigna tout à coup comme un oiseau prend son vol à l'approche d'un danger inattendu.

Comme Deerslayer et son compagnon ramaient avec l'énergie d'hommes qui comprenaient la nécessité de déployer toute leur vigueur, et comme les forces de Hetty étaient en partie paralysées par l'agitation où la jetait son désir d'échapper, la chasse aurait été promptement terminée par la prise de la fugitive, si elle n'eût fait plusieurs détours brusques et imprévus. Ces détours lui firent gagner du temps, et ils eurent aussi pour résultat de porter graduellement la pirogue, ainsi que l'arche, dans l'obscurité plus profonde que répandaient les ombres des collines. Ces détours augmentèrent en outre peu à peu la distance qui séparait la jeune fille de ceux qui la poursuivaient, jusqu'au moment où Judith cria à ses compagnons de cesser de ramer, car elle avait complétement perdu de vue la pirogue.

Quand cette nouvelle mortifiante fut annoncée, Hetty se trouvait assez près de l'arche pour saisir chaque syllabe prononcée par sa sœur, quoique celle-ci eût pris la précaution de parler aussi bas que les circonstances l'exigeaient pour être cependant entendue. Au même instant, Hetty cessa de ramer, et elle attendit le résultat avec une impatience qui tenait son haleine en suspens, tant par suite des efforts qu'elle venait de faire qu'à cause du désir qu'elle avait de débarquer. Un silence de mort tomba aussitôt sur le lac, et pendant ce temps les trois autres s'efforçaient, par différents moyens, de découvrir la position de la pirogue. Judith se pencha en avant pour écouter, dans l'espoir de saisir quelque son qui pût trahir la direction que sa sœur suivait en s'éloignant, tandis que ses deux compagnons approchaient leurs yeux aussi près que possible du niveau de l'eau, afin de découvrir tout objet qui pourrait flotter à sa surface. Tout fut inutile; aucun son, aucun objet visible ne récompensa leurs efforts. Pendant tout ce temps, Hetty, qui n'avait pas eu l'esprit de se baisser dans la pirogue, se tenait debout, un doigt pressé sur ses lèvres, et regardant fixement dans la direction où elle avait entendu les voix, semblable à une statue dans l'attitude d'une profonde et craintive attention. Son esprit lui avait suffi pour trouver le moyen de s'emparer de la pirogue et de quitter l'arche silencieusement; mais cet effort en avait épuisé les ressources. Les mouvements irréguliers de la nacelle avaient même été produits autant par l'agitation nerveuse et l'hésitation des mains qui la conduisaient que par la ruse ou le calcul.

La pause continua pendant plusieurs minutes, que Deerslayer et le Delaware employèrent à converser dans le langage de ce dernier; puis les rames plongèrent de nouveau et firent avancer le scow avec le moins de bruit possible. On gouvernait à l'ouest-quart-sud-ouest, c'est-à-dire dans la direction du camp ennemi. Une fois arrivés à une pointe peu éloignée du rivage, et où l'obscurité était intense, à cause de la proximité de la terre, ils s'arrêtèrent près d'une heure en attendant l'approche présumée de Hetty, qui, comme ils le croyaient, s'empresserait de gagner ce lieu aussitôt qu'elle se croirait à l'abri des poursuites. Aucun succès néanmoins ne résulta de ce petit blocus, car ni leurs yeux ni leurs oreilles ne découvrirent le passage de la pirogue. Désappointé de ce côté, et convaincu de l'importance qu'il y avait à se remettre en possession de la forteresse avant qu'elle fût au pouvoir de l'ennemi, Deerslayer fit alors route vers le château, avec la crainte de voir la prévoyance dont il avait fait preuve en s'assurant des pirogues, déjouée par ce mouvement inconsidéré et alarmant, fruit de l'esprit faible de Hetty.

CHAPITRE X.

> Mais qui, dans cette forêt sauvage, peut en croire ses yeux ou ses oreilles, du haut du rocher sourcilleux ou du fond de la caverne profonde, au milieu du bruit confus produit par le bruissement des feuilles, le craquement des branches et les cris des oiseaux de nuit qui semblent vous répondre !
> JOANNA BAILLIE.

PAR frayeur autant que par calcul, Hetty avait cessé de ramer, lorsqu'elle s'aperçut que ceux qui la poursuivaient ne savaient dans quelle direction avancer. Elle resta à la même place jusqu'au moment où l'arche vint à s'approcher du camp des Indiens ; alors elle reprit la rame, et elle s'en servit avec circonspection, pour gagner du mieux qu'il lui serait possible la rive de l'ouest. Afin d'éviter ceux qui étaient à sa poursuite, et qui eux-mêmes, ainsi qu'elle avait raison de le supposer, se mettraient bientôt à ramer le long de ce rivage, elle dirigea la pirogue tellement au nord qu'elle la fit aborder à une pointe qui s'avançait dans le lac, à près d'une lieue de distance du Susquehannah. Ce n'était pas seulement le résultat d'un désir d'échapper ; car, faible d'esprit comme elle l'était, Hetty Hutter était douée de cette prudence d'instinct qui si souvent met à l'abri du danger ceux que Dieu a affligés de cette manière. Elle savait parfaitement de quelle importance il était d'empêcher que les pirogues ne tombassent entre les mains des Iroquois, et la connaissance qu'elle avait depuis longtemps du lac lui suggéra un des plus simples expédients à l'aide duquel ce grand objet pourrait être accompli sans déranger ses projets.

La pointe en question était la seule saillie qui s'offrît de ce côté du lac où une pirogue que la brise du sud viendrait à faire dériver flotterait au large, et d'où il ne serait même pas invraisemblable qu'elle pût arriver au château, celui-ci se trouvant situé au-dessus de la pointe, et dans une ligne presque directe avec le vent. Telle était l'intention de Hetty ; et elle débarqua à l'extrémité de cette pointe sablonneuse, sous le feuillage d'un chêne dont les branches avançaient sur le lac, avec la résolution expresse de pousser la pirogue loin du rivage, afin qu'elle pût dériver vers la demeure isolée de son père. Elle savait aussi par les troncs d'arbres qu'elle avait vus flotter parfois sur le lac, que si la pirogue n'atteignait ni le château ni ses dépendances, le vent ne changerait probablement pas avant qu'elle eût le temps de gagner l'extrémité septentrionale du lac, et qu'alors Deerslayer pourrait avoir une occasion de la reprendre dans la matinée, quand sans doute il se mettrait à parcourir la surface de l'eau et tous ses bords boisés à l'aide de la longue-vue. En tout cela, aussi, Hetty fut moins gouvernée par aucune suite de raisonnements que par ses habitudes, qui, dans le fait, suppléent souvent aux défectuosités de l'esprit dans les êtres humains, de même qu'elles remplissent des fonctions analogues dans les animaux d'espèces inférieures.

La jeune fille mit une heure entière à parvenir jusqu'à la pointe, car elle fut à la fois retardée par la distance et par l'obscurité ; mais elle ne se trouva pas plutôt sur la plage sablonneuse, qu'elle se prépara à faire dériver la pirogue de la manière indiquée plus haut. Pendant qu'elle était en train de la pousser loin d'elle, elle entendit de légers murmures de voix qui semblaient venir des arbres placés derrière elle. Alarmée par ce danger inattendu, Hetty fut sur le point de s'élancer de nouveau dans la pirogue, quand elle crut reconnaître le son de la voix mélodieuse de Judith. S'étant penchée en avant pour saisir les sons plus directement, elle découvrit qu'ils venaient évidemment du lac; elle comprit alors que l'arche s'approchait du sud, et si près du rivage de l'ouest, qu'elle devait nécessairement longer la pointe, à vingt mètres de l'endroit où elle se trouvait. C'était tout ce qu'elle pouvait désirer; la pirogue fut donc repoussée dans le lac, laissant celle qui venait de l'occuper, seule sur un étroit rivage.

Après avoir accompli cet acte de dévouement personnel, Hetty ne s'éloigna pas. Le feuillage des arbres et des buissons qui s'avançaient sur l'eau aurait presque suffi pour la cacher s'il eût fait jour; mais dans l'obscurité qui régnait, il était absolument impossible de découvrir aucun objet ainsi abrité, à la distance de quelques pieds. La fuite d'ailleurs lui était facile, puisqu'en faisant vingt pas elle se serait enfoncée dans la forêt.

Elle resta donc occupée à épier avec une extrême anxiété le résultat de son expédient, et dans l'intention d'appeler ses amis pour attirer leur attention sur la pirogue, s'ils venaient à la dépasser sans la remarquer. L'arche s'approchait de nouveau sous sa voile; Deerslayer se tenait sur l'avant avec Judith, et le Delaware tenait sur l'arrière l'aviron-gouvernail. Suivant toute apparence, l'arche, une fois arrivée dans la baie située plus bas, avait longé de trop près le rivage, dans un reste d'espoir d'intercepter la fuite de Hetty; car elle entendit distinctement, au moment où l'arche s'approchait davantage, l'ordre que le jeune chasseur, placé sur l'avant, donnait à son ami de doubler la pointe.

— Le cap plus au large, Delaware! s'écria pour la troisième fois Deerslayer en parlant anglais, afin que sa belle compagne pût comprendre ses paroles; éloignez-vous du rivage. Nous sommes ici trop près de la terre, et il faut prendre garde que le mât ne s'engage dans les arbres. Judith, voici une pirogue! — Ces derniers mots furent prononcés avec vivacité, et la main de Deerslayer se trouva sur sa carabine avant qu'ils fussent achevés. Mais la vérité se fit jour dans l'esprit vif et intelligent de la jeune fille, et à l'instant même elle dit à son compagnon que cette pirogue devait être celle dans laquelle sa sœur avait fui.

— Gouvernez en ligne droite, Delaware, s'écria celui-ci, aussi droite que celle parcourue par votre balle quand vous l'envoyez contre un daim ; la voilà, je la tiens.

La pirogue fut saisie, et amarrée aussitôt à l'arche. L'instant d'après, la voile fut amenée, et le mouvement de l'esquif arrêté au moyen des rames.

— Hetty ! cria Judith, dont la voix trahissait l'inquiétude et l'affection. Etes-vous à portée de m'entendre, ma sœur ? Pour l'amour de Dieu, répondez, et que j'entende encore le son de votre voix ! Hetty ! chère Hetty !

— Je suis ici, Judith, ici, sur le rivage, où il sera inutile de me suivre, car je me cacherai dans les bois.

— O Hetty, à quoi songez-vous ? Souvenez-vous qu'il est près de minuit, et que les bois sont pleins de sauvages et de bêtes féroces !

— Ni les uns ni les autres ne feront de mal à une pauvre fille faible d'esprit, Judith. Dieu est aussi bien avec moi ici que dans l'arche ou dans la hutte. Je vais au secours de mon père et du pauvre Hurry, qui seront torturés et massacrés si personne ne pense à eux.

— Nous y pensons tous, et nous nous proposons d'envoyer demain un drapeau de trêve, pour offrir leur rançon. Revenez donc, ma sœur ; fiez-vous à nous qui avons plus de bon sens que vous, et qui ferons tout ce qui est en notre pouvoir pour notre père.

— Je sais que vous avez plus d'esprit que moi, Judith, car le mien est bien faible, assurément ; mais il faut que j'aille trouver mon père et le pauvre Hurry. Gardez le château, ma sœur, vous et Deerslayer, et laissez-moi entre les mains de Dieu.

— Dieu est avec nous tous, Hetty, dans le château ou sur le rivage, avec notre père aussi bien qu'avec nous-mêmes ; et c'est un péché de ne pas avoir confiance en sa bonté. Vous ne pouvez rien faire dans les ténèbres ; vous vous égarerez dans la forêt et vous périrez de faim.

— Dieu ne voudra pas que cela arrive à une pauvre enfant qui va servir son père, ma sœur. Il faut que j'essaie de trouver les sauvages.

— Revenez seulement pour cette nuit ; demain matin, nous vous débarquerons, et vous serez libre d'agir comme bon vous semblera.

— Vous le *dites*, Judith, et vous le *pensez* ; mais vous ne le feriez pas. Votre cœur s'attendrirait, et vous verriez dans l'air des tomahawks et des couteaux à scalper. En outre, j'ai à dire au chef indien quelque chose qui comblera tous nos vœux ; et j'ai peur de l'oublier si je ne lui dis pas cela tout de suite. Vous verrez qu'il rendra la liberté à notre père dès qu'il l'aura entendu.

— Pauvre Hetty! que pouvez-vous dire à un sauvage féroce qui puisse changer ses intentions sanguinaires?

— Quelque chose qui l'effraiera et le déterminera à laisser partir notre père, répondit Hetty d'un ton décidé. — Vous verrez, ma sœur! vous verrez! Ce que je lui dirai le rendra aussi soumis qu'un enfant.

— Voulez-vous me confier à moi, Hetty, ce que vous projetez de lui dire? demanda Deerslayer. — Je connais les sauvages, je les connais bien, et je puis imaginer à peu près jusqu'à quel point de belles paroles pourraient ou non influer sur leurs dispositions malveillantes. Si ces paroles ne s'accordent pas avec les idées d'une Peau-Rouge, elles ne seront d'aucune utilité; car la raison est guidée par les dons du ciel aussi bien que la conduite.

— Eh bien donc, répondit Hetty en donnant à sa voix un ton bas et confidentiel, car le calme de la nuit et la proximité de l'arche lui permettaient de le faire, sans cesser d'être entendue; — eh bien donc, Deerslayer, comme vous semblez être un honnête jeune homme, je vous le dirai. J'ai l'intention de ne pas dire un mot à aucun des sauvges, avant de me trouver face à face avec leur chef suprême, quelle que soit la quantité de questions dont ils pourront m'assaillir; non, je ne répondrai à aucun d'eux, si ce n'est pour leur dire de me conduire en présence de leur grand chef. Alors, Deerslayer, je lui dirai que Dieu ne pardonnera ni le meurtre ni le vol, et que si notre père et Hurry sont allés à la chasse des chevelures des Iroquois, il doit rendre le bien pour le mal, car la Bible l'ordonne ainsi, sous peine de châtiments éternels. En entendant cela, et en en comprenant la vérité, car il faudra bien qu'il la comprenne, pourra-t-il refuser de nous renvoyer, mon père, Hurry et moi, au rivage en face du château, en nous disant à tous trois de faire notre route en paix?

Cette dernière question fut faite d'un ton de triomphe; puis la pauvre fille se mit à rire en songeant à l'impression qu'elle était très-persuadée d'avoir produite sur ses auditeurs en leur dévoilant ses projets. Deerslayer resta muet d'étonnement à cette preuve d'innocente simplicité d'esprit; mais Judith avait tout à coup avisé un moyen de déjouer ce projet insensé, en opérant sur les sentiments mêmes qui l'avaient inspiré. Sans donc faire attention à la dernière question, ni au rire de satisfaction de sa sœur, elle l'appela à la hâte par son nom, comme si elle eût senti tout à coup l'importance de ce qu'elle avait à dire; mais elle ne reçut aucune réponse.

Le bruit des broussailles et le bruissement des feuilles annoncèrent évidemment que Hetty avait quitté le rivage, et qu'elle s'était enfoncée dans la forêt. Il n'eût servi à rien de la suivre, puisqu'il eût été presque impossible de la trouver à cause de l'obscurité et des fourrés épais que les bois offraient de toutes parts, sans parler du danger qu'ils auraient eux-mêmes couru de tomber entre les mains de leurs ennemis. Après une courte et triste discussion, la voile fut donc établie de nouveau, et l'arche poursuivit sa route vers l'endroit où on l'amarrait d'habitude, tandis que Deerslayer se félicitait d'avoir retrouvé la pirogue, et combinait ses plans pour le lendemain. Le vent s'éleva au moment où ils quittèrent la pointe, et en moins d'une heure ils arrivèrent au château. Là, ils trouvèrent toutes choses telles qu'ils les avaient laissées, et pour y rentrer ils eurent à faire tout le contraire de ce qu'ils avaient fait pour en sortir. Judith coucha seule cette nuit, et elle arrosa son oreiller de ses larmes, en pensant à la créature innocente et jusqu'alors négligée qui avait été sa compagne depuis leur enfance. Des regrets amers s'élevèrent dans son esprit, pour plus d'un motif, et ce ne fut qu'après de longues heures et sur la fin de la nuit que ses souvenirs se perdirent dans le sommeil. Deerslayer et le Delaware couchèrent sur l'arche, où nous les laisserons jouir du sommeil profond des hommes honnêtes, bien portants et intrépides, pour retourner à la jeune fille que nous avons laissée au milieu de la forêt.

En quittant le rivage, Hetty s'avança dans les bois sans hésiter, agitée par la crainte d'être suivie. Heureusement cette route était la meilleure qu'elle pût prendre pour effectuer son projet, puisque c'était la seule qui l'éloignât de la pointe. La nuit était si profondément obscure sous les branches des arbres, que sa marche fut lente, et tout à fait abandonnée au hasard après ses premiers pas. La conformation du sol l'empêcha cependant de dévier de la ligne qu'elle désirait suivre. D'un côté, elle fut bientôt bornée par la pente de la colline, tandis que de l'autre elle avait le lac pour lui servir de guide. Pendant deux heures, cette jeune fille candide et faible d'esprit se fatigua dans le labyrinthe de la forêt; tantôt se trouvant tout près du rivage qui arrêtait l'eau, et tantôt s'efforçant de gravir une hauteur qui l'avertissait de ne pas aller plus loin dans cette direction, puisqu'elle formait nécessairement un angle droit avec celle qu'elle voulait suivre. Souvent son pied glissa, et elle tomba plusieurs fois, mais sans se faire mal; elle éprouva enfin une telle lassitude qu'elle n'eut pas la force de faire un pas plus avant. Le repos devint indispensable, et elle se mit à préparer son coucher avec un empressement et un sang-froid sur lesquels les vaines terreurs d'une solitude sauvage n'influèrent en rien. Elle savait qu'il se trouvait des animaux sauvages dans tous les bois adjacents, mais que ceux qui attaquaient l'homme étaient rares, et que, quant aux serpents dangereux, il n'en existait pas. Elle avait appris tout cela de son père, et tout ce qui pénétrait dans son esprit y était reçu avec une telle confiance, qu'elle en bannissait le doute et l'inquiétude. La sublimité de la solitude dans laquelle elle se trouvait était pour elle consolante plutôt qu'effrayante ; elle amassa un lit de feuilles avec autant d'indifférence pour les circonstances qui auraient banni le sommeil de l'esprit de presque toutes les femmes, que si elle eût été occupée à préparer sa couche sous le toit paternel.

Aussitôt que Hetty eut amassé une quantité suffisante de feuilles sèches pour se garantir de l'humidité de la terre, elle s'agenouilla près de cette humble couche, joignit et leva les mains dans une attitude de profonde dévotion, et répéta la prière du Seigneur d'une voix douce, lente, mais distincte. La prière fut suivie de quelques-unes de ces strophes simples et pieuses, si familières aux enfants, dans lesquelles elle recommanda son âme à Dieu, si elle venait à être appelée à un nouvel état d'existence avant le retour du lendemain. Ce devoir accompli, elle se coucha et se disposa à dormir. Les vêtements de la jeune fille, bien qu'appropriés à la saison, étaient suffisamment chauds pour la journée; mais les nuits sont toujours fraîches dans les forêts ; et dans cette région élevée du pays, elles sont souvent assez froides pour nécessiter l'emploi de vêtements plus épais que ceux dont on se sert communément dans l'été sous une latitude basse. Cela avait été prévu par Hetty. Elle avait apporté avec elle une pesante mantille, qui, jetée sur le corps, remplissait le même but qu'une couverture. Ainsi protégée, elle s'endormit au bout de quelques minutes, aussi tranquillement que si elle eût été sous la garde attentive et vigilante de cette mère qui, si récemment, lui avait été ravie pour toujours.

Ainsi, son humble couche formait un contraste frappant avec l'oreiller sur lequel sa sœur eut tant de peine à trouver le sommeil. Les heures s'écoulèrent dans un calme aussi profond, dans un repos aussi doux que si des anges envoyés tout exprès eussent veillé autour du lit de Hetty Hutter. Ses yeux si doux ne s'ouvrirent pas une seule fois avant que la clarté grisâtre de l'aube cherchât à se frayer un passage à travers les cimes des arbres, tombât sur ses paupières, et, s'unissant à la fraîcheur d'une matinée d'été, donnât le signal du réveil. Ordinairement Hetty était debout avant que les rayons du soleil frappassent les sommets des montagnes; mais en cette occasion, sa fatigue avait été si grande, et son repos était si profond, que les avertissements accoutumés furent impuissants. La jeune fille murmura dans son sommeil; elle étendit un bras en avant, sourit aussi gracieusement qu'un enfant dans son berceau, mais elle continua de sommeiller. En faisant ce geste involontaire, sa main tomba sur quelque chose de chaud, et dans l'état d'assoupissement où elle se trouvait, elle attribua cette circonstance à ses vêtements. Le moment d'ensuite, une rude attaque fut faite sur son côté, comme si un de ces animaux qui fouillent dans la terre eût passé son museau par-dessous, dans l'intention de forcer sa position; et alors elle s'éveilla en prononçant le nom de Judith.

En se mettant sur son séant, elle aperçut avec frayeur un objet noir qui s'éloignait d'elle en éparpillant les feuilles et en faisant craquer les branches mortes dans sa précipitation. Elle ouvrit de grands yeux, et après le premier moment de confusion et d'étonnement causé par sa situation, Hetty aperçut un ourson, de l'espèce commune des ours bruns d'Amérique, qui se balançait sur ses pattes de derrière, et continuait à la regarder en paraissant se demander s'il y aurait ou non du danger pour lui à s'approcher d'elle de nouveau. Le premier mouvement de Hetty, qui avait eu plusieurs de ces oursons en sa possession, fut de courir et de saisir la petite créature comme une bonne prise, mais un rugissement bruyant l'avertit du danger d'une telle entreprise. Reculant de quelques pas, la jeune fille jeta à la hâte un coup d'œil autour d'elle, et elle aperçut à peu de distance la mère, qui épiait ses mouvements d'un œil farouche. Un arbre creux qui avait servi de demeure à des abeilles était récemment tombé, et la mère se régalait avec deux autres petits du mets délicat que cet accident avait mis à sa portée, tout en observant avec inquiétude la position de ses petits qui bondissaient avec insouciance.

L'esprit de l'homme ne peut pas prétendre à analyser les influences qui gouvernent les animaux.

En cette occasion, la mère, bien que d'une férocité proverbiale quand elle croit ses petits en danger, ne manifesta aucune intention d'attaquer la jeune fille. Elle quitta le miel et s'avança à vingt pas d'elle; elle se leva alors sur ses pattes de derrière et balança son corps avec une sorte de grognement mécontent, mais elle n'approcha pas davantage. Heureusement, Hetty ne prit pas la fuite. Au contraire, malgré sa terreur, elle s'agenouilla, le visage tourné vers l'animal, et répéta à mains jointes et les yeux tournés vers le ciel la prière de la nuit précédente. Cet acte de dévotion n'était pas causé par la crainte; c'était un devoir qu'elle ne négligeait jamais de remplir avant de s'endormir, ainsi qu'à l'heure où le retour de ses facultés la rappelait aux occupations de la journée. Au moment où elle se releva, l'ourse se mit de nouveau sur ses pattes, et après avoir rassemblé ses oursons autour d'elle, elle les laissa prendre leur nourriture naturelle. Hetty fut enchantée de cette preuve de tendresse chez un animal qui n'est pas fort renommé pour sa sensibilité; et comme un des oursons quittait sa mère pour s'ébattre et sauter en liberté, elle eut un vif désir de le reprendre dans ses bras et de jouer avec lui. Mais, se souvenant du grognement de la mère, elle eut assez d'empire sur elle-même pour ne pas mettre à exécution ce dangereux dessein; puis elle songea à ce qui l'avait amenée sur ces montagnes, et s'éloigna du groupe qui l'intéressait pour continuer sa route le long du lac qu'elle pouvait apercevoir encore à travers les arbres. A sa grande surprise, mais cependant sans en être alarmée, l'ourse et sa famille se levèrent et suivirent ses pas, en se tenant à une petite distance derrière elle, et en ayant l'air de surveiller tous ses mouvements, comme pour voir tout ce que faisait la jeune fille.

Escortée de la sorte par la mère et les oursons, elle fit près d'un mille, ce qui était trois fois la distance qu'elle avait été capable de parcourir dans l'obscurité, durant le même laps de temps. Elle arriva alors près d'un ruisseau qui s'était creusé lui-même un passage dans la terre, et qui allait tomber avec bruit dans le lac entre des rives hautes et escarpées, sous l'ombrage des arbres. Là, Hetty fit ses ablutions; et après avoir bu de l'eau pure qui descendait de la montagne, elle poursuivit son chemin, plus légère de corps et d'esprit, et toujours escortée par ses étranges compagnons. Sa route était alors le long d'une terrasse large et presque unie qui descendait du haut de la rive dans une vallée qui s'élevait plus loin pour former un second plateau plus irrégulier. Dans cette partie de la vallée, les montagnes suivaient une ligne oblique, et là commençait une plaine qui s'étendait entre les collines, au sud du lac. Cette situation indiqua à Hetty qu'elle approchait du campement, et, ne l'eût-elle pas su, les ours lui auraient fait soupçonner le voisinage d'êtres humains. Flairant l'air, l'ourse refusa d'aller plus loin, quoique la jeune fille se retournât et l'invitât à la suivre par des signes enfantins, et même en l'appelant de sa douce voix. Ce fut pendant qu'elle marchait lentement ainsi au milieu de quelques broussailles, les yeux fixés sur ces animaux immobiles, que la jeune fille se trouva tout à coup arrêtée par une main qui toucha légèrement son épaule.

— Où aller? dit une douce voix de femme, parlant à la hâte et avec un ton d'intérêt. Indiens, hommes rouges, sauvages, guerriers méchants, de ce côté.

Ce salut inattendu n'alarma pas plus la jeune fille que ne l'avait fait la présence des farouches habitants des bois. Il la prit un peu par surprise, à la vérité; mais elle était en quelque sorte préparée à une pareille rencontre, et la créature qui l'arrêta devait l'effrayer moins qu'aucune autre faisant partie du peuple indien. C'était une fille à peine plus âgée qu'elle, dont le sourire était aussi rayonnant qu'un des plus joyeux sourires de Judith, dont la voix était la mélodie même, et dont l'accent et les manières avaient toute la douceur craintive qui caractérise son sexe, parmi des hommes qui traitent ordinairement leurs femmes comme les servantes des guerriers. La beauté n'est pas rare, il s'en faut, chez les femmes des aborigènes américains, avant qu'elles soient exposées aux fatigues du mariage et de la maternité. De ce côté, les premiers maîtres du pays ne différaient pas de leurs successeurs plus civilisés, la nature semblant avoir prodigué aux femmes de cette contrée cette délicatesse de traits et de contours qui donne un si grand charme aux jeunes filles, mais dont elles sont privées de si bonne heure, tant par les habitudes de la vie domestique que par toute autre cause.

L'Indienne qui avait si soudainement arrêté les pas de Hetty était vêtue d'une mantille de calicot, qui couvrait suffisamment tout le haut de sa personne; un jupon court en drap bleu bordé de galon d'or, qui ne descendait pas plus bas que ses genoux, des bas de même étoffe, et des moccasins de peau de daim, complétaient son costume. Ses cheveux tombaient en longues tresses brunes sur son dos et sur ses épaules, et ils étaient partagés au-dessus d'un front bas et uni, de manière à adoucir l'expression de ses yeux pleins d'espièglerie et de naturel. Son visage était ovale et ses traits délicats; ses dents étaient égales et blanches, tandis que sa bouche exprimait une tendresse mélancolique, comme si cette expression particulière eût été produite par une sorte d'intuition de la destinée d'un être condamné en naissant à endurer les souffrances de la femme adoucies par les affections de la femme. Sa voix, ainsi que nous l'avons déjà dit, avait la douceur de la brise du soir, charme qui distingue celles de sa race, mais qui chez elle était si remarquable qu'il lui avait valu le nom de Wah-ta!-Wah; en un mot, c'était la fiancée de Chingachgook : elle avait réussi à endormir les soupçons de ceux qui l'avaient enlevée, et il lui était permis d'errer autour du camp.

Cette faveur était compatible avec la politique générale des hommes rouges, qui savaient bien qu'il eût été facile de suivre sa piste en cas de fuite. On se rappellera que les Iroquois ou Hurons, comme il conviendrait mieux de les nommer, ignoraient entièrement la présence de son amant dans le voisinage; circonstance dont elle-même n'était pas instruite.

Il est difficile de dire laquelle des deux montra le plus de sang-froid en cette rencontre imprévue, de la Face-Pâle ou de la Peau-Rouge; mais, quoique un peu surprise, Wah-ta!-Wah était la plus disposée à parler, et la plus prompte de beaucoup à prévoir les conséquences, aussi bien qu'à imaginer les moyens de les détourner. Pendant qu'elle était enfant, son père avait été souvent employé comme soldat par les autorités de la colonie, et pendant un séjour de plusieurs années près des forts, elle avait appris un peu d'anglais, qu'elle parlait à la manière abrégée des Indiens, mais couramment, et sans la répugnance ordinaire chez ceux de sa nation.

— Où aller? répéta Wah-ta!-Wah en rendant le sourire de Hetty avec l'air doux et engageant qui lui était propre ; — guerriers *méchants* de ce côté, — *bons* guerriers loin d'ici.

— Quel est votre nom? demanda Hetty avec la simplicité d'un enfant.

— Wah-ta!-Wah. — Pas Mingo, — bonne Delaware, — amie des Yankees. — Mingos très-cruels, — aiment les chevelures pour le sang. — Delawares les aiment pour l'honneur. — Par ici, — là pas d'yeux.

Wah-ta!-Wah conduisit alors sa compagne vers le lac, en descendant la rive de manière à mettre les arbres suspendus au-dessus, et les buissons, entre elles et tout curieux; elle ne s'arrêta pas qu'elles ne fussent toutes deux assises côte à côte sur un tronc d'arbre tombé, dont l'une des extrémités était plongée dans l'eau.

— Pourquoi venir? demanda la jeune Indienne avec empressement ; — d'où venir?

Hetty lui raconta son histoire avec sa candeur et sa naïveté habituelles. Elle lui expliqua la situation de son père, et lui fit part du désir qu'elle avait de le servir et de le délivrer, si cela était possible.

— Pourquoi votre père venu au camp mingo la nuit? demanda

la jeune Indienne avec une franchise qui, si elle n'était pas empruntée à sa compagne, avait la même sincérité. — Temps de guerre à présent, — le sais fort bien; — pas un petit garçon — a de la barbe — pas besoin qu'on lui dise que les Iroquois ont tomahawk, et couteau et mousquets. — Pourquoi venu la nuit, saisir par les cheveux et essayer de scalper fille delaware?

— Vous! dit Hetty glacée d'horreur; — vous a-t-il saisie, vous, — a-t-il essayé de vous scalper?

— Pourquoi non? Chevelure delaware se vendre pour autant que chevelure mingo. — Gouverneur voit pas différence. — Mal à Face-Pâle de scalper. Pas ses dons, comme le bon Deerslayer dit toujours.

— Et connaissez-vous Deerslayer? dit Hetty en rougissant de ravissement et de surprise, et en oubliant en ce moment ses regrets sous l'influence de ce nouveau sentiment. — Je le connais aussi. Il est maintenant dans l'arche avec un Delaware qu'on nomme le Grand-Serpent; et c'est aussi un hardi et beau guerrier que ce Grand-Serpent.

En dépit du riche vermillon que la nature avait répandu sur la beauté indienne, le sang accusateur s'amassa sur ses joues, et cette rougeur donna un nouvel air de vivacité et d'intelligence à ses yeux d'un noir de jais. Elle leva un doigt, comme pour avertir Hetty de la nécessité de la prudence, et sa voix, déjà si douce, devint presque un murmure quand elle reprit la parole.

— Chingachgook! dit la jeune Delaware en soupirant un nom si dur d'un ton si suavement guttural, qu'il arriva à l'oreille comme une mélodie. — Son père, Uncas, — grand chef des Mohicans, — le premier après vieux Tamenund! — Plus comme guerrier, pas autant comme cheveux gris, — encore moins autour du feu du conseil. — Vous connaissez le Serpent?

— Il nous a rejoints hier soir, et il était dans l'arche avec moi, deux ou trois heures avant que je ne la quittasse. Je crains, Hist, — Hetty ne put prononcer le nom indien de sa nouvelle amie, mais ayant entendu Deerslayer le traduire en anglais, elle se servit de cette traduction sans aucune des cérémonies de la vie civilisée; — je crains, Hist, qu'il ne soit venu pour prendre des chevelures, aussi bien que mon pauvre père et Hurry Harry.

— Pourquoi non? — Chingachgook guerrier rouge, — très-rouge, — chevelures lui font honneur, — soyez sûre, il en prendra, — soyez bien sûre.

— Alors, dit vivement Hetty, il sera aussi méchant que tout autre.

Dieu ne pardonnera pas à un homme rouge ce qu'il ne pardonnera pas à un homme blanc.

— Non, vrai, répliqua la Delaware avec une chaleur qui était presque de l'emportement; — non, vrai, je vous dis! Le Manitou sourit et est content quand il voit jeune guerrier revenir du sentier de guerre avec deux, dix, cent chevelures sur un bâton! — Le père de Chingachgook a pris chevelures, — grand-père a pris chevelures, tous vieux chefs prennent chevelures, et Chingachgook en prendra autant qu'il peut porter!

— En ce cas, Hist, son sommeil la nuit doit être terrible! Personne ne peut être cruel et espérer le pardon.

— Non cruel, — beaucoup pardonné, reprit Wah-ta!-Wah en frappant de son petit pied les cailloux de la grève, et en secouant la tête de manière à montrer combien la sensibilité féminine, sous un de ses aspects, avait complétement vaincu, sous un autre, cette même sensibilité. — Je vous dis, Serpent brave : — retourner chez lui cette fois avec quatre, oui, et même avec *deux* chevelures.

— Est-ce là l'objet de son arrivée ici? A-t-il en effet parcouru toute cette distance à travers tant de montagnes, de vallées, de rivières et de lacs, pour tourmenter ses semblables et faire des actes si criminels?

Cette question apaisa aussitôt la colère croissante de la beauté indienne à demi offensée, en triomphant des préjugés d'éducation, et en donnant à toutes ses pensées une tournure plus tendre et plus féminine. Elle regarda autour d'elle avec méfiance, comme si elle eût craint d'être épiée; puis elle regarda fièrement sa compagne attentive; après quoi elle termina cette manœuvre de coquetterie de jeune fille et de sensibilité de femme, en se couvrant le visage des deux mains, en poussant des éclats de rire qu'on pourrait justement appeler la mélodie des bois. La crainte d'être découverte mit bientôt fin à cette manifestation de sentiment, et, écartant les mains, cette enfant de la nature fixa de nouveau ses regards sur sa compagne, comme pour lui demander jusqu'à quel point elle pouvait confier son secret à une étrangère. Quoique Hetty ne pût prétendre à la beauté extraordinaire de sa sœur, bien des gens trouvaient que la sienne était la plus séduisante des deux; elle exprimait toute la sincérité naturelle de son caractère, et on n'y voyait aucun des signes extérieurs et désagréables qui accompagnent si fréquemment la faiblesse d'esprit. A la vérité, un œil particulièrement perçant aurait pu découvrir les preuves de la faiblesse de son intelligence dans le langage d'un regard parfois distrait; mais ce regard, par l'absence complète de toute dissimulation, attirait la compassion plutôt qu'aucun autre sentiment. L'effet qu'il produisit sur Hist, pour nous servir de la traduction anglaise et plus familière de son nom, fut favorable; et cédant à un mouvement de tendresse, elle entoura Hetty de ses bras, et l'embrassa avec un transport d'émotion si naturel, qu'il ne pouvait être égalé que par son ardeur.

— Vous bonne, dit la jeune Indienne à voix basse; vous bonne, je sais : il y a si longtemps que Wah-ta!-Wah n'a eu d'amie, — de sœur, — personne à qui dire son cœur! Vous l'amie de Hist; est-ce pas vrai?

— Je n'ai jamais eu d'amie, répondit Hetty en lui rendant ses embrassements avec un entraînement véritable; — j'ai une sœur, mais pas d'amie. Judith m'aime, et j'aime Judith; cela est naturel, tel que la Bible nous l'enseigne; mais je voudrais avoir une amie! Je serai votre amie de tout mon cœur, car j'aime votre voix, votre sourire et votre façon de penser en toutes choses, excepté au sujet des chevelures.

— Pensez plus à cela, — parlez plus de chevelures, interrompit Hist d'un ton conciliant. — Vous, Face-Pâle; moi, Peau-Rouge, — avons des dons différents. Deerslayer et Chingachgook grands amis, et pas de la même couleur; Hist et — votre nom, joli visage pâle?

— On me nomme Hetty, quoique dans la Bible ce nom soit toujours écrit Esther.

— Quoi fait cela? — Ni bien ni mal. — Pas besoin d'écrire un nom. — Frères Moraves veulent écrire Wah-ta!-Wah. — Moi ne veux pas. — Pas bon pour fille delaware de savoir trop; — sais plus qu'un guerrier quelquefois. — Honteux pour moi! — Mon nom Wah-ta!-Wah veut dire Hist dans votre langue. — Vous m'appelez Hist, — je vous appelle Hetty.

Ces préliminaires une fois arrangés à leur mutuelle satisfaction, elles se mirent à parler de leurs espérances et de leurs projets. Hetty mit sa nouvelle amie entièrement au fait de ses intentions à l'égard de son père, et Hist aurait trahi, devant la personne la moins curieuse de pénétrer les secrets d'autrui, les sentiments et l'espoir qui s'associaient chez elle avec le souvenir du jeune guerrier de sa tribu. Cependant, de part et d'autre, les révélations furent assez complètes pour que chacune d'elles fût en état de connaître suffisamment les pensées intimes de l'autre, quoiqu'elles eussent fait assez de restrictions mentales pour qu'il devînt nécessaire d'y suppléer par les questions et réponses suivantes, qui terminèrent définitivement l'entrevue. Possédant un esprit plus prompt, Hist fut la première à interroger. Un bras passé autour de la taille de Hetty, elle pencha la tête de manière à lever les yeux avec un enjouement malin sur le visage de sa compagne; puis se mettant à rire, comme pour faire interpréter ses paroles par ses regards, elle parla plus intelligiblement.

— Hetty a un frère aussi bien qu'un père? dit-elle; pourquoi pas parler de frère aussi bien que de père?

— Je n'ai pas de frère, Hist. J'en avais un autrefois, dit-on; mais il est mort depuis bien des années, et il est enterré dans le lac auprès de ma mère.

— Pas de frère? Avez un jeune guerrier; vous l'aimez presque autant que père, eh? Bien beau, — a l'air brave —; digne d'être chef, si lui bon comme il semble être.

— Il est mal d'aimer aucun homme autant que j'aime mon père, et aussi j'essaie de ne pas le faire, Hist, répliqua la consciencieuse Hetty, qui ne sut comment dissimuler son émotion en prenant un détour aussi pardonnable qu'une réponse évasive, quoiqu'elle fût puissamment tentée par pudeur féminine de s'écarter de la vérité; et pourtant je pense quelquefois que le mal triomphera en moi, si Hurry vient si souvent au lac. Je dois vous dire la vérité, chère Hist, parce que vous me la demandez; mais je tomberais et je mourrais dans les bois s'il le savait!

— Pourquoi pas vous le demander lui-même — a l'air brave —; pourquoi pas oser parler? Jeune guerrier demander jeune fille; pas faire parler jeune fille d'abord. Filles mingo en seraient honteuses.

Ceci fut dit avec indignation, et avec le généreux entraînement auquel une jeune femme passionnée se laisse aller en entendant parler de ce qu'elle regarde comme l'usurpation des priviléges les plus chers à son sexe. Cela eut peu d'influence sur l'esprit faible mais juste de Hetty, qui, malgré la susceptibilité naturelle aux femmes qui dominait toutes ses impulsions, suivait les mouvements de son propre cœur, plutôt que les usages établis pour protéger la délicatesse de son sexe.

— Me demander quoi? s'écria Hetty avec une précipitation qui prouvait à quel point ses craintes avaient été éveillées; me demander si je l'aime autant que j'aime mon propre père! Oh! j'espère qu'il ne me fera jamais une semblable question, car je serais obligée d'y répondre, et cela me tuerait!

— Non, non, pas tuer, pas tout à fait, répliqua Hist en riant malgré elle. Faire venir rougeur, faire venir honte ; mais pas rester longtemps, et puis plus heureuse que jamais. Jeune guerrier doit dire à jeune fille qu'il la veut pour femme, autrement ne peut jamais vivre dans son wigwam.

— Hurry ne désire pas de m'épouser ; personne ne désirera jamais de m'épouser, Hist.

— Comment pouvez savoir? Peut-être tout le monde désirer de vous épouser, et peu à peu la langue dire ce que le cœur sent. Pourquoi personne désirer de vous épouser?

— Je n'ai pas tout mon bon sens, à ce qu'ils disent. Mon père me le dit souvent, Judith quelquefois quand elle est piquée ; mais je n'y fais pas la même attention qu'aux paroles de ma mère. Elle me le dit une fois, et puis elle pleura comme si son cœur eût été près de se briser ; aussi je sais que je n'ai pas tout mon bon sens.

Hist contempla une minute sans parler cette bonne et simple fille, et la vérité tout à coup frappa son esprit ; la pitié, la vénération et la tendresse semblaient lutter dans son cœur ; elle se leva soudain, et proposa à sa compagne de l'accompagner jusqu'au camp, qui n'était pas fort éloigné. Cet oubli inattendu des précautions que Hist avait d'abord paru vouloir prendre pour que Hetty ne fût pas aperçue, provenait de sa conviction qu'aucun Indien ne voudrait nuire à un être que le grand Esprit avait désarmé en le privant de sa plus forte défense, la raison. A cet égard, presque toutes les nations vivant dans l'état de nature se ressemblent, et semblent offrir spontanément, par un sentiment qui fait honneur à l'espèce humaine, par leur indulgence, cette protection qui a été retirée par la sagesse impénétrable de la Providence. Wah-ta!-Wah savait bien que dans plusieurs tribus les faibles d'esprit et les fous étaient traités avec une sorte de vénération religieuse, et recevaient des marques de respect et d'honneur de ces sauvages habitants des forêts, au lieu de l'insouciance et du mépris qui leur sont réservés parmi les hommes qui prétendent à une civilisation plus avancée.

Hetty suivit sa nouvelle amie sans crainte et sans répugnance. Son désir était d'aller au camp ; et, encouragée par son motif, elle n'eut pas plus d'inquiétudes sur les suites de cette démarche que sa compagne elle-même, qui connaissait le genre de protection que la jeune Face-Pâle portait avec elle. Cependant, tout en cheminant lentement le long d'un rivage encombré de broussailles, Hetty continua la conversation, en commençant elle-même à faire des questions, ce dont Hist s'était abstenue dès qu'elle avait reconnu l'état mental de son amie blanche.

— Mais vous n'êtes pas faible d'esprit, vous, dit Hetty, et il n'y a pas de raison qui puisse empêcher le Serpent de vous épouser.

— Hist prisonnière, et Mingos avoir bonnes oreilles. Pas parler de Chingachgook en leur présence. Vous promettre cela à Hist, bonne Hetty.

— Je sais, je sais, répondit Hetty en parlant à voix basse, tant elle avait hâte de lui faire voir qu'elle comprenait la nécessité d'être circonspecte; je sais, Deerlayer et le Serpent ont le projet de vous enlever aux Iroquois; et vous désirez que je ne leur apprenne pas ce secret.

— Comment savez-vous? demanda Hist précipitamment, fâchée que sa compagne ne fût pas plus dénuée de bon sens qu'elle ne l'était réellement. Comment savez-vous? Mieux de ne parler de personne que de votre père et de Hurry; Mingo comprend *cela*, il ne comprend pas l'*autre*. Promettez ne pas parler de ce que vous comprenez pas.

— Mais je comprends ceci, Hist; et ainsi il faut que j'en parle. Deerslayer a tout raconté à mon père à ce sujet, et en ma présence; et comme personne ne m'avait dit de ne pas écouter, j'ai tout entendu, ainsi que j'ai entendu l'entretien d'Hurry avec mon père relativement aux chevelures.

— Très-mal à Faces-Pâles de parler de chevelures, et très-mal à jeunes filles d'écouter! Maintenant vous aimez Hist, je le sais, Hetty, et parmi Indiens, plus aimer, moins parler.

— Il n'en est pas ainsi parmi les blancs, qui s'entretiennent de préférence de ceux qu'ils aiment le mieux. C'est, je suppose, parce que je suis faible d'esprit que je ne vois pas pour quelle raison cela doit être si différent parmi les hommes rouges.

— C'est ce que Deerslayer appelle leurs dons : un don pour parler, un autre pour se taire. Vous taire votre don avec les Mingos. Si Serpent désire voir Hist, Hetty désire voir Hurry. Une bonne fille dit jamais secret d'une amie.

Hetty la comprit; et elle promit à la jeune Delaware de ne faire aucune allusion à Chingachgook et de ne rien dire du motif de son arrivée sur les bords du lac.

— Peut-être il enlèvera votre père et Hurry, aussi bien que Hist, si laissez faire, dit à voix basse Wah-ta!-Wha à sa compagne, d'un ton confidentiel et flatteur, au moment où elles arrivaient assez près du camp pour entendre les voix de plusieurs personnes de leur sexe, qui semblaient occupées aux travaux ordinaires des femmes de leur classe. Pensez à cela, Hetty, et mettez deux, vingt doigts sur vos lèvres. Pas avoir amis en liberté, sans Serpent faire cela.

Elle ne pouvait trouver un meilleur expédient pour s'assurer du silence et de la discrétion de Hetty, que celui qui s'offrait en cet instant à son esprit. Comme la délivrance de son père et de Hurry était le grand objet de son entreprise, Hetty comprit que cette délivrance avait des rapports avec les projets du Delaware ; et faisant un signe de tête avec un rire innocent et avec le même air de discrétion, elle promit de se conformer scrupuleusement aux désirs de son amie. Après avoir reçu cette assurance, Hist, sans perdre de temps, prit directement le chemin qui conduisait au camp, où elle était aussi prisonnière.

CHAPITRE XI.

> Le grand roi des rois a commandé dans la table de sa loi que tu ne commettes aucun meurtre. Prends garde ; car il tient en sa main la vengeance pour la lancer sur la tête de ceux qui violent sa loi.
>
> SHAKSPEARE.

La présence de plusieurs femmes montrait évidemment que la troupe d'Indiens dans laquelle Hist était retenue par la force n'était pas régulièrement sur le sentier de guerre, comme le disent ces peuplades sauvages. C'était une faible portion d'une tribu qui avait été chasser et pêcher sur le territoire anglais, où elle s'était trouvée au commencement des hostilités, et qui, à strictement parler, après avoir vécu pendant l'hiver et le printemps aux dépens de ses ennemis, avait résolu de frapper un coup hostile avant de se retirer définitivement. Il y avait aussi une profonde sagacité indienne dans la manœuvre qui les avait conduits si avant dans les terres de leurs ennemis.

A l'arrivée du courrier qui annonça que les hostilités avaient éclaté entre les Anglais et les Français, lutte qui devait, à n'en pas douter, entraîner avec elle toutes les tribus qui se trouvaient sous l'influence des puissances belligérantes, ce parti d'Iroquois était posté sur les bords de l'Onéida, lac situé à environ cinquante milles plus près de ses propres frontières que de celles où se passe la scène de notre histoire. En fuyant par une route directe vers le Canada, ils se seraient exposés aux dangers d'une poursuite directe; et par esprit de ruse, les chefs avaient résolu de pénétrer plus avant dans la contrée devenue dangereuse, dans l'espoir d'être à même de se retirer à la suite de ceux qui les poursuivaient, au lieu de les avoir sur leurs traces. La présence des femmes avait inspiré ce stratagème, car elles n'auraient pas été capables de soutenir les fatigues nécessaires pour se soustraire à la poursuite de l'ennemi. Si le lecteur songe à la vaste étendue du désert américain à cette époque reculée, il comprendra qu'il était impossible même à une tribu de rester des mois entiers dans certaines portions de ce pays sans être découverte; et en prenant les précautions ordinaires, le danger de rencontrer un ennemi n'était pas aussi grand dans les bois qu'il l'est en pleine mer dans un temps de guerre active.

Le campement étant temporaire, n'offrait autre chose à la vue que la rude défense d'un bivouac, aidée jusqu'à un certain point par les ressources ingénieuses inventées par l'esprit subtil de ceux qui passaient leur vie au milieu de semblables scènes. Un seul feu, allumé sur les racines d'un chêne, suffisait à toute la troupe, le temps étant trop doux pour qu'on en eût besoin pour autre chose que pour cuire les aliments. Autour de ce centre d'attraction étaient disséminées quinze ou vingt huttes basses, — chenils seraient peut-être une expression plus juste, — dans lesquelles les occupants entraient la nuit en rampant, et qui étaient en outre destinées à offrir des abris en cas d'orage. Ces petites huttes étaient construites en branches d'arbres adroitement entrelacées, et uniformément couvertes d'écorce arrachée aux arbres morts que l'on voit par centaines dans toute forêt vierge. Il y avait absence presque totale de meubles. Des ustensiles de cuisine de la plus simple espèce étaient déposés près du feu; on apercevait quelques articles d'habillement dans l'intérieur ou autour des huttes; des mousquets, des poires à poudre, des gibecières étaient appuyés contre les arbres ou suspendus aux branches inférieures, et les carcasses de deux ou trois daims étaient exposées à la vue sur les mêmes abattoirs naturels.

Comme le campement se trouvait au milieu d'un bois touffu, on ne pouvait en embrasser l'ensemble d'un seul coup d'œil; mais les huttes se détachaient l'une après l'autre de ce sombre paysage, à mesure qu'on cherchait à distinguer les objets. Il n'y avait aucun centre, à moins qu'on ne considérât le feu sous ce point de vue, aucune place découverte où les possesseurs de ce misérable village pussent s'assembler : tout était caché, obscur, couvert et dissimulé, comme les habitants. Un petit nombre d'enfants rôdant d'une hutte à l'autre lui donnaient un peu l'air de la vie domestique; puis les rires étouffés et les voix timides des femmes troublaient de temps en temps le calme profond des sombres forêts. Quant aux hommes, ils mangeaient, dormaient, ou examinaient leurs armes. Ils causaient peu, et encore c'était à part et en groupes éloignés des femmes; tandis qu'un air d'appréhension et de vigilance infatigable et innée semblait ne pas les quitter, même durant le sommeil.

Au moment où les deux jeunes filles arrivèrent près du campement, Hetty poussa une légère exclamation en apercevant son père. Il était assis par terre, adossé contre un arbre; Hurry se tenait debout à ses côtés, et coupait nonchalamment une petite branche. En apparence ils avaient dans le camp autant de liberté que les autres; et quelqu'un non accoutumé aux usages indiens les aurait pris pour des étrangers plutôt que pour des captifs. Wah-ta!-Wah conduisit son amie auprès d'eux, puis se retira modestement, afin que sa présence ne troublât pas la manifestation des sentiments de sa compagne; mais Hetty n'était pas assez habituée aux caresses ou aux démonstrations extérieures de tendresse pour éclater en transports de sensibilité. Elle s'approcha simplement, et se tint à côté de son père sans parler, semblable à une statue de l'amour filial. Le vieillard ne témoigna ni alarme ni surprise à cette soudaine apparition. En cela il était imbu du stoïcisme des Indiens, sachant bien qu'il n'y avait pas de plus sûr moyen de gagner leur respect que d'imiter leur sang-froid. Les sauvages eux-mêmes ne manifestèrent pas non plus le plus léger signe d'émotion en voyant tout à coup une étrangère au milieu d'eux. En un mot, cette arrivée produisit une sensation bien moins visible, malgré les circonstances si particulières qui l'accompagnaient, que n'en produirait dans un village soi-disant civilisé l'arrivée d'un voyageur ordinaire arrêtant sa voiture à la porte de la principale auberge. Cependant un petit nombre de guerriers se rassemblèrent, et il était évident, à la manière dont ils examinèrent Hetty en causant ensemble, qu'elle était le sujet de leur entretien, et qu'ils cherchaient à deviner le motif de sa présence inattendue. Ce flegme est caractéristique chez l'Indien de l'Amérique septentrionale; certaines personnes prétendent qu'il en est de même chez leurs successeurs blancs; mais dans la circonstance en question, il faut en attribuer une bonne partie à la situation où se trouvaient les Hurons. Les forces de l'arche, à l'exception de la présence de Chingachgook, étaient parfaitement connues; on ne croyait pas qu'il y eût aucune tribu ni aucun corps de troupes dans le voisinage, et des yeux vigilants étaient postés tout autour du lac pour surveiller nuit et jour les plus légers mouvements de ceux qu'on pourrait maintenant sans exagération nommer les assiégés.

Hutter fut intérieurement fort touché de la conduite de Hetty, quoiqu'il affectât une grande indifférence. Il se rappela le tendre appel qu'elle lui avait fait avant son départ de l'arche, et l'infortune donna de la valeur à ce qui aurait pu être oublié dans le triomphe du succès. D'ailleurs il connaissait la simple et naïve fidélité de sa fille, et il comprit le motif de son arrivée, ainsi que l'abnégation complète qui régnait dans toutes ses actions.

— Ce n'est pas bien, Hetty, dit-il, redoutant plus que tout autre malheur les conséquences que cette démarche pouvait avoir pour elle. — Ce sont des Iroquois farouches, et aussi peu portés à oublier une injure qu'un service.

— Dites-moi, père, répliqua la jeune fille en regardant furtivement autour d'elle, comme si elle eût craint d'être entendue, Dieu vous a-t-il permis d'exécuter le cruel projet qui vous a conduit ici? J'ai besoin de savoir cela, afin de pouvoir parler librement aux Indiens, s'il ne l'a pas permis.

— Vous n'auriez pas dû venir ici, Hetty ; ces brutes ne comprendront ni votre cœur ni vos intentions.

— Comment cela s'est-il fait, père? Ni vous ni Hurry vous ne semblez rien avoir qui ressemble à des chevelures.

— Si cela doit vous mettre l'esprit en paix, mon enfant, je puis vous répondre non. J'avais saisi la jeune créature qui vient d'arriver ici avec vous, mais ses cris perçants firent tomber sur moi une troupe de chats sauvages, trop nombreuse pour qu'un chrétien seul pût leur résister. Sachez donc, si cela peut vous faire plaisir, que nous n'avons pas enlevé une seule chevelure, et que par conséquent il n'y a pas de prime à espérer pour nous.

— Je vous remercie, mon père! Maintenant je puis parler aux Iroquois hardiment, et avec une conscience tranquille. J'espère que Hurry n'a pas été plus que vous en état de nuire à aucun de ces Indiens?

— Ah! quant à cela, Hetty, répondit l'individu en question, vous avez assez bien tourné la phrase dans le style naturel de la religieuse vérité. Hurry n'a pas été à même, et voilà toute l'histoire. J'ai vu bien des bourrasques assurément, sur la terre comme sur l'eau, mais je n'en ai jamais essuyé d'aussi rude et d'aussi sévère que celle qui est tombée sur nous, l'avant-dernière nuit, sous la forme d'un houra indien! Tenez, Hetty, vous n'êtes par forte en fait de raisonnement, et vos idées ne sont pas plus profondes que les idées les plus communes; mais vous êtes une créature humaine, et, comme telle, vous devez avoir quelque intelligence. Eh bien! je vous prierai de faire attention à ces détails. Nous étions, le vieux Tom votre père et moi, occupés d'une opération légale, ainsi qu'on peut le voir aux termes de la loi et de la proclamation, sans songer à mal, quand nous fûmes assaillis par des créatures plus semblables à une bande de loups affamés que même à des sauvages, et alors ils nous garrottèrent comme deux moutons en moins de temps qu'il ne m'en a fallu pour vous en faire le récit.

— Vous n'êtes plus garrotté maintenant, Hurry, répliqua Hetty en jetant timidement les yeux sur les membres bien proportionnés du jeune géant. Vous n'avez ni cordes ni liens qui vous blessent les bras ou les jambes.

— Non, Hetty. La nature est la nature, et la liberté est la nature aussi. Mes membres ont l'air d'être libres et c'est à peu près là tout, puisque je ne puis m'en servir comme je le voudrais. Ces arbres mêmes ont des yeux; oui, et des langues aussi : car si ce vieillard ici présent, ou moi, nous voulions dépasser d'une seule coudée les limites de notre prison, nous serions poursuivis avant que nous pussions ceindre nos reins pour nous mettre en course; et, que nous l'aimassions ou non, quatre ou cinq balles de mousquet seraient à voyager à nos trousses, en nous apportant autant d'invitations à modérer notre impatience. Il n'y a pas dans la colonie une seule prison aussi bien fermée que celle où nous sommes maintenant; car j'ai éprouvé ce que valent deux ou trois de ces geôles, et je sais de quels matériaux elles sont construites aussi bien que ceux qui les ont bâties. Abattre est la première chose à apprendre, après élever, dans toute construction de ce genre.

De peur que le lecteur ne se forme une idée exagérée des démérites de Hurry, d'après cet imprudent aveu fait avec vanité, il sera peut-être bon de dire que ses offenses s'étaient bornées à des assauts et des luttes pour lesquels il avait été plusieurs fois emprisonné; et il s'était souvent échappé, comme il venait de le dire, démontrant le peu de solidité des bâtiments dans lesquels il était enfermé en s'ouvrant des portes là où les architectes avaient négligé d'en placer. Mais Hetty ne savait pas ce que c'était qu'une prison, et elle savait fort peu en quoi consiste le crime, à part ce que ses idées naturelles et presque instinctives du bien et du mal lui avaient appris; aussi cette sortie de la part de l'être grossier qui avait parlé fut-elle perdue pour elle Elle en comprit le sens général cependant, et elle répondit en conséquence.

— Cela vaut mieux ainsi, Hurry. Il vaut mieux que vous soyez, mon père et vous, calmes et tranquilles jusqu'à ce que j'aie parlé aux Iroquois, et alors tout ira bien et heureusement. Je ne désire pas qu'aucun de vous me suive; laissez-moi seule. Aussitôt que tout sera arrangé et que vous serez libres de retourner au château, je viendrai vous en instruire.

Hetty parla si sérieusement et si naïvement, elle semblait être si assurée du succès, et elle avait un tel air de franchise et de vérité, que les deux individus qui l'écoutaient se sentirent plus disposés à attacher de l'importance à sa médiation qu'ils ne l'auraient fait en d'autres circonstances. Aussi, quand elle manifesta l'intention de les quitter, ils n'y firent aucune objection, quoiqu'ils vissent qu'elle se disposait à aller joindre le groupe de chefs qui étaient à délibérer à part, probablement sur la manière et sur le motif de son arrivée soudaine.

Lorsque Hist, car nous préférons l'appeler ainsi, quitta sa compagne, elle s'avança près de deux ou trois des plus vieux chefs qui lui avaient témoigné le plus de bonté pendant sa captivité, et dont celui qui était le plus considéré lui avait même offert de l'adopter comme sa fille, si elle voulait consentir à devenir Huronne. En allant de ce côté, l'adroite Delaware cherchait à se faire interroger. Elle était trop bien rompue aux habitudes de sa nation pour donner son opinion, elle, femme et si jeune, à des hommes et à des guerriers, sans qu'ils l'invitassent à le faire; mais la nature l'avait douée d'un tact et d'une intelligence qui lui donnaient le pouvoir d'attirer l'attention, quand elle le souhaitait, sans blesser l'amour-propre de ceux auxquels elle devait déférence et respect. Son indifférence affectée stimula même la curiosité; et Hetty était à peine arrivée auprès de son père, que la Delaware fut appelée dans le cercle des guerriers par un geste secret, mais significatif. Là, elle fut questionnée au sujet de la présence de sa compagne, et des motifs qui l'avaient amenée au camp. C'était tout ce que désirait Hist. Elle expliqua de quelle manière elle avait découvert la faiblesse d'esprit de Hetty, en exagérant plutôt qu'en diminuant son manque d'intelligence. Elle expliqua ensuite en peu de mots quel était l'objet de la jeune fille en s'aventurant au milieu de ses ennemis. Ses paroles produisirent tout l'effet qu'elle en attendait; car son récit investit la personne et le caractère de l'étrangère du respect sacré qui, comme elle le savait, devait protéger son amie. Aussitôt qu'elle eut atteint son but, Hist se retira à l'écart, et, guidée par une attention délicate et une tendresse de sœur, elle se mit à préparer un repas qui devait être offert à sa nouvelle amie, aussitôt que celle-ci pourrait venir le partager. Néanmoins, au milieu de ces occupations, la prudente fille ne ralentit pas sa vigilance; elle observa chaque changement de physionomie des chefs, chaque mouvement de Hetty, et les plus légères circonstances qui pouvaient influer sur ses propres intérêts ou sur ceux de sa nouvelle amie.

Pendant que Hetty s'approchait des chefs, ceux-ci ouvrirent leur cercle avec une aisance et une déférence de manières qui eût fait honneur à des hommes d'une origine plus distinguée. L'un des guerriers les plus âgés fit doucement signe à la jeune fille de s'asseoir sur un tronc d'arbre qui se trouvait près de là, et il prit place à côté d'elle, avec un air de bienveillance paternelle; les autres se placèrent autour d'eux, avec une grave dignité. Alors la jeune fille, qui eut assez d'intelligence pour comprendre ce qu'on attendait d'elle, se mit à faire connaître le but de sa visite. Cependant, aussitôt qu'elle ouvrit la bouche pour parler, le vieux chef lui fit doucement signe de s'arrêter, et après avoir dit quelques mots à l'un des chefs plus jeunes que lui, il attendit patiemment et en silence que ce dernier eût fait venir Hist au milieu d'eux. Le chef avait occasionné cette interruption, en s'apercevant qu'un interprète était nécessaire, car quelques-uns seulement des Hurons présents comprenaient la langue anglaise, et encore n'était-ce qu'imparfaitement.

Wah-ta!-Wah ne fut pas fâchée d'être mandée pour assister à cette entrevue, et surtout pour y jouer le rôle dont on la chargeait. Elle n'ignorait pas les risques qu'elle courrait en essayant de tromper un ou deux des chefs présents; mais elle n'en fut pas moins résolue à faire usage de tous les moyens qui s'offriraient, et d'avoir recours à toutes les ruses que peut inspirer une éducation indienne, pour cacher le fait de la présence de son fiancé dans le voisinage, et les motifs qui l'y avaient amené. Quelqu'un d'étranger aux expédients et aux inventions de la vie sauvage, n'aurait pas soupçonné la promptitude d'imagination, la prudence d'action, la résolution énergique, les nobles impulsions, le profond dévouement personnel et l'abnégation totale de soi-même quand le cœur se trouvait en jeu, qui étaient cachés sous les regards réservés, l'œil doux, et les sourires rayonnants de la jeune beauté indienne. Comme elle s'avançait vers eux, le vieux guerrier la regarda avec plaisir; car c'était avec un secret orgueil qu'ils espéraient tous greffer une belle branche sur le tronc de leur propre nation; en effet, l'adoption est d'un usage aussi régulier et aussi distinctement reconnu parmi les tribus d'Amérique, qu'elle l'a jamais été parmi les nations qui se soumettent à l'autorité de la loi civile.

Aussitôt que Hist eut pris place à côté de Hetty, le vieux chef l'invita à demander à la belle et jeune Face-Pâle ce qui l'avait amenée au milieu des Iroquois, et en quoi ils pouvaient la servir.

— Dites-leur, Hist, qui je suis, — la plus jeune fille de Thomas Hutter, le plus âgé de leurs prisonniers; de celui qui possède le château et l'arche, et qui a le plus de droits à passer pour le propriétaire de ces collines et de ce lac, puisqu'il a vécu si longtemps, chassé si longtemps et pêché si longtemps dans ces lieux. Ils sauront qui vous voulez désigner par le nom de Thomas Hutter, si vous leur parlez ainsi. Et puis, dites-leur que je suis venue ici pour les convaincre qu'ils ne doivent faire aucun mal à mon père ni à Hurry, mais les laisser partir en paix, et les traiter en frères plutôt qu'en ennemis. Dites-leur tout cela franchement, Hist, et ne craignez rien ni pour vous ni pour moi; Dieu nous protégera.

Wah-ta!-Wah fit tout ce que sa compagne désirait, en ayant soin de rendre les paroles de son amie aussi littéralement que possible dans la langue iroquoise, qu'elle parlait avec presque autant de facilité que la sienne. Les chefs entendirent ces explications préliminaires avec un grave décorum; et les deux personnages qui connaissaient un peu l'anglais témoignèrent, par des regards furtifs, mais significatifs, qu'ils étaient satisfaits de l'interprète.

— Et maintenant, Hist, continua Hetty aussitôt qu'on lui eut fait savoir qu'elle pouvait reprendre la parole; et maintenant, Hist, je désire que vous rapportiez, mot à mot, à ces hommes rouges ce que je vais vous dire. Dites-leur d'abord que mon père et Hurry sont venus ici dans l'intention de prendre autant de chevelures qu'ils le pourraient; car le méchant gouverneur et la province ont mis les chevelures à prix; chevelures de guerriers ou de femmes, d'hommes ou d'enfants, indistinctement, et que la soif de l'or était trop vive dans leurs cœurs pour qu'ils y résistassent. Dites-leur ceci, chère Hist, absolument comme vous venez de l'entendre de ma bouche, mot à mot.

Wah-ta!-Wah hésita à traduire ce discours aussi littéralement que son amie le lui demandait; mais s'apercevant de l'intelligence de ceux qui comprenaient l'anglais, et redoutant même qu'ils n'eussent une connaissance plus étendue de cette langue que celle qu'ils en possédaient réellement, elle se vit forcée d'obéir. Contre tout ce qu'aurait pu supposer un homme civilisé, l'exposition des motifs et des intentions de leurs prisonniers ne produisit aucun effet sensible sur les traits et les sentiments des membres de l'assemblée. Ils regardèrent probablement cette conduite comme méritoire, et ils ne se sentirent pas disposés à blâmer chez les autres ce que chacun d'eux n'aurait pas hésité à faire lui-même.

— Maintenant, Hist, reprit Hetty dès qu'elle s'aperçut que ses premières explications avaient été comprises par les chefs, vous pouvez leur apprendre quelque chose de plus. Ils savent que mon père et Hurry n'ont pas réussi, et par conséquent ils ne peuvent avoir aucun sujet de ressentiment contre eux, puisque aucun mal n'a résulté de leur projet. S'ils avaient massacré leurs femmes et leurs enfants, ce serait différent; et je ne suis pas éloignée de croire que ce que je vais leur dire aurait eu plus de poids si quelque offense avait été commise. Mais demandez-leur en premier lieu, Hist, s'ils savent qu'il existe un Dieu qui règne sur toute la terre, et qui est le chef souverain de tous ceux qui vivent, qu'ils soient rouges, blancs, ou de toute autre couleur?

Wah-ta!-Wah parut un peu surprise de cette question; car la pensée du Grand-Esprit est rarement longtemps absente de l'esprit d'une fille indienne. Cependant, elle fit cette question aussi littéralement que possible, et elle reçut une réponse affirmative, faite d'un ton grave et solennel.

— C'est bien, continua Hetty, et ma tâche sera maintenant facile. Ce Grand-Esprit, ainsi que vous appelez notre Dieu, a voulu qu'il fût écrit un livre que nous nommons la Bible; dans ce livre ont été tracés tous ses commandements, sa volonté sainte et son bon plaisir, ainsi que les principes auxquels les hommes doivent conformer leur conduite, et les moyens de gouverner les pensées elles-mêmes, les désirs et la volonté. Voici ce livre saint, et il faut que vous disiez aux chefs que je vais leur lire quelques passages de ses pages sacrées.

En finissant, Hetty déroula révérencieusement une petite Bible anglaise enveloppée dans un morceau de gros calicot, et elle ouvrit le volume avec cette sorte de respect extérieur qu'un catholique romain serait enclin à montrer pour une relique. Pendant qu'elle était ainsi occupée, les farouches guerriers épiaient tous ses mouvements avec un puissant intérêt, et un ou deux laissèrent échapper une légère expression de surprise à la vue du petit volume. Mais Hetty l'offrit en triomphe à leurs regards, comme si elle eût espéré que cette vue produirait un miracle visible; puis, sans montrer ni surprise ni mortification en voyant le stoïcisme des Indiens, elle se tourna avec empressement vers sa nouvelle amie, afin de reprendre son discours.

— Voici le volume sacré, Hist, dit-elle; et ces paroles, ces lignes, ces versets, ces chapitres, tout cela est venu de Dieu!

— Pourquoi le Grand-Esprit pas envoyer livre à Indien aussi? demanda Hist avec la franchise d'un esprit tout à fait dans l'état de nature.

— Pourquoi? répondit Hetty, un peu troublée par une question aussi inattendue. Pourquoi? Ah! vous savez que les Indiens ne savent pas lire.

Si Hist ne fut pas satisfaite de cette explication, toujours est-il qu'elle ne crut pas le cas assez important pour insister. Elle s'inclina en signe d'humble acquiescement à la vérité de ce qu'elle venait d'entendre, et elle resta patiemment assise en attendant les nouveaux arguments de la jeune enthousiaste.

— Vous pouvez dire à ces chefs que dans tout le contenu de ce livre, il est ordonné aux hommes de pardonner à leurs ennemis, de les traiter en frères, et de ne jamais faire de mal à leurs semblables, et surtout par esprit de vengeance ou par aucune passion blâmable. Pensez-vous que vous puissiez dire cela de manière à ce qu'ils le comprennent, Hist?

— Dire assez bien; mais eux pas comprendre aisément.

Hist traduisit alors de son mieux les idées de Hetty aux Indiens attentifs, qui entendirent ses paroles avec la surprise que pourrait manifester un Américain de nos jours si l'on prétendait en sa présence que le grand mais inconstant moteur des choses humaines, l'opinion publique, peut se tromper. Néanmoins, un ou deux d'entre eux qui s'étaient trouvés avec des missionnaires, ayant donné quelques mots d'explication, le groupe accorda toute son attention aux communications qui devaient suivre. Avant de continuer, Hetty demanda à Hist avec empressement si les chefs l'avaient comprise; et ayant reçu une reponse évasive, il lui fallut bien s'en contenter.

— Je lirai maintenant aux guerriers quelques-uns des versets qu'il est bon pour eux de connaître, continua la jeune fille, dont les manières devinrent plus solennelles et plus impressives à mesure qu'elle avançait; et ils se rappelleront que ce sont les propres expressions du Grand-Esprit. D'abord, il vous est ordonné d'*aimer votre prochain comme vous-même*. Dites-leur cela, chère Hist.

— Prochain pour Indien, point Face-Pâle, répondit la Delaware avec plus de détermination qu'elle n'avait jusqu'alors jugé nécessaire d'en montrer. Prochain signifie Iroquois pour Iroquois, Mohican pour Mohican, Face-Pâle pour Face-Pâle. Pas besoin dire aux chefs autre chose.

— Vous oubliez, Hist, que ce sont les paroles du Grand-Esprit, et que les chefs doivent y obéir aussi bien que d'autres. Voici un autre commandement : *Si l'on vous frappe sur la joue droite, présentez la gauche.*

— Quoi signifie cela? demanda Hist avec la rapidité de l'éclair.

Hetty expliqua qu'il était ordonné par là de ne pas ressentir les injures, mais plutôt de se soumettre à en recevoir de nouvelles de la part de l'offenseur.

— Écoutez encore ceci, Hist, ajouta-t-elle : *Aimez vos ennemis, bénissez ceux qui vous maudissent, faites du bien à ceux qui vous haïssent, et priez pour ceux qui vous traitent avec mépris et vous persécutent.*

En ce moment Hetty était exaltée; ses yeux brillaient de toute la vivacité de ses sentiments, ses joues s'animaient, et sa voix, habituellement si faible et si modulée, devint plus forte et plus imposante. Sa mère lui avait de bonne heure fait lire la Bible; et en ce moment, elle allait d'un passage à l'autre avec une vitesse étonnante, en ayant soin de choisir les versets qui enseignaient les sublimes leçons de pardon des offenses et de la charité chrétienne. Il eût été impossible à Wah-ta!-Wah, quand bien même elle l'eût essayé, de traduire la moitié de ce que disait son amie dans sa pieuse sollicitude; la surprise la rendait muette, aussi bien que les chefs; et la jeune enthousiaste, faible d'esprit, avait complétement épuisé ses efforts, avant que l'autre eût ouvert de nouveau la bouche pour prononcer une syllabe. Cependant la Delaware donna une brève traduction de la substance des choses dites et lues, en se bornant à un ou deux versets les plus saillants, à ceux qui avaient frappé sa propre imagination comme étant des paradoxes, et qui certes eussent été les plus applicables à la circonstance, si les esprits sans culture de l'assemblée eussent été à même de saisir les grandes vérités morales qui s'y trouvaient enseignées.

Il sera à peine nécessaire de parler au lecteur de l'effet que devait produire l'énoncé de devoirs aussi nouveaux sur un groupe de guerriers indiens, chez lesquels on regardait comme une sorte de principe religieux, de ne jamais oublier un bienfait ni pardonner une injure.

Heureusement les explications précédentes de Hetty avaient préparé les esprits des Hurons à quelque chose d'extravagant, et la plus grande partie de ce qui leur sembla contradictoire et paradoxal fut attribuée à la situation d'esprit de celle qui parlait, et qui, par son organisation, différait de la généralité de l'espèce humaine. Cependant un ou deux vieillards qui avaient entendu de semblables doctrines prêchées par les missionnaires eurent le désir de passer un moment d'oisiveté à continuer un récit qu'ils trouvaient si curieux.

— Est-ce là le Bon Livre des Faces-Pâles? demanda un de ces chefs en prenant le volume des mains de Hetty, qui contempla ses traits avec anxiété pendant qu'il en tournait les pages, comme si elle eût attendu quelque résultat positif de cette circonstance. — Est-ce là la loi que mes frères blancs font profession d'observer?

Hist, à qui cette question était adressée, si toutefois elle avait l'air d'être adressée à quelqu'un en particulier, fit une simple réponse affirmative, ajoutant que les Français du Canada, aussi bien que les Yankees des provinces anglaises, admettaient son autorité, et professaient d'en révérer les principes.

— Dites à ma jeune sœur, ajouta le Huron en tournant ses regards sur Hist, que j'ouvrirai la bouche pour dire quelques mots.

— Le chef iroquois va parler, mon amie Face-Pâle; écoutez, dit Hist.

— Je m'en réjouis! s'écria Hetty. Dieu a touché son cœur, et maintenant il laissera partir mon père et Hurry!

— Voici la loi des Faces-Pâles, reprit le chef : elle leur dit de faire du bien à ceux qui les blessent; et, quand son frère lui demande son mousquet, de lui donner aussi sa poire à poudre. Telle est la loi des Faces-Pâles?

— Non pas, non pas, répondit vivement Hetty lorsque ces paroles eurent été interprétées; il n'est pas question de mousquets dans tout ce livre; la poudre et les balles offensent le Grand-Esprit.

— Pourquoi donc les Faces-Pâles s'en servent-ils? S'il est enjoint de donner le double à celui qui demande quelque chose, pourquoi prennent-ils le double aux pauvres Indiens qui ne demandent rien? Ils viennent d'au-delà du soleil levant avec leur livre à la main, et ils apprennent à l'homme rouge à le lire. Mais pourquoi oublient-ils eux-mêmes tout ce que dit ce livre? Quand l'Indien donne, l'homme blanc n'est jamais satisfait; et maintenant il offre de l'or pour les chevelures de nos femmes et de nos enfants, quoiqu'ils nous appellent des bêtes sauvages si nous prenons la chevelure d'un guerrier tué en guerre ouverte. Mon nom est Rivenoak.

Quand elle eut l'esprit bien pénétré de cette formidable question, traduite par Hist avec plus de zèle cette fois qu'elle n'en avait montré jusqu'alors, Hetty, on le comprendra sans peine, se trouva dans une douloureuse perplexité. Des esprits plus sains que celui de cette pauvre fille ont souvent été embarrassés par des questions du même genre ; et il n'est pas étonnant que, malgré toute sa bonne volonté et sa sincérité, elle ne sût que répondre.

— Que leur dirai-je, Hist? demanda-t-elle d'un ton suppliant; je sais que tout ce que j'ai lu dans ce livre est vrai; et pourtant, on croirait le contraire d'après la conduite de ceux auxquels ce livre a été donné.

— Donnez-leur raison de Face-Pâle, répliqua Hist ironiquement, toujours bonne pour un côté, quoique mauvaise pour l'autre.

— Non, non, Hist; il ne peut y avoir deux côtés à la vérité, et cependant cela semble étrange! Je suis sûre d'avoir lu les versets correctement, et personne ne voudrait être assez méchant pour dire que la parole de Dieu a tort. Cela ne peut jamais être, Hist.

— Eh bien, pour pauvre fille indienne, il semble que toute chose peut être avec Faces-Pâles. Une fois ils disent blanc, et une autre ils disent noir. Pourquoi donc, ne peut jamais être?

Hetty fut de plus en plus embarrassée, et à la fin, accablée par la crainte d'avoir échoué dans ses desseins, et d'avoir compromis l'existence de son père et celle de Hurry par quelque méprise, elle fondit en larmes. Depuis ce moment, les manières de Hist perdirent toute leur ironie et leur froide indifférence, et elle redevint l'amie tendre et caressante. Elle serra dans ses bras la jeune fille affligée, et elle s'efforça de calmer sa douleur en y sympathisant, remède presque toujours infaillible.

— Pas pleurer, dit-elle en essuyant les larmes qui coulaient sur le visage de Hetty, ainsi qu'elle l'eût fait avec un enfant, en s'arrêtant de temps en temps pour la presser tendrement sur son sein avec l'affection d'une sœur; pourquoi vous si troublée? Vous pas fait le livre, s'il a tort; et vous pas fait Face-Pâle, s'il est méchant. Il y a méchants hommes rouges, et méchants hommes blancs; aucune couleur toute bonne, aucune couleur toute méchante. Les chefs savent cela.

Hetty se remit bientôt de ce soudain accès de chagrin, et alors son esprit se reporta au but de sa visite avec toute son ardeur naturelle. A la vue des chefs à figure sévère qui continuaient à se tenir debout autour d'elle avec une grave attention, elle espéra qu'un nouvel effort pour les convaincre de la vérité pourrait réussir.

— Ecoutez, Hist, dit-elle en s'efforçant de réprimer ses sanglots et de parler distinctement; dites aux chefs que ce que font les méchants importe peu ; ce qui est juste est juste, les paroles du Grand-Esprit sont les paroles du Grand-Esprit, et aucun homme ne peut se soustraire au châtiment, s'il fait une mauvaise action, parce qu'un autre a fait de même avant lui! *Rendez le bien pour le mal*, dit le livre, et c'est une loi pour l'homme rouge aussi bien que pour l'homme blanc.

— Jamais entendu pareille loi parmi les Delawares ou les Iroquois, répondit Hist en cherchant à la consoler. Bon à rien de dire aux chefs loi comme celle-là! Dites-leur quelque chose qu'ils croient.

Hist allait néanmoins continuer, lorsque sentant le doigt d'un des plus vieux chefs lui toucher l'épaule, elle leva les yeux. Elle s'aperçut alors que l'un des guerriers avait quitté le groupe, et qu'il y revenait déjà avec Hutter et Hurry. Elle comprit qu'ils allaient être tous deux interrogés à leur tour, et elle garda le silence avec la prompte obéissance d'une Indienne. Au bout de quelques secondes, les prisonniers se trouvèrent face à face avec les chefs.

— Ma fille, dit le vieux chef à la jeune Delaware, demandez à cette barbe grise pourquoi il est venu dans notre camp.

La question fut adressée par Hist en son mauvais anglais, mais d'une manière intelligible. Hutter était d'un caractère trop austère et trop opiniâtre pour redouter les conséquences d'aucune de ses actions, et il connaissait aussi trop bien la manière d'être des sauvages, pour ne pas comprendre qu'il n'y avait rien à gagner en prenant des détours et en tremblant devant leur courroux. Il avoua donc, sans hésiter, dans quel but il avait débarqué, en alléguant, pour toute justification, que le gouvernement de la province avait promis une forte prime pour chaque chevelure. Cet aveu sincère fut reçu par les Iroquois avec une satisfaction évidente, mais non pas tant à cause de l'avantage qu'il leur donnait, sous un point de vue moral, que parce qu'il leur prouvait qu'ils s'étaient emparés d'un homme digne d'occuper leurs pensées et de devenir un objet de vengeance. Interrogé à son tour, Hurry confessa la vérité, bien qu'il eût été plus disposé que son austère compagnon à user de subterfuges, si les circonstances le lui avaient permis. Il eut cependant assez de tact pour s'apercevoir que l'équivoque serait inutile en ce moment, et il fit de nécessité vertu, en imitant une franchise qui, chez Hutter, était le résultat d'un caractère insouciant, et toujours hardi et indomptable quand il s'agissait de dangers personnels.

Aussitôt qu'on eut répondu à leurs questions, les chefs s'éloignèrent silencieusement, en hommes qui regardaient cette affaire comme terminée; car tous les dogmes de Hetty étaient sans effet sur des êtres habitués à la violence depuis l'enfance jusqu'à l'âge mûr. Hetty et Hist furent alors laissées seules avec Hutter et Hurry, sans qu'on semblât vouloir gêner les mouvements d'aucun d'eux, quoiqu'ils fussent réellement placés tous quatre sous une surveillance active et continuelle. Quant aux hommes, on avait soin de les empêcher de s'emparer d'aucun des mousquets épars çà et là, y compris les leurs; et là se bornait toute manifestation apparente de violence. Mais avec l'expérience qu'ils avaient des coutumes indiennes, ils savaient trop bien à quel point les apparences étaient éloignées de la réalité pour être dupes de cet air de négligence. Ils pensaient continuellement tous deux au moyen de s'échapper, et cela sans se concerter; mais ils étaient convaincus de l'inutilité de toute tentative de ce genre qui ne serait pas mûrement réfléchie et promptement exécutée. Ils étaient depuis assez de temps dans le camp, et ils avaient l'esprit assez observateur pour savoir, à n'en pas douter, que Hist était aussi en quelque sorte prisonnière; et ce fut dans cette conviction que Hutter s'exprima en sa présence plus librement qu'il n'eût jugé prudent de le faire en toute autre circonstance, et son exemple porta Hurry à ne pas être plus réservé.

— Je ne vous blâmerai pas, Hetty, d'être venue pour accomplir une entreprise dont le motif est louable, si le plan n'en est pas très-sagement conçu, dit le père en s'asseyant à côté de sa fille et en lui prenant la main, marque d'affection que cet être endurci n'avait l'habitude d'accorder qu'à Judith. — Mais les sermons et la Bible ne sont pas ce qu'il faut pour faire sortir un Indien de ses habitudes. Deerslayer a-t-il envoyé quelque message, ou bien a-t-il inventé quelque ruse à l'aide de laquelle il pense pouvoir nous délivrer?

— Oui, voilà la question en deux mots, ajouta Hurry; si vous pouvez nous aider à nous éloigner d'un demi-mille, ou même à prendre une bonne avance d'un petit quart de mille, je réponds du reste. Peut-être le vieux aura-t-il besoin de quelque chose de plus; mais pour un homme de ma taille et de mon âge, cela répondra à toute objection.

Hetty promena de l'un à l'autre ses regards affligés, mais elle n'avait aucune réponse à faire à la question de l'insouciant Hurry.

— Mon père, dit-elle, ni Deerslayer ni Judith ne savaient que je dusse venir, avant que j'eusse quitté l'arche. Ils craignent que les Iroquois ne fassent un radeau pour essayer d'arriver à la hutte, et ils pensent plus à la défendre qu'à venir vous aider.

— Non, non, non, dit Hist avec vivacité, quoique à voix basse, et le visage penché vers la terre, afin d'éviter que ceux qu'elle savait occupés à les surveiller ne s'aperçussent qu'elle parlait. — Non, non, non, Deerslayer, homme différent. Lui pas songer à défendre lui-même, ayant un ami en danger. Secourir l'un l'autre, et tous arriver à la hutte.

— Cela sonne bien, vieux Tom, dit Hurry en clignant de l'œil et en riant, quoiqu'il prit aussi la précaution de parler bas. — Donnez-moi pour amie une squaw ayant l'esprit vif, et si je ne défiais pas tout à fait un Iroquois, je crois que je défierais le diable.

— Pas parler haut, dit Hist ; quelques Iroquois connaître langue yankee, et tous avoir oreilles yankees.

— Avons-nous une amie en vous, jeune femme? demanda Hutter, prenant un plus vif intérêt à la conversation. S'il en est ainsi, vous pouvez compter sur une bonne récompense; et rien ne sera plus aisé que de vous renvoyer dans votre propre tribu, si nous pouvons seulement vous faire arriver avec nous jusqu'au château. Avec l'arche et les felouques nous pouvons être maîtres du lac, en dépit de tous les sauvages du Canada; et l'artillerie seule pourrait nous chasser du château si nous parvenions à y rentrer.

— Suppose eux venir à terre pour prendre chevelures? répliqua Hist avec une froide ironie, que la jeune fille semblait manier mieux que cela n'est ordinaire à son sexe.

— Oui, oui, c'était une erreur; mais les lamentations ne servent pas à grand'chose, jeune femme, et les sarcasmes encore moins.

— Mon père, dit Hetty, Judith songe à forcer la grande caisse, dans l'espoir d'y trouver de quoi racheter votre liberté des sauvages.

La physionomie de Hutter devint plus sombre à ces paroles, et son mécontentement fut exprimé en murmures inintelligibles pour ceux qui étaient présents.

— Pourquoi pas briser caisse? ajouta Hist. — Existence plus douce que vieille caisse, — chevelures plus précieuses que vieille caisse. — Si dites pas à fille de l'ouvrir, Wah-ta!-Wah pas l'aider à se sauver.

— Vous ne savez ce que vous demandez. — Vous n'êtes que de sottes filles, et ce que vous avez de mieux à faire toutes deux, c'est de parler de ce que vous comprenez, et non d'autre chose. Je n'aime pas beaucoup cette froide négligence des sauvages, Hurry; c'est une preuve qu'ils pensent à quelque chose de sérieux, et si nous devons prendre un parti, il faut que ce soit promptement. Croyez-vous que nous puissions compter sur cette jeune femme?

— Ecoutez, dit Hist avec une vivacité et une gravité qui prouvaient à quel point ses sentiments étaient excités, Wah-ta!-Wah non Iroquoise, — tout entière Delaware, — a un cœur delaware, — sentiments delawares. Elle prisonnière aussi. Un prisonnier aide l'autre. Pas bon de causer davantage maintenant. Fille rester avec père, — Wah-ta!-Wah venir et voir amie, — tout avoir l'air bien, — alors dire à lui quoi faire.

Ceci fut dit à voix basse, mais distinctement, et de manière à faire impression. Aussitôt qu'elle eut prononcé ces paroles, la jeune fille se leva et quitta le groupe, en se dirigeant tranquillement du côté de la hutte qu'elle occupait, comme si ce qui pouvait se passer entre les trois Faces-Pâles ne l'intéressait plus.

CHAPITRE XII.

> Souvent elle parle de son père, prétend avoir entendu dire que dans le monde on a recours à la ruse; tousse et se bat la poitrine; parle avec mépris de bagatelles qu'elle envie, et dit d'un ton douteux des choses qui n'ont qu'un demi-sens. Ses discours ne sont rien, et pourtant ils éveillent l'attention de ceux qui les entendent sans défiance.
>
> SHAKSPEARE.

Nous avons laissé ceux qui occupaient l'arche et le château plongés dans le sommeil. A la vérité, une ou deux fois pendant la nuit, Deerslayer et le Delaware se levèrent pour s'assurer de la tranquillité du lac; puis, après avoir vu que tout était en sûreté, ils retournèrent à leurs grabats, sur lesquels ils dormirent en hommes qui n'étaient pas aisément sevrés de leur repos naturel. A la première lueur de l'aurore, Deerslayer se leva et fit ses arrangements pour la journée; quant à son compagnon, qui depuis quelque temps avait passé des nuits pleines d'inquiétude et d'agitation, il resta couché jusqu'au grand jour. Judith aussi fut moins matinale qu'à l'ordinaire ce jour-là, car elle n'avait goûté que peu de repos et de sommeil durant les premières heures de la nuit. Mais avant que le soleil se fût montré au-dessus des collines de l'est, tous furent debout; car, dans ces régions, ceux mêmes qui se lèvent tard restent rarement sur leur couche après l'apparition du grand luminaire.

Chingachgook était occupé à faire sa toilette des bois, quand Deerslayer entra dans la cabine de l'arche et lui jeta quelques vêtements d'été grossiers, mais légers, qui appartenaient à Hutter.

— Judith me les a donnés pour votre usage, chef, dit-il en jetant la jaquette et le pantalon aux pieds de l'Indien; car il serait de la dernière imprudence de vous laisser voir peint en guerre et sous cet accoutrement. Effacez de vos joues ces lignes menaçantes, et mettez ces vêtements. Voici un chapeau, et tel qu'il est, il vous donnera un air effrayant de civilisation incivilisée, comme disent les missionnaires. Souvenez-vous que Hist est près d'ici, et que nous devons nous occuper de cette jeune fille, en même temps que des autres. Je sais qu'il est contre vos dons et votre nature de porter des habits qui ne sont ni taillés ni portés à la manière des hommes rouges; mais faites de nécessité vertu, et revêtez-les sur-le-champ, quand bien même cela vous dépiterait un peu.

Chingachgook, ou le Serpent, examina les vêtements avec un dégoût prononcé; mais il comprit l'utilité, sinon l'absolue nécessité de ce déguisement. Si en effet les Iroquois venaient à découvrir un homme rouge dans le château ou dans les environs, cela pourrait augmenter leur défiance et faire tomber leurs soupçons sur leur prisonnière. Tout était préférable à un manque de succès en ce qui touchait sa fiancée. Après avoir tourné et retourné les différentes pièces d'habillement, et les avoir examinées avec une sorte de grave ironie, en affectant de les mettre maladroitement, et en manifestant toute la répugnance qu'éprouve un jeune sauvage à emprisonner ses membres dans les inventions de la vie civilisée, le chef finit par se soumettre aux instructions de son compagnon : extérieurement, il ne resta plus de l'homme rouge que la couleur seule. Néanmoins, cette circonstance devait inspirer peu de crainte; car à la distance du rivage, et sans le secours d'une longue-vue, il était impossible de faire un minutieux examen; et Deerslayer lui-même, bien que d'un teint plus frais et plus clair, avait le visage tellement brûlé par le soleil, qu'il était d'une nuance presque aussi foncée que celui de son compagnon mohican. La gaucherie du Delaware sous son nouveau costume fit sourire plus d'une fois son ami pendant cette journée; mais celui-ci s'abstint scrupuleusement de se livrer à ces sortes de plaisanteries que des blancs auraient prodiguées en pareille occasion. Une aussi grande légèreté eût terriblement contrasté avec les habitudes d'un chef, la dignité d'un guerrier au début de sa carrière, et la gravité des circonstances dans lesquelles ils se trouvaient.

Les trois insulaires, si nous pouvons nous servir de cette expression, furent silencieux, graves et préoccupés pendant le repas du matin. Les traits de Judith annonçaient qu'elle avait passé une nuit agitée, tandis que les deux hommes songeaient aux événements impossibles à prévoir qu'ils avaient en perspective. Deerslayer et la jeune fille échangèrent quelques mots de politesse durant le déjeuner, mais sans parler en rien de leur situation. Enfin Judith, que les angoisses de son cœur, ainsi que le sentiment nouveau qui s'y était glissé, disposaient à des pensées plus douces et plus tendres, entama la conversation de manière à montrer à quel point le sujet dont elle voulait parler avait occupé son esprit pendant une nuit passée sans dormir.

— Il serait terrible, Deerslayer, s'écria-t-elle tout à coup, qu'il arrivât quelque chose de sérieux à mon père et à Hetty ! Nous ne pouvons rester tranquillement ici, et les laisser entre les mains des Iroquois, sans aviser à quelque moyen de les secourir.

— Je suis prêt à les servir, Judith, eux et tous ceux qui sont dans l'embarras, si l'on peut me dire comment je dois m'y prendre. Ce n'est pas une bagatelle que de tomber au pouvoir des Peaux-Rouges, quand on a des projets tels que ceux qui ont fait débarquer Hutter et Hurry ; je sais cela aussi bien qu'un autre. Je ne souhaiterais pas à mon plus cruel ennemi de se trouver dans une pareille passe, à plus forte raison à ceux avec qui j'ai voyagé, mangé et dormi. Avez-vous quelque plan dont vous voudriez nous voir, le Serpent et moi, tenter l'exécution ?

— Je ne vois pas d'autre moyen de délivrer les prisonniers que de gagner les Iroquois. Ils ne savent pas résister aux présents, et nous pourrions peut-être leur offrir assez pour leur persuader qu'il leur serait plus avantageux d'emporter ce qui serait pour eux des objets précieux, que d'emmener de pauvres prisonniers, si toutefois ils avaient l'intention de les emmener !

— Ce plan est assez bon, Judith ; oui, il est assez bon, si l'on peut gagner l'ennemi, et si nous trouvons de quoi le tenter. L'habitation de votre père est commode, et a été construite de la manière la plus adroite ; mais elle n'a pas l'air de regorger de l'espèce de richesses qui conviendraient pour fournir sa rançon. Il y a cette carabine qu'il nomme *Killdeer*[1], qui pourrait compter pour quelque

---

1. Tue-Daim.

chose. Il y a aussi un baril de poudre, à ce que j'ai appris, et il aurait certainement quelque poids ; mais pourtant, deux hommes ne peuvent être rachetés pour une bagatelle. En outre...

— En outre, quoi ? demanda Judith avec impatience, remarquant qu'il hésitait à continuer, probablement dans la crainte de l'affliger.

— Eh bien ! Judith, du côté des Français aussi bien que du nôtre, on offre des récompenses, et le prix de deux chevelures suffirait pour acheter un baril de poudre et une carabine, pas tout à fait aussi bonne peut-être que Tue-Daim, que votre père vante comme une arme extraordinaire et sans égale ; mais ils auraient de belle poudre et une carabine assez sûre. Et puis les hommes rouges ne sont pas des plus experts en fait d'armes à feu, et ils ne savent pas toujours distinguer ce qui est réel de ce qui n'en a que l'apparence.

— Cela est horrible ! murmura la jeune fille, frappée de la manière simple dont son compagnon avait coutume de présenter les faits. Mais vous oubliez mes ajustements, Deerslayer ; et ils auraient, je crois, une grande valeur aux yeux des femmes des Iroquois.

— Oui, sans doute ; oui, sans doute, Judith, reprit-il en jetant sur elle des regards perçants, comme pour s'assurer si elle serait réellement capable de faire un pareil sacrifice. — Mais êtes-vous sûre que vous aurez le courage de vous priver de vos ajustements pour un tel motif ? Bien des hommes se sont imaginé qu'ils étaient braves avant de voir le danger en face ; j'en ai connu d'autres qui se croyaient généreux, et prêts à donner ce qu'ils possédaient aux pauvres, après avoir écouté des récits d'infortunes ; mais leurs mains se fermaient comme du bois fendu, quand il fallait tout de bon en venir à donner. En outre, Judith, vous êtes belle, on pourrait même dire sans mensonge que vous êtes d'une beauté peu commune, et quand on possède la beauté, on aime à avoir ce qui lui sert de parure. Êtes-vous sûre que vous auriez le courage de vous priver de vos ajustements ?

L'allusion consolante, faite aux charmes de la jeune fillle, arriva à propos pour contre-balancer l'effet produit par le doute que le jeune chasseur avait exprimé au sujet du dévouement de Judith à son devoir filial. Si un autre en avait dit autant que Deerslayer, très-probablement le compliment eût été oublié dans l'indignation que ce doute avait excitée ; mais cette rude franchise, qui si souvent exposait à nu les pensées du simple chasseur, avait de l'attrait pour la jeune fille : aussi, malgré sa rougeur et le feu passager de ses yeux, elle n'eut pas la force d'éprouver un courroux réel contre un homme dont l'âme semblait pleine de candeur et de bonté mâle. Ses regards exprimèrent le reproche; mais elle sut maîtriser l'envie qu'elle avait de répliquer, et elle répondit d'un ton doux et amical :

— Vous réservez assurément toute votre bonne opinion pour les filles delawares, Deerslayer, si telle est sérieusement celle que vous avez des filles de votre propre couleur, dit-elle en affectant de rire; mais mettez-moi à l'épreuve, et si vous voyez que je regrette rubans ou plumes, soie ou mousseline, alors libre à vous de juger mon cœur comme vous l'entendrez, et de dire ce que vous pensez.

— C'est juste! Un homme juste est ce qu'il y a de plus rare à trouver sur la terre. C'est ce que dit Tamenund, le plus sage prophète des Delawares, et c'est ce que doivent penser tous ceux qui ont occasion de voir, de parler et d'agir au milieu de l'espèce humaine. J'aime un homme juste, Serpent : lorsqu'il regarde ses ennemis, ses yeux ne sont jamais couverts de ténèbres, et ils sont toute splendeur, tout éclat, quand il les tourne vers ses amis. Il se sert de la raison que Dieu lui a donnée, et il s'en sert avec la pensée qu'il lui est ordonné de voir les choses telles qu'elles sont, et non pas telles qu'il voudrait les voir. Il est assez facile de trouver des hommes qui se vantent d'être justes, mais il est prodigieusement rare d'en trouver qui le soient réellement. Combien de fois ai-je vu des Indiens qui croyaient s'occuper d'une chose agréable au Grand-Esprit, tandis qu'en réalité ils s'efforçaient seulement de satisfaire leurs penchants et leur volonté, et cela sans être la moitié du temps plus à même de découvrir la tentation de mal faire, que nous ne le sommes de voir la source qui coule dans la vallée voisine à travers cette montagne qui s'élève là-bas, quoiqu'en y regardant bien on eût pu l'apercevoir aussi clairement que nous pouvons voir les perches qui nagent autour de cette hutte!

— Cela est très-vrai, Deerslayer, répliqua Judith, du front de laquelle un sourire rayonnant effaça la moindre trace de déplaisir; — oui, cela est très-vrai, et j'espère vous voir agir avec cet amour pour la justice en tout ce qui me touchera. J'espère surtout que vous jugerez par vous-même, et que vous ne croirez pas toutes les méchantes histoires que pourra raconter un babillard oisif tel que Hurry Harry, dans le but de nuire à la bonne réputation de toute jeune femme qui s'aviserait de ne pas avoir la même opinion que lui-même des avantages extérieurs de ce jeune fanfaron.

— Les idées de Hurry Harry ne sont pas pour moi l'Evangile

Judith, répondit Deerslayer ; mais des hommes valant encore moins que lui peuvent avoir des yeux et des oreilles.

— Assez! s'écria Judith, l'œil étincelant et le front couvert de rougeur ; occupons-nous plutôt de mon père et de sa rançon. Vous avez raison, Deerslayer, il n'est pas probable que les Indiens veuillent laisser aller leurs prisonniers si on ne leur offre pas quelque chose de plus précieux que mes ajustements et la carabine et la poudre de mon père. Mais il y a la grande caisse.

— Oui, il y a la caisse, comme vous dites, Judith ; et s'il fallait choisir entre garder un secret où une chevelure, la plupart des hommes préféreraient garder la dernière. Votre père vous a-t-il jamais donné des ordres formels concernant cette caisse?

— Jamais ; il a toujours pensé que ses serrures, ses coins en acier et sa solidité en étaient la plus sûre protection.

— C'est une caisse d'une forme tout à fait rare et curieuse, répliqua Deerslayer en se levant et en s'approchant de l'objet en question, sur lequel il s'assit pour l'examiner plus à son aise. — Chingachgook, ce bois ne vient d'aucune des forêts que vous ou moi nous ayons jamais parcourues! Ce n'est pas du noyer noir, et pourtant ce bois serait tout aussi beau, et peut-être encore plus, s'il n'eût été exposé à la fumée et s'il n'eût souffert des chocs un peu rudes.

Le Delaware s'avança, toucha le bois, en examina les veines, essaya d'y tracer des raies avec un clou, et passa la main avec curiosité sur les coins en acier, les lourds cadenas et les autres parties, toutes nouvelles pour lui, de la caisse massive.

— Non, rien de semblable ne croît dans ces contrées, reprit Deerslayer ; j'ai vu toutes les espèces de chêne, les deux espèces d'érable, les ormes, les noyers, et tous les arbres ayant de la dureté et de la couleur, travaillés d'une manière ou d'une autre ; mais je n'ai jamais vu de bois comme celui-ci. Judith, la caisse à elle seule paierait la rançon de votre père ; ou bien la curiosité de l'Iroquois n'est pas aussi grande que celle d'une Peau-Rouge en général, et surtout en fait de bois.

— On pourrait racheter leur liberté à meilleur marché peut-être, Deerslayer. Le coffre est plein, et il vaudrait mieux se défaire de la moitié que du tout. D'ailleurs mon père, je ne sais pourquoi, attache un grand prix à cette caisse.

— Il semblerait en attacher davantage au contenu qu'au contenant, à en juger d'après la manière dont l'extérieur a été traité, et dont l'intérieur est défendu. Voici trois serrures, Judith ; n'y a-t-il pas de clefs?

— Je n'en ai jamais vu une seule; et pourtant il doit y en avoir, car Hetty nous a dit qu'elle avait souvent vu cette caisse ouverte.

— Des clefs ne se trouvent pas plus dans l'air ou ne flottent pas plus sur l'eau que des êtres humains, Judith; s'il y a une clef, il doit y avoir une place où on la met.

— C'est vrai, et peut-être ne serait-il pas difficile de la trouver si nous osions la chercher.

— Cela vous regarde, Judith, et ne regarde que vous seule : la caisse est à vous ou à votre père, et Hutter est votre père, non le mien. La curiosité est un défaut de la femme et non pas de l'homme, et en ce moment vous avez toutes les raisons de votre côté. Si la caisse contient des objets pouvant servir à la rançon, il me semble qu'on en ferait un sage emploi en rachetant la vie du propriétaire, ou seulement même en sauvant sa chevelure; mais vous seule avez à consulter votre jugement à ce sujet. Quand le maître légitime d'une trappe, d'un daim ou d'un canot est absent, il est représenté par son plus proche parent, suivant toutes les lois des forêts. Nous vous laissons donc le soin de décider si cette caisse doit ou ne doit pas être ouverte.

— J'espère que vous ne croyez pas que je puisse hésiter lorsque la vie de mon père est en danger, Deerslayer?

— Ma foi, c'est à peu près un choix à faire entre des reproches à essuyer d'un côté, et des larmes à verser et un deuil à porter de l'autre. Il n'est pas déraisonnable de croire que le vieux Tom pourra trouver à redire à ce que vous aurez fait, une fois qu'il se verra de retour dans sa hutte; mais il n'est pas rare de voir les hommes déprécier ce qu'on a fait pour leur bien; j'ose dire que la lune même aurait une tournure toute différente si l'on pouvait la voir de l'autre côté.

— Deerslayer, si nous réussissons à trouver la clef, je vous autoriserai à ouvrir le coffre, et à y prendre les objets que vous croirez de nature à payer la rançon de mon père.

— Trouvons d'abord la clef; nous causerons du reste après cela. Serpent, vous avez des yeux de mouche, et un jugement rarement en défaut; pouvez-vous nous aider à deviner où le vieux Tom aura imaginé de placer la clef d'une caisse qu'il garde avec tant de soin pour son usage particulier?

Le Delaware n'avait encore pris aucune part à la conversation; mais, à cet appel direct, il quitta le coffre qui avait continué à attirer son attention, et il se mit à chercher autour de lui l'endroit où pouvait avoir été cachée la clef dans de telles circonstances. Judith et Deerslayer ne restèrent pas oisifs pendant ce temps, de sorte qu'ils furent bientôt tous trois occupés à des recherches actives. Comme il était certain que la clef désirée ne pouvait se trouver dans aucun des tiroirs et armoires sans fermeture, dont ils se trouvaient plusieurs dans la maison, aucun d'eux n'y regarda; mais ils dirigèrent leur attention sur les endroits qui leur semblaient être de bonnes cachettes, et qui devaient convenir pour cet usage. La première chambre fut ainsi examinée de fond en comble, mais sans succès, et ils passèrent dans la chambre à coucher de Hutter. Cette partie de l'habitation était mieux meublée que le reste; elle contenait plusieurs objets qui avaient été spécialement consacrés au service de la défunte femme du propriétaire; mais comme Judith avait toutes les autres clefs, cette pièce fut bientôt visitée, sans qu'on y découvrît la clef en question.

Ils entrèrent alors dans la chambre à coucher des deux sœurs. Chingachgook fut immédiatement frappé du contraste qu'offrait l'arrangement des objets dans la partie de la chambre qu'on pouvait appeler celle de Judith, avec la disposition des choses contenues dans la partie de l'appartement qui appartenait plus particulièrement à Hetty. Il laissa échapper une légère exclamation, et montrant du doigt les deux côtés opposés, il communiqua sa remarque à son ami, à voix basse et en langue delaware.

— C'est comme vous le pensez, Serpent, répondit Deerslayer, dont nous conservons toujours, autant que possible, le ton et la phraséologie. C'est bien cela, comme tout le monde peut le voir; tout cela est fondé sur la nature. L'une des sœurs, dit-on, aime à l'excès les belles choses; tandis que l'autre est aussi douce et aussi humble que Dieu ait jamais créé la bonté et la vérité. Cependant, après tout, j'ose dire que Judith a ses vertus, et que Hetty a ses défauts.

— Et l'Esprit-Faible a vu la caisse ouverte? demanda Chingachgook, dont le regard annonçait la curiosité.

— Certainement; je l'ai entendu de sa propre bouche; et, quant à cela, vous l'avez entendu aussi. Il paraît que son père ne doute pas de la discrétion de Hetty, quoiqu'il ne se fie pas à celle de sa fille aînée.

— Alors, la clef est cachée seulement pour la Rose-Sauvage. — Dans ses entretiens particuliers avec son ami, Chingachgook avait commencé à donner galamment ce nom à Judith.

— C'est cela! c'est bien cela! Il a confiance en l'une, et pas en l'autre. Il y a rouge et blanc en cela; Serpent, toutes les tribus et nations s'accordant à avoir confiance en quelques-unes et à se méfier de quelques autres. Cela dépend du caractère et du jugement.

— Où pourrait-on mieux cacher une clef, avec plus de chances de la dérober aux regards de la Rose-Sauvage, que parmi de grossiers vêtements?

Deerslayer se retourna brusquement vers son ami, l'admiration peinte sur tous les traits, et il se mit à rire de son rire silencieux, mais sincère, à cette ingénieuse et prompte supposition.

— Votre nom est bien donné, Serpent. Oui, il est bien donné! On doit supposer avec assez de raison qu'une personne aimant les belles choses ne s'avisera pas de chercher parmi des vêtements aussi communs que ceux de la pauvre Hetty. J'ose dire que les doigts délicats de Judith n'ont pas touché un seul morceau d'étoffe aussi rude et aussi grossière que celle du jupon que voici, depuis qu'elle a fait la connaissance des officiers! Pourtant, qui sait? La clef peut aussi bien se trouver à ce clou que partout ailleurs. Prenez le jupon, et voyons si vous êtes réellement un prophète.

Chingachgook fit ce qu'on lui demandait, mais point de clef. Une grosse poche, vide en apparence, pendait au clou voisin, et elle fut aussi visitée. Sur ces entrefaites, l'attention de Judith fut attirée de ce côté, et elle se mit à parler avec rapidité, comme si elle eût eu l'intention d'éviter une peine inutile.

— Il n'y a là que les vêtements de la pauvre Hetty, chère innocente fille! dit-elle; il n'est pas probable que nous y trouvions rien de ce que nous cherchons.

Ces paroles étaient à peine sorties de la jolie bouche qui les avait prononcées, que Chingachgook tira de la poche la clef désirée. Judith avait l'intelligence trop vive pour ne pas comprendre pourquoi on avait choisi une cachette aussi simple et aussi exposée. Son visage se couvrit d'une rougeur subite, autant peut-être par suite de ressentiment que de honte; elle se mordit les lèvres, mais elle continua de garder le silence. Deerslayer et son ami firent preuve en ce moment d'un sentiment de délicatesse innée; tous deux s'abstinrent de sourire, ou de laisser voir même par un regard qu'ils se rendaient parfaitement compte de cet adroit artifice. Deerslayer, qui avait pris la clef des mains de l'Indien, précéda ses compagnons dans la chambre voisine, et il s'assura, en appliquant la clef à la serrure, qu'elle était bien celle qu'ils cherchaient. Il y avait trois cadenas, mais cette seule clef les ouvrit aisément. Deerslayer les enleva, détacha les crochets, leva le dessus du coffre pour s'assurer qu'il était ouvert, puis il s'en éloigna de quelques pas, en faisant signe à son ami de le suivre.

— C'est une caisse de famille, Judith, dit-il, et elle peut contenir des secrets de famille. Nous allons dans l'arche, le Serpent et moi, pour voir les pirogues, les rames et les avirons; pendant ce temps-là, vous pouvez l'examiner vous-même, et chercher si, parmi les objets qu'elle renferme, il se trouve, ou non, quelque chose qu'on puisse offrir en rançon. Quand vous aurez fini, appelez-nous, et nous tiendrons conseil ensemble, au sujet de la valeur des objets.

— Attendez, Deerslayer, s'écria la jeune fille, comme il se disposait à sortir; je ne toucherai à rien, je ne lèverai même pas le couvercle, si vous n'êtes pas présent. Mon père et Hetty ont jugé convenable de me cacher le contenu de ce coffre, et je suis trop fière pour fouiller dans leurs trésors cachés, à moins que ce ne soit pour leur intérêt; mais, à aucun prix, je n'ouvrirai le coffre toute seule. Restez donc avec moi; j'ai besoin de témoins.

— Je croirais assez, Serpent, que Judith a raison. La confiance mutuelle engendre la sécurité, mais la défiance pourra nous rendre prudents. Judith a le droit de nous demander d'être présents; et si par hasard cette caisse renferme quelque secret de maître Hutter, il sera sous la garde de deux jeunes gens dont la bouche sait rester fermée aussi bien que celle de qui que ce soit. Nous resterons avec vous, Judith; mais laissez-nous d'abord jeter un coup d'œil sur le lac et sur le rivage, car il faudra plus d'une minute pour vider cette caisse.

Ils allèrent alors tous deux sur la plate-forme, et Deerslayer inspecta le rivage avec sa longue-vue, tandis que l'Indien promenait gravement ses regards sur l'eau et sur les bois pour découvrir quelque signe qui pût trahir les ruses de leurs ennemis. Ils n'aperçurent rien d'étrange, et, convaincus de leur sûreté momentanée, ils se réunirent tous trois de nouveau autour de la caisse avec l'intention avouée de l'ouvrir.

Du plus loin qu'elle pouvait se souvenir, Judith avait toujours eu une sorte de respect pour cette caisse et son contenu mystérieux. Ni son père ni sa mère n'en avaient jamais parlé en sa présence; et il semblait que, par une convention tacite, on dût éviter avec soin d'y faire aucune allusion, quand on nommait les différents objets qui se trouvaient auprès, ou même sur le couvercle. L'habitude en avait fait une chose aisée et si naturelle pour eux, que c'était tout récemment seulement que Judith avait réfléchi à cette singulière circonstance. Du reste, il n'avait jamais existé une assez grande intimité entre Hutter et sa fille aînée pour faire naître la confiance. Parfois il était bienveillant, mais en général, et surtout avec elle, il était sévère et morose. La manière dont il avait exercé son autorité était moins que tout le reste de nature à encourager sa fille à prendre une telle liberté, sans en redouter vivement les conséquences, quoique cette liberté fût suggérée par le désir de lui être utile. Et puis, Judith n'était pas tout à fait exempte de certaines idées superstitieuses au sujet de cette caisse qu'elle avait eue sous les yeux comme une sorte de relique, depuis son enfance jusqu'à ce jour. Néanmoins, le temps semblait être venu d'avoir l'explication de ce mystère, et cela dans des circonstances qui ne lui laissaient guère d'alternative.

S'apercevant que ses deux compagnons épiaient ses mouvements avec une gravité silencieuse, Judith posa une main sur le couvercle, qu'elle essaya de soulever. Mais sa force fut insuffisante, et la jeune fille, qui savait fort bien que tous les cadenas et les crochets étaient retirés, attribua cette résistance à quelque puissance surnaturelle qui s'opposait à sa tentative impie.

— Je ne puis lever le couvercle, Deerslayer, dit-elle; ne ferions-nous pas mieux de renoncer à ce dessein, et de chercher quelque autre moyen pour délivrer les prisonniers?

— Non pas, Judith; non pas. Il n'est aucun moyen aussi certain et aussi aisé qu'une bonne rançon. Quant au couvercle, rien ne le retient que son propre poids, qui est prodigieux pour une aussi petite pièce de bois, quoique chargée de fer comme elle l'est.

Tout en parlant, Deerslayer essaya ses forces, et réussit à lever le couvercle et à l'appuyer contre la muraille. Judith se mit à trembler de tous ses membres en jetant un premier coup d'œil dans l'intérieur du coffre; mais elle reprit un peu d'assurance en s'apercevant qu'un morceau de toile bordé avec soin tout autour cachait complétement tout ce qui se trouvait par dessous. Cependant la caisse semblait être bien garnie, car la toile était placée à un pouce du couvercle.

— Voici tout une cargaison, dit Deerslayer en observant l'arrangement; il nous faut faire notre besogne à loisir et à notre aise. Serpent, apportez quelques escabelles, pendant que j'étendrai cette couverture sur le plancher, et puis nous nous mettrons à l'œuvre avec ordre.

Le Delaware obéit; Deerslayer avança poliment un tabouret pour Judith, en prit un pour lui-même, et commença à enlever le dessus de toile. Ceci fut fait avec précaution, et avec autant de soin que

LE TUEUR DE DAIMS.

s'il eût cru que des objets délicatement façonnés dussent être cachés en dessous. Quand la toile eut été enlevée, les premières choses qui s'offrirent à la vue furent quelques vêtements d'hommes. Ils étaient faits d'étoffes fines, et, conformément aux goûts du siècle, les couleurs en étaient gaies et les ornements fort riches. Il y avait entre autres choses un habit écarlate, dont les boutonnières étaient brodées en or. Ce n'était cependant pas un uniforme ; c'était une partie du costume d'un homme de condition, à une époque où le costume s'accordait strictement avec la position sociale. Chingachgook ne put retenir une exclamation de plaisir aussitôt que Deerslayer déploya cet habit et l'exposa aux yeux ; car la philosophie de l'Indien ne put tenir contre la splendeur de ce vêtement, en dépit de son sang-froid si éprouvé. Deerslayer se tourna vivement, et regarda un instant son ami avec quelque mécontentement, lorsqu'il laissa échapper ce trait de faiblesse ; puis il se mit à entamer un soliloque, comme c'était sa coutume chaque fois que quelque vive émotion prenait l'ascendant sur lui.

— C'est un de ses dons, dit-il. Oui, c'est un don d'une Peau-Rouge d'aimer la parure, et l'on ne peut l'en blâmer. D'ailleurs, ce vêtement est extraordinaire, et les choses extraordinaires produisent des émotions extraordinaires. Je pense que ceci suffira, Judith, car on trouverait à peine dans toute l'Amérique un cœur indien capable de résister à des couleurs et à un éclat semblables. Si jamais cet habit a été fait pour votre père, vous avez acquis à bon droit le goût que vous possédez pour la parure.

— Cet habit n'a jamais été fait pour mon père, répondit la jeune fille avec vivacité ; il est beaucoup trop long ; tandis que mon père est petit et carré.

— S'il a été fait pour lui, le drap ne manquait pas, et ce qui brille était à bon marché, répondit Deerslayer avec son rire gai et silencieux. Serpent, cet habit a été fait pour un homme de notre taille, et j'aimerais à le voir sur vos épaules.

Cingachgook consentit avec plaisir à en faire l'essai ; il jeta de côté la jaquette grossière et usée de Hutter, pour orner sa personne d'un habit primitivement destiné à un homme de condition. La métamorphose fut grotesque ; mais comme l'homme remarque rarement ce qu'il peut y avoir d'incongru dans son extérieur ou dans sa conduite, le Delaware étudia ce changement avec un grave intérêt, dans un miroir ordinaire dont Hutter se servait pour se raser. En ce moment il pensa à Hist, et nous devons dire, pour rendre hommage à la vérité, quoique cela puisse nuire un peu au caractère grave d'un guerrier, qu'il aurait souhaité qu'elle pût le voir dans ce moment d'embellissement.

— Otez-le, Serpent, ôtez-le, reprit l'inflexible Deerslayer; de semblables vêtements ne vous vont pas mieux qu'ils ne m'iraient. Vos dons sont pour la peinture, les plumes de faucon, les couvertures et les wampum; les miens pour des vêtements de peau, des bas de bon cuir et de solides moccasins. Je dis moccasins, Judith; car, quoique blanc, vivant dans les bois comme je le fais, il est nécessaire d'adopter quelques usages des bois, pour ses propres aises et par économie.

— Je ne vois pas, Deerslayer, pourquoi un homme ne pourrait pas porter un habit écarlate, aussi bien qu'un autre, répliqua Judith. Je voudrais vous voir sous cet habit.

— Me voir sous un habit qui conviendrait à un seigneur! Eh bien, Judith, si vous attendez jusqu'à ce jour-là, vous attendrez jusqu'à ce que je n'aie plus ni raison ni mémoire. Non, non, mes dons sont mes dons, je vivrai et je mourrai avec eux, quand bien même je n'abattrais jamais plus un autre daim, quand bien même je ne percerais plus un seul saumon avec ma lance. Qu'ai-je fait pour que vous souhaitiez de me voir un habit aussi brillant, Judith?

— C'est que je pense, Deerslayer, que les jeunes galants de la garnison, à langue menteuse et à cœur faux, ne devraient pas être les seuls à paraître sous ce beau plumage; mais que la franchise et la probité ont aussi des droits aux honneurs et aux distinctions.

— Et quelle distinction serait-ce pour moi, Judith, d'être chamarré d'écarlate, comme un chef mingo qui vient de recevoir ses présents de Québec? Non, non, je suis bien tel que je suis; et sinon, je ne puis être mieux. Déposez l'habit sur la couverture, Serpent, et voyons plus avant dans la caisse.

Le séduisant habit, qui assurément n'avait jamais été destiné à Hutter, fut mis de côté, et l'inspection continua. Les vêtements d'homme, qui tous correspondaient à l'habit pour la qualité, furent bientôt examinés, et on arriva ensuite à des ajustements de femme. Une belle robe de brocart, un peu endommagée par manque de soin, fut alors examinée; et cette fois, des exclamations de ravissement s'échappèrent librement des lèvres de Judith. La jeune fille avait un penchant prononcé pour la parure; elle avait eu bien des occasions favorables de remarquer quelques prétentions en ce genre parmi les femmes des différents commandants et les autres dames des forts; mais jamais elle n'avait vu avant ce moment un tissu et des nuances comparables à ce que le hasard venait de mettre sous ses yeux. Son enchantement tenait de l'enfantillage, et elle ne voulut pas qu'on continuât l'examen avant qu'elle eût revêtu une robe si peu en harmonie avec sa demeure et ses habitudes. Dans ce but, elle se retira dans sa chambre, et là, exercée comme elle l'était à ce genre d'occupation, elle se fut bientôt dépouillée de sa simple robe de toile, pour se présenter avec l'habillement de brocart à nuances resplendissantes. La robe allait parfaitement à la taille fine et aux formes développées de Judith, et assurément elle n'avait jamais paré aucune femme plus en état, par ses charmes naturels, de faire ressortir les riches couleurs et la finesse du tissu. Quand elle rentra, Deerslayer et Chingachgook, qui avaient employé le temps de sa courte absence à examiner de nouveau l'habillement d'homme, se levèrent tous deux d'un air surpris, en laissant échapper des exclamations d'étonnement et de plaisir, d'une façon si peu équivoque, qu'elles donnèrent un nouvel éclat aux yeux de Judith, dont les joues étaient animées comme par la joie d'un triomphe. Affectant, cependant, de ne pas remarquer l'impression qu'elle avait faite, la jeune fille s'assit avec la dignité d'une reine, et elle demanda que l'on continuât la visite de la caisse.

— Je ne vois pas de meilleur moyen pour traiter avec les Mingos, s'écria Deerslayer, que de vous envoyer à eux, telle que vous voici, et de leur dire qu'une reine est arrivée parmi eux! A un tel spectacle, ils donneront la liberté au vieux Hutter, à Hurry et à Hetty.

— Je crois votre langue trop sincère pour flatter, Deerslayer, répliqua la jeune fille, plus satisfaite de cette admiration qu'elle n'eût voulu l'avouer. — Une des principales causes de mon respect pour vous a été votre amour pour la vérité.

— Aussi est-ce la vérité, la vérité solennelle, Judith, et rien de plus. Jamais mes yeux n'ont rencontré une créature aussi glorieuse que vous l'êtes en ce moment! Moi aussi, j'ai vu des beautés dans mon temps, des blanches et des rouges; et j'ai vu de près et de loin celles qu'on vantait et dont on parlait; mais jamais je n'en ai vu aucune qui pût soutenir la moindre comparaison avec ce que vous êtes en cet heureux instant, Judith; jamais.

Le regard de ravissement que la jeune fille accorda au chasseur si franc dans ses paroles ne diminua en rien l'éclat de ses charmes; et jamais peut-être Judith, avec ses yeux humides et pleins de sensibilité, ne fut-elle aussi charmante qu'à ces mots du jeune homme:

— Heureux instant! — Il secoua la tête, la tint un instant penchée sur la caisse ouverte dans une attitude de doute, puis il continua l'examen.

Ils trouvèrent alors plusieurs objets accessoires de toilette de femme, tous correspondant en qualité à la robe. Le tout fut déposé en silence aux pieds de Judith, comme si la possession lui en eût appartenu de droit. La jeune fille en prit un ou deux, tels que des gants et des dentelles, qu'elle ajonta à sa riche parure avec un badinage affecté, mais dans le but réel d'orner sa personne, autant que les circonstances le permettaient. Après qu'ils eurent enlevé ces deux habillements d'homme et de femme, ils trouvèrent une autre toile qui couvrait le reste des objets, en les séparant de ceux déjà vus. Aussitôt que Deerslayer observa cet arrangement, il s'arrêta, ne sachant s'il était convenable d'aller plus avant.

— Tout homme a ses secrets, je suppose, dit-il, et il a aussi le droit d'en jouir; nous avons, selon moi, déjà trouvé dans cette caisse de quoi fournir à nos besoins, et il me semble que nous ferions bien d'en rester là, et de laisser à la disposition de maître Hutter tout ce qui se trouve sous cette seconde enveloppe.

— Avez-vous l'intention, Deerslayer, d'offrir ces vêtements en rançon aux Iroquois?·demanda vivement Judith.

— Certainement. Pourquoi fouillons-nous dans la caisse d'un autre, si ce n'est pour le servir du mieux qu'il est possible? Cet habit seul suffirait à gagner le principal chef de ces reptiles; et s'il arrivait que sa femme ou sa fille l'accompagnassent dans cette expédition, cette robe-là attendrirait le cœur de toutes les femmes qui se trouvent entre Albany et Montréal. Je ne vois pas que nous ayons besoin d'un autre fonds de commerce que ces deux objets pour conclure un marché.

— Cela peut vous sembler ainsi, Deerslayer, répondit la jeune fille désappointée; mais à quoi pourrait servir une pareille parure à une femme indienne? Elle ne pourrait la porter dans les broussailles; la saleté et la fumée d'un wigwam l'auraient bientôt souillée; et à quoi ressembleraient deux bras rouges sous ces manches courtes garnies de dentelle!

— Tout cela est vrai, Judith; et vous pourriez aller plus loin, et dire que ces vêtements sont tout à fait hors de place et de saison dans cette contrée. Qu'avons-nous besoin de belles parures, pourvu que nos vêtements suffisent à nos désirs? Je ne vois pas que votre père puisse jamais se servir de tels costumes; et il est heureux qu'il possède des choses qui n'ont aucune valeur pour lui, et qui seront très-estimées par d'autres. Nous ne pouvons mieux faire pour lui que d'offrir ces babioles en échange de sa liberté. Nous jetterons dans la balance toutes ces autres petites frivolités, et nous délivrerons Hurry par-dessus le marché.

— Mais vous pensez, Deerslayer, que Thomas Hutter n'a personne dans sa famille, — ni enfant, — ni fille, à qui cette robe puisse convenir, et que vous aimeriez voir s'en parer, une fois par hasard, ne fût-ce même qu'à de longs intervalles, et seulement pour badiner ?

— Je vous comprends, Judith, oui, je comprends maintenant votre pensée, et je crois pouvoir dire aussi votre désir. Je suis tout prêt à vous accorder que vous êtes, avec cette parure, aussi glorieuse que le soleil, quand il se lève ou se couche par un beau jour d'octobre; et assurément vous embellissez cette toilette infiniment plus qu'elle ne vous embellit. Il y a des dons dans les vêtements, aussi bien qu'en autres choses. Par exemple, suivant moi, un guerrier, en entrant sur le sentier de guerre, ne devrait pas se peindre le corps d'une manière aussi imposante qu'un chef dont la valeur est éprouvée, et qui sait par expérience qu'il ne restera pas au-dessous de ses prétentions. Il en est de même avec nous, rouges ou blancs. Vous êtes la fille de Thomas Hutter, et cette robe a été faite pour celle de quelque gouverneur ou pour une dame de haut rang; elle était destinée à être portée dans de beaux appartements, et au milieu d'une noble compagnie. A mes yeux, Judith, une jeune fille modeste n'est jamais plus jolie que lorsqu'elle est habillée à son avantage, et aucune toilette ne sied si elle n'est pas d'accord avec le reste. D'ailleurs, s'il est une créature dans la colonie qui puisse se passer de parure et se fier à sa bonne mine et à sa douce physionomie, c'est vous.

— Je vais ôter ces guenilles à l'instant, Deerslayer, s'écria la jeune fille en s'élançant hors de la chambre; et je désire ne les voir jamais porter par qui que ce soit.

— Voilà comme elles sont toutes, Serpent, dit Deerslayer en riant et se tournant vers son ami, aussitôt que la jeune beauté eut disparu. Elles aiment la parure, mais elles aiment par-dessus tout leurs charmes naturels. Quoi qu'il en soit, je suis enchanté qu'elle ait consenti à mettre de côté ses falbalas, car il est déraisonnable pour une personne de sa condition de les porter; et puis, elle est assez jolie, comme je l'ai dit, pour s'en passer. Hist aussi serait remarquablement bien avec une pareille robe, Delaware.

— Wah-ta!-Wah est une fille peau-rouge, Deerslayer, répondit l'Indien; de même que les petits du pigeon, on doit la reconnaître à ses plumes. Je passerais près d'elle sans me déranger, si elle était couverte d'une semblable peau. Il est toujours plus sage de nous vêtir de manière à ce que nos amis ne soient pas obligés de nous demander nos noms. La *Rose-Sauvage* est très-agréable à voir; mais toutes ces couleurs ne la rendent pas plus belle.

— C'est cela! voilà la nature et les véritables bases de l'amour et de la protection. Quand un homme s'arrête pour cueillir une fraise sauvage, il ne s'attend pas à trouver un melon; et quand il désire cueillir un melon, il est désappointé s'il s'aperçoit que c'est une citrouille, quoique souvent les citrouilles plaisent plus à l'œil que les melons. C'est cela, et cela veut dire : restez fidèles à vos dons, et vos dons vous seront fidèles.

Les deux amis eurent alors une petite discussion sur la question de savoir s'il était convenable de fouiller plus avant dans la caisse de Hutter; mais bientôt Judith reparut sans la riche parure, et ayant repris sa simple robe de toile.

— Merci, Judith, dit Deerslayer en lui prenant la main avec bonté, car je sais qu'il vous a fallu réprimer un peu les désirs naturels à la femme, pour mettre de côté et en tas, je suppose, tant de belles choses. Mais vous plaisez mieux aux regards telle que vous êtes, que si vous aviez une couronne sur la tête et des joyaux couvrant vos cheveux. La question, maintenant, est de savoir si nous devons enlever cette enveloppe pour voir quel est réellement le meilleur marché à conclure en faveur de maître Hutter; car il nous faut agir comme nous croyons qu'il agirait lui-même s'il était ici à notre place.

Judith avait l'air très-heureux. Accoutumée comme elle l'était à l'adulation, l'humble hommage de Deerslayer lui avait causé plus de satisfaction que les discours d'aucun homme lui en aient encore fait éprouver. Ce n'étaient pas les termes dans lesquels cette admiration avait été exprimée, car ils étaient assez simples, qui avaient produit une si vive impression; ce n'était non plus ni leur nouveauté, ni leur chaleur, ni aucune de ces nuances qui donnent ordinairement du prix aux louanges, mais bien l'inflexible sincérité de celui qui les lui avait accordées, sincérité qui portait ses paroles si droit au cœur de la jeune fille. C'est là un des grands avantages de la droiture et de la franchise. Celui qui flatte par habitude et avec art peut réussir jusqu'au moment où ses propres armes sont employées contre lui, et semblable aux autres friandises, l'excès de l'aliment qu'il donne le fait prendre en dégoût; mais celui qui agit franchement, quoique souvent il offense nécessairement, possède un pouvoir d'éloges qui appartient exclusivement à la sincérité ; car les paroles vont droit au cœur quand elles sont sans détour et clairement comprises. Ce fut ce qui arriva à Deerslayer et à Judith ; ce simple chasseur savait convaincre si vite et si profondément ceux qui le connaissaient de son inaltérable franchise, que toutes ses louanges étaient aussi sûres de plaire, que son blâme et ses dédains étaient certains d'exciter l'inimitié quand son caractère n'avait pas inspiré un respect et une affection qui, dans ce cas, rendaient ses reproches pénibles à entendre. Quand, par la suite, cet individu sans façon se trouva en contact avec des officiers de haut rang et des hommes chargés de veiller aux intérêts de l'état, cette même influence s'exerça sur un plus vaste champ ; les généraux eux-mêmes écoutaient ses louanges avec un vif sentiment de plaisir, qu'il n'était pas toujours au pouvoir de leurs supérieurs de leur faire éprouver. Peut-être Judith fut-elle la première personne de sa couleur qui se soumit de plein gré à cette conséquence naturelle de la vérité et de l'honnêteté chez Deerslayer. Elle avait ardemment désiré ses éloges, et elle venait de les recevoir ; et cela, sous la forme la plus agréable à ses faibles et à ses pensées habituelles. On en verra les résultats dans la suite de cette histoire.

— Si nous savions tout ce que contient cette caisse, Deerslayer, dit la jeune fille après qu'elle fut un peu revenue de l'émotion produite en elle par les louanges adressées à sa beauté, nous serions plus en état de prendre une détermination.

— Cela n'est pas déraisonnable, Judith, quoique pénétrer dans les secrets des autres fasse partie des dons des Faces-Pâles plutôt que de ceux des Peaux-Rouges.

— La curiosité est naturelle, et l'on doit s'attendre à trouver les défauts de l'humanité dans tous les hommes. Chaque fois que j'ai été dans les forts, j'ai toujours remarqué que la plupart des individus avaient le désir d'apprendre les secrets de leurs voisins.

— Oui, et quelquefois d'en inventer quand ils ne pouvaient en découvrir. Voilà la différence entre un gentleman rouge et un gentleman blanc. Le Serpent que voici détournerait la tête, s'il regardait, sans le savoir, dans le wigwam d'un autre chef ; au lieu que, dans la colonie, tandis que tous prétendent être de grands personnages, ils prouvent, pour la plupart, qu'il y a des individus au-dessus d'eux, par la manière dont ils parlent de leurs affaires. J'engagerais ma parole, Judith, que vous ne feriez pas avouer au Serpent que voici qu'il y a dans sa tribu un homme assez supérieur à lui pour deviner le but de ses pensées, et pour qu'il voulût mentionner dans sa conversation ses mouvements, ses manières, sa nourriture et tous les autres petits sujets qui occupent un homme, lorsqu'il n'est pas employé à de plus importants devoirs. Celui qui agit ainsi ne vaut guère mieux qu'un franc coquin, et ceux qui l'encouragent sont à peu près du même calibre, quelles que soient la finesse et la couleur des habits qu'ils portent.

— Mais ce n'est pas ici le wigwam d'un autre; cette caisse appartient à mon père; les objets qu'elle contient sont à lui, et l'on en a besoin pour lui rendre service.

— C'est vrai, Judith, c'est vrai; et cela a du poids. Eh bien! quand tout sera devant nous, nous pourrons mieux décider ce qu'il faut offrir pour sa rançon, et ce qu'il faut conserver.

Les sentiments de Judith n'étaient pas tout à fait aussi désintéressés qu'elle voulait le faire croire. Elle se rappelait que la curiosité de Hetty avait été satisfaite à l'égard de cette caisse, tandis que la sienne avait été désappointée; et elle n'était pas fâchée d'avoir une occasion de rétablir seulement en cela l'égalité entre elle et une sœur moins accomplie qu'elle-même. Comme il parut y avoir unanimité d'opinion sur l'urgence de se livrer à un plus ample examen du contenu de la caisse, Deerslayer procéda à enlever la seconde enveloppe de toile.

Les objets qui se trouvèrent en dessus lorsqu'on leva de nouveau le rideau cachant les secrets de la caisse, furent une paire de pistolets curieusement incrustés en argent. Leur valeur eût été considérable dans une ville; mais dans les bois, c'était une espèce d'arme dont on se servait rarement; on peut même dire que jamais on n'en faisait usage, si ce n'étaient quelques officiers européens visitant les colonies, comme il s'en trouvait alors un grand nombre, tellement convaincus de la supériorité des coutumes de Londres, qu'ils s'imaginaient qu'on ne devait pas y renoncer sur les frontières d'Amérique. On verra dans le chapitre suivant quel fut le résultat de la découverte de ces armes.

CHAPITRE XI'I.

> Un fauteuil en chêne tout brisé ;
> Une tasse sans anse ;
> Un bois de lit délabré, vermoulu ;
> Une caisse de sapin sans couvercle ;
> Une paire de pincettes cassées, une épée sans pointe ;
> Un plat qui pouvait avoir autrefois contenu d'excellents mets ;
> Un Ovide et une vieille concordance de la Bible.
> *Inventaire du* DOYEN SWIFT.

DEERSLAYER n'eut pas plutôt retiré les pistolets du coffre, qu'il se tourna vers le Delaware en les présentant à son admiration.

— Fusil d'enfant, dit le Serpent souriant en maniant un des pistolets, comme si c'eût été un jouet.

— Non pas, Serpent, non pas ; ceci est fait pour un homme et suffirait à un géant qui saurait s'en servir. Mais attendez ; les hommes blancs sont remarquables pour la négligence avec laquelle ils mettent des armes à feu dans des coffres et dans des coins. Laissez-moi voir si l'on a pris soin de ces armes.

A ces mots Deerslayer prit le pistolet des mains de son ami et en ouvrit le bassinet. Il s'y trouvait une amorce que le temps, l'humidité et la compression avaient rendue semblable à un morceau de charbon calciné. Au moyen de la baguette, on s'assura que les deux pistolets étaient chargés, quoique Judith pût attester qu'ils étaient restés dans la caisse probablement pendant des années. Il est difficile de se peindre la surprise de l'Indien à cette découverte, car il avait l'habitude de renouveler chaque jour son amorce et d'examiner fort souvent le contenu de son mousquet.

— Voilà la négligence blanche, dit Deerslayer en secouant la tête, et il se passe à peine une saison sans que quelqu'un en pâtisse dans la colonie. — Il est extraordinaire, Judith, oui, il est positivement extraordinaire que celui qui possède de pareilles armes, s'il tire sur un daim ou quelque autre gibier, ou peut-être sur un ennemi, manque deux fois sur trois ; mais qu'il survienne un accident avec ces charges oubliées, et il est sûr de tuer un enfant, un frère ou un ami ! Eh bien ! nous rendrons service au propriétaire de ces pistolets en les tirant pour lui ; et comme c'est une nouveauté pour vous et pour moi, Serpent, nous essaierons notre adresse sur une marque. Mettez une amorce fraîche; j'en ferai autant de mon côté, et puis nous verrons lequel de nous deux est le plus fort au pistolet; quant aux carabines, cela a été depuis longtemps décidé entre nous.

Deerslayer se prit à rire de tout cœur à cette pensée, et au bout d'une minute ou deux ils allèrent sur la plate-forme, et choisirent quelque objet sur la surface extérieure de l'arche pour leur servir de but. La curiosité conduisit Judith auprès d'eux.

— Tenez-vous en arrière, Judith, tenez-vous un peu en arrière; il y a longtemps que ces armes sont chargées, et quelque accident pourrait arriver en les déchargeant.

— Alors vous ne les tirerez pas! Donnez les deux pistolets au Delaware; mais il vaudrait mieux en ôter la charge sans les tirer.

— C'est contre la coutume, et quelques personnes disent que c'est manquer de courage, quoique je ne professe pas cette doctrine. Il faut que nous les tirions, Judith; oui, il faut que nous les tirions. Cependant je prévois que nous n'aurons ni l'un ni l'autre grand sujet de nous vanter de notre adresse.

Judith était au fond une fille douée d'un grand courage personnel, et ses habitudes l'empêchaient de ressentir de ces frayeurs qui saisissent assez ordinairement les personnes de son sexe à la détonation d'une arme à feu. Bien des fois elle avait déchargé un mousquet, et l'on savait même qu'elle avait tué un daim avec des circonstances qui lui faisaient honneur. Elle se soumit donc, et elle se retira un peu en arrière, auprès de Deerslayer, laissant l'Indien en possession de tout le devant de la plate-forme. Chingachgook leva plusieurs fois son pistolet; il essaya de viser plus sûrement en se servant des deux mains; il quitta une attitude gauche pour en prendre une plus gauche encore, et enfin il lâcha la détente, comme en désespoir de cause, sans avoir rien ajusté. Il en résulta qu'au lieu de toucher le nœud qui avait été choisi pour but, il n'atteignit pas même l'arche, et la balle fit des ricochets sur l'eau comme une pierre lancée à la main.

— Bien tiré, Serpent! bien tiré! s'écria Deerslayer, avec son rire joyeux et sans bruit. Vous avez touché le lac, et pour certains hommes, ce serait un exploit. Je le savais, et je l'ai dit ici à Judith; car ces armes courtes n'appartiennent pas aux dons des Peaux-Rouges. Vous avez touché le lac, et cela vaut mieux que de n'avoir touché que l'air! Maintenant, placez-vous en arrière, et voyons ce que les dons des blancs peuvent faire avec des armes de blancs. Un pistolet n'est pas une carabine, mais la couleur est la couleur.

Deerslayer ajusta avec vitesse et précision, et on entendit la détonation presque aussitôt que l'arme fut levée. Cependant le pistolet creva, et des fragments volèrent de différents côtés, quelques-uns tombant sur le toit du château, d'autres dans l'arche, et un autre dans l'eau. Judith poussa un cri perçant, et les deux amis se tournant vers elle, la virent pâle comme la mort et tremblant de tous ses membres.

— Elle est blessée, oui, la pauvre fille est blessée, Serpent; mais on ne pouvait le prévoir, dans la position qu'elle occupait. Faisons-la asseoir, et voyons ce que nos connaissances et notre habileté pourront faire pour elle.

Judith se laissa conduire à un siége; elle but quelques gouttes d'eau que le Delaware lui offrit dans une gourde, et après une violente crise de tremblement, qui semblait menacer de dissolution l'assemblage délicat de ses membres, elle fondit en larmes.

— Il faut supporter la douleur, pauvre Judith, oui, il faut la supporter, dit Deerslayer d'une voix compatissante; mais je suis loin de désirer que vous ne pleuriez pas, car souvent les larmes soulagent les souffrances d'une jeune fille. — Où peut-elle être blessée, Serpent? Je ne vois aucune trace de sang, aucune meurtrissure sur la peau, et aucune fente ni déchirure dans ses vêtements.

— Je ne suis point blessée, Deerslayer, balbutia la jeune fille tout en pleurant. C'est de l'effroi, rien de plus, je vous assure; et Dieu soit loué! personne, à ce que je vois, n'a souffert de cet accident.

— C'est extraordinaire, s'écria le chasseur peu clairvoyant et ne se doutant de rien. Je vous croyais, Judith, au-dessus des faiblesses qu'on trouve dans les établissements, et je me figurais que vous n'étiez pas fille à vous effrayer du bruit d'une arme qui crève. Non, je ne vous croyais pas si craintive! Hetty aurait pu avoir peur; mais vous avez trop de bon sens pour être alarmée quand le danger est entièrement passé. — Ces jeunes filles sont agréables à voir, Serpent, mais leurs sentiments sont variables et incertains.

La honte fit garder le silence à Judith. Son agitation n'avait rien eu d'affecté. La seule cause en avait été une alarme subite et irrésistible, alarme presque aussi inexplicable pour elle que pour ses compagnons. Cependant, essuyant les traces de ses pleurs, elle se mit à sourire, et fut bientôt en état de se moquer avec eux de sa propre folie.

— Et vous, Deerslayer, parvint-elle à dire enfin, n'avez-vous réellement reçu aucune blessure? Il me semble presque miraculeux qu'un pistolet ait crevé dans votre main, et que vous ayez échappé sans perdre un membre, sinon la vie!

— De tels miracles sont loin d'être rares avec des armes usées. Le premier qu'on m'a donné m'a joué le même tour, et cependant j'ai survécu à cet accident, bien que je n'en aie pas été aussi complétement quitte qu'aujourd'hui. Thomas Hutter possède un pistolet de moins que ce matin; mais comme cela est arrivé en essayant de le servir, il n'a pas lieu de se plaindre. Maintenant, approchez-vous, et regardons plus avant dans l'intérieur de cette caisse.

Judith était si bien remise de son agitation, qu'elle put reprendre son siége, et l'examen continua. Le premier objet qui s'offrit était enveloppé dans du drap, et après l'en avoir tiré, ils le reconnurent pour un de ces instruments de mathématiques dont se servaient alors les marins, et les ornements ordinaires étaient en cuivre. Deerslayer et Chingachgook exprimèrent leur surprise et leur admiration à la vue de l'instrument inconnu, dont le poli et le brillant semblaient annoncer qu'on en avait pris grand soin.

— Ceci n'est pas de la compétence des arpenteurs, Judith, s'écria Deerslayer après avoir plusieurs fois tourné l'instrument entre ses mains; j'ai souvent vu leurs outils, qui sont du reste assez méchants et assez inhumains, car ils ne viennent jamais dans la forêt que pour tracer un chemin au pillage et à la destruction; mais aucun d'eux n'a l'air aussi suspect que celui-ci! Je crains, après tout, que Thomas Hutter n'ait voyagé dans le désert sans bonnes intentions pour en préparer le bonheur. Avez-vous jamais remarqué en votre père aucun des désirs insatiables des arpenteurs, fille?

— Il n'est pas arpenteur, Deerslayer, et il ne connaît pas l'usage de cet instrument, quoiqu'il paraisse en être propriétaire. Supposez-vous que Thomas Hutter ait jamais porté cet habit? Il est aussi peu fait à sa taille que cet instrument est peu à la portée de ses connaissances.

— C'est cela, — cela doit être ainsi, Serpent; et le vieux fou, par quelques moyens inconnus, est devenu l'héritier du bien d'un autre! On dit qu'il a été marin, et, sans doute, ce coffre avec tout ce qu'il renferme —. Ah! qu'avons-nous ici? Voici qui est bien au-dessus du cuivre et du bois noir de l'outil!

Deerslayer avait ouvert un petit sac dont il tirait, une à une, les pièces d'un jeu d'échecs. Elles étaient en ivoire, beaucoup plus grandes que les pièces ordinaires, et d'un travail exquis. Chaque pièce avait la forme de ce qu'elle sert à représenter; les cavaliers étaient montés, les tours reposaient sur des éléphants, et les pions eux-mêmes avaient des têtes et des bustes d'homme. Le jeu n'était pas complet, et quelques fractures prouvaient qu'on en avait eu peu de soin; mais tout ce qui restait avait été conservé et mis à part. Judith elle-même manifesta de l'étonnement à la vue de ces objets nouveaux pour elle, et Chingachgook oublia tout à fait sa dignité indienne dans son admiration et son ravissement. Il prit chaque pièce qu'il examina avec une satisfaction infatigable, en faisant observer à la jeune fille les parties les plus remarquables par le fini du travail. Mais les éléphants furent ce qui l'intéressa le plus. Les — hug! — qu'il poussa en passant les doigts sur leurs dos, leurs oreilles et leurs queues, furent distinctement entendus; il ne manqua pas non plus de faire attention aux pions, qui étaient armés comme des archers. Cette scène dura plusieurs minutes pendant lesquelles Judith et l'Indien gardèrent toute la jouissance pour eux seuls. Deerslayer resta assis en silence; il était pensif, sombre même, quoiqu'il suivît des yeux chaque mouvement des deux principaux acteurs, en remarquant chaque nouvelle particularité des pièces, à mesure qu'elles étaient exposées à la vue. Pas une exclamation de plaisir, pas un mot d'approbation ne sortit de ses lèvres. A la fin ses compagnons remarquèrent son silence, et pour la première fois depuis la découverte du jeu d'échecs, il prit la parole.

— Judith, lui demanda-t-il avec empressement, mais avec un intérêt qui tenait presque de la tendresse, vos parents vous ont-ils jamais parlé de religion?

La jeune fille rougit, et les teintes cramoisies qui passèrent sur sa belle physionomie ressemblaient aux nuances d'un ciel napolitain en novembre. Cependant, Deerslayer lui avait inspiré un penchant si vif pour la vérité, qu'elle n'hésita pas, et elle répondit avec une sincère simplicité :

— Ma mère m'en a souvent parlé, mon père jamais. Il me semblait que parler de nos prières et de nos devoirs attristait ma mère; mais mon père n'en a jamais ouvert la bouche avant ou depuis la mort de sa femme.

— Je le crois aisément, — je le crois aisément. Il n'a pas de Dieu, — pas de Dieu tel qu'il convient à une Peau-Blanche, ou même à une Peau-Rouge, d'en adorer. Ces choses sont des idoles!

Judith tressaillit, et pendant un moment elle parut sérieusement offensée. Puis elle réfléchit et finit par rire.

— Et vous pensez, Deerslayer, que ces jouets en ivoire sont les dieux de mon père? J'ai entendu parler d'idoles, et je sais ce que c'est.

— Ce sont des idoles! répéta-t-il péremptoirement. — Pourquoi votre père les garderait-il s'il ne les adorait pas?

— Voudrait-il garder ses dieux dans un sac, et les renfermer dans une caisse? Non, non, Deerslayer; mon père porte son Dieu avec lui partout où il va, et ce Dieu est dans ses propres désirs. Ces choses peuvent bien être des idoles, — je le crois moi-même d'après ce que j'ai entendu dire et ce que j'ai lu au sujet de l'idolâtrie; mais elles viennent de quelque pays lointain, ainsi que tous ces autres objets, et tout cela est tombé entre les mains de Thomas Hutter lorsqu'il était marin.

— Je suis charmé, — je suis réellement charmé de vous l'entendre dire, Judith; car je ne crois pas que j'eusse pu résister dans la résolution de faire tous mes efforts pour tirer un idolâtre blanc de ses difficultés! Le vieillard est de ma couleur et de ma nation, et je désire lui être utile; mais cela eût été difficile avec un homme reniant ses dons, sous le rapport de la religion. Cet animal semble vous donner grande satisfaction, Serpent, quoique ce soit, tout au plus, une tête d'idole.

— C'est un éléphant, interrompit Judith. J'ai souvent vu des peintures d'animaux semblables dans les forts, et ma mère avait un livre dans lequel se trouvait une histoire imprimée de cet animal. Mon père le brûla avec tous les autres livres, car il disait que ma mère aimait trop la lecture. Ce fut peu de temps avant la mort de ma mère, et j'ai souvent pensé que cette perte avait hâté sa fin.

Ceci fut dit sans légèreté, mais sans une sensibilité bien profonde : sans légèreté, car Judith était attristée par ses souvenirs; et pourtant elle avait été trop habituée à vivre pour elle-même et en satisfaisant ses propres caprices pour sentir bien vivement les griefs de sa mère. Il fallait des circonstances extraordinaires pour éveiller dans l'âme de cette jeune fille, belle mais mal dirigée, un sentiment convenable de sa position, et pour stimuler ses heureuses dispositions; mais ces circonstances ne s'étaient pas encore présentées dans sa courte existence.

— Eléphant ou non éléphant, c'est une idole, reprit le chasseur, et elle n'est pas faite pour rester en des mains chrétiennes.

— Bonne pour Iroquois! dit Chingachgook en abandonnant à contre-cœur une des tours que lui prit son ami pour la remettre dans le sac. — Eléphant acheter tribu entière, — acheter presque Delaware!

— Ah! oui vraiment, comme le savent tous ceux qui comprennent la nature des Peaux-Rouges, repartit Deerslayer ; mais l'homme qui passe de la fausse monnaie est aussi coupable que celui qui la fabrique. Avez-vous jamais connu un honnête Indien qui n'eût rejeté l'idée de vendre une peau de fouine pour de la vraie martre, ou de faire passer un blaireau pour un castor? Je sais qu'un petit nombre de ces idoles, peut-être un seul de ces éléphants, seraient d'une grande valeur pour acheter la liberté de Thomas Hutter, mais il répugne à la conscience de passer d'aussi fausse monnaie. Peut-être aucune des tribus loin d'ici n'est-elle entièrement idolâtre ; mais il en est qui en approchent tellement, que les dons blancs devraient prendre garde de les encourager dans leur erreur.

— Si l'idolâtrie est un don, Deerslayer, et si les dons sont tels que vous semblez les croire, l'idolâtrie chez un peuple semblable peut à peine être un péché, dit Judith avec plus de finesse que de jugement.

— Dieu n'accorde de tels dons à aucune de ses créatures, Judith, répliqua sérieusement le chasseur. Il doit être adoré sous un nom ou sous un autre, et non pas comme une créature de cuivre ou d'ivoire. Il importe peu que le Père de tous soit appelé Dieu ou Manitou, Déité ou Grand-Esprit, il n'en est pas moins notre créateur et notre maître ; il n'importe pas non plus que les âmes des justes aillent en paradis ou dans quelques heureux lieux de chasse, puisqu'il peut envoyer chacun du côté qui lui convient, suivant son bon plaisir et sa sagesse ; mais mon sang se glace quand je trouve des *mortels humains* assez profondément plongés dans les ténèbres et l'orgueil pour façonner de leurs propres mains la terre, le bois ou les os en manière d'effigies immobiles et inanimées, devant lesquelles ils se prosternent, et qu'ils adorent comme des dieux.

— Après tout, Deerslayer, ces morceaux d'ivoire peuvent bien ne pas être des idoles. Je me souviens maintenant d'avoir vu à un officier un renard et des oies faits dans le même genre que ce que nous avons ici ; et voici quelque chose de dur, enveloppé dans du drap, qui peut-être appartient à vos idoles.

Deerslayer prit le paquet que lui présentait la jeune fille ; il le déroula et y trouva l'échiquier. Ainsi que les pièces, il était de grande taille, riche, et incrusté d'ébène et d'ivoire. Le chasseur rapprochant toutes ces circonstances en vint peu à peu, non sans hésiter, à adopter l'opinion de Judith ; et il finit par admettre que ces idoles supposées pouvaient être les pièces curieusement travaillées de quelque jeu inconnu. Judith eut le tact d'user de sa victoire avec une grande modération, et elle ne fit pas la plus légère allusion, même indirectement, à la plaisante méprise de son compagnon.

La découverte de l'usage des petites figures extraordinaires décida l'affaire de la rançon en question. Il fut convenu à l'unanimité, car ils connaissaient tous trois les faibles et les goûts des Indiens, que rien n'était plus propre à tenter la cupidité des Iroquois que les éléphants en particulier. Heureusement les tours étaient au complet dans le nombre des pièces, et il fut convenu que les quatre animaux portant des tours seraient offerts pour la rançon. Le reste des pièces, et même tous les objets qui se trouvaient encore dans le coffre, devaient être soustraits aux regards et employés seulement à la dernière extrémité. Aussitôt que ces préliminaires furent arrêtés, tous les objets, à l'exception de ceux destinés à la rançon, furent remis dans la caisse, et toutes les enveloppes furent replacées comme elles avaient été trouvées ; il était même fort possible, dans le cas où Hutter rentrerait en possession du château, qu'il lui arrivât de passer le reste de ses jours sans soupçonner même l'invasion faite dans les secrets de sa caisse. Le pistolet crevé était ce qui aurait pu surtout révéler le secret ; mais il fut mis à côté de l'autre, et le tout fut placé, comme auparavant, dans le fond de la caisse où se trouvaient une demi-douzaine de paquets qui n'avaient pas été ouverts. Cela fait, le couvercle fut baissé, les cadenas posés et les serrures fermées. La clef fut ensuite replacée dans la poche où elle avait été prise.

Il fallut plus d'une heure pour arrêter le plan à suivre, et pour remettre chaque chose en ordre. Il y eut de fréquentes pauses pour causer ; et Judith, qui jouissait de l'admiration franche et sans détour avec laquelle l'œil honnête de Deerslayer contemplait ses beaux traits, trouva moyen de prolonger l'entrevue avec une adresse qui semble être inhérente à la coquetterie féminine. Dans le fait, Deerslayer parut s'apercevoir le premier de cette perte de temps, et ce fut lui qui appela l'attention de ses compagnons sur la nécessité d'adopter quelque mesure pour l'exécution du plan arrêté au sujet de la rançon.

Chingachgook était resté dans la chambre à coucher, où les éléphants avaient été déposés, afin de repaître ses yeux des images d'animaux si merveilleux et si nouveaux. Peut-être son instinct lui disait-il que sa présence ne serait pas, pour ses compagnons, aussi agréable que son éloignement ; car Judith n'était pas fort réservée dans la manifestation de ses préférences, et le Delaware n'était pas arrivé si près du mariage sans avoir acquis quelque connaissance des symptômes de la maîtresse passion.

— Eh bien, Judith, dit Deerslayer en se levant, après une entrevue beaucoup plus longue qu'il ne l'avait soupçonné lui-même, il est agréable de causer avec vous et de régler toutes ses affaires, mais le devoir nous appelle d'un autre côté. Pendant tout ce temps, Hurry et votre père, pour ne pas dire Hetty.....

La parole expira soudain sur ses lèvres; car, en cet instant critique, un léger pas fut entendu sur la plate-forme; une figure humaine obscurcit le seuil de la porte, et la personne qu'il venait de nommer se trouva devant lui. Deerslayer et Judith avaient à peine laissé échapper, l'un une légère exclamation, l'autre un faible cri, qu'un jeune Indien, âgé de seize à dix-sept ans, vint se placer auprès d'elle. Hetty et lui avaient aux pieds des moccasins, aussi étaient-ils entrés sans bruit; mais quelque inattendue et furtive qu'eût été leur arrivée, elle ne troubla pas le sang-froid de Deerslayer. Son premier mouvement fut de parler rapidement en delaware à son ami, pour lui conseiller de ne pas se montrer, tout en se tenant sur ses gardes; le second fut d'aller à la porte pour s'assurer de l'étendue du danger. Néanmoins nulle autre personne n'était arrivée; et une espèce de radeau, qui flottait près de l'arche, expliqua aussitôt de quel moyen on s'était servi pour ramener Hetty. Deux troncs de sapin morts et bien secs, et par conséquent pouvant flotter, étaient joints au moyen de chevilles et d'osier, et une petite plate-forme en marronnier de rivière avait été grossièrement ajustée sur la surface. Hetty y était restée assise sur une souche de bois, tandis que le jeune Iroquois éloignait du rivage, à l'aide de rames, ce radeau informe et lent, mais parfaitement sûr. Aussitôt que Deerslayer l'eut attentivement examiné, et qu'il se fut assuré qu'il n'y avait pas autre chose dans le voisinage, il secoua la tête et murmura en soliloque, suivant son usage:

— Voilà ce que c'est que de s'être amusé à fouiller dans le coffre d'un autre! Si nous avions veillé d'un œil prudent et attentif, une pareille surprise n'aurait jamais pu avoir lieu; et la manière dont nous sommes joués par un enfant nous montre à quoi nous pouvons nous attendre quand de vieux guerriers se mettront tout de bon à manœuvrer. Cependant c'est un acheminement à un traité pour la rançon, et j'entendrai ce que Hetty peut avoir à dire.

Judith, dès que sa surprise et sa frayeur furent un peu calmées, témoigna avec une affection naturelle la joie qu'elle éprouvait du retour de sa sœur. Elle la pressa sur son sein et l'embrassa, comme elle avait coutume de le faire dans les jours de leur enfance et de leur innocence. Quant à Hetty, elle fut moins émue, car il n'y avait pas de surprise pour elle, et son énergie était soutenue par la pureté et la sainteté de ses motifs. Sur l'invitation de sa sœur, elle prit un siége, et elle commença le récit de ses aventures depuis l'instant de leur séparation. Elle en était seulement aux premiers mots de son histoire, quand Deerslayer revint, et il se mit aussi à écouter attentivement, tandis que le jeune Iroquois restait debout près de la porte, aussi indifférent en apparence à ce qui se passait, qu'un des troncs d'arbres qui formaient le plafond de la chambre.

Le récit de la jeune fille fut assez intelligible jusqu'à ce qu'elle arrivât à l'endroit où nous la laissâmes dans le camp, après son entrevue avec les chefs, et au moment où Hist la quitta de la manière brusque dont nous avons parlé. Nous lui laisserons le soin de raconter elle-même la suite de l'histoire.

— Pendant que je lisais des textes de la Bible aux chefs, Judith, vous n'auriez pu voir qu'ils changeaient de façon de penser; mais si vous plantez de la semence, elle poussera. Dieu a planté les semences de tous les arbres.

— Ah! c'est vrai, c'est vrai, murmura Deerslayer; et il en est résulté une riche moisson.

— Dieu a planté les semences de tous les arbres, continua Hetty après un moment de pause, et vous voyez à quelle hauteur ils sont parvenus, et quel ombrage ils donnent! Il en est ainsi de la Bible: vous pouvez en lire un verset cette année, puis l'oublier, et il vous reviendra à l'esprit dans un an d'ici, quand vous songerez le moins à vous le rappeler.

— Et avez-vous rien trouvé de semblable parmi les sauvages, pauvre Hetty?

— Oui, Judith, plus tôt et plus complétement que je ne l'avais même espéré. — Je ne restai pas longtemps avec mon père et Hurry, et nous allâmes déjeuner, Hist et moi. Aussitôt que nous eûmes fini, les chefs vinrent à nous, et nous trouvâmes alors les fruits des semences qui avaient été plantées. Ils dirent que ce que j'avais lu dans le bon livre était juste, — que cela devait être juste, — que cela semblait juste, et produisait à leurs oreilles l'effet d'un doux chant d'oiseau; puis ils me dirent de retourner sur mes pas et de rapporter leurs paroles au grand guerrier qui avait massacré un de leurs braves; de vous le dire à vous aussi, et de vous assurer combien ils seraient heureux de venir au temple ici, dans le château, ou bien de venir au soleil, pour m'entendre lire les passages du livre sacré, — et puis de vous dire qu'ils désiraient vous voir consentir à leur prêter quelques pirogues, afin de pouvoir amener mon père, Hurry et leurs femmes au château, pour que nous puissions tous nous asseoir sur cette plate-forme et écouter les chants du Manitou des Faces-Pâles. Eh bien! Judith, avez-vous jamais rien connu qui montrât aussi clairement que cela le pouvoir de la Bible?

— Si cela était vrai, ce serait un miracle, en vérité, Hetty ; mais tout cela n'est autre chose que ruse indienne et trahison indienne, pour l'emporter sur nous par l'adresse en voyant qu'ils ne peuvent y réussir par la force.

— Doutez-vous de la Bible, ma sœur, pour juger si sévèrement les sauvages?

— Je ne doute pas de la Bible, pauvre Hetty, mais je doute beaucoup d'un Indien et d'un Iroquois. — Que dites-vous de cette visite, Deerslayer?

— D'abord, laissez-moi causer un peu avec Hetty. — Ce radeau fut-il fait après votre déjeuner, Hetty ; et en sortant du camp, êtes-vous venue à pied jusqu'au rivage que nous voyons en face de nous?

— Oh! non, Deerslayer. Le radeau était tout fait et déjà sur l'eau. — Serait-il possible que ce fût un miracle, Judith?

— Oui, oui, un miracle indien, répondit le chasseur. — Ils sont assez experts en ces sortes de miracles. — Ainsi, vous trouvâtes le radeau tout fait, à votre disposition, déjà sur l'eau, et attendant sa cargaison?

— Exactement comme vous dites. Le radeau était près du camp ; les Indiens me mirent dessus, et au moyen de cordes en écorce d'arbre, ils me halèrent jusqu'à l'endroit situé vis-à-vis du château, puis ils dirent à ce jeune homme de m'amener ici en ramant.

— Et les bois sont pleins de vagabonds attendant le résultat du miracle. Nous comprenons maintenant cette affaire, Judith, et je vais d'abord me débarrasser de ce jeune Canadien, suceur de sang. Après cela, nous aviserons au parti que nous devons prendre. Vous et Hetty, laissez-moi seul avec lui ; mais apportez-moi d'abord les éléphants que le Serpent est à admirer ; car nous ne pouvons songer à laisser seul un instant ce jeune vagabond ; autrement, il nous empruntera une pirogue sans en demander la permission.

Judith obéit ; elle apporta d'abord les éléphants, puis elle et sa sœur se retirèrent dans leur chambre. Deerslayer avait acquis quelque connaissance de la plupart des dialectes indiens de cette contrée, et il savait assez l'iroquois pour converser en cette langue. Il fit donc signe au jeune garçon d'approcher, le fit asseoir sur la caisse, et plaça tout à coup deux des tours devant lui. Jusqu'à ce moment, le jeune sauvage n'avait pas manifesté la moindre émotion. Il y avait en ce lieu et dans le voisinage une foule de choses nouvelles pour lui, mais il avait conservé son sang-froid avec le calme d'un philosophe. A la vérité, Deerslayer avait surpris son œil noir examinant la construction du château et les armes; mais cette inspection avait été faite d'un air si innocent, d'une manière si indolente et si enfantine, qu'aucun homme, à moins d'avoir été, comme Deerslayer, formé à pareille école, n'en eût même soupçonné l'objet. Cependant, dès que les regards du sauvage tombèrent sur les figures d'ivoire, représentant des animaux merveilleux et inconnus, la surprise et l'admiration s'emparèrent de lui. On a souvent raconté l'effet que produisaient à la première vue les babioles de la vie civilisée sur les insulaires de la mer du Sud; mais le lecteur ne doit pas le comparer à ce qu'éprouvent les Indiens américains en semblables circonstances. Dans l'occasion dont nous parlons, le jeune Iroquois, ou Huron, laissa échapper une exclamation de ravissement; puis il se modéra, comme le ferait quelqu'un coupable d'un manque de décorum. Après cela, ses yeux, au lieu d'errer à l'aventure, se fixèrent immobiles sur les éléphants; et après une courte hésitation, il osa même en prendre un dans sa main. Deerslayer le laissa faire pendant dix bonnes minutes, sachant bien que le jeune homme examinait ces curiosités de façon à pouvoir, à son retour, en donner à ses chefs la description la plus exacte et la plus minutieuse. Lorsqu'il jugea qu'il lui avait laissé assez de temps pour produire l'effet désiré, le chasseur posa un doigt sur le genou nu du jeune garçon, dont il voulait attirer sur lui l'attention.

— Ecoutez, dit-il, j'ai besoin de causer avec mon jeune ami du Canada. Qu'il oublie une minute cette merveille.

— Où est l'autre Face-Pâle? demanda le jeune homme en levant les yeux, et en trahissant involontairement la pensée qui avait tenu la première place dans son esprit avant d'avoir vu les éléphants.

— Il dort; ou s'il n'est pas endormi, il est dans la chambre où les hommes dorment, répondit Deerslayer. — Comment mon jeune ami sait-il qu'il y en a un autre ici?

— Je l'ai vu du rivage. Les Iroquois ont de longs yeux, ils voient au-delà des nuages. — Ils voient le fond de la grande source!

— Bon, les Iroquois sont les bien-venus. Deux Faces-Pâles sont prisonniers dans le camp de vos pères, jeune homme.

Le jeune Indien fit un signe affirmatif, en ayant l'air de traiter cette circonstance avec une grande indifférence; cependant, un instant après, il se mit à rire, comme s'il se fût réjoui de l'adresse supérieure de sa tribu.

— Pouvez-vous me dire ce que vos chefs ont intention de faire de ces captifs, ou bien n'ont-ils pas encore pris un parti?

Le jeune homme regarda un moment le chasseur d'un air un peu étonné, puis il mit tranquillement le bout de son index sur sa tête, juste au-dessus de l'oreille gauche, et il le passa autour de son crâne, avec une exactitude et une précision qui montraient quelles excellentes leçons il avait reçues dans cet art particulier à sa race.

— Quand? demanda Deerslayer dont la colère s'enflamma à cette froide manifestation d'indifférence pour la vie humaine. — Et pourquoi ne pas les emmener dans vos wigwams?

— Le chemin est trop long et trop plein de Faces-Pâles. Nos wigwams sont pleins, et les chevelures se vendent cher. Une petite chevelure vaut beaucoup d'or.

— Bien, cela l'explique, oui, cela suffit à l'expliquer. Il n'est pas besoin de parler plus clairement. Maintenant, vous savez que le plus vieux de vos prisonniers est le père de ces deux jeunes filles, et que l'autre est le prétendu de l'une d'elles. Elles désirent naturellement sauver les chevelures de pareils amis, et elles donneront ces deux créatures d'ivoire pour leur rançon, une pour chaque chevelure. Retournez dire cela à vos chefs, et apportez-moi leur réponse avant le coucher du soleil.

Le jeune homme entra dans ces vues avec zèle et avec un air de sincérité qui ne permettait pas de douter qu'il ne s'acquittât de sa commission avec intelligence et promptitude. Il oublia un moment son amour de la gloire, et toute l'animosité de sa race contre les Anglais et leurs Indiens, dans son désir d'avoir un tel trésor dans sa tribu; de sorte que Deerslayer fut satisfait de l'impression qu'il avait produite. Le jeune homme proposa, il est vrai, d'emporter un des éléphants pour faire juger de l'autre; mais celui qui négociait avec lui avait trop de sagacité pour y consentir, sachant bien que l'éléphant pourrait ne jamais parvenir à sa destination, s'il était confié à de pareilles mains. Cette petite difficulté fut bientôt aplanie, et le jeune Indien se disposa à partir. Arrivé sur la plateforme, et prêt à sauter sur le radeau, il hésita et se retourna tout court, en proposant d'emprunter une pirogue, comme le moyen le plus propre à abréger la négociation. Deerslayer refusa tranquillement la requête, et après avoir tardé quelques moments encore, l'Indien s'éloigna lentement du château en ramant, et en se dirigeant vers un des fourrés du rivage, situé à une distance de moins d'un demi-mille. Deerslayer s'assit sur un tabouret, et suivit des yeux l'ambassadeur, tantôt observant toute la ligne du rivage, tantôt s'appuyant le coude sur son genou et le menton sur sa main, sans changer d'attitude pendant un laps de temps considérable.

Durant l'entrevue qui eut lieu entre Deerslayer et le jeune Indien, une scène bien différente se passa dans la chambre voisine. Hetty avait demandé à sa sœur où était le Delaware, et quand Judith lui eut dit où et pourquoi il se tenait caché, elle alla le trouver. La réception que Chingachgook fit à la jeune fille qui venait le voir, fut affable et respectueuse. Il connaissait son caractère; et sans doute ses dispositions bienveillantes à l'égard d'une personne semblable furent encouragées par l'espoir d'apprendre des nouvelles de sa fiancée. Aussitôt qu'elle fut entrée, la jeune fille prit un siége et invita l'Indien à se placer auprès d'elle; puis elle continua à garder le silence, en ayant l'air de penser qu'elle devait attendre qu'il la questionnât avant d'entamer le sujet qu'elle avait présent à l'esprit. Mais Chingachgook, qui ne comprenait pas cette pensée, attendit avec une attention respectueuse qu'elle voulût bien lui adresser la parole.

— Vous êtes Chingachgook, le Grand-Serpent des Delawares, n'est-ce pas? dit enfin la jeune fille avec sa simplicité accoutumée, ne pouvant résister plus longtemps au désir qu'elle avait de lui parler, mais voulant d'abord s'assurer que c'était bien lui.

— Chingachgook, répondit le Delaware avec une grave dignité. Cela dit Grand-Serpent, en langue Deerslayer.

— Eh bien! c'est ma langue, celle de Deerslayer, de mon père, de Judith, et du pauvre Hurry Harry. Connaissez-vous Henry March, Grand-Serpent? non sans doute, car il aurait aussi parlé de vous.

— Quelque langue a-t-elle nommé Chingachgook, Lis-Penché? (le chef avait donné ce nom à la pauvre Hetty). Son nom a-t-il été chanté par un petit oiseau parmi les Iroquois?

Hetty ne répondit pas d'abord; mais guidée par ce sentiment indéfinissable qui éveille la sympathie et l'intelligence chez les jeunes filles sans expérience, elle baissa la tête, et ses joues devinrent pourpres, avant qu'elle pût parler. Les ressources de son intelligence n'auraient pas suffi pour expliquer cet embarras; mais si la pauvre Hetty ne pouvait se rendre compte de toutes choses, elle pouvait toujours recevoir des impressions. Son visage reprit lentement ses teintes naturelles, et elle leva un regard assuré sur l'Indien, en souriant avec l'innocence d'un enfant mêlée à l'air d'intérêt bienveillant d'une femme.

— Ma sœur Lis-Penché a entendu pareil oiseau! ajouta Chingachgook avec un air et un ton de douceur qui auraient étonné ceux qui avaient parfois entendu les cris discordants qui étaient souvent sortis du même gosier; car ces transitions de notes rauques et gutturales aux sons doux et mélodieux ne sont pas rares dans les dialogues ordinaires des Indiens.—Les oreilles de ma sœur étaient ouvertes, a-t-elle perdu sa langue?

— Vous êtes Chingachgook, vous devez l'être; car il n'y a pas d'autre homme rouge ici, et elle pensait que Chingachgook viendrait.

— Chin-gach-gook, reprit-il en prononçant lentement le nom, et en appuyant sur chaque syllabe; Grand-Serpent, en langue yengeese[1].

— Chin-gach-gook, répéta Hetty avec la même attention. Oui, c'est ainsi que Hist l'a nommé, et vous devez être ce chef.

— Wah-ta!-Wah, ajouta le Delaware.

— Wah-ta!-Wah ou Hist, oh! Hist. Je trouve Hist plus joli que Wah; aussi je la nomme Hist.

— Wah! très-doux pour oreilles delawares!

— Vous le prononcez autrement que moi. Mais, n'importe, j'ai entendu chanter l'oiseau dont vous parlez, Grand-Serpent.

— Ma sœur dira-t-elle les paroles du chant? Ce qu'il chante le plus, quel air il a, s'il rit souvent?

— Il chantait Chin-gach-gook plus souvent qu'autre chose; et il a ri de bon cœur quand je lui ai raconté comment les Iroquois nous poursuivirent dans l'eau, sans pouvoir nous attraper. J'espère que ces murs de bois n'ont pas d'oreilles, Serpent!

— Pas craindre murs de bois; craindre sœur dans chambre voisine. Pas craindre Iroquois; Deerslayer lui remplit les yeux et les oreilles de l'étrange bête.

— Je vous comprends, Serpent, et j'ai compris Hist. Quelquefois je me figure que je ne suis pas aussi faible d'esprit qu'ils le disent. Maintenant, levez les yeux au plafond et je vous dirai tout. Mais vous m'effrayez, vous avez les yeux si ardents lorsque je parle de Hist!

L'Indien réprima l'ardeur de ses regards, et affecta de se conformer à la demande de la jeune fille:

---

1. Anglaise.

— Hist m'a chargée, à voix bien basse, de vous dire que vous ne devez vous fier en rien aux Iroquois. Ils sont plus astucieux qu'aucun des Indiens de sa connaissance. Et puis elle dit qu'il y a une grande étoile brillante qui paraît au-dessus de cette montagne, environ une heure après la brune, — c'était Vénus que Hist lui montrait sans le savoir, — et qu'au moment où cette étoile s'offre à la vue, elle sera à la pointe où j'ai débarqué la nuit dernière, et qu'il faut que vous alliez la chercher dans une pirogue.

— Bon, Chingachgook comprend assez bien maintenant; mais il comprendra mieux, si ma sœur chante encore.

Hetty répéta ses paroles, en expliquant plus au long de quelle étoile il s'agissait, et en indiquant la partie de la pointe où il devait courir le risque d'aborder. Elle se mit ensuite à lui raconter, à sa manière sans apprêt, ses rapports avec la jeune Indienne, dont elle lui répéta plusieurs fois les expressions et les pensées, qui remplirent d'une vive jouissance le cœur de son fiancé. Elle réitéra surtout l'injonction de se tenir en garde contre la trahison; conseil à peine nécessaire pour des hommes aussi circonspects que celui à qui il était adressé. Elle expliqua aussi, avec une clarté suffisante, car en toute occasion semblable le jugement de la jeune fille l'abandonnait rarement, la situation présente de l'ennemi, et les mouvements qu'il avait faits depuis le matin. Hist était restée avec elle sur le radeau jusqu'à ce qu'il quittât le rivage; elle était actuellement dans les bois, quelque part en face du château, et elle n'avait pas l'intention de retourner au camp avant l'approche de la nuit; elle espérait qu'alors elle pourrait se glisser loin de ses compagnons qui longeraient la rive pour rentrer chez eux, et se cacher sur la pointe. Personne ne paraissait soupçonner la présence de Chingachgook, quoique nécessairement on sût qu'un Indien était entré dans l'arche la nuit précédente, et qu'on le soupçonnât de s'être montré depuis, dans le château et autour du château, sous le costume d'une Face-Pâle. Il existait pourtant quelque léger doute sur ce dernier point; car comme on était dans la saison pendant laquelle on pouvait s'attendre à voir arriver des hommes blancs, on craignait un peu que la garnison du château n'eût été renforcée par ce moyen ordinaire. Hist avait communiqué tout cela à Hetty pendant que les Indiens les halaient le long du rivage; et comme la distance était de plus de six milles, le temps ne leur avait pas manqué.

— Hist ne sait pas elle-même s'ils la soupçonnent ou non, et s'ils vous soupçonnent; mais elle espère le contraire.

— Et maintenant, Serpent, puisque je vous ai dit tant de choses de la part de votre fiancée, continua Hetty en prenant par distraction une des mains de l'Indien, et en jouant avec ses doigts, ainsi qu'on voit souvent un enfant jouer avec ceux d'un père; il faut que vous me laissiez vous dire quelque chose de ma propre part. Quand vous épouserez Hist, il faudra être bon pour elle, lui sourire comme vous me souriez maintenant; et non pas avoir l'air de mauvaise humeur, que quelques chefs prennent avec leurs squaws. Voulez-vous promettre cela?

— Toujours bon pour Wah! Branche trop tendre pour tirer fort; casserait sur-le-champ.

— Oui, et il faudra lui sourire; vous ne savez pas combien une jeune fille brûle d'obtenir un sourire de ceux qu'elle aime. Mon père m'a souri une fois à peine pendant que j'étais avec lui, — et Hurry, — oui, Hurry parlait haut et riait; mais je ne pense pas qu'il m'ait souri une seule fois. Vous savez la différence entre un rire et un sourire?

— Rire, meilleur. Ecoutez Wah! Rire, à penser que oiseau chante!

— Je sais cela; son rire est agréable, mais vous devez sourire, vous. Et puis, Serpent, il ne faut pas lui faire porter de fardeaux et travailler à la terre, comme le font tant d'Indiens; mais la traiter plutôt comme les Faces-Pâles traitent leurs femmes.

— Wah-ta!-Wah non Face-Pâle a peau rouge, cœur rouge, sentiments rouges. Tout rouge; non Face-Pâle. Il faudra qu'elle porte les *papooses*.

— Chaque femme est disposée à porter son enfant, dit Hetty en souriant; et il n'y a pas de mal à cela. Mais vous devez aimer Hist et être doux et bon pour elle; elle est si douce et si bonne!

Chingachgook s'inclina gravement; puis il eut l'air de penser qu'il ferait bien d'éviter la discussion sur ce sujet. Avant que Hetty eût le temps de continuer ses communications, ils entendirent dans la première chambre la voix de Deerslayer qui appelait son ami. Le Serpent se leva pour obéir à cette invitation, et Hetty alla rejoindre sa sœur.

CHAPITRE XIV.

> Jamais assurément, s'écrie l'un, animal plus plus étrange n'a existé sous le soleil : un corps de lézard, mince et long, une tête de poisson, une langue de serpent, une patte armée de trois griffes séparées ; et quelle longueur de queue par derrière !
> MERRICK.

Le premier soin du Delaware, lorsqu'il eut rejoint son ami, fut de procéder gravement à se débarrasser de son accoutrement d'homme civilisé, et de se montrer de nouveau un guerrier indien. Il répondit aux objections faites à ce sujet par Deerslayer, en l'informant que la présence d'un Indien était connue des Iroquois, et que s'il gardait son déguisement, les soupçons se dirigeraient plus probablement sur son projet réel, que s'il se montrait ouvertement comme membre d'une tribu hostile. Quand ce dernier eut compris la vérité, et appris qu'il avait supposé à tort que le chef fût entré dans l'arche sans être découvert, il consentit gaiement à la métamorphose, puisqu'il était inutile de chercher plus longtemps à se cacher. Dans le fond néanmoins, ce désir de paraître en fils de la forêt provenait d'un sentiment plus tendre que celui qu'il avouait ; on lui avait dit que Hist se trouvait sur le rivage opposé ; et la nature triompha à tel point des distinctions de costumes, de tribus et de peuple, qu'elle réduisit ce jeune guerrier sauvage au niveau des sentiments qu'on aurait trouvés chez l'habitant le plus raffiné d'une ville en pareilles circonstances. Il éprouvait une douce satisfaction à penser que son amante pouvait le voir, et en s'avançant sur la plate-forme dans son costume habituel, en Apollon du désert, une foule de ces images caressantes qui voltigent autour de l'esprit des amants assiégèrent son imagination et attendrirent son cœur.

Tout cela fut perdu pour Deerslayer, qui n'était pas très-versé dans les mystères de Cupidon, mais dont l'esprit se préoccupait beaucoup plus des intérêts qui réclamaient son attention que des molles pensées d'amour. Il se hâta donc de ramener son compagnon au sentiment de leur condition présente, en le convoquant à une espèce de conseil de guerre, dans lequel ils devaient arrêter leurs futurs plans de conduite. Dans le dialogue qui suivit, ils se communiquèrent réciproquement ce qui s'était passé pendant leurs différentes entrevues. Chingachgook fut mis au courant du traité commencé au sujet de la rançon, et Deerslayer apprit toutes les confidences faites par Hetty. Il écouta avec un généreux intérêt le récit des espérances de son ami, et lui promit de bon cœur toute l'assistance possible.

— C'est notre principal objet, Serpent, comme vous le savez; car cette lutte pour le château et pour les filles du vieux Hutter est venue comme une sorte d'accident. Oui, oui, je travaillerai activement à secourir la petite Hist, qui est, je ne dirai pas une des meilleures et des plus belles jeunes filles de la tribu, mais la meilleure et la plus belle sans contredit. Je vous ai toujours encouragé, chef, dans cette inclination; et il est convenable, en outre, qu'une race grande et ancienne comme la vôtre ne vienne pas à s'éteindre. Si une femme à peau rouge et à dons rouges pouvait me plaire assez pour que je voulusse l'épouser, j'en chercherais une comme celle-là; mais cela ne pourra jamais arriver; non, cela n'arrivera jamais. Quoi qu'il en soit, je suis content que Hetty ait vu Hist, car si l'une manque un peu d'esprit et d'intelligence, l'autre en a assez pour deux. Oui, Serpent, ajouta-t-il en riant joyeusement, mettez-les ensemble, et l'on ne pourra trouver dans toute la colonie d'York deux filles plus rusées qu'elles.

— J'irai au camp iroquois, répondit le Delaware gravement. Personne que Wah! ne connaît Chingachgook, et un traité où il y va de la vie et de chevelures demande à être fait par un chef! Donnez-moi les animaux étrangers, et laissez-moi prendre une pirogue.

Deerslayer baissa la tête, et se mit à jouer avec le bout d'une ligne qu'il plongea dans l'eau, tout en laissant pendre ses jambes sur le bord de la plate-forme, comme un homme absorbé dans les pensées qui viennent de s'emparer de lui. Au lieu de répondre directement à la proposition de son compagnon, il commença un monologue; du reste cette circonstance ne pouvait ajouter en rien à la vérité de ses paroles, car il était connu pour dire ce qu'il pensait, que ses remarques s'adressassent à lui-même ou à tout autre individu.

— Oui, oui, dit-il, cela doit être ce qu'on nomme l'amour! J'ai entendu dire que parfois il fait chavirer entièrement la raison, et rend un jeune homme aussi incapable de réfléchir et aussi peu circonspect qu'une bête brute. Et penser que le Serpent viendrait à perdre à ce point la raison, l'astuce et la prudence! Certainement, il faut que nous fassions en sorte de délivrer Hist, et qu'ils soient mariés aussitôt que nous serons de retour dans la tribu, sinon cette guerre ne sera pas plus utile au chef qu'une chasse un peu rare et extraordinaire. Oui, oui, il ne sera jamais l'homme qu'il était naguère, tant que cette affaire ne sera pas hors de son esprit, et qu'il n'aura pas repris son bon sens, comme tout le reste de l'espèce humaine. — Serpent, il est impossible que vous parliez sérieusement, et par conséquent je n'aurai que peu de choses à répondre à votre offre. Mais vous êtes un chef, et vous serez bientôt envoyé sur le sentier de guerre à la tête des guerriers; je vous demanderai donc, maintenant, si vous voudriez livrer vos forces entre les mains de l'ennemi avant l'issue du combat?

— Wah! s'écria l'Indien.

— Ah! Wah! Je sais fort bien que c'est Wah! et rien que Wah! Réellement, Serpent, vous me faites éprouver de l'inquiétude et de la mortification! Je n'ai jamais entendu exprimer une idée aussi faible par un chef; et surtout par un homme renommé par sa sagesse, malgré sa jeunesse et son inexpérience. Vous n'aurez pas de pirogue, tant que les conseils de l'amitié pourront compter pour quelque chose.

— Mon ami Face-Pâle a raison. Un nuage a passé sur les yeux de Chingachgook, et la faiblesse est entrée dans son esprit pendant qu'ils étaient voilés. Mon frère a une bonne mémoire pour les bonnes actions, et une mémoire faible pour les mauvaises. Il oubliera.

— Oui, cela est aisé. N'en parlez plus, chef; mais si un autre de ces nuages s'approche de vous, faites en sorte de vous mettre à l'abri. Les nuages sont assez mauvais dans l'air; mais quand ils obscurcissent la raison, cela devient sérieux. A présent, asseyez-vous ici, à côté de moi, et calculons un peu nos mouvements, car bientôt nous aurons une trêve et la paix, ou bien nous en viendrons à une guerre active et sanglante. Vous voyez que les vagabonds peuvent faire servir les troncs d'arbres à leurs projets, aussi bien que les meilleurs constructeurs de radeaux sur les rivières, et il ne leur serait pas très-difficile de faire sur nous une irruption en masse. Je me suis demandé s'il ne serait pas sage de mettre dans l'arche tout ce que possède le vieux Tom, de barrer et de fermer le château, et de nous en tenir entièrement au scow. Cela est mobile; en gardant la voile larguée et en changeant de place, nous pourrions à la rigueur passer un grand nombre de nuits sans que ces loups du Canada pussent pénétrer dans notre bergerie.

Chingachgook écouta ce plan d'un air approbateur. Si la négociation venait à échouer, il y avait peu d'espoir que la nuit se passât sans une attaque ; quant à l'ennemi, il avait assez de sagacité pour comprendre qu'en s'emparant du château, il deviendrait probablement maître de tout ce qu'il contenait, y compris la rançon offerte, sans rien perdre pour cela de l'avantage qu'il avait déjà gagné. Quelque précaution de ce genre parut donc absolument nécessaire, car maintenant que le nombre des Iroquois était connu, un assaut nocturne pouvait difficilement être soutenu avec succès. Impossible d'empêcher l'ennemi de se saisir des pirogues et de l'arche, qui eût offert elle-même aux assaillants un abri contre les balles, aussi sûr que celui que donnait la maison à ses habitants. Pendant quelques minutes les deux amis eurent l'idée de couler l'arche sur un bas-fond, et de transporter les pirogues dans le château, qui deviendrait alors leur seule protection ; mais la réflexion les convainquit à la fin que cet expédient échouerait. Il était si facile de rassembler des troncs d'arbres sur le rivage, et de construire des radeaux presque de toutes dimensions, que sans aucun doute les Iroquois, maintenant que leur attention s'était arrêtée à ce moyen, en useraient sérieusement aussi longtemps que la persévérance pourrait assurer le succès. Après une mûre délibération et un scrupuleux examen de toutes les considérations, les deux jeunes novices dans l'art de la guerre dans les bois s'accordèrent à penser que l'arche offrait la seule sécurité possible. Cette décision ne fut pas plutôt adoptée qu'ils la communiquèrent à Judith. La jeune fille n'ayant aucune objection sérieuse à y faire, ils se mirent tous quatre en devoir d'exécuter leur plan.

Le lecteur comprendra aisément que les biens terrestres du vieux Tom n'étaient pas très-considérables. Deux lits, quelques vêtements, les armes et les munitions, un petit nombre d'ustensiles de cuisine, formaient, avec la caisse mystérieuse à demi examinée, à peu près tout ce qu'il possédait. Tout cela fut bientôt déménagé, car l'arche avait été halée à l'est de la maison, afin que du rivage on ne pût découvrir cette opération. Ils ne crurent pas nécessaire de déplacer les meubles pesants et communs dont on n'avait pas besoin dans l'arche, et qui d'ailleurs n'avaient que peu de valeur intrinsèque. Comme il fallait user de grandes précautions pour transporter les différents objets, qui pour la plupart furent passés par la fenêtre afin que l'ennemi n'aperçût pas de ce qui se faisait, deux ou trois heures s'écoulèrent avant que tout fût terminé. En cet instant on vit le radeau qui s'éloignait du rivage. Deerslayer prit aussitôt sa longue-vue, à l'aide de laquelle il découvrit qu'il était monté par deux guerriers, qui du reste paraissaient être sans armes. Le radeau avançait lentement, et cette circonstance devait, dans le cas d'une collision, donner une très-grande supériorité à l'arche, dont le mouvement était comparativement léger et rapide. Comme on avait assez de temps pour se disposer à recevoir les deux visiteurs, tout fut préparé bien avant qu'ils fussent assez près pour être hélés. Les deux sœurs se retirèrent dans la maison, ainsi que le Serpent qui se tint près de la porte, bien muni de mousquets, pendant que Judith observait ce qui se passait au dehors par une ouverture en forme de meurtrière. Quant à Deerslayer, il avait porté un tabouret au bord de la plate-forme, au point vers lequel le radeau s'avançait, et il s'était assis avec sa carabine négligemment appuyée entre ses jambes.

Tandis que le radeau approchait, les habitants du château s'efforcèrent par tous les moyens possibles de s'assurer si leurs visiteurs avaient des armes à feu. Ni Deerslayer ni Chingachgook ne purent en apercevoir; mais Judith, ne voulant pas s'en rapporter seulement aux yeux, passa la longue-vue par l'ouverture, et la dirigea sur des branches de chêne noir placées entre deux poutres du radeau, sur lequel elles formaient une espèce de plancher, ainsi qu'un banc pour les rameurs. Quand le lourd radeau se trouva à environ cinquante pieds, Deerslayer héla les Hurons en leur disant de ne pas ramer plus longtemps, attendu que son intention n'était pas de les laisser débarquer. Obligés de se conformer à cette injonction, les deux guerriers, à l'air rebarbatif, quittèrent aussitôt leurs siéges, bien que le radeau continuât d'approcher lentement, jusqu'à ce que la dérive l'eût porté beaucoup plus près de la plate-forme.

— Etes-vous chefs? demanda Deerslayer avec dignité; êtes-vous chefs? ou bien les Mingos m'ont-ils envoyé des guerriers sans noms pour remplir une telle mission? S'il en est ainsi, plus vous vous hâterez de vous en retourner, plus nous pourrons espérer voir arriver bientôt celui avec lequel pourra s'entretenir un guerrier.

—Hugh! s'écria le plus âgé des deux hommes du radeau en promenant ses yeux sur les différents objets visibles dans le château et ses alentours, avec une attention qui montrait combien il était difficile que rien lui échappât. Mon frère est très-fier; mais Rivenoak est un nom capable de faire pâlir un Delaware.

—Cela est vrai, ou c'est un mensonge, Rivenoak, suivant le cas; mais probablement je ne pâlirai pas, considérant que je suis né Face-Pâle. Quelle est votre mission, et pourquoi venez-vous sur des arbres qui ne sont pas même creusés?

— Les Iroquois ne sont pas des canards pour marcher sur l'eau ! Que les Faces-Pâles leur donnent une pirogue, et ils viendront dans une pirogue.

— Cela est plus raisonnable que probable. Nous n'avons que quatre pirogues, et comme nous sommes quatre, ce n'est qu'une pour chacun de nous. Quoi qu'il en soit, nous vous remercions de l'offre, tout en vous demandant la permission de ne pas l'accepter. Iroquois, vous êtes les bien-venus sur vos troncs d'arbres.

— Merci. — Mon jeune guerrier Face-Pâle a un nom ; — comment l'appellent les chefs ?

Deerslayer hésita un instant, et un soudain mouvement d'orgueil et de faiblesse humaine s'empara de lui. Il sourit, grommela entre ses dents, puis, levant des yeux pleins de fierté, il dit :

— Mingo, ainsi que tous ceux qui sont jeunes et actifs, j'ai été connu à différentes époques sous des noms différents. Un de vos guerriers, dont l'esprit est parti pour les forêts giboyeuses destinées à votre peuple, pas plus tard qu'hier matin, me jugea digne d'être connu sous le nom de Hawkeye, et cela parce que mon coup d'œil s'est trouvé plus prompt que le sien, dans un moment où il y allait de la vie ou de la mort pour l'un de nous.

Chingachgook, qui prêtait une oreille attentive à tout ce qui se passait, entendit et comprit cette preuve de faiblesse momentanée donnée par son ami, qu'il questionna dans une autre occasion pour en obtenir de plus longs détails au sujet de toute l'affaire de la pointe où Deerslayer avait donné la mort pour la première fois à un de ses semblables. Une fois instruit de toute la vérité, il ne manqua pas d'en faire part à la tribu, et depuis ce temps le jeune chasseur fut universellement connu parmi les Delawares sous un surnom qu'il avait si honorablement gagné. Cependant, comme ce fait est postérieur à tous les incidents de notre histoire, nous continuerons à donner au jeune chasseur le nom sous lequel on l'a d'abord présenté au lecteur. L'Iroquois ne fut pas moins frappé que Chingachgook d'entendre l'homme blanc se vanter ainsi. Il savait la mort de son camarade, et il n'eut aucune peine à saisir l'allusion. Cette rencontre entre le vainqueur et la victime avait eu pour témoins plusieurs sauvages qui se trouvaient sur les bords du lac, et qui avaient été postés sur différents points à la lisière des buissons, pour surveiller les pirogues entraînées à la dérive, mais qui n'avaient pas eu le temps de se porter sur la scène du combat avant la retraite du vainqueur. L'émotion éprouvée par cet habitant des forêts se manifesta par une exclamation de surprise à laquelle succédèrent un sourire et un mouvement de la main dont la courtoisie aurait fait honneur à la diplomatie asiatique. Les deux Iroquois conversèrent à voix basse, puis ils s'avancèrent vers l'extrémité du radeau la plus rapprochée de la plate-forme.

— Mon frère Hawkeye a envoyé un message aux Hurons, reprit Rivenoak, et leurs cœurs en ont été réjouis. Ils ont appris qu'il a des images de bêtes a deux queues ! les montrera-t-il à ses amis?

— Ennemis serait un mot plus vrai, répondit Deerslayer ; mais les mots ne sont que du son, et font peu de mal. Voici une de ces images ; je vous la passe sous la foi des traités. Si elle n'est point rendue, le mousquet décidera la question entre nous.

L'Iroquis parut consentir à ces conditions, et Deerslayer se leva pour jeter un de ces éléphants sur le radeau, après que de part et d'autre on eut pris toutes les précautions nécessaires pour ne pas le perdre. Comme la pratique rend expert en pareille matière, le morceau d'ivoire eut bientôt passé heureusement d'une main dans l'autre; et dans la nouvelle scène qui eut lieu alors sur le radeau, le stoïcisme indien échoua entre la surprise et le ravissement. En examinant la pièce d'échecs si curieusement travaillée, les deux vieux guerriers à mine rébarbative manifestèrent encore plus d'émotion que n'en avait laissé paraître le jeune homme, car chez ce dernier la leçon qui lui avait été faite peu de temps auparavant avait eu sur lui de l'influence, tandis que ces hommes, semblables à tous ceux qui se reposent sur des réputations bien établies, ne rougissaient pas de laisser voir en partie ce qu'ils éprouvaient. Pendant quelques minutes, ils semblèrent avoir perdu tout sentiment de leur situation, tant était intense l'attention qu'ils donnaient à un objet d'une matière si belle et d'un travail si exquis, et à un animal si extraordinaire. La lèvre de l'élan est peut-être ce qui se rapproche le plus de la trompe de l'éléphant dans les forêts de l'Amérique; mais cette ressemblance était bien loin d'être assez frappante pour mettre cette créature nouvelle à la portée de leurs habitudes et de leurs idées; aussi, plus ils examinaient cette figure, plus leur étonnement redoublait. Pourtant, ces enfants de la forêt ne prirent pas la tour placée sur le dos de l'éléphant pour une partie de l'animal. Les chevaux, les bœufs, leur étaient familiers ; ils avaient vu des tours dans le Canada, et ils ne trouvèrent rien d'étonnant dans des bêtes de somme ; mais, par une association d'idées fort naturelle, ils supposèrent que cette sculpture indiquait que l'animal exposé à leurs regards était assez fort pour porter une tour sur son dos; supposition qui ne diminua en rien leur admiration.

— Mon frère à visage-pâle a-t-il d'autres bêtes de cette espèce? demanda à la fin le plus âgé des Iroquois.

— Il y en a d'autres, dans l'endroit d'où vient celle-ci, Mingo; mais une seule suffit pour racheter cinquante chevelures.

— L'un de mes prisonniers est un guerrier, — grand comme un pin, — fort comme l'élan, — agile comme un daim, — furieux come une panthère! Il sera quelque jour un grand chef, et il commandera l'armée du roi George!

— Bah! — Bah! — Mingo; Hurry Harry est Hurry Harry, et vous n'en ferez jamais rien de plus qu'un caporal, si même vous en faites un caporal. Il est sans doute assez grand; mais cela ne lui sert qu'à se cogner la tête contre les branches, lorsqu'il traverse la forêt. Il est fort; mais des membres forts ne sont pas une tête forte, et on ne choisit pas les généraux du roi pour leurs bras nerveux. Il est agile, si vous voulez; mais une balle de carabine est plus agile encore; et quant à la fureur, ce n'est pas une grande recommandation pour un soldat, car ceux qui s'imaginent être les plus furieux deviennent souvent doux comme des moutons quand il s'agit d'en venir au fait. Non, — non, vous ne ferez jamais passer la chevelure de Hurry pour quelque chose de plus qu'une bonne touffe de cheveux frisés, recouvrant une tête sans cervelle!

— Mon vieux prisonnier très-sage, — roi du lac, — grand guerrier, habile conseiller!

— Eh bien, il est des gens qui pourraient nier cela aussi, Mingo. Un homme très-sage ne se laisserait pas prendre aussi sottement que s'est laissé prendre maître Hutter; et s'il donne de bons conseils, il doit en avoir écouté de mauvais en cette affaire. Il n'y a qu'un seul roi pour ce lac; il est bien loin d'ici, et il n'est pas probable qu'il le voie jamais. Le vieux Tom est roi de cette contrée, à peu près comme le loup est roi de la forêt dans laquelle il rôde à l'aventure. Une bête à deux queues vaut bien deux semblables chevelures!

— Mais mon frère a une autre bête. — Il en donnera deux, ajouta-t-il en levant deux doigts, pour le vieux père.

— Le vieux Tom n'est pas mon père, mais il n'en sera pas moins bien traité. Quant à donner deux bêtes pour sa chevelure quand chacune de ces bêtes a deux queues, cela est tout à fait contre le bon sens. Estimez-vous heureux, Mingo, même si vous faites un marché bien moins avantageux.

En ce moment, l'admiration de Rivenoak avait fait place au sang-froid, et il commença à revenir à ses habitudes de ruse, afin de conclure le meilleur marché possible. Il serait superflu de rapporter dans tous ses détails le dialogue décousu qui suivit, et durant lequel l'Indien ne déploya pas peu d'adresse dans les efforts qu'il fit pour regagner le terrain perdu sous l'influence de la surprise. Il affecta même de douter que l'original de cette figure d'animal existât, et il affirma que l'Indien le plus âgé n'avait jamais entendu parler d'aucune bête de cette espèce. Ils étaient loin de songer l'un et l'autre qu'à bien moins d'un siècle de là les progrès de la civilisation amèneraient dans cette contrée des animaux bien plus extraordinaires et bien plus rares encore pour être exposés à l'admiration des curieux, et que l'on verrait la bête en question se baignant et nageant dans le lac même sur lequel cette entrevue avait lieu. Comme cela se voit fréquemment en semblables occasions, une des deux parties s'échauffa un peu dans le cours de la discussion; car Deerslayer réfuta tous les arguments, et éluda tous les détours de son subtil antagoniste avec la froide précision et la franchise inaltérable qui lui étaient propres. Il ne savait guère mieux que le sauvage ce que c'était qu'un éléphant; mais il comprenait parfaitement que les morceaux d'ivoire sculptés devaient avoir, aux yeux d'un Iroquois, à peu près la valeur qu'un sac d'or ou un ballot de peaux de castors aurait pour un marchand. Dans de telles circonstances, il sentit qu'il était prudent de ne pas faire d'abord trop de concessions, puisqu'il existait un obstacle presque invincible à l'échange, même après que les parties contractantes seraient d'accord sur les conditions. Sentant tout l'embarras de cette position, il tint en réserve les autres pièces, comme propres à aplanir, au moment du besoin, toutes les difficultés qui pourraient se présenter.

A la fin, le sauvage prétendit qu'il était inutile de continuer la négociation, attendu qu'il ne pouvait commettre, à l'égard de sa tribu, l'injustice de renoncer à la gloire et aux bénéfices que devaient procurer deux excellentes chevelures mâles dans toute leur force pour une aussi légère considération que deux jouets comme ceux qu'il avait vus, et il se disposa à partir. Les deux parties éprouvèrent alors le sentiment qu'éprouvent généralement deux individus quand un marché désiré par chacun d'eux est sur le point d'être rompu par suite d'un débat trop obstiné. Néanmoins l'effet de ce désappointement fut très-différent sur chacun des deux négociateurs. Deerslayer éprouva de la mortification et des regrets, car il plaignait non-seulement les prisonniers, mais encore les deux sœurs. L'abandon du traité le rendit donc triste et soucieux. Quant au sauvage, le manque de succès fit naître en lui un féroce désir de vengeance. Dans un moment d'excitation, il avait hautement annoncé l'intention de ne plus ajouter un seul mot; et il était aussi furieux contre lui-même que contre son impassible adversaire, d'avoir permis qu'un Visage-Pâle manifestât plus d'indifférence et de sang-froid qu'un chef indien. Lorsqu'il repoussa son radeau de la plate-forme, son visage s'assombrit et ses yeux étincelèrent, même en affectant un sourire amical et en faisant un geste de courtoisie en signe d'adieu.

Il fallut quelque temps pour surmonter la *vis inertiæ* des troncs d'arbres qui composaient ce radeau, et tandis que le silencieux Indien s'occupait de cette manœuvre, Rivenoak marchait d'un air fier et furieux sur les branches de chêne noir placées entre les troncs d'arbre, sans cesser de jeter des regards perçants sur la hutte, la plate-forme et la personne de son récent antagoniste. Une seule fois, il parla à son compagnon à voix basse et avec vivacité, et il remua les branches avec ses pieds, comme un animal rétif. En cet instant, la vigilance de Deerslayer s'était un peu endormie, car il était assis, songeant au moyen de rouvrir la négociation sans donner trop d'avantage à la partie adverse. Par bonheur pour lui peut-être, les yeux vifs et perçants de Judith étaient aussi vigilants que jamais. Au moment où le jeune chasseur était le moins sur ses gardes, et son ennemi plus que jamais sur l'alerte, elle donna très à propos l'alarme à son compagnon, en l'appelant d'une voix pleine de sollicitude.

— Prenez garde à vous, Deerslayer, s'écria-t-elle; à l'aide de la longue-vue j'aperçois des mousquets sous les branches d'arbres, et l'Iroquois les dégage avec les pieds!

Il paraît que l'ennemi avait poussé l'astuce jusqu'à se servir d'un agent comprenant l'anglais. La conversation qui avait précédé avait eu lieu en iroquois; mais à la manière soudaine dont ses pieds redevinrent immobiles, et dont la physionomie de Rivenoak changea son expression de sombre férocité en un sourire affable, il fut évident que l'éveil donné par la jeune fille avait été compris. Faisant signe à son compagnon, qui cherchait à mettre le radeau en mouvement, de rester en repos, il s'avança à l'extrémité la plus rapprochée de la plate-forme, et prit la parole.

— Pourquoi Rivenoak et son frère laisseraient-ils aucun nuage entre eux? dit-il. Ils sont tous deux sages, tous deux braves et généreux, ils devraient se quitter en amis. Une bête sera le prix d'un prisonnier.

— Eh bien! Mingo, répondit Deerslayer, enchanté de renouer la négociation presque à tout prix, et déterminé à river le marché, s'il était possible, par quelques concessions libérales, vous verrez qu'une Face-Pâle sait donner un bon prix quand il trafique le cœur ouvert et avec une main libérale. Gardez la bête que vous aviez oublié de me rendre au moment où vous vous disposiez à partir, et que j'avais oublié de vous redemander, en raison du regret que j'avais de nous quitter en ennemis. Montrez-la à vos chefs. Deux autres seront ajoutées à la première, quand vous nous ramènerez nos amis, et — il hésita un instant, dans la crainte de manquer de prudence en faisant une aussi grande concession; puis, s'y étant décidé, il ajouta, — et, si nous les voyons avant le coucher du soleil, nous en trouverons peut-être une quatrième pour faire un compte rond.

Cela trancha la question. Toute trace de mécontentement disparut du sombre visage de l'Iroquois, qui sourit avec autant de grâce, sinon avec autant de douceur que Judith elle-même. Il examina de nouveau la pièce qu'il avait en sa possession, et une exclamation de plaisir témoigna toute la satisfaction que lui procurait la conclusion de l'affaire. Il était positif que Deerslayer et lui avaient momentanément oublié ce qui était devenu l'objet de leur discussion dans la chaleur des débats; mais il n'en avait pas été de même du compagnon de Rivenoak. Cet homme avait gardé la pièce, et il avait pris la ferme résolution de la laisser tomber dans le lac, dans le cas où il eût été nécessaire de la rendre, bien convaincu qu'il saurait la retrouver quelque jour. Cependant cet expédient désespéré devenait inutile, et après avoir répété les conditions du marché et affirmé qu'elles étaient bien entendues, les deux Indiens partirent enfin, en se dirigeant lentement vers le rivage.

— Pouvons-nous ajouter aucune foi aux paroles de tels misérables? demanda Judith, qui, accompagnée de Hetty, était venue sur la plate-forme, d'où elle suivait des yeux les mouvements paresseux du radeau, à côté de Deerslayer. Ne garderont-ils pas plutôt ce qu'ils ont déjà en mains, et ne nous enverront-ils pas par forme de bravades des preuves sanglantes de la supériorité en fait d'astuce qu'ils croient avoir acquise sur nous? J'ai entendu raconter sur eux des traits qui ne valent pas mieux.

— Sans doute, Judith; ils agiraient ainsi, sans aucun doute, si cela était compatible avec le caractère indien. Mais je ne connais pas les Peaux-Rouges, si cette bête à deux queues ne produit dans la tribu entière autant de confusion qu'en produirait un bâton dans une ruche! Tenez, voilà le Serpent, dont les nerfs sont durs comme le caillou, et qui ne montre pas plus de curiosité pour les choses ordinaires que n'en permet la prudence : eh bien, il a été tellement troublé à la vue de cette créature sculptée en ivoire, comme elle l'est, que j'en ai eu honte pour lui! Tels sont pourtant leurs dons, et l'on ne peut se quereller avec un homme à cause de ses dons, quand ils sont légitimes. Chingachgook reviendra bientôt de sa faiblesse; il se souviendra qu'il est chef, qu'il sort d'une noble souche, et qu'il a un grand nom à soutenir et à conserver; mais quant à ces vagabonds là-bas, ils n'auront pas un instant de repos, tant qu'ils ne croiront pas être en possession de chaque petit morceau d'os sculpté que contiennent les magasins de Thomas Hutter.

— Ils n'ont connaissance que des éléphants, et ils ne peuvent concevoir aucune espérance à l'égard du reste.

— C'est vrai, Judith; mais la convoitise est un sentiment insatiable. Puisque les Faces-Pâles ont ces curieuses bêtes à deux queues, diront-ils, qui sait s'ils n'en ont pas à trois, voire même à quatre! Voilà ce que les maîtres d'école nomment arithmétique naturelle, et ce qui, assurément, tourmentera l'esprit des sauvages. Ils ne seront jamais satisfaits avant de savoir la vérité.

— Pensez-vous, Deerslayer, demanda Hetty avec son air simple et innocent, que les Iroquois ne veuillent pas laisser partir mon père et Hurry?—Je leur ai lu plusieurs des versets les plus remarquables de toute la Bible, et vous voyez ce qu'ils ont déjà fait.

Le chasseur, suivant sa coutume, écouta les remarques de Hetty avec bonté et même avec affection; puis il réfléchit un moment en silence. Son visage était couvert de quelque rougeur lorsque, au bout d'une minute, il répondit à la jeune fille :

— Je ne sais si un homme blanc devrait rougir d'avouer qu'il ne sait pas lire; mais je suis dans ce cas, Hetty. Je vois que vous êtes habile en pareilles matières, tandis que je n'ai étudié la puissance de Dieu qu'en voyant les collines et les vallées, les montagnes et les forêts, les rivières et les sources. On peut apprendre beaucoup de choses ainsi, tout aussi bien que dans les livres; et pourtant il me vient parfois à l'idée que la lecture est un don de l'homme blanc! Quand j'entends de la bouche d'un frère Morave les paroles du livre dont vous parlez, elles rendent mon esprit impatient, et je crois que je voudrais moi-même apprendre à lire; mais la chasse en été, les traditions et les leçons de guerre, ainsi que d'autres occupations, m'ont toujours mis en retard.

—Voulez-vous que je vous l'apprenne, Deerslayer? demanda Hetty avec empressement. On dit que je suis faible d'esprit, mais je sais aussi bien lire que Judith. Cela pourrait vous sauver la vie que de pouvoir lire la Bible aux sauvages, et cela sauvera certainement votre âme, car ma mère me l'a dit bien des fois.

— Merci, Hetty; oui, merci de tout mon cœur. Suivant toute apparence, nous aurons trop à faire pour avoir beaucoup de temps de reste; mais une fois la paix arrivée, et lorsque je reviendrai vous voir sur ce lac, je m'en occuperai avec autant d'attention que si je devais y trouver à la fois plaisir et profit.—Peut-être, Judith, devrais-je être honteux de mon ignorance; mais la vérité est la vérité. Pour ces Iroquois, il n'est pas fort probable qu'un ou deux versets de la Bible leur fassent oublier une bête à deux queues. J'aime à croire qu'ils rendront les prisonniers, se fiant à une diablerie ou à une autre pour les reprendre, et pour se rendre maîtres en même temps de nous, de tout ce qui se trouve dans le château, et de l'arche par-dessus le marché. Toutefois, il faut que nous ménagions ces vagabonds, d'abord pour tirer votre père et Hurry de leurs mains, et ensuite pour conserver la paix entre nous jusqu'à ce que le Serpent que voilà puisse trouver un moyen de délivrer sa fiancée. S'ils s'abandonnent à la colère et à la férocité, les Indiens se hâteront de renvoyer au camp leurs femmes et leurs enfants; tandis qu'en les entretenant dans le calme et la confiance, nous réussirons peut-être à trouver Hist à l'endroit qu'elle a elle-même indiqué. Plutôt que de voir maintenant le marché entièrement rompu, j'ajouterais une demi-douzaine de ces figures d'hommes armés d'arcs et de flèches dont nous avons un bon nombre dans la caisse.

Judith y consentit volontiers, car elle aurait renoncé même à la robe de brocart à fleurs plutôt que de ne pas racheter la liberté de son père, et se conformer aux désirs de Deerslayer.

Il y avait alors tant d'espoir de succès, que tous les habitants du château reprirent courage, sans cesser cependant d'observer avec toute la vigilance convenable les mouvements de l'ennemi. Néanmoins, les heures succédèrent aux heures, et le soleil avait de nouveau commencé à descendre sur les sommets des collines de l'ouest, sans que rien semblât annoncer le retour du radeau. Malgré ce délai, il restait encore une chance d'espoir, que Deerslayer ne manqua pas de communiquer à ses compagnons inquiets. On devait sûrement supposer que les Indiens avaient laissé leurs prisonniers au camp plutôt que de croire qu'ils s'en fussent encombrés en les emmenant dans les bois, où ils n'allaient que pour une courte excursion. S'il en était ainsi, il fallait un temps considérable pour envoyer un message à la distance nécessaire, et pour faire venir les deux hommes blancs au lieu de l'embarquement. Ces réflexions consolantes ranimèrent la patience des habitants du château, qui virent le déclin du jour avec moins d'alarme.

L'événement justifia les conjectures de Deerslayer. Peu d'instants avant la disparition des derniers rayons du soleil, on aperçut le radeau qui sortait de nouveau des buissons qui couvraient le rivage, et lorsqu'il fut plus près, Judith annonça que son père et Hurry, tous deux garrottés, étaient couchés au milieu sur les branches. Comme précédemment, les Indiens étaient à ramer. Ils semblaient comprendre que l'heure avancée réclamait des efforts extraordinaires; et, contre les habitudes de leur nation, toujours ennemie du travail, ils maniaient avec vigueur leurs grossières pagaies. Grâce à cette ardeur, le radeau arriva à son ancienne station en moins de temps qu'aux deux voyages précédents.

Quoique les conditions fussent parfaitement comprises, et que les choses eussent été amenées à ce point, le transfert des prisonniers n'était pas une tâche facile à accomplir. Les Iroquois furent forcés de s'en rapporter en grande partie à la bonne foi de leurs ennemis, et bien à contre-cœur, car aussi ce fut de leur part un acte de nécessité plutôt que de confiance. Une fois Hutter et Hurry au milieu de leurs amis, ceux-ci se trouvaient deux contre un, et les hommes du radeau ne pouvaient songer à prendre la fuite, attendu que les habitants du château avaient trois pirogues en écorce, sans parler de la protection que leur offraient l'arche et la maison. Cela fut compris de part et d'autre, et probablement les arrangements n'auraient jamais pu se terminer, si la physionomie et les manières franches de Deerslayer n'avaient produit sur Rivenoak leur effet ordinaire.

— Mon frère sait que je me fie à lui, dit ce dernier en s'avançant avec Hutter, dont les jambes avaient été dégagées de leurs liens, pour qu'il pût monter sur la plate-forme. Une chevelure, une bête de plus.

— Arrêtez, Mingo, interrompit le chasseur, gardez un instant votre prisonnier. Il faut que j'aille chercher le prix de la rançon.

Cette excuse, quoique vraie en partie, était avant tout un prétexte. Deerslayer quitta la plate-forme, et étant entré dans la maison, il invita Judith à réunir toutes les armes et à les cacher dans sa chambre. Ensuite, il parla gravement au Delaware, toujours en sentinelle à l'entrée du logis, puis il mit dans sa poche les trois dernières tours, et il retourna sur la plate-forme.

—Vous êtes le bienvenu, à votre retour dans votre ancienne demeure, maître Hutter, dit Deerslayer en aidant le vieillard à monter sur la plate-forme, et en passant en même temps avec adresse une autre tour dans la main de Rivenoak.—Vous trouvez vos filles bien heureuses de vous revoir; et voici Hetty elle-même qui vient vous confirmer mes paroles.

Le chasseur cessa alors de parler, et se livra à un de ses francs et silencieux accès de rire. Hurry, dont les jambes venaient d'être délivrées de leurs liens, avait été mis sur ses pieds; mais ses liens avaient été si étroitement serrés, qu'il ne put recouvrer immédiatement l'usage de ses membres, et le jeune géant offrit un spectacle réellement pitoyable et quelque peu grotesque. Ce fut surtout son air égaré qui provoqua la gaieté de Deerslayer.

— Hurry Harry, vous ressemblez à un pin noueux qui est secoué par un ouragan avec une ceinture autour de son tronc, et balancé dans une clairière, dit Deerslayer, réprimant un enjouement un peu déplacé, plutôt par égard pour les autres que par respect pour le prisonnier libéré.—Néanmoins, je vois avec plaisir que vos cheveux n'ont été confiés aux soins d'aucun barbier iroquois pendant votre dernière visite dans leur camp.

— Ecoutez, Deerslayer, repartit March avec une certaine véhémence, il sera prudent à vous de montrer en cette occasion moins de gaieté et plus d'amitié. Une fois en votre vie, conduisez-vous en chrétien, et non pas comme le fait une jeune fille rieuse dans une école de campagne quand le maître a le dos tourné, et dites-moi s'il y a des pieds au bout de mes jambes. Je crois les voir, mais je ne les sens pas plus que s'ils se trouvaient sur les rives du Mohawk, au lieu de la place où ils semblent être.

—Vous vous êtes tiré d'affaire avec tous vos membres, Harry, et ce n'est pas peu de chose, répondit Deerslayer en passant secrètement à l'Indien le reste de la rançon stipulée, et en lui faisant au même moment un signe expressif pour l'engager à battre en retraite.—Vous vous en êtes tiré avec tous vos membres, pieds et tout; vous êtes seulement un peu engourdi en raison de la violente compression des liens. La nature rétablira bientôt la circulation du sang, et vous pourrez alors vous mettre à danser pour célébrer ce que j'appelle une délivrance des plus miraculeuses et des plus inattendues, après avoir été renfermé dans un repaire de loups.

Deerslayer délia les bras de ses amis au moment de leur débarquement, et tous deux arpentèrent la plate-forme en clopinant, en murmurant et lançant des imprécations au milieu des efforts qu'ils faisaient pour favoriser le retour de la circulation. Ils étaient cependant restés trop longtemps garrottés pour recouvrer promptement l'usage de leurs membres ; et les Indiens s'étant éloignés avec autant de diligence qu'ils en avaient déployé pour arriver, le radeau se trouva à une bonne distance du château quand Hurry, en se tournant par hasard de ce côté, vit avec quelle rapidité ses ennemis se dérobaient à sa vengeance. En ce moment, il pouvait se mouvoir avec assez de facilité, quoique ses membres fussent toujours engourdis et pesants. Oubliant son état, il s'empara de la carabine appuyée contre l'épaule de Deerslayer, et il se mit en mesure de l'armer et de mettre en joue. Le jeune chasseur était trop prompt pour lui en laisser le temps. Il saisit l'arme, et l'arracha des mains du géant, mais cependant sans pouvoir, durant la lutte, empêcher le coup de partir en l'air. Il est probable que Deerslayer aurait pu avoir l'avantage, à cause de la faiblesse accidentelle de Hurry ; mais après la détonation de l'arme, ce dernier lâcha prise, et se dirigea vers la maison en boitant, et en levant les jambes à chaque pas, à un pied au moins du sol, car l'état d'engourdissement dans lequel elles étaient, le rendait incertain de la distance où en étaient ses pieds. Mais il avait été devancé par Judith : toutes les armes de Hutter, laissées dans l'habitation comme ressource en cas d'une attaque soudaine, avaient été enlevées, et elles étaient déjà en lieu de sûreté, conformément aux instructions de Deerslayer. Grâce à cette précaution, il ne fut plus possible à March d'exécuter son dessein.

Désappointé dans son désir de vengeance, Hurry s'assit, et pendant une demi-heure il fut, ainsi que Hutter, trop occupé à rétablir la circulation du sang et à recouvrer l'usage de ses membres, pour se livrer à d'autres réflexions. Au bout de ce temps, le radeau avait disparu, et la nuit commençait à jeter ses ombres sur toutes les parties de la forêt. Avant que l'obscurité fût complète, et tandis que les jeunes filles étaient à préparer le repas du soir, Deerslayer esquissa à Hutter les événements qui avaient eu lieu, et il lui fit part des mesures qu'il avait adoptées pour la sécurité de ses enfants et de ses propriétés.

CHAPITRE XV.

> Tant que Edward régnera sur ces contrées, vous ne jouirez d'aucun repos ; vos fils et vos époux seront massacrés, et il coulera des ruisseaux de sang.
> Vous abandonnez votre bon et légitime souverain dans l'adversité ; soyez, comme moi, fidèles à la vraie cause, et mourez en la défendant.
> CHATTERTON.

Le calme du soir formait encore un étrange contraste avec les passions des hommes, tandis que l'obscurité croissante s'harmoniait avec elles d'une manière non moins singulière. Le soleil était couché, et ses derniers rayons avaient cessé de dorer les contours des quelques nuages qui fournissaient un passage suffisant à sa lumière expirante. Le ciel était lourd et chargé ; il présageait une autre nuit ténébreuse ; mais la surface du lac était à peine ridée. Il y avait un peu d'air, mais il méritait à peine le nom de vent. Cependant son humidité et sa pesanteur lui donnaient une certaine force. Les habitants du château étaient aussi tristes et aussi silencieux que la nature. Les deux prisonniers rachetés se sentaient humiliés et déshonorés, mais leur humilité tenait de la colère vindicative. Ils étaient bien plus disposés à se souvenir de l'indigne traitement qu'ils avaient essuyé pendant les dernières heures de leur captivité, qu'à éprouver de la reconnaissance pour l'indulgence qu'on leur avait d'abord témoignée. Et puis, la conscience, ce censeur clairvoyant, en leur rappelant que toutes leurs souffrances n'avaient été qu'une juste suite de leur propre conduite, les portait à jeter les torts sur leurs ennemis, au lieu de s'accuser eux-mêmes. Quant aux autres, le regret et la joie les rendaient également pensifs. Deerslayer et Judith éprouvaient surtout le premier sentiment, quoique pour des motifs bien différents, tandis que Hetty était momentanément au comble du bonheur. La perspective de voir si prochainement sa fiancée présentait aussi au Delaware de séduisantes images de félicité. Ce fut dans de telles circonstances et dans cette disposition d'esprit qu'ils commencèrent le repas du soir.

— Vieux Tom ! s'écria Hurry en poussant de bruyants éclats de rire, vous ressembliez d'une manière surprenante à un ours enchaîné, quand vous étiez étendu sur ces branches de chêne, et je suis seulement étonné que vous n'ayez pas grogné davantage. Allons, c'est passé, et ni les soupirs ni les lamentations ne peuvent y rien changer! Ce gredin de Rivenoak, celui qui nous a ramenés, a une chevelure peu commune, et j'en donnerais moi-même autant que la colonie. Oui, dans l'affaire actuelle, je me sens aussi riche que le gouverneur, et je paierais avec lui doublon pour doublon. Judith, ma mignonne, m'avez-vous beaucoup pleuré, pendant que j'étais entre les mains des *Philipsteins?*

C'était une famille d'origine allemande, habitant sur les bords du Mohawk, pour laquelle il avait une vive antipathie, et dont il avait confondu le nom avec celui des ennemis de la Judée.

— Nos larmes ont grossi le lac, Harry March, comme vous l'auriez pu voir du rivage! répondit Judith avec une affectation de légèreté bien éloignée de ses pensées. — Il était naturel que la position de notre père nous donnât du chagrin à Hetty et à moi; mais nous avons réellement versé des torrents de larmes en songeant à vous.

— Nous avons plaint le pauvre Hurry, aussi bien que notre père, Judith! repartit sans réflexion son innocente sœur.

— Vrai, Hetty, vrai; mais vous savez que nous plaignons tous ceux qui sont dans le malheur, reprit Judith à voix basse, mais d'un ton animé. — Toutefois, nous sommes contentes de vous voir, maître March, et surtout hors des mains des Philipsteins.

— Oui, c'est une vilaine race, ainsi que la couvée qu'elle a placée plus bas sur la rivière. — Je me demande avec surprise comment vous avez pu nous délivrer, Deerslayer, et à cause de ce petit service je vous pardonne de m'avoir empêché de traiter ce vagabond comme il le méritait. Confiez-nous ce secret, pour que dans l'occasion nous puissions vous rendre la pareille. Avez-vous employé ruses ou caresses?

— Ni les unes ni les autres; nous avons payé une rançon pour vous deux, et le prix en a été si élevé que vous ferez bien de prendre garde de redevenir captifs, de peur que notre fonds de marchandises ne soit plus suffisant.

— Une rançon! — Le vieux Tom a payé les violons, en ce cas, car rien de ce que je possède n'aurait pu racheter ma chevelure, encore moins ma peau. Je ne pensais pas que des hommes aussi malins que ces vagabonds donneraient si facilement la liberté à un prisonnier qu'ils tenaient en leur pouvoir sans défense; mais l'argent est l'argent, et, je ne sais comment, il semble contre nature de lui résister. Indien ou homme blanc, c'est à peu près la même chose.— Il faut avouer, Judith, qu'en général il y a beaucoup de nature humaine parmi les hommes, après tout!

En cet instant, Hutter se leva, et faisant un signe à Deerslayer, il le conduisit dans la chambre du fond, où, en réponse à ses questions, il apprit le premier le prix donné pour sa délivrance. Le vieillard n'exprima ni surprise ni ressentiment de l'ouverture de sa caisse, quoiqu'il se montrât un peu curieux de savoir à quel point avait été poussé l'examen de son contenu. Il demanda aussi où l'on avait trouvé la clef. La franchise accoutumée de Deerslayer évita tout subterfuge, et après une courte conférence, ils retournèrent tous deux dans la première chambre, c'est-à-dire dans celle qui servait à la fois de cuisine et de salon.

— Je voudrais bien savoir si nous sommes en guerre ou en paix avec les sauvages, s'écria Hurry au moment même où Deerslayer, qui avait gardé le silence pendant quelques secondes, prêtait une oreille attentive, et passait par la porte extérieure, sans s'arrêter. — Cette reddition des prisonniers paraît assez amicale, et quand des hommes ont fait un marché à d'honnêtes et honorables conditions, ils devraient se quitter amis, au moins en cette occasion.

— Revenez, Deerslayer, et donnez-nous votre opinion, car depuis les événements qui viennent de se passer, je commence à avoir meilleure idée de vous.

— Voilà une réponse à votre question, Hurry, puisque vous êtes si pressé d'en venir aux mains de nouveau.

En parlant ainsi, Deerslayer jeta sur la table, où l'autre avait un coude appuyé, une espèce de petit fagot, composé d'une douzaine de baguettes fortement attachées par une courroie en peau de daim. March le saisit précipitamment, et l'approchant d'un tison de pin enflammé qui brûlait dans le foyer et qui fournissait la seule lueur dont la chambre fût éclairée, il se convainquit que les bouts de chaque baguette avaient été trempés dans le sang.

— Ce langage est clair, dit le nonchalant habitant de la frontière. — Voici ce qu'on appelle une déclaration de guerre à New-York, Judith. — Comment avez-vous trouvé ce défi, Deerslayer?

— Assez facilement. Il était, il y a moins d'une minute, dans ce que vous appelez la cour de Tom Flottant.

— Comment est-il venu là? Assurément il n'est pas tombé des nuages, comme de petits crapauds en tombent quelquefois; et puis il ne pleut pas. Il faut que vous nous prouviez d'où il vient, Deerslayer; autrement nous vous soupçonnerons de vouloir épouvanter des gens qui depuis longtemps auraient perdu l'esprit, si la crainte pouvait produire cet effet.

Deerslayer s'était approché d'une fenêtre, d'où il jeta un regard sur le sombre aspect du lac. Comme s'il eût été satisfait de ce qu'il avait vu, il s'avança près de Hurry, et il se mit à examiner attentivement le faisceau de baguettes, après l'avoir pris à la main.

— Oui, c'est une déclaration de guerre à la mode indienne, assez sûre, dit-il, et elle prouve combien peu vous êtes fait pour le sentier qu'elle a parcouru, Harry March, puisqu'elle est parvenue jusqu'ici sans que vous en compreniez le moyen. Les sauvages ont pu laisser la chevelure sur votre tête, mais ils ont dû en enlever les oreilles; sans cela, vous auriez entendu le bruit de l'eau, agitée par le radeau sur lequel est revenu le jeune homme. Sa mission était de jeter ces baguettes à notre porte, ce qui veut dire : Depuis la conclusion de notre marché nous avons frappé le signal de guerre, et notre premier soin maintenant sera de vous frapper vous-mêmes.

— Les brigands de loups ! Mais donnez-moi ma carabine, Judith, et je vais faire passer par leur messager une réponse à ces vagabonds.

— Non pas, tant que je serai près de vous, maître March, dit Deerslayer avec sang-froid, en faisant signe à Hurry de renoncer à son dessein. La foi jurée est la foi jurée, que ce soit à une Peau-Rouge ou à un chrétien. Le jeune homme avait allumé une torche, et il est venu ouvertement, à sa lueur, pour nous donner cet avertissement; personne ici ne touchera à sa personne, tandis qu'il remplit une semblable mission. Du reste, il est inutile d'en dire davantage, car il est trop fin pour garder sa torche allumée, maintenant que sa tâche est remplie, et la nuit est déjà trop obscure pour qu'on puisse tirer un mousquet à coup sûr.

— Quant au mousquet, cela peut être assez vrai, mais il y a encore de la ressource dans un canot, répondit Hurry en s'avançant à énormes enjambées vers la porte, son mousquet à la main. Aucun être vivant ne m'empêchera de suivre ce reptile et de rapporter sa chevelure. Plus vous en écraserez dans l'œuf, moins il y en aura pour s'élancer sur vous dans les bois !

Judith trembla de tous ses membres sans trop savoir pourquoi, bien qu'on dût s'attendre à une scène de violence; car si Hurry puisait dans le sentiment de sa force prodigieuse une volonté impétueuse et puissante, Deerslayer se distinguait par le calme et la détermination qui promettent plus de persévérance, et qu'on doit s'attendre à voir réussir. Ce fut plutôt le grave regard de résolution du dernier que la bruyante véhémence du premier qui causa la frayeur de la jeune fille. Hurry arriva bientôt à l'endroit où la pirogue était amarrée, mais auparavant Deerslayer avait parlé en delaware au Serpent, d'un ton vif et animé. Celui-ci avait, il est vrai, entendu le premier le bruit des rames, et il s'était avancé sur la plate-forme pour découvrir ce qui se passait. En apercevant la lumière, il fut certain qu'il arrivait un message, et il n'éprouva ni colère ni surprise quand le jeune homme jeta à ses pieds son faisceau de baguettes. Il se contenta de se tenir sur ses gardes, la carabine à la main, dans la crainte que ce défi ne couvrît quelque trahison. En cet instant, Deerslayer l'ayant appelé, il sauta dans la pirogue, et en enleva les rames avec la rapidité de la pensée. Hurry devint furieux en voyant la nacelle rendue inutile par ce moyen. Il s'approcha d'abord de l'Indien en faisant de bruyantes menaces, et Deerslayer lui-même frémit en songeant à ce qui semblait devoir arriver. March secoua ses poings, semblables à des marteaux d'enclume, les fit voltiger en l'air, tout en avançant sur l'Indien, et tous s'attendaient à le voir essayer d'étendre le Delaware à ses pieds; un d'eux, au moins, savait positivement qu'une pareille tentative ferait aussitôt couler le sang. Mais le maintien calme et résolu du chef imposa à Hurry lui-même, car il savait qu'un tel homme ne se laisserait pas outrager impunément; il tourna donc sa rage contre Deerslayer, dont il ne redoutait pas autant la résistance. On ne peut savoir quel eût été le résultat de cette seconde démonstration, si elle eût été suivie de voies de fait; mais l'affaire n'alla pas plus loin.

— Hurry, dit à ses côtés une voix douce et conciliante, c'est mal de se mettre dans une telle colère, et Dieu ne vous pardonnera jamais. Les Iroquois ont bien agi avec vous, puisqu'ils n'ont pas pris votre chevelure, malgré le désir que vous et mon père vous aviez de prendre les leurs.

On sait parfaitement quelle influence la douceur exerce sur l'emportement. En outre, la conduite pleine de dévouement et de détermination que Hetty avait tenue récemment lui avait valu une sorte de considération dont elle n'avait jamais joui auparavant. Peut-être son influence fut-elle aidée par sa faiblesse d'esprit bien reconnue, en empêchant qu'on ne pût la soupçonner en rien de vouloir dominer la volonté d'un autre. Quelle qu'en fût la cause, l'effet fut certain et satisfaisant. Au lieu de saisir à la gorge son ancien compagnon de voyage, Hurry se tourna du côté de la jeune fille, aux oreilles attentives de laquelle il exhala une partie de son mécontentement, sinon de son courroux.

— C'est trop pitoyable, Hetty, s'écria-t-il, aussi pitoyable qu'une prison de comté ou une disette de castors, que de tenir une créature dans votre trappe et de la voir s'en échapper. La valeur de six peaux, première qualité, est partie sur ce méchant radeau, quand vingt coups de rames bien appliqués auraient suffi pour se l'assurer. Je dis la valeur ; car quant à cette Peau-Rouge ce n'est qu'un enfant, et il ne vaut ni plus ni moins qu'un enfant. — Deerslayer, vous avez nui aux intérêts de vos amis, en laissant une telle occasion s'échapper de mes mains et des vôtres.

La réponse fut donnée tranquillement, mais d'un ton aussi assuré qu'un cœur à l'abri de la crainte et un sentiment intime de droiture pouvaient le rendre.

— J'aurais manqué à la justice en agissant différemment, repartit Deerslayer avec fermeté; et c'est ce que ni vous ni aucun autre n'a le droit de me demander. Ce jeune homme est venu pour une mission légitime, et le plus vil Indien errant dans les bois serait honteux de ne pas la respecter. Du reste, il est maintenant hors de votre portée, maître March, et il est à peu près inutile de parler, comme deux femmes, de ce qu'on ne peut plus empêcher.

A ces mots, Deerslayer s'éloigna de l'air d'un homme décidé à ne pas prolonger une conversation oiseuse, et Hutter tira Harry par la manche, puis le conduisit dans l'arche, où ils eurent un long et secret entretien. De leur côté, l'Indien et son ami se consultèrent entre eux; car, quoique l'étoile ne dût paraître que deux ou trois heures plus tard, Chingachgook ne put s'empêcher de discuter son projet, et de communiquer ses pensées à son ami. Judith aussi, obéissant à sa sensibilité, écouta dans tous ses détails le récit naïf que Hetty lui fit de ses aventures, depuis son débarquement. Les bois ne pouvaient effrayer beaucoup ni l'une ni l'autre de ces deux jeunes filles, élevées comme elles l'avaient été à en contempler chaque jour la vaste étendue, ainsi qu'à errer sous leur sombre feuillage; cependant la sœur aînée sentit qu'elle aurait hésité à s'aventurer ainsi toute seule dans le camp iroquois. Hetty fut peu communicative au sujet de Hist. Elle parla de sa bonté, de sa douceur et de la manière dont elle l'avait rencontrée dans la forêt; mais elle garda le secret de Chingachgook avec un tact et une fidélité dont bien des jeunes filles plus spirituelles n'auraient peut-être pas été capables.

Enfin le retour de Hutter sur la plate-forme fit cesser les diverses conférences. Il rassembla en cet endroit tous les habitants du château, et leur fit part de ses intentions autant qu'il le jugea convenable. Il approuva entièrement la proposition faite par Deerslayer, d'abandonner le château pendant la nuit et de se réfugier dans l'arche. Cet expédient lui parut, ainsi qu'aux autres, le seul moyen d'échapper aux sauvages; car, puisque ceux-ci avaient pensé à construire des radeaux, on ne pouvait douter qu'ils n'essayassent, tout au moins, de s'emparer de l'habitation, et l'envoi des baguettes ensanglantées prouvait assez la confiance qu'ils avaient dans le succès. Bref, le vieillard regarda la nuit comme critique, et il invita tous ses amis à se tenir prêts, le plus tôt possible, à abandonner le château temporairement du moins, sinon pour toujours.

Cette détermination prise, tout fut exécuté avec promptitude et intelligence : le château fut bien fermé de la manière indiquée plus haut; les pirogues furent retirées du bassin, et amarrées à l'arche à côté de celle qui s'y trouvait déjà; le peu d'objets nécessaires qui avaient été laissés dans la maison furent transportés dans la cabine, le feu fut éteint, et tous s'embarquèrent.

Le voisinage des collines avec leurs draperies de pins faisait que, sur le lac, les nuits obscures l'étaient encore plus qu'elles ne le sont naturellement. Cependant, comme à l'ordinaire, une ceinture de lumière, accrue par le contraste, s'étendait au centre de cette nappe d'eau, tandis que les ombres des montagnes tombaient pesantes et épaisses sur tous les bords du lac. Dans cette contrée, le vent d'ouest est celui qui domine sur les lacs; mais, en raison des avenues formées par les montagnes, il est souvent impossible de déterminer la direction réelle des courants d'air, car ils varient fréquemment à des intervalles rapprochés de temps et de lieu. Cela est pourtant plus applicable aux légères bouffées d'air qu'aux brises constantes, quoique, comme chacun le sait, ces dernières mêmes, lorsqu'elles se changent en rafales, soient incertaines et irrégulières, dans tous les pays montagneux et sur des eaux resserrées. En cette occasion, Hutter lui-même, qui était occupé à éloigner l'arche de la station qu'elle avait occupée près de la plateforme, fut embarrassé pour dire positivement de quel côté soufflait le vent. Ordinairement, cette difficulté était résolue par la marche des nuages, qui, flottant à une grande hauteur au-dessus du sommet des collines, obéissaient naturellement aux courants d'air; mais en ce moment la voûte entière du ciel ressemblait à une masse de sombres murailles. On ne voyait aucune ouverture entre les nuages, et Chingachgook tremblait déjà que le défaut d'apparition de l'étoile n'empêchât sa fiancée d'être ponctuelle à son rendez-vous. Dans ces circonstances, Hutter établit sa voile, apparemment dans l'unique but de s'éloigner du château, dans le voisinage duquel il pouvait devenir dangereux de rester beaucoup plus longtemps. L'air gonfla bientôt la toile, et quand le scow eut commencé à obéir au gouvernail et que la voile eut été orientée, on reconnut que la brise venait du sud, et portait vers la rive orientale. Ceux qui se trouvaient à bord du scow, ne trouvant aucun moyen pour faire route plus convenablement à leurs vues, le laissèrent glisser sur la surface de l'eau dans cette direction pendant plus d'une heure; mais alors un nouveau courant d'air les poussa du côté du camp des Indiens.

Deerslayer surveillait tous les mouvements de Hutter et de Harry avec une attention infatigable. Il ne savait trop d'abord s'il devait attribuer à un accident ou à un projet formé la route qu'ils suivaient; mais en ce moment il commença à faire cette dernière supposition. Il était aisé, pour un homme qui connaissait le lac comme Hutter, de tromper un novice en navigation; et quelles que fussent ses intentions, il fut évident, moins de deux heures après, que l'arche avait avancé assez loin pour se trouver à très-peu de distance du rivage, précisément par le travers de la position bien connue du camp. Longtemps avant d'y arriver, Hurry, qui connaissait quelque peu la langue des Algonquins, s'en était servi pour avoir un entretien secret avec le Delaware; et celui-ci en apprit le résultat à Deerslayer, qui avait observé tout ce qui s'était passé d'un air froid, pour ne pas dire méfiant.

— Mon vieux père et mon jeune frère, le Grand-Pin, car le Delaware avait ainsi nommé March, veulent voir des chevelures de Hurons à leurs ceinturons, dit Chingachgook à son ami. Il y a place pour quelques-unes à celle du Serpent, et les guerriers de sa nation s'attendent à les y voir quand il retournera dans son village. Il ne faut pas que leurs yeux restent longtemps couverts d'un brouillard, il faut qu'ils trouvent ce qu'ils cherchent quand ils regarderont. Je sais que mon frère a la main blanche, il ne scalpera pas même les morts. Il nous attendra; et à notre retour, il ne détournera pas les yeux en rougissant de son ami. Le Grand-Serpent des Mohicans doit être digne de marcher dans le sentier de guerre avec Hawkeye.

— Ah! ah! Serpent, je vois ce que c'est; ce nom est destiné à me rester, et avec le temps je finirai par l'entendre substituer à celui de Deerslayer; eh bien! quand de semblables honneurs arrivent, le plus humble de nous tous doit s'y soumettre volontiers. Quant à votre désir de prendre des chevelures, c'est dans vos dons, et je n'y vois aucun mal. Néanmoins, soyez miséricordieux, Serpent; soyez miséricordieux, je vous en conjure. Un peu de pitié ne peut nuire en rien à l'honneur d'une Peau-Rouge. Quant au vieillard, père de ces deux jeunes filles qui pourraient faire naître de meilleurs sentiments dans son cœur, et à Harry March, qui, tout pin qu'il est, pourrait porter les fruits d'un arbre plus christianisé, je les laisse tous deux entre les mains du Dieu de l'homme blanc. Sans l'envoi de ces baguettes ensanglantées, personne ne devrait marcher contre les Mingos cette nuit, considérant que ce serait un déshonneur pour notre bonne foi et notre réputation; mais ceux qui ont soif de sang ne peuvent se plaindre si l'on en verse après leur invitation. Pourtant, Serpent, vous pouvez être miséricordieux. Ne commencez pas votre carrière par les gémissements des femmes et les cris des enfants. Conduisez-vous de manière à faire sourire et non pleurer Hist, quand elle vous retrouvera. Allez donc, et que le Manitou vous protége!

— Mon frère restera ici avec le scow. Wah sera bientôt sur le rivage à m'attendre, et Chingachgook doit se hâter.

L'Indien rejoignit alors ses deux compagnons d'aventures; puis, après avoir amené la voile, ils entrèrent tous trois dans la pirogue et s'éloignèrent de l'arche. Ni Hutter ni March ne parlèrent de leurs intentions à Deerslayer, non plus que de la durée probable de leur absence. Ils en avaient chargé l'Indien, qui s'en était acquitté avec le laconisme qui le caractérisait. Dès que la pirogue fut hors de vue, ce qui arriva avant que les rames eussent frappé l'eau douze fois, Deerslayer prit les mesures qu'il jugea les plus convenables pour maintenir l'arche aussi stationnaire que possible; puis il s'assit à l'extrémité du scow pour se livrer à ses amères réflexions. Il ne tarda pourtant pas à être rejoint par Judith, qui guettait toutes les occasions d'être près de lui, en dirigeant les attaques qu'elle faisait sur son cœur avec l'adresse suggérée par une coquetterie d'instinct aidée par quelque pratique, mais dont le plus dangereux pouvoir venait de la teinte de sensibilité que jetait dans ses manières, dans sa voix, dans ses accents, dans ses pensées et dans ses actions, l'inexprimable charme de la tendresse naturelle. Nous laisserons maintenant le jeune chasseur exposé à ce dangereux assaut, pour suivre au rivage les individus à bord de la pirogue, car cette affaire réclame plus immédiatement notre attention.

La pensée dominante qui porta Hutter et Hurry à réitérer leur tentative contre le camp des Indiens, fut précisément celle qui les avait guidés la première fois, un peu fortifiée peut-être par le désir de la vengeance. Mais ni l'un ni l'autre de ces deux êtres grossiers, si impitoyables en tout ce qui touchait les droits et les intérêts de l'homme rouge, quoique, du reste, ils possédassent quelques sentiments d'humanité, n'y fut si fortement poussé par aucun autre motif que la soif du gain qu'ils voulaient étancher à tout prix. A la vérité, les souffrances que Hurry avait éprouvées avaient allumé son courroux au moment de sa délivrance; mais cette émotion avait été bien vite effacée par son amour naturel pour l'or, qu'il convoitait avec l'insouciante avidité d'un prodigue aux abois, plutôt qu'avec la passion incessante de l'avare. En un mot, le motif qui les portait à marcher si tôt contre les Hurons, était un mépris habituel pour leurs ennemis, aidé de l'avidité insatiable de la prodigalité. Cependant les nouvelles chances de succès eurent quelque part au projet de cette seconde entreprise. Ils savaient qu'une grande partie des guerriers, peut-être tous, étaient campés pour la nuit en face du château, et ils espéraient en conséquence pouvoir s'emparer des chevelures de victimes sans défense. A dire vrai, Hutter surtout, Hutter qui venait de laisser deux filles derrière lui, s'attendait à trouver fort peu d'hommes dans le camp, mais seulement des femmes et des enfants. Il n'avait fait qu'une légère allusion à ce fait dans ses entretiens avec Hurry, et il n'en avait pas dit un mot à Chingachgook, qui, si l'idée lui en était venue, l'avait gardée pour lui seul.

Hutter gouvernait la pirogue, Hurry avait bravement pris son poste sur l'avant, et Chingachgook se tenait debout au centre. Nous disons — debout — car ils savaient tous trois conduire cette sorte de frêle barque avec assez d'habileté pour pouvoir garder cette posture au milieu des ténèbres. Ils s'approchèrent du rivage avec circonspection, et le débarquement fut effectué en sûreté. Ils préparèrent leurs armes, et commencèrent à s'approcher du camp à pas de tigre. L'Indien marcha en tête, suivi de près par ses compagnons, et ils se glissèrent en avant avec tant de précautions, que leurs pas faisaient à peine le plus léger bruit. Çà et là, une branche sèche craquait sous l'énorme poids du gigantesque Hurry, ou sous les pieds lourds et maladroits du vieillard; mais l'Indien aurait marché dans l'air que ses pas n'eussent pas paru plus légers. L'objet essentiel était de découvrir d'abord la position du feu, qu'ils savaient être au centre du camp. A la fin, l'œil perçant de Chingachgook entrevit un indice de ce guide important : c'était une faible lueur qu'on apercevait à travers les arbres, à quelque distance. On ne voyait pas de flamme, mais seulement un tison fumant, car il se faisait tard, et les sauvages se couchent et se lèvent avec le soleil.

Aussitôt qu'ils eurent découvert ce phare, les aventuriers s'avancèrent à pas plus sûrs et plus rapides. En quelques minutes ils arrivèrent à la ligne du cercle tracé par les petites huttes, ils s'y arrêtèrent pour reconnaître le terrain et pour concerter leurs mouvements. L'obscurité était si profonde, qu'il leur fut difficile de distinguer autre chose que le tison allumé, les troncs des arbres les plus voisins, et l'immense dôme de feuillage qui cachait le ciel couvert de nuage. Néanmoins, ils s'assurèrent qu'ils étaient tout près d'une hutte, et Chingachgook se chargea d'en examiner l'intérieur. L'Indien s'approcha du lieu où il supposait que se trouvait l'ennemi, avec la ruse du chat qui veut saisir un oiseau. Arrivé tout près, il rampa sur les genoux et les mains, car l'entrée était si basse que cette attitude était nécessaire. Avant de passer la tête dans l'intérieur, il écouta longtemps, dans l'espoir d'entendre la respiration des individus endormis. Aucun son ne parvint à son oreille, et cet homme-serpent allongea sa tête par la porte ou ouverture, comme l'aurait fait un autre serpent arrivant à un nid d'oiseau. Cette tentative hasardeuse n'eut aucun résultat; car, après avoir cherché à tâtons avec une main prudente, il reconnut que la hutte était déserte.

Le Delaware examina une ou deux autres huttes avec les mêmes précautions, et il trouva tout dans le même état. Il rejoignit alors ses compagnons, à qui il apprit que les Hurons avaient abandonné leur camp. Un nouvel et rapide examen confirma ce fait, et il ne leur resta plus qu'à retourner à la pirogue. La manière différente dont chacun des aventuriers supporta ce désappointement demande une courte observation. Le chef, qui n'avait débarqué que dans le seul espoir d'acquérir de la gloire, resta immobile et appuyé contre un arbre, en attendant le bon plaisir de ses compagnons. A la vérité, il fut mortifié et un peu surpris; il montra une noble résignation, en appelant à son aide les espérances plus douces que cette soirée lui tenait encore en réserve. Assurément il lui fallait renoncer à aller trouver sa maîtresse, décoré des trophées de son audace et de son adresse, mais il pouvait encore espérer de la rencontrer; et le guerrier qui montrait du zèle à chercher l'ennemi pouvait toujours se flatter d'être honoré. D'un autre côté, Hurry et Tom, qui n'avaient guère été guidés que par le plus vil de tous les motifs humains, purent à peine se contenir. Ils allèrent rôder dans toutes les huttes, comme s'ils se fussent attendus à y trouver quelque enfant oublié ou quelque dormeur imprudent; à plusieurs reprises, ils firent tomber leur dépit sur les huttes insensibles, dont plusieurs furent mises en pièces, et dont les débris furent dispersés de tous côtés. Ils en vinrent même à se quereller et à se faire des reproches avec fureur. Il en serait peut-être résulté des suites sérieuses, si le Delaware n'était intervenu pour leur représenter le danger d'une conduite aussi imprudente, et la nécessité de retourner à l'arche. Cette observation mit fin à la dispute, et quelques minutes après ils se mirent à ramer vers l'endroit où ils croyaient trouver le scow.

Nous avons dit que Judith vint se placer auprès de Deerslayer, bientôt après le départ des aventuriers. Pendant quelques instants la jeune fille garda le silence, et le jeune chasseur ignora laquelle des deux sœurs s'était approchée de lui; mais il reconnut bientôt la voix riche et animée de l'aînée, qui donna l'essor à ses secrètes pensées.

— C'est une terrible existence pour deux femmes, Deerslayer! s'écria-t-elle. Plût au ciel que j'en pusse voir la fin!

— Je n'y vois rien de si terrible, Judith, répondit-il; c'est à peu près suivant qu'on en use ou qu'on en abuse. — Que voudriez-vous à sa place?

— Je serais mille fois plus heureuse si je vivais avec des êtres civilisés,—là où se trouvent des fermes, des temples et des maisons bâties par des mains chrétiennes, et où, la nuit, mon sommeil serait doux et tranquille! Une demeure dans le voisinage des forts serait mille fois préférable aux lieux désolés que nous habitons.

— Non, Judith, je ne puis convenir trop légèrement de la vérité de tout cela. Si les forts sont utiles pour tenir les ennemis à une certaine distance, ils renferment parfois eux-mêmes des ennemis qu'on ne trouverait pas ailleurs. Je ne pense pas qu'il vous serait avantageux, non plus qu'à Hetty, d'habiter dans un pareil voisinage, et s'il faut vous dire ma pensée, je crains que vous n'en soyez déjà trop près ici. — Deerslayer continua à parler du ton ferme et sérieux qui le caractérisait, car l'obscurité l'empêchait de voir l'extrême rougeur des joues de la jeune fille, qui faisait tous ses efforts pour empêcher le bruit de sa respiration presque étouffée.—Quant aux fermes, elles ont leur utilité, et il est des gens qui aiment à y passer leur vie; mais quels plaisirs un homme peut-il chercher dans les défrichements, qu'il ne puisse trouver doublement dans la forêt? S'il veut de l'air, de l'espace, de la clarté, les percées et les rivières lui en fourniront, et en outre, il se trouve ici des lacs pour ceux dont les désirs sont plus grands. Mais où trouver dans un défrichement de l'ombrage, des sources riantes, des ruisseaux, des cascades, de vénérables arbres âgés de mille ans? Vous ne les y trouvez plus, mais vous voyez leurs souches marquant la terre comme des pierres sépulcrales dans un cimetière. Il me semble que ceux qui habitent de semblables lieux doivent penser sans cesse à leur propre fin et au dépérissement universel; non pas au dépérissement qu'entraînent la nature et le temps, mais à celui qui résulte des ravages et de la violence. Quant aux temples, ils sont utiles, je suppose, autrement les honnêtes gens ne voudraient pas payer leur entretien, mais ils ne sont pas absolument nécessaires. On les appelle les temples du Seigneur; mais, Judith, la terre entière est un temple du Seigneur pour ceux dont l'esprit est droit. Ni forts ni temples ne rendent les hommes plus contents d'eux-mêmes. En outre, tout est contradiction dans les colonies, tandis que tout est d'accord dans les bois. Les forts et les temples vont presque toujours ensemble, et cependant ils se contredisent ouvertement; les temples étant pour la paix, et les forts pour la guerre. Non, non — parlez-moi des forts du désert, c'est-à-dire des arbres, et des temples en feuillage élevés par la main de la nature au sein de la solitude.

— La femme n'est pas faite pour des scènes semblables à celles que vous voyez ici, Deerslayer; et ces scènes n'auront pas de fin, tant que durera cette guerre.

— Si vous parlez de femmes blanches, je suis porté à croire que vous n'êtes pas fort éloignée de la vérité; mais quant aux rouges, ces sortes d'afflictions sont précisément ce qui leur convient. Rien maintenant ne rendrait plus heureuse Hist, la jeune fille que Chingachgook doit prendre pour femme, que de savoir qu'il est en ce moment à rôder autour de ses ennemis naturels pour chercher à enlever quelque chevelure.

— Assurément, Deerslayer, elle ne peut être femme sans éprouver de l'inquiétude en songeant que l'homme qu'elle aime est en danger.

— Elle ne songe pas au danger, Judith, mais à l'honneur, et quand on est animé par un pareil sentiment, croyez-moi, il y a peu de place pour la crainte. Hist est une créature gaie, bonne, douce et aimable, mais elle aime autant la gloire qu'aucune fille delaware que j'aie jamais connue. Elle doit rejoindre le Serpent dans une heure d'ici, sur la pointe où Hetty a débarqué, et sans nul doute cette démarche l'inquiète comme elle inquiéterait toute autre femme; cependant elle ne serait que plus heureuse, si elle savait que son amant est maintenant à guetter un Mingo pour en avoir la chevelure.

— Si vous le croyez réellement, Deerslayer, je ne suis point étonnée que vous attachiez tant d'importance à ce que vous appelez les dons de la Providence ou de la nature. Quant à moi, je suis sûre que toute fille blanche ne pourrait éprouver que des angoisses, en pensant que la vie de son fiancé est en péril; et je ne suppose pas que vous-même, calme et impassible comme vous semblez l'être, pourriez avoir l'esprit tranquille si vous saviez *votre* Hist en danger.

— C'est un cas différent, c'est un cas tout à fait différent, Judith. La femme est trop faible et trop délicate pour être destinée à courir des risques, et l'homme doit prendre intérêt à elle. Oui, je suis porté à croire que cela est aussi bien dans la nature rouge que dans la blanche; mais je n'ai pas de Hist, et il n'est pas probable que j'en aie jamais, car je trouve que c'est un tort de mêler en rien les couleurs, excepté en fait d'amitié et de services.

— En cela vous avez les sentiments qui conviennent à un homme blanc. Quant à Hurry Harry, je pense qu'il lui serait entièrement indifférent que sa femme fût une squaw ou la fille d'un gouverneur, pourvu qu'elle eût quelque beauté, et qu'elle pût lui préparer de quoi remplir son estomac affamé.

— Vous êtes injuste envers March, Judith; oui, vous êtes injuste. Le pauvre diable raffole de vous, et quand un homme a réellement placé ses affections sur une créature qui vous ressemble, ce n'est ni une Mingo ni même une Delaware qui pourrait le faire changer d'idées. Permis à vous de rire aux dépens d'hommes tels que Hurry et moi, car nous sommes grossiers et ignorants en fait de livres et d'autres connaissances, mais nous avons notre bon comme notre mauvais côté. On ne doit pas mépriser un cœur honnête, parce qu'il n'est pas versé dans tous les raffinements qui plaisent à l'imagination d'une femme.

— *Vous*, Deerslayer! — pouvez-vous sérieusement supposer un instant que je vous mette sur le même niveau que Harry March? Non, non. Je ne suis point assez sotte pour cela. Personne, — homme **ou femme**, — ne pourrait songer à mettre votre cœur honnête, votre **caractère mâle**, votre **sincérité naïve**, en parallèle avec le froid égoïsme, la cupidité insatiable, l'orgueil et la férocité de Harry March. Le plus grand éloge qu'on puisse en faire se trouve dans son sobriquet de Hurry Skurry, qui, s'il n'en dit pas grand mal, n'en dit pas beaucoup de bien. Mon père lui-même, tout en obéissant **comme lui à ses penchants**, comme il le fait en ce moment, sait bien faire la différence entre vous deux. Je le sais, car il me l'a dit très-clairement.

Judith était douée d'une vive sensibilité et de sentiments impétueux, et se trouvant rarement dans la nécessité de dissimuler ses émotions, comme sont forcées de le faire les jeunes filles élevées dans les habitudes de la vie civilisée, elle se trahissait souvent avec une sorte de franchise naturelle, bien supérieure aux ruses et aux froids calculs de la coquetterie. Elle avait même pris en ce moment une des mains calleuses du chasseur, et elle la pressait entre les siennes avec une chaleur et un abandon qui prouvaient combien ses paroles étaient sincères. Heureusement peut-être l'intensité même de ses sentiments modéra ses transports, car la même influence aurait pu lui faire avouer tout ce qu'avait dit son père. En effet, le vieillard ne s'était pas contenté de faire entre Deerslayer et Hurry une comparaison favorable au premier; il avait encore conseillé à sa fille, avec sa brusquerie et sa grossièreté ordinaires, de se débarrasser entièrement de Hurry et de songer à se faire un mari de l'autre. Judith aurait difficilement fait cet aveu à tout autre homme, mais la simplicité vraie de Deerslayer éveillait une telle confiance, qu'avec des dispositions comme les siennes, elle était sans cesse tentée de franchir les limites de ses habitudes. Cependant elle n'alla pas si loin; elle laissa retomber la main du jeune chasseur, et se retrancha dans une réserve plus convenable à son sexe et à sa modestie naturelle.

— Merci, Judith, merci du fond du cœur, repartit le chasseur, que son humilité empêcha d'interpréter à son avantage la conduite ou le langage de la jeune fille. — Merci, comme si c'était la pure vérité. — Harry est beau, oui, aussi beau que le plus beau pin de ces montagnes, et le Serpent lui a donné un nom en conséquence. Quoi qu'il en soit, les uns aiment la bonne mine, les autres préfèrent la bonne conduite. Hurry possède le premier avantage, et il dépend de lui d'obtenir l'autre, ou... Ecoutez! C'est la voix de votre père, et il parle du ton d'un homme en colère.

— Que Dieu nous épargne toute répétition de ces horribles scènes! s'écria Judith, qui pencha sa tête sur ses genoux et s'efforça d'empêcher ces sons discordants d'arriver à ses oreilles en les couvrant avec ses mains. — J'ai quelquefois souhaité de n'avoir pas de père!

Ces paroles furent prononcées avec amertume, et les pénibles souvenirs qui les arrachaient furent amers. Impossible de dire ce qui aurait pu lui échapper ensuite, si une voix douce et discrète ne s'était fait entendre à ses côtés.

— Judith, j'aurais dû lire un chapitre de la Bible à mon père et à Hurry, dit l'innocente Hetty en tremblant, cela les aurait empêchés de faire une seconde expédition semblable. — Appelez-les, Deerslayer, dites-leur que j'ai besoin d'eux, et qu'il leur sera utile à tous deux de revenir pour écouter mes paroles.

— Que voulez-vous, pauvre Hetty? Vous ne savez pas ce que c'est que la soif de l'or et de la vengeance, si vous croyez qu'on puisse l'éteindre aussi aisément! Mais cette affaire est étrange sous plus d'un rapport, Judith. J'entends votre père et Hurry gronder comme des ours, et cependant la voix du jeune chef reste silencieuse. Il paraît que le secret ne leur est plus nécessaire, et cependant le cri de guerre de Chingachgook, qui devrait retentir dans les montagnes, suivant l'usage en de telles circonstances, ne se fait pas entendre.

— La justice du ciel l'a peut-être frappé, et sa mort a sauvé la vie à des innocents.

— Non pas, non pas, le Serpent n'est pas celui qui en aurait été atteint, si cela était. Il faut qu'il n'y ait point eu d'attaque, et très-probablement le camp a été abandonné, et nos hommes reviennent désappointés. Voilà ce qui explique la mauvaise humeur de Hurry et le silence du Serpent.

Au même instant, on entendit le bruit d'une rame qui tombait dans la pirogue, car l'irritation avait rendu March insouciant, et Deerslayer fut convaincu de la justesse de sa conjecture. La voile ayant été amenée, l'arche n'avait pas dérivé bien loin, et au bout de quelques minutes il entendit Chingachgook qui indiquait à Hutter la direction à suivre pour arriver au scow. En moins de temps que nous n'en mettons à le dire, la pirogue aborda, et les aventuriers entrèrent dans l'arche. Ni Hutter ni Hurry ne parlèrent de ce qui était arrivé; mais le Delaware, en passant auprès de son ami, murmura ces seuls mots : Feu éteint; explication qui, si elle n'était pas littéralement exacte, suffit pour instruire Deerslayer de la vérité. Il fallut alors déterminer la route à suivre. Après une courte conférence, dont le ton ne fut pas très-amical, Hutter décida que le plus sage parti était de tenir le scow sans cesse en mouvement pour mieux déjouer toute tentative de surprise, et il annonça que March et lui avaient l'intention de se coucher pour s'indemniser de ce qu'ils avaient perdu de sommeil durant leur captivité. Comme la brise était toujours légère et variable, il fut enfin arrêté qu'on voguerait toujours vent arrière de quelque point qu'elle soufflât, tant qu'elle ne pousserait pas l'arche vers le rivage. Cette question résolue, les captifs libérés aidèrent à établir la voile, puis ils se jetèrent sur deux des couchettes, laissant à Deerslayer et à son ami le soin de gouverner le scow. Comme ni l'un ni l'autre de ces derniers n'était disposé à dormir à cause du rendez-vous donné par Hist, cet arrangement fut du goût de tous, et la présence de Judith et de Hetty, qui ne voulurent pas se coucher, ne rendit pas cet arrangement moins agréable.

Pendant quelque temps, le scow dériva plutôt qu'il ne fit voile le long du rivage occidental, poussé par un léger courant d'air venant du sud. Il avançait lentement, car il ne faisait pas deux milles par heure; mais les deux amis s'aperçurent que non-seulement il était chassé vers la pointe où ils désiraient arriver, mais que sa marche était tout aussi rapide que l'exigeaient l'heure et les circonstances. On parla peu pendant ce trajet; les deux sœurs mêmes gardèrent le silence, et le peu qui fut dit avait pour objet la délivrance de Hist. L'Indien était calme en apparence; mais, à mesure que les minutes s'écoulaient, son émotion devint de plus en plus vive, et elle s'accrut enfin à un tel point, qu'elle eût satisfait les désirs de la maîtresse la plus exigeante. Deerslayer fit entrer le scow dans les baies, autant que le permettait la prudence, dans le double but de naviguer à l'ombre des bois, et de découvrir tous les indices de campement qui pourraient être aperçus sur le rivage. Ils avaient ainsi doublé une pointe basse, et déjà ils étaient dans la baie à l'extrémité septentrionale de laquelle ils devaient s'arrêter. Ils n'avaient plus qu'un quart de mille à faire, quand Chingachgook s'approcha silencieusement de son ami dont il dirigea l'attention vers un point situé directement devant eux. Un petit feu brillait sur l'extrême lisière des buissons qui couvraient la rive au sud de la pointe; circonstance qui ne leur permit pas de douter que les Indiens n'eussent soudainement transféré leur camp précisément à la langue de terre où Hist leur avait donné rendez-vous

CHAPITRE XVI.

> Je t'entends gazouiller dans la vallée émaillée de fleurs, et embellie par les rayons du soleil; mais tes chants sont pour moi une histoire d'heures de visions agréables.
>
> WORDSWORTH.

La découverte mentionnée à la fin du chapitre précédent était d'une grande importance aux yeux de Deerslayer et de son ami. D'abord, il y avait le danger presque certain que Hutter et Hurry ne fissent une nouvelle tentative d'attaque contre ce camp, s'ils venaient à s'éveiller et à en reconnaître la position; et ensuite il devenait plus dangereux de débarquer pour enlever Hist, sans parler de toutes les chances contraires et hasardeuses résultant nécessairement du changement de position de leurs ennemis. Sachant que l'heure du rendez-vous était proche, le Delaware ne songea plus aux trophées à enlever à l'ennemi, et l'une des premières mesures sur lesquelles il se concerta avec son compagnon, fut de laisser dormir les deux autres, de peur qu'ils ne dérangeassent l'exécution de leurs plans en y substituant les leurs. L'arche avançait lentement, et il aurait fallu un bon quart d'heure pour gagner la pointe, au train dont ils allaient, de sorte qu'ils eurent le temps de méditer un peu. Les Indiens, dans le but d'empêcher leur feu d'être aperçu par ceux qu'ils croyaient encore dans le château, l'avaient placé si près de la rive méridionale de la pointe, que les buissons le dérobaient à peine aux regards de ce côté, quoique Deerslayer gouvernât à droite et à gauche, dans l'espoir d'obtenir ce résultat.

— Nous avons un avantage, Judith, en trouvant ce feu si près de l'eau, dit-il tout en exécutant ces petites manœuvres; car cela prouve que les Mingos nous croient dans la hutte, et qu'ils ne s'attendront pas à nous voir venir de ce côté. Il est heureux que Harry March et votre père soient endormis, autrement ils ne manqueraient pas de vouloir encore rôder pour enlever des chevelures. Ah! tenez! les buissons commencent à cacher le feu, et maintenant il est impossible de le voir!

Deerslayer attendit un peu pour s'assurer qu'il était enfin arrivé à l'endroit désiré, et après qu'il eut donné le signal convenu, Chingachgook jeta l'ancre et amena la voile.

La position occupée par l'arche avait son avantage et son désavantage. Le feu avait été caché à mesure que le scow avait avancé vers le rivage, qui se trouvait peut-être plus rapproché qu'il n'était désirable. Cependant on savait que le lac était très-profond un peu plus loin, et, dans les circonstances où ils étaient placés, ils devaient éviter, si cela était possible, de mouiller dans une eau profonde. Ils croyaient aussi qu'il ne pouvait y avoir aucun radeau à une distance de plusieurs milles, et qu'il serait difficile d'arriver à l'arche sans pirogue, quoique dans les ténèbres elle semblât être sous les branches avancées des arbres. L'épaisse obscurité qui les enveloppait si près de la forêt formait aussi un puissant rempart, et il n'y avait pour eux que peu ou point de danger d'être découverts, tant qu'ils auraient soin de ne faire aucun bruit. Deerslayer communiqua toutes ces remarques à Judith, en lui prescrivant ce qu'elle aurait à faire en cas d'alarme; car il leur semblait imprudent de réveiller les deux individus endormis, si les circonstances ne venaient à l'exiger impérieusement.

— Et maintenant que nous nous entendons, Judith, dit le chasseur en finissant, il est temps que le Serpent et moi nous montions dans la pirogne. A la vérité, l'étoile n'est pas encore levée, mais elle se lèvera bientôt, quoiqu'il soit probable qu'aucun de nous ne la verra cette nuit, à cause des nuages. Après tout, Hist a l'esprit actif, et elle est une de ces personnes qui n'ont pas toujours besoin d'avoir une chose devant elles pour la voir. Je vous garantis qu'elle ne sera ni deux minutes en retard, ni deux pieds trop loin, à moins que ces vagabonds méfiants, les Mingos, n'aient pris l'alarme et placé la jeune fille comme un pigeon bien dressé pour nous attirer dans un piége, ou qu'ils ne l'aient éloignée, afin de la disposer à prendre pour mari un Huron au lieu d'un Mohican.

— Deerslayer, repartit vivement Judith, cette entreprise est très-dangereuse; pourquoi la tenter, *vous?*

— Bah! — vous savez bien que nous allons enlever Hist, la fiancée du Serpent, — la fille qu'il veut épouser aussitôt que nous serons de retour dans la tribu.

— Cela est très-bien quant à l'Indien; — mais *vous*, vous ne voulez pas épouser Hist, — vous n'êtes pas son fiancé; pourquoi donc courir tous *deux* risque de la vie et de la liberté, tandis qu'un seul pourrait tout aussi bien exécuter ce projet?

— Ah! — je vous comprends maintenant, Judith, — oui, je commence à saisir votre idée. Vous pensez que Hist étant la fiancée du Serpent, comme on dit, et non la mienne, cette affaire ne regarde que lui; et que, comme un seul homme peut manœuvrer une pirogue, je devrais le laisser courir seul après sa maîtresse? Mais vous oubliez que tel est l'objet de notre arrivée ici, et qu'il serait honteux d'abandonner un projet précisément quand il offre quelque péril. Et puis, si l'amour est une chose si importante pour quelques individus, et particulièrement pour les jeunes filles, l'amitié compte aussi pour quelque chose chez d'autres. J'ose dire que le Delaware peut manœuvrer une pirogue à lui seul, qu'il peut enlever Hist à lui seul, et que peut-être il aimerait tout autant cela que de m'avoir avec lui; mais il ne pourrait lui seul inventer des stratagèmes, dresser une embuscade, combattre les sauvages et s'emparer de sa maîtresse en même temps, aussi bien qu'avec l'aide d'un ami sûr, cet ami ne valût-il pas mieux que moi. Non, — non, — Judith, vous n'abandonneriez pas un ami qui compterait sur vous dans un pareil moment, et par conséquent vous ne pouvez vous attendre à me voir agir ainsi.

— Je crains que vous n'ayez raison, Deerslayer; je le crois même, et pourtant je voudrais que vous ne partissiez pas! Promettez-moi une chose du moins, c'est de ne pas vous aventurer au milieu des sauvages, et de vous en tenir à enlever la jeune fille. Ce sera assez pour une fois, et vous devriez vous contenter de cela.

— Dieu vous protége, Judith! on croirait que c'est Hetty qui parle, et non la spirituelle et merveilleuse Judith Hutter! Mais la frayeur change l'esprit en sottise et la force en faiblesse. Oui, j'en ai vu des preuves plus d'une fois. Eh bien! l'intérêt que vous portez à un de vos semblables prouve votre bon cœur, Judith, et je dirai toujours que vos sentiments sont affectueux et sincères, malgré toutes les sottes histoires que peuvent inventer les personnes jalouses de votre beauté.

— Deerslayer, se hâta de dire la jeune fille en l'interrompant, quoique l'émotion la suffoquât, croyez-vous tout ce que vous entendez dire d'une pauvre orpheline? La méchante langue de Harry Hurry doit-elle empoisonner mon existence?

— Non pas, Judith, non pas. J'ai dit à Hurry qu'il n'était pas digne d'un homme de dire du mal de ceux qu'il ne pouvait se rendre favorables par des moyens légitimes, et que même un Indien respecte toujours la bonne réputation d'une jeune femme.

— Si j'avais un frère, Hurry n'oserait se conduire ainsi, s'écria Judith avec des yeux étincelants; mais, voyant que je n'ai d'autre protecteur qu'un vieillard dont les oreilles sont aussi émoussées que les sentiments, il agit à sa guise!

— Cela n'est pas exact, Judith; non, cela n'est pas exact. *Aucun* homme, frère ou étranger, ne saurait voir attaquer une aussi belle fille que vous sans dire un mot en sa faveur. Hurry désire sérieusement vous épouser, et le peu qu'il laisse échapper vient, à mon avis, plutôt de la jalousie que d'autre chose. Souriez-lui à son réveil, pressez sa main seulement avec moitié moins de force que vous n'avez serré la mienne tout à l'heure; et que je meure si le pauvre garçon n'oublie pas tout, vos charmes exceptés. Les gros mots sortent plus souvent de la tête que du cœur. Eprouvez-le, Judith, à son réveil, et vous verrez la puissance d'un sourire.

Arrivé à cette conclusion, Deerslayer se mit à rire à sa manière, puis il annonça à Chingachgook, impatient sans en avoir l'air, qu'il était tout prêt à se mettre en route. Pendant que Deerslayer entrait dans la pirogue, la jeune fille resta immobile comme une statue, perdue dans les réflexions que le langage et les manières du chasseur étaient de nature à lui inspirer. La simplicité de celui-ci l'avait complétement mise en défaut; car, dans sa sphère étroite, Judith savait adroitement gouverner les hommes, quoique dans la présente occasion elle eût obéi à l'impulsion bien plus qu'au calcul, en tout ce qu'elle avait dit ou fait. On ne peut nier que quelques-unes de ces réflexions ne fussent amères; mais il faut attendre la suite de l'histoire pour savoir à quel point ses souffrances étaient méritées, et combien elles étaient vives.

Chingachgook et son ami à face pâle partirent pour exécuter leur hasardeuse et délicate entreprise, avec un sang-froid et une méthode qui auraient fait honneur à des hommes marchant pour la vingtième fois dans le sentier de guerre, tandis que l'un et l'autre n'en étaient encore qu'à la première. Ainsi que le demandait sa position vis-à-vis de la jolie fugitive, l'Indien se plaça sur l'avant de la pirogue, dont Deerslayer prit le gouvernement. De cette façon, Chingachgook serait le premier à débarquer, et naturellement le premier à saluer sa maîtresse. Son ami avait pris son poste sans aucune observation, mais en réfléchissant qu'un homme aussi vivement préoccupé que l'était l'Indien pourrait bien ne pas gouverner la pirogue avec autant d'aplomb et d'intelligence qu'un autre possédant un plus grand calme d'esprit. Depuis leur départ de l'arche, les mouvements des deux aventuriers ressemblaient aux manœuvres de soldats sachant parfaitement l'exercice, mais appelés pour la première fois à faire face à l'ennemi sur le champ de bataille. Jusqu'alors Chingachgook n'avait jamais tiré un coup de fusil sous l'empire de la colère, et le début guerrier de son compagnon est connu du lecteur. A la vérité, l'Indien avait rôdé pendant quelques heures autour du camp ennemi, à l'époque de son arrivée, et il y était même entré une fois, ainsi qu'on l'a vu dans le dernier chapitre, mais ces deux tentatives avaient été infructueuses. Il était certain à présent qu'ils avaient l'alternative d'un résultat important ou d'une défaite humiliante. La délivrance de Hist dépendait du succès de l'entreprise. C'était en un mot le coup d'essai de ces deux jeunes et ambitieux soldats des forêts, et si l'un d'eux seulement agissait sous l'influence de sentiments qui d'ordinaire poussent les hommes si loin, tous deux sentaient leur fierté et leur ambition intéressées à la réussite.

Au lieu de diriger la pirogue directement vers la pointe, qui se trouvait alors à moins d'un quart de mille de l'arche, Deerslayer lui fit suivre une diagonale vers le centre du lac, dans le but de prendre une position qui lui permît, en approchant du rivage, de n'avoir ses ennemis qu'en face. L'endroit où Hetty avait débarqué et où Hist avait promis de les rejoindre se trouvait sur le côté le plus élevé de la pointe. Pour y arriver, les deux aventuriers auraient été forcés de la doubler presque entièrement, en longeant de fort près le rivage, s'ils n'eussent pas fait la manœuvre en question. Ils comprirent si bien la nécessité de cette mesure, que Chingachgook, quoiqu'elle eût été adoptée sans sa participation, continua de ramer tranquillement, sans s'inquiéter de ce que cette direction était en apparence presque opposée à celle qu'il désirait impatiemment de suivre, comme on peut bien le supposer. Néanmoins, quelques minutes suffirent pour faire parcourir à la pirogue la distance nécessaire ; les deux jeunes gens cessèrent de ramer comme par un accord instinctif, et la nacelle resta stationnaire.

L'obscurité augmentait au lieu de diminuer ; mais on pouvait encore, de l'endroit où se trouvaient les aventuriers, distinguer les contours des montagnes. Le Delaware tourna vainement les yeux à l'est pour entrevoir l'étoile promise ; car quoique les nuages fussent moins épais de ce côté à l'horizon, le rideau qu'ils formaient s'étendait si loin qu'il cachait tout ce qui était derrière. En face, à la distance d'environ mille pieds, s'avançait la pointe, ainsi que l'annonçait la forme du sol au-dessus et au-delà. Il était impossible d'apercevoir le château, et d'entendre aucun bruit venant de cette partie du lac. Cette dernière circonstance pouvait également être attribuée à la distance de plusieurs milles qui les en séparait, ou à l'absence de tout mouvement. Quant à l'arche, quoiqu'elle fût à peine plus éloignée de la pirogue que de la pointe, elle était si complétement ensevelie dans les ombres du rivage, qu'elle eût été invisible, quand même il eût fait infiniment plus clair.

Les aventuriers s'entretinrent alors à voix basse, et cherchèrent à deviner quelle heure il pouvait être. Suivant Deerslayer, l'étoile ne devait paraître que dans quelques minutes, tandis que, dans son impatience, le chef s'imaginait que la nuit était bien plus avancée, et croyait que sa fiancée était déjà à l'attendre sur le rivage. Assez naturellement, l'opinion de ce dernier prévalut, et son ami se disposa à gagner le lieu du rendez-vous. Il fallut alors user de toute leur habileté, et prendre les plus grandes précautions pour manœuvrer la pirogue. Les rames étaient levées et replongées dans l'eau sans aucun bruit, et lorsqu'ils ne furent plus séparés de la rive que par une cinquantaine de toises, Chingachgook déposa sa rame pour saisir son mousquet. Arrivés plus près encore de la ceinture ténébreuse qui entourait les bois, ils s'aperçurent qu'ils allaient trop au nord, et ils changèrent la direction de la pirogue, qui semblait se mouvoir par instinct, tant tous ses mouvements étaient circonspects et réfléchis. Elle continua cependant à avancer jusqu'au moment où son avant gratta sur le sable de la plage, à l'endroit même où Hetty avait débarqué, et d'où sa voix avait été entendue, la nuit précédente, lorsque l'arche vint à passer. Là comme ailleurs, le rivage était étroit, mais les buissons formaient une frange au pied des bois, et presque partout ils étaient suspendus au-dessus de l'eau.

Chingachgook s'avança sur le rivage, qu'il examina avec soin, et à quelque distance, de chaque côté de la pirogue. Pour y parvenir, il fut souvent obligé de marcher dans l'eau jusqu'aux genoux, sans en être récompensé par la vue de Hist. A son retour, il trouva son ami qui avait aussi débarqué. Ils se consultèrent à voix basse, car l'Indien craignait qu'ils ne se fussent mépris sur le lieu du rendez-vous. Deerslayer pensait que probablement ils s'étaient trompés d'heure. Il n'avait pas fini de parler, qu'il saisit le bras du Delaware, lui fit tourner les yeux du côté du lac en lui montrant le sommet des montagnes situées à l'est. Les nuages s'étaient faiblement entr'ouverts, plutôt au-delà qu'au-dessus des collines, ainsi qu'il leur sembla, et l'étoile du soir scintillait entre les branches d'un pin. En tout cas c'était un doux présage, et les deux jeunes gens s'appuyèrent sur leurs fusils, en prêtant une oreille attentive pour entendre le bruit de tous pas qui pouvaient s'approcher. A maintes reprises, ils entendirent des voix auxquelles se mêlaient des cris interrompus d'enfants, et les rires peu bruyants, mais harmonieux, de femmes indiennes. Comme les indigènes d'Amérique sont généralement pleins de circonspection, et qu'il leur arrive rarement de prendre un ton élevé dans leurs entretiens, les aventuriers en conclurent qu'ils devaient être fort près du camp. Aux rayons de lumière qui illuminaient les cimes de quelques arbres, il était aisé de voir qu'il y avait un feu dans les bois; mais, de l'endroit où ils se trouvaient, ils ne pouvaient calculer exactement la distance qui les séparait de ce feu. Une ou deux fois il leur sembla entendre quelques individus s'éloigner du feu et s'approcher du lieu du rendez-vous; mais ces sons étaient une illusion, ou ceux qui s'étaient avancés s'en retournèrent sans aller au rivage. Un quart d'heure se passa dans cet état d'attente et de vive anxiété, et alors Deerslayer proposa de faire le tour de la pointe dans la pirogue, et de prendre une position avancée, d'où ils pourraient voir le camp et observer les Indiens, ce qui les mettrait à portée de former des conjectures plausibles sur l'absence de Hist. Le Delaware refusa résolument de quitter ce lieu, en objectant, avec assez de raison, le désappointement qu'éprouverait la jeune fille, si par hasard elle arrivait après leur départ. Deerslayer partagea les inquiétudes de son ami, et s'offrit à faire seul le tour de la pointe, en le laissant caché dans les buissons pour y attendre les événements favorables à ses projets. Cette proposition ayant été acceptée, ils se séparèrent.

Aussitôt que Deerslayer eut repris son poste sur l'arrière de la pirogue, il s'éloigna du rivage avec autant de précaution et de silence que lorsqu'il s'en était approché. Cette fois il ne s'écarta que peu de la terre, car les buissons lui offraient un abri suffisant, pourvu qu'il en passât aussi près que possible. Dans le fait, il eût été difficile d'inventer un meilleur moyen pour faire une reconnaissance autour d'un camp indien, que celui que lui procurait la situation actuelle des choses. La conformation de la pointe permettait qu'on la côtoyât de trois côtés, et la pirogue faisait si peu de bruit, qu'il n'y avait pas lieu de craindre qu'elle donnât l'éveil. Le pied le plus discret et le plus exercé peut agiter un tas de feuilles ou faire craquer une branche sèche dans les ténèbres; mais on réussit à faire flotter une pirogue en écorce sur la surface d'une eau tranquille, avec le sûr instinct et toute la légèreté silencieuse d'un oiseau aquatique.

Deerslayer se trouvait presque en ligne droite entre l'arche et le camp avant d'avoir aperçu le feu. La lueur en frappa ses yeux tout à coup, et un peu à l'improviste. Il en fut alarmé un moment, craignant de s'être imprudemment aventuré dans le cercle de lumière. Un nouveau coup d'œil le convainquit qu'il ne courait aucun danger d'être découvert, tant que les Indiens resteraient dans la partie éclairée; et après avoir arrêté la pirogue dans la position la plus favorable qu'il put trouver, il commença ses observations.

Tout ce que nous avons dit au sujet de cet être extraordinaire n'est d'aucune valeur, si le lecteur ne sait pas déjà que, tout ignorant qu'il était des usages du monde, et tout simple qu'il s'est toujours montré en tout ce qui concerne les subtilités de convention et de goût, Deerslayer était un être doué naturellement de sentiments énergiques, et même poétiques. Il aimait les bois pour leur fraîcheur, leurs sublimes solitudes, leur immensité, et les traces partout visibles du cachet divin de leur créateur. Rarement il les parcourait sans s'arrêter devant quelques beautés particulières qui le charmaient, bien qu'il n'essayât pas souvent d'en approfondir les causes, et jamais il ne se passait de jour qu'il n'entrât en communion mentale, sans le secours du langage, avec la source infinie de tout ce qu'il voyait, sentait et contemplait.

Ainsi constitué dans un sens moral, et doué d'une fermeté qu'aucun danger ne pouvait ébranler, qu'aucune situation critique ne pouvait troubler, il n'est pas étonnant qu'il éprouvât, à la vue de la scène qui s'offrit à ses yeux, un plaisir qui lui fit momentanément oublier le motif de son excursion. La description de cette scène fera ressortir plus complétement cette situation.

La pirogue était alors en face d'une percée naturelle, non-seulement à travers les buissons qui couvraient le rivage, mais même à travers les arbres de la forêt, qui donnait une vue complète du camp des ennemis. C'était par le moyen de cette percée que la lumière avait été aperçue du bateau pour la première fois. Comme ils venaient de changer tout récemment de campement, les Indiens ne s'étaient pas encore retirés dans leurs huttes; ce moment avait été retardé par les préparatifs nécessaires tant pour leur logement que pour leur nourriture. On avait allumé un grand feu, tant pour servir de torches que pour préparer leur simple repas; et en ce moment la flamme s'élevait vive et brillante dans les airs, car on venait d'y jeter un nouveau supplément de branches sèches. Les arches de verdure de la forêt étaient comme illuminées, et l'espace occupé par le camp était éclairé comme si l'on y eût allumé plusieurs centaines de torches. La plupart des travaux avaient cessé, et l'enfant même le plus affamé avait satisfait son appétit. En un mot, c'était ce moment de relâchement et d'indolence générale qui suit ordinairement un bon repas, et où le travail de la journée est terminé. Les chasseurs et les pêcheurs avaient eu un égal succès, et les aliments, ce grand besoin de la vie sauvage, étant abondants, tous autres soucis semblaient avoir disparu pour faire place au sentiment de jouissance dépendant de ce fait important.

Deerslayer vit du premier coup d'œil que plusieurs des guerriers étaient absents. Il aperçut pourtant Rivenoack, sa connaissance, assis au premier plan d'un tableau que Salvator Rosa se serait fait un plaisir de dessiner; ses traits basanés, illuminés par le plaisir autant que par la lueur de la flamme, tandis qu'il montrait à un autre Indien un des éléphants qui avaient causé une telle sensation dans sa tribu. Un enfant regardant par-dessus son épaule avec une curiosité niaise complétait ce groupe. Plus loin, sur l'arrière-plan, huit à dix guerriers étaient à demi couchés par terre, ou assis le dos appuyé contre des arbres, offrant autant d'images d'un repos indolent. Chacun d'eux avait ses armes près de lui, tantôt appuyées contre le même arbre que son maître, tantôt jetées avec insouciance en travers de son corps. Mais le groupe qui attira le plus l'attention de Deerslayer fut celui qui était composé des femmes et des enfants. Toutes les femmes semblaient être réunies, et chaque mère, comme de raison, avait près d'elle ses enfants. Elles riaient et causaient avec leur retenue et leur tranquillité habituelles; mais quiconque aurait connu les habitudes de cette nation se serait aperçu que tout n'y allait pas à la manière ordinaire. La plupart des jeunes femmes semblaient avoir leur légèreté d'esprit accoutumée; mais une vieille sorcière à figure réchignée et assise à quelque distance avait l'air de surveiller tout ce qui se passait; et le chasseur savait que c'était une preuve qu'elle avait été chargée par les chefs de quelque devoir d'une nature désagréable. Quel était ce devoir? il n'avait aucun moyen de le savoir; mais il était convaincu qu'il devait, de manière ou d'autre, avoir rapport à son propre sexe, les vieilles femmes n'étant chargées que de pareils emplois.

Les yeux de Deerslayer cherchèrent naturellement partout avec attention et inquiétude la jeune Hist; il ne l'aperçut nulle part, quoique la lumière pénétrât à une grande distance du feu dans toutes les directions. Il tressaillit une ou deux fois, croyant la reconnaître à sa manière de rire; mais ses oreilles avaient été trompées par le son mélodieux si commun à la voix des jeunes Indiennes. Enfin la vieille femme parla tout haut avec un accent de colère; et il vit tout à fait à l'arrière-plan deux ou trois figures sombres s'avancer vers la partie du camp qui était mieux éclairée, comme pour obéir à l'ordre qui venait d'être donné. Un jeune guerrier fut le premier qui se montra distinctement. Deux jeunes filles le suivaient à quelques pas, et l'une d'elles était la Delaware prisonnière. Deerslayer comprit tout alors : **Hist était surveillée,** peut-être par son jeune compagnon, et à coup sûr par la **vieille femme.** Le jeune homme était sans doute quelque admirateur de Hist ou de sa compagne; mais sa discrétion même portait l'empreinte de la défiance, en dépit de son admiration. Le voisinage bien connu de ceux qu'ils pouvaient regarder comme amis de la jeune fille, et l'arrivée d'un homme rouge étranger sur le lac, **avaient fait prendre aux** Indiens des précautions inusitées, de sorte qu'elle n'avait pu se soustraire à leur vigilance pour se trouver au rendez-vous. Deerslayer remarqua son agitation, en la voyant à plusieurs reprises lever les yeux, en ayant l'air de chercher à découvrir entre les branches d'arbres l'étoile qu'elle avait elle-même désignée pour les guider au lieu du rendez-vous. Tous ses efforts furent inutiles, et après avoir erré quelques instants encore autour du camp avec une indifférence affectée, les deux filles quittèrent leur escorte, et allèrent s'asseoir parmi celles de leur sexe. Immédiatement après, la vieille sentinelle prit une place plus à sa guise, ce qui prouvait bien que jusqu'à ce moment elle n'avait pas cessé d'être sur le qui-vive.

Deerslayer se trouva alors fort embarrassé : il savait parfaitement que Chingachgook ne consentirait jamais à retourner à l'arche sans faire quelques efforts désespérés pour délivrer sa maîtresse, et sa générosité le portait à aider son ami dans une semblable entreprise. A certains indices, il crut voir chez les femmes l'intention de se retirer pour la nuit, et si le feu continuait à répandre sa clarté, il pouvait, en restant à son poste, découvrir la hutte ou l'abri occupé par Hist; circonstance qui leur serait d'un immense secours pour le parti qu'ils prendraient plus tard. S'il tardait pourtant beaucoup plus longtemps, il était à craindre que l'impatience de son ami ne l'entraînât dans quelque imprudence. A chaque instant il s'attendait à voir apparaître dans le lointain la figure basanée du Delaware, semblable au tigre rôdant autour du troupeau. Prenant donc toutes ces choses en considération, il en vint à conclure qu'il ferait mieux de rejoindre son ami, dont il s'efforcerait de calmer l'impétuosité à l'aide de son sang-froid et de sa discrétion. Deux minutes lui suffirent pour mettre ce plan à exécution, et la pirogue retourna vers la plage, dix ou douze minutes après l'avoir quittée.

Contre son attente, peut-être, Deerslayer trouva l'Indien à son poste, dont il n'avait pas bougé, de peur que sa fiancée n'arrivât durant son absence. Dans la conférence qu'il eut avec son ami, Chingachgook fut mis au fait de ce qui se passait dans le camp. En indiquant la pointe comme lieu de rendez-vous, Hist avait projeté de s'échapper de l'ancienne position, et de gagner un endroit qu'elle se flattait de trouver inoccupé; mais le changement soudain d'emplacement avait déjoué tous ses plans. Une vigilance bien plus active que celle qu'ils avaient dû déployer précédemment, devenait maintenant nécessaire, et la surveillance exercée par la vieille femme dénotait aussi quelques causes particulières d'alarme. Toutes ces considérations, et une foule d'autres qui s'offriront d'elles-mêmes au lecteur, furent brièvement discutées par les deux jeunes gens avant qu'ils prissent aucune décision. Néanmoins, comme la circonstance était de celles qui veulent qu'on agisse au lieu de parler, le parti à prendre fut bientôt décidé.

Après avoir placé la pirogue de manière à ce qu'elle fût aperçue de Hist, au cas où elle viendrait au rendez-vous avant leur retour, ils examinèrent leurs armes et se disposèrent à entrer dans le bois. La langue de terre qui s'avançait dans le lac pouvait contenir en tout deux acres, et la partie qui formait la pointe, et sur laquelle le camp était assis, n'occupait pas plus de la moitié de cette surface. Elle était principalement couverte de chênes qui, comme on le voit d'ordinaire dans les forêts d'Amérique, s'élevaient à une grande hauteur sans projeter une seule branche, formant à leur cime une voûte de riche et épais feuillage. Au-dessous, à part la frange de buissons qui bordaient le rivage, il y avait fort peu de broussailles, quoique, par leur forme, les arbres fussent plus rapprochés qu'ils ne le sont ordinairement dans des lieux où la hache a été souvent employée, pareils à de hautes et rustiques colonnes soutenant un dôme de feuillage. La surface du sol était assez unie ; mais, près du centre, elle formait une légère élévation qui la séparait en deux parties, l'une au nord, l'autre au sud. Sur cette dernière, les Hurons avaient allumé leur feu, profitant d'une position qui le masquait à leurs ennemis, qu'ils supposaient, comme on se le rappellera, dans le château situé au nord. On voyait aussi un ruisseau qui descendait en murmurant le long des collines adjacentes, pour aller se jeter dans le lac, au sud de la pointe. Il s'était creusé un lit profond dans la portion la plus élevée du terrain, et dans un temps plus rapproché, quand ce lieu fut envahi par la civilisation, les rives sinueuses et ombragées de ce ruisseau ne contribuèrent pas peu à embellir ce site. Il coulait à l'est du campement, et ses ondes allaient se perdre du même côté, dans le grand réservoir de ce voisinage, et tout près de l'endroit qu'on avait choisi pour allumer le feu. Deerslayer, autant que les circonstances le lui avaient permis, avait étudié ces particularités, et les avait communiquées à son ami.

Le lecteur comprendra que la petite élévation de terre située au-delà du campement indien favorisait grandement la secrète approche des deux aventuriers. Elle empêchait la lueur du feu de se répandre sur l'espace qui se trouvait directement en arrière, quoique le sol s'affaissât près de l'eau, laissant ainsi à découvert ce qu'on pourrait appeler le flanc gauche de la position. Nous avons dit « à découvert », mais ce n'est pas précisément le mot, puisque la petite montagne qui s'élevait derrière les huttes et le feu, au lieu de protéger les Indiens, offrait un rempart à ceux qui s'avançaient alors furtivement. Deerslayer ne déboucha pas de la bordure de buissons exactement en face de la pirogue, ce qui l'aurait trop soudainement exposé à la lumière, le tertre ne s'étendant pas jusqu'à l'eau; il suivit la plage dans la direction nord, jusqu'à ce qu'il fût presque arrivé au côté opposé de la langue de terre, de sorte qu'il se trouva abrité par la pente de la colline, et par conséquent plus dans l'ombre.

Aussitôt qu'ils furent sortis des buissons, les deux amis s'arrêtèrent pour faire une reconnaissance. Le feu continuait à flamber derrière la colline, et la lueur qui dardait dans les cimes des arbres produisait un effet plus agréable qu'avantageux. Cependant ce genre de clarté n'était pas sans utilité; car, tandis que tout était plongé dans les ténèbres derrière eux, tout était éclairé d'une forte lumière par-devant, et il en résultait qu'ils voyaient les Indiens sans que ceux-ci pussent les apercevoir. Profitant de cette circonstance, les jeunes gens s'avancèrent avec précaution vers les hauteurs. Deerslayer marchait le premier, car il avait insisté sur ce point, de crainte que l'amour ne fît commettre quelque indiscrétion au chef delaware. Il ne leur fallut que quelques instants pour arriver au pied de la colline, et alors commença la partie la plus critique de leur entreprise. Marchant avec la plus grande prudence, et traînant sa carabine, tant pour en cacher le canon que pour la tenir prête à lui servir, le chasseur plaçait tour à tour un pied devant l'autre, jusqu'au moment où il se trouva assez haut pour voir au-dessus de la colline, sa tête seule étant exposée à la lumière. Chingachgook était à son côté, et tous deux s'arrêtèrent pour faire un nouvel examen du camp. Cependant, pour se mettre à l'abri de tout rôdeur qui serait en arrière, ils s'appuyèrent tous deux sur le tronc d'un gros chêne, du côté du feu.

La vue que Deerslayer obtint alors du camp était exactement le contraire de ce qu'il avait aperçu lorsqu'il était sur l'eau. Les figures sombres qu'il avait vues alors devaient avoir été sur le haut de la colline, à quelques pieds en avant du lieu où il était posté maintenant. Le feu brillait encore, et tout autour étaient assis sur des troncs d'arbres treize guerriers, dont faisaient partie ceux qu'il avait vus quand il était sur la pirogue. Ils causaient avec beaucoup de vivacité, et un des éléphants passait de main en main. Les transports causés par la surprise s'étaient calmés, et leur entretien roulait alors sur l'existence probable, l'histoire et les habitudes d'un animal si extraordinaire. Nous n'avons pas le loisir de rapporter les opinions de ces hommes grossiers sur un sujet qu'ils ne pouvaient connaître; mais nous ne hasarderons rien en disant qu'elles étaient aussi plausibles et beaucoup plus ingénieuses que la moitié des conjectures qui précèdent la démonstration d'une science.

Quoiqu'ils pussent se tromper dans leurs conclusions et leurs déductions, il est certain qu'ils discutaient ces questions avec une attention que rien ne partageait. Toute autre chose était oubliée pour le moment, et les deux amis n'auraient pu trouver un instant plus favorable pour arriver.

Les femmes étaient réunies ensemble à peu près comme Deerslayer les avait vues la dernière fois, presque en ligne entre le feu et l'endroit où il était. La distance des Indiens au chêne contre lequel les deux jeunes gens étaient appuyés pouvait être d'environ trente toises, et les femmes en étaient plus près d'environ moitié : à une si faible distance, il fallait à nos aventuriers la plus grande circonspection dans tous leurs mouvements pour ne faire aucun bruit. Quoiqu'elles causassent ensemble d'une voix douce et basse, il était possible, au milieu du profond silence d'une forêt, d'entendre des fragments de leur conversation, et les éclats de rire qui leur échappaient quelquefois auraient pu être entendus même de la pirogue. Deerslayer sentit le tremblement qui agita tout le corps de son ami quand celui-ci reconnut pour la première fois les doux accents qui sortaient des jolies lèvres rebondies de Hist. Il appuya même une main sur l'épaule du chef indien, comme pour l'avertir de maintenir son empire sur lui-même. L'entretien des Indiennes commençant à s'animer, tous deux se penchèrent en avant pour écouter.

— Les Hurons ont des bêtes plus curieuses que cela, dit l'une d'elles d'un ton méprisant; car, de même que les hommes, elles causaient de l'éléphant. Les Delawares croient cette créature merveilleuse; mais pas un Huron n'en parlera demain. Si ces animaux osaient s'approcher de nos wigwams, nos jeunes gens sauraient les trouver.

Ces mots s'adressaient, dans le fait, à Wah-ta!-Wah, quoique celle qui les prononçait fît semblant de n'oser la regarder par méfiance d'elle-même et par humilité.

— Les Delawares sont si loin de laisser entrer de pareilles bêtes dans leur pays, répliqua Hist, que personne n'y avait même jamais vu leur image. Leurs jeunes hommes feraient reculer d'effroi les images aussi bien que les bêtes.

— Les Delawares, de jeunes hommes! C'est une nation de femmes. Qui a jamais entendu le nom d'un jeune guerrier delaware? Les daims eux-mêmes continuent à paître quand ils entendent leur chasseur s'approcher. Qui a jamais entendu le nom d'un guerrier delaware?

Cela était dit d'un ton de bonne humeur, en riant, mais avec un accent caustique; et la manière dont Hist y répondit prouva qu'elle sentait ce sarcasme.

— Qui a jamais entendu le nom d'un jeune guerrier delaware? répéta-t-elle avec chaleur. Tamenund lui-même, quoique aussi vieux aujourd'hui que les pins de cette montagne et que les aigles qui prennent si haut leur essor, a été jeune autrefois; son nom était connu depuis le grand lac d'eau salée jusqu'aux eaux douces de l'Ouest. Qu'est-ce que la famille des Uncas? Où s'en trouve-t-il une plus illustre, quoique les Faces-Pâles aient détruit leurs sépultures, et foulé aux pieds leurs ossements? Les aigles volent-ils aussi haut? Les daims sont-ils aussi agiles? Les panthères sont-elles aussi braves? N'existe-t-il plus aucun jeune guerrier de cette race? Que les filles des Hurons ouvrent davantage les yeux, et elles verront un nommé Chingachgook, qui est aussi majestueux qu'un jeune frêne et aussi ferme qu'un vieux chêne.

Au moment où la jeune fille, dans son langage figuré, disait à ses compagnes qu'elles n'avaient qu'à ouvrir les yeux pour voir Chingachgook, Deerslayer poussa son coude dans les côtes de son ami, en se livrant à ce rire silencieux auquel il s'était déjà habitué. Le Delaware répondit par un sourire; mais le langage de Hist était trop flatteur, et le son de sa voix trop doux à ses oreilles, pour qu'une coïncidence accidentelle, quelque plaisante qu'elle fût, pût l'en distraire.

Ce discours de Hist amena une réplique, et, quoique la querelle se fût engagée avec bonne humeur et sans aucun mélange de la violence grossière de ton et de gestes qui fait perdre au beau sexe une si grande partie de ses charmes dans ce qu'on appelle la vie civilisée, elle s'échauffa et devint un peu plus bruyante. Au milieu de cette scène, le Delaware fit signe à son ami de se baisser, de manière à se cacher complétement, et il imita si parfaitement ensuite le cri de la plus petite espèce de l'écureuil d'Amérique, que Deerslayer lui-même y fut trompé; et, quoiqu'il eût entendu cent fois cette imitation, il crut véritablement que ce bruit avait été produit par un de ces petits animaux sautant sur les branches qui couvraient leurs têtes. Ce son est si commun dans les bois, qu'aucun des Hurons n'y fit la moindre attention; mais Hist cessa de parler sur-le-champ, et elle resta immobile; cependant elle eut assez d'empire sur elle-même pour ne pas tourner la tête. Elle avait reconnu le signal par lequel son amant avait coutume de l'appeler de son wigwam à une entrevue secrète, et il avait fait sur son cœur et ses sens la même impression que produit une sérénade sur une jeune fille dans la terre du chant.

Dès ce moment, Chingachgook fut persuadé que sa présence était connue. C'était là un grand point, et il pouvait maintenant espérer que sa maîtresse agirait avec plus de hardiesse qu'elle n'en eût peut-être osé montrer si elle eût ignoré sa présence. Il fut certain qu'elle joindrait tous ses efforts aux siens pour opérer sa délivrance. Deerslayer se leva dès que le signal eut été donné, et quoiqu'il n'eût jamais participé à cette douce communion d'idées que les amants connaissent seuls, il découvrit bientôt le grand changement survenu dans les manières de la jeune fille. Elle affecta néanmoins de continuer la discussion, mais ce fut désormais sans finesse et sans énergie; elle parla, au contraire, de manière à procurer à ses adversaires une victoire facile, plutôt que dans le dessein de la remporter. Une ou deux fois, à la vérité, son esprit vif et naturel lui inspira une réplique ou un argument qui provoqua le rire, et lui donna un instant l'avantage; mais ces petites saillies qui jaillissaient de source ne l'aidèrent que mieux à cacher ses sentiments véritables, et à faire paraître le triomphe de ses antagonistes plus naturel. A la fin, la discussion se refroidit, et toutes les femmes se levèrent comme pour se séparer. Ce fut alors que Hist s'aventura pour la première fois à tourner la tête vers l'endroit d'où le signal était parti. Elle fit ce mouvement d'un air naturel, mais avec circonspection, et elle étendit les bras en bâillant, comme si le sommeil l'eût accablée. Le cri de l'écureuil prétendu se fit entendre de nouveau, et la jeune fille fut convaincue qu'elle connaissait la position occupée par son amant, quoique la vive lumière dont elle était entourée, et l'obscurité relative où se trouvaient les deux amis, l'empêchassent de voir leurs têtes, seules parties de leurs corps qui paraissaient au-dessus du haut de la colline. L'arbre contre lequel ils étaient appuyés était caché par l'ombre d'un énorme pin qui le séparait du feu, circonstance qui eût suffi pour rendre invisibles, à quelque distance que ce fût, les objets placés dans cette masse de ténèbres. Deerslayer le savait parfaitement, et c'était une des raisons qui l'avaient engagé à choisir cet arbre.

Le moment approchait où Hist allait être dans la nécessité d'agir. Elle devait se coucher dans une petite hutte ou cabane de feuillage, construite près de l'endroit où elle se trouvait, et sa compagne était la vieille sorcière dont il a déjà été parlé. Une fois dans la hutte à l'entrée de laquelle la vieille devait se coucher en travers, comme elle avait coutume de le faire chaque nuit, tout espoir d'échapper était à peu près perdu, car à chaque instant la vieille pouvait lui ordonner de regagner sa couche. Heureusement un des guerriers appela en ce moment la vieille, et lui ordonna de lui apporter de l'eau. Il y en avait une source délicieuse au nord de la pointe, et la sorcière, ayant pris une gourde attachée à une branche, appela Hist près d'elle, puis elles se dirigèrent vers le sommet de la colline dans l'intention de la descendre et de traverser la pointe pour se rendre à la source. Tout cela fut vu et compris par les deux amis, qui reculèrent dans l'ombre, et se cachèrent derrière les arbres pour laisser passer les deux femmes. La vieille tenait la main de Hist serrée dans la sienne, tout en marchant. Au moment où celle-ci passa près de l'arbre qui cachait les deux amis, Chingachgook saisit son tomahawk dans l'intention de briser le crâne de la vieille; mais Deerslayer sentit le danger d'une pareille tentative, car un seul cri pouvait faire tomber sur eux tous les guerriers, et d'ailleurs un sentiment d'humanité lui faisait rejeter ce moyen. Il retint donc le bras de son ami. Cependant, lorsqu'elles furent un peu plus loin, le signal fut répété, et la Huronne s'arrêta en portant ses regards sur l'arbre d'où le bruit semblait être venu; elle n'était pas alors à plus de six pieds de ses ennemis. Elle exprima sa surprise qu'un écureuil fût éveillé à une heure si avancée, et elle assura que c'était un mauvais présage. Hist répondit que depuis vingt minutes elle avait entendu trois fois le même écureuil, qui sans doute guettait l'occasion de ramasser les miettes du dernier repas. Cette explication parut satisfaire la vieille, et toutes deux s'avancèrent vers la source, suivies de près et à pas de loup par les deux amis. La gourde remplie, la vieille s'empressait de rebrousser chemin sans lâcher le poignet de la jeune fille, lorsqu'elle fut soudain saisie à la gorge avec tant de violence, qu'elle fut forcée de rendre la liberté à sa prisonnière, sans pouvoir faire entendre autre chose qu'une sorte de râlement étouffé.

Le Serpent entoura d'un bras la taille de sa maîtresse, et l'entraîna à travers les buissons, du côté septentrional de la pointe. Dès qu'il fut sur le rivage, il tourna pour le suivre, et courut sans s'arrêter jusqu'à la pirogue. Il aurait pu prendre un chemin plus direct, mais c'eût été risquer de faire découvrir le lieu de l'embarquement. Pendant ce temps, les doigts de Deerslayer battaient sur le cou de la vieille comme sur les touches d'un buffet d'orgue; car il les desserrait tant soit peu de temps en temps pour lui permettre de respirer, et au même instant il se hâtait de lui presser la gorge presque jusqu'à l'étouffer. Elle sut pourtant profiter des courts intervalles qui lui étaient accordés, et elle réussit à pousser un cri qui alarma le camp. Deerslayer entendit le bruit que firent les guerriers en se levant avec précipitation, et un moment après il en vit paraître trois ou quatre sur le haut de la colline, rangés en avant d'un arrière-plan lumineux, et ressemblant aux ombres de la fantasmagorie. Il était temps que le chasseur battît en retraite. Donnant un croc-en-jambes à la vieille, et lui serrant la gorge plus que jamais pour lui faire ses adieux, tant par politique que par ressentiment de l'effort qu'elle avait fait pour donner l'alarme, il la laissa étendue sur le dos, et se mit à courir vers les buissons, sa carabine en main, et sa tête tournée sur une épaule comme un lion aux abois.

CHAPITRE XVII.

> Là, vous autres saints sages, voyez vos lumières et vos astres; vous avez voulu être dupes et victimes, et vous l'êtes. Cela vous suffit-il? ou faut-il que je vous trompe de nouveau, tandis que le frisson vit encore dans vos cœurs si sages?

Le feu, la pirogue, et la source près de laquelle Deerslayer commença sa retraite, auraient formé les angles d'un triangle presque équilatéral. La distance du feu à la pirogue était un peu moindre que celle du feu à la source, tandis que la distance de la source à la pirogue était à peu près égale à celle qui séparait les deux premiers points qui viennent d'être désignés. Cependant ces distances sont ainsi calculées en droite ligne, ligne que les fugitifs ne pouvaient suivre, car ils furent obligés de faire un détour pour se mettre à couvert dans les buissons, et de suivre ensuite la courbe que décrivait le rivage. Ce fut avec ce désavantage que le jeune chasseur battit en retraite, désavantage qu'il sentit d'autant mieux, qu'il connaissait les habitudes de tous les Indiens, qui manquent rarement, dans les cas d'alarme soudaine, et surtout quand ils sont au milieu d'un couvert, de faire suivre sur les flancs les ennemis qu'ils poursuivent, afin de les rencontrer sur tous les points, et s'il est possible, de leur couper la retraite. Il crut possible qu'ils eussent adopté en ce moment quelque expédient semblable, car il entendait le bruit de leurs pieds, non-seulement derrière lui, mais sur ses côtés, les uns se dirigeant vers la montagne en arrière, les autres vers l'extrémité de la pointe, dans une direction opposée à celle qu'il allait prendre lui-même. La célérité devenait donc de la plus grande importance, car ses ennemis pouvaient se réunir sur le rivage avant qu'il fût arrivé à la pirogue.

Quelque pressante que fût la circonstance, Deerslayer hésita un instant avant de s'enfoncer dans les buissons qui bordaient le rivage. Cette scène l'avait agité, et lui avait donné une fermeté de résolution à laquelle il avait été étranger jusque alors. Quatre ennemis sur la hauteur se dessinaient à ses yeux sur un fond bien éclairé par le feu, et l'un d'eux pouvait être sacrifié en un clin d'œil. Les Indiens s'étaient arrêtés pour donner à leurs yeux le temps de chercher dans l'obscurité la vieille dont le cri les avait alarmés. Avec un homme moins habitué aux réflexions que le chasseur, la mort de l'un d'eux aurait été certaine. Heureusement il fut plus prudent. Sa carabine se baissa vers celui des Indiens qui était un peu en avant des autres; il ne voulut pourtant ni l'ajuster, ni faire feu, mais il disparut dans les broussailles. Gagner le rivage, et le suivre jusqu'à l'endroit où Chingachgook l'attendait dans la pirogue avec Hist, ce ne fut l'affaire que de quelques moments. Ayant jeté sa carabine au fond de la pirogue, il se baissait pour pousser la nacelle en pleine eau, quand un Indien agile et vigoureux sauta du milieu des buissons, et lui tomba sur le dos comme une panthère. Tout tenait alors à un fil; un seul faux pas, et tout était perdu. Avec une générosité qui aurait rendu un Romain illustre à jamais, mais qui, dans la carrière d'un être si simple et si humble, aurait été ignorée du monde entier si elle n'eût été consacrée dans cette histoire sans prétentions, Deerslayer réunit toutes ses forces pour un effort désespéré, et poussa la pirogue avec une vigueur qui l'envoya en un instant à cent pieds dans le lac ; mais il tomba lui-même dans l'eau, entraînant nécessairement son ennemi avec lui.

Quoique l'eau fût profonde à quelques toises du rivage, elle ne venait qu'à la hauteur de la poitrine d'un homme à l'endroit où les deux ennemis étaient tombés; mais c'en était assez pour faire périr le chasseur, car se trouvant sous l'Indien, il avait un grand désavantage. Cependant il avait les mains libres, et le sauvage fut obligé de se relever pour respirer. Deerslayer en fit autant, et pendant une demi-minute il y eut entre eux une lutte terrible. C'était comme un alligator attaquant une proie en état de lui résister, et chacun d'eux tenait les bras de l'autre pour l'empêcher de faire usage du couteau meurtrier. On ne peut savoir quelle aurait été la fin de ce combat à mort, car une demi-douzaine de sauvages s'étant jetés à l'eau pour donner du secours à leur compagnon, Deerslayer se rendit prisonnier, avec une dignité égale à son dévouement.

Quitter les bords du lac et conduire leur nouveau prisonnier près du feu qu'ils avaient allumé, fut l'affaire de quelques instants. Les sauvages étaient si occupés de la lutte qui venait d'avoir lieu et de la manière dont elle s'était terminée, qu'aucun d'eux n'aperçut la pirogue, quoiqu'ils en fussent si près que Chingachgook et Hist entendaient distinctement chaque mot qui était prononcé. Les Indiens s'éloignèrent donc, les uns continuant à poursuivre Hist le long du rivage, la plupart retournant vers le feu. L'antagoniste de Deerslayer, que celui-ci avait presque étranglé, avait alors repris haleine, et il recouvra assez de force pour raconter à ses compagnons de quelle manière Hist s'était échappée. Il n'était plus temps de chercher à la reprendre; car dès que le Delaware avait vu emmener son ami dans les buissons, il avait pris les rames, et dirigé sans bruit la légère nacelle vers le milieu du lac pour la mettre hors de la portée du mousquet, après quoi il chercha à rejoindre l'arche.

Quand Deerslayer fut arrivé près du feu, il se trouva entouré de huit sauvages à figure farouche, parmi lesquels il reconnut son ancienne connaissance Rivenoak. Dès que celui-ci eut jeté les yeux sur le prisonnier, il parla à part à ses compagnons, qui ne purent retenir une exclamation de surprise et de plaisir, quoiqu'à voix basse, en apprenant que le blanc, objet de leur merci ou de leur vengeance, était celui qui avait tout récemment donné la mort à un de leurs guerriers de l'autre côté du lac. Il ne se mêlait pas peu d'admiration dans les regards féroces qu'ils jetaient sur leur captif, et cette admiration était excitée autant par le sang-froid qu'il montrait en ce moment que par l'exploit qui avait coûté la vie à leur compagnon. On peut dire que ce fut le commencement de la grande réputation dont Deerslayer, ou Hawkeye, comme on l'appela par la suite, jouit parmi toutes les tribus de New-York et du Canada; réputation qui était certainement moins étendue et moins connue que celle qu'on peut acquérir dans un pays civilisé, mais qui trouvait une compensation à ce qui lui manquait à cet égard, en ce qu'elle était juste et méritée, et qu'il ne la devait ni aux intrigues ni aux manœuvres.

On ne lia pas les bras de Deerslayer, et on lui laissa le libre usage de ses mains, après lui avoir retiré son couteau. Les seules précautions qu'on prit pour s'assurer de lui, furent de le surveiller de près, et de lui attacher les deux jambes avec une forte corde d'écorce, qui ne l'empêchait pas de marcher, mais qui ne lui permettait pas de chercher à s'échapper en courant. On ne prit même cette dernière précaution qu'après avoir examiné ses traits à la lueur du feu, et y avoir reconnu un caractère de fermeté et de détermination. Deerslayer avait regardé comme probable que les Indiens le garrotteraient quand ils voudraient dormir; mais avoir les jambes liées à l'instant même où il venait d'être fait prisonnier, c'était un compliment à sa prouesse dont il pouvait être fier, et une preuve qu'il avait déjà acquis de la réputation. Tandis que de jeunes indiens attachaient la corde à ses jambes, il se demanda si Chingachgook aurait été traité de même s'il était tombé entre les mains des Mingos. Le jeune chasseur ne devait pas uniquement sa réputation parmi eux au succès qu'il avait obtenu dans son combat contre leur compagnon, car les événements de cette nuit l'avaient considérablement augmentée. Ignorant les mouvements de l'arche et l'accident qui avait fait découvrir leur feu, ils attribuaient la découverte de leur nouveau camp à la vigilance et à la dextérité d'un ennemi si habile. La hardiesse avec laquelle il s'était aventuré sur la pointe, l'enlèvement ou l'évasion de Hist, la force avec laquelle il avait lancé la pirogue à la dérive, étaient des anneaux importants dans la chaîne des faits qui étaient la fondation de sa renommée naissante. Les Indiens avaient été témoins de la plupart de ces circonstances; d'autres leur avaient été expliquées, et ils les comprenaient toutes parfaitement.

Tandis que Deerslayer était l'objet de tant de compliments et de marques d'admiration, il n'en éprouva pas moins quelques-uns des inconvénients de sa situation. On lui permit de s'asseoir sur le bout d'un tronc d'arbre près du feu pour sécher ses habits. Celui qui venait d'être son antagoniste était en face de lui, exposant à l'action de la chaleur le peu de vêtements qu'il avait, et portant quelquefois une main à son cou, sur lequel on apercevait encore les marques de la pression des doigts du jeune chasseur. Les autres guerriers se consultaient ensemble à deux pas; car ceux qui avaient été à la découverte étaient revenus, et avaient annoncé qu'ils n'avaient trouvé aucune trace d'ennemis dans les environs du camp. Tel était l'état des choses, quand la vieille femme, dont le nom rendu en anglais était l'Ourse, s'approcha de Deerslayer, les poings serrés et les yeux lançant des éclairs. Jusque là elle avait été occupée à crier, occupation dont elle s'était acquittée avec beaucoup de succès; mais, ayant réussi à alarmer tout ce qui était à la portée d'une paire de poumons rendus forts par une longue pratique, elle tourna son attention sur les avaries que ses charmes avaient souffertes dans sa lutte avec le jeune chasseur. Elles n'avaient rien d'alarmant, mais elles étaient de nature à exciter toute la rage d'une femme qui avait cessé depuis longtemps de se faire remarquer par sa douceur, et qui était disposée à se venger sur quiconque se trouverait en son pouvoir du mépris dont elle avait été si longtemps l'objet comme femme et mère de sauvages. Si les marques de sa lutte avec Deerslayer n'étaient pas indélébiles, elle en avait assez souffert momentanément pour en conserver un profond ressentiment, et elle n'était pas femme à pardonner un pareil outrage en faveur du motif.

— Excrément des Faces-Pâles! s'écria cette furie courroucée, secouant le poing sous le nez de Deerslayer, vous n'êtes pas même une femme! Vos amis les Delawares sont des femmes, et vous n'êtes que leur mouton. Votre peuple vous désavoue, et nulle tribu d'hommes rouges ne voudrait vous avoir dans ses wigwams; vous vous cachez dans les rangs de guerriers en jupons. Vous vous vantez d'avoir tué le brave ami qui nous a quittés! Non, sa grande âme a dédaigné de vous combattre, et a abandonné son corps plutôt que d'avoir la honte de combattre contre vous. Mais la terre n'a pas bu le sang que vous avez répandu pendant que son esprit vous méprisait trop pour songer à vous; il faut qu'il soit essuyé par vos gémissements. Mais quels sons entends-je? Ce ne sont pas les lamentations d'une Peau-Rouge; nul guerrier rouge ne grogne comme un cochon. Ces sons partent du gosier d'une Face-Pâle, du sein d'un Anglais, et ils me sont aussi agréables que les chants des jeunes filles. Excrément du monde — chien — hérisson — cochon — crapaud — araignée — Anglais.

La vieille ayant épuisé son haleine et la liste de ses épithètes, fut obligée de s'interrompre un moment, quoiqu'elle continuât à agiter ses poings sous le menton du prisonnier, et que son visage ridé fût enflammé d'un ressentiment féroce. Deerslayer regardait ses efforts impuissants pour lui faire perdre son sang-froid, avec la même indifférence qu'un gentleman, parmi nous, entend les propos offensants d'un misérable fort au-dessous de lui : le jeune chasseur sentant que la langue d'une vieille femme ne doit pas émouvoir un guerrier, et le gentleman sachant que les mensonges et les propos grossiers ne peuvent nuire qu'à celui qui y a recours. Cependant Deerslayer fut préservé pour le moment d'une nouvelle attaque par l'intervention de Rivenoak, qui repoussa la sorcière en lui ordonnant de se retirer et s'avança vers le prisonnier. La vieille obéit; mais le jeune chasseur comprit fort bien qu'elle saisirait toutes les occasions de le harceler, si elle ne pouvait lui nuire plus sérieusement, tant qu'il serait au pouvoir de ses ennemis; car rien ne porte la rage à un plus haut degré que la certitude qu'une tentative qu'on a faite pour exciter la colère n'a abouti qu'à faire naître le mépris, sentiment qui est ordinairement le plus impassible de tous ceux qui se trouvent dans le cœur humain. Rivenoak s'assit tranquillement à côté du prisonnier, et après un moment de silence, il entama une conversation que nous traduirons, suivant notre usage, en notre langue, par égard pour ceux de nos lecteurs qui n'ont pas étudié les idiômes des Indiens du nord de l'Amérique.

— Mon ami Face-Pâle est le bienvenu, dit l'Indien avec un air de familiarité, et un sourire dont l'expression était si bien couverte, qu'il fallut toute la vigilance de Deerslayer pour la découvrir, et une bonne partie de sa philosophie pour ne montrer aucune émotion après l'avoir découverte. — Oui, il est le bienvenu. Les Hurons ont un bon feu pour sécher les vêtements d'un homme blanc.

— Je vous remercie, Huron, ou Mingo, comme je préfère vous appeler; je vous remercie de votre bienvenue et de votre feu; l'un et l'autre sont utiles dans son genre, et le feu est très-bon, quand on sort d'une source aussi froide que le Glimmerglass. Même la chaleur d'un feu huron peut alors être agréable à un homme qui a le cœur d'un Delaware.

— La Face-Pâle..... Mais mon frère a un nom. Un si grand guerrier ne peut avoir vécu sans nom.

— Mingo, répondit le jeune chasseur, son regard et le coloris de ses joues trahissant un peu la faiblesse de la nature humaine; — Mingo, votre brave m'a nommé *Hawkeye*, et je suppose que c'est à cause d'un coup d'œil prompt et sûr, quand il avait la tête appuyée sur mes genoux, avant que son esprit partît pour vos forêts bienheureuses, toujours pleines de gibier.

— C'est un beau nom. — Le faucon est sûr de son coup. Mais Hawkeye n'est pas une femme; pourquoi vit-il avec les Delawares?

— Je vous comprends, Mingo; mais nous regardons tout cela comme une invention de quelques-uns de vos démons astucieux. La Providence m'a placé tout jeune parmi les Delawares, et sauf ce que les usages chrétiens exigent de ma nature et de ma couleur, j'espère vivre et mourir dans leur tribu. Je ne renonce pourtant pas tout à fait à mes droits comme homme blanc, et je tâcherai de remplir les devoirs de Face-Pâle dans la compagnie des Peaux-Rouges.

— Bon! un Huron est une Peau-Rouge aussi bien qu'un Delaware, et Hawkeye ressemble plus à un Huron qu'à une femme.

— Je suppose que vous savez ce que vous voulez dire, Mingo : si vous ne le savez pas, je ne doute point que Satan ne le sache. Mais si vous désirez tirer quelque chose de moi, parlez plus clairement, car on ne peut faire un marché les yeux fermés et la langue liée.

— Bon! Hawkeye n'a pas la langue fourchue, et il aime à dire ce qu'il pense. Eh bien! Hawkeye est une connaissance du Rat-Musqué, — c'était le nom que les Indiens donnaient à Hutter; — il a vécu dans son wigwam, mais il n'est pas son ami. Il n'a pas besoin de chevelures comme un pauvre Indien, et il a tout le courage d'une Face-Pâle. Le Rat-Musqué n'est ni blanc ni rouge, ni chair ni poisson; c'est un serpent d'eau, qui se tient tantôt sur le lac, tantôt sur la terre, et à qui il faut des chevelures. Hawkeye peut retourner chez lui, et lui dire qu'il a eu plus d'esprit que les Hurons, et qu'il leur a échappé; et quand les yeux du Rat-Musqué seront dans un brouillard, et qu'il ne pourra voir de sa maison jusque dans les bois, Hawkeye peut ouvrir la porte aux Hurons. Et comment se partagera le butin? Hawkeye prendra ce qu'il lui plaira, et les Hurons se contenteront du reste. Quant aux chevelures, elles peuvent aller au Canada, car les Faces-Pâles ne s'en soucient point.

— Eh bien, Rivenoak, car je les entends vous nommer ainsi, je sais ce que vous voulez dire à présent; quoique vous parliez iroquois, c'est d'assez bon anglais; et je dois dire que les Mingos sont plus diables que le diable. Oui, sans doute, il me serait assez facile d'aller dire au Rat-Musqué que je me suis tiré de vos mains, et de me faire quelque mérite de cet exploit.

— Bon! c'est justement ce que j'attends de vous.

— Oui, oui, cela est assez clair; il ne vous faut pas plus de paroles pour me faire comprendre ce que vous voulez. Quand je serai chez le Rat-Musqué, mangeant son pain, riant et jasant avec ses jolies filles, il faut que je lui couvre les yeux d'un brouillard si épais, qu'il ne puisse voir sa porte et encore moins la terre.

— Bon! Hawkeye aurait dû naître Huron! Son sang n'est qu'à demi blanc.

— C'est en quoi vous vous trompez, Huron. Oui, vous vous trompez autant que si vous preniez un loup pour un chat sauvage. J'ai le sang et le cœur blancs, quoique mes habitudes et mes goûts soient un peu rouges. Mais quand le vieux Hutter aura les yeux dans un brouillard, que ses jolies filles seront peut-être endormies, et que le Grand-Pin, comme vous autres Indiens vous appelez Hurry Harry, rêvera à toute autre chose qu'à une trahison, je n'aurai qu'à mettre en vue quelque part une torche pour signal, ouvrir la porte, et laisser entrer les Hurons pour qu'ils prennent leurs chevelures.

— Mon frère se méprend sûrement : il ne peut avoir le sang blanc; il est digne d'être un grand chef parmi les Hurons.

— J'ose dire que cela serait vrai s'il faisait tout cela. Mais écoutez-moi, Huron, et entendez pour une fois des paroles honnêtes sortir de la bouche d'un homme franc. Je suis né chrétien, et ceux qui viennent d'une telle souche, et qui ont entendu les paroles qui ont été adressées à leurs pères, et qui le seront à leurs enfants jusqu'à ce que la terre et tout ce qu'elle contient aient cessé d'exister, ne peuvent jamais se prêter à une telle perversité. Les ruses peuvent être et sont légitimes dans la guerre; mais l'astuce, la tromperie, la trahison à l'égard d'amis, ne conviennent qu'à ces Faces-Pâles qui sont des démons; car je sais qu'il en existe assez parmi eux pour vous donner une fausse idée de notre nature; mais de pareils hommes sont infidèles à leur sang et à leurs dons, et ils devraient être vagabonds et proscrits sur la terre. Pas un blanc ayant de la droiture ne consentirait à faire ce que vous désirez. Et pour être aussi franc envers vous que je le désire, je vous dirai qu'il en est de même des Delawares; quant aux Mingos, le cas peut être différent.

Rivenoak écouta ce discours avec un mécontentement évident; mais il avait un but en vue, et il était trop rusé pour vouloir perdre toute chance d'y arriver en cédant avec trop de précipitation à son ressentiment. Affectant de sourire pendant que Deerslayer parlait ainsi, il eut l'air de l'écouter avec attention, et réfléchit quelques instants avant de lui répondre.

— Hawkeye est-il ami du Rat-Musqué? demanda-t-il enfin, ou est-il amant d'une de ses filles?

— Ni l'un ni l'autre, Mingo. Le vieux Tom n'est pas un homme qui puisse gagner mon affection. Quant à ses filles, elles sont certainement assez belles pour gagner le cœur de tout jeune homme; mais il y a des raisons pour ne pas avoir un grand amour pour aucune d'elles. Hetty est une bonne âme, mais la nature a appesanti la main sur son esprit, pauvre créature !

— Et la Rose-Sauvage? s'écria Rivenoak,— car la renommée de la beauté de Judith s'était répandue parmi les tribus sauvages aussi bien que parmi les habitants des frontières, et elles lui avaient donné ce nom; — et la Rose-Sauvage! le parfum n'en est-il pas assez doux pour qu'elle soit placée sur le sein de mon frère?

Deerslayer avait trop de délicatesse naturelle pour dire la moindre chose qui pût nuire à la réputation d'une jeune fille qui ne pouvait se défendre; et ne voulant ni dire ce qu'il pensait, ni faire un mensonge, il garda le silence. Le Huron se méprit sur les motifs du jeune chasseur, et supposa qu'un amour désappointé était la cause de sa réserve. Toujours déterminé à gagner ou à corrompre son prisonnier pour se mettre avec son aide en possession des trésors dont son imagination remplissait le château, il persista dans son attaque.

— Hawkeye parle à un ami; il sait que Rivenoak est homme de parole, car ils ont trafiqué ensemble, et le trafic ouvre l'âme. Mon ami est venu ici parce qu'une jeune fille tenait une petite corde qui pouvait tirer à elle le corps du guerrier le plus robuste.

— Vous êtes plus près de la vérité, Huron, que vous ne l'avez été depuis le commencement de notre conversation. Oui, cela est vrai. Mais un bout de cette corde n'était pas attaché à mon cœur, et l'autre ne se trouvait pas entre les mains de la Rose-Sauvage.

— Cela est étonnant. L'amour de mon frère est-il dans sa tête et non dans son cœur? L'Esprit-faible a-t-elle tiré si fort un guerrier si robuste?

— Vous y voilà encore! vous devinez quelquefois juste, et quelquefois vous vous trompez. La petite corde dont vous parlez est attachée au cœur d'un grand Delaware, d'un rejeton de la souche des Mohicans, qui vit avec les Delawares depuis la dispersion de sa tribu, et qui est de la famille des Uncas; il se nomme Chingachgook, ou le Grand-Serpent. Il venu ici, tiré par cette corde, et je l'ai suivi, ou plutôt je l'ai précédé; car j'y suis arrivé le premier sans être tiré par autre chose que l'amitié, ce qui est bien suffisant pour ceux qui ne sont pas chiches de leur affection, et qui sont disposés à vivre un peu pour leurs semblables aussi bien que pour eux-mêmes.

— Mais toute corde a deux bouts. L'un, dites-vous, était attaché au cœur d'un Mohican; et l'autre?

— L'autre était ici près du feu, il y a une demi-heure. Wah-ta!-Wah le tenait dans sa main, s'il ne tenait pas à son cœur.

— Je comprends ce que vous voulez dire, mon frère, répondit l'Indien d'un ton grave, saisissant pour la première fois le fil des aventures de cette nuit; le Grand-Serpent étant le plus vigoureux, a tiré le plus fort, et Wah-ta!-Wah a été forcée de nous quitter.

— Je ne crois pas qu'il ait eu besoin de tirer beaucoup, répliqua Deerslayer, riant à sa manière silencieuse aussi cordialement que s'il n'eût pas été prisonnier et qu'il n'eût pas couru le risque d'être torturé et mis à mort; non, je ne crois pas qu'il ait eu besoin de tirer bien fort. Que le ciel vous aide, Huron! il aime la jeune fille, la jeune fille l'aime; et il est au-dessus de l'astuce même des Hurons de séparer deux jeunes gens qui sont unis par un sentiment si puissant.

— Et Hawkeye et Chingachgook ne sont venus dans notre camp que dans ce dessein?

— C'est une question qui se résout d'elle-même, Mingo. Si une question pouvait parler, elle vous répondrait à votre parfaite satisfaction. Pour quelle autre raison y serions-nous venus? Et cependant cela n'est pas tout à fait exact; car nous ne sommes pas entrés dans votre camp; nous ne nous sommes approchés que jusqu'à ce pin, dont vous pouvez voir la cime derrière cette hauteur. De là nous avons épié vos mouvements aussi longtemps que nous l'avons voulu. Quand nous fûmes prêts, le Grand-Serpent fit son signal, et ensuite tout alla comme nous le désirions, jusqu'au moment où ce vagabond là-bas me sauta sur le dos. Il est bien certain que nous sommes venus pour cela, et non pour autre chose; et nous avons eu ce que nous venions chercher ici, il est inutile de prétendre le contraire : Wah-ta!-Wah est partie avec l'homme qui est presque son mari; et quoi qu'il puisse m'arriver, c'est décidément une bonne chose.

— Quel signal fit connaître à la jeune fille que le Grand-Serpent était si près d'elle? demanda Rivenoak avec plus de curiosité qu'il n'avait coutume d'en montrer.

Deerslayer rit encore, et parut jouir du succès de son entreprise avec autant de joie que s'il n'en eût pas été victime.

— Vos écureuils sont de grands rôdeurs, Mingo, répondit-il, oui, ce sont certainement de grands rôdeurs. Quand les écureuils des autres sont chez eux à dormir, les vôtres courent les champs, sautent sur les branches, et chantent et gazouillent de telle sorte, que même une jeune Delaware peut comprendre leur musique. Eh bien! il y a des écureuils à quatre pattes, et il y en a à deux jambes; et parlez-moi des derniers, quand il y a une bonne corde qui attache deux cœurs. Si on les réunit ensemble, l'autre dit quand il faut tirer le plus fort.

Le Huron parut piqué, mais il réussit à réprimer toute marque violente de ressentiment. Il quitta bientôt son prisonnier, et ayant rejoint ses guerriers, il leur communiqua en substance tout ce qu'il venait d'apprendre. L'audace et le succès de leurs ennemis leur inspirèrent, comme à lui, une admiration mêlée de courroux. Trois ou quatre d'entre eux montèrent sur la colline et regardèrent l'arbre, près duquel Deerslayer avait dit que son ami et lui s'étaient postés; et l'un d'eux descendit même pour aller examiner les traces de pieds qui devaient se trouver sur la terre, afin de vérifier si deux hommes seulement avaient été en cet endroit. Cet examen confirma pleinement le récit du prisonnier, et ils retournèrent près de leur compagnon avec plus de surprise et d'admiration que jamais. Le messager que leur avaient envoyé les autres Hurons campés plus haut sur les bords du lac, et qui était arrivé pendant que Deerslayer et Chingachgook surveillaient leurs mouvements, fut congédié avec une réponse, et remporta sans doute aussi la nouvelle de tout ce qui venait de se passer.

Jusqu'à ce moment, le jeune Indien que Deerslayer et son ami avaient vu avec Hist et une autre Indienne, n'avait cherché à avoir aucune communication avec le prisonnier; il s'était tenu à l'écart, non-seulement de ses compagnons, mais même des jeunes femmes qui étaient réunies ensemble, à quelque distance des hommes, suivant l'usage, et qui s'entretenaient à voix basse de l'évasion de leur compagne. Peut-être serait-il vrai de dire qu'elles étaient aussi charmées que piquées de cet événement, car leur cœur prenait intérêt aux deux amants, tandis que leur amour-propre aurait désiré le succès complet de leur tribu. Il est possible aussi que les charmes supérieurs de Hist la fissent paraître une rivale dangereuse aux yeux de quelques jeunes filles, et qu'elles ne fussent pas fâchées de ne plus avoir à craindre de perdre leur ascendant. Au total pourtant, le sentiment dominant parmi elles était favorable aux deux amants; car ni l'état sauvage dans lequel elles vivaient, ni leurs idées sur l'honneur de leur tribu, ni leur condition misérable comme femmes d'Indiens, ne pouvaient entièrement triompher du penchant irrésistible de leur sexe pour les affections du cœur. Une des plus jeunes filles ne put même s'empêcher de rire de l'air inconsolable du jeune Indien, qui pouvait se regarder comme un amant abandonné. Il s'en aperçut, et cette circonstance lui donnant quelque énergie, il s'approcha du tronc d'arbre sur lequel le prisonnier était assis, séchant ses vêtements.

— Voici Catamount [1]! dit l'Indien, frappant d'une main sa poi-

---

1. Chat sauvage.

trine nue, et prononçant ces mots de manière à prouver qu'il comptait que ce nom produirait un grand effet.

— Et voici Hawkeye, répondit Deerslayer, adoptant le nom sous lequel il savait qu'il serait désormais connu des tribus iroquoises; mon coup d'œil est prompt. Mon frère saute-t-il bien loin?

— D'ici aux villages des Delawares. Hawkeye m'a volé ma femme; il faut qu'il me la ramène, ou sa chevelure, suspendue à un bâton, sèchera dans mon wigwam.

— Hawkeye ne vole rien, Huron; il n'est pas issu d'une race de voleurs, et il n'a pas reçu le don du vol. Votre femme, comme il vous plaît d'appeler Wah-ta!-Wah, ne sera jamais la femme d'aucune Peau-Rouge du Canada. Son cœur est dans le wigwam d'un Delaware, et son corps est allé le retrouver. Le Catamount est actif, je le sais; mais il a les jambes trop courtes pour suivre les désirs d'une femme.

— Le Serpent des Delawares est un chien, un pauvre animal qui se tient dans l'eau; il n'ose se montrer sur la terre, comme un brave Indien.

— Eh bien, Huron, vous n'avez pas mal d'impudence, car il n'y a pas une heure que le Serpent était à cent pas de vous; et quand je vous ai montré à lui, il vous aurait envoyé une balle pour mesurer l'épaisseur de votre peau, si je n'avais placé sur sa main le poids d'un peu de jugement.

— Hist se moque de lui. — Elle voit qu'il est boiteux, que c'est un pauvre chasseur, et qu'il n'a jamais été sur le sentier de guerre.

— Elle prendra pour mari un homme, et non un fou.

— Comment savez-vous cela, Catamount? répliqua Deerslayer en riant; comment le savez-vous? Vous voyez qu'elle est allée sur le lac; elle préfère peut-être une truite à un chat bâtard. Quant au sentier de guerre, le Serpent et moi nous sommes prêts à convenir que nous n'en avons pas une longue expérience; mais si nous n'y sommes pas après ce que nous avons fait aujourd'hui, il faut que vous le nommiez comme l'appellent les filles des établissements, le grand chemin du mariage. Suivez mon avis, Catamount, et cherchez une femme parmi les Huronnes, car vous n'en trouverez jamais une de bonne volonté parmi les Delawares.

La main de Catamount chercha son tomahawk, et quand ses doigts en touchèrent le manche, ils furent agités de convulsions, comme s'il eût hésité entre la politique et le ressentiment. En ce moment critique, Rivenoak s'approcha, fit un geste d'autorité qui obligea le jeune Indien à se retirer, et reprit sa première position sur le tronc d'arbre, à côté de Deerslayer. Il y resta quelque temps en silence avec la réserve et la gravité d'un chef indien.

— Hawkeye a raison, dit-il enfin ; sa vue est si bonne, qu'il peut voir la vérité pendant la nuit la plus sombre, et nous avons été des aveugles. C'est un hibou à qui l'obscurité ne peut rien cacher. Il ne doit pas frapper ses amis, il a raison.

— Je suis charmé que vous pensiez ainsi, Mingo ; car, à mon avis, un traître est pire qu'un lâche. Je ne prends au Rat-Musqué d'autre intérêt que celui qu'un homme blanc doit prendre à un autre ; mais c'en est assez pour ne pas le trahir comme vous le désirez. En un mot, suivant mes idées, toutes tromperies, à moins que ce ne soit en guerre ouverte, sont contraires à la loi, et à ce que nous autres blancs nous appelons l'Evangile.

— Mon frère à face pâle a raison ; il n'est pas Indien, et il ne doit oublier ni son Manitou ni sa couleur. Les Hurons savent qu'ils ont un grand guerrier pour prisonnier, et ils le traiteront comme tel. S'il est destiné à la torture, ils lui réserveront des tourments qu'un homme ordinaire ne saurait supporter ; et s'il doit être traité en ami, il sera l'ami de tous les chefs.

Tout en lui donnant cette assurance extraordinaire d'estime et de considération, le Huron jetait sur lui un coup d'œil à la dérobée, pour voir comment il prenait ce compliment, quoique la gravité et l'air de sincérité du chef sauvage eussent empêché tout autre qu'un homme habitué aux artifices des Indiens de découvrir ses motifs. Deerslayer faisait partie de cette classe d'hommes qui ne connaissent pas le soupçon ; et sachant quelles sont les idées des Indiens sur la manière de traiter leurs prisonniers pour leur montrer du respect, il sentit son sang se glacer à cette annonce ; mais il sut conserver un aspect si ferme, que l'œil perçant de son ennemi ne put découvrir en lui aucun signe de faiblesse.

— Dieu m'a fait tomber entre vos mains, Huron, et vous ferez de moi ce qu'il vous plaira. Je ne me vanterai pas de ce que je puis faire dans les tourments, car je n'ai jamais été mis à l'épreuve, et personne ne doit parler auparavant ; mais je ferai tous mes efforts pour ne pas faire honte à la nation parmi laquelle j'ai été élevé. Quoi qu'il en soit, je vous prends à témoin que je suis entièrement de sang blanc, et que je n'ai naturellement que les dons qui ont été accordés aux blancs. Par conséquent, si les tourments sont plus forts que moi et que je m'oublie, mettez-en la faute où elle doit être, et n'en accusez ni les Delawares ni leurs alliés et leurs amis les Mohicans. Nous sommes tous créés avec plus ou moins de faiblesse, et je crains que ce ne soit le don d'une Face-Pâle de céder à.de grands tourments, tandis qu'ils n'empêchent pas une Peau-Rouge de chanter et de se vanter de ses exploits pour braver ses ennemis.

— Nous verrons. Hawkeye a l'air ferme, et son corps est endurci.
— Mais pourquoi serait-il mis à la torture quand les Hurons sont ses amis? Il n'est pas né leur ennemi, et la mort d'un de leurs guerriers ne jettera pas un nuage éternel entre eux et lui.

— Tant mieux, Huron, tant mieux. Cependant je ne veux rien devoir à une méprise, et il faut bien nous entendre. Je suis charmé que vous n'ayez pas de rancune pour la perte d'un guerrier qui a péri dans la guerre; mais il n'est pas vrai qu'il n'y ait pas d'inimitié — je veux dire d'inimitié légale — entre nous. En tant que j'ai les sentiments d'une Peau-Rouge, ce sont ceux des Delawares; et je vous laisse à juger jusqu'à quel point ils doivent être amis des Mingos.

Deerslayer cessa tout à coup de parler, car il aperçut en face de lui une sorte de spectre dont l'apparition subite interrompit son discours et le fit douter un instant de la bonté de ses yeux : Hetty Hutter était debout près du feu, aussi tranquillement que si elle eût fait partie de la tribu.

Tandis que le jeune chasseur et le chef indien épiaient, chacun de son côté, l'émotion qui se peignait involontairement sur la physionomie de l'autre, la jeune fille s'était approchée sans qu'on fît attention à elle, ayant sans doute monté sur le rivage au sud de la pointe, ou près de l'endroit où l'arche avait jeté l'ancre, et elle s'était avancée vers le feu avec cette confiance qui caractérisait sa simplicité, et qui d'ailleurs était justifiée par la manière dont les Indiens l'avaient déjà traitée. Dès que Rivenoak l'aperçut, il la reconnut, et appelant deux ou trois des plus jeunes guerriers, il leur ordonna de faire une reconnaissance, de crainte que cette apparition ne fût l'annonce de quelque nouvelle attaque. Il fit alors signe à Hetty d'approcher.

— J'espère que votre arrivée, Hetty, est un signe que le Serpent et Hist sont en sûreté, dit Deerslayer dès qu'elle eut obéi au geste du Huron. — Je ne crois pas que vous soyez venue ici une seconde fois dans un dessein semblable à celui qui vous y a déjà amenée.

— C'est Judith qui m'a dit d'y venir cette fois-ci, Deerslayer; elle m'y a conduite elle-même dans une pirogue, aussitôt que le Serpent lui eut fait voir Hist et lui eut conté son histoire. Comme Hist est belle ce soir! combien elle a l'air plus heureuse que lorsqu'elle était avec les Hurons!

— C'est la nature, Hetty; oui, cela doit être attribué à la nature. Elle est avec celui qu'elle doit épouser, et elle ne craint plus d'avoir un Mingo pour mari. Judith elle-même, à mon avis, perdrait beaucoup de sa beauté si elle pensait que cette beauté dût être le partage d'un Mingo. Le contentement ajoute toujours à la bonne mine; et je vous réponds que Hist est assez contente, à présent qu'elle est hors des mains de ces mécréants et près du guerrier dont elle a fait choix. — Ne m'avez-vous pas dit que votre sœur vous a engagée à venir ici ? quelle raison en avait-elle ?

— Elle m'a dit de venir vous voir, et d'engager ces sauvages à accepter d'autres éléphants pour votre rançon. — Mais j'ai apporté la Bible avec moi, et cela fera plus que tous les éléphants qui sont dans la caisse de mon père.

— Et votre père, ma bonne Hetty, et Hurry Harry, sont-ils instruits de votre départ ?

— Non ; ils dorment tous deux. Judith et le Serpent ont cru qu'il valait mieux ne pas les éveiller, de peur qu'il ne leur prît encore envie d'aller chercher des chevelures, car Hist leur a dit qu'il y a dans le camp beaucoup de femmes et d'enfants et peu de guerriers. Judith ne m'a pas laissé de repos que je ne fusse partie pour voir ce qui vous est arrivé.

— Eh bien ! cela est remarquable en ce qui concerne Judith. Pourquoi a-t-elle tant d'inquiétude pour moi ? — Je vois ce que c'est à présent; oui, j'entends toute l'affaire. Vous devez comprendre, Hetty, que votre sœur craignait que Hurry March ne s'éveillât, et ne vînt se jeter encore une fois entre les mains des ennemis, dans quelque idée qu'ayant été mon camarade de voyage, il devait m'aider dans cette affaire. Hurry fait souvent des bévues, j'en conviens; mais je crois qu'il ne courrait pas volontiers pour moi autant de risques que pour lui-même.

— Judith n'aime pas Hurry, quoique Hurry aime Judith, répondit Hetty innocemment, mais d'un ton positif.

— Je vous l'ai déjà entendu dire, Hetty; oui, vous m'avez déjà dit la même chose, mais vous vous trompez. On ne vit pas dans une tribu d'Indiens sans voir quelque chose de la manière dont l'affection agit sur le cœur d'une femme. Quoique je ne sois nullement porté à me marier moi-même, j'ai joué le rôle d'observateur parmi les Delawares, et c'est une affaire dans laquelle les blancs et les rouges agissent absolument de même. Quand l'amour commence, la jeune fille est pensive; elle n'a des yeux et des oreilles que pour le guerrier qui s'est rendu maître de son imagination. Viennent alors les soupirs, la mélancolie, etc., etc.; après quoi, et surtout si les choses n'en viennent pas à une déclaration formelle, elle a recours à la calomnie, lui trouve cent défauts, et lui fait un reproche, même de ce qu'elle aime le mieux en lui. Il y a bien des jeunes filles qui prennent cette manière de prouver leur amour, et j'ai dans l'idée que Judith en est une. Je l'ai entendue nier que Hurry fût un garçon de bonne mine, et la jeune fille qui peut nier cela doit en être terriblement éprise.

— Une jeune fille qui aimerait Hurry conviendrait qu'il est beau. Moi, je le trouve très-beau, et je suis sûre que quiconque a des yeux doit penser de même. Judith n'aime pas Harry March, et c'est pourquoi elle lui trouve des défauts.

— Eh bien! eh bien! ma bonne petite Hetty, pensez-en ce que vous voudrez. Nous en parlerions jusqu'à l'hiver sans qu'aucun de nous changeât d'opinion, et il est inutile d'en dire davantage. Moi je crois que Judith est fort engouée de Hurry, et que tôt ou tard elle l'épousera; et je le crois d'autant plus qu'elle en dit plus de mal. J'ose dire que vous pensez tout le contraire; mais faites attention à ce que je vais vous dire, et faites semblant de n'en rien savoir, — continua cet être, dont l'esprit était si obtus sur un point que les hommes sont ordinairement si habiles à découvrir, et si perçant sur ce qui déjouerait la sagacité de la plus grande partie du genre humain; — je vois ce qui se passe parmi ces vagabonds. Vous voyez que Rivenoak nous a quittés, et qu'il est à causer là-bas avec ses jeunes gens. Il est trop loin pour que je puisse l'entendre; mais je vois ce qu'il leur dit. Il leur ordonne de surveiller vos mouvements, — de découvrir l'endroit où la pirogue doit vous attendre, — de vous reconduire à l'arche, et de s'y emparer de tout ce qu'ils pourront. — Je suis fâché que Judith vous ait envoyée ici, — car je suppose qu'elle désire que vous retourniez auprès d'elle.

— Tout cela est arrangé, Deerslayer, répondit Hetty en baissant la voix et d'un ton confidentiel. Vous pouvez vous fier à moi pour tromper le plus fin de tous ces Indiens. Je sais que j'ai l'esprit faible, mais j'ai quelque bon sens, et vous verrez comme je m'en servirai pour m'en aller quand je n'aurai plus rien à faire ici.

— Hélas! ma pauvre fille, je crains que cela ne soit plus facile à dire qu'à faire. C'est une race venimeuse de reptiles, et, pour avoir perdu Hist, ils n'ont rien perdu de leur poison. Du moins je suis charmé que le Serpent leur ait échappé avec Hist; car, par ce moyen, il y aura deux êtres heureux, au lieu que, s'il fût tombé entre les mains des Mingos, il y en aurait eu deux malheureux, et un troisième qui aurait été loin d'être ce qu'un homme aime à se sentir.

— Et à présent, Deerslayer, vous me faites songer à une partie de ma mission que j'avais presque oubliée. Judith m'a chargée de vous demander ce que vous croyez que les Hurons vous feraient si l'on ne pouvait réussir à racheter votre liberté, et ce qu'elle pouvait faire pour vous servir, — oui, c'était la partie la plus importante de ma mission, — ce qu'elle pouvait faire pour vous servir.

— Vous avez raison de le penser, Hetty; mais n'importe. Les jeunes filles sont sujettes à attacher le plus d'importance à ce qui touche leur sensibilité. Mais n'importe, encore une fois; agissez comme vous l'entendrez; pourvu que vous ayez bien soin que ces vagabonds ne s'emparent point d'une pirogue. Quand vous serez de retour dans l'arche, dites-leur de s'y tenir bien enfermés, et de changer souvent de place, surtout pendant la nuit. Il ne peut se passer beaucoup d'heures avant que les troupes qui sont sur la rivière entendent parler de cette incursion des sauvages, et alors vos amis peuvent attendre du secours. Du lac au fort le plus voisin il n'y a qu'une journée de marche, et de bons soldats ont de longues jambes quand les ennemis sont dans les environs. Tel est mon avis; et vous pouvez dire à votre père et à Hurry que la chasse aux chevelures ne sera pas profitable à présent que les Mingos ont pris l'éveil, et que la seule chose qui puisse les sauver d'ici à l'arrivée des troupes, c'est de maintenir une bonne ceinture d'eau entre eux et les sauvages.

— Que dirai-je de vous à Judith, Deerslayer? Je sais qu'elle me renverra ici si elle ne sait pas la vérité.

— Eh bien! dites-lui la vérité; je ne vois pas de raison pour ne pas dire à Judith Hutter la vérité sur moi aussi bien qu'un mensonge. Je suis prisonnier des Mingos, et la Providence seule sait ce qui en arrivera. — Baissant alors la voix, il ajouta : — Ecoutez-moi, Hetty, vous avez l'esprit un peu faible, il faut en convenir, mais vous connaissez quelque chose des Indiens. Je suis en leur pouvoir, après avoir tué un de leurs plus braves guerriers, et ils ont essayé, en m'en faisant craindre les suites, de me décider à trahir votre père et tous ceux qui se trouvent dans l'arche. J'ai compris les vagabonds comme s'ils me l'avaient dit tout crûment. Ils m'ont attaqué d'un côté par la cupidité, de l'autre par la crainte, et ils ont cru qu'entre ces deux écueils l'honnêteté coulerait à fond. Mais que votre père et Hurry sachent que cela n'arrivera jamais. Quant au Serpent, il le sait déjà.

— Mais que dirai-je à Judith ? Je vous dis qu'elle me renverra ici, si je ne mets pas son esprit en repos.

— Dites-lui la même chose. — Sans doute les sauvages auront recours à la torture pour me faire céder et pour se venger de la mort de leur guerrier ; mais il faut que je lutte contre la faiblesse de la nature aussi bien qu'il me sera possible. Vous pouvez dire à Judith de n'avoir aucune inquiétude pour moi.—Ce sera un moment dur à passer, je le sais, vu que les dons d'un homme blanc ne sont pas de se vanter et de chanter au milieu des tortures. Mais vous pouvez lui dire qu'elle soit sans inquiétude, je crois que je saurai tout supporter, et elle peut compter sur une chose, c'est que, quelle que soit la faiblesse de ma nature, quand même je prouverais par mes plaintes, mes cris et même mes larmes, que je suis tout à fait blanc, je ne m'abaisserai jamais jusqu'à trahir mes amis. Quand ils en viendront à me faire des trous dans la chair avec des baguettes de mousquet rougies au feu, à m'arracher les cheveux, et à me déchiqueter le corps, la nature peut l'emporter, en ce qui concerne les plaintes et les gémissements ; mais là finira le triomphe des vagabonds, car rien ne peut forcer un homme honnête à agir contre sa couleur et son devoir, à moins que Dieu ne l'ait abandonné au démon.

Hetty l'écouta avec beaucoup d'attention, et ses traits doux, mais expressifs, montrèrent la compassion que lui faisait éprouver le tableau anticipé des tourments qu'il se supposait destiné à souffrir. D'abord elle parut ne savoir que faire ; ensuite elle lui prit la main avec affection et lui proposa de lui prêter sa Bible, afin qu'il pût la lire pendant que les sauvages le mettraient à la torture. Quand il lui eut avoué qu'il ne savait pas lire, elle lui offrit de rester avec lui, et de lui en faire elle-même la lecture. Il refusa cette offre avec douceur, et Rivenoak paraissant vouloir s'approcher d'eux, il l'engagea à s'éloigner, et lui recommanda de nouveau de dire à ceux qui étaient dans l'arche d'avoir toute confiance en sa fidélité. Hetty se retira, et se mêla au groupe de femmes avec autant de confiance et de sang-froid que si elle eût appartenu à leur tribu. De son côté, le chef huron reprit sa place auprès du prisonnier, et continua à lui faire des questions avec l'adresse astucieuse d'un Indien, tandis que Deerslayer employait contre lui les moyens qui sont connus comme les plus efficaces pour déjouer la diplomatie plus présomptueuse de la civilisation, ou en bornant ses réponses à la vérité,—à la vérité seule.

CHAPITRE XVIII.

> Ce fut ainsi qu'elle mourut ; elle ne connaîtra plus ni le chagrin ni la honte. Elle n'était pas faite pour supporter des années ou des mois entiers ce poids intérieur qui pèse sur des cœurs plus froids jusqu'à ce que l'âge les couvre de terre ; ses jours et ses plaisirs furent courts, mais délicieux. — Mais elle repose en paix sur le bord du rivage où elle aimait à demeurer.
> BYRON.

Les jeunes Indiens qui avaient été chargés de faire une reconnaissance lors de l'apparition subite de Hetty, revinrent annoncer qu'ils n'avaient fait aucune découverte. L'un d'eux avait même suivi le rivage jusqu'en face de l'endroit où était l'arche; mais l'obscurité l'avait empêché de l'apercevoir. Les autres s'étaient avancés de différents côtés, et avaient trouvé partout le repos de la nuit joint au silence et à la solitude des bois.

On crut donc que la jeune fille était venue seule comme la première fois, et par quelque motif semblable. Les Hurons ignoraient que l'arche eût quitté le château, et ils avaient projeté des mouvements qui, quoiqu'ils n'eussent pas encore commencé à les exécuter, ajoutaient beaucoup à leur sentiment de sécurité. On plaça des sentinelles, et tous les autres se disposèrent à dormir.

On prit toutes les mesures nécessaires pour que le prisonnier ne pût s'échapper, sans lui causer aucune souffrance inutile. Quant à Hetty, on la laissa se placer comme elle put parmi les jeunes filles de la tribu. Elle n'y trouva pas les dispositions amicales de Hist; mais sa faiblesse d'esprit reconnue non-seulement la mit à l'abri de la captivité et de tout mauvais procédé, mais lui valut une considération et des attentions qui la mirent de niveau avec les créatures douces, quoique sauvages, qui l'entouraient. On lui donna une peau, et elle se fit un lit sur un monceau de feuilles, à quelque distance des huttes. Elle fut bientôt plongée dans un profond sommeil comme toutes ses compagnes.

Il ne se trouvait alors que treize hommes dans le camp, et trois étaient en sentinelle. L'un restait dans l'ombre, sans pourtant être bien éloigné du feu. Son devoir était de veiller sur le prisonnier, d'avoir soin que le feu ne s'éteignît pas, ou qu'il ne brillât pas assez pour produire une clarté qui pourrait les trahir, et en général, d'avoir toujours les yeux ouverts sur l'état du camp. Un autre passait sans cesse d'un rivage à l'autre, en traversant la base de la pointe ; et le troisième se promenait à pas lents sur les sables à l'extrémité opposée, pour empêcher la répétition d'une surprise semblable à celle qui avait déjà eu lieu cette nuit. Ces dispositions étaient loin d'être ordinaires parmi les sauvages, qui, en général, comptent plus sur le secret de leurs mouvements que sur une vigilance de cette espèce ; mais elles avaient été prises par suite des circonstances particulières dans lesquelles les Hurons se trouvaient alors ; leur position était connue de leurs ennemis, et ils ne pouvaient aisément en changer à une heure qui exigeait du repos. Peut-être aussi plaçaient-ils en grande partie leur confiance sur la connaissance qu'ils croyaient avoir de ce qui se passait dans la partie supérieure du lac, ce qui, pensaient-ils, donnerait assez d'occupation à tous les blancs qui étaient en liberté, ainsi qu'au Mohican leur allié. Il est en outre probable que Rivenoak savait qu'en gardant son prisonnier il tenait entre ses mains le plus dangereux de ses ennemis.

La précision avec laquelle dorment ceux qui sont habitués à la vigilance, ou dont le repos est souvent troublé, n'est pas le moindre phénomène de notre être mystérieux. A peine ont-ils placé la tête sur leur oreiller, que le sommeil leur fait tout oublier ; et cependant, à l'heure nécessaire, l'esprit semble éveiller le corps aussi promptement que s'il eût été spécialement chargé de ce soin. Il n'y a nul doute que ceux qui sont ainsi éveillés ne le soient par suite de l'influence de la pensée sur la matière ; mais la manière dont s'exerce cette influence restera cachée à notre curiosité jusqu'au moment où le voile qui couvre tous les mystères de l'existence humaine sera déchiré, si ce moment arrive jamais. Ce fut ce qui arriva à Hetty Hutter. Toute faible qu'on croyait la partie immatérielle de son être, elle fut assez active pour l'éveiller à minuit. La jeune fille se leva sur-le-champ, et la fraîcheur de la nuit jointe à celle de son lit l'ayant un peu refroidie, elle s'avança innocemment, et sans chercher à se cacher, vers le feu à demi éteint et en rapprocha les tisons. Ils produisirent bientôt une légère flamme qui illumina le visage rouge du Huron placé en sentinelle, et dont les yeux brillèrent comme les prunelles de la panthère que des chasseurs poursuivent jusque dans sa tanière à la lueur des torches. Mais Hetty ne sentit aucune crainte, et elle s'avança vers l'endroit où se trouvait l'Indien. Ses mouvements étaient si naturels, et annonçaient si peu le désir de ruser et de tromper, qu'il s'imagina qu'elle ne s'était levée qu'à cause du froid de la nuit, circonstance qui n'était pas rare dans un bivouac indien, et qui donnait peut-être lieu à moins de soupçons qu'aucune autre. Hetty lui parla, mais il ne comprenait pas l'anglais. Elle resta près d'une minute à regarder le prisonnier endormi, et se retira à pas lents d'un air mélancolique.

Elle ne prit aucune peine pour cacher ses mouvements. Tout expédient ingénieux de cette nature était au-dessus de ses moyens; mais son pas était habituellement léger, et à peine pouvait-on l'entendre. Lorsqu'elle se mit en marche vers l'extrémité de la pointe, c'est-à-dire vers l'endroit où elle avait débarqué lors de sa première excursion, la sentinelle la vit disparaître peu à peu dans les ténèbres sans s'en inquiéter et sans changer de position. Il savait que deux ou trois de ses compagnons veillaient aux deux extrémités de la pointe, et il ne croyait pas qu'une jeune fille qui était déjà venue deux fois volontairement dans le camp, et qui, la première, en était partie publiquement, voudrait maintenant le quitter en cachette. En un mot, la conduite de Hetty n'excita pas plus d'attention que ne le ferait dans une société civilisée celle d'une personne connue pour avoir l'esprit faible, tandis qu'elle trouvait chez les Indiens plus de considération et de respect.

Hetty n'avait certainement pas une idée très-distincte des localités, mais elle trouva le rivage, qu'elle atteignit du même côté que celui où se trouvait le camp. Elle suivit le bord de l'eau en remontant vers le nord, et elle rencontra bientôt l'Indien qui était de garde sur les sables. C'était un jeune guerrier, et quand il entendit un pas léger s'approcher, il accourut à elle avec un empressement qui n'avait rien de menaçant. L'obscurité était si profonde, qu'il n'était pas facile, sous l'ombre des bois, de découvrir les formes à vingt pieds de distance, et il était impossible de distinguer les traits d'une personne avant d'en être assez près pour la toucher. Le jeune Huron parut désappointé en reconnaissant Hetty; car, pour dire la vérité, il attendait sa maîtresse, qui lui avait promis de venir le distraire de l'ennui d'une garde de nuit. Il ne savait pas l'anglais plus que son camarade; mais il ne fut pas surpris de voir la jeune blanche debout à une pareille heure. Cela n'était pas rare dans un village ou un camp d'Indiens, où il n'y a pas d'heures régulières pour dormir ou pour prendre ses repas. D'ailleurs la faiblesse d'esprit bien connue de la pauvre Hetty fut sa protection en cette occasion, comme en beaucoup d'autres, auprès des sauvages. Contrarié de son désappointement, et ne se souciant pas d'avoir de témoin de son entrevue dérobée, le jeune guerrier fit signe à Hetty de continuer son chemin le long du rivage. Hetty obéit; mais en s'éloignant elle lui parla en anglais avec son accent de douceur, et le silence de la nuit faisait entendre sa voix jusqu'à quelque distance.

— Si vous me preniez pour une Huronne, guerrier, je ne suis pas surprise que vous soyez si peu content. Je suis Hetty Hutter, fille de Thomas Hutter, et je n'ai jamais eu de rendez-vous la nuit avec aucun homme, car ma mère m'a toujours dit que cela était mal, et qu'aucune jeune fille modeste ne devait se le permettre. Je parle des jeunes filles à face pâle, car je sais que les coutumes diffèrent comme les couleurs. Non, non! je suis Hetty Hutter, et je ne voudrais pas donner un rendez-vous même à Hurry Harry, quand il me le demanderait à genoux : ma mère m'a dit que cela était mal.

Tout en parlant ainsi, elle arriva à l'endroit où la pirogue l'avait mise à terre, et où, attendu les buissons et la courbe que décrivait le rivage, elle aurait été complétement cachée aux yeux de la sentinelle, même en plein jour. Mais d'autres pas avaient frappé l'oreille de l'amant indien, et il était loin de songer à écouter le son argentin de la voix de Hetty. Entièrement occupée de ses pensées et de ses desseins, elle continuait à parler; mais la douceur de sa voix l'empêchait de pénétrer dans la forêt, quoiqu'elle se propageât plus loin sur la surface de l'eau.

— Judith, s'écria-t-elle, me voici, et il n'y a personne près de moi. La sentinelle huronne a un rendez-vous avec sa maîtresse, qui est une Indienne, comme de raison, et qui n'a jamais eu une mère chrétienne pour lui dire qu'il était mal d'avoir un....

Elle fut interrompue par un chut! venant du côté de l'eau, et au même instant elle entrevit la pirogue qui s'approchait, et qu'elle entendit bientôt toucher le sable. Dès qu'elle y fut entrée, la pirogue s'éloigna, l'arrière en avant, comme si elle eût été douée de vie et de volonté, et aussitôt qu'elle fut à une cinquantaine de toises du rivage, Judith en mit le cap au large, tant pour doubler la pointe que pour ne pas risquer de faire entendre leurs voix tout en se dirigeant vers l'arche. Elles gardèrent le silence quelques minutes, et alors Judith, se croyant dans une position favorable pour causer avec sa sœur, tout en conduisant la pirogue presque avec autant de dextérité qu'un homme aurait pu le faire, entama la conversation qu'il lui tardait de commencer depuis qu'elles avaient quitté la pointe.

— Nous sommes ici en sûreté, Hetty, dit-elle, et nous pouvons nous entretenir sans crainte d'être entendues. Parlez bas pourtant, car les sons s'entendent de loin sur l'eau pendant le silence de la nuit. J'étais si près de la pointe durant une partie du temps que vous avez passé à terre, que j'entendais les voix des Hurons, et j'ai reconnu le bruit de vos pas sur le sable avant que vous m'eussiez parlé.

— Je crois que les Hurons ne se doutent pas que je les ai quittés, Judith.

— Très-probablement. Un amant est une pauvre sentinelle; à moins qu'il ne monte la garde pour attendre sa maîtresse. Mais avez-vous vu Deerslayer? lui avez-vous parlé?

— Oh, oui! il était assis près du feu, les jambes liées; mais il avait les bras libres, et il pouvait les remuer comme bon lui semblait.

— Eh bien, que vous a-t-il dit? Parlez vite! je meurs d'envie de savoir ce qu'il vous a chargée de me dire.

— Ce qu'il m'a dit? le croirez-vous, Judith? il m'a dit qu'il ne savait pas lire. Un homme blanc n'être pas en état de lire même la Bible! il est impossible qu'il ait jamais eu une mère, ma sœur.

— Ne songez pas à cela, Hetty; tous les hommes ne peuvent savoir lire. Quoique notre mère sût tant de choses et nous ait donné de si bonnes leçons, vous savez que c'est tout au plus si mon père peut lire la Bible.

— Je n'ai jamais pensé que les pères pussent beaucoup lire, mais toutes les mères doivent savoir lire, sans quoi comment pourraient-elles l'apprendre à leurs enfants? Soyez-en sûre, Judith, Deerslayer ne peut avoir eu une mère, sans cela il saurait lire.

— Lui avez-vous dit que c'était moi qui vous avais envoyée à terre, s'écria Judith avec impatience, et combien je suis désolée du malheur qui lui est arrivé?

— Je crois le lui avoir dit, Judith; mais vous savez que j'ai l'esprit faible, et je puis l'avoir oublié. Au surplus, je lui ai dit que c'était vous qui m'aviez amenée à terre. Et il m'a dit bien des choses que je devais vous répéter, et je me les rappelle fort bien, car mon sang se glaçait dans mes veines en l'écoutant. Il m'a chargée de dire que ses amis... je suppose que vous en faites partie, ma sœur?

— Comment pouvez-vous me tourmenter ainsi, Hetty? Certainement je suis du nombre des amis les plus vrais qu'il puisse avoir sur la terre.

— Vous tourmenter! oh! je me souviens de tout à présent. Je suis charmée que vous ayez prononcé ce mot, car il me rappelle tout ce qu'il m'a dit. Oui, il m'a dit que les sauvages pouvaient lui faire souffrir des tourments ; mais qu'il tâcherait de les supporter comme il convient à un chrétien et à un homme blanc, et que personne ne devait rien craindre.

— Quoi ! s'écria Judith respirant à peine, Deerslayer vous a-t-il réellement dit qu'il pensait que ces sauvages le mettraient à la torture ? Réfléchissez-y bien, Hetty, car c'est une chose sérieuse et terrible.

— Oui, il me l'a dit, et vous me l'avez rappelé en me disant que je vous tourmentais. Oh ! j'en étais bien fâchée pour lui ; et il en parlait si tranquillement ! Deerslayer n'est pas aussi beau que Hurry Harry, mais il est plus tranquille.

— Il vaut un million de Hurrys ! Oui, il vaut mieux que tous les jeunes gens qui soient jamais venus sur les bords du lac, mis tous ensemble ! s'écria Judith avec une énergie qui surprit sa sœur. Il est *vrai*, il n'y a pas de fausseté en lui. *Vous*, Hetty, vous pouvez ne pas savoir quel mérite c'est pour un homme d'être vrai ; mais il peut venir un jour où vous apprendrez... Non ! j'espère que vous ne le saurez jamais. Pourquoi une jeune fille comme vous recevrait-elle la dure leçon de la méfiance et de la haine ?

En dépit des ténèbres, et quoiqu'elle ne pût être vue que par l'œil de celui qui voit tout, Judith se cacha le visage des deux mains et poussa un profond gémissement. Ce paroxysme soudain de sensibilité ne dura qu'un instant, et elle continua à parler à sa sœur avec plus de calme et autant de franchise ; car elle savait qu'elle pouvait compter sur sa discrétion, en tout ce qui la concernait elle-même. Cependant sa voix prit un ton bas et presque rauque, au lieu d'être claire et animée comme auparavant.

— Il est bien dur de craindre la vérité, Hetty, continua-t-elle, et pourtant je crains la vérité pour Deerslayer plus qu'aucun ennemi. On ne peut biaiser avec tant de véracité, tant d'honnêteté, tant de droiture rigide. Mais nous ne sommes pas tout à fait sur un pied d'inégalité, Deerslayer et moi, ma sœur ; il n'est pas tout à fait au-dessus de moi, ne le pensez-vous pas, ma sœur ?

Il n'était pas ordinaire à Judith de s'abaisser au point d'en appeler au jugement de sa sœur, et elle ne lui donnait pas souvent le titre de sœur, distinction qui est plus communément accordée par la cadette à l'aînée, même quand il existe une parfaite égalité entre elles sous tout autre rapport. Le changement d'une bagatelle dans la conduite habituelle d'une personne frappe souvent l'imagination plus que des changements plus importants. Hetty s'aperçut de cette circonstance; sa simplicité en fut surprise, son amour-propre en fut flatté, et elle fit une réponse aussi extraordinaire pour elle que la question l'était pour Judith, car la pauvre fille voulut aller plus loin qu'elle n'en était capable.

— Au-dessus de vous, Judith! s'écria-t-elle avec fierté : en quoi Deerslayer peut-il être au-dessus de vous? N'avez-vous pas eu une mère, tandis qu'il ne sait pas lire? — Votre mère n'était-elle pas au-dessus de toutes les autres femmes de cette partie du monde? — Bien loin de le croire au-dessus de vous, je le croirais à peine au-dessus de moi. — Vous êtes belle, il est laid; vous...

— Non, non, il n'est pas laid, Hetty; dites seulement qu'il n'a que des traits ordinaires. Mais sa physionomie a une expression d'honnêteté qui vaut beaucoup mieux que la beauté. A mes yeux Deerslayer est plus beau que Hurry Harry.

— Vous m'étonnez, Judith! Hurry Harry est le plus bel homme du monde entier. — Il est même plus beau que vous, car la beauté d'un homme l'emporte toujours sur celle d'une femme.

Ce trait innocent de goût naturel ne plut pas à la sœur aînée, et elle ne se fit pas scrupule de le montrer.

— Vous parlez follement, Hetty, et vous feriez mieux de garder le silence sur ce sujet. Hurry n'est pas le plus bel homme du monde, à beaucoup près, et il y a dans les forts voisins — Judith bégaya un peu en prononçant ces mots — des officiers qui sont beaucoup mieux que lui. Mais pourquoi me croyez-vous au niveau de Deerslayer? Parlez-moi de cela; car je n'aime pas à vous voir montrer tant d'admiration pour un homme comme Hurry, qui n'a ni manières, ni sensibilité, ni conscience. Vous êtes trop bonne pour lui, et l'on devrait le lui dire une bonne fois.

— Moi, Judith! à quoi pensez-vous? Je n'ai pas de beauté, et je suis simple d'esprit.

— Vous avez un bon cœur, Hetty, et c'est plus qu'on ne pourrait dire de Hurry March. Il peut avoir un visage, un corps, mais il n'a point d'âme. Au surplus, nous avons bien assez parlé de lui. Dites-moi ce qui m'élève à un rang d'égalité avec Deerslayer.

— Et c'est vous qui me faites cette question, Judith! — Vous savez lire, et il ne le sait pas. — Vous parlez bien, et il parle plus mal que Hurry Harry. — Car Hurry ne prononce pas toujours les mots très-correctement. L'avez-vous remarqué?

— Certainement. Il est aussi grossier dans ses discours qu'en toute autre chose. Mais je crains que vous ne me flattiez, ma sœur, en pensant qu'on peut avec justice me dire l'égale d'un homme comme Deerslayer. Il est vrai que j'ai reçu plus d'éducation; que, dans un sens, j'ai plus de beauté; que peut-être je pourrais porter mes vues plus haut; mais aussi sa véracité—sa véracité établit une cruelle différence entre nous! — Eh bien! laissons ce sujet, et pensons aux moyens de tirer Deerslayer des mains des Hurons. Nous avons dans l'arche la grande caisse de mon père; peut-être y trouverons-nous encore des éléphants pour tenter les sauvages. Je crains pourtant que de pareilles babioles ne puissent racheter la liberté d'un homme tel que Deerslayer. Je ne sais trop si mon père et Hurry seraient aussi empressés de racheter la liberté de Deerslayer, que Deerslayer l'a été de racheter la leur.

— Pourquoi non? Deerslayer et Hurry sont amis, et des amis doivent toujours s'entr'aider.

— Hélas! pauvre Hetty, vous connaissez bien peu les hommes! Des gens qui ont toutes les apparences de l'amitié sont souvent plus à craindre que des ennemis déclarés,— et surtout pour les femmes.

—Mais vous retournerez encore à terre demain matin, pour tâcher de savoir ce qu'on peut faire pour Deerslayer. Il ne sera pas mis à la torture tant que Judith Hutter vivra et pourra trouver des moyens pour l'empêcher.

La conversation roula alors sur différents sujets, et elle se prolongea jusqu'à ce que la sœur aînée eût tiré de la cadette tout ce que les faibles facultés de celle-ci avaient pu retenir de ce qu'elle avait vu et entendu dans le camp des Hurons. Lorsque Judith fut satisfaite — et l'on pourrait dire qu'elle ne le fut jamais, car le vif intérêt qu'elle prenait à tous ces détails rendait sa curiosité presque insatiable; — disons donc, lorsqu'elle ne put trouver à faire aucune question qui ne fût une répétition de celles qu'elle avait déjà faites, elle songea sérieusement à retourner au scow. L'obscurité intense de la nuit, et l'ombre épaisse que jetaient sur les eaux du lac les montagnes et les arbres de la forêt, rendirent difficile de trouver l'arche, qui était restée à l'ancre aussi près du rivage que la prudence le permettait. Judith savait parfaitement conduire une pirogue d'écorce, dont la légèreté exigeait plus de dextérité que de force, et elle fit voler son petit esquif sur la surface de l'eau, du moment que son entretien avec sa sœur fut terminé. Cependant l'arche était invisible. Plusieurs fois elles crurent l'entrevoir dans l'obscurité comme un rocher noir presque à fleur d'eau; mais, à chaque occasion, c'était une illusion d'optique occasionnée par une cause ou par une autre. Après une demi-heure de recherches inutiles, elles furent convaincues, à leur grand regret, que le scow était parti.

Beaucoup de jeunes filles auraient senti le désagrément de leur situation, dans un sens matériel, dans les circonstances où se trouvaient les deux sœurs, plutôt que des appréhensions d'une autre nature; mais il n'en fut pas ainsi de Judith, et Hetty elle-même eut plus d'inquiétude sur les motifs qui avaient déterminé la conduite de son père et de Hurry, que de crainte sur sa propre sûreté.

— Cela est impossible, Hetty, dit Judith quand elle fut convaincue que l'arche n'était plus où elle l'avait laissée; il est impossible que les Indiens soient arrivés sur un radeau ou à la nage, et aient surpris nos amis pendant qu'ils dormaient.

— Je ne crois pas, répondit Hetty, que Chingachgook et Hist se soient endormis avant de s'être dit tout ce qu'ils avaient à se dire après une si longue séparation.

— Peut-être non. Il y avait bien des choses qui pouvaient les tenir éveillés; mais un Indien peut être surpris, même sans dormir, quand ses pensées sont occupées d'autre chose. Cependant nous aurions dû entendre du bruit. Par une nuit comme celle-ci, un jurement de Hurry Harry serait répété par les échos des montagnes comme un coup de tonnerre.

— Hurry est inconsidéré dans ses discours, dit Hetty avec douceur et tristesse.

— Mais non, non, il est impossible que l'arche ait été prise sans que j'aie entendu aucun bruit. Il n'y a pas une heure que je l'ai quittée, et depuis ce temps j'ai toujours été attentive au moindre son. Et pourtant il n'est pas facile de croire qu'un père ait pu volontairement abandonner ses enfants.

— Mon père a peut-être cru que nous dormions dans notre chambre, et il sera parti pour retourner au château. Vous savez que l'arche a vogué plus d'une fois sur le lac pendant la nuit.

— Ce que vous supposez, Hetty, paraît vraisemblable; le vent a passé un peu plus au sud, et ils auront remonté le lac pour...

Judith ne put finir sa phrase : une lueur semblable à celle d'un éclair illumina un instant le lac et la forêt; un coup de mousquet se fit entendre, et tous les échos des montagnes de la rive orientale répétèrent cette détonation. Presque au même instant une voix de femme poussa un cri affreux et prolongé. Le silence qui y succéda sembla même prendre un caractère encore plus redoutable, s'il est possible, que cette interruption subite et effrayante de la tranquillité de la nuit. Toute courageuse qu'elle était par caractère et par habitude, Judith pouvait à peine respirer, et la pauvre Hetty se cachait le visage des deux mains et tremblait.

— C'est le cri d'une femme, dit la première, et c'est un cri d'angoisse. Si l'arche a levé l'ancre, elle ne peut être allée qu'au nord avec le vent qu'il fait, et le coup de mousquet aussi bien que le cri viennent de la pointe. Serait-il arrivé quelque accident à Hist?

— Allons-y voir, Judith; elle peut avoir besoin de notre aide. Il n'y a que des hommes avec elle sur l'arche.

Ce n'était pas le moment d'hésiter, et Hetty n'avait pas fini de parler que Judith ramait déjà. Elles n'étaient pas à une bien grande distance de la pointe en ligne droite, et l'inquiétude qu'elles avaient pour la jeune Indienne ne leur permettait pas de songer à prendre des précautions; elles avancèrent donc rapidement. Mais la même agitation qu'elles éprouvaient ferma d'autres yeux sur leurs mouvements. Bientôt un rayon de lumière frappa les regards de Judith à travers une percée naturelle dans les buissons, et gouvernant sa pirogue de manière à rester en face de cette ouverture, elle s'approcha de la terre autant que la prudence le permettait.

La scène qui s'offrit alors aux yeux des deux sœurs se passait dans le bois, sur le penchant de la hauteur dont il a été si souvent parlé, et elle était complétement visible à bord de la pirogue. Tout ce qui composait le camp des Indiens y était réuni. Sept à huit sauvages portaient des torches de pin, qui répandaient une lumière vive, mais lugubre, sous les arches de la forêt. Assise, le dos appuyé contre un arbre, et soutenue d'un côté par la sentinelle dont la négligence avait permis à Hetty de s'échapper, on voyait la jeune Indienne dont la visite attendue lui avait fait oublier sa consigne. A la clarté d'une torche qu'on tenait près d'elle, on voyait évidemment qu'elle était à l'agonie, et le sang qui coulait de sa poitrine nue annonçait la cause de sa mort. L'air humide et pesant de la nuit conservait même encore une odeur de poudre, et il n'y avait nul doute qu'elle n'eût été tuée d'un coup de feu. Un seul coup d'œil fit tout comprendre à Judith. La lueur qui avait précédé l'explosion avait formé une ligne sur l'eau à peu de distance de la pointe; le coup de mousquet devait donc avoir été tiré à bord soit d'une pirogue, soit de l'arche, passant près de la pointe. Une exclamation imprudente ou quelque bruit dans les broussailles devait en avoir été la cause, car celui qui avait tiré avait dû consulter le son et non la vue. Quant à l'effet que le coup avait produit, il fut bientôt encore plus visible. La tête de la victime tomba sur sa poitrine, son corps s'affaissa, et tout annonça qu'elle était morte. Les Indiens, sans doute par prudence, éteignirent toutes les torches à l'exception d'une seule, et, à l'aide du peu de lumière qui restait encore, on les vit relever le corps de la défunte et l'emporter dans leur camp.

Judith frémit et soupira en reprenant les rames pour doubler la pointe. Un objet qui avait frappé ses yeux se représenta alors à son imagination, et y fit une impression peut-être encore plus pénible que la mort prématurée de la pauvre Indienne. La vive clarté des torches lui avait fait voir Deerslayer debout près de la mourante, tous ses traits exprimant la compassion, et, à ce qu'elle crut voir, la honte. Il ne montrait ni crainte ni inquiétude, mais les regards que jetaient sur lui les Hurons annonçaient les idées féroces qu'ils nourrissaient dans leur sein. Le prisonnier semblait n'y faire aucune attention; mais cette scène fut toute la nuit présente à l'esprit de Judith.

Les deux sœurs ne trouvèrent aucune pirogue près de la pointe. Le repos et l'obscurité continuèrent à régner comme si le silence de la forêt n'eût pas été troublé, ou que le soleil n'eût jamais brillé sur cette contrée. Tout était tranquille, l'eau et les bois, la terre et le firmament. Il ne leur restait plus qu'à chercher un lieu de sûreté, et elles ne pouvaient en trouver qu'au centre du lac. Elles ramèrent donc vers ce point, et laissant ensuite leur pirogue dériver lentement vers le nord, elles prirent le peu de repos que leur permit leur situation.

CHAPITRE XIX.

> Prenez vos armes et gardez la porte. — Tout est perdu, à moins qu'on ne fasse taire bientôt cette cloche effrayante. L'officier s'est égaré, ou a oublié sa mission, ou a rencontré quelque obstacle affreux ou imprévu. — Anselme, va droit à la tour avec ta compagnie; et que les autres restent avec moi.
>
> *Marino Faliero.*

Au total, la conjecture de Judith sur la manière dont la jeune Indienne avait été tuée était exacte. Après avoir dormi quelques heures, son père et March s'éveillèrent. Cela arriva peu de minutes après qu'elle était repartie de l'arche pour aller chercher sa sœur, et après l'arrivée de Chingachgook et de sa fiancée. Hutter, en s'éveillant, apprit du Delaware la position du camp des Indiens, tout ce qui venait de s'y passer, et l'absence de ses deux filles. Cette dernière circonstance l'inquiéta peu, car il comptait beaucoup sur la sagacité de sa fille aînée, et il savait que la plus jeune pouvait se trouver sans danger au milieu des sauvages. D'ailleurs une longue familiarité avec le péril avait émoussé sa sensibilité. Il ne parut pas regretter beaucoup la captivité de Deerslayer; car, quoiqu'il sût que son aide pouvait lui être importante pour sa propre défense, la différence de leurs idées morales faisait qu'il n'y avait guère de sympathie entre eux. Il aurait été charmé de connaître la position du camp des Indiens avant que l'enlèvement de Hist y eût jeté l'alarme; mais il trouva qu'il serait trop hasardeux de descendre à terre en ce moment, et il renonça avec regret, pour cette nuit, aux nouveaux desseins que la captivité et la soif de la vengeance lui avaient fait concevoir. L'esprit rempli de pareilles pensées, il alla s'asseoir sur l'avant du scow, où Hurry ne tarda pas à venir le joindre, laissant Chingachgook et Hist en possession paisible de l'arrière.

— Deerslayer a prouvé qu'il n'était qu'un enfant en allant au milieu des sauvages à une pareille heure, et en se laissant tomber entre leurs mains comme un daim qui se jette sottement dans un piége, grommela le vieillard, apercevant, suivant l'usage, un grain de poussière dans l'œil de son voisin sans voir la poutre qui était dans le sien. S'il faut que sa chair paie pour sa stupidité, il ne peut en accuser personne que lui-même.

— C'est ainsi qu'on agit dans le monde, vieux Tom, répondit Hurry. Chacun doit payer ses dettes et répondre pour ses péchés. Je suis pourtant surpris qu'un garçon aussi adroit et aussi vigilant que Deerslayer se soit laissé prendre dans une pareille trappe. N'avait-il rien de mieux à faire que d'aller rôder dans un camp de Hurons à minuit sans autre place de retraite qu'un lac? Se croyait-il un daim, et s'imaginait-il qu'en se jetant à l'eau il ferait perdre sa piste et se tirerait d'affaire? J'avais une meilleure opinion de son jugement, j'en conviens; mais il faut pardonner un peu d'ignorance à un novice. Mais savez-vous ce que sont devenues vos filles? J'ai parcouru toute l'arche, et je n'en ai vu aucune trace.

Hutter lui expliqua brièvement la manière dont elles étaient parties, comme le Delaware le lui avait raconté, le retour de Judith, et son second départ.

— Voilà ce que c'est qu'une langue bien pendue, s'écria Hurry grinçant les dents de ressentiment; et voilà ce que sont les inclinations d'une sotte fille. Vous ferez bien d'y regarder de près, vieux

Tom. Vous et moi nous avons été prisonniers des sauvages, — il lui convenait de s'en souvenir en ce moment, — et pourtant Judith n'a pas remué d'un pouce pour nous servir. Elle a été ensorcelée par ce squelette de Deerslayer, et elle, vous, moi, nous tous, nous ferons bien d'y veiller de près. Je ne suis pas homme à digérer tranquillement un tel affront, et l'on fera bien d'y prendre garde. — Mais levons le grappin, vieux Tom, et approchons davantage de cette pointe pour voir un peu ce qui s'y passe.

Hutter ne fit aucune objection à cette proposition. Le grappin fut levé, et la voile établie avec tout le soin nécessaire pour ne faire aucun bruit; et comme le vent passait en ce moment au nord, le scow arriva bientôt assez près de la pointe pour qu'on pût entrevoir le sombre contour des arbres qui en bordaient la côte. Le vieux Tom gouvernait, et il maintenait le scow aussi près du rivage que le permettaient la profondeur de l'eau et les branches avancées des arbres. Il était impossible de distinguer la moindre chose de ce qui se trouvait dans l'ombre sur le rivage; mais la jeune sentinelle aperçut la forme d'une voile et le haut de la cabine du scow, et dans le premier moment de surprise il poussa une exclamation en indien à haute voix. Avec cet esprit d'insouciance et de férocité qui était l'essence de son caractère, Hurry prit son mousquet, et fit feu dans la direction du son.

La balle fut dirigée par le hasard, ou par cette Providence qui décide du sort de chacun, et la jeune fille tomba. Suivit alors la scène des torches que nous avons déjà rapportée.

Au moment où Hurry commettait cet acte irréfléchi de cruauté, la pirogue de Judith n'était guère qu'à cent pieds de l'endroit où l'arche était à l'ancre si peu de temps auparavant. Nous avons décrit sa course, et nous devons maintenant suivre son père et Hurry. Le cri poussé par l'Indienne blessée fit connaître à celui-ci l'effet du coup qu'il avait tiré, et lui annonça en même temps que sa victime était une femme. Il tressaillit à ce résultat imprévu, et il fut un moment en proie à des émotions contradictoires. D'abord il se mit à rire avec l'insouciance d'un esprit brutal et grossier; et ensuite sa conscience, arbre que Dieu même a planté dans le cœur de l'homme, mais qui n'acquiert son développement qu'en proportion des soins qu'on en prend dans son enfance, lui fit entendre ses reproches. Pendant une minute, l'esprit de cette créature, moitié de la civilisation, moitié de la barbarie, fut un chaos de sentiments opposés, et il ne savait que penser de ce qu'il avait fait; mais enfin l'obstination, l'orgueil et ses habitudes, reprirent leur ascendant.

Il frappa de la crosse de son fusil les planches du scow avec une espèce de bravade, et se mit à siffler un air avec une affectation d'indifférence. Pendant ce temps, l'arche continuait à voguer, et elle était déjà à la hauteur d'une baie au-delà de la pointe, et par conséquent s'éloignait de la terre.

Les compagnons de Hurry ne virent pas sa conduite avec la même indulgence qu'il était disposé à avoir pour lui-même. Hutter murmura tout bas son mécontentement, car ce meurtre ne conduisait à aucun avantage, et il menaçait de donner à la guerre un caractère encore plus vindicatif; et personne ne blâme plus sévèrement ceux qui s'écartent sans motif des lois de la justice que les hommes dont l'esprit est mercenaire et sans principes. Cependant il sut se contraindre, car la captivité de Deerslayer rendait en ce moment le bras du coupable doublement important pour lui. Chingachgook se leva, et oublia un instant l'ancienne inimitié des deux tribus pour songer seulement qu'elles étaient de même couleur; mais il recouvra son sang-froid assez à temps pour prévenir les suites qu'aurait certainement eues ce qu'il avait eu un moment le dessein de faire. Il n'en fut pas de même de Hist. Traversant à la hâte la cabine, elle se trouvait près de Hurry à l'instant même où la crosse de son mousquet touchait les planches du scow, et avec une hardiesse qui faisait honneur à son cœur, elle lui adressa ces reproches avec la chaleur généreuse d'une femme :

— Pourquoi vous a tiré? s'écria-t-elle. — Quoi fait la Huronne pour vous la tuer? — Quoi vous penser Manitou dire? — Quoi vous penser Manitou sentir? — Quoi Hurons faire? — Vous pas gagné honneur — pas entré dans le camp — pas combattu — pas fait prisonniers — pas enlevé chevelures — pas rien gagné. — Du sang, encore du sang. — Quoi vous sentir, si mère ou sœur tuée? — Qui pitié de vous quand pleurer votre femme?—Vous grand comme un pin, Huronne petite comme un bouleau; pourquoi grand arbre briser l'arbrisseau? — Vous croire Huron l'oublier? — Non, Peau-Rouge jamais rien oublier. Jamais oublier ami; jamais oublier ennemi. Peau-Rouge Manitou en cela.—Pourquoi vous si méchant, Face-Pâle?

Hurry ne s'était jamais senti aussi déconcerté qu'il le fut par cette vive attaque de la jeune Delaware. Il est vrai qu'elle avait un puissant allié dans la conscience de l'habitant des frontières, et tandis qu'elle lui parlait avec tant de chaleur, son accent avait quelque chose de si féminin, qu'il ne lui laissait aucun prétexte pour s'emporter à une colère indigne d'un homme. La douceur de sa voix ajoutait au poids de ses reproches, en leur donnant un air de pureté et de vérité. Comme la plupart des hommes d'un esprit vulgaire, il n'avait jamais envisagé les Indiens que sous le rapport de leurs traits les plus grossiers et les plus féroces. Il n'avait jamais songé que les affections humaines appartiennent à tous les hommes; que même les plus hauts principes, modifiés par les habitudes et les préjugés de chaque cercle, mais qui n'en existent pas moins dans ce cercle, peuvent se trouver dans l'état sauvage, et que le guerrier indien qui est le plus farouche dans les combats peut se soumettre à l'influence de la douceur et de la bonté dans ses moments de tranquillité domestique. En un mot, il s'était fait une habitude de considérer tous les Indiens comme n'étant que d'un faible degré au-dessus des animaux sauvages qui habitent les forêts, et il était disposé à les traiter en conséquence, suivant que son intérêt ou son caprice lui en fournissait un motif. Cependant, quoique confondu par ces reproches, on ne pouvait dire que le blanc barbare se repentît; mais sa conscience lui parlait encore trop haut pour qu'il se laissât aller à l'emportement, et peut-être sentait-il que ce qu'il venait de faire ne pouvait passer pour un acte de bravoure. Au lieu donc de se mettre en courroux, ou de chercher à répondre au discours plein de naturel et de simplicité de Hist, il s'éloigna avec l'air d'un homme qui dédaigne d'entrer en discussion avec une femme.

Pendant ce temps l'arche avançait toujours, et pendant que les torches brillaient sous les arbres, elle était déjà en plein lac. Le vieux Tom voulut pourtant l'éloigner encore davantage, comme si un secret instinct lui eût fait craindre des représailles. Une heure se passa dans un sombre silence, personne ne semblant disposé à l'interrompre. Hist s'était jetée sur un lit dans la cabine; Chingachgook dormait étendu sur l'avant du scow; Hutter et Hurry veillaient seuls, le premier tenant l'aviron-gouvernail, tandis que le second réfléchissait à sa conduite avec l'opiniâtreté d'un homme peu disposé à avouer ses fautes, et sentait les morsures secrètes du ver rongeur qui ne meurt jamais. Ce fut en ce moment que Judith et Hetty arrivèrent au centre du lac, et que, laissant aller leur pirogue à la dérive, elles s'y étendirent pour tâcher de dormir.

La nuit était calme, quoique de gros nuages couvrissent le firmament. Ce n'était pas la saison des tempêtes, et celles qui ont lieu sur le lac pendant le mois de juin, quoique souvent assez violentes, sont toujours de courte durée. Cependant il y avait le courant ordinaire de l'air pesant et humide de la nuit, qui, passant sur le sommet des arbres, semblait à peine descendre aussi bas que la surface du lac, mais se faisait sentir un peu au-dessus, saturé des vapeurs qui s'élevaient constamment de la forêt, et ne paraissant jamais aller bien loin du même côté. Ce courant était naturellement déterminé par la conformation des montagnes, circonstance qui rendait même une brise fraîche incertaine, et qui réduisait les efforts plus faibles de l'air de la nuit à n'être en quelque sorte qu'un soupir capricieux des bois. Plusieurs fois le cap du scow inclina vers l'est, et une fois même il tourna tout à fait au sud; mais au total il faisait route vers le nord, Hutter profitant toujours du vent, si l'on peut donner ce nom à ce qui n'était que l'air de la nuit. Son principal motif paraissait être de se maintenir toujours en mouvement, pour déjouer tout dessein perfide de ses ennemis. Il commençait alors à avoir un peu d'inquiétude pour ses filles, et peut-être aussi pour sa pirogue; mais cette inquiétude ne le tourmentait guère, attendu la confiance qu'il avait dans l'intelligence de Judith, comme nous l'avons déjà dit.

C'était l'époque des nuits les plus courtes, et il ne se passa pas bien longtemps avant que l'obscurité commençât à se dissiper pour faire place au retour de la lumière. Si la terre peut présenter aux sens de l'homme une scène capable de calmer ses passions et d'adoucir sa férocité, c'est celle qui s'offrit aux yeux de Hutter et de Harry à l'instant où la nuit se changea en matin. Le firmament se chargeait alors de ces teintes douces qui ne laissent prendre l'ascendant, ni à la sombre obscurité de la nuit, ni à l'éclat brillant du soleil, et sous lesquelles tous les objets prennent un aspect plus céleste, et nous pourrions dire plus sacré, qu'à tout autre moment des vingt-quatre heures. Le beau calme du soir a été vanté par mille poëtes, et cependant il n'amène pas avec lui les pensées sublimes de la demi-heure qui précède le lever du soleil. Dans le premier cas, le panorama se dérobe peu à peu à la vue; dans le second, les objets se développent à chaque instant, et sortent du tableau : d'abord obscurs, ils deviennent saillants, se montrent dans un arrière-plan solennel avec tous les avantages d'un crépuscule croissant, chose aussi différente que possible d'un crépuscule à son déclin; et enfin on les voit distincts et lumineux à mesure que les rayons du grand centre de la lumière se répandent dans l'atmosphère. Le chant des oiseaux n'offre même rien de nouveau quand ils vont percher pour la nuit, ou qu'ils rentrent dans leur nid, car il accompagne invariablement aussi la naissance du jour, et dure jusqu'à ce que le soleil se levant lui-même,

Baigne dans une joie profonde la terre et la mer.

Hutter et Hurry virent pourtant ce spectacle sans rien éprouver de ce plaisir calme qu'il manque rarement de procurer quand la justice et la pureté président aux pensées et aux désirs. Non-seulement ils le virent, mais ils le virent dans des circonstances qui tendaient à en augmenter le pouvoir et à en rehausser les charmes. Ils n'aperçurent au retour de la lumière qu'un seul objet, un objet solitaire qui fût l'ouvrage des hommes, et spécialement destiné à leur usage; ce qui sert aussi souvent à nuire à l'effet d'un paysage qu'à l'embellir : c'était le château; tout le reste était dû à la nature, ou plutôt à la main de Dieu. Cette singulière demeure était en accord parfait avec les objets naturels qui se présentaient à la vue, et elle sortait des ténèbres comme un ornement bizarre et pittoresque du lac. Toutes ces beautés furent perdues pour eux, car il n'entrait rien de poétique dans leur caractère, et leur sentiment de dévotion naturelle ayant disparu pour faire place à un égoïsme étroit et invétéré, ils ne prenaient intérêt à la nature qu'en ce qu'elle fournissait à leurs besoins les plus grossiers.

Dès qu'il fit assez jour pour voir distinctement le lac et plus particulièrement ses côtes, Hutter tourna le cap du scow vers le château, dans le dessein avoué d'y passer au moins la journée, cet endroit lui paraissant le plus favorable pour retrouver ses filles et pour diriger ses opérations contre les Indiens. Chingachgook était levé, et l'on entendait Hist remuer les ustensiles de cuisine. Ils n'en étaient qu'à un mille, et le vent était assez favorable pour y arriver sans autre aide que la voile. En ce moment, comme pour que toutes les circonstances fussent également de bon augure, on vit la pirogue de Judith flottant au nord, dans la partie la plus large du lac. Elle avait dépassé le scow pendant la nuit, tandis qu'elle allait à la dérive. Hutter prit sa longue-vue et s'en servit longtemps pour s'assurer si ses filles étaient ou non dans cette nacelle, et une légère exclamation, comme de joie, lui échappa quand il entrevit au fond de la pirogue quelque chose qui lui parut faire partie des vêtements de sa fille aînée. Un moment après, Judith se leva, et il la vit regarder autour d'elle, comme pour reconnaître sa situation. Une minute plus tard, il vit, à l'autre bout de la pirogue, Hetty à genoux, répétant des prières que lui avait apprises dans son enfance une mère coupable, mais repentante. Hutter ayant remis la longue-vue où il l'avait prise, en la laissant tirée au point visuel; Chingachgook la prit, l'approcha de son œil, et la dirigea vers la pirogue. C'était la première fois qu'il se servait d'un tel instrument, et à son exclamation — Hugh! à l'expression de sa physionomie, et à tous ses gestes, Hist comprit que quelque chose de merveilleux excitait son admiration. On sait que les Indiens américains, et surtout ceux d'un rang et d'un caractère supérieur, se font un honneur de conserver leur sang-froid et leur stoïcisme au milieu de la foule de merveilles qui se présentent à leurs yeux dans les visites qu'ils font de temps en temps dans un des séjours de la civilisation ; et le Grand-Serpent avait acquis assez d'impassibilité pour ne pas compromettre sa dignité en montrant trop de surprise. Mais Hist n'était pas soumise à une telle contrainte, et quand son amant eut placé la longue-vue en ligne avec la pirogue, et qu'elle eut appliqué l'œil au petit bout, elle recula avec une sorte d'alarme ; mais, à la seconde épreuve, elle battit des mains de plaisir et se mit à rire. Quelques minutes suffirent pour la mettre en état de se servir seule de cet instrument, et elle le dirigea successivement sur différents objets. En ayant appuyé le bout sur l'appui d'une croisée de la cabine, le Delaware et elle examinèrent le lac, les côtes, les montagnes, et enfin le château. Ce dernier objet fixa plus longtemps l'attention de Hist, après quoi elle parla à Chingachgook à voix basse, mais avec vivacité. Le Grand-Serpent approcha sur-le-champ son œil du verre et resta plusieurs minutes dans cette position. Tous deux causèrent ensuite ensemble, eurent l'air de comparer leurs opinions, et enfin, laissant de côté la longue-vue, le jeune guerrier quitta la cabine pour aller rejoindre Hutter et Hurry.

L'arche continuait sa route, quoique lentement, et elle n'était plus qu'à un demi-mille du château quand Chingachgook arriva près des deux hommes blancs sur l'arrière. Il avait l'air calme ; mais ceux-ci, qui connaissaient les habitudes des Indiens, s'aperçurent à l'instant même qu'il avait quelque chose à leur communiquer. Hurry était en général prompt à parler, et, suivant sa coutume, il fut le premier à le faire en cette occasion.

— Allons, Peau-Rouge, parlez! s'écria-t-il du ton brusque qui lui était habituel ; avez-vous découvert un écureuil sur un arbre ou vu une truite saumonée nageant sous le scow? Vous voyez à présent ce que les Faces-Pâles peuvent faire de leurs yeux, et vous ne devez pas être surpris qu'ils voient de si loin les terres des Indiens.

— Pas bon aller au château, dit Chingachgook avec emphase, aussitôt que Hurry lui laissa la liberté de parler ; Huron là.

— Du diable! — Si cela est vrai, Tom Flottant, nous aurions été

sur le point de nous jeter la tête la première dans une jolie trappe.
— Huron là! Cela n'est pas impossible; mais je n'en vois aucune apparence. J'ai beau regarder le château, je n'y vois que des pilotis, des troncs d'arbres, des écorces et de l'eau, à l'exception d'une porte et de deux ou trois fenêtres.

Hutter demanda la longue-vue, et examina le château avec grand soin avant d'émettre une opinion. Alors il déclara assez cavalièrement qu'il ne partageait pas celle de l'Indien.

— Vous avez pris l'instrument par le mauvais bout, Delaware, dit Hurry : ni le vieux Tom ni moi nous ne pouvons découvrir aucune piste.

— Pas de piste sur l'eau, s'écria Hist avec véhémence. Arrêtez bateau! Pas bon aller si près. — Huron là.

— Oui, c'est cela; contez tous deux la même histoire, et plus de gens vous croiront. — J'espère, Delaware, que vous et votre maîtresse vous serez aussi bien d'accord après votre mariage que vous l'êtes à présent. — Huron là! Et où le voit-on? Accroché au cadenas, pendu aux chaînes ou collé aux troncs d'arbres? Il n'y a pas une prison dans toute la colonie qui ait l'air plus sûre et mieux fermée que le chenil du vieux Tom, et je me connais en prison par expérience.

— Pas voir moccasin? s'écria Hist avec impatience. Pourquoi pas regarder? Le voir aisément.

— Donnez-moi la longue-vue, Hurry, et amenez la voile, dit Hutter. Il est rare qu'une Indienne se mêle à la conversation; et quand elle le fait, c'est qu'elle en a quelque raison. Oui, je vois un moccasin flottant sur l'eau près de la palissade, et ce peut être ou n'être pas un signe que le château a été visité en notre absence. Cependant les moccasins ne sont pas une rareté, car j'en porte moi-même; vous et Deerslayer vous en portez; Hetty en porte aussi souvent que des souliers; il n'y a que Judith qui n'en porte jamais.

Hurry avait amené la voile, et l'arche était alors à environ cent toises du château. Elle en approchait davantage à chaque instant, quoique assez lentement pour ne donner aucune inquiétude. Il prit la longue-vue à son tour, et examina de nouveau avec plus de soin et d'exactitude que la première fois. Il aperçut le moccasin flottant sur la surface de l'eau si légèrement, qu'il était à peine mouillé. Il s'était accroché à l'écorce raboteuse d'un des arbres qui formaient la palissade entourant le château, ce qui l'avait empêché de dériver. Il y avait pourtant bien des manières d'expliquer comment ce moccasin pouvait se trouver là, sans supposer qu'il se fût détaché du pied d'un ennemi. Il pouvait être tombé de la plate-forme même pendant que Hutter était au château, avoir été poussé par le vent contre la palissade, et être resté accroché à l'écorce d'un des arbres qui la formaient, sans qu'on y eût fait attention jusqu'au moment où l'œil perçant de Hist l'avait découvert. Il pouvait être venu à la dérive d'une des extrémités du lac, et avoir été porté en cet endroit par le hasard; être tombé par une des fenêtres du château; ou enfin s'être échappé du pied d'un espion indien pendant la nuit, et être tombé dans le lac.

Hutter et Hurry se communiquèrent toutes ces conjectures. Le premier semblait disposé à regarder la présence du moccasin en ce lieu comme un présage sinistre; le second traitait cette circonstance avec le dédain insouciant qui lui était habituel. Quant à l'Indien, il déclara qu'on devait regarder ce moccasin avec la même méfiance qu'une piste inconnue qu'on rencontrerait dans les bois. Hist avait une proposition à faire : elle offrit de prendre une pirogue, d'aller chercher le moccasin, et l'on verrait par ses ornements s'il venait du Canada ou non. Les deux blancs étaient portés à accepter cette offre; mais le Delaware s'y opposa, en disant que, si une telle entreprise paraissait nécessaire, il convenait mieux que ce fût un guerrier qui s'en chargeât, et il refusa à Hist la permission d'en courir le risque, du ton bref et calme d'un mari indien qui donne un ordre à sa femme.

— Eh bien! Delaware, allez-y vous-même, si vous craignez tellement pour votre squaw, dit Hurry sans cérémonie. Il faut que nous ayons ce moccasin, ou le vieux Tom nous tiendra ici sans vouloir approcher davantage, jusqu'à ce que le feu soit éteint à bord du scow. Ce n'est qu'un morceau de peau de daim, après tout; et qu'il soit taillé d'une façon ou d'une autre, ce n'est pas un épouvantail qui doive effrayer de bons chasseurs. — Eh bien ! qu'en dites-vous, Serpent? lequel de nous prendra une pirogue.

— Homme rouge aller. — Meilleurs yeux que Face-Pâle. — Mieux connaître les ruses des Hurons.

— C'est ce que je nierai jusqu'à l'heure de ma mort. Les oreilles d'un homme blanc, ses yeux et son nez valent mieux que ceux d'un Indien quand ils sont mis à l'épreuve. Les miens y ont été mis plus d'une fois, et ce qu'on a éprouvé est certain. Je crois pourtant que le plus pauvre vagabond, Delaware ou Huron, peut aller chercher ce moccasin et revenir sans danger. Ainsi donc, Serpent, jouez des rames, et partez.

Chingachgook était déjà dans la pirogue, et ses rames touchaient l'eau à l'instant où la langue agile de Hurry cessa de parler. Hist vit partir le guerrier avec la soumission silencieuse d'une Indienne, mais non sans les inquiétudes et les craintes naturelles à son sexe. Depuis leur réunion jusqu'au moment où ils s'étaient servis ensemble de la longue-vue, Chingachgook lui avait montré toute la tendresse qu'un homme civilisé et ayant les sentiments les plus délicats aurait pu témoigner à sa maîtresse; mais dès qu'il fut dans la pirogue, tout signe de faiblesse disparut pour faire place à un air de ferme résolution; et quoique Hist le suivît des yeux pendant que la pirogue s'éloignait, dans l'espoir de rencontrer les siens et d'en recevoir un regard d'affection, la fierté de l'Indien ne lui permit pas de payer sa sollicitude d'un seul coup d'œil.

La circonspection et la gravité du Delaware n'étaient certainement pas déplacées au milieu des idées qui l'occupaient en partant. Si les ennemis étaient réellement en possession du château, il fallait qu'il s'avançât en quelque sorte sous la bouche de leurs mousquets sans avoir la protection d'aucun couvert, ce qui paraît si essentiel aux Indiens dans toutes leurs guerres. On pouvait à peine se figurer une entreprise plus dangereuse, et si Chingachgook eût eu dix ans de plus d'expérience, ou qu'il eût eu avec lui son ami Deerslayer, il ne s'y serait jamais exposé, les avantages à en retirer n'étant pas proportionnés avec les risques à courir. Mais la rivalité de couleur ajoutait à l'orgueil d'un chef indien, et il n'est pas invraisemblable qu'il ait été affermi dans sa résolution par le désir de montrer son courage en présence de l'aimable créature sur qui ses idées de dignité mâle ne lui permettaient pas de jeter un coup d'œil.

Chingachgook continua à avancer vers le château, les yeux toujours fixés sur les petites lucarnes, en guise de meurtrières, qui y avaient été pratiquées, et s'attendant à chaque instant à en voir sortir le canon d'un mousquet, ou à entendre l'explosion d'un coup de feu. Il réussit pourtant à arriver sans accident aux pilotis. Là il se trouvait protégé jusqu'à un certain point, car le haut de la palissade le mettait à peu près à l'abri, et le nombre des chances qu'il avait contre lui était considérablement diminué. Le cap de sa pirogue inclinait vers le nord à son arrivée, et il n'était plus qu'à peu de distance du moccasin; mais, au lieu de changer de route pour le ramasser, il fit lentement tout le tour du bâtiment pour voir s'il apercevrait quelque signe qui annonçât la présence de l'ennemi dans l'intérieur, ou quelque effraction commise pour y pénétrer. Il ne vit pourtant rien qui tendît à confirmer ses soupçons. Le silence régnait comme dans une maison abandonnée ; pas une fenêtre n'avait été brisé, et la porte de la maison, comme celle de la palissade, était aussi bien fermée que lorsque Hutter en était sorti. En un mot, l'œil le plus clairvoyant et l'esprit le plus méfiant ne pouvaient soupçonner la présence des ennemis d'après aucun autre signe que la vue du moccasin.

Chingachgook ne savait trop ce qu'il devait faire. Quand il arriva en face de l'entrée du château, il songea un instant à monter sur la plate-forme, et à appliquer un œil à une des meurtrières pour reconnaître l'état des choses dans l'intérieur ; mais il hésita. Quoiqu'il eût peu d'expérience en pareilles affaires, il avait entendu tant de traditions sur les artifices des Indiens, tant d'exemples de piéges auxquels les guerriers les plus vieux et les plus prudents avaient à peine pu échapper ; en un mot, il connaissait si bien la théorie de la guerre des sauvages, qu'il lui était aussi impossible de commettre une bévue dans une telle occasion qu'il le serait à un écolier déjà avancé en mathématiques de ne pouvoir en résoudre un des premiers problèmes. Renonçant donc à l'intention qu'il avait eue un moment, il continua à faire le tour de la palissade. En passant près du moccasin, d'un coup de rame donné avec adresse et sans bruit, il le jeta dans la pirogue, et alors il ne restait plus qu'à retourner au scow. Mais il était encore plus dangereux d'y retourner que d'en venir ; car, en y retournant, il ne pouvait plus avoir l'œil fixé sur les meurtrières. S'il y avait réellement quelques Hurons dans le château, ils devaient se douter du motif qu'avait eu le Delaware pour faire cette reconnaissance ; et quelque dangereux que cela pût être, le plus prudent était donc de se retirer avec un air de tranquillité parfaite, comme si l'examen qu'il venait de faire avait dissipé toute cause de méfiance. Ce fut le parti que prit l'Indien ; il se mit en route vers l'arche sans donner à ses rames un mouvement plus accéléré qu'il ne l'avait fait en venant, et sans même se permettre de jeter un regard en arrière.

Nulle tendre épouse élevée dans les cercles de la plus haute civilisation ne vit jamais son mari rentrer chez lui après une campagne avec plus de plaisir que les traits de Hist n'en montrèrent quand elle vit le Grand-Serpent des Delawares de retour à bord de l'arche sans avoir éprouvé aucun accident. Elle réprima pourtant son émotion, quoique la joie qui brillait dans ses yeux noirs et le sourire qui embellissait encore sa jolie bouche parlassent un langage que son amant pouvait aisément comprendre.

— Eh bien, Serpent, demanda Hurry, toujours le premier à parler, quelles nouvelles des rats musqués? — Vous ont-ils montré les dents pendant que vous faisiez le tour de leur maison?

— Pas aimer cela, répondit le Delaware d'un ton sentencieux. — Trop tranquille. — Assez tranquille pour avoir silence.

— C'est de l'indien tout pur. — Comme si quelque chose pouvait faire moins de bruit que rien ! — Si vous n'avez pas de meilleure raison à donner, le vieux Tom fera bien d'établir sa voile et d'aller déjeuner dans sa maison. — Et qu'est devenu le moccasin?

— Voici, dit Chingacgook, montrant sa prise à tous les yeux.

Le moccasin fut examiné. Hist prononça avec un ton de confiance que c'était la chaussure d'un Huron, d'après la manière dont les piquants de la peau d'un porc-épic étaient arrangés sur le devant. Hutter et le Delaware furent décidément du même avis. Cependant ce n'était pas une preuve positive que des Hurons fussent dans le château. Ce moccasin pouvait y être venu de bien loin à la dérive, ou il pouvait s'être échappé du pied de quelque espion chargé d'examiner la place, et qui s'était retiré après avoir accompli sa mission. En un mot, ce moccasin n'expliquait rien, quoiqu'il excitât tant de défiance.

Dans de telles circonstances, Hutter et Hurry n'étaient pas hommes à se laisser détourner dans leurs projets par une circonstance si légère. Ils établirent de nouveau la voile, et l'arche fut bientôt en route vers le château. Le vent étant très-faible, le mouvement du scow était assez lent pour leur donner le temps de bien examiner le bâtiment tandis qu'ils en approchaient. Le même silence y régnait, — le silence de la mort, — et il était difficile de s'imaginer qu'il s'y trouvât quelque chose possédant la vie animale. Bien différents de Chingachgook, dont l'imagination était mise en jeu par ses traditions, au point qu'il croyait voir quelque chose d'artificiel dans un silence naturel, ses deux compagnons ne voyaient rien à craindre dans une tranquillité qui, au total, n'annonçait que le repos d'objets inanimés. Les accessoires de cette scène étaient même de nature à faire entrer le calme dans l'âme plutôt que l'inquiétude. Le jour n'était pas encore assez avancé pour que le soleil fût élevé au-dessus de l'horizon; les bois, le lac et même l'atmosphère se montraient sous cette douce clarté qui précède immédiatement le lever de cet astre, instant qui est peut-être le plus attrayant des vingt-quatre heures. C'est le moment où tout est distinct; l'atmosphère même paraît transparente; toutes les teintes sont adoucies; enfin les contours et la perspective des objets sont comme des vérités morales qui se présentent dans toute leur simplicité sans avoir besoin du vain secours des ornements et du clinquant. En un mot, c'est l'instant où les sens semblent recouvrer leur pouvoir, dans la forme la plus simple et la plus exacte, comme l'esprit sortant de l'obscurité du doute pour entrer dans la clarté tranquille de la démonstration. L'influence qu'une telle scène est faite pour exercer sur ceux qui sont bien constitués dans un sens moral, fut presque nulle pour Hutter et Hurry; mais les deux Delawares, quoique trop habitués à voir la beauté du matin pour songer à analyser leurs sensations, y furent pourtant sensibles, quoique d'une manière probablement inconnue à eux-mêmes. Elle disposa le jeune guerrier à la paix, et peut-être n'avait-il jamais senti moins vivement le désir d'acquérir de la gloire dans les combats que lorsqu'il alla rejoindre Hist dans la cabine, à l'instant où le scow toucha la plate-forme. Il n'eut pourtant pas le temps de se livrer à de si douces émotions, car Hurry l'appela à haute voix pour qu'il vînt l'aider à serrer la voile et à amarrer le scow.

Chingachgook obéit, et à peine était-il arrivé sur l'avant de l'arche que Hurry sauta sur la plate-forme, frappa des pieds, en homme charmé de se retrouver sur ce qu'on pouvait comparativement appeler *terra firma*, et déclara, avec le ton bruyant et dogmatique qui lui était ordinaire, qu'il se moquait de toute la tribu des Hurons. Hutter avait halé une pirogue à l'avant du scow, et il s'occupait déjà à ouvrir la fermeture de la porte de la palissade, afin d'entrer dans le bassin sous la maison. March n'avait eu d'autre motif qu'une bravade puérile pour sauter sur la plate-forme, et, après avoir secoué la porte de la maison de manière à en mettre la solidité à l'épreuve, il alla joindre Hutter sur la pirogue pour l'aider dans ses opérations. Le lecteur se rappellera que cette manœuvre pour entrer dans le château était rendue nécessaire par la manière dont le maître le fermait habituellement quand il en sortait, et surtout quand il avait quelque danger à craindre. En entrant dans la pirogue, Hutter avait remis un câblot à l'Indien, en lui disant d'amarrer l'arche à la plate-forme et de serrer la voile. Mais au lieu de suivre ces instructions, le Delaware laissa la voile dans sa position, jeta le double du câblot par-dessus le haut d'un pilotis, et laissa dériver l'arche jusqu'à ce qu'elle se trouvât placée contre les défenses extérieures, et en dehors, de manière qu'on ne pût y arriver qu'à l'aide d'une pirogue, ou en marchant sur le haut de la palissade, exploit qui exigeait qu'on fût bien sûr de ses jambes, et qu'on ne pouvait guère tenter en présence d'un ennemi résolu.

Par suite de ce changement dans la position du scow, changement qui fut exécuté avant que Hutter eût réussi à ouvrir la porte pour entrer dans son bassin, l'arche et le château se trouvaient, comme le diraient les marins, vergue à vergue, à la distance de dix à douze pieds l'un de l'autre, et séparés par la palissade. Comme le scow était rangé le long de cette défense, la palissade formait une sorte de parapet qui s'élevait à la hauteur de la tête d'un homme, ce qui couvrait jusqu'à un certain point les parties de l'arche qui n'étaient pas protégées par la cabine. Le Delaware vit cet arrangement avec grand plaisir, et quand la pirogue de Hutter fut entrée dans le bassin, il pensa qu'il aurait pu défendre sa position contre toute garnison qui pourrait se trouver dans le château, s'il avait eu le secours du bras de son ami Deerslayer. Quoi qu'il en soit, il se trouva comparativement en sûreté, et il ne sentit plus les vives appréhensions qu'il avait eues, non pour lui, mais pour Hist.

Un seul coup de rame suffit pour faire arriver la pirogue à l'endroit où se trouvait la trappe sous le château. Hutter la trouva bien fermée : on n'avait touché ni au cadenas, ni à la chaîne, ni à la barre. Il ouvrit le cadenas, lâcha la chaîne, tira la barre, et ouvrit la trappe en la poussant. Hurry passa la tête par l'ouverture, puis les bras, et enfin ses jambes colossales, sans paraître avoir besoin d'aucun effort. Le moment d'après on l'entendit marcher pesamment dans le passage qui séparait la chambre du père de celle des deux filles, et il poussa un cri de triomphe.

— Montez donc, vieux Tom, montez! s'écria-t-il, vous êtes encore chez vous. — Oui, votre habitation est aussi vide qu'une noix qui a été une demi-heure en la possession d'un écureuil. Le Delaware se vante d'avoir *vu* le silence; qu'il vienne ici, et il pourra le *sentir* par-dessus le marché.

— Tout silence, partout où vous êtes, Hurry, répondit Hutter pendant que sa tête passait par la trappe, ce qui empêcha sa voix de se faire entendre au dehors, doit pouvoir être vu et senti, car il ne ressemble à aucun autre.

— Venez, venez, mon vieux, tâchez de vous hisser, et nous ouvrirons la porte et les fenêtres pour avoir du jour et de l'air, et égayer la scène. Peu de paroles dans des temps d'embarras font les meilleurs amis. Je vous dirai pourtant que Judith est une jeune fille qui se conduit mal, et mon attachement à toute la famille est tellement affaibli par ce qu'elle vient de faire récemment, qu'il ne faudrait pas un discours aussi long que les dix commandements pour me faire retourner à la rivière, et vous laisser vous et vos trappes, votre arche et votre château, vos filles et tout le reste, combattre les Iroquois comme vous l'entendrez. — Ouvrez cette fenêtre, Tom Flottant, et je vais aller à tâtons jusqu'à la porte pour l'ouvrir aussi.

Un moment de silence suivit, et l'on entendit ensuite un bruit semblable à celui que produirait la chute d'un corps pesant. Un jurement énergique, proféré par Hurry, y succéda; et un instant après ce ne fut plus que tumulte dans l'intérieur de l'édifice. On ne pouvait se méprendre au bruit qui éclata d'une manière si soudaine et si inattendue, même pour Chingachgook; il ressemblait aux rugissements de tigres enfermés dans la même loge et s'entre-déchirant. Une fois ou deux, le cri de guerre des Indiens fut poussé, mais il était faible et semblait étouffé; et une autre fois une exécration révoltante partit de la bouche de Hurry. Il semblait que des corps étaient constamment jetés sur le plancher avec violence, et se relevaient au même instant pour recommencer la lutte. Chingachgook ne savait que faire. Il avait dans l'arche toutes les armes, Hutter et Hurry n'en ayant emporté aucune, mais il ne pouvait ni s'en servir, ni les passer à ceux à qui elles appartenaient. Les combattants étaient littéralement encagés, et il leur était impossible, ou de sortir du bâtiment, ou de passer ailleurs dans l'intérieur. D'une autre part, Hist gênait les mouvements du Delaware, et mettait obstacle à ce qu'il aurait voulu faire. Pour sortir d'embarras, il lui dit de prendre la pirogue qui restait, et d'aller joindre les filles de Hutter, qui s'approchaient imprudemment, afin de les avertir du danger qu'elles couraient, et de se sauver elle-même. Mais elle refusa positivement et avec fermeté de lui obéir, car en ce moment nul pouvoir humain, si ce n'est l'emploi d'une force physique supérieure, n'aurait pu la déterminer à quitter l'arche. L'urgence du moment n'admettait aucun délai, et Chingachgook, ne voyant aucune possibilité de servir ses amis, coupa son amarre, et repoussant le scow de toutes ses forces, le fit aller à environ vingt pieds de la palissade. Prenant alors les avirons, il s'éloigna encore à une courte distance au vent, si l'on peut donner le nom de vent au peu d'air qu'il faisait; mais tous ses efforts ne purent le faire aller plus loin, et le temps ne le permettait pas. Quand il cessa de ramer, l'arche pouvait être à une cinquantaine de toises de la plate-forme. Judith et Hetty avaient découvert que quelque chose allait mal, et elles étaient stationnaires à environ deux cents toises de l'arche.

Pendant ce temps, une lutte furieuse continuait dans la maison. Dans de semblables scènes, les événements se passent avec plus de rapidité qu'on ne peut les raconter. Depuis le moment où le bruit de la première chute avait été entendu jusqu'à celui où le Delaware cessa ses efforts infructueux pour s'éloigner davantage à l'aide des avirons, il pouvait s'être passé trois à quatre minutes ; mais ce court espace de temps avait évidemment affaibli les combattants. On n'entendait plus les jurements et les exécrations de Hurry ; la lutte semblait même avoir perdu quelque chose de sa force et de sa fureur, mais elle n'en continuait pas moins sans interruption. En cet instant la porte s'ouvrit, et le combat se renouvela sur la plate-forme, au grand jour et en plein air.

Un Huron avait réussi à ouvrir la porte, et deux ou trois de ses compagnons s'étaient précipités après lui sur la plate-forme, comme s'ils eussent voulu échapper à quelque scène terrible qui se passait dans l'intérieur. Au même instant, le corps d'un autre sauvage fut lancé à travers la porte sur la plate-forme, avec une force effrayante. March parut ensuite, furieux comme un lion aux abois, et délivré pour un moment de ses nombreux ennemis. Hutter était déjà prisonnier et garrotté. Il y eut alors une pause, semblable à un moment de calme dans une tempête. Tous les combattants avaient également besoin de respirer ; et ils se regardaient les uns les autres comme des mâtins qu'on a empêchés de se battre, et qui attendent l'occasion de recommencer. Nous profiterons de cette pause pour faire connaître au lecteur la manière dont les Indiens s'étaient emparés du château, d'autant plus qu'il peut être nécessaire de lui expliquer pourquoi un combat qui avait été si acharné n'avait pas encore fait couler de sang.

Rivenoak et son compagnon, particulièrement le dernier, qui avait paru être un subordonné entièrement occupé de son radeau, avaient tout observé avec le plus grand soin pendant leurs visites au château. Le jeune homme même avait rapporté avec lui des renseignements exacts et minutieux. C'était par ce moyen que les Hurons avaient obtenu une idée générale de la manière dont le château avait été construit et fortifié, et des détails qui les mettaient en état d'agir avec intelligence pendant l'obscurité. Malgré la précaution qu'avait prise Hutter de placer l'arche à l'est du bâtiment quand il y avait transporté le mobilier de la maison, il avait été surveillé de manière à la rendre inutile. Des espions avaient été placés sur les deux rives du lac, et ils avaient vu tout ce qui s'était passé à cet égard. Dès que la nuit fut venue, deux radeaux, semblables à celui dont la description a déjà été faite, partirent des deux rives pour faire une reconnaissance, et l'arche avait passé à cinquante pieds de l'un d'eux sans l'apercevoir, les Indiens qui s'y trouvaient s'étant étendus sur les troncs d'arbres, de manière que leurs corps et leur radeau se confondaient avec l'eau. Lorsqu'ils se rencontrèrent devant le château, ils se communiquèrent les observations respectives qu'ils avaient faites, et s'approchèrent ensuite du bâtiment sans hésiter. Ils virent, comme ils s'y attendaient, qu'il ne s'y trouvait personne. Les Indiens envoyèrent les radeaux à terre pour leur amener du renfort, et deux d'entre eux restèrent sur la plate-forme pour profiter de leur situation. Ces deux hommes réussirent à monter sur le toit, et ayant enlevé quelques morceaux d'écorces qui le couvraient, ils entrèrent dans ce qu'on pourrait appeler le grenier. Leurs compagnons ne tardèrent pas à arriver, et alors ils pratiquèrent un trou dans les bois qui formaient le plafond de la chambre en dessous, dans laquelle huit des plus vigoureux d'entre eux descendirent. Ils y furent laissés bien munis d'armes et de provisions pour y soutenir un siége ou faire une sortie suivant que l'occasion l'exigerait. Ils passèrent la nuit à dormir, comme c'est l'usage des Indiens quand ils sont en activité de service. Le retour du jour leur fit voir à travers les meurtrières l'arche qui s'approchait, car ce n'était que par ces jours que l'air et la lumière pouvaient entrer, les fenêtres étant fermées par d'épais contrevents en troncs d'arbres. Dès qu'ils se furent assurés que les deux hommes blancs allaient entrer par la trappe, le chef de la petite troupe prit ses mesures en conséquence. Il se fit remettre toutes les armes de ses compagnons, et même leurs couteaux, se méfiant de leur férocité sauvage, si elle était éveillée par la résistance; il les cacha dans un endroit où ils ne pouvaient aisément les trouver; il prépara les cordes destinées à garrotter les prisonniers qu'il voulait faire; et, plaçant ses guerriers en station dans les différentes chambres, il leur ordonna d'attendre son signal pour tomber sur les Faces-Pâles. Dès que les huit guerriers étaient entrés dans le bâtiment, les Indiens restés en dehors avaient replacé les écorces qui avaient été enlevées du toit, fait disparaître jusqu'à la moindre marque qui aurait pu faire connaître leur visite, et étaient ensuite retournés à terre sur leurs radeaux. C'était l'un d'eux qui avait laissé tomber son moccasin, et il l'avait inutilement cherché dans l'obscurité. Si la mort de la malheureuse Indienne tuée sur la pointe eût été connue des Indiens restés au château, il est probable que rien n'aurait pu sauver la vie de Hutter et de Hurry; mais cet événement n'avait eu lieu que depuis qu'ils étaient en embuscade, et à plusieurs milles du camp formé dans le voisinage du château. Tels étaient les moyens qui avaient amené l'état de choses que nous continuerons à décrire dans le chapitre suivant.

CHAPITRE XX.

J'ai fait tout ce qu'un homme peut faire, et j'ai tout fait en vain ! Mon amour, ma patrie, adieu ! car il faut que je passe la grande mer, ma chère, il faut que je passe la grande mer.
Ballade écossaise.

Nous avons laissé, dans le dernier chapitre, les combattants reprenant haleine. Accoutumé aux amusements grossiers de la lutte et du saut, alors si communs en Amérique, et surtout sur les frontières, Hurry, indépendamment de sa force prodigieuse, avait un avantage qui avait rendu le combat moins inégal qu'il ne pourrait le paraître. Cela seul l'avait mis en état de résister si longtemps à un si grand nombre d'ennemis; car l'Indien n'est nullement remarquable par sa force et son adresse dans les exercices gymnastiques. Jusqu'à ce moment, personne n'avait été sérieusement blessé, quoique plusieurs sauvages eussent été rudement renversés, et que celui qui avait été jeté, par la porte, sur la plate-forme, fût momentanément hors de combat. Quelques autres boitaient, March lui-même avait reçu quelques contusions; mais le besoin de respirer était commun à tous.

Dans les circonstances où se trouvaient les deux partis, une trêve, quelle que pût en être la cause, ne pouvait être de longue durée. L'arène était trop étroite, et la crainte de quelque perfidie trop grande pour le permettre. Contre ce qu'on pouvait attendre de lui dans sa situation, Hurry fut le premier à recommencer les hostilités. Que ce fût par politique, et dans l'idée qu'une attaque soudaine et inattendue pourrait lui procurer quelque avantage, ou par suite de son irritation et de sa haine invétérée contre les Indiens, c'est ce qu'il est impossible de dire. Quoi qu'il en soit, il attaqua avec fureur, et dans le premier moment tout céda devant lui. Il saisit au corps le Huron le plus près de lui, l'enleva de terre, et le jeta dans l'eau comme un enfant. En une demi-minute, deux autres le suivirent, et l'un d'eux fut assez grièvement blessé en tombant sur celui de ses compagnons qui l'avait précédé. Il lui restait quatre autres ennemis, et dans un combat dans lequel on n'employait d'autres armes que celles fournies par la nature, Hurry se crut en état de lutter avec succès contre ce nombre de sauvages.

— Hourra, vieux Tom! s'écria-t-il, les vagabonds vont dans le lac l'un après l'autre, et je les aurai bientôt mis tous à la nage. — Tandis qu'il prononçait ces mots, d'un violent coup de pied dans le visage il fit retomber dans l'eau l'Indien qui s'était blessé en y tombant, et qui, s'étant accroché au bord de la plate-forme, faisait tous ses efforts pour y remonter. Quand le combat fut terminé, on vit à travers les eaux limpides du Glimmerglass son corps, couché les bras étendus, sur le banc sur lequel s'élevait le château, et ses mains serrant encore le sable et l'herbe au fond de l'eau, comme s'il eût espéré retenir la vie qui lui échappait, par cette étreinte de la mort. D'un coup de poing assené par Hurry dans le creux de l'estomac, un autre tomba avec les mêmes contorsions qu'un ver sur lequel on a marché. Il ne lui restait plus alors que deux adversaires, tous deux encore intacts, mais dont l'un était non-seulement le plus grand et le plus fort des Hurons présents, mais un des guerriers les plus expérimentés de toute la tribu, et dont les nerfs avaient été endurcis dans bien des combats. Cet homme avait bien apprécié les forces de son ennemi gigantesque, et il avait eu soin de ménager les siennes. Il était en outre équipé de la manière qui convenait le mieux à un pareil combat, car il n'avait aucun autre vêtement qu'une ceinture autour de ses reins. En un mot, c'était le modèle d'une belle statue représentant l'agilité et la force; et il fallait une vigueur, une dextérité plus qu'ordinaires, pour le saisir. Hurry n'hésita pourtant point, et se précipitant sur ce formidable antagoniste, il fit tous ses efforts pour le jeter à son tour dans le lac. Il s'ensuivit une lutte véritablement effrayante et terrible, et les évolutions des deux athlètes variaient avec une telle promptitude, que le dernier Huron n'aurait pu intervenir dans ce combat, quand il en aurait eu le désir; mais l'étonnement et la crainte le rendirent immobile. C'était un jeune homme sans expérience, et son sang se glaça en voyant le conflit des passions humaines sous une forme à laquelle il n'était pas habitué.

Hurry essaya d'abord de renverser son antagoniste. Il lui saisit un bras d'une main, et le prit à la gorge de l'autre, en cherchant en même temps à lui donner un croc-en-jambe, avec la force et la promptitude d'un habitant des frontières. Mais cette tentative fut déjouée par les mouvements agiles de son adversaire, qui s'accrocha aux vêtements de Hurry, et qui dégagea ses jambes avec une dextérité pareille à celle de son ennemi. Il en résulta une sorte de mêlée, si ce terme peut s'appliquer à un combat corps à corps, dans lequel les membres des deux combattants semblaient se confondre, tandis que leurs attitudes et leurs contorsions variaient si rapidement que l'œil ne pouvait les suivre. Cette lutte désespérée avait à peine duré une minute, quand Hurry, furieux de voir sa force rendue inutile par l'agilité et la nudité de son adversaire, fit un dernier effort et lui porta un coup terrible dont la violence le poussa contre les troncs qui formaient la muraille. Le sauvage fut un moment étourdi, et il ne put retenir un gémissement sourd, ce que l'agonie même peut à peine obtenir d'un Indien. Cependant il se lança sur-le-champ contre l'homme blanc, sentant que sa vie dépendait de sa résolution. Hurry le saisit par la ceinture, l'enleva de terre, le renversa, et se précipita sur lui. Ce nouveau choc épuisa tellement les forces du Huron, qu'il resta à la merci de son antagoniste. Celui-ci, passant les mains autour du cou de sa victime, le lui serra comme un écrou. L'Indien avait alors la tête renversée sur le bord de la plate-forme, le menton en l'air; ses yeux semblaient vouloir sortir de leurs orbites, sa langue avançait hors de sa bouche, et ses narines étaient dilatées presque à se fendre. En cet instant une corde ayant un nœud coulant à l'un de ses bouts fut passée adroitement sous les bras de Hurry; l'autre bout fut passé dans le nœud, et ses deux coudes furent serrés derrière son dos avec une force à laquelle toute la sienne ne peut résister. Ce fut avec rage que le fougueux habitant des frontières sentit ses mains forcées de lâcher sa victime, tandis qu'on s'assurait en même temps de ses jambes de la même manière. Il ne lui restait aucun moyen de se défendre, et l'on fit rouler son corps jusqu'au centre de la plate-forme, aussi cavalièrement que si c'eût été une souche de bois. Son antagoniste ne se releva pourtant pas sur-le-champ, car, quoiqu'il commençât à respirer, sa tête pendait encore sur le bord de la plate-forme, et l'on crut un moment qu'il avait le cou disloqué; il ne revint à lui que peu à peu, et il se passa quelques heures avant qu'il pût marcher. Plusieurs de ses compagnons crurent que son corps et son esprit se ressentiraient toujours d'avoir été si près de la mort.

Hurry fut redevable de sa défaite et de sa captivité à l'ardeur avec laquelle il avait concentré toutes ses pensées sur son ennemi. Tandis qu'il ne songeait qu'à l'étrangler, deux des Indiens qu'il avait jetés dans le lac avaient réussi à remonter sur la plate-forme, et avaient rejoint leur jeune compagnon qui n'avait pris aucune part à ce combat, mais qui avait assez repris l'usage de ses facultés pour préparer les cordes que les deux autres trouvèrent prêtes quand ils arrivèrent, et dont on a vu l'usage qu'ils firent. La position des deux combattants se trouva ainsi tout à coup changée. Celui qui avait été sur le point de remporter une victoire qui l'aurait rendu célèbre pendant des siècles, par le moyen de la tradition, dans toute cette contrée, se trouvait captif, garrotté et privé de tout espoir. Les efforts qu'il avait faits pendant le combat, la force prodigieuse dont il avait donné des preuves, faisaient que, même en ce moment qu'il était devant eux, lié comme un mouton qu'on va égorger, les Hurons le regardaient avec respect, et non tout à fait sans crainte. Le corps du plus vaillant et du plus robuste de leurs guerriers était encore étendu sur la plate-forme; et quand ils jetèrent les yeux vers le lac en cherchant leur camarade que Hurry y avait jeté avec si peu de cérémonie, et qu'ils avaient oublié pendant la confusion du combat, ils virent au fond de l'eau son corps inanimé dans la situation que nous avons de décrite plus haut. Ces diverses circonstances contribuèrent à rendre la victoire des Hurons presque aussi fâcheuse pour eux qu'une défaite.

Chingachgook et Hist avaient vu de l'arche la lutte qui avait eu lieu sur la plate-forme. Quand les trois Hurons se préparèrent à passer les cordes autour des bras de Hurry, le Delaware chercha sa carabine; mais avant qu'il eût eu le temps de s'en servir, Hurry était garrotté, et tout le mal était fait. Il pouvait encore tuer un ennemi, mais il n'aurait pu enlever sa chevelure; et le jeune chef, qui aurait volontiers couru le risque de la vie pour obtenir un pareil trophée, hésitait à sacrifier même celle d'un ennemi sans avoir en vue un but semblable. Un regard jeté sur Hist et l'idée des suites que pouvait entraîner un seul coup de carabine arrêta en lui tout désir passager de vengeance. Il n'y a peut-être aucun travail des mains auquel les hommes soient si gauches et si maladroits, quand ils commencent à l'essayer, que le maniement des rames, le marinier et le batelier expérimenté échouant eux-mêmes dans les efforts qu'ils font pour rivaliser avec le célèbre gondolier. En un mot, il est pendant quelque temps impossible à un commençant de réussir avec une seule rame. Mais dans le cas où se trouvait Chingachgook, il fallait qu'il en employât deux en même temps, et d'une grande dimension. Il est vrai qu'un novice apprend plus vite à se servir des avirons ou des grandes rames que des petites, et c'était pourquoi le Delaware avait si bien réussi à ramer sur l'arche la première fois qu'il l'avait essayé; mais cet essai avait suffi pour faire naître en lui la méfiance de lui-même; et il savait parfaitement dans quelle situation critique Hist et lui se trouvaient placés si les Hurons prenaient la pirogue qui était sous la trappe et se mettaient à la poursuite de l'arche. Il pensa un instant à entrer avec Hist dans la pirogue dont il était en possession, à gagner les montagnes de la rive orientale, et à se rendre en ligne directe dans les villages des Delawares; mais bien des considérations le détournèrent de cette mesure imprudente. Il était presque certain que les Hurons avaient placé des espions sur les deux rives du lac, et une pirogue ne pouvait approcher de la côte sans être vue des montagnes; leur piste ne pourrait être cachée à des yeux indiens, et les forces de Hist ne suffiraient pas à une fuite assez prompte pour devancer la poursuite de guerriers agiles; les Indiens de cette partie de l'Amérique ne connaissaient pas l'usage des chevaux, et tout déprendrait des forces physiques des fugitifs. Enfin la dernière considération, et ce n'était pas la moindre, c'était l'idée de la situation de Deerslayer, ami qu'il ne voulait pas abandonner dans le danger.

Hist, à quelques égards, raisonnait et même sentait différemment, quoiqu'elle arrivât aux mêmes conclusions. Elle était moins inquiète de son propre danger que de celui des deux sœurs, auxquelles elle prenait alors un vif intérêt. Leur pirogue, à l'instant où la lutte sur la plate-forme avait cessé, était à environ cent cinquante toises du château, et Judith avait cessé de ramer, ayant reconnu qu'un combat y avait lieu. Elle et Hetty étaient debout, cherchant à s'assurer de ce qui s'y passait, mais restant dans l'inquiétude et ne pouvant éclaircir leurs doutes, parce que la scène de l'action était cachée en partie par le château.

Les quatre individus qui se trouvaient tant sur l'arche que sur la pirogue furent redevables de leur sécurité momentanée à l'attaque furieuse de Hurry. Dans des circonstances ordinaires, les deux sœurs auraient été capturées sur-le-champ, entreprise qui n'aurait pas été difficile à exécuter, maintenant que les Hurons possédaient une pirogue, sans le rude échec que leur audace avait reçu dans la lutte toute récente. Il leur fallut quelque temps pour se remettre des effets de cette scène violente, d'autant plus que le principal personnage d'entre eux, du moins quant à la prouesse personnelle, avait été fort maltraité. Il était de la plus grande importance que Judith et Hetty vinssent sans délai chercher un refuge dans l'arche, où elles trouveraient du moins un abri temporaire, et la première chose à faire était d'imaginer les moyens de les y déterminer. Hist se montra sur l'arrière du scow, et fit des signes et des gestes pour les engager à faire un détour pour éviter le château et à s'approcher de l'arche du côté de l'est. Tout fut inutile. Elles étaient trop loin pour reconnaître Hist, et ses gestes excitèrent leur méfiance ou furent mal compris. Judith ne connaissait pas encore assez bien l'état véritable des choses pour savoir si elle devait accorder sa confiance à ceux qui étaient sur l'arche ou à ceux qui se trouvaient dans le château. Au lieu donc d'agir comme on l'y invitait, elle s'éloigna davantage, et rama de manière à retourner vers le nord, c'est-à-dire dans la partie la plus large du lac, partie d'où elle commandait la vue la plus étendue, et d'où elle avait le plus de facilité pour fuir. Ce fut en ce moment que le soleil se montra par-dessus les cimes des pins qui croissaient sur les montagnes du côté de l'orient, et qu'il s'éleva une légère brise du sud, ce qui arrivait presque toujours à cette heure dans cette saison.

Chingachgook ne perdit pas de temps pour établir la voile. Quoi qu'il dût lui arriver, il ne pouvait y avoir aucun doute qu'il ne fût à propos d'éloigner l'arche du château, à une distance qui ne permît aux ennemis de s'en approcher qu'à l'aide de la pirogue que les chances de la guerre avaient si malheureusement mise entre leurs mains. L'apparition de la voile déployée fut la première chose qui tira les Hurons de leur léthargie. Le scow avait alors déjà fait une abattée, mais malheureusement du mauvais bord. Hist jugea nécessaire d'avertir son amant de la nécessité de mettre sa personne à l'abri des mousquets des ennemis. C'était un danger à éviter dans tous les cas, et d'autant plus que le Delaware vit que Hist ne voulait pas se mettre à l'abri elle-même tant qu'il resterait exposé. Il abandonna le scow à la conduite du vent, fit entrer Hist dans la cabine, l'y suivit, en ferma bien la porte, et prépara ses mousquets.

La situation de toutes les parties était alors assez singulière pour mériter une description particulière. L'arche était au sud, ou au vent du château, à environ trente toises, avec le vent dans la voile, et l'aviron servant de gouvernail abandonné. Heureusement cet aviron n'était pas en place, car sans cela il aurait pu contrarier le mouvement de dérive de ce bateau abandonné à lui-même. La voile étant, comme disent les marins, appareillée en bannières, les écoutes amarrées, mais les bras de la vergue largues, elle était poussée sur l'avant par le vent. Il en résulta un triple effet sur un bateau dont le fond était parfaitement plat, et qui ne tirait que trois à quatre pouces d'eau; cela le força d'arriver en arrondissant, et la pression de tout le bateau sous le vent causa inévitablement un mouvement de vitesse sur l'avant. Tous ces changements furent pourtant extrêmement lents, car le vent était non-seulement léger, mais variable, comme à l'ordinaire. Deux ou trois fois la voile faseya; une fois, elle masqua complétement.

Si l'arche avait eu une quille, elle aurait inévitablement échoué sur la plate-forme, par l'avant, et il est probable que rien n'aurait empêché les Hurons de s'en emparer, d'autant plus que la voile les aurait mis en état de s'en approcher à couvert. Dans l'état où étaient les choses, le scow contourna la plate-forme, en évitant tout juste cette partie du bâtiment; mais la palissade s'avançant de plusieurs pieds, il ne put l'éviter, et le scow, lent dans tous ses mouvements, fut pris par l'avant entre deux pieux et y resta comme suspendu. En ce moment le Delaware épiait par une meurtrière le moment de faire feu, tandis que les Hurons, qui se tenaient dans le château, étaient occupés de la même manière. Le guerrier épuisé restait sur la plate-forme, le dos appuyé contre la maison, car on n'avait pas eu le temps de l'y transporter; et Hurry, presque aussi hors d'état de se relever qu'un pin abattu, lié comme un mouton qui attend le couteau du boucher, en occupait à peu près le milieu. Chingachgook aurait pu à chaque instant tuer le premier, mais il n'aurait pu lui enlever sa chevelure, et il dédaigna d'ôter la vie à un homme dont la mort ne lui procurerait ni honneur ni avantage.

— Enlevez un des pieux, Serpent, si vous êtes serpent, s'écria Hurry, au milieu des juremens que lui arrachaient des ligatures très-serrées; enlevez un des pieux, et dégagez l'avant du scow; la dérive vous emmènera plus loin; et quand vous vous serez rendu ce service, rendez-moi celui d'achever ce vagabond que vous voyez là.

Ce discours ne produisit d'autre effet que d'attirer l'attention de Hist sur la situation de Hurry. Elle vit qu'il avait les jambes liées avec une forte corde d'écorce, qui en faisait plusieurs fois le tour, et qu'une autre corde attachée à ses bras au-dessus du coude les serrait derrière son dos, laissant quelque jeu à ses mains et à ses avant-bras. Approchant sa bouche d'une des meurtrières de la cabine, elle lui dit d'une voix basse mais distincte :

— Pourquoi vous pas rouler ici, et tomber dans le scow? Chingachgook tirer sur Huron, si poursuivre.

— De par le ciel, c'est une pensée judicieuse, et je l'essaierai, si l'arrière du scow s'approche un peu plus. — Jetez un matelas dans le fond pour que je tombe dessus.

Tout cela fut dit dans un heureux moment, car au même instant les Hurons, ennuyés d'attendre, firent une décharge générale sur le scow, mais sans blesser personne, quoique plusieurs balles eussent passé par les meurtrières. Hist avait entendu une partie des paroles de Hurry, mais le reste avait été perdu dans le bruit des armes à feu. Elle détacha la barre de la porte de la cabine qui conduisait sur l'arrière, mais elle n'osa pas exposer sa personne. Pendant ce temps l'avant de l'arche était encore soulevé, mais il se dégageait peu à peu, à mesure que l'arrière se rapprochait de la plate-forme. Hurry, qui avait alors le visage tourné du côté de l'arche, se tordant et se tournant de temps en temps comme un homme dans de grandes souffrances, évolutions qu'il avait faites depuis qu'il était garrotté, suivait des yeux chaque changement de position du scow, et il vit enfin qu'il était entièrement dégagé, et qu'il commençait à frotter lentement contre les pilotis qui soutenaient la plate-forme. La tentative était désespérée ; mais c'était la seule chance qu'il eût d'échapper à la torture et à la mort, et elle convenait à son caractère déterminé. Attendant le dernier moment pour que l'arrière du scow touchât à la plate-forme, il fit de nouvelles contorsions comme s'il eût souffert des douleurs insupportables, et se mit tout à coup à rouler rapidement sur lui-même, en se dirigeant, comme il le croyait, vers l'arrière de l'arche. Malheureusement les épaules de Hurry exigeaient pour tourner plus de place que ses jambes, et quand ses évolutions le conduisirent sur le bord de la plate-forte, sa ligne de rotation avait tellement changé qu'il avait dépassé l'arrière, et il tomba dans l'eau. En ce moment, Chingachgook, qui agissait de concert avec Hist, trouva le moyen d'attirer de nouveau sur l'arche le feu des Hurons, dont aucun ne s'aperçut de la manière dont un homme qu'ils savaient être solidement garrotté avait disparu. Mais Hist prenait un vif intérêt à la réussite d'un stratagème si hardi, et elle avait surveillé les mouvements de Hurry comme un chat surveille ceux d'une souris. Du moment qu'il avait commencé à rouler, elle avait prévu ce qui en arriverait et elle avait songé aux moyens de le sauver. Avec une promptitude qui tenait de l'instinct, dès que la détonation des mousquets se fut fait entendre, elle ouvrit la porte, et, protégée alors par la cabine, elle courut sur l'arrière, et y arriva assez à temps pour voir Hurry tomber dans le lac. Elle avait par hasard le pied placé sur le bout d'une des écoutes de la voile qui était attachée sur l'arrière, et prenant tout ce qui restait de ce cordage, elle le jeta à l'eau, non comme l'aurait fait un marin, mais avec la résolution courageuse d'une femme. L'écoute tomba sur la tête et sur le corps de Hurry, et il eut l'adresse de la saisir non-seulement avec les mains, mais avec ses dents. Il était excellent nageur, et, garrotté comme il l'était, il eut recours au seul expédient qu'eussent pu lui suggérer la philosophie et la réflexion. Il était tombé sur le dos, et au lieu de chercher à faire, pour se soutenir en ligne droite sur l'eau, des efforts qui n'auraient abouti qu'à le noyer, il laissa enfoncer son corps, qui était déjà submergé à l'exception de sa tête quand le cordage tomba sur lui. Il aurait pu rester dans cette situation jusqu'à ce que les Hurons vinssent le tirer de l'eau, s'il n'avait pas eu d'autre aide, mais le mouvement du scow roidit l'écoute, ce qui lui facilita le moyen de maintenir sa tête hors de l'eau. Traîné ainsi à la remorque, un homme de sa force aurait pu faire un mille de cette manière aussi simple que singulière.

Nous avons dit que les Hurons n'avaient pas remarqué la disparition soudaine de Hurry. Dans la position où il se trouvait, il était caché à leurs yeux par la plate-forme, et à mesure que l'arche avança, le vent étant alors dans sa voile, la palissade lui rendit le même service. Les Hurons étaient d'ailleurs trop occupés de leur dessein de tuer leur ennemi delaware en lui envoyant une balle par une des meurtrières ou des fentes de la cabine, pour songer à un homme dont ils se croyaient assurés. Leur grand objet d'attention était la manière dont l'arche avançait en continuant à frotter contre les pilotis, friction qui diminuait de moitié la vitesse de son mouvement, et ils passèrent du côté du château qui donnait sur le nord, afin de pouvoir tirer par les meurtrières de cette partie du bâtiment. Chingachgook était également aux aguets, et ne connaissait pas plus qu'eux la situation de Hurry. Pendant que l'arche avançait ainsi, les mousquets envoyaient de part et d'autre leurs petites colonnes de fumée dans les airs, mais les yeux des deux partis étaient trop exercés et leurs mouvements trop rapides pour permettre que personne fût blessé. Enfin on eut d'un côté la mortification et de l'autre le plaisir de voir le scow s'écarter tout à fait de la palissade, et avancer vers le nord avec un mouvement matériellement accéléré.

Ce fut alors que Hist apprit à Chingachgook la position critique de Hurry. Se montrer l'un ou l'autre sur l'arrière, c'eût été courir à une mort certaine. Heureusement l'écoute à laquelle Hurry était cramponné conduisait à l'avant du scow; le Delaware se hâta de la larguer du taquet auquel elle était amarrée sur l'arrière, et Hist, qui était déjà sur l'avant dans ce dessein, se mit aussitôt à haler ce cordage. En ce moment, Hurry était traîné à cinquante ou soixante pieds en arrière, n'ayant que la tête hors de l'eau. Lorsqu'il ne fut plus caché par la plate-forme ni par la palissade, il fut aperçu par les Hurons, qui poussèrent sur-le-champ des rugissements affreux, et qui commencèrent à faire feu contre lui. Ce fut en ce moment que Hist se mit à haler le cordage en avant, circonstance qui, aidée par le sang-froid et la dextérité de Hurry, lui sauva probablement la vie. La première balle frappa l'eau à l'endroit où se montrait à travers l'eau la large poitrine du jeune géant, et si elle eût été tirée à un angle moins aigu, elle aurait pu lui percer le cœur. Cependant, au lieu d'entrer dans le lac, elle rejaillit sur sa surface, et alla littéralement s'enterrer dans la muraille de troncs d'arbres de la cabine, près de l'endroit auquel Chingachgook s'était montré une minute auparavant, tandis qu'il larguait l'écoute du taquet. Une seconde, une troisième et une quatrième balle suivirent la première, et toutes trouvèrent la même résistance sur la surface de l'eau, quoique Hurry sentît la violence des coups qu'elles frappaient au-dessus de lui, et si près de sa poitrine. Reconnaissant enfin leur méprise, les Hurons changèrent de plan et ajustèrent la tête qui était hors de l'eau; mais pendant qu'ils ajustaient, Hist continuait à haler l'écoute, et les balles frappaient l'eau sans arriver à leur but. Un moment après Hurry fut tiré par le travers du scow, et son corps fut complétement caché aux Hurons. Chingachgook et Hist étaient également couverts par la cabine, et en moins de temps qu'il n'en faut pour le dire, ils halèrent Hurry jusqu'à l'endroit où ils se trouvaient. Chingachgook avait préparé son couteau, et, se penchant par-dessus le bord du scow, il eut bientôt coupé la corde qui le liait. Ce fut une tâche moins facile de l'élever assez hors de l'eau pour le faire entrer dans l'arche, car il pouvait à peine se servir de ses bras. Ils y réussirent pourtant, et dès qu'il y fut entré, il chancela, et tomba complétement épuisé sur les planches du scow. Nous l'y laisserons recouvrer ses forces, et attendre que la circulation du sang se fût rétablie dans tous ses membres, et nous nous occuperons du récit d'événements qui se succédaient avec une rapidité qui ne permet pas de différer davantage d'en parler.

Du moment que Hurry disparut aux yeux des Hurons, ils poussèrent des cris de rage et de désappointement, et les trois plus agiles d'entre eux descendirent par la trappe et entrèrent dans la pirogue. Il leur fallut pourtant quelque délai pour prendre leurs armes, trouver les rames et sortir du bassin. Hurry était alors à bord du scow, et le Delaware avait ses mousquets en état de service. Comme l'arche voguait nécessairement vent arrière, elle était alors à environ cent toises du château, et s'en éloignait davantage à chaque instant, quoique si lentement, qu'on voyait à peine sur l'eau son sillage. La pirogue des deux filles de Hutter était au moins à un quart de mille de l'arche, et il était évident qu'elles voulaient se tenir à l'écart, attendu l'ignorance où elles étaient de ce qui s'était passé au château, et parce qu'elles craignaient pour elles quelques suites fatales, si elles se hasardaient trop près. Elles s'étaient dirigées vers la rive orientale, et tâchaient en même temps de se mettre au vent de l'arche, ne sachant si c'était là ou dans le château qu'elles devaient rencontrer des ennemis. Une longue habitude faisait qu'elles maniaient les rames avec beaucoup de dextérité, et surtout Judith, qui avait souvent gagné le prix de courses aquatiques avec les jeunes gens qui venaient quelquefois sur le lac.

Quand les trois Hurons furent sortis de derrière la palissade, et qu'ils se trouvèrent en plein lac, et dans la nécessité d'avancer vers l'arche, sans aucune protection contre les balles s'ils persistaient dans leur premier projet, leur ardeur se refroidit sensiblement. Sur une pirogue d'écorce, ils étaient sans aucune espèce de couvert, et la discrétion indienne s'opposait à une tentative aussi dangereuse que celle d'attaquer un ennemi aussi bien retranché que l'était le Delaware. Au lieu donc de poursuivre l'arche, ces trois guerriers se dirigèrent vers la rive orientale, en ayant soin de se tenir hors de portée des mousquets de Chingachgook. Mais cette manœuvre rendit la position des deux sœurs excessivement critique. Elle menaçait de les placer, sinon entre deux feux, du moins entre deux dangers, ou entre ce qu'elles regardaient comme deux dangers. Au lieu de permettre aux Hurons de l'enfermer dans ce qui lui semblait une sorte de filet, Judith se mit de suite en retraite vers le sud, en se tenant à peu de distance du rivage. Elle n'osa débarquer, et s'il fallait avoir recours à un pareil expédient, elle ne pouvait le hasarder qu'à la dernière extrémité. Les Indiens ne firent d'abord que peu ou point d'attention à cette seconde pirogue; car ils savaient fort bien qui s'y trouvait, et ils n'attachaient pas grande importance à cette capture, tandis que l'arche, avec ses trésors imaginaires et leurs deux ennemis, le Delaware et Hurry, et la facilité qu'elle offrait de pouvoir porter en même temps un grand nombre d'individus, était devant leurs yeux. Mais si l'arche était un objet de tentation, elle offrait des dangers qui y étaient proportionnés; et après avoir perdu près d'une heure à faire des évolutions incertaines, ils parurent tout à coup prendre une résolution décidée, et ils le prouvèrent en donnant la chasse à la pirogue.

Quand ils formèrent ce dernier projet, les circonstances dans lesquelles se trouvaient toutes les parties avaient changé, de même que leur position respective. L'arche, à l'aide tant de sa voile que de la dérive, avait fait un bon demi-mille, et était à peu près à cette distance au nord du château. Dès que le Delaware vit évidemment que les deux sœurs cherchaient à l'éviter, ne pouvant gouverner son lourd esquif, et sachant que, si une pirogue d'écorce voulait le poursuivre, la fuite ne pourrait être qu'un expédient inutile, il amena sa voile, dans l'espoir de déterminer les deux sœurs à changer de projet, et à se réfugier à bord de l'arche. Cette démonstration ne produisit d'autre effet que de maintenir le scow plus près de la scène de l'action, et de rendre ceux qui s'y trouvaient témoins de la chasse. La pirogue de Judith était un quart de mille au sud de celle des Hurons, un peu plus près de la rive orientale, et environ à la même distance du sud du château que de la pirogue ennemie, ce qui plaçait celle-ci presque par le travers de la forteresse de Hutter. Telle était la situation de toutes les parties quand la chasse commença.

Au moment où les Hurons avaient si subitement changé de résolution, leur pirogue n'était pas dans le meilleur état possible pour une chasse ; ils étaient trois, et ils n'avaient que deux rames, par conséquent le troisième n'était que du lest inutile, et la différence de poids entre les deux sœurs et les deux autres Indiens, surtout dans des nacelles si légères, neutralisait presque la différence de forces, qui était en faveur des Indiens, et rendait cette lutte à la course beaucoup moins inégale qu'elle ne pouvait le paraître. Judith ne commença à redoubler d'efforts que lorsque l'autre embarcation fut assez proche pour ne laisser aucun doute sur ses intentions, et alors elle engagea sa sœur à l'aider de toutes ses forces et de toute son adresse.

— Pourquoi fuirions-nous, Judith? demanda Hetty; les Indiens ne m'ont jamais fait aucun mal, et je ne crois pas qu'ils m'en fassent jamais.

— Cela peut être vrai quant à vous, Hetty, mais ce n'est pas la même chose pour moi. Mettez-vous à genoux, dites vos prières, et ensuite faites tous vos efforts pour m'aider à m'échapper. — Pensez à moi dans vos prières, Hetty.

Judith parlait ainsi, d'abord parce qu'elle connaissait le caractère religieux de sa sœur, qui, en toutes circonstances, sollicitait toujours le secours du ciel, et ensuite parce que son esprit fier éprouvait une sensation de faiblesse et de dépendance qui l'accablait dans ce moment d'abandon et d'épreuve. Hetty ne fit pourtant pas une bien longue prière, et la pirogue vola bientôt sur la surface du lac. Cependant on ne fit de très-grands efforts ni d'un côté ni de l'autre en commençant, sachant également que la chasse pourrait être longue et difficile. Comme deux vaisseaux de guerre qui se préparent au combat, les deux petites nacelles semblaient vouloir s'assurer d'abord de leur vitesse respective, afin d'y proportionner leurs efforts. Quelques minutes suffirent pourtant pour prouver aux Hurons que les jeunes filles savaient manier les rames, et qu'ils auraient besoin de toutes leurs forces et de toute leur dextérité pour les atteindre.

Judith s'était dirigée vers la rive orientale, au commencement de la chasse, avec un vague projet d'y aborder et de s'enfuir dans les bois, comme dernière ressource. Mais, en approchant de la terre, la certitude que des espions surveillaient tous ses mouvements rendit invincible sa répugnance à adopter un tel expédient. Elle se sentait encore pleine de force, et elle avait l'espoir d'être en état de fatiguer ceux qui la poursuivaient. Dans cette espérance, elle donna un grand coup de rame qui l'éloigna de la frange de chênes noirs qui bordaient la côte, et sous l'ombre desquels elle avait été sur le point d'entrer, et elle se dirigea encore une fois vers le centre du lac. Cet instant parut favorable aux Hurons pour redoubler leurs efforts, car ils auraient toute la largeur du lac pour opérer, quand ils se seraient placés entre la terre et les fugitives. Les pirogues rivalisèrent alors de vitesse, Judith suppléant à ce qui lui manquait du côté des forces par son jugement et sa dextérité. Pendant environ un demi-mille les Indiens ne parurent gagner aucun avantage, mais la continuation de si grands efforts sembla les fatiguer aussi bien que les deux sœurs. Alors ils recoururent à un expédient qui donnait à l'un d'eux le temps de respirer; c'était de se relayer tour à tour. Judith, qui se retournait de temps en temps, les vit pratiquer cette manœuvre, et le découragement s'empara d'elle, car elle sentit que sa sœur et elle ne pourraient tenir bien longtemps contre trois hommes qui pouvaient se reposer alternativement.

Jusqu'alors les Hurons n'avaient pu s'approcher de la pirogue des deux sœurs que d'une centaine de toises, quoiqu'ils fussent, comme le dirait un marin, dans leurs eaux, c'est-à-dire faisant même route, et étant sur la ligne de prolongement de la pirogue. Cette circonstance rendit la poursuite ce qu'on appelle, en termes techniques, la chasse en poupe, ce qui est proverbialement une longue chasse; c'est-à-dire que, par suite de la position respective des deux bâtiments, nul changement ne devient visible, excepté le gain direct que fait l'un d'eux en approchant le plus près possible de l'autre. Quelque longue que soit cette espèce de chasse, comme on en convient, Judith, avant d'avoir gagné le centre du lac, fut en état de s'apercevoir que les Hurons approchaient d'elle de plus en plus. Elle n'était pas fille à désespérer de ses ressources ; mais il fut un moment où elle songea à se rendre, afin d'être conduite dans le camp où Deerslayer était prisonnier. Mais quelques considérations relatives aux moyens qu'elle espérait pouvoir employer pour obtenir la liberté du jeune chasseur bannissant cette idée de son esprit, elle ne songea plus qu'à faire de nouveaux efforts pour échapper. S'il se fût trouvé là quelqu'un pour observer la vitesse comparative des deux pirogues, il aurait remarqué un accroissement sensible de distance entre celle de Judith et celle des Hurons, les pensées auxquelles elle se livrait avec ardeur lui faisant trouver de nouvelles forces. La différence de vitesse entre les deux nacelles, pendant les cinq minutes qui suivirent, fut si évidente, que les Indiens virent qu'il fallait qu'ils fissent les derniers efforts, ou qu'ils auraient la honte d'avoir été vaincus par deux femmes. Mais tandis qu'ils ramaient avec une sorte de fureur pour éviter cette mortification, l'un d'eux cassa une rame à l'instant où il la prenait de la main d'un de ses camarades pour le relever. Cet accident décida l'affaire : une pirogue contenant trois hommes, et n'ayant qu'une rame, ne pouvait espérer de rejoindre des fugitives comme les filles de Thomas Hutter.

— Tenez, Judith, s'écria Hetty qui avait vu cet accident ; vous voyez qu'il est utile de prier. Les Hurons ont brisé une rame, et jamais ils ne pourront nous atteindre.

— Je n'ai jamais nié l'efficacité de la prière, Hetty, et je regrette souvent avec amertume de n'avoir pas moi-même prié davantage, et moins songé à ma beauté. — Oui, nous sommes en sûreté à présent, et quand nous serons un peu plus loin au sud, nous pourrons respirer librement.

Elles continuèrent à ramer ; mais les Indiens renoncèrent à la chasse aussi subitement qu'un navire qui vient de perdre un mât important. Au lieu de poursuivre la pirogue de Judith, qui fendait l'eau rapidement vers le sud, ils se dirigèrent vers le château, et ne tardèrent pas à débarquer sur la plate-forme. Craignant qu'ils ne trouvassent quelques rames dans la maison, les deux sœurs continuèrent à s'éloigner jusqu'à ce qu'elles fussent à une distance qui leur donnait toute chance d'échapper à leurs ennemis s'ils se remettaient à leur poursuite. Il paraît que les sauvages n'avaient pas ce dessein, car, au bout d'une heure, elles virent leur pirogue, remplie d'Indiens, partir du château et se diriger vers le rivage. Elles n'avaient pris aucune nourriture, et elles commencèrent à se rapprocher du château, sans chercher à éviter l'arche, dont les manœuvres les avaient enfin convaincues qu'elles n'y trouveraient que des amis.

Malgré la solitude qui semblait régner dans le château, Judith n'en approcha qu'avec beaucoup de circonspection. L'arche en était à environ un mille au nord, mais elle avançait vers ce bâtiment avec un mouvement régulier qui convainquit Judith qu'un homme blanc y tenait les avirons. Quand elle fut à une cinquantaine de toises, elle en fit le tour pour s'assurer s'il était entièrement évacué. Elle n'aperçut aucune pirogue, ce qui l'enhardit à en approcher davantage. Enfin, ayant fait le tour de la palissade, elles arrivèrent à la plate-forme.

— Entrez dans la maison, Hetty, dit Judith, et voyez si tous les sauvages sont partis; s'il en reste encore quelques-uns, vous savez qu'ils ne vous feront aucun mal, et vous pouvez me donner l'alarme. Je ne crois pas qu'ils fassent feu sur une pauvre fille sans défense, et je pourrai m'échapper, jusqu'à ce que je sois prête à me rendre volontairement au milieu d'eux.

Hetty fit ce que sa sœur désirait, et dès qu'elle fut hors de la pirogue, Judith s'éloigna à quelques toises de la plate-forme, pour être prête à prendre la fuite si les circonstances l'exigeaient. Mais cela ne fut pas nécessaire; car une minute s'était à peine écoulée quand Hetty vint lui annoncer qu'elles étaient en sûreté.

— J'ai été dans toutes les chambres, dit-elle, et je les ai trouvées vides, excepté celle de mon père. Il dort dans la sienne, quoique pas aussi tranquillement que nous pourrions le désirer.

— Lui est-il arrivé quelque chose? demanda Judith avec vivacité, en montant sur la plate-forme, car elle avait les nerfs dans un état qui la rendait plus susceptible qu'à l'ordinaire de s'alarmer.

Hetty parut embarrassée, et elle jeta un regard furtif autour d'elle, comme si elle eût craint qu'un autre qu'une fille n'entendît ce qu'elle avait à dire, et qu'elle ne voulût pas le communiquer trop brusquement même à une fille.

— Vous savez ce qui arrive quelquefois à notre père, Judith, répondit-elle; quand il a bu un peu trop, il ne sait plus ce qu'il dit ni ce qu'il fait, et il semble être dans cet état en ce moment.

— Cela est bien étrange. Les sauvages auraient-ils bu avec lui, et l'auraient-ils ensuite laissé chez lui? Mais c'est un triste spectacle pour une fille, que de voir un père dans une telle situation, et nous n'entrerons dans sa chambre que lorsqu'il sera réveillé.

Un profond gémissement, partant de la chambre en question, changea pourtant cette détermination, et les deux sœurs se hasardèrent à entrer dans la chambre d'un père qu'elles avaient trouvé plus d'une fois dans un état qui le ravalait au niveau des brutes. Il était assis par terre dans un coin de sa chambre, les épaules appuyées contre la muraille, et la tête tombant sur sa poitrine. Une impulsion soudaine fit courir Judith à lui, et elle enleva un bonnet de toile qui lui couvrait toute la tête jusqu'aux épaules. Dès qu'il eut été retiré, les chairs palpitantes et ensanglantées, les veines et les muscles mis à découvert, tous les signes horribles qui s'offrent aux yeux quand la peau ne couvre plus la chair, prouvèrent qu'il avait été scalpé, quoiqu'il vécût encore.

CHAPITRE XXI.

> On parlera légèrement de l'esprit qui vient de s'envoler; on adressera des reproches à ses cendres froides; mais il s'en inquiétera peu, si on le laisse dormir dans la tombe où un Breton l'a placé.
>
> *Anonyme.*

Le lecteur peut se figurer l'horreur que durent éprouver des filles à la vue inopinée de l'affreux spectacle qui s'offrit aux yeux de Judith et de Hetty, comme nous l'avons rapporté à la fin du chapitre précédent. Nous passerons par-dessus les premières émotions et les premiers actes de piété filiale, et nous continuerons notre récit, laissant à l'imagination le soin de peindre une telle scène, au lieu d'en rapporter tous les détails. On entoura de bandages la tête mutilée, on lava le sang qui couvrait tout le visage de Hutter, en un mot on lui donna tous les soins que les circonstances rendaient possibles. Il leur apprit ensuite ce qui s'était passé. Les faits étaient fort simples, et quoiqu'ils n'aient été connus que plusieurs années ensuite, autant vaut les rapporter ici brièvement. Dans le commencement de la lutte avec les Hurons, il avait eu affaire au vieux chef qui avait eu la précaution de se faire remettre les armes de ses compagnons, mais qui avait gardé les siennes, et celui-ci se trouvant trop pressé par son adversaire s'en était défait par un coup de couteau. Cet événement avait eu lieu à l'instant où la porte fut ouverte et quand Hurry se précipita sur la plate-forte. C'est pour cette raison que ni le chef des Hurons, ni Hutter, n'avaient pris part au reste du combat; car le second était très-dangereusement blessé, et le premier n'osait se montrer à ses compagnons, couvert du sang d'un des deux blancs, après les injonctions sévères qu'il leur avait faites de les prendre tous deux en vie. Quand les trois Hurons furent de retour de leur chasse, la détermination fut prise d'abandonner le château, et ce fut alors que, pour emporter le trophée auquel ils attachaient tant de prix, ils scalpèrent le vieux Hutter, et le laissèrent pour mourir pouce à pouce, comme l'ont fait mille et mille fois les guerriers barbares de cette partie du continent américain. Si Hutter n'eût été que scalpé, il eût été possible qu'il survécût, mais le coup de couteau lui avait fait une blessure mortelle.

Il y a des instants où la justice divine se peint sous des couleurs si vives, que toute tentative pour se la cacher aux yeux, ou pour éviter de la reconnaître, devient inutile, et ce fut ce qui arriva à Judith et à Hetty, qui ne purent s'empêcher de voir les décrets d'une Providence juste et sévère, dans la manière dont leur père avait été puni du crime qu'il avait voulu lui-même commettre si récemment contre les Hurons, en devenant lui-même victime d'un crime semblable. Judith le reconnut et le sentit avec la force et la sensibilité qui faisaient partie de son caractère, tandis que l'impression que cet événement fit sur l'esprit plus simple de sa sœur fut moins vive, quoique peut-être plus durable.

— O Judith! s'écria Hetty quand elles eurent donné les premiers soins au blessé, mon père a voulu lui-même aller enlever des chevelures, et où est la sienne à présent? La Bible aurait dû lui faire craindre ce châtiment terrible.

— Chut, Hetty; chut, ma pauvre sœur! Il ouvre les yeux, et il peut vous entendre. C'est comme vous le dites, c'est comme vous le pensez; mais c'est une chose trop terrible pour en parler.

— De l'eau! s'écria Hutter, faisant un effort désespéré qui rendit sa voix forte pour un homme qui touchait évidemment au terme de sa vie. — De l'eau, sottes filles! Me laisserez-vous mourir de soif?

Elles s'empressèrent de lui en apporter. C'était la première fois qu'il en buvait depuis plusieurs heures passées dans des angoisses mortelles. Il se sentit la parole plus libre, et parut retrouver quelque force. Ses yeux s'ouvrirent avec ce regard inquiet et égaré, qui accompagne souvent le départ d'une âme surprise par la mort, et il sembla disposé à parler.

— Mon père, dit Judith désolée de voir les souffrances du vieillard sans savoir comment y remédier, que pouvons-nous faire pour vous, mon père? Hetty et moi pouvons-nous vous soulager?

— Votre père! répéta lentement Thomas Hutter; non, Judith, non, Hetty, je ne suis pas votre père. — *Elle* était votre mère, mais ce n'est pas moi qui suis votre père. Cherchez dans la caisse, tout est là. Encore de l'eau.

Elles lui en donnèrent un second verre, et Judith, dont les souvenirs d'enfance s'étendaient plus loin que ceux de sa sœur, et qui, sous tous les rapports, avait des impressions plus exactes du passé, sentit une impulsion de joie irrésistible en entendant ces paroles. Il n'avait jamais existé beaucoup de sympathie entre elle et son père supposé, et le soupçon de la vérité s'était plusieurs fois présenté à son esprit par suite des conversations qu'elle avait secrètement entendues entre sa mère et Hutter. Ce serait peut-être aller trop loin que de dire qu'elle ne l'avait jamais aimé; mais on peut certainement dire qu'elle fut charmée d'apprendre que ce n'était plus pour elle un devoir de l'aimer. Les sentiments de sa sœur étaient différents. Incapable de faire les mêmes distinctions que Judith, elle avait un cœur naturellement affectueux; elle avait aimé son père supposé, quoique beaucoup moins tendrement que sa mère véritable, et elle était affligée d'apprendre que la nature ne lui avait pas donné des droits à son affection. Elle sentait un double chagrin, comme si la mort et les paroles de Hutter lui eussent fait perdre deux fois son père. Ne pouvant résister à son émotion, la pauvre fille s'assit à l'écart, et pleura.

Les sensations opposées des deux sœurs produisirent sur elles le même effet : elles gardèrent longtemps le silence. Judith donna souvent de l'eau au mourant, mais elle s'abstint de lui faire aucune question, en partie sans doute par considération pour l'état dans lequel il se trouvait, mais, s'il faut dire la vérité, autant par suite de la crainte qu'il n'ajoutât par forme d'explication quelque chose qui pût troubler le plaisir qu'elle avait à croire qu'elle n'était pas fille de Thomas Hutter. Enfin Hetty essuya ses larmes et vint s'asseoir sur une escabelle à côté du mourant, qui avait été placé tout de son long sur le plancher, la tête appuyée sur de vieux vêtements qui avaient été laissés dans la maison.

— Mon père, lui dit-elle, vous me permettrez de vous appeler encore mon père, quoique vous disiez que vous ne l'êtes pas,—vous lirai-je la Bible, mon père? Ma mère me disait toujours que la lecture de la Bible convient à ceux qui sont dans le chagrin. Elle en avait souvent elle-même, et alors elle me disait de lui lire la Bible; — car Judith n'aimait pas la Bible autant que moi, — et cela lui faisait toujours du bien. Très-souvent j'ai vu ma mère commencer par écouter les larmes aux yeux, et finir par des sourires et de la gaieté. Oh! mon père, vous ne savez pas tout le bien que peut faire la Bible, car vous n'en avez jamais fait l'épreuve; mais je vais vous en lire un chapitre, et cette lecture attendrira votre cœur, comme elle a attendri celui des sauvages.

Quoique la pauvre Hetty eût tant de respect pour la Bible, et tant de confiance en sa vertu, elle avait l'intelligence trop faible pour pouvoir en apprécier les beautés, ou en pénétrer la sagesse profonde et quelquefois mystérieuse. Cet instinct du bien, qui semblait lui rendre impossible de commettre le mal, et qui jetait même sur son caractère un manteau d'amabilité morale et de vérité, ne pouvait pénétrer les vérités abstruses, ni discerner ces délicates affinités entre la cause et l'effet au-delà de leur liaison évidente et incontestable, quoiqu'elle manquât rarement de les voir, et d'en sentir toutes les justes conséquences. En un mot, c'était une de ces personnes qui sentent et qui agissent correctement, sans être en état d'en donner une raison logique, même en admettant la révélation comme leur autorité. Le choix qu'elle faisait de ses lectures de la Bible était souvent guidé par la simplicité de son esprit, et se faisait remarquer comme tombant sur des images de choses connues et palpables, plutôt que sur ces grandes vérités morales dont sont remplies les pages de ce livre merveilleux, — merveilleux et sans égal, même sans avoir égard à son origine divine, comme un ouvrage plein de la philosophie la plus profonde, exprimée dans le plus noble langage. Sa mère, par une liaison d'idées qui frappera probablement le lecteur, avait de la prédilection pour le livre de Job, et Hetty avait principalement appris à lire dans les chapitres de ce vénérable et sublime poëme, regardé aujourd'hui comme le plus ancien livre du monde. En cette occasion, la pauvre fille fut fidèle à son éducation, et elle choisit cette partie bien connue du volume sacré avec une promptitude égale à celle que montrerait un avocat pour citer ses autorités parmi les oracles de la législation. Le chapitre particulier dont elle fit choix fut celui dans lequel Job excuse son désir de la mort. Elle lut d'une voix ferme du commencement à la fin, d'un ton bas, doux et plaintif, espérant pieusement que les phrases figurées et allégoriques qui s'y trouvaient pourraient porter dans le cœur du mourant la consolation dont il avait besoin. Une autre particularité de la sagesse de la Bible, c'est qu'elle contient à peine un chapitre, à moins que ce ne soit strictement une narration, qui ne présente quelque vérité applicable au cœur de chaque homme dans quelque situation temporelle qu'il se trouve. Dans cette occasion, la première phrase : — *N'y a-t-il pas un temps fixé à l'homme sur la terre?* — était frappante, et à mesure que Hetty avançait dans sa lecture, Hutter s'appliquait, ou croyait pouvoir appliquer à sa situation physique et morale un grand nombre d'aphorismes et d'expressions figurées. Les paroles solennelles — *J'ai péché; que ferai-je pour t'apaiser, ô toi conservateur des hommes? Pourquoi m'as-tu placé comme une marque contre toi, de sorte que je suis devenu un fardeau pour moi-même?* — frappèrent Hutter plus visiblement que tout le reste; et quoique trop obscures pour qu'un homme dont le cœur était blasé et l'esprit obtus pût les comprendre dans toute leur étendue, elles s'appliquaient tellement à sa situation, qu'il ne put s'empêcher d'en frémir.

— Ne vous trouvez-vous pas mieux à présent, mon père? demanda Hetty en fermant le volume. Ma mère se trouvait toujours mieux quand elle avait lu la Bible.

— De l'eau! répondit Hutter. Donnez-moi de l'eau, Judith; je ne sais pourquoi ma langue est toujours si brûlante. — Hetty, n'est-il point parlé dans la Bible d'un homme qui était dans l'enfer, et qui demandait qu'on lui rafraîchît la langue?

Judith se détourna, mais Hetty se hâta de chercher le passage, qu'elle lut tout haut à la victime de sa propre cupidité.

— C'est cela, Hetty, dit-il, c'est cela. Ma langue a déjà besoin d'être rafraîchie en ce moment; que sera-ce par la suite?

Malgré toute la confiance de Hetty dans la Bible, ces mots la réduisirent au silence, car elle ne trouvait pas de réponse à faire à un aveu si voisin du désespoir. Il était au pouvoir des deux sœurs de lui donner de l'eau, tant qu'elle pouvait soulager ses souffrances, et elles en présentèrent à ses lèvres chaque fois qu'il en demanda. Judith elle-même se mit en prières. Quant à Hetty, quand elle vit que tous ses efforts étaient inutiles pour porter le moribond à écouter d'autres versets de la Bible, elle se mit à genoux à côté de lui, et récita dévotement à voix haute les paroles que notre Sauveur a laissées après lui pour servir de modèle à la prière. Elle réitéra cet acte de piété à divers intervalles, aussi longtemps qu'elle crut pouvoir le faire avec utilité pour le mourant. Sa vie se prolongea pourtant plus longtemps que les deux sœurs ne l'auraient cru possible. Tantôt il parlait intelligiblement ; tantôt ses lèvres s'ouvraient pour prononcer des mots qui n'avaient aucune liaison entre eux, et qui par conséquent n'offraient aucun sens à l'oreille de celles qui les entendaient. Judith l'écoutait avec grande attention, et elle entendit les mots—mari—mort—pirate—toi—chevelures—et d'autres de même espèce, mais qui ne formaient aucune phrase qu'il fût possible de comprendre. Ils étaient pourtant assez expressifs pour que le sens en fût à peu près deviné par une jeune fille dont l'oreille n'avait pu rester entièrement fermée aux bruits désavantageux qui avaient couru sur son père supposé, et dont l'intelligence était aussi vive que son attention était profonde.

Pendant toute la durée de l'heure pénible qui se passa ensuite, aucune des deux sœurs ne pensa suffisamment aux Hurons pour craindre leur retour. Il semblait que leur situation et leur désolation les mettaient au-dessus d'un tel danger ; et quand on entendit enfin un bruit de rames, Judith même, qui seule avait quelque raison de craindre les Indiens, ne tressaillit pas, mais comprit sur-le-champ que c'était l'arche qui approchait. Elle s'avança sans crainte sur la plate-forme ; car si Hurry n'était pas sur le scow, et que les sauvages en fussent en possession, il lui était impossible de leur échapper. Elle avait en outre cette sorte de confiance qu'inspire l'excès du malheur. Mais elle ne trouva aucun motif de nouvelle alarme. Chingachgook, Hist et Hurry étaient debout sur l'avant du scow, et examinaient avec soin le château pour être sûrs qu'il n'y restait plus d'ennemis. Ils avaient vu le départ des Hurons, et l'arrivée de la pirogue des deux sœurs, et c'était d'après ces deux circonstances qu'ils avaient fait route vers le château. Un mot de Judith suffit pour leur apprendre qu'ils n'avaient rien à craindre, et l'arche fut bientôt amarrée à son ancienne place.

Judith ne dit pas un seul mot sur la situation de son père, mais Hurry la connaissait trop bien pour ne pas comprendre, à l'expression de sa physionomie, que quelque chose allait plus mal qu'à l'ordinaire. Il entra le premier dans la maison, mais ce ne fut pas avec l'air de confiance et de hardiesse qui le caractérisait auparavant. Il y trouva Hutter couché sur le dos, et Hetty assise à son côté, l'éventant avec un soin vraiment filial. Les événements de la matinée avaient sensiblement changé les manières de Hurry. Quoique excellent nageur, et malgré la promptitude avec laquelle il avait adopté le seul expédient qui pût le sauver, l'instant où il était tombé dans l'eau pieds et poings liés, et sans aucun moyen de s'aider, étant encore présent à son esprit, avait produit sur lui le même effet que l'approche du moment de l'exécution produit en général sur le criminel condamné, et avait laissé sur son imagination une forte impression des horreurs de la mort; car l'audace de cet homme était la suite de sa force physique plutôt que de l'énergie de son esprit ou de sa volonté. De semblables héros perdent toujours une grande partie de leur courage en perdant quelque chose de leur force, et quoique Hurry fût alors libre et aussi vigoureux que jamais, l'événement était trop récent pour que le souvenir de la déplorable situation dans laquelle il s'était trouvé fût déjà affaibli. Quand il aurait vécu un siècle, le petit nombre de minutes qu'il avait passées dans le lac auraient produit un changement salutaire dans son caractère, sinon dans ses manières.

Il fut aussi surpris que fâché de trouver son compagnon dans une situation si désespérée. Pendant la lutte qui avait eu lieu avec les Hurons, il avait été trop occupé lui-même pour pouvoir apprendre ce qui était arrivé à Hutter, et comme on n'avait employé contre lui aucune espèce d'armes, et qu'on s'était borné à faire les plus grands efforts pour le faire prisonnier, il croyait naturellement que les Hurons s'étaient rendus maîtres de la personne de Hutter, et qu'il ne leur avait échappé lui-même qu'à l'aide de sa plus grande force, et du concours heureux de circonstances extraordinaires. La mort dans le silence solennel d'une chambre était une nouveauté pour lui. Quoique habitué à des scènes de violence, il n'avait jamais été assis à côté du lit d'un mourant, comptant les battements d'un pouls qui s'affaiblissait à chaque instant. Malgré le changement subit survenu dans ses idées, le ton et les manières de toute sa vie ne pouvaient changer si rapidement, et les paroles qu'il adressa à Hutter portaient l'empreinte qui le caractérisait.

— Eh bien! vieux Tom, lui dit-il, ces vagabonds ont donc eu le dessus avec vous? Vous voilà couché sur vos planches, et probablement pour ne plus vous relever. Il est vrai que je vous croyais prisonnier, mais je ne m'attendais guère à vous trouver si bas.

Hutter entr'ouvrit ses yeux demi-éteints, et jeta un regard égaré sur celui qui lui parlait ainsi. Une foule de souvenirs confus se présentèrent à son esprit en voyant des traits qu'il connaissait, mais les images qui s'offraient à ses yeux étaient indistinctes, et il ne pouvait dire quelles étaient les fausses ou la véritable.

— Qui êtes-vous? lui demanda-t-il à demi-voix, ses forces ne lui permettant pas de faire un effort pour parler plus haut; — vous ressemblez au lieutenant de *la Neige*, — c'était un géant, et peu s'en fallut qu'il ne nous donnât notre compte.

— Je suis votre lieutenant, Tom Flottant, et votre camarade par-dessus le marché ; mais je n'ai rien de commun avec la neige. Nous sommes en été, et Henry March quitte toujours les montagnes le plus tôt possible quand viennent les gelées.

— Ah! c'est vous, Hurry Skurry! — Eh bien! je vous vendrai une chevelure, — une bonne chevelure, — celle d'un homme fait. — Que m'en donnerez-vous?

— Pauvre Tom! cette affaire de chevelures n'a pas tourné à notre profit, et j'ai bonne envie d'y renoncer et de faire un métier moins chanceux.

— Avez-vous une chevelure? — La mienne est partie. — Comment se trouve-t-on avec une chevelure? — Je sais ce qu'on sent quand on n'en a plus, du feu et des flammes autour du cerveau, — un déchirement de cœur. — Non, non; tuez d'abord, Hurry, et scalpez ensuite.

— Que veut dire le vieux Tom, Judith? On dirait qu'il est aussi las que moi de cette besogne. — Pourquoi lui avez-vous entouré la tête de bandages? — Ces brigands lui ont-ils donné un coup de tomahawk sur le crâne?

— Ils lui ont fait ce que vous et lui, Hurry March, vous auriez été si contents de leur faire il n'y a pas longtemps ; ils lui ont pris sa chevelure pour obtenir de l'argent du gouverneur du Canada, comme vous auriez voulu enlever les leurs pour les vendre au gouverneur de New-York.

Judith faisait tous ses efforts pour s'exprimer avec calme ; mais ni son caractère ni ce qu'elle éprouvait en ce moment ne lui permettaient de parler sans amertume. Son ton et ses manières firent que Hurry leva les yeux sur elle avec un air de reproche.

— Voilà de gros mots, dit-il, pour sortir de la bouche d'une fille de Thomas Hutter, quand son père est mourant devant ses yeux.

— Dieu soit loué ! — quelque reproche que ce puisse être pour ma mère, je ne suis pas fille de Thomas Hutter.

— Vous n'êtes pas fille de Thomas Hutter ! — Ne désavouez pas le pauvre homme dans ses derniers moments, Judith ; car c'est un péché que le Seigneur ne pardonne jamais. — Mais si vous n'êtes pas fille de Thomas Hutter, qui est donc votre père?

Cette question dompta l'esprit rebelle de Judith ; car, au milieu de la satisfaction qu'elle éprouvait en voyant qu'elle pouvait avouer sans crime qu'elle n'avait jamais eu un amour vraiment filial pour le père supposé dont elle venait d'être débarrassée elle avait oublié la circonstance importante qu'elle n'avait personne à substituer à sa place.

— Je ne puis vous dire qui était mon père, Hurry, répondit-elle avec plus de douceur; j'espère que c'était un honnête homme, du moins.

— Ce qui est plus que vous ne croyez que Thomas Hutter ait jamais été. Eh bien, Judith, je ne nierai pas qu'on ait fait courir bien des bruits singuliers sur Tom Flottant; mais qui est-ce qui n'attrape pas une égratignure quand c'est un ennemi qui tient l'étrille? Il y a des gens qui ne disent pas grand bien de moi; et vous-même, Judith, vous n'avez pas échappé à toutes les langues.

Cette phrase fut ajoutée dans la vue d'établir une sorte de communauté entre les deux parties, et, comme les politiques du jour ont coutume de le dire, avec des intentions ultérieures. Il n'est pas facile de dire quelles en auraient été les suites avec une jeune fille ayant l'esprit si résolu que Judith, et le cœur si rempli d'antipathie pour celui qui lui parlait ainsi; mais en ce moment des signes peu équivoques annoncèrent que le dernier instant de la vie de Thomas Hutter approchait. Judith et Hetty n'avaient pas quitté le lit de mort de leur mère; ni l'une ni l'autre n'eurent besoin d'être averties que la crise était prochaine, et tout signe de ressentiment disparut du front et des yeux de la première. Hutter ouvrit les yeux, et avança une main pour tâter autour de lui, signe que la vue lui défaillait; une minute ensuite sa respiration devint pénible; elle cessa bientôt tout à fait, et il rendit le dernier soupir; instant où l'on suppose que l'âme se sépare du corps. La fin subite d'un homme qui avait rempli une place importante dans le cercle si étroit dont il avait fait partie, mit fin à toute discussion.

La journée se termina sans autre événement. Les Hurons, quoique en possession d'une pirogue, semblaient se contenter du trophée qu'ils avaient emporté, et avoir renoncé à tout dessein immédiat contre le château. Dans le fait, ce n'eût pas été une entreprise sans danger que de s'en approcher sous les mousquets de ceux qui s'y trouvaient, et il est probable que la suspension d'armes fut due à cette circonstance plutôt qu'à toute autre. Cependant on faisait tous les préparatifs pour l'enterrement de Hutter. L'enterrer dans la terre était impraticable, et Hetty désirait que son corps fût placé à côté de celui de sa mère, dans le lac. Elle cita même une occasion où il avait appelé le lac le cimetière de famille. Heureusement tout cela fut décidé à l'insu de Judith, qui aurait opposé à ce plan une résistance invincible. Mais Judith n'avait pas été consultée, et toutes les mesures nécessaires furent prises sans son avis, et sans qu'elle en fût instruite.

Le moment fixé pour la cérémonie était celui où le soleil se couchait, et l'on n'aurait pu choisir une heure et une scène plus convenables pour rendre les derniers devoirs à un homme dont l'âme eût toujours été calme et pure. Il y a dans la mort un mystère et une dignité solennelle qui disposent les vivants à regarder les restes mêmes d'un malfaiteur avec un certain degré de respect. Toutes les distinctions mondaines ont cessé; on pense que le voile a été levé, et que le caractère et le destin du défunt sont au-dessus des opinions des hommes, aussi bien que leurs connaissances. C'est en cela surtout que la mort réduit les hommes au même niveau; car, quoiqu'il puisse être impossible de confondre absolument le grand et le petit, l'homme vertueux et le criminel, on sent qu'il y aurait de l'arrogance à prétendre au droit de juger ceux qu'on croit se trouver devant le siège du jugement de Dieu. Quand Judith fut informée que tout était prêt, elle monta passive sur la plate-forme, à la requête de sa sœur, et fit attention pour la première fois aux arrangements qui avaient été faits. Le corps était déposé sur le scow, enveloppé d'un drap dans lequel on avait placé une centaine de livres de pierres, prises à l'endroit qui servait de cheminée, afin qu'il ne pût manquer de descendre jusqu'au fond de l'eau. On parut penser qu'aucun autre préparatif n'était nécessaire, quoique Hetty portât sa Bible sous son bras.

Quand ils furent tous à bord de l'arche, cette singulière habitation de l'homme dont elle portait alors les restes fut mise en mouvement. Hurry tenait les rames, et elles semblaient n'être qu'un jouet pour ses bras vigoureux et robustes. Comme il était expert dans cet art, le Delaware resta spectateur passif. Le sillage du scow dans le lac avait quelque chose de la solennité imposante d'un cortège funéraire, les rames battant l'eau à intervalles égaux et le mouvement du bateau étant lent et uniforme. Le léger bruit de l'eau, quand les rames y tombaient ou en sortaient, suivait la mesure des efforts de Hurry, et aurait pu se comparer aux pas comptés de ceux qui suivent un convoi. Le lac offrait un aspect tranquille, qui s'accordait on ne peut mieux avec un rite qui s'associe invariablement à l'idée de la Divinité; on ne voyait pas une seule ride sur la surface, et l'immense panorama des forêts semblait regarder la sainte tranquillité de la cérémonie, et de l'heure à laquelle elle avait lieu, dans un silence mélancolique. Judith était touchée jusqu'aux larmes, et Hurry lui-même, quoiqu'il sût à peine pourquoi, était vivement ému. Hetty maintenait tous les signes extérieurs de la tranquillité, mais son chagrin interne surpassait de beaucoup celui de sa sœur, car son cœur affectueux aimait par habitude et par suite d'une longue association, plutôt que par les relations ordinaires du sentiment et du goût. Elle était soutenue par un pieux espoir, qui occupait dans son cœur simple la place que des sensations mondaines occupaient dans celui de Judith; et elle n'était pas sans s'attendre à quelque manifestation visible de la puissance divine dans une occasion si solennelle. Ses idées n'étaient pourtant ni mystiques ni exagérées, la faiblesse de son esprit ne lui permettant pas d'y atteindre. Mais ses pensées se ressentaient tellement en général de la pureté d'un meilleur monde, qu'il lui était facile d'oublier entièrement la terre et de ne songer qu'au ciel. Hist était sérieuse, attentive, et voyait avec intérêt tout ce qui se passait; car elle avait vu souvent enterrer des Faces-Pâles, mais jamais dans une occasion comme celle-ci. Le Delaware, quoiqu'il observât tout avec soin, avait l'air grave et calme d'un stoïcien.

Hetty servait de pilote, et indiquait à Hurry comment il devait s'y prendre pour trouver dans le lac l'endroit qu'elle avait coutume d'appeler le tombeau de sa mère. Le lecteur se rappellera que le château était près de l'extrémité méridionale d'un banc qui s'étendait vers le nord à environ un demi-mille; et c'était à l'extrémité de ce banc que Tom Flottant avait jugé à propos de déposer les restes de sa femme et de son enfant. Les siens étaient alors sur le point d'être placés à leurs côtés. Hetty avait sur la terre des points de reconnaissance qui lui faisaient retrouver cet endroit, quoiqu'elle y fût aidée en outre par la position des bâtiments, la direction générale du banc, et la transparence de l'eau, qui permettait souvent d'en distinguer le fond. Ces moyens réunis la mettaient en état de calculer leur marche, et au moment convenable elle s'approcha de March et lui dit à demi-voix :

— A présent, Hurry, vous pouvez cesser de ramer : nous avons passé la grosse pierre qui est au fond de l'eau, et le tombeau de ma mère en est tout près.

March cessa de ramer à l'instant, laissa tomber son grappin et prit la corde en main pour arrêter le bateau. L'esquif, cédant à cette contrainte, tourna lentement sur lui-même, et quand il fut stationnaire, on vit Hetty sur l'arrière, montrant quelque chose sous l'eau, tandis qu'un sentiment naturel, qu'elle ne pouvait réprimer, faisait tomber des larmes sur ses joues. Judith avait été présente à l'enterrement de sa mère, mais elle n'avait jamais revu ce site depuis ce temps. Cette négligence n'avait pas pour cause une indifférence pour la mémoire de la défunte, car elle avait aimé sa mère, et elle avait eu occasion d'en regretter amèrement la perte; mais elle n'aimait pas à contempler la mort, et il y avait eu dans sa vie, depuis ce temps, des incidents qui avaient augmenté ce sentiment, et qui lui avaient inspiré, s'il est possible, encore plus de répugnance à s'approcher de l'endroit qui contenait les restes d'une femme dont les leçons sévères sur la morale et sur les convenances avaient fait sur elle une impression que les remords causés par ses fautes avaient rendue encore plus forte. Le cas avait été tout différent à l'égard de sa sœur. Hetty avait le cœur simple et innocent, et le souvenir de sa mère ne faisait naître dans son esprit que ce chagrin plein de douceur qui est si souvent voisin du plaisir, parce qu'il rappelle des images d'excellence et la pureté d'un état d'existence plus élevé. Pendant tout un été, Hetty avait eu coutume de se rendre chaque soir en cet endroit à la chute de la nuit, et assurant sa pirogue par une ancre, en ayant grand soin de ne pas toucher le corps, elle s'asseyait sur l'arrière, entrait en conversation imaginaire avec la défunte, chantait des hymnes à l'air du soir, et répétait des oraisons que l'être qui reposait en ce lieu lui avait apprises dans son enfance. Elle avait passé ses heures les plus heureuses dans cette communication indirecte avec l'esprit de sa mère, les traditions étranges et les opinions extravagantes des Indiens se mêlant aux instructions chrétiennes qu'elle avait reçues étant enfant. Une fois même elle avait cédé à l'influence de ses idées indiennes au point de songer à célébrer sur le tombeau de sa mère quelques-uns des rites qui sont observés par les hommes rouges; mais ce désir passager avait été relégué dans l'ombre par la lumière stable quoique douce du christianisme, qui n'avait jamais été éclipsée dans son sein. En ce moment son émotion n'était que la suite naturelle des regrets inspirés à une fille par la perte d'une mère pour qui elle avait conservé un amour ineffaçablement gravé dans son cœur, et dont les leçons lui avaient été trop profondément inculquées pour qu'elles pussent être oubliées par une jeune fille qui avait si peu de tentation à tomber dans l'erreur.

Il n'y avait d'autre prêtre que la nature dans ces obsèques singulières. March jeta les yeux sous ses pieds, et à travers le milieu transparent d'une eau presque aussi pure que l'air, il vit ce que Hetty avait coutume d'appeler le tombeau de sa mère. C'était un petit monceau de terre élevé sur le banc sans que la pioche y eût travaillé, et d'un coin duquel on voyait sortir un morceau de la toile blanche qui avait servi de linceul à la défunte. Le corps avait été descendu au fond de l'eau sur le banc, et Hutter avait apporté de la terre du rivage et en avait jeté sur le corps jusqu'à ce qu'il fût entièrement couvert. Tout était resté dans cet état jusqu'à ce que le mouvement des eaux eût fait reparaître le signe solitaire de l'usage qu'on en avait fait, comme on vient de le rapporter. March annonça à Judith que tout était prêt; il reçut ses instructions, et sans autre aide que sa force sans égale, souleva le corps, et le porta sur le bord du bateau. Deux bouts d'une corde furent placés sous les jambes et sous les épaules du défunt, comme on les place sous un cercueil, après quoi le corps fut descendu lentement sous la surface du lac.

— Pas là, Hurry March; non, pas là! s'écria Judith frémissant involontairement; ne le descendez pas si près de l'endroit où ma mère repose.

— Pourquoi donc, Judith? demanda Hetty avec vivacité. Ils ont vécu ensemble pendant leur vie, ils doivent reposer ensemble après leur mort.

— Non, non! reprit Judith. Plus loin, Hurry March, plus loin!
— Pauvre Hetty! vous ne savez pas ce que vous dites. Laissez-moi donner des ordres en cette occasion.

— Je sais que je suis faible d'esprit, Judith, répliqua Hetty, et que vous êtes pleine d'intelligence; mais sûrement un mari doit être placé près de sa femme. Ma mère disait toujours que c'est ainsi qu'on enterre dans les cimetières chrétiens.

Cette petite discussion eut lieu avec chaleur, mais à voix basse, comme si les deux sœurs eussent craint que le défunt ne pût les entendre. Judith ne pouvait continuer cette contestation avec sa sœur dans un pareil moment; mais elle fit un geste expressif qui décida Hurry March à descendre le corps du défunt à une légère distance de celui de sa femme; alors il retira les cordes, et la cérémonie fut terminée.

— Voilà la fin de Tom Flottant! s'écria-t-il en avançant la tête au-delà du bord pour regarder le corps au fond de l'eau. C'était un brave compagnon dans une poursuite, et personne ne savait mieux tendre une trappe. — Ne pleurez pas, Judith; ne vous désolez pas, Hetty; le plus juste de nous doit mourir, et quand le moment en est arrivé, les larmes et les lamentations ne peuvent rappeler la mort à la vie. La mort de votre père est une perte pour vous. C'en est une grande, surtout pour des filles non mariées. Mais il y a un moyen de réparer ce malheur; et vous êtes toutes deux trop jeunes et trop jolies pour vivre encore longtemps sans le trouver. — Quand il pourra vous être agréable, Judith, d'entendre ce qu'un homme honnête et sans prétention a à vous dire, je serai charmé de vous dire quelques mots tête à tête, Judith.

Judith avait à peine fait attention à cette gauche tentative de Hurry pour la consoler, quoiqu'elle en comprit nécessairement le but général, et qu'elle se fît une idée assez exacte de la manière dont il s'était exprimé. Elle pleurait en songeant à la tendresse que lui avait toujours témoignée sa mère depuis sa première enfance ; et des souvenirs pénibles de leçons oubliées depuis longtemps et de préceptes toujours négligés s'offraient en foule à son esprit. Les paroles de Hurry la rappelèrent pourtant au temps présent ; mais, quoiqu'un pareil discours fût hors de saison, il ne produisit pas en elle ces signes de mécontentement qu'on pouvait attendre d'une femme de son caractère. Au contraire, elle parut frappée de quelque idée soudaine, le regarda un instant fixement, et se rendit à l'autre bout du scow, en lui faisant signe de la suivre. Là elle s'assit, et invita Henry March à se placer à son côté. Tout cela fut fait d'un air si sérieux et si décidé, que son compagnon en fut presque intimidé, et elle fut obligée d'entamer la conversation.

— Vous désirez me parler de mariage, Henry March, lui dit-elle, et je suis venue ici, sur la tombe de mes parents, en quelque sorte, — non, non, sur la tombe de ma pauvre mère, — pour entendre ce que vous avez à me dire.

— C'est du nouveau, Judith, et vous avez ce soir une manière qui m'abasourdit, répondit Hurry plus déconcerté qu'il n'aurait voulu l'avouer. Mais la vérité est la vérité, et il faut qu'elle parte. Vous savez, Judith, que je vous regarde depuis longtemps comme la jeune fille la plus avenante que j'aie jamais vue ; et je n'en ai fait un secret, ni ici sur le lac, ni parmi les chasseurs et les trappeurs, ni dans les établissements.

— Oui, oui, je l'ai déjà entendu dire, et je suppose que cela est vrai, répondit Judith avec une sorte d'impatience fébrile.

— Quand un jeune homme parle ainsi d'une jeune fille, il est raisonnable de supposer qu'il attache du prix à elle.

— Cela est vrai, Hurry, vous m'avez déjà dit et redit tout cela.

— Eh bien ! si cela est agréable à entendre, je pense qu'on ne peut pas le répéter trop souvent. Tout le monde me dit que c'est ce qu'il faut faire avec tout votre sexe, et que rien ne plaît tant à une femme que d'entendre un jeune homme répéter pour la centième fois combien il l'aime, à moins qu'il ne lui parle de sa beauté.

— Sans doute, nous aimons l'un et l'autre, en certaines occasions. Mais nous sommes dans des circonstances extraordinaires, Hurry ; toute parole inutile est de trop en ce moment, et je désire que vous me parliez clairement.

— Il faut que votre volonté se fasse, Judith, et j'ai dans l'idée qu'il en sera toujours de même. Je vous ai souvent dit que je vous aime mieux qu'aucune autre jeune fille, et même que toutes les autres jeunes filles que je connaisse; mais vous devez avoir remarqué que je ne vous ai jamais clairement et nettement demandé de m'épouser.

— Je l'ai remarqué, répondit Judith, un sourire cherchant à se montrer sur ses lèvres, en dépit des pensées qui occupaient toute son attention, et qui donnaient à ses joues un coloris plus vif, et à ses yeux un éclat plus éblouissant que jamais, parce que cela était remarquable dans un homme aussi décidé et aussi hardi que Hurry Harry.

— Il y avait une raison pour cela, Judith, et c'est une raison qui me tourmente encore même en ce moment; mais n'ayez pas l'air de vous fâcher, car il y a des idées qui s'attachent à l'esprit d'un homme, comme il y a des paroles qui s'attachent à son gosier, sans pouvoir jamais en sortir. Mais il y a au fond du cœur un sentiment qui l'emporte sur tout cela, et je vois qu'il faut que je cède à ce sentiment. Vous n'avez plus ni père ni mère, Judith, et il est moralement impossible que vous et Hetty vous puissiez vivre ici toutes seules, quand même nous serions en temps de paix et que les Iroquois seraient tranquilles ; mais, dans l'état actuel des choses, non-seulement vous y mourriez de faim, mais vous seriez prisonnières ou scalpées avant qu'une semaine se soit écoulée. Il est donc temps que vous songiez à changer de position et à prendre un mari ; et si vous voulez m'accepter, tout ce qui s'est passé sera oublié, et il n'en sera plus question.

Judith eut quelque difficulté à réprimer son impatience jusqu'à ce qu'il eût fait son offre conçue en termes assez grossiers ; il était évident qu'elle désirait l'entendre, et elle l'écouta d'une manière qui pouvait donner quelque espérance. A peine lui laissa-t-elle le temps de terminer sa phrase, tant il lui tardait d'en venir au point, et tant elle était prête à lui répondre.

— En voilà assez, Hurry, dit-elle en levant une main, comme pour l'empêcher d'en dire davantage. Je vous comprends aussi bien que si vous me parliez pendant tout un mois. Vous me préférez à toute autre jeune fille, et vous désirez m'épouser.

— Vous mettez mes pensées en meilleurs termes que je ne pourrais le faire, Judith; et je voudrais que vous pussiez supposer que je me suis exprimé de la manière qui vous plairait davantage.

—Vos paroles ont été assez claires, Hurry, et il convenait qu'elles le fussent. A présent, écoutez ma réponse; elle sera, sous tous les rapports, aussi sincère que votre offre. — Il y a une raison, Henry March, qui fait que jamais je ne...

— Je crois que je vous comprends, Judith; mais si je consens à passer par-dessus cette raison, c'en est une qui ne concerne que moi. — Pourquoi vos joues rougissent-elles comme le firmament quand le soleil se couche? Vous ne devez pas trouver dans mes paroles un sujet d'offense, quand je n'ai pas le moindre dessein de vous offenser.

—Je ne rougis pas et je ne veux pas m'offenser, Hurry, répondit Judith, faisant pour retenir son indignation des efforts qui ne lui avaient jamais été si pénibles; je vous répète qu'il y a une raison qui fait que jamais je ne serai ni ne pourrai être votre femme. Vous paraissez ne pas y songer; mais mon devoir est de vous la faire connaître aussi clairement que vous venez de m'instruire de votre désir de m'épouser. Je ne vous aime ni ne vous aimerai jamais assez, j'en suis sûre, pour consentir à devenir votre femme. Nul homme ne peut désirer d'épouser une femme qui ne le préfère pas à tout autre; et quand je vous parle avec cette franchise, je crois que vous me remercierez de ma sincérité.

— Ah! Judith, ce sont ces élégants à habit écarlate, ces officiers des forts, qui ont fait tout le mal.

— Silence, March! ne calomniez pas une fille sur la tombe de sa mère. Quand je n'ai d'autre désir que de vous parler avec franchise, ne me forcez pas à appeler des malheurs sur votre tête dans l'amertume de mon cœur. N'oubliez pas que je suis femme et que vous êtes homme, et que je n'ai ni père ni frère pour me venger de vos discours.

— Il y a quelque chose dans ces derniers mots, et je n'ajouterai pas une parole. — Mais prenez du temps, Judith, et réfléchissez-y mieux.

— Je n'ai pas besoin de temps, mon parti était pris depuis longtemps. Je voulais seulement vous entendre me parler clairement pour vous répondre de même. A présent, nous nous entendons l'un l'autre, et il est inutile d'en dire davantage.

Le ton sérieux et impétueux de Judith imposa au jeune homme, car jamais il ne l'avait encore vue si vive et si déterminée. Dans la plupart de leurs entrevues préalables, elle avait répondu évasivement à ses avances ou à ses sarcasmes ; mais Hurry s'y était mépris, et avait attribué ses manières à la coquetterie d'une femme, et il avait supposé qu'il ne lui serait pas difficile d'obtenir son consentement à leur mariage. C'était contre lui-même qu'il avait eu à lutter pour se déterminer à le lui demander, et il n'aurait jamais cru possible que Judith refusât la main du plus bel homme de toute la frontière. Maintenant qu'il avait essuyé un refus en termes si décidés qu'ils n'admettaient pas le moindre doute, il se trouva si confondu, ou du moins si mortifié, qu'il n'essaya pas de la faire changer de résolution.

— Le Glimmerglass n'a plus rien d'attrayant pour moi à présent, dit-il après une minute de silence. Le vieux Tom n'existe plus ; les Hurons sont en aussi grand nombre sur le rivage que les pigeons dans les bois ; et au total c'est un endroit qui commence à ne plus me convenir.

— Eh bien ! quittez-le. Vous voyez qu'il est entouré de dangers. Pourquoi risqueriez-vous votre vie pour les autres ? D'ailleurs, je ne vois pas quel service vous pouvez nous rendre. Partez cette nuit ; personne d'entre nous ne vous en fera jamais un reproche.

— Si je m'en vais, ce sera le cœur gros à cause de vous, Judith ; j'aimerais mieux vous emmener avec moi.

— C'est ce dont il ne faut point parler plus longtemps, March. Dès que la nuit sera venue, je vous conduirai moi-même à terre sur une pirogue, et il vous sera facile de gagner le fort le plus voisin. Quand vous y serez arrivé, si vous pouvez nous envoyer un détachement de...

Judith cessa de parler, car elle sentit qu'il était humiliant pour elle de s'exposer ainsi aux réflexions et aux commentaires d'un homme qui n'était pas disposé à voir sous un jour favorable les rapports qu'elle avait eus avec les officiers en garnison dans ces forts. Mais Hurry comprit son idée, et il en suivit le fil sans rien mettre de caustique dans son ton ni dans ses manières, comme Judith le craignait.

— Je comprends ce que vous voulez dire, et je sais pourquoi vous ne le dites pas. Si je puis arriver au fort, un détachement en partira pour venir relancer ces vagabonds, et je l'accompagnerai moi-même ; car je voudrais vous voir, vous et Hetty, en lieu de sûreté, avant de vous quitter pour toujours.

— Ah ! Hurry March, si vous aviez toujours parlé et pensé ainsi, mes sentiments pour vous auraient pu être bien différents !

— Est-il donc trop tard à présent, Judith? Je suis brusque, habitué à la vie des bois; mais nous changeons tous, quand on nous traite autrement que nous n'y avons été accoutumés.

— Oui, March, il est trop tard. Je ne puis jamais éprouver pour vous, ni pour aucun autre homme, un seul excepté, le sentiment que vous voudriez trouver en moi. C'est vous en dire assez, je crois; et vous ne me ferez plus aucune question. Dès que la nuit sera venue, vous serez conduit au rivage par le Delaware ou par moi. Vous aurez alors à vous rendre au fort le plus voisin sur le Mohawk, et vous nous enverrez tous les secours que vous pourrez. — Nous restons amis, Hurry, et je puis compter sur vous, n'est-il pas vrai?

— Certainement, quoique notre amitié en eût été plus chaude si vous pouviez me regarder comme je vous regarde.

Judith hésita, et quelque forte émotion parut l'agiter. Alors, comme si elle eût résolu de surmonter toute faiblesse et d'accomplir ses desseins à tout risque, elle parla plus clairement.

— Vous trouverez au poste le plus voisin un capitaine nommé Warley, dit-elle devenant pâle comme la mort, et tremblant même en parlant ainsi; je crois qu'il est probable qu'il demandera à commander le détachement; mais je désirerais beaucoup que le commandement en fût donné à tout autre officier. Si l'on pouvait retenir au fort le capitaine Warley, j'en serais très-charmée.

— Cela est plus facile à dire qu'à faire, Judith; car les officiers commandants font à peu près ce que bon leur semble. Le major donne ses ordres, et il faut que les capitaines, les lieutenants et les enseignes obéissent. Je connais l'officier dont vous parlez; c'est une espèce de gentleman à joues vermeilles, ami de la joie, et qui mettrait à sec le Mohawk, si son eau était du vin de Madère; un homme dont la langue est bien affilée, que toutes les filles de la vallée admirent, et qui, dit-on, admire toutes les filles. Je ne m'étonne pas que vous ne l'aimiez pas, Judith, car, s'il n'est pas officier-général, c'est un amoureux très-général.

Judith ne répondit rien, mais tout son corps trembla, ses joues couvertes de pâleur devinrent cramoisies, et reprirent à l'instant la couleur de la cendre.

— Hélas! ma pauvre mère, pensa-t-elle, nous sommes ici sur ta tombe; mais tu ne t'imagines guère combien tes leçons ont été oubliées, tes avis négligés, tes soins et ton amour rendus inutiles.

A cette morsure du ver qui ne meurt jamais, elle se leva et dit à Hurry qu'elle n'avait rien de plus à lui dire.

CHAPITRE XXII.

Cet excès de misère qui fait que l'homme opprimé ne tient plus compte de sa propre vie, le rend aussi maître de l'oppresseur.

COLERIDGE.

PENDANT ce temps, Hetty était restée assise sur l'avant du scow, les yeux tristement fixés sur l'eau qui servait de sépulcre au corps de sa mère et à celui de l'homme qu'elle avait cru son père. Hist était près d'elle, l'air doux et tranquille, mais sans lui adresser des paroles de consolation. Les habitudes de sa nation étaient pour elle une leçon de réserve à cet égard, et celles de son sexe la portaient à attendre patiemment l'instant où elle pourrait lui montrer sa compassion et l'intérêt qu'elle prenait à elle, par des actions plutôt que par des discours. Chingachgook se tenait un peu à l'écart, joignant à l'air grave d'un guerrier indien la sensibilité d'un homme.

Judith alla rejoindre sa sœur avec une dignité solennelle, qui ne lui était pas ordinaire; et quoique des traces d'angoisses fussent encore visibles sur ses beaux traits, elle lui parla sans le moindre tremblement dans la voix et d'un ton ferme. En cet instant, Hist et le Delaware se retirèrent, et s'avancèrent vers Hurry à l'autre extrémité du scow.

— Ma sœur, dit Judith avec bonté, j'ai bien des choses à vous dire; entrons dans cette pirogue, et éloignons-nous à quelque distance de l'arche. — Toutes les oreilles ne doivent pas entendre les secrets de deux orphelines.

— Mais cela ne s'étend certainement pas à celles de leurs parents, Judith. Que Hurry lève le grappin, et s'éloigne avec l'arche, et nous, restons ici; nous pouvons parler librement près de la tombe de notre père et de notre mère.

— De notre père! répéta Judith, le sang lui montant aux joues pour la première fois depuis qu'elle avait quitté Hurry. — Il n'était pas notre père, Hetty; nous l'avons appris de sa propre bouche, et cela dans ses derniers moments.

— Etes-vous charmée, Judith, de savoir que vous n'avez pas de père? Il a pris soin de nous, il nous a nourries et vêtues, il nous a aimées; un père pouvait-il faire davantage? Je ne conçois pas comment il n'est pas notre père.

— N'y pensez pas, ma sœur, et faisons ce que vous avez proposé. Restons ici, et que l'arche s'éloigne, cela est plus convenable. Préparez la pirogue, et je ferai part de nos désirs à Hurry et aux Indiens.

Tout cela s'exécuta de la manière la plus simple. Le battement mesuré des avirons éloigna l'arche d'une cinquantaine de toises, tandis que les deux sœurs, stationnaires sur le banc, semblaien flotter sur l'air, tant leur petite nacelle était légère, tant l'élément qui la soutenait était limpide.

— La mort de Thomas Hutter, dit Judith après avoir laissé quelques instants à sa sœur pour se préparer à l'écouter, a changé tout notre avenir, Hetty. Mais, s'il n'était pas notre père, nous n'en sommes pas moins sœurs, et nous devons avoir les mêmes sentiments et la même habitation.

— Que sais-je, Judith, si vous ne seriez pas aussi charmée d'apprendre que je ne suis pas votre sœur, que vous l'avez été de savoir que Thomas Hutter, comme vous l'appelez, n'était pas votre père? Je n'ai que la moitié de l'esprit qu'ont les autres, et peu de personnes aiment à avoir des parents qui n'ont de l'esprit qu'à moitié. Ensuite je ne suis pas belle, — du moins je ne le suis pas autant que vous, — et vous aimeriez peut-être à avoir une sœur plus belle que moi.

— Non, Hetty, non. Vous êtes ma sœur, ma sœur unique, mon cœur et mon affection pour vous m'en assurent, et votre mère était la mienne; j'en suis charmée, car c'est une mère dont on peut être fière; mais Thomas Hutter n'était pas notre père.

— Chut, Judith! Son esprit peut être près de nous, et il serait affligé d'entendre ses enfants parler ainsi, et cela même sur sa tombe. Ma mère m'a souvent dit que les enfants ne doivent jamais faire de peine à leurs parents, et surtout après leur mort.

— Pauvre Hetty! Nous ne pouvons causer aux nôtres ni peine ni plaisir à présent. Rien de ce que je puis dire ou faire ne peut affliger notre mère aujourd'hui; et rien de ce que vous pouvez faire ou dire ne peut la faire sourire comme elle souriait en voyant votre bonne conduite.

— Vous n'en savez rien, Judith, les esprits peuvent voir, et ma mère est un esprit à présent. Elle nous disait toujours que Dieu voit tout ce que nous faisons; et à présent qu'elle nous a quittées, je fais tous mes efforts pour ne rien faire qui puisse la chagriner. Songez quelle affliction aurait son esprit, Judith, s'il voyait l'une de nous faire ce qui ne serait pas bien. Et les esprits peuvent voir, après tout; surtout les esprits des parents qui aimaient leurs enfants.

— Hetty ! Hetty ! vous parlez de ce que vous ne connaissez pas, répondit Judith presque pâle d'émotion. Les morts ne peuvent voir, et ils ne savent rien de ce qui se passe sur la terre. — Mais n'en parlons plus. Les corps de Thomas Hutter et de notre mère reposent dans ce lac, espérons que leurs esprits sont avec Dieu. Une chose certaine, c'est que nous, qui sommes du moins les enfants de notre mère, nous sommes encore habitantes de ce monde, et il est à propos que nous décidions ce que nous devons faire dorénavant.

— Quoique Thomas Hutter ne soit pas notre père, Judith, personne ne nous disputera nos droits à ce qui lui appartenait. Nous avons le château, l'arche, les pirogues, le lac et les forêts, comme lorsqu'il vivait. Quelle raison peut donc nous empêcher de rester ici, et de continuer à y vivre comme nous l'avons fait jusqu'à présent ?

— Non, non, ma pauvre sœur, cela n'est plus possible, deux jeunes filles ne seraient pas en sûreté ici, quand même nous n'aurions pas les Hurons à craindre. Thomas Hutter lui-même avait quelquefois assez de peine à vivre en paix sur ce lac, et nous ne pourrions y réussir. Il faut que nous quittions ces environs, Hetty, et que nous allions demeurer dans les établissements.

— Je suis fâchée que vous pensiez ainsi, Judith, répondit Hetty, baissant la tête sur son sein et regardant d'un air mélancolique l'eau qui couvrait le corps de sa mère; je regrette de vous entendre parler ainsi. Je préférerais rester dans le lieu où j'ai passé une si grande partie de ma vie, si je n'y suis pas née : je n'aime pas les établissements : il s'y trouve beaucoup de méchants, au lieu que Dieu n'est jamais offensé sur ces montagnes. J'aime les arbres, le lac, les sources et tout ce que sa bonté nous a accordé, et je serais bien fâchée d'être obligée de les quitter. Vous, Judith, vous êtes belle, vous avez votre esprit tout entier, et nous aurons bientôt, vous un mari et moi un frère pour prendre soin de nous, s'il est vrai que deux jeunes filles ne puissent prendre soin d'elles-mêmes dans un endroit comme celui-ci.

— Ah, Hetty ! si cela pouvait être, je me trouverais mille fois plus heureuse dans ces bois que dans les établissements. Je n'ai pas toujours pensé ainsi, mais à présent je le sens. Mais où est l'homme qui puisse faire pour nous de ce lieu solitaire un jardin d'Eden?

— Henri March vous aime, ma sœur, répondit Hetty, arrachant sans le savoir quelque brins d'écorce de la pirogue; — il serait charmé de vous épouser, j'en suis sûre; et l'on ne trouverait pas sur toute la frontière un jeune homme plus brave et plus robuste.

— Henri March et moi nous nous entendons, et il est inutile de parler de lui davantage. Il y a quelqu'un..... Mais n'importe ! tout est entre les mains de la Providence, et nous devons bientôt prendre une détermination sur notre manière de vivre à l'avenir. Rester ici, — c'est-à-dire y rester seules, — c'est ce qui est impossible, et peut-être il ne s'offrira jamais une occasion d'y rester de la manière dont vous parlez. Il est temps aussi que nous apprenions tout ce que nous pourrons sur notre famille et nos parents. Il n'est pas probable que nous n'en ayons aucun, et il est possible qu'ils soient bien aises de nous voir. La vieille caisse nous appartient aujourd'hui, et nous avons le droit d'examiner tout ce qu'elle contient, et d'apprendre par ce moyen tout ce que nous pourrons. Notre mère était si différente de Thomas Hutter, qu'à présent que je sais qu'il n'est pas notre père, je brûle du désir de savoir à qui nous devons le jour. Je suis certaine qu'il se trouve des papiers dans cette caisse, et ces papiers peuvent nous apprendre quelque chose des parents et des amis que la nature nous a donnés.

— Eh bien, Judith, vous savez mieux que moi ce que nous devons faire, car vous avez plus d'intelligence que personne, comme disait toujours ma mère, tandis que moi je n'ai de l'esprit qu'à moitié. A présent que je n'ai plus ni père ni mère, je me soucie fort peu de savoir si j'ai d'autres parents que vous; et je ne crois pas que je puisse jamais aimer, comme je le devrais, des personnes que je n'ai jamais vues. Mais si vous ne voulez pas épouser Hurry Harry, je ne vois pas trop qui vous pouvez prendre pour mari, et alors je crains, après tout, que nous ne soyons obligées de quitter le lac.

— Que pensez-vous de Deerslayer, Hetty? demanda Judith en se penchant vers sa sœur, et cherchant à cacher son embarras en prenant l'air d'innocence naïve de Hetty. — Ne vous plairait-il pas pour beau-frère?

— Deerslayer! répéta Hetty en levant les yeux sur sa sœur avec surprise. — A quoi pensez-vous, Judith? Deerslayer n'a aucune beauté, et il n'est pas digne d'avoir une femme comme vous.

— Il n'est pas laid, Hetty, et la beauté n'est pas une grande affaire dans un homme.

— Croyez-vous cela, Judith? Je sais qu'aux yeux de Dieu la beauté n'est une grande affaire ni dans un homme ni dans une femme; car ma mère me l'a souvent dit quand elle pensait que je pouvais regretter de ne pas être aussi belle que vous, quoiqu'elle ne dût pas être inquiète à ce sujet, ma sœur, car je n'ai jamais été jalouse d'aucun de vos avantages sur moi; mais enfin c'était ce qu'elle me disait. Cependant la beauté est fort agréable à voir dans un homme comme dans une femme. Je crois que si j'étais homme je regretterais le manque de beauté plus que je ne le fais étant femme, car un bel homme est bien plus agréable aux yeux qu'une belle femme.

— Pauvre enfant! vous savez à peine ce que vous dites ou ce que vous voulez dire. La beauté dans notre sexe est quelque chose, mais dans un homme elle passe presque pour rien. Sans doute un homme doit être d'une belle taille, — mais il y en a beaucoup qui sont aussi grands que Hurry; — il doit être actif, — je crois en connaître qui le sont davantage; — fort, — il n'a pas à lui seul toute la force du monde; — brave, je suis sûre que je pourrais nommer un jeune homme qui est plus brave que lui.

— Cela est étrange, Judith : je ne croyais pas qu'il existât sur la terre un homme plus beau, plus actif, plus fort et plus brave que Hurry Harry. Quant à moi, je suis sûre que je n'ai jamais vu son égal en aucune de ces qualités.

— Fort bien, fort bien, Hetty; n'en dites pas davantage sur ce sujet; je n'aime pas à vous entendre parler ainsi, cela ne convient ni à votre innocence, ni à votre franchise, ni à votre sincérité. Que Henry March parte! il nous quitte ce soir, et mes regrets ne le suivront pas, si ce n'est celui qu'il ait si inutilement passé tant de temps ici.

— Ah! Judith, c'est ce que j'ai craint depuis bien longtemps! Et moi qui espérais tellement qu'il pourrait être mon beau-frère!

— N'y pensez plus; et parlons à présent de notre pauvre mère et de Thomas Hutter.

— En ce cas, n'en parlez qu'en bien, ma sœur, car vous ne pouvez être tout à fait certaine que les esprits ne peuvent ni voir ni entendre. Si notre père n'était pas notre père, il a eu des bontés pour nous, et il nous a donné de la nourriture et un abri. Nous ne pouvons placer ici, au fond de ce lac, une pierre sépulcrale pour en informer tous les passants, il faut donc que nos lèvres le proclament.

— Ils s'en inquiéteront fort peu, Hetty. Mais c'est une grande consolation de savoir que si notre mère, dans sa jeunesse, a jamais commis quelque faute grave, elle a vécu assez pour s'en repentir; et sans doute ses péchés lui ont été pardonnés.

— Il n'est pas bien à des enfants, Judith, de parler des péchés de ceux à qui ils doivent la naissance. Nous ferions mieux de parler des nôtres.

— Parler de vos péchés, Hetty ! S'il exista jamais sur la terre une créature sans péché, c'est vous ; je voudrais pouvoir dire ou penser la même chose de moi ; mais nous verrons. Personne ne sait quels changements l'affection pour un bon mari peut faire dans le cœur d'une femme. Je ne crois pas que, même à présent, j'aie autant d'amour qu'autrefois pour la parure.

— Ce serait bien dommage, Judith, que vous pussiez penser à la parure sur la tombe de vos parents. Nous ne quitterons jamais ce lac, si vous parlez ainsi, et nous laisserons Hurry aller où bon lui semble.

— Je suis très-disposée à consentir à la dernière partie de cette proposition, mais je ne puis en dire autant de la première. Nous devons désormais vivre d'une manière qui convienne à d'honnêtes jeunes filles, et nous ne pouvons rester ici pour être en butte aux propos grossiers et aux mauvaises langues des chasseurs et des trappeurs qui peuvent venir dans ces environs. Laissons partir Hurry, et ensuite je trouverai le moyen de voir Deerslayer, et notre avenir sera bientôt décidé. Allons, Hetty, le soleil est couché et l'arche s'éloigne de nous. Prenons les rames et rejoignons nos amis pour nous concerter avec eux. Cette nuit même, j'examinerai la caisse, et demain décidera de ce que nous devons faire. Quant aux Hurons, à présent que nous pouvons nous servir de tout ce que nous avons entre les mains, sans crainte de ce que pourra en dire Thomas Hutter, je ne doute pas que nous ne rachetions aisément la liberté de Deerslayer. Une fois qu'il sera en liberté, il ne faudra qu'une heure pour que tout soit entendu.

Judith était habituée depuis longtemps à parler à sa sœur d'un ton décidé, avec un air d'autorité, et ce fut ce qu'elle fit en cette occasion ; mais, quoiqu'elle fût accoutumée à l'emporter en tout, à l'aide de manières péremptoires et d'une élocution facile et imposante, il arrivait parfois que Hetty arrêtait son impétuosité et sa précipitation au moyen de ces vérités simples et morales qui étaient si profondément gravées dans toutes ses pensées comme dans tous ses sentiments, et qui jetaient une sorte de doux et saint lustre sur ses discours et sur ses actions. En ce moment, l'ascendant de l'esprit faible sur l'intelligence supérieure qui, dans d'autres circonstances, aurait été brillante et admirée, se déploya d'une manière aussi simple que nouvelle.

— Vous oubliez ce qui nous a amenées ici, Judith, lui dit-elle avec un ton de reproche mêlé de douceur. Nous sommes sur la tombe d'une mère, et nous venons de placer le corps d'un père à son côté. Nous avons eu tort de nous occuper de nous si longtemps dans un pareil endroit, et nous devons à présent prier Dieu de nous pardonner, et de nous apprendre où nous devons aller et ce que nous devons faire.

Judith lâcha involontairement la rame qu'elle avait déjà prise, tandis que Hetty se mettait à genoux et ne songeait plus qu'à adresser à Dieu ses humbles, mais ferventes prières. Sa sœur ne pria point. Elle avait depuis longtemps cessé de prier, quoique l'angoisse d'esprit lui arrachât souvent des appels et des invocations mentales à la grande source de toute bienveillance, pour en obtenir de l'appui, sinon un changement salutaire dans son esprit. Cependant elle ne voyait jamais Hetty à genoux sans se livrer à de tendres souvenirs du temps où elle priait aussi avec sa mère, et sans éprouver de profonds regrets de la dureté de son cœur. L'habitude de la prière, qu'elle avait contractée dès son enfance, elle l'avait conservée jusqu'à l'époque des voyages qu'elle avait faits dans les forts avec Hutter; et dans certains moments elle aurait donné tout au monde pour pouvoir échanger ses sentiments actuels contre cette foi confiante, ces pures aspirations, et cette douce espérance qui brillait dans les traits de sa sœur, moins favorisée par la nature sous tout autre rapport. Tout ce qu'elle put faire en cet instant fut de baisser la tête sur son sein, et de montrer par son attitude l'apparence de cette dévotion que son esprit altier ne pouvait partager.

Quand Hetty se releva, ses joues avaient un coloris et ses traits une sérénité qui rendaient positivement belle une physionomie qui était toujours agréable. Son âme était en paix, et sa conscience lui disait qu'elle avait fait son devoir.

— A présent, dit-elle, nous pouvons partir si vous le voulez, Judith. Dieu a eu pitié de moi, et il a soulagé mon cœur du fardeau qui l'accablait. Ma mère a eu aussi de bien grandes peines à supporter; elle me l'a dit souvent, et c'était la prière qui lui en donnait la force; c'est la seule manière d'y réussir, ma sœur. Vous pouvez lever une pierre ou une souche avec vos mains; mais c'est par la prière que le cœur doit être allégé. Je crois que vous ne priez pas aussi souvent que vous le faisiez quand vous étiez plus jeune, Judith.

— N'y songez pas, Hetty; peu importe à présent. Nous avons perdu notre mère, Thomas Hutter l'a suivie; le temps est venu où nous devons penser et agir par nous-mêmes.

Tandis que la pirogue s'éloignait lentement du banc, sous la douce impulsion de la rame de la sœur aînée, la cadette était assise, d'un air réfléchi, comme c'était son usage quand une idée plus abstraite et plus difficile à comprendre que de coutume mettait l'embarras dans son esprit.

— Je ne sais ce que vous entendez par l'avenir, Judith, dit-elle enfin tout à coup. Ma mère avait coutume d'appeler le ciel l'avenir, et vous semblez employer ce mot pour signifier la semaine prochaine ou demain.

— Il s'emploie dans les deux sens, chère sœur. Il signifie tout ce qui est encore à venir dans ce monde et dans l'autre. Dans le premier sens, c'est un mot solennel, et surtout, à ce que je crains, pour ceux qui y songent le moins. L'avenir de ma mère est l'éternité. Pour nous, ce mot peut signifier tout ce qui arrivera tant que nous serons dans ce monde. Mais n'est-ce pas une pirogue qui passe derrière le château? Ici, plus dans la direction de la pointe. A présent elle est cachée, mais je l'ai vue certainement passer derrière la palissade.

— Je l'ai déjà vue depuis quelque temps, répondit Hetty tranquillement, car les Hurons lui inspiraient peu de crainte, mais je n'ai pas cru convenable de parler de pareilles choses sur la tombe de notre mère. Cette pirogue venait du camp des Hurons, et elle était conduite par un seul homme. Ce n'était pas un Indien, et il m'a semblé que c'était Deerslayer.

— Deerslayer! s'écria Judith avec son impétuosité naturelle, cela est impossible. Deerslayer est prisonnier, et j'ai songé aux moyens de lui rendre la liberté. Pourquoi avez-vous cru que c'était lui?

— Regardez vous-même, ma sœur; voilà la pirogue qui se montre de ce côté du château.

Hetty ne se trompait pas. La légère nacelle, ayant passé derrière le bâtiment, s'avançait alors lentement vers l'arche, et ceux qui se trouvaient à bord du scow étaient déjà réunis sur l'avant pour recevoir leur visiteur. Il ne lui fallut qu'un coup d'œil pour convaincre Judith que sa sœur avait raison et que Deerslayer était seul dans cette pirogue. Cependant il ramait avec tant de calme et de tranquillité, que Judith en fut très-surprise, car un homme qui, par adresse ou par force, aurait échappé à ses ennemis, aurait fait les plus grands efforts pour accélérer la vitesse de son petit esquif. Le crépuscule commençait alors à faire place à la nuit, et les objets se distinguaient à peine sur le rivage, mais un reste de lumière flottait encore sur les eaux du lac, et surtout sur la partie qui est la scène de ce nouvel incident, et qui en était la plus large. Etant moins ombragée que le reste de cette nappe d'eau, elle jetait une lueur presque semblable aux teintes du coucher du soleil dans l'Inde ou dans la Grèce. Les troncs d'arbres formant les murailles du château et de l'arche avaient pris une sorte de coloris pourpre qui se mariait avec l'obscurité croissante, et l'écorce de la pirogue du jeune chasseur perdait sa couleur distinctive pour se parer d'une teinte plus riche mais plus adoucie que celle qu'il montrait aux yeux sous les rayons ardents du soleil. Judith et sa sœur avaient dirigé leur nacelle de manière à rencontrer la pirogue de Deerslayer avant qu'il arrivât à l'arche; et quand les deux nacelles s'approchèrent, les teintes agréables qui semblaient danser dans l'atmosphère donnèrent à la figure brûlée par le soleil du jeune chasseur un aspect plus brillant que de coutume. Judith s'imagina que le plaisir de la revoir pouvait contribuer à donner à ses traits cette expression inusitée. Elle ne se doutait pas que la même cause naturelle faisait paraître sa propre beauté avec avantage; et elle ne savait pas,—ce qu'elle aurait eu tant de plaisir à savoir,—que Deerslayer, en s'approchant d'elle, pensa que ses yeux ne s'étaient jamais fixés sur une créature plus aimable.

— Vous êtes le bien-venu, Deerslayer, s'écria-t-elle tandis que les pirogues flottaient bord à bord, les rames ayant cessé de se mouvoir. Nous avons eu un jour bien triste, un jour terrible; mais votre retour nous épargne du moins un malheur de plus. Les Hurons sont-ils devenus plus humains et vous ont-ils rendu la liberté, ou avez-vous échappé à ces misérables par votre courage ou votre adresse?

— Ni l'un ni l'autre, Judith, ni l'un ni l'autre. Les Mingos sont encore Mingos, et ils vivront et mourront Mingos. Il n'est pas probable que leur nature devienne jamais beaucoup meilleure. Eh bien! Judith, ils ont leurs dons comme nous avons les nôtres, et je ne crois pas qu'il convienne de mal parler de quoi que ce soit que le Seigneur a créé, quoique, s'il faut dire la vérité, je pense que c'est une rude épreuve de penser ou de dire du bien de ces vagabonds. Quant à les tromper par astuce, cela aurait pu se faire, et nous l'avons même fait, le Serpent et moi, quand nous étions sur la piste de Hist. — Ici il s'interrompit un moment pour rire à sa manière silencieuse. — Mais il n'est pas facile de tromper une seconde fois celui qu'on a déjà trompé. Les faons eux-mêmes apprennent à connaître les tours des chasseurs dans le cours d'une seule saison ; et un Indien dont les yeux se sont ouverts après avoir été trompé ne les ferme plus, surtout tant qu'il reste dans le même endroit. J'ai vu des blancs le faire, mais jamais une Peau-Rouge. Ce qu'ils apprennent, ils le tiennent de la pratique et non des livres, et les leçons de l'expérience sont celles dont on se souvient le plus longtemps.

— Tout cela est vrai, Deerslayer ; mais si vous ne vous êtes pas échappé des mains des sauvages, comment vous trouvez-vous ici ?

— C'est une question toute naturelle, et vous la faites d'une manière charmante. — Vous êtes étonnamment belle ce soir, Judith, ou Rose-Sauvage, comme le Serpent vous appelle ; et je puis bien vous donner le même nom, puisque je pense réellement que vous le méritez. Et quant à ces Mingos, vous pouvez bien les appeler sauvages, puisqu'ils pensent en sauvages et agissent en sauvages quand on leur en donne l'occasion. Ils sont enragés de la perte qu'ils ont faite ici lors de la dernière escarmouche, et ils brûlent de s'en venger sur toute créature de sang anglais qu'ils trouveront sur leur chemin ; et quant à cela, je crois qu'ils ne se feraient aucun scrupule de se venger sur un Hollandais.

— Ils ont tué mon père, dit Hetty, cela devrait assouvir leur horrible soif de sang.

— Je le sais, — je sais toute l'histoire, — partie d'après ce que j'ai vu du rivage, — partie d'après ce qu'on m'a raconté, — partie d'après les menaces qui m'ont été faites. — Eh bien ! la vie est incertaine après tout, et elle dépend d'un moment à l'autre du souffle de nos narines. Si vous avez perdu un brave ami, comme je n'en doute pas, Dieu vous en enverra d'autres pour le remplacer ; et puisque notre connaissance a commencé d'une manière si peu commune, je regarderai désormais comme une partie de mon devoir de veiller à ce que la nourriture ne manque pas dans votre wigwam, si cela est nécessaire. Je ne puis rendre la vie aux morts ; mais quant à nourrir les vivants, peu d'hommes sur toute cette frontière pourraient le faire mieux que moi, quoique je le dise par forme de pitié et de consolation, et non pour me vanter.

— Nous vous comprenons, Deerslayer, répondit Judith, et tout ce qui sort de vos lèvres nous le prenons, comme vous le dites, en signe de bonté et d'amitié. — Plût au ciel que tous les hommes eussent la langue aussi franche et le cœur aussi honnête!

— A cet égard, Judith, les hommes diffèrent certainement. J'en ai connu à qui on ne pouvait se fier qu'autant qu'on les gardait à vue, et d'autres dont vous pouviez compter sur les messages comme si toute l'affaire était finie sous vos yeux. Oui, Judith, vous n'avez jamais dit une plus grande vérité qu'en disant qu'il y avait des gens auxquels on pouvait avoir confiance, et d'autres qui n'en méritaient aucune.

— Vous êtes un être inexplicable, Deerslayer, répondit Judith ne sachant trop comment prendre le caractère de simplicité presque enfantine que montrait si souvent le jeune chasseur, — simplicité si frappante qu'elle semblait souvent le mettre sur le même niveau que la pauvre Hetty, quoique la faiblesse d'esprit de celle-ci fût toujours relevée par la belle vérité morale qui brillait dans tout ce que disait et faisait cette malheureuse fille. — Oui, vous êtes inexplicable, et souvent je ne sais comment vous comprendre. Mais n'y pensez pas en ce moment. Vous ne nous avez pas encore dit comment il se fait que vous êtes ici.

— Moi! — Oh! si je suis inexplicable, Judith, cela ne l'est pas. — Je suis en congé.

— En congé! — Je sais ce que ce mot signifie parmi les soldats, mais je n'en connais pas la signification quand il est employé par un prisonnier.

— La signification en est tout à fait la même. Les soldats l'emploient dans le même sens que je le fais. On dit qu'un homme a un congé quand il a la permission de quitter un camp ou une garnison pour un certain temps spécifié, à la fin duquel il doit y retourner pour porter de nouveau son fusil sur l'épaule, ou pour souffrir la torture, suivant qu'il lui arrive d'être soldat ou prisonnier. Or, comme je suis prisonnier, je dois courir la chance du prisonnier.

— Les Hurons vous ont-ils permis de les quitter ainsi sans gardes, sans espions pour vous surveiller?

— Sans doute; je ne pouvais venir d'aucune autre manière, car il m'eût été inutile de vouloir recourir à la force ou à l'astuce.

— Quelle garantie ont-ils que vous retournerez parmi eux?

— Ma parole. Oui, je la leur ai donnée, et ils auraient été de grands sots s'ils m'avaient laissé partir sans cela; car en ce cas je n'aurais pas été obligé d'y retourner et de souffrir tout ce que leur fureur infernale peut inventer de pire; mais j'aurais mis ma carabine sur mon épaule, et j'aurais regagné grand train les villages des Delawares. Mais ils savaient cela aussi bien que vous et moi, et ils ne voulurent pas me laisser partir sans que je leur promisse de revenir ; non, pas plus qu'ils ne permettraient aux loups de déterrer les os de leurs pères.

— Est-il possible que vous ayez dessein de commettre un tel acte d'imprudence, de témérité, de suicide?

— Comment dites-vous?

— Je vous demande s'il est possible que vous vous imaginiez avoir les moyens de vous remettre au pouvoir de vos ennemis implacables en tenant une pareille promesse?

Deerslayer la regarda un instant avec mécontentement ; mais l'expression de sa physsionomie changea tout à coup : une réflexion soudaine y ramena l'air de franchise et de bonne humeur qui lui était naturel ; et après avoir ri à sa manière silencieuse, il répondit :

— Je ne vous entendais pas d'abord, Judith ; non, je ne vous entendais pas. Vous croyez que Chingachgook et Hurry Harry m'en empêcheront ; mais je vois que vous ne connaissez pas encore bien le genre humain. Le Delaware serait le dernier homme du monde à me détourner de faire ce qu'il croit être mon devoir ; et quant à March, il songe beaucoup à lui-même, mais il se soucie trop peu des autres pour perdre beaucoup de paroles sur un pareil sujet. Quand il l'essaierait, au surplus, cela ne ferait pas une grande différence ; mais il n'en fera rien, car il tient plus à ce qu'il peut gagner qu'à tenir une parole qu'il aurait donnée. Quant à mes promesses, aux vôtres, à celles de qui que ce soit, il s'en soucie fort peu. Ne soyez donc pas inquiète, Judith ; personne ne m'empêchera de m'en retourner à la fin de mon congé, et quand même j'y trouverais quelque difficulté, je n'ai pas été élevé et éduqué, comme on dit, dans les bois, sans savoir les surmonter.

Judith fut quelques instants sans lui répondre. Tous ses sentiments comme femme, et comme femme qui, pour la première fois de sa vie, commençait à connaître véritablement cette passion qui a tant d'influence sur le bonheur ou le malheur de son sexe, se révoltaient à l'idée de l'horrible destin auquel elle était convaincue que Deerslayer se condamnait lui-même ; tandis que ce sentiment de droiture que Dieu a gravé dans tous les cœurs la portait à admirer une intégrité aussi ferme que celle que montrait le jeune chasseur sans avoir l'air de s'en faire un mérite. Elle sentait que tous les arguments seraient inutiles, et elle n'était même pas disposée en ce moment à montrer peu d'estime pour les principes nobles et élevés qu'annonçaient d'une manière si frappante les intentions du jeune chasseur, en tâchant de le détourner de son dessein. Elle chercha à se persuader qu'il pouvait encore arriver quelque chose qui le dispensât de la nécessité de se sacrifier ainsi, et elle voulut s'assurer de tous les faits, afin de pouvoir régler sa conduite d'après les circonstances qu'elle aurait apprises.

— Et quand votre congé expire-t-il, Deerslayer? demanda-t-elle pendant que les deux pirogues avançaient lentement vers le scow, les rames effleurant à peine l'eau:

— Demain à midi, pas une minute plus tôt; et vous pouvez bien compter, Judith, que je ne quitterai pas ce que j'appelle une compagnie chrétienne pour aller me remettre entre les mains de ces vagabonds une minute plus tôt que je n'y suis strictement obligé. Ils commencent à craindre de recevoir une visite de la garnison des forts, et ils n'ont pas voulu prolonger mon congé d'une minute; car il est assez bien entendu entre nous que, si je ne réussis pas dans ma mission, la torture commencera dès que le soleil commencera à descendre, afin qu'ils puissent partir dès que la nuit sera tombée.

Ces mots furent prononcés d'un ton solennel, comme si l'idée du sort qui lui était réservé ne fût pas sans poids sur l'esprit du prisonnier; mais avec tant de simplicité, et en ayant si peu l'air de vouloir appuyer sur les souffrances auxquelles il savait qu'il était destiné, qu'il paraissait bien loin de vouloir produire une manifestation de sensibilité en sa faveur.

— Paraissent-ils déterminés à se venger des pertes qu'ils ont faites? demanda Judith d'un ton faible, et pourtant de manière à laisser apercevoir l'influence qu'exerçait sur elle l'honnêteté tranquille du jeune chasseur.

— Tout à fait, si je puis juger du dessein des Indiens par les apparences. Je pense pourtant qu'ils ne croient pas que je soupçonne leurs desseins; mais un homme qui a si longtemps vécu parmi les Peaux-Rouges ne peut pas plus se tromper sur les sentiments d'un Indien, qu'un vrai chasseur ne peut s'égarer dans les bois, ou un bon limier perdre sa piste. Suivant mon jugement je ne puis leur échapper, car je vois que toutes les vieilles femmes sont enragées de l'enlèvement de Hist: ce ne serait pourtant pas à moi d'en parler, puisque je n'ai pas peu contribué moi-même à la tirer de leurs mains. Ensuite il a été commis la nuit dernière dans leur camp un meurtre barbare, et autant vaudrait que la balle qui a tué une de leurs jeunes filles m'eût percé la poitrine. Quoi qu'il en soit, et quoi qu'il puisse m'arriver, le Grand-Serpent et Hist sont en sûreté, et cette idée est un bonheur pour moi.

— O Deerslayer, ils y réfléchiront mieux, puisqu'ils vous ont donné jusqu'à demain midi pour aller les rejoindre.

— Je n'en crois rien, Judith ; non, je n'en crois rien: un Indien est un Indien, et il n'y a guère d'espoir de le faire changer de chemin quand il a une fois flairé la piste, et qu'il la suit le nez en l'air. Les Delawares sont à présent une tribu à demi *christianisée*, non que je croie que de pareils chrétiens valent beaucoup mieux que vos mécréants à sang blanc ; mais cependant quelques-uns d'entre eux en ont retiré tout le bien qu'une demi-*christianisation* peut faire à un homme ; et néanmoins l'esprit de vengeance se cramponne à leur cœur comme le lierre s'attache au chêne. Ensuite les Hurons me reprochent d'avoir tué un des plus forts et des plus vaillants de leurs guerriers, et ce serait trop attendre d'eux que de croire qu'ils tiendraient prisonnier l'homme qui a commis une telle action, et qu'ils ne chercheraient pas à s'en venger. Si cela s'était passé il y a un mois ou deux, ils y songeraient moins, et nous pourrions trouver en eux des dispositions plus amicales : mais il faut prendre les choses comme elles sont. Mais nous ne parlons que de moi et de mes affaires, Judith ; vous avez pourtant eu ici bien du tracas, et vous pouvez désirer de consulter un ami sur ce qui vous concerne. Le vieux Tom a-t-il été descendu dans le lac, où je crois que son corps aimerait à reposer?

— Oui, Deerslayer ; nous venons de nous acquitter à l'instant de ce devoir. — Vous avez raison de penser que je désire consulter un ami, et cet ami c'est vous. Hurry Harry est sur le point de nous quitter : quand il sera parti, et que je me serai un peu rendue maîtresse des sentiments que fait nécessairement naître une cérémonie si solennelle, j'espère que vous m'accorderez une heure de conversation privée. — Hetty et moi nous ne savons quel parti prendre.

— Cela est tout naturel, vu les choses qui viennent de se passer d'une manière si soudaine et si cruelle. — Mais nous voici près de l'arche, et nous attendrons un peu plus tard pour en parler.

CHAPITRE XXIII.

> Le vent est violent sur les plus hautes montagnes ;
> la tranquillité se trouve dans la vallée qui est
> à leurs pieds ; celui qui marche sur la glace
> glissera malgré lui ; celui-là n'a pas de soucis
> qui les laisse aux cœurs curieux ; celui qui vit
> dans la médiocrité et qui sait s'en contenter
> est parfaitement sage et nous donne à tous une
> leçon. Quiconque n'aime pas ces maximes peut
> s'appeler un fou.
> *Le Cimetière.*

La réunion de Deerslayer avec ses amis à bord du scow eut un air de gravité et d'inquiétude. Les deux Indiens surtout lurent sur-le-champ sur ses traits qu'ils ne voyaient pas en lui un fugitif ayant réussi à s'échapper, et quelques mots, prononcés d'un ton sentencieux, suffirent pour leur faire comprendre la nature de ce que leur ami avait appelé un congé. Chingachgook devint sur-le-champ pensif ; Hist ne trouva pas de meilleur moyen pour lui exprimer l'intérêt qu'elle prenait à lui, que par ces petites attentions qui caractérisent les manières affectueuses d'une femme.

Cependant, au bout de quelques minutes, une espèce de plan général fut adopté pour la manière dont on passerait la nuit ; et aux yeux d'un bon observateur, mais ne connaissant pas les habitudes locales, tout aurait paru marcher à l'ordinaire. Il commençait alors à faire nuit, et il fut décidé que l'arche serait amarrée à sa place ordinaire, détermination qui fut prise, en grande partie, parce que toutes les pirogues se trouvaient alors en la possession des habitants du château, mais surtout à cause du sentiment de sécurité qu'inspirèrent les observations de Deerslayer. Il avait examiné la situation des choses chez les Hurons, et il était convaincu qu'ils n'avaient aucun projet d'hostilités pour cette nuit, la perte qu'ils avaient déjà faite ne les encourageant pas à de nouveaux efforts en ce moment. D'ailleurs il avait une proposition à faire ; — c'était pour ce motif que cette visite lui avait été permise, et, si elle était acceptée, la guerre serait terminée sur-le-champ entre les parties. Il n'était donc pas probable que les Hurons, impatients de savoir si le projet que leur chef avait tant à cœur avait réussi, voulussent avoir recours à des actes de violence avant le retour de leur messager.

Dès que l'arche fut amarrée, ceux qui s'y trouvaient se livrèrent, chacun à sa manière, à leurs occupations habituelles, la promptitude à former un dessein et à l'exécuter caractérisant les blancs qui habitaient la frontière, aussi bien que leurs voisins les Peaux-Rouges. Les trois femmes se mirent à préparer le repas du soir, silencieuses, livrées à la tristesse, mais toujours attentives aux premiers besoins de la nature.

Hurry s'occupa à raccommoder ses moccasins à la lueur d'une torche de pin ; Chingachgook s'assit, enfoncé dans de sombres réflexions ; et Deerslayer, d'un air qui n'avait rien d'affecté ni d'intéressé, se mit à examiner—Killdeer,—la carabine de Thomas Hutter, dont il a déjà été parlé, et qui devint ensuite si célèbre entre les mains de l'individu qui l'examinait en ce moment. Cette carabine était un peu plus longue que de coutume ; il était évident qu'elle avait été fabriquée par un armurier du premier ordre, et quoiqu'elle eût quelques ornements en argent, elle aurait passé pour une carabine ordinaire aux yeux de la plupart des habitants de la frontière. Son grand mérite consistait en la perfection de son calibre et de tous ses détails, et en l'excellence du métal. Plusieurs fois le jeune chasseur en appuya la crosse sur son épaule, et approcha l'œil du canon comme pour prendre un point de mire ; plusieurs fois il se mit le corps en équilibre, et leva lentement son arme, comme s'il eût voulu ajuster un daim, pour s'assurer du poids de la carabine, et voir si elle pouvait tirer avec vitesse et précision. Il fit tout cela à l'aide de la torche de Hurry, de la manière la plus simple, mais avec un sérieux et une attention qui auraient touché tout spectateur qui aurait connu la véritable situation de ce jeune homme.

— C'est une arme glorieuse, Hurry, s'écria-t-il enfin ; et l'on peut dire que c'est dommage qu'elle soit tombée entre les mains de femmes. Les chasseurs m'en ont souvent parlé, et d'après tout ce que j'en ai entendu dire, et ce que j'en vois, je l'appellerais mort certaine, si elle se trouvait placée en bonnes mains. Ecoutez le bruit de ce ressort,—celui d'une trappe à loups n'est pas plus prompt : le chien et la platine partent en même temps, comme deux chantres entonnent un psaume dans une chapelle. Jamais je n'ai vu pareille arme à feu, Hurry, c'est une chose sûre.

— Oui, le vieux Tom avait coutume de vanter cette carabine, quoiqu'il ne fût pas homme à pouvoir juger en pratique d'aucune espèce d'arme à feu, répondit March, passant une courroie de peau de daim dans son moccasin avec le sang-froid d'un cordonnier.—Il n'était pas bon tireur, nous en sommes tous d'accord ; mais il avait son bon côté comme son mauvais. J'ai eu quelque espoir que Judith aurait eu l'idée de me faire présent de cette carabine.

— On ne saurait dire ce que de jeunes filles peuvent avoir l'idée de faire, Hurry, c'est une vérité; et je suppose qu'il est aussi probable que vous aurez Killdeer que qui que ce soit. Cependant, quand une chose est si près de la perfection, c'est dommage qu'elle ne l'atteigne pas tout à fait.

— Que voulez-vous dire? Cette carabine n'aurait-elle pas aussi bonne mine sur mon épaule que sur celle de tout autre?

— Quant à la bonne mine, je n'ai rien à dire : vous avez l'un et l'autre fort bonne mine, et vous feriez, Killdeer et vous, ce qu'on appelle un couple de bonne mine. Mais le vrai point, c'est l'utilité. Or, entre les mains de certaines gens, cette carabine abattrait plus de daims en un jour, qu'elle n'en tuerait dans les vôtres en une semaine. — Je vous ai vu à l'épreuve, Hurry : — vous rappelez-vous le daim de l'autre jour?

— C'était un daim hors de saison; et qui voudrait tuer un daim hors de saison? Je voulais seulement effrayer le pauvre animal, et je crois que vous conviendrez que je lui ai fait une belle peur.

— Bien! bien! ce sera comme vous le voudrez. Mais pour cette carabine, elle est digne d'un prince. Avec elle, un homme ayant la main ferme et l'œil sûr serait le roi des forêts.

— Eh bien! gardez-la, Deerslayer, et soyez roi des forêts, dit Judith qui avait écouté cette conversation, et dont les yeux avaient toujours été fixés sur la physionomie franche et honnête du jeune chasseur. — Elle ne peut jamais être en de meilleures mains que celles qui la tiennent en ce moment, et j'espère qu'elle y restera cinquante ans et plus.

— Vous ne pouvez parler sérieusement, Judith, s'écria Deerslayer, pris tellement par surprise, qu'il montra plus d'émotion qu'il n'avait coutume d'en manifester dans des circonstances ordinaires. — Un tel présent pourrait être fait par un roi véritable, et un véritable roi pourrait l'accepter.

— Je n'ai de ma vie parlé plus sérieusement, Deerslayer, et fait de souhait d'aussi bon cœur que celui-ci.

— Eh bien, Judith, eh bien, nous trouverons plus tard le temps d'en parler. — Que cela ne vous contrarie pas, Hurry. Judith est une jeune fille vive et qui voit les choses de loin; elle sait que la réputation de la carabine de son père est plus sûre entre mes mains qu'elle ne pourrait l'être dans les vôtres; et par conséquent cela ne doit pas vous contrarier. Sur d'autres objets, et qui seront plus à votre goût, vous verrez qu'elle vous donnera la préférence.

Hurry murmura tout bas son mécontentement; mais il était trop occupé de ses préparatifs de départ pour se donner la peine de répondre à un pareil discours. Quelques moments ensuite, le souper était prêt; il se passa en silence, suivant la coutume de ceux qui ne voient dans un repas que la nécessité de satisfaire au besoin purement animal. En cette occasion, pourtant, des réflexions sérieuses et mélancoliques contribuèrent à ôter à chacun le désir d'entamer une conversation, car Deerslayer faisait à cet égard exception aux usages des hommes de sa classe, au point qu'en général, en pareilles occasions, non-seulement il aimait à causer à table, mais qu'il inspirait même un semblable désir aux autres.

Le souper terminé, et ce qui restait de cet humble repas ayant été enlevé, tous les convives passèrent sur la plate-forme pour entendre le message dont Deerslayer avait été chargé par les Hurons. Il était évident qu'il n'était pas pressé d'en donner communication; mais l'impatience de Judith ne pouvait souffrir un plus long délai. On apporta des escabelles de l'arche et du château, et tous six se placèrent en cercle près de la porte, se regardant les uns les autres, aussi bien qu'ils le pouvaient à l'aide d'une belle nuit dont le manteau était parsemé d'étoiles. Sur les montagnes, le long du rivage, s'étendait une ceinture de ténèbres, mais au centre du lac on voyait se réfléchir mille étoiles qui semblaient danser sur la surface limpide, légèrement agitée par le vent du soir.

— Maintenant, Deerslayer, dit Judith, dont l'impatience ne put se contraindre plus longtemps, dites-nous tout ce que les Hurons vous ont chargé de nous dire, et apprenez-nous pour quelle raison ils vous ont envoyé ici sur parole, pour nous faire quelque offre.

— En congé, Judith, congé est le mot, et il signifie la même chose pour un prisonnier que pour un soldat. Dans un cas comme dans l'autre, la promesse de revenir est faite; et à présent je crois me souvenir d'en avoir entendu expliquer la vraie signification. Congé signifie une *parole* donnée de faire une chose ou une autre; et je pense que *parole* est un mot hollandais. Mais tout cela ne fait pas une grande différence, car la vertu d'une promesse gît dans la chose et non dans le mot. Eh bien! s'il faut vous apprendre mon message, et il le faut, et dans le fait je ne vois pas à quoi bon différer, Hurry voudra bientôt se mettre en route vers la rivière, et les étoiles se lèvent et se couchent sans s'inquiéter des Indiens ni des messages. Hélas! le mien n'a rien d'agréable, et je sais qu'il est inutile. Cependant il faut m'en acquitter.

— Ecoutez, Deerslayer, dit Hurry presque d'un ton de maître, vous êtes un homme sensé à la chasse, et un aussi bon compagnon de voyage que puisse en désirer un homme qui fait ses soixante milles par jour; mais vous êtes extraordinairement lent à dégorger vos messages, surtout quand vous pensez qu'ils ne seront pas bien reçus. Quand il faut dire une chose, pourquoi ne pas la dire tout d'un coup, au lieu de tergiverser comme un procureur yankee, qui fait semblant de ne pas comprendre l'anglais d'un Hollandais, afin de se faire payer double salaire?

— Je vous comprends, Hurry, et votre nom vous convient cette nuit, vu que vous n'avez pas de temps à perdre. Venons-en donc au fait sur-le-champ, puisque c'est l'objet de ce conseil; car on peut dire que nous sommes formés en conseil, quoique des femmes siégent avec nous. Voici donc le simple fait: Quand le détachement de Hurons revint du château, les Mingos tinrent conseil, et des idées sinistres les occupaient principalement, comme on le voyait à leurs figures sombres. Personne n'est content d'avoir été battu, et les Peaux-Rouges aussi peu que les Faces-Pâles. Eh bien! quand ils eurent bien fumé, bien prononcé des discours, et que leur feu commença à s'éteindre, le résultat fut connu. Il paraît que les principaux chefs pensèrent que j'étais un homme en qui ils pouvaient avoir assez de confiance pour lui accorder un congé. Ils sont fins observateurs, ces Mingos, leurs plus grands ennemis doivent en convenir; et il n'arrive pas souvent, ajouta le jeune chasseur, jouissant avec plaisir du sentiment intime qui lui disait que sa vie passée justifiait cette confiance en sa bonne foi, et il n'arrive pas souvent qu'ils aient si bonne opinion d'une Face-Pâle. Ce fut pourtant ainsi qu'ils pensèrent de moi, et ils n'hésitèrent pas à me dire toutes leurs pensées, et les voici : ils connaissent votre situation, et ils s'imaginent que le lac est à leur merci ainsi que tout ce qui s'y trouve. Ils ont tué Thomas Hutter, et quant à Hurry Harry, ils ont dans l'idée qu'il vient de voir la mort d'assez près pour ne pas se soucier de risquer une seconde fois de la rencontrer cet été. Ils regardent donc toutes vos forces comme réduites à Chingachgook et à deux jeunes filles; et quoiqu'ils sachent que le Serpent est de bonne souche, et guerrier de naissance, ils savent aussi qu'il est pour la première fois sur le sentier de guerre. Quant aux jeunes filles, ils pensent d'elles ce qu'ils pensent des femmes en général.

— Voulez-vous dire qu'ils nous méprisent? s'écria Judith, ses yeux brillant d'un feu qui fut universellement remarqué.

— C'est ce que vous verrez à la fin. — Je vous disais qu'ils regardent tout ce qui est sur le lac comme à leur merci. En conséquence, ils m'ont remis cette ceinture de wampum, — et en parlant ainsi il la montra à Chingachgook,— et ils m'ont adressé les paroles qui suivent : — Dites au Grand-Serpent qu'il s'est bien comporté pour un commençant. Il peut maintenant traverser les montagnes et retourner dans les villages de sa tribu; aucun de nous ne suivra sa piste. S'il a enlevé quelque chevelure, il peut l'emporter. Les Hurons sont braves, et ils ont un cœur. Ils sentent qu'un jeune guerrier n'aime pas à rentrer chez lui les mains vides. S'il est agile, il est le bien-venu à se mettre à la tête d'un parti et à nous poursuivre. Mais il faut que Hist revienne parmi les Hurons. En les quittant pendant la nuit, elle a emporté par méprise ce qui ne lui appartenait pas!

— Cela ne peut être vrai, dit Hetty avec vivacité. — Hist n'est pas fille à agir ainsi. Elle veut rendre à chacun ce qui lui est dû, et.....

Sa remontrance aurait probablement été plus longue; mais Hist, moitié riant, moitié rougissant, lui couvrit la bouche d'une main, et l'empêcha d'en dire davantage.

— Vous n'entendez rien aux messages des Mingos, Hetty, reprit Deerslayer. — Ce n'est pas à la surface qu'il faut chercher le sens de ce qu'ils disent. Ils veulent dire, en cette occasion, que Hist a emporté avec elle le cœur d'un jeune Huron, et ils veulent qu'elle revienne pour que le pauvre jeune homme retrouve ce qu'il a perdu. Le Serpent, disent-ils, est un jeune guerrier qui promet trop pour ne pas trouver autant de femmes qu'il en voudra, mais il ne peut avoir celle-ci. Voilà ce que signifie leur message, comme je le comprends, et pas autre chose.

— Ils se montrent aussi réfléchis qu'obligeants, en supposant qu'une jeune fille puisse oublier ses inclinations, pour que ce malheureux jeune homme puisse satisfaire les siennes! dit Judith avec un ton d'ironie auquel il se mêla plus d'amertume à mesure qu'elle parlait. — Je crois qu'une femme est femme, n'importe que sa peau soit blanche ou rouge, et vos chefs connaissent peu le cœur d'une femme, Deerslayer, s'ils pensent qu'il puisse jamais pardonner l'injure qu'on lui a faite, ou oublier un amour véritable.

— Je suppose que cela peut être vrai de quelques femmes, Judith, mais j'en ai connu qui pouvaient faire l'un et l'autre. — Le second message s'adresse à vous. Ils disent que le Rat-Musqué, comme ils appellent votre père, a fait le plongeon dans le lac, qu'il ne reviendra jamais à la surface, et que ses petits auront bientôt besoin de wigwam, sinon de nourriture. Ils croient que les huttes des Hurons valent mieux que celles de New-York, et ils désirent que vous en fassiez l'essai. Votre couleur est blanche, ils en conviennent; mais ils croient que de jeunes filles qui ont si longtemps vécu dans les bois perdraient leur chemin au milieu des défrichements. Un de leurs grands guerriers a perdu sa femme depuis peu, et il serait charmé de placer la Rose-Sauvage sur un banc, à côté de son feu. Quant à l'Esprit-Faible, elle sera toujours respectée par les guerriers rouges, et ils veilleront à ce qu'elle ne manque de rien. Ils pensent que les biens de votre père doivent enrichir leur tribu ; mais les vôtres, ce qui comprend tout ce qui est à l'usage d'une femme, entreront dans le wigwam de votre mari, comme ceux de toute autre femme. D'ailleurs, ils ont tout récemment perdu une jeune fille par suite d'un acte de violence, et il leur en faut deux autres à face pâle pour remplir sa place.

— Et c'est à *moi* que *vous*, vous apportez un tel message ! s'écria Judith, quoique le ton dont elle prononça ces mots parût l'expression du chagrin plutôt que de la colère. — Suis-je fille à devenir l'esclave d'un Indien ?

— Si vous voulez que je vous dise franchement ce que je pense à ce sujet, Judith, je répondrai que je ne crois pas que vous deveniez jamais de votre plein gré l'esclave d'un homme, n'importe que sa peau soit rouge ou blanche. — Mais vous ne devez pas me savoir mauvais gré de vous avoir rapporté mon message dans les mêmes termes, autant que je l'ai pu, qu'il m'a été donné. C'est à cette condition qu'ils m'ont donné un congé ; et un marché est un marché, même quand il est fait avec un vagabond. — Je vous ai dit ce qu'ils m'ont dit; mais voulez-vous savoir ce que je pense que chacun de vous devrait y répondre ?

— Oui, dites-nous cela, Deerslayer, s'écria Hurry ; — je serais très-curieux de savoir quelles sont vos idées sur la réponse qu'il est raisonnable de faire. Quant à la mienne pourtant, mon esprit est déjà à peu près décidé, et je ferai connaître ma détermination aussitôt qu'il sera nécessaire.

— J'en dirai autant, Hurry ; mes idées sont fixes sur toutes les réponses à faire, et surtout sur la vôtre. Si j'étais à votre place, je répondrais : — Deerslayer, dites à ces vagabonds qu'ils ne connaissent pas Hurry March. Il est homme, et comme il a une peau blanche, il a aussi une nature blanche qui ne lui permet pas d'abandonner des femmes de sa propre race dans le plus grand besoin. Ainsi, ne comptez pas sur moi comme partie dans votre traité, quand vous fumeriez une barrique de tabac.

Hurry ne fut pas peu embarrassé par ce discours, qui fut prononcé avec chaleur, et d'un ton qui ne permettait pas de douter du sens qu'y attachait le jeune chasseur. Si Judith l'eût encouragé, il n'aurait pas hésité à rester pour la défendre elle et sa sœur ; mais, dans les circonstances où il se trouvait, le dépit et le ressentiment le portaient à les abandonner. Dans tous les cas, Hurry Harry n'avait pas des sentiments assez chevaleresques pour risquer la sûreté de sa personne sans voir un rapport direct entre les suites possibles de cette démarche et son intérêt personnel. Il n'est donc pas étonnant que sa réponse se soit ressentie de ses intentions, et de la confiance que sa vanité lui inspirait dans sa force et sa taille gigantesque, qui, si elle ne le rendait pas toujours brave, manquait rarement de le rendre impudent à l'égard de ceux avec qui il se trouvait.

— De belles paroles font de longues amitiés, maître Deerslayer, dit-il d'un ton presque menaçant. Vous n'êtes qu'un morveux, et vous savez par expérience ce que vous êtes entre les mains d'un homme. Comme vous n'êtes pas moi, et que vous n'êtes qu'un entremetteur envoyé par des sauvages à des chrétiens, vous pouvez dire à ceux qui vous emploient qu'ils connaissent bien Harry March, ce qui est une preuve de leur bon sens aussi bien que du mien. Il est assez homme pour suivre les conseils de la nature humaine, et c'est elle qui lui dit qu'il serait fou à un homme de vouloir combattre une tribu entière. Si des femmes l'abandonnent, elles ne doivent pas être surprises qu'il les abandonne à son tour, qu'elles soient de sa race ou non. Si Judith change d'avis, elle est la bienvenue ainsi que Hetty à avoir un compagnon pour gagner la rivière ; dans le cas contraire, je pars dès que je croirai que les espions de l'ennemi commencent à se nicher dans les feuilles et les broussailles pour y passer la nuit.

— Judith ne changera point d'avis, et elle ne désire pas votre compagnie, maître March, répondit-elle avec vivacité.

— En ce cas, c'est une affaire décidée, reprit Deerslayer sans se laisser émouvoir par le ton de sarcasme de March. Hurry Harry fera ce qui lui paraîtra convenable, et agira comme il le trouvera à propos. La marche qu'il a dessein d'adopter fera qu'il voyagera tranquillement, sinon avec une conscience tranquille. A présent, c'est à Hist à faire sa réponse.—Qu'en dites-vous, Hist? Oublierez-vous aussi votre devoir? Retournerez-vous chez les Mingos? Prendrez-vous un Huron pour mari? Et tout cela, non par amour pour l'homme que vous épouserez, mais par crainte pour votre chevelure?

— Pourquoi vous parler ainsi à Hist? demanda la jeune fille à demi offensée. Vous croyez jeune fille peau-rouge être comme femme d'un capitaine?—Non pas rire et plaisanter avec le premier officier.

— Ce que je crois, Hist, n'est pas ce dont il s'agit ici. Je dois porter votre réponse à mon message, et pour cela il faut que vous m'en fassiez une. Un messager fidèle rapporte mot pour mot la réponse qu'il a reçue.

Hist n'hésita plus à exprimer complétement ses pensées. Dans son agitation, elle se leva, et retournant naturellement au langage le plus convenable pour bien rendre ses idées, elle annonça ses intentions avec dignité, dans la langue de sa tribu.

— Dites aux Hurons, Deerslayer, qu'ils sont aussi aveugles que des taupes, s'ils ne savent pas distinguer le loup du chien. Parmi mon peuple, la rose meurt sur la tige où elle a fleuri; les larmes de l'enfant tombent sur la tombe de ses parents; le grain croît sur la place où la semence a été jetée. Les filles des Delawares ne sont pas des messagers qu'on envoie de tribu en tribu comme une ceinture de wampum. Elles sont des chèvrefeuilles qui ne fleurissent que dans leurs bois, et que leurs jeunes guerriers portent sur leur cœur pour leur parfum, qui devient plus doux quand la fleur est détachée de sa tige. Même le rouge-gorge et la martre reviennent d'année en année à leurs anciens nids; une femme sera-t-elle moins constante qu'un oiseau? Plantez un pin dans l'argile, et ses feuilles deviendront jaunes; le saule ne croîtra pas sur la montagne; le tamarin se plaît mieux dans le marécage; les tribus de la mer préfèrent entendre les vents qui soufflent sur l'eau salée. Quant à un jeune Huron, qu'est-il pour une fille de l'ancienne tribu de Lenni-Lenapé? Il peut être agile, mais elle ne le suivrait pas des yeux dans sa course; elle les tourne toujours vers les villages des Delawares. Ses chants peuvent être doux à l'oreille d'une Canadienne; mais il n'y a de musique pour Wah que dans la langue qu'elle a entendue dès son enfance. Si le Huron était né du peuple qui habitait autrefois les bords du grand lac d'eau salée, cela ne lui servirait à rien, à moins qu'il ne fût de la famille d'Uncas. Le jeune pin croîtra, et il s'élèvera à la même hauteur qu'aucun de ses pères. Wah-ta!-Wah n'a qu'un cœur, et elle ne peut avoir qu'un mari.

Deerslayer écouta avec un plaisir qu'il ne chercha point à cacher un message si caractéristique de celle qui l'envoyait, et qui le prononça avec la chaleur convenable aux sentiments qui l'animaient. Après un de ces éclats de rire silencieux qui lui étaient particuliers, il répondit ainsi qu'il suit à cet élan d'éloquence inculte :

— Voilà qui vaut tout le wampum des Indiens ! — Je présume que vous n'y avez rien compris, Judith ; mais supposez qu'un ennemi vous fasse dire qu'il faut que vous renonciez à l'homme que vous aimez, et que vous preniez pour mari un homme dont il a fait choix pour vous et que vous n'aimez pas ; songez ensuite à la réponse que vous lui feriez, et je vous garantis que vous aurez la substance de son discours. Parlez-moi d'une femme pour la vraie éloquence, pourvu seulement qu'elle soit bien décidée à parler comme elle sent. Mais en disant *parler*, je n'entends point bavarder, car il y en a beaucoup qui le feront à l'heure ; je veux dire exprimer en termes convenables leurs sentiments vrais et profonds. — Et à présent que j'ai reçu la réponse d'une Peau-Rouge, il est temps, Judith, que je reçoive celle d'une Face-Pâle, si l'on peut nommer ainsi avec vérité des joues aussi vermeilles que les vôtres. Les Indiens vous ont nommée la Rose-Sauvage, et ce nom vous convient ; et, quant à ce qui concerne la couleur, on pourrait appeler Hetty le Chèvrefeuille.

— Si ce langage sortait de la bouche de quelqu'un des galants de la garnison des forts, je le mépriserais, Deerslayer ; mais, sortant de la vôtre, je sais qu'il ne fait qu'exprimer vos pensées, répondit Judith évidemment flattée d'un compliment qui n'était certainement pas préparé et qui n'avait rien d'affecté. Mais il est trop tôt pour me demander une réponse ; le Grand-Serpent n'a pas encore fait la sienne.

— Le Serpent ! sur ma foi, je pourrais porter sa réponse aux Hurons, sans en avoir entendu un seul mot. Je ne pensais même pas à la lui demander, je l'avoue. Cependant cela ne serait pas tout à fait juste, car la vérité seule est la vérité, et j'ai promis à ces Mingos de leur dire la vérité, rien que la vérité. Ainsi donc, Chingachgook, dites-nous ce que vous pensez sur ce sujet. — Etes-vous disposé à traverser les montagnes pour retourner à vos villages, à abandonner Hist aux Hurons, et à dire aux chefs des Delawares que, s'ils sont actifs et adroits, il est possible qu'ils trouvent la piste des Mingos deux ou trois jours après que ceux-ci seront rentrés chez eux ?

De même que sa fiancée, le jeune chef se leva pour donner à sa réponse plus de force et de dignité. Hist avait parlé les bras croisés sur son sein, comme pour calmer l'émotion qui le faisait battre ; mais le guerrier étendit un bras en avant avec un air d'énergie calme, qui contribuait à prêter de l'emphase à ses expressions.

— On doit envoyer wampum pour wampum et message pour message, dit-il. Ecoutez ce que le Grand-Serpent des Delawares a à dire aux prétendus loups des grands lacs qui viennent hurler dans nos bois. Ce ne sont pas des loups; ce sont des chiens qui sont venus pour se faire couper la queue et les oreilles par les Delawares. Ils savent voler des jeunes filles, mais ils ne sont pas en état de les garder. Chingachgook prend ce qui lui appartient où il le trouve, et il n'en demande la permission à aucun des roquets du Canada. S'il a dans le cœur un sentiment de tendresse, ce n'est pas l'affaire des Hurons. Il le dit à celle qui aime le plus à l'entendre, mais il ne le beuglera point dans les forêts pour les oreilles de ceux qui n'entendent que les cris de terreur. Ce qui se passe dans sa loge n'est pas fait pour être su, même par les chefs de son peuple, encore moins par des coquins de Mingos.....

— Appelez-les des vagabonds, Serpent, dit Deerslayer ne pouvant s'empêcher de manifester la satisfaction qu'il éprouvait. Oui, appelez-les des vagabonds; c'est un mot facile à interpréter dans leur langue, et c'est l'injure qui les pique le plus, parce qu'ils la méritent si bien. Ne craignez rien, je leur rapporterai votre message mot pour mot, idée pour idée, sarcasme pour sarcasme, mépris pour mépris; et c'est tout ce qu'ils méritent de votre part. Appelez-les seulement vagabonds une ou deux fois; cela fera monter la séve en eux des racines jusqu'à la cime.

— Encore moins par des vagabonds de Mingos, reprit Chingachgook adoptant avec empressement l'amendement de son ami. Dites à ces chiens de Hurons de hurler plus haut s'ils veulent qu'un Delaware les trouve dans les bois, où ils se cachent dans des terriers comme des renards, au lieu d'y chasser comme des guerriers. Quand ils avaient dans leur camp une jeune fille Delaware, c'était une raison pour les chercher; à présent ils seront oubliés, à moins qu'ils ne fassent du bruit. Chingachgook ne se soucie pas de se donner la peine de retourner dans ses villages pour en ramener d'autres guerriers; il saura lui seul trouver la piste des Hurons quand ils s'enfuiront, à moins qu'ils ne la cachent sous la terre, et il la suivra jusque dans le Canada. Il gardera avec lui Wha-ta!-Wha pour faire cuire le gibier qu'il aura tué, et ces deux Delawares suffiront pour épouvanter tous les Hurons et les chasser dans leur pays.

— Voilà une grande et glorieuse dépêche, comme disent les officiers, s'écria Deerslayer; elle fera fermenter tout le sang des Hurons, et surtout la partie qui leur dit que Hist elle-même leur marchera sur les talons jusqu'à ce qu'ils soient complétement chassés du pays. Mais, hélas! les actions ne répondent pas toujours aux grands mots, et Dieu veuille que nous puissions seulement tenir la moitié de ce que nous leur promettons ! — Et maintenant, Judith, c'est votre tour de parler, car les Hurons attendent une réponse séparée de chacun, excepté peut-être de la pauvre Hetty.

— Pourquoi cette exception, Deerslayer? Hetty parle quelquefois très à propos. Les Indiens peuvent attacher quelque poids à ses paroles, car ils ont du respect pour les personnes qui se trouvent dans sa situation.

— Vous avez l'esprit vif, Judith, et ce que vous dites est vrai : les Peaux-Rouges respectent les infortunes de toute espèce, et surtout celles qui arrivent par l'ordre spécial de la Providence, comme dans le cas de la pauvre Hetty. — Eh bien! Hetty, si vous avez quelque chose à répondre aux Hurons, je leur en ferai part aussi fidèlement que si j'étais un maître d'école ou un missionnaire.

Hetty hésita un instant, et répondit ensuite du ton doux qui lui était ordinaire, mais avec autant de chaleur qu'aucun de ceux qui avaient parlé avant elle :

— Les Hurons, dit-elle, ne comprennent pas la différence qu'il y a entre eux et les blancs, sans quoi ils ne demanderaient pas que Judith et moi nous allassions vivre dans leurs villages. Dieu a donné un pays aux hommes rouges, et il nous en a donné un autre. Il a voulu que nous vivions séparés. D'ailleurs ma mère m'a dit que nous ne devions jamais vivre qu'avec des chrétiens, s'il est possible, et c'est une raison pour que nous ne puissions habiter avec eux. Ce lac est à nous, et nous ne le quitterons pas. Il contient dans son sein les tombes de notre père et de notre mère, et les plus méchants Indiens n'abandonnent pas les tombes de leurs pères. J'irai revoir les Hurons, s'ils le désirent, et je leur lirai encore la Bible ; mais je ne puis quitter les tombes de mon père et de ma mère.

— Cela suffira, Hetty ; cela suffira tout aussi bien que si vous leur envoyiez un message deux fois aussi long. Je leur expliquerai toutes vos paroles et toutes vos idées, et je vous garantis qu'à cet égard ils s'en contenteront aisément. — Maintenant, Judith, c'est votre tour, après quoi cette partie de ma mission sera terminée pour cette nuit.

Judith montra quelque répugnance à faire une réponse qui éveillait quelque curiosité dans l'esprit du messager. La jugeant d'après sa fierté bien connue, il ne supposait pas qu'elle pût tenir moins à ses principes que Hist ou Hetty, et cependant il remarquait en elle un air d'indécision qui ne le laissait pas tout à fait sans inquiétude.

Même en ce moment où elle était directement requise de parler, elle semblait encore hésiter, et elle n'ouvrit la bouche que lorsque le silence général lui eut appris qu'on attendait sa réponse avec impatience. Alors elle parla, mais ce fut d'un air incertain, et comme à regret.

— Dites-moi d'abord, —dites-*nous* d'abord, Deerslayer, dit-elle, répétant ce commencement de phrase pour appuyer sur le mot qu'elle y avait changé, — quel effet nos réponses produiront sur votre sort. S'ils doivent vous sacrifier à la fierté de nos réponses, il eût été plus prudent que nous fussions tous plus circonspects dans le choix de nos expressions. Quelles paraissent donc devoir en être les suites pour vous-même?

— En vérité, Judith, vous pourriez aussi bien me demander de quel côté le vent soufflera la semaine prochaine, ou quel sera l'âge du premier daim que les chasseurs tueront. Tout ce que je puis dire, c'est qu'ils me regardent un peu de travers. Mais il ne tonne pas toutes les fois qu'il passe un nuage noir, et toutes les bouffées de vent n'amènent pas de la pluie. C'est donc une question qu'il est plus facile de faire qu'il ne l'est d'y répondre.

— Il en est de même du message que m'ont envoyé les Hurons, dit Judith en se levant, comme si elle eût pris son parti sur ce qu'elle devait faire pour le moment. — Je vous donnerai ma réponse, Deerslayer, lorsque nous nous serons entretenus tête à tête, après que tous les autres se seront retirés pour la nuit.

Il y avait dans les manières de Judith en ce moment quelque chose de décidé qui disposa le jeune chasseur à consentir à ce qu'elle désirait; et il le fit d'autant plus volontiers que ce court délai ne pouvait sous aucun rapport entraîner des conséquences sérieuses. Le conseil leva la séance, et Hurry déclara qu'il allait partir sans délai. Il laissa pourtant une heure s'écouler encore avant d'exécuter sa résolution, afin d'attendre que l'obscurité devînt plus profonde. Pendant ce temps, les autres suivirent le cours de leurs occupations ordinaires, et le jeune chasseur se remit à examiner avec soin la carabine dont il a déjà été parlé, pour bien s'assurer de toutes ses perfections.

C'était à neuf heures que Hurry avait décidé de commencer son voyage. Au lieu de faire ses adieux franchement et dans un esprit de cordialité, le peu de mots qu'il crut ne pouvoir se dispenser de dire furent prononcés d'un ton froid et d'un air sombre. Au ressentiment de ce qu'il regardait comme l'obstination de Judith se joignait la mortification de tous les revers qu'il avait éprouvés depuis son arrivée sur les bords du lac, et, suivant la coutume des esprits étroits et vulgaires, il était plus disposé à en faire un reproche aux autres qu'à s'en accuser lui-même. Judith lui tendit la main; mais cette marque d'intérêt était accompagnée d'autant de joie que de regret. Les deux Delawares n'étaient nullement fâchés de le voir partir. Hetty fut la seule qui lui donna des signes d'une véritable sensibilité. La retenue et la timidité de son sexe et de son caractère l'avaient fait rester à l'écart jusqu'au moment où il entra dans la pirogue où Deerslayer l'attendait déjà, et elle n'avait osé s'approcher de lui assez près pour se faire remarquer. Mais alors elle entra dans l'arche à l'instant où la pirogue commençait à s'en écarter d'un mouvement si lent, qu'il était presque imperceptible, et le sentiment qui l'entraînait lui donnant plus de hardiesse, elle lui dit d'une voix douce:

— Adieu, Hurry! adieu! cher Hurry! — Prenez bien garde à vous dans les bois, et ne vous arrêtez pas avant d'être arrivé au fort. A peine y a-t-il plus de feuilles sur les arbres que de Hurons autour du lac, et ils ne traiteraient pas une homme comme vous avec la même bonté qu'ils ont pour moi.

L'ascendant que March avait obtenu sans le vouloir sur cette jeune fille ayant l'esprit faible, mais le cœur sensible et l'âme pure, venait d'une loi de la nature. Ses sens avaient été séduits par les avantages extérieurs de l'habitant des frontières, et ses entretiens avec lui n'avaient jamais été assez fréquents ni assez intimes pour empêcher cet effet d'être si puissant, même sur une jeune fille dont l'esprit aurait été plus obtus que le sien. L'instinct du bien qui dirigeait toute la conduite de Hetty, — si le mot instinct peut s'appliquer à une jeune fille à qui quelque esprit bienveillant semblait avoir appris à distinguer le mal du bien avec une justesse infaillible, — aurait été révolté du caractère de Hurry sur mille points différents, si elle avait trouvé des occasions de l'apprécier. Mais, tandis qu'il était à quelque distance d'elle, à causer et à badiner avec sa sœur, la perfection de ses formes et de ses traits avait produit son influence sur une imagination simple et sur un cœur naturellement sensible, sans qu'elle pût découvrir la loi de ses opinions grossières. Il est vrai qu'elle lui trouvait de la rudesse et de la brusquerie, mais il en était de même de son père et de la plupart des hommes qu'elle avait vus, et ce qu'elle croyait être le caractère général du sexe masculin la choquait moins dans Hurry Harry qu'il ne l'aurait fait sans cette circonstance. Ce n'était pourtant pas précisément de l'amour que Hetty éprouvait pour Hurry March, et ce n'est pas l'idée que nous désirons donner de ses sentiments pour lui; c'était uniquement l'éveil d'une sensibilité et d'une admiration qui auraient pu amener le développement de cette passion toute-puissante dans des circonstances plus propices, et si Hurry lui-même n'y eût mis obstacle en laissant apercevoir tous les défauts de son caractère. Elle sentait donc pour lui un commencement de tendresse, mais ce n'était pas une passion. L'instant où elle en avait été le plus près était celui où elle avait remarqué la prédilection de Hurry pour sa sœur; car, quoiqu'il ne s'y mêlât point de jalousie, c'était la première fois qu'elle avait fait une pareille remarque, malgré le grand nombre d'admirateurs que la beauté de Judith avait déjà attirés.

Hurry avait reçu si peu de marques d'attention véritable en partant, que l'accent plein de douceur des adieux que lui faisait Hetty le toucha et le consola. Il arrêta la pirogue, et d'un coup de rame donné par son bras vigoureux, il la fit retourner bord à bord avec l'arche. C'en était plus que Hetty n'avait attendu. Elle avait pris du courage en voyant partir son héros; mais son retour inattendu lui rendit toute sa timidité.

— Vous êtes une bonne fille, Hetty, et je ne puis vous quitter sans vous serrer la main, lui dit March d'un ton plus doux que de coutume en sautant sur le scow; — Judith ne vous vaut pas, après tout, quoiqu'elle puisse avoir un rien de beauté de plus. Quant à l'esprit, si la franchise et la vérité avec un jeune homme est un signe de bon sens dans une jeune fille, vous valez une douzaine de Judith, oui, et quant à cela, la plupart des jeunes filles de ma connaissance.

— Ne dites rien contre Judith, Hurry, s'écria Hetty d'un ton suppliant.—Mon père est parti, ma mère l'avait précédé, il ne reste que Judith et moi, et il ne convient pas que deux sœurs parlent mal ou entendent mal parler l'une de l'autre. Mon père et ma mère sont dans le lac, et nous devons tous craindre Dieu, car nous ne savons pas quand nous y serons aussi.

— Cela sonne raisonnablement, comme la plupart des choses que vous dites, Hetty. Eh bien! si nous nous revoyons jamais, vous trouverez toujours en moi un ami, quoi que puisse faire votre sœur. Je n'étais pas grand ami de votre mère, j'en conviens, car nous ne pensions pas de même sur bien des points; mais, quant à votre père, le vieux Tom, nous nous convenions l'un à l'autre, comme des culottes de peau de daim à un homme raisonnablement bâti. J'ai toujours pensé que Tom Flottant était au fond un brave homme, et je le soutiendrai contre tous ses ennemis, par amour pour lui comme pour vous.

— Adieu, Hurry, dit Hetty qui désirait alors le voir partir, aussi vivement qu'elle avait désiré le retenir quelques instants auparavant, et qui n'aurait pu expliquer bien clairement la cause de l'un ou de l'autre de ces deux sentiments opposés. — Adieu, Hurry; prenez bien garde à vous dans les bois, et ne vous arrêtez pas avant d'être arrivé dans le fort. Je lirai un chapitre de la Bible pour vous avant de me coucher, et je ne vous oublierai pas dans mes prières.

C'était là un point qui n'éveillait aucune sympathie dans l'esprit de Hurry, et sans parler davantage il serra cordialement la main de Hetty et rentra dans la pirogue. Une minute après, il était à cent pieds de l'arche, et en quelques instants la pirogue était hors de vue. Hetty poussa un profond soupir, et alla rejoindre sa sœur et Hist.

Pendant quelque temps, Deerslayer et son compagnon ramèrent en silence. Il avait été décidé que March serait mis à terre au même endroit où on l'a vu s'embarquer sur le lac au commencement de notre histoire, non-seulement parce que c'était celui que les Hurons penseraient le moins à surveiller, mais parce qu'il connaissait les bois des environs, et qu'il y trouverait plus facilement son chemin dans l'obscurité. Ce fut donc vers ce point que fut dirigée la légère nacelle, qui faisait route avec toute la vitesse que pouvaient lui communiquer deux hommes vigoureux et adroits. Ils y arrivèrent en moins d'un quart d'heure, et quand ils furent couverts par l'ombre qui se projetait du rivage sur le lac, ils s'arrêtèrent quelques instants, pour s'adresser quelques mots hors de la portée de l'oreille de tout rôdeur qui pourrait se trouver dans les environs.

— Dès que vous serez au fort, Hurry, dit Deerslayer, vous ferez bien d'engager le commandant d'envoyer un détachement contre ces vagabonds; et vous ferez encore mieux si vous lui offrez de servir de guide vous-même. Vous connaissez les chemins, la forme du lac, la nature du pays, et vous pourrez conduire les soldats beaucoup mieux que ne le ferait un guide ordinaire. Marchez d'abord vers le camp des Hurons, et suivez leur piste s'ils n'y sont plus. Quelques regards jetés en passant sur l'arche et sur le château vous diront dans quelle situation se trouvent les Delawares et les deux sœurs; et dans tous les cas, ce sera une belle occasion de tomber sur les Mingos et de faire sur la mémoire de ces vagabonds une impression qui ne s'effacera pas de longtemps. Cela ne fera probablement pas une grande différence pour moi, car mon affaire sera décidée demain avant que le soleil se couche ; mais cela peut faire un grand changement dans le destin de Judith et de Hetty.

— Mais vous, Nathaniel, demanda Hurry, montrant plus d'intérêt qu'il n'avait coutume d'en prendre à qui que ce fût ; mais vous, prévoyez-vous ce qui vous arrivera?

— Dieu, dans sa sagesse, peut seul le dire, Hurry March. Les nuages sont noirs et menaçants, et je maintiens mon esprit dans la disposition d'être prêt à tout. La soif de la vengeance dévore le cœur des Mingos; ils ont été désappointés dans l'espoir du butin qu'ils comptaient trouver au château; ils sont furieux qu'on leur ait enlevé Hist; ils ne me pardonnent pas d'avoir tué un de leurs guerriers; et tout cela peut rendre certaine ma mort dans les tortures. Dieu seul, dans sa sagesse, décidera de mon destin et du vôtre.

— C'est une affaire infernale, et il faut qu'on y mette fin d'une manière ou d'une autre, répondit Hurry, confondant les distinctions entre ce qui est juste et injuste, comme c'est la coutume de tous les hommes égoïstes et grossiers. Je voudrais pour bien des choses, que le vieux Tom et moi nous eussions scalpé tout ce qui se trouvait dans leur camp, la nuit que nous sommes partis du château dans ce dessein. Si vous n'étiez pas resté en arrière, Deerslayer, cela aurait pu réussir, et vous ne seriez pas en ce moment dans la position désespérée où vous vous trouvez.

— Vous auriez mieux fait de dire que vous voudriez pour beaucoup n'avoir jamais essayé de faire ce qu'il ne convient à aucun homme blanc d'entreprendre ; auquel cas nous aurions pu ne pas nous trouver dans la nécessité d'en venir aux coups; Thomas Hutter pourrait être encore vivant, et les cœurs des sauvages ne seraient point altérés de vengeance. En outre, la mort de cette jeune fille n'était utile à rien, Hurry March, et elle laisse une tache sur notre réputation, sinon un poids sur notre conscience.

C'était une vérité, et elle parut si évidente en ce moment à Hurry lui-même, qu'il fit tomber sa rame dans l'eau, et commença à donner à la pirogue une forte impulsion vers le rivage, comme s'il n'eût songé qu'à s'écarter des lieux qui lui rappelaient ses remords. Son compagnon favorisa de tous ses efforts ce désir fébrile de changer de place, et en une minute ou deux l'avant de la pirogue gratta légèrement sur le sable du rivage. Sauter à terre, placer son portemanteau sur ses épaules, mettre son mousquet sous son bras, et s'apprêter à se mettre en marche, ce fut pour Hurry l'affaire d'un instant. Murmurant alors un adieu laconique au chasseur, il s'éloignait déjà, quand il s'arrêta tout à coup par un mouvement soudain de componction et se rapprocha de lui.

— Vous ne pouvez avoir dessein de vous remettre entre les mains de ces sauvages, de ces meurtriers, Deerslayer, dit-il d'un ton si singulier qu'on n'aurait pu décider si c'était la colère qui lui faisait faire une remontrance, ou s'il était animé par un sentiment de générosité. Ce serait le fait d'un désespéré ou d'un fou.

— Il y a des gens qui pensent que c'est une folie de tenir sa promesse, et d'autres qui ne le pensent pas, Hurry Harry. Vous pouvez être du nombre des premiers, mais moi je fais partie des autres. Je ne veux pas qu'il soit au pouvoir d'une seule Peau-Rouge de dire qu'un Mingo tient plus à sa parole qu'un homme de sang blanc. Celui qui croit pouvoir dire tout ce qu'il lui plaît dans sa détresse, et que cela ne l'obligera à rien parce qu'il le dit dans une forêt et qu'il parle à des hommes rouges, connait bien peu sa situation, ses espérances et ses besoins. Les paroles données dans les ténèbres sont prononcées à l'oreille du Tout-Puissant. L'air est son haleine, et la lumière un rayon parti de ses yeux. Adieu, Henri March ; il est possible que nous ne nous revoyions jamais ; mais je vous engage à ne jamais traiter un congé, ou tout autre engagement solennel à témoin duquel vous aurez pris votre Dieu, celui des chrétiens, comme un devoir si léger qu'on puisse l'oublier à volonté suivant les besoins de la chair et même les caprices de l'esprit.

March ne songea plus alors qu'à s'en aller ; il lui était impossible d'entrer dans les nobles sentiments de son compagnon, et il s'en éloigna avec un mouvement d'impatience qui lui fit maudire la folie qui pouvait porter un homme à courir volontairement à sa perte. Deerslayer, au contraire, conserva le plus grand calme. Soutenu par ses principes, inflexible dans sa résolution de les prouver par sa conduite, et supérieur à toute crainte indigne d'un homme, il regardait tout ce qui pouvait lui arriver comme une chance inévitable, et ne songea pas plus à faire quelque tentative pour s'y soustraire qu'un musulman ne songe à contrevenir aux décrets de la prédestination. Il resta debout sur le rivage, écoutant le bruit de la marche rapide de Hurry à travers les broussailles, secoua la tête en signe de blâme de son manque de prudence, et retourna ensuite sur sa pirogue. Avant de reprendre les rames, il jeta un coup d'œil autour de lui pour voir la scène que présentait une nuit éclairée par les étoiles. C'était de cet endroit qu'il avait vu pour la première fois la belle nappe d'eau sur laquelle il flottait. Alors elle était glorieuse sous l'éclat brillant du soleil de midi ; maintenant elle avait une beauté mélancolique sous l'ombre de la nuit. Les montagnes s'élevaient tout autour comme de noires barrières pour en exclure le monde extérieur, et les rayons de lumière pâle qui reposaient sur la partie la plus large de ce grand bassin étaient des symboles assez justes de la faible espérance à peine visible dans son avenir. Soupirant sans y songer, il repoussa sa pirogue au large, et retourna avec rapidité vers l'arche et le château.

CHAPITRE XXIV.

> Tes plaisirs secrets sont devenus une honte publique, tes orgies privées un jeûne universel, tes titres flatteurs un nom dégradé, ta langue mielleuse une source d'amertume; — tes violences orgueilleuses ne peuvent durer toujours.
>
> *Lucrèce.*

Judith attendait sur la plate-forme le retour de Deerslayer avec une impatience secrète. Quand celui-ci arriva, Hist et Hetty dormaient déjà profondément sur le lit ordinairement occupé par les deux sœurs; et le Delaware, étendu sur le plancher de la chambre voisine, enveloppé d'une couverture, et son mousquet à son côté, rêvait déjà des événements qui s'étaient passés depuis quelques jours. Une lampe brûlait à bord de l'arche, car la famille se permettait ce luxe dans les occasions extraordinaires, et cette lampe était d'une forme et d'une matière qui permettaient de croire qu'elle avait autrefois été enfermée dans la caisse.

Dès qu'elle entrevit la pirogue, Judith cessa de se promener à grands pas en long et en large sur la plate-forme, et se tint prête à recevoir le jeune chasseur, dont elle attendait le retour depuis quelque temps avec inquiétude. Elle l'aida à amarrer la pirogue, et, tout en l'assistant dans sa besogne, elle lui manifesta le désir d'avoir un entretien particulier avec lui le plus tôt possible. Dès que leur travail fut terminé, en réponse à une question qu'il lui fit, elle l'informa que leurs compagnons étaient déjà endormis. Il l'écouta avec beaucoup d'attention, car ses manières annonçaient qu'elle avait l'esprit occupé d'un objet qui lui inspirait un intérêt plus qu'ordinaire.

— Vous voyez, Deerslayer, continua Judith, que j'ai allumé la lampe, et que je l'ai placée dans la cabine de l'arche, ce que nous ne faisons jamais que dans les grandes occasions, et je regarde cette nuit comme la plus importante de ma vie. Voulez-vous me suivre, — voir ce que j'ai à vous montrer, — et entendre ce que j'ai à vous dire?

Deerslayer fut un peu surpris, mais il ne fit aucune objection, et tous deux furent bientôt dans la cabine du scow. Deux escabelles étaient placées à côté de la caisse, et la lampe sur une autre, et une table était préparée pour y déposer successivement les divers objets qu'on tirerait de la caisse. Tous ces arrangements avaient été faits par suite de l'impatience fébrile de Judith, qui ne pouvait souffrir aucun délai qu'il était en son pouvoir de prévenir. Tous les cadenas avaient même été ouverts et retirés, et il ne restait plus qu'à lever le pesant couvercle, et à exposer aux yeux les trésors cachés depuis si longtemps.

— Je vois en partie tout ce que cela signifie, dit Deerslayer; oui, je le vois en partie. Mais pourquoi Hetty n'est-elle pas présente? A présent que Thomas Hutter n'existe plus, elle est propriétaire pour moitié de toutes ces curiosités, et elle a le droit de les voir mettre au jour et manier.

— Hetty dort, répondit Judith avec précipitation. — Les belles parures et les richesses n'ont heureusement point de charmes pour elle. D'ailleurs elle m'a donné ce soir sa part de tout ce qui est contenu dans cette caisse, pour que j'en fasse ce que bon me semblera.

— La pauvre Hetty a-t-elle l'esprit dans une situation qui lui permette d'agir ainsi, Judith? demanda le jeune chasseur avec sa droiture ordinaire. — C'est une règle de justice de ne rien accepter de ceux qui ne connaissent pas la valeur de ce qu'ils donnent; et l'on doit agir avec ceux à qui il a plu à Dieu de n'accorder qu'une faible portion de bon sens, comme on le ferait à l'égard d'enfants n'ayant pas atteint l'âge de discrétion.

Ces mots étaient une sorte de réprimande, et, venant de Deerslayer, Judith en fut blessée; mais elle l'eût été plus au vif si sa conscience ne l'avait assurée qu'elle n'avait aucune intention de commettre la moindre injustice envers sa sœur, faible d'esprit, mais pleine de confiance. Au surplus, ce n'était pas le moment de se livrer à sa fierté ordinaire, et le désir qu'elle éprouvait d'en venir au grand objet qu'elle avait en vue la fit triompher d'une émotion passagère.

— Aucun tort ne sera fait à Hetty, répondit-elle avec douceur; elle sait même, non-seulement ce que je vais faire, mais pourquoi je le fais. Ainsi donc asseyez-vous, levez le couvercle de cette caisse, et pour cette fois nous l'examinerons jusqu'au fond. Je serai bien désappointée si nous n'y trouvons rien qui nous fasse connaître l'histoire de Thomas Hutter et de ma mère.

— Pourquoi l'appelez-vous Thomas Hutter, et non votre père, Judith? on doit parler des morts avec le même respect que des vivants.

— J'ai longtemps soupçonné que Thomas Hutter n'était pas mon père, quoique je crusse qu'il pouvait être celui de ma sœur; mais à présent nous savons qu'il n'était le père ni de l'une ni de l'autre. Il nous l'a dit lui-même avant de mourir. — Je suis assez âgée pour me rappeler des objets bien différents de ce que nous avons vu sur ce lac, quoique le souvenir en soit si faiblement empreint dans ma mémoire, que le commencement de mon existence me semble comme un rêve.

— Les rêves sont de misérables guides quand on a à se décider sur des réalités, Judith. Ne croyez rien, n'espérez rien, sur la foi des rêves, quoique j'aie connu des chefs indiens qui croyaient pouvoir y trouver des avis utiles.

— Je n'en attends rien pour l'avenir, mon digne ami, mais je ne puis m'empêcher de me rappeler le passé. — Mais nous tenons des discours inutiles, quand une demi-heure d'examen peut nous apprendre tout ce que je désire savoir, et même davantage.

Deerslayer, qui comprit l'impatience de Judith, s'assit, comme elle le désirait, et se mit à tirer de la caisse les différents objets qui y étaient contenus. Comme de raison, on y trouva d'abord ceux qui avaient déjà été examinés, et ils excitèrent beaucoup moins d'intérêt et de curiosité que la première fois. Judith jeta même à l'écart la riche robe de brocart avec un air d'indifférence, car le but qu'elle voulait atteindre avait bien plus d'influence sur elle que la vanité, et il lui tardait d'arriver aux trésors encore cachés, ou plutôt inconnus.

— Nous avons déjà vu tout cela, dit-elle, et ce serait du temps perdu d'y jeter un second coup d'œil; mais le paquet que vous tenez, Deerslayer, n'a pas encore été ouvert, et il faut l'examiner. Dieu veuille qu'il contienne quelque chose qui puisse nous apprendre, à la pauvre Hetty et à moi, qui nous sommes réellement!

— Oui, oui; si certains paquets pouvaient parler, ils pourraient dévoiler d'étranges secrets, répondit le jeune chasseur en déroulant une grosse toile pour voir ce qu'elle enveloppait. — Mais il paraît que celui-ci n'est pas de cette famille, car ce n'est ni plus ni moins qu'une sorte de drapeau, quoique je ne puisse dire à quelle nation il appartient.

— Ce drapeau doit signifier quelque chose, s'écria Judith avec impatience ; déployez-le tout à fait, Deerslayer, afin que nous puissions en voir les couleurs.

— Eh bien ! j'ai pitié de l'enseigne qui a eu à le porter sur son épaule et à le promener sur le champ de bataille. Sur ma foi, il est assez grand pour faire une douzaine de ces drapeaux auxquels les officiers du roi attachent tant d'importance. Ce n'est pas le drapeau d'un enseigne ; il faut que ce soit celui d'un général.

— Ce peut être le pavillon d'un navire ; je sais qu'ils en portent de semblables. N'avez-vous jamais entendu dire que Thomas Hutter ait eu autrefois des rapports avec des gens appelés boucaniers ?

— Boucanier ! — Non. — Jamais je n'ai entendu parler de personne qui portât ce nom. Hurry Harry m'a bien dit qu'on avait fait courir le bruit que le vieux Tom avait eu autrefois des relations avec quelques bandits de mer ; mais ce ne serait sûrement pas une satisfaction pour vous de pouvoir prouver une pareille chose contre le mari de votre mère, quoiqu'il ne soit pas votre père.

— C'en serait une pour moi de pouvoir, n'importe par quel moyen, savoir qui je suis, et expliquer les rêves de mon enfance. — Le mari de ma mère ! — Oui, il doit l'avoir été. Mais pourquoi une femme comme elle a-t-elle fait choix d'un homme comme lui, c'est ce que la simple raison ne suffit pas pour expliquer. — Vous n'avez jamais vu ma mère, Deerslayer, et vous ne pouvez sentir la différence incommensurable qui existait entre eux.

— De pareilles choses arrivent pourtant. — Oui, on voit arriver de pareilles choses, quoique je ne comprenne pas trop pourquoi la Providence le permet. J'ai vu les guerriers indiens les plus farouches avoir les femmes les plus douces de toute leur tribu, et j'ai vu de vraies pies-grièches tomber en partage à des chefs qui avaient la douceur d'un missionnaire.

— Ce n'était pas cela, Deerslayer. — Oh ! si ce n'était que cela ! — Mais non, je ne puis désirer qu'elle n'ait pas été sa femme. Quelle fille pourrait désirer cela pour sa mère ? — Continuons ; voyons ce que contient ce paquet de forme carrée ?

Deerslayer déplia une toile grossière sous laquelle il trouva un petit coffret d'un beau travail, mais qui était fermé. On en chercha la clef sans pouvoir la trouver, et il fut décidé qu'on forcerait la serrure, ce qui fut bientôt fait à l'aide d'un instrument en fer. L'intérieur en était rempli de lettres, de fragments de manuscrits, de notes et d'autres papiers du même genre. Le faucon ne fond pas sur l'oiseau dont il veut faire sa proie avec plus d'impétuosité que

Judith se précipita sur cette mine de connaissances jusque alors secrètes pour elle. L'éducation qu'elle avait reçue était fort au-dessus de sa situation dans le monde, et son œil parcourut page à page toutes ces lettres avec une promptitude que son savoir permettait, et avec un empressement égal à l'intérêt qu'elle y prenait. D'abord, il fut évident qu'elle était satisfaite de sa lecture, et nous pouvons ajouter qu'elle avait sujet de l'être, car des lettres écrites par des femmes dans la pureté de l'innocence et de l'affection étaient de nature à la rendre fière des sentiments énoncés par celles auxquelles elle avait tout lieu de croire qu'elle était unie de très-près par le sang. Il n'entre pourtant pas dans notre plan de donner plus qu'une idée générale de ces écrits, et le meilleur moyen de le faire nous paraît être de décrire l'effet qu'ils produisirent sur celle qui en faisait la lecture avec une telle avidité.

Nous avons déjà dit que Judith parut satisfaite des premières lettres qui lui tombèrent sous les yeux. Elles contenaient la correspondance d'une mère pleine d'intelligence et d'affection avec sa fille absente. Quoique les lettres de la fille ne s'y trouvassent pas, les allusions qui y étaient faites dans celles de la mère suffisaient pour rendre intelligibles ces dernières. Elles étaient remplies d'avis sages et prudents, et Judith sentit le sang lui monter aux tempes, et un frisson glacial y succéder, en en lisant une dans laquelle la mère faisait de fortes remontrances à sa fille sur l'inconvenance de l'intimité trop étroite que celle-ci paraissait avoir contractée avec un officier venant d'Europe, et à qui l'on ne pouvait raisonnablement supposer des vues honorables en faisant une cour si assidue à une jeune Américaine. Une chose singulière, c'était que toutes les signatures de ces lettres avaient été coupées, et que toutes les fois qu'il se trouvait un nom propre dans leur contenu, il avait été effacé avec un soin qui rendait impossible de le lire. Toutes avaient été placées dans des enveloppes, suivant l'usage de ce temps; ces enveloppes n'existaient plus, et par conséquent ces épîtres étaient sans adresse. Elles avaient pourtant été religieusement conservées, et Judith crut reconnaître sur plusieurs des traces de larmes. Elle se souvint alors d'avoir vu plusieurs fois sa mère ouvrir ce coffret à différentes époques, et elle supposa qu'il n'avait été placé dans la caisse avec les autres objets oubliés ou cachés, que lorsque ces lettres ne pouvaient plus causer à cette mère ni plaisir ni chagrin.

Dans un autre paquet se trouvèrent des lettres contenant des protestations d'amour. Elles étaient certainement écrites avec passion; mais on y reconnaissait aussi ce vernis de duplicité que les hommes se croient si souvent permis d'employer envers l'autre sexe. Judith avait versé des larmes en lisant les lettres contenues dans le premier paquet; mais celles-ci éveillèrent en elle un sentiment d'indignation qui mit sa fierté en état d'en supporter la lecture. Cependant sa main trembla, et tout son corps frissonna de nouveau, quand elle découvrit des traits de ressemblance frappante entre certaines lignes de ces épîtres et quelques passages de lettres qu'elle avait reçues elle-même. Il fut un moment où ce paquet lui échappa des mains; elle baissa la tête sur sa poitrine, et parut agitée de convulsions. Pendant tout ce temps, Deerslayer garda le silence; mais il observait avec attention tout ce qui se passait. Judith, après avoir lu une de ces lettres, la lui remit entre les mains pour qu'il la tînt pendant qu'elle lisait la suivante. Cette circonstance ne pouvait l'éclairer en rien, puisqu'il ne savait pas lire; mais il ne fut pas tout à fait en défaut, car il sut découvrir les diverses passions qui luttaient dans le sein de sa belle compagne; et comme il lui échappait de temps en temps des exclamations et des portions de phrases entrecoupées, ses conjectures approchaient de la vérité plus que Judith n'aurait été charmée de le savoir.

Elle avait commencé sa lecture par les lettres les plus anciennes, car elles étaient soigneusement rangées par ordre de dates, ce qui lui permit de mieux saisir le fil de l'histoire qu'elles contenaient; et quiconque aurait pris la peine de les lire en entier, y aurait lu un triste récit de passion satisfaite, ensuite de froideur, et enfin d'aversion. Mais son impatience ne lui permit bientôt que de jeter un coup d'œil rapide sur les pages pour arriver plus vite à la connaissance de la vérité. C'est un expédient auquel ont souvent recours ceux qui veulent obtenir des résultats sans s'inquiéter beaucoup des détails, et en l'adoptant, Judith apprit promptement les fautes que sa mère avait commises, et la punition qu'elle en avait reçue. Judith trouva dans une de ces lettres l'époque de sa naissance précisément indiquée, et elle y apprit que le nom qu'elle portait lui avait été donné d'après le désir de son père. Ce nom n'avait pas été effacé comme les autres, on l'avait laissé subsister, comme si l'on n'eût eu rien à gagner en le supprimant. La naissance de Hetty, ou Esther, était aussi rapportée dans une autre; mais c'était la mère qui lui avait donné ce nom, et même avant cette époque, le ton de froideur de toutes les épîtres faisait prévoir l'abandon qui devait bientôt s'ensuivre. Ce ne fut qu'alors que sa mère prit l'habitude de garder copie de ses propres lettres. Elles étaient en petit nombre, mais elles peignaient avec éloquence une affection mal récompensée et le repentir de ses fautes. Judith sanglota en les lisant, et elle fut plus d'une fois obligée d'interrompre sa lecture, les larmes qui remplissaient ses yeux lui obscurcissant la vue. Cependant elle reprit sa tâche avec un intérêt toujours croissant, et elle arriva ainsi à la dernière lettre qui avait probablement mis fin à toute correspondance entre ses parents.

Tout cela l'occupa une bonne heure, car elle avait lu avec attention une vingtaine de ces lettres, et elle en avait légèrement parcouru plus de cent. Il ne lui fut plus possible alors de se dissimuler la triste vérité sur sa naissance et celle de Hetty ; cette conviction la désespéra; il lui sembla un moment qu'elle se trouvait séparée du reste du monde, et elle trouva de nouveaux motifs pour désirer de passer le reste de sa vie sur le lac, où elle avait déjà vu tant de jours brillants et tant d'autres ternis par le chagrin.

Il restait encore une liasse de lettres à examiner. Judith vit que c'était une correspondance entre sa mère et Thomas Hovey, qui avait par la suite quitté ce nom pour prendre celui de Hutter. Ces lettres étaient rangées avec un tel soin, que chacune était suivie de la réponse qui y avait été faite, et elles faisaient connaître le commencement de la liaison entre ce couple mal assorti beaucoup plus clairement que Judith n'aurait voulu l'apprendre. A la grande surprise, pour ne pas dire à l'horreur indicible de Judith, c'était de sa mère qu'était partie la première proposition de mariage, et elle éprouva un véritable soulagement en trouvant dans les premières lettres de cette malheureuse femme ce qui lui parut des traces de démence, ou du moins d'une tendance à cette maladie. Les réponses de Hovey annonçaient un homme grossier et sans éducation, mais qui manifestait un désir suffisant d'obtenir la main d'une femme dont la beauté était remarquable, et qui se montrait disposé à oublier la faute qu'elle avait commise pour avoir l'avantage de s'unir à une femme qui lui était si supérieure sous tous les rapports, et qui n'était même pas tout à fait sans fortune. Cette correspondance n'était pas longue, et elle se terminait par quelques lettres d'affaires dans lesquelles la malheureuse femme pressait son mari d'accélérer ses préparatifs pour s'éloigner d'un monde qui était devenu aussi dangereux pour l'un des deux époux qu'il était désagréable pour l'autre. Une seule expression, échappée à sa mère, fit connaître à Judith le motif qui l'avait décidée à épouser Thomas Hovey : c'était le ressentiment, passion qui porte si souvent la personne qui a souffert des torts d'une autre à s'infliger elle-même de nouvelles souffrances pour se venger de celle qui a été cause des premières. Judith avait assez de l'esprit de sa mère pour comprendre ce sentiment, mais elle vit aussi quelle folie c'était de lui laisser prendre l'ascendant.

Tels étaient les documents qui composaient ce qu'on peut appeler la partie historique. Parmi les pièces détachées qui se trouvaient au fond du coffret était un vieux journal contenant une proclamation du gouvernement qui offrait une récompense à quiconque livrerait à la justice certains pirates dont les noms y étaient énoncés, et parmi lesquels on voyait figurer celui de Thomas Hovey. L'attention de Judith avait été attirée sur cette pièce, parce qu'une ligne à l'encre avait été tirée en marge de cet article, et que les noms *Thomas Hovey* étaient également soulignés. Elle n'y trouva rien qui pût lui indiquer le nom de famille de sa mère, ni le lieu qu'elle avait habité avant de venir sur les bords de ce lac. Toutes les dates et les signatures avaient été coupées, et quelques passages dans les lettres qui auraient probablement pu donner un fil pour arriver à cette connaissance, avaient été soigneusement raturés. Judith vit donc qu'il ne lui restait aucun espoir de pouvoir connaître sa famille, et qu'elle ne devait compter que sur ses propres ressources pour l'avenir. Le souvenir qu'elle avait conservé des manières, des conversations et des souffrances de sa mère, l'aidèrent à remplir quelques lacunes dans les faits qu'elle venait d'apprendre; et, dans le fait, ce qu'elle savait déjà suffisait bien pour lui ôter le désir de posséder des détails plus étendus. Elle pria son compagnon de finir l'examen de ce qui restait dans la caisse, qui pouvait contenir encore quelque chose d'important.

— Je vais le faire, Judith, répondit le patient Deerslayer; mais s'il s'y trouve encore beaucoup de lettres à lire, nous verrons reparaître le soleil avant que vous les ayez lues. Vous avez passé deux bonnes heures à déchiffrer tous ces morceaux de papier.

— Ils m'ont appris l'histoire de mes parents, Deerslayer, et ils ont décidé mes plans pour l'avenir. On peut pardonner à une fille de vouloir lire ce qui concerne son père et sa mère, et cela pour la première fois de sa vie. Je suis fâchée de vous faire veiller si tard.

— N'y pensez pas, Judith; n'y pensez pas. Peu m'importe que je dorme ou que je veille. Mais, quoique vous soyez si bonne à voir et si belle, il n'est pas très-agréable de vous voir pleurer si longtemps. Je sais que les larmes ne tuent pas, et que certaines personnes, et particulièrement les femmes, se trouvent mieux pour en verser quelques-unes de temps en temps; mais, quoi qu'il en soit, j'aimerais mieux vous voir sourire que pleurer, Judith.

Ce propos galant fut récompensé par un sourire doux, quoique mélancolique, et elle pria de nouveau son compagnon de finir l'examen de la caisse. Cette recherche dura nécessairement encore quelque temps, pendant lequel Judith recueillit ses pensées et reprit son calme. Elle ne prit d'autre part à cet examen que de jeter de temps en temps un coup d'œil distrait sur les divers objets que le jeune chasseur tirait de la caisse. Il ne s'y trouva plus rien qui eût une grande valeur ou qui pût inspirer de l'intérêt. Deux assez belles épées, une paire de boucles d'argent, et quelques parures et vêtements à usage de femme, furent les principaux articles qui méritaient quelque attention. Judith pensa pourtant que ces effets pouvaient être utiles pour effectuer une négociation avec les Indiens; mais Deerslayer y vit une difficulté que celle-ci n'avait pas prévue. Ce fut sur ce sujet que roula alors leur conversation.

— Maintenant, Deerslayer, dit Judith, nous pouvons parler de vous et des moyens de vous tirer des mains des Iroquois. Hetty et moi nous leur donnerons bien volontiers une partie ou la totalité de ce qui se trouve dans cette caisse pour racheter votre liberté.

— Cela est généreux, Judith;—oui, c'est une générosité cordiale. C'est la manière des femmes; quand elles se prennent d'amitié pour quelqu'un, elles n'y vont pas à demi, et elles sont disposées à lui sacrifier tout ce qu'elles possèdent comme étant sans valeur à leurs yeux. Je vous en remercie l'une et l'autre comme si c'était un marché fait, et que Rivenoak ou quelque autre de ces vagabonds fût ici pour conclure le traité. Mais il y a deux principales raisons qui empêchent qu'il ne puisse jamais avoir lieu, et autant vaut que je les dise tout d'un coup, pour que vous ne vous livriez pas à une attente inutile et que je ne conçoive pas des espérances qui seraient désappointées.

— Quelles peuvent être ces raisons, Deerslayer, si Hetty et moi nous sommes disposées à donner ces babioles en échange de votre liberté, et que les sauvages consentent à les recevoir?

— C'est cela, Judith; l'idée est bonne, mais elle est un peu hors de place : c'est comme si un chien voulait suivre sa piste à rebours. Que les Mingos soient disposés à prendre tout ce qui se trouve dans cette caisse, et tout ce que vous pourriez avoir encore à leur offrir, c'est ce qui est probable; mais qu'ils veuillent en payer la valeur, c'est une autre affaire. Que diriez-vous, Judith, si quelqu'un vous envoyait dire que pour tel ou tel prix il vous donnerait cette caisse et tout ce qu'elle contient? Croiriez-vous devoir dépenser beaucoup de paroles pour conclure un tel marché?

—Non sans doute, puisque cette caisse et tout ce qu'elle contient nous appartiennent déjà. Il n'y a aucune raison pour acheter ce qui est déjà à nous.

— C'est ainsi que les Mingos calculent. Ils pensent que tout ce que vous possédez leur appartient déjà, et ils n'achèteront à personne la clef de cette caisse.

— Je vous comprends; mais nous sommes encore en possession du lac, et nous pouvons nous y maintenir jusqu'à ce que Hurry nous envoie un détachement pour chasser l'ennemi des environs. Nous y réussirons certainement, si vous restez avec nous, au lieu d'aller vous remettre entre les mains de ces sauvages, comme vous y paraissez déterminé.

— Si Hurry Harry parlait ainsi, cela serait naturel et conforme à ses dons : il n'en sait pas davantage, et par conséquent il ne serait pas probable qu'il agît ou qu'il pensât autrement. Mais, Judith, je le demande à votre cœur et à votre conscience; voudriez-vous, pourriez-vous penser de moi aussi favorablement que j'espère et que je crois que vous pensez en ce moment, si j'oubliais mon congé et que je ne retournasse pas au camp?

— Il me serait difficile de penser plus avantageusement de vous que je ne le fais à présent, Deerslayer; mais je pourrais continuer à penser de vous aussi favorablement, — je le crois du moins, — j'espère que je le pourrais,—car pour rien au monde je ne voudrais vous engager à faire ce qui pourrait changer ma bonne opinion de vous.

—Ne cherchez donc pas à m'engager à oublier mon congé, Judith. Un congé est une chose sacrée pour les guerriers et pour les hommes qui portent leur vie entre leurs mains, comme nous autres habitants des forêts. Et quel cruel désappointement ne serait-ce pas pour le vieux Tamenund et pour Uncas, le père du Grand-Serpent, et pour tous mes autres amis chez les Delawares, si je me déshonorais ainsi, quand je suis pour la première fois sur le sentier de guerre? Vous concevez cela aisément, Judith, sans que j'aie besoin d'appuyer sur mes devoirs comme homme blanc, sur les dons de ma couleur, pour ne rien dire de ma conscience, qui est ma reine et dont je ne contrôle jamais les ordres.

—Je crois que vous avez raison, répondit Judith d'un ton mélancolique, après quelques instants de réflexion. Un homme comme vous ne doit pas agir comme agirait un être égoïste et malhonnête.

Oui, il faut que vous retourniez au camp. N'en parlons donc plus.

— Si je vous déterminais à faire quelque chose que vous vous repentiriez ensuite d'avoir fait, vos regrets ne seraient pas plus poignants que les miens. Vous n'aurez pas à dire que Judith..... Je ne sais plus quel nom ajouter à celui-là.

— Et pourquoi,—pourquoi cela? Les enfants prennent naturellement les noms de leurs parents. C'est une sorte de don du ciel. Pourquoi vous et Hetty ne feriez-vous pas ce que les autres ont fait avant vous? Hutter était le nom du vieux Tom, et Hutter doit être celui de ses filles, — du moins jusqu'à ce que le mariage vous ait donné des droits légitimes à un autre.

— Je me nomme Judith, et je n'ai pas d'autre nom. Jamais je ne reprendrai celui de Hutter, et Hetty ne le portera jamais, du moins de mon consentement. D'ailleurs, Hutter n'était pas son nom ; mais quand il aurait tous les droits du monde à ce nom, cela ne m'en donnerait aucun.—Il n'était pas mon père, grâce au ciel ! quoiqu'il soit possible que je ne doive pas être fière du mien.

— Cela est étrange, dit Deerslayer regardant fixement Judith, mais ne voulant pas lui faire de questions sur des choses qui ne le regardaient pas directement,—oui, cela est plus qu'étrange ! Ainsi Thomas Hutter n'était pas Thomas Hutter, — et ses filles ne sont pas ses filles ! — Qui donc était Thomas Hutter, et qui sont ses filles ?

— N'avez-vous jamais entendu parler de certains bruits qui ont couru sur la première carrière de cet homme, Deerslayer? Quoique je passe pour sa fille, ces bruits sont arrivés jusqu'à moi.

— Je ne le nierai pas, Judith ; non, je ne veux pas le nier. On a fait courir bien des bruits, comme je vous l'ai dit, mais je ne crois pas beaucoup aux propos. Tout jeune que je suis, j'ai vécu assez longtemps pour savoir qu'il y a deux sortes de réputations dans ce monde ; l'une qui se gagne par les actions, et l'autre qui est due aux langues des autres, de sorte que je préfère voir et juger par moi-même, au lieu de m'en rapporter à chaque langue à laquelle il plaît de se remuer. Hurry Harry m'a parlé assez clairement de toute la famille, pendant que nous voyagions ensemble, et il m'a donné à entendre que Thomas Hutter avait vécu sur mer assez librement dans sa jeunesse, d'où j'ai conclu qu'il avait vécu aux dépens des autres.

— Il vous a dit que Thomas Hutter avait été pirate. — Il est inutile de ménager les termes, quand on est entre amis.—Lisez ceci, et vous verrez qu'il ne vous a dit que la vérité. Le Thomas Hovey dont il y est question est le Thomas Hutter que vous avez connu, et la preuve s'en trouve dans ces lettres.

En parlant ainsi, les joues animées et les yeux étincelants, elle lui montra l'article du journal dont il a déjà été parlé.

— À quoi songez-vous, Judith? répliqua Deerslayer en riant; — autant vaudrait me dire d'imprimer cela, ou même de l'écrire. Mon éducation a été entièrement faite dans les bois; le seul livre que je sache lire, et que je me soucie de lire, est celui que Dieu a ouvert devant toutes ses créatures dans les nobles forêts, dans les lacs, dans les rivières, dans le firmament, dans les vents, dans les tempêtes, dans le soleil et les astres, et dans toutes les merveilles de la nature; je puis lire dans ce livre, et je le trouve plein de sagesse et de connaissances.

— Je vous demande pardon, Deerslayer, dit Judith avec une humilité qui ne lui était pas ordinaire, en voyant que sa demande avait pu, sans qu'elle y songeât, blesser l'amour-propre du jeune chasseur; — j'avais oublié votre genre de vie, et j'étais bien loin d'avoir la moindre pensée de vous offenser.

— De m'offenser! Et pourquoi m'offenserais-je de ce que vous m'engagez à lire quelque chose, quand je ne sais pas lire? Je suis un chasseur, — je puis commencer à dire un guerrier; — mais je ne suis pas un missionnaire, et par conséquent les livres et les écrits n'ont rien de commun avec moi. — Non, Judith, non; pas même pour bourrer ma carabine, car un bon chasseur emploie toujours pour bourre de la peau de daim, ou, s'il n'en a pas, un morceau de quelque autre cuir préparé. Il y a des gens qui disent que ce qui est imprimé est vrai; auquel cas je craindrais qu'un homme qui n'est pas savant ne doive se trouver quelquefois du nombre des pédants; cependant rien de tout cela ne peut être plus vrai que ce que Dieu a imprimé de sa propre main dans le firmament et les bois, dans les rivières et les sources.

— Eh bien donc, Hutter ou Hovey était un pirate; et comme il n'était pas mon père, je ne puis désirer de lui en donner le nom. Son nom ne sera plus le mien.

— Si vous n'aimez pas le nom de cet homme, il y a celui de votre mère qui peut vous rendre un aussi bon service.

— Je ne le connais pas. J'ai parcouru tous ces papiers dans l'espoir d'y découvrir qui était ma mère, mais il ne s'y trouve pas plus de traces du passé que l'oiseau n'en laisse de son vol dans les airs.

— Cela est extraordinaire et déraisonnable. Les parents sont tenus de laisser leur nom à leurs enfants, quand même ils ne leur laisseraient pas autre chose. Moi, par exemple, je sors d'une humble souche, quoique nous ayons des dons blancs et une nature blanche, mais nous ne sommes pas assez pauvres pour ne pas avoir de nom. Nous nous appelons Bumppo, et j'ai entendu dire, ajouta le jeune chasseur, les joues animées d'un peu de vanité humaine, qu'il fut un temps où la famille Bumppo figurait dans le monde plus haut qu'elle ne le fait à présent.

— Elle ne l'a jamais mieux mérité, Deerslayer, et c'est un nom respectable. Hetty ou moi, nous aimerions mille fois mieux être appelées Hetty ou Judith Bumppo, que Hetty ou Judith Hutter.

— Ce qui est moralement impossible, dit le chasseur en souriant avec gaieté, ou à moins que l'une de vous ne voulût s'abaisser jusqu'à m'épouser.

Judith ne put s'empêcher de sourire en voyant la conversation tomber si naturellement sur le sujet auquel elle désirait la conduire. Quoique bien loin d'être portée à faire des avances inconvenantes de la part d'une femme, et auxquelles répugnaient ses sentiments et ses habitudes, elle était excitée par le ressentiment d'injures qu'elle n'avait pas tout à fait méritées, par l'incertitude d'un avenir qui semblait ne lui laisser aucun lieu de repos et de sûreté, et par un sentiment aussi nouveau pour elle qu'exclusif; l'ouverture faite par Deerslayer venait donc trop à propos pour qu'elle la négligeât, et elle en profita avec l'adresse, sans doute excusable, d'une femme.

— Je ne crois pas que Hetty se marie jamais, Deerslayer, dit-elle; si votre nom devait être porté par l'une de nous, il faudrait donc que ce fût par moi.

— Eh, eh, Judith! On m'a dit aussi qu'il y a eu de belles femmes dans la famille de Bumppo; et si vous veniez à porter ce nom, ceux qui le connaissent ne seraient pas surpris de vous y voir, toute belle que vous êtes.

— Ce n'est point parler comme nous devons le faire l'un et l'autre, Deerslayer. Tout ce qui se dit sur un pareil sujet entre un homme et une femme doit se dire sérieusement et en toute sincérité de cœur. Oubliant donc cette timidité qui doit, en général, faire garder le silence à une jeune fille jusqu'à ce qu'on lui parle, j'agirai envers vous avec la franchise qui doit plaire à un caractère aussi généreux que le vôtre.—Croyez-vous,—pouvez-vous croire—que vous seriez heureux avec une femme comme moi?

— Une femme comme vous, Judith!—Mais à quoi bon plaisanter sur un pareil sujet? Une femme comme vous qui a assez de beauté, assez d'élégance, et, autant que je puis m'y connaître, assez d'éducation pour être l'épouse d'un capitaine, ne peut jamais penser à devenir la mienne. Je suppose que les jeunes filles qui savent qu'elles ont de l'esprit et de la beauté trouvent un certain plaisir à s'amuser aux dépens des jeunes gens qui n'ont ni l'un ni l'autre, comme un pauvre chasseur élevé parmi les Delawares.

Il parla ainsi d'un ton de bonne humeur, mais non sans laisser échapper quelques marques de sensibilité blessée. Rien n'aurait pu arriver de plus propre à éveiller les regrets généreux de Judith, ou à l'aider dans ses projets, en ajoutant à ses autres sentiments le stimulant d'un désir désintéressé de réparer son inadvertance, et en couvrant le tout de formes assez séduisantes et assez naturelles pour effacer l'impression désagréable que produisent les avances faites par une femme.

— Vous êtes injuste envers moi, s'écria-t-elle avec chaleur, si vous supposez que j'aie eu ce désir, ou même cette pensée. Jamais je n'ai parlé plus sérieusement de ma vie, jamais je n'ai été plus disposée à exécuter tel arrangement que nous pourrions prendre cette nuit. Ma main a déjà été demandée bien des fois, Deerslayer; depuis quatre ans, presque tous les trappeurs et chasseurs non mariés qui sont venus sur ce lac ont voulu me prendre pour femme, — et je crois même quelques-uns qui en avaient déjà une. Eh bien…

— Je réponds de cela, s'écria Deerslayer, oui, j'en réponds. Prenez-les en masse, Judith, et il n'y a pas dans le monde entier une classe d'hommes qui pensent plus à eux-mêmes, et qui s'inquiètent moins de Dieu et des lois.

— Eh bien! je n'ai ni voulu ni pu en écouter aucun, — heureusement pour moi, peut-être; — et pourtant il y avait parmi eux des jeunes gens très-bien faits; votre connaissance Henry March, par exemple.

— Oui, Harry plaît à la vue, et beaucoup plus qu'au jugement. J'ai cru d'abord que vous aviez dessein de le prendre pour mari, Judith. — Oui, je l'ai cru. Mais avant son départ il était aisé de voir que le même wigwam ne serait pas assez grand pour vous deux.

— En cela du moins vous m'avez rendu justice, Deerslayer. Hurry est un homme dont je ne voudrais jamais pour mari, fût-il dix fois plus agréable à l'œil, et cent fois plus brave qu'il ne l'est réellement.

— Pourquoi non, Judith? — Pourquoi non? J'avoue que je suis curieux de savoir pourquoi un jeune homme semblable à Hurry ne peut plaire à une jeune fille comme vous.

— Eh bien! je vous le dirai, Deerslayer, répondit Judith, saisissant avec empressement l'occasion de faire l'éloge des qualités qui l'avaient si fortement intéressée dans le jeune chasseur, et espérant, par ce chemin couvert, pouvoir s'approcher plus aisément du sujet qu'elle avait tant à cœur. D'abord, la beauté n'est d'aucune importance dans un homme pour une femme, pourvu qu'il ait l'air mâle, et qu'il ne soit ni contrefait ni difforme.

— Je ne puis être tout à fait de votre avis sur ce point, répondit son compagnon, car il avait une très-humble opinion de son extérieur. J'ai remarqué que les guerriers les mieux faits ont ordinairement pour femmes les plus jolies filles de la tribu, et le Grand-Serpent, qui est admirable quand il a le corps peint, est le favori de toutes les jeunes Delawares, quoiqu'il ait choisi Hist comme si elle était la seule beauté de sa tribu.

— Cela peut être vrai des Indiennes, mais il n'en est pas de même des blanches. Pourvu qu'un jeune homme ait une taille et des membres qui promettent de le mettre en état de protéger sa femme et d'écarter le besoin de sa porte, c'est tout ce qu'elles demandent de lui. Des géants comme Hurry peuvent figurer avantageusement comme grenadiers, mais ils n'obtiennent aucune préférence comme amants. Quant à la figure, un air d'honnêteté qui répond du cœur vaut mieux que la taille, la couleur, les yeux, les dents et tous les autres avantages de ce genre. Ils peuvent plaire dans une femme; mais qui peut y songer dans un chasseur, dans un guerrier ou dans un mari? S'il y a des femmes assez sottes pour cela, Judith n'est pas de ce nombre.

— Eh bien! vous m'étonnez. J'avais toujours cru que la beauté aimait la beauté, comme la richesse aime la richesse.

— Vous autres hommes, Deerslayer, vous pouvez penser ainsi; mais il n'en est pas toujours de même des femmes. Nous aimons les hommes qui ont un courage intrépide, mais nous désirons qu'ils soient modestes. Pour nous plaire, il faut qu'ils soient habiles à la chasse, braves à la guerre, prêts à mourir pour la droiture, et incapables de céder à l'injustice. Par-dessus tout, nous faisons cas de l'honnêteté, — d'une langue qui n'est pas accoutumée à dire ce que le cœur ne pense pas, et d'un cœur qui puisse prendre intérêt aux autres comme on en prend à soi-même. Une femme dont le cœur est bien placé mourrait pour un mari semblable; mais l'amant qui n'est que fanfaronnade et duplicité devient bientôt aussi laid à la vue qu'il est odieux au cœur.

Judith parlait avec autant de force que d'amertume; mais celui qui l'écoutait était trop frappé de la nouveauté des sensations qu'il éprouvait, pour faire beaucoup d'attention à la manière dont elle s'exprimait. Il y avait quelque chose de si flatteur pour l'humilité d'un homme de son caractère à entendre vanter par la plus belle femme qu'il eût jamais vue des qualités qu'il ne pouvait ignorer qu'il possédât, que ses facultés parurent un instant se concentrer dans une fierté naturelle et excusable. Ce fut alors que l'idée qu'il était possible qu'une créature telle que Judith devînt la compagne de toute sa vie se présenta pour la première fois à son esprit. Cette perspective était si agréable, si nouvelle, qu'il fut plus d'une minute absorbé dans ses pensées, ne songeant plus à regarder sa belle compagne, qui, assise à son côté, surveillait l'expression de sa physionomie franche et ouverte avec une attention qui lui permettait sinon de lire tout à fait dans son cœur, du moins de se faire une idée de ses sentiments. Jamais vision si flatteuse ne s'était offerte à l'imagination du jeune chasseur; mais habitué aux choses pratiques, et peu accoutumé à se soumettre au pouvoir de l'imagination, quoiqu'il eût le sentiment poétique en ce qui concernait toutes les productions de la nature, il recouvra bientôt sa raison, et sourit de sa faiblesse, à mesure que les traits brillants du tableau dont son esprit s'occupait commençaient à s'affaiblir, et il redevint l'être simple, sans éducation, mais moral au plus haut degré, qu'il était, assis dans l'arche de Thomas Hutter à minuit, à côté de son aimable fille supposée, dont les beaux yeux étaient fixés sur lui avec inquiétude, à la lueur d'une lampe solitaire.

— Vous êtes admirablement belle, attrayante et agréable à voir, Judith, dit-il avec sa simplicité ordinaire, quand la raison eut repris en lui l'ascendant sur l'imagination; oui, admirablement; et je ne suis pas surpris que Hurry soit parti mécontent et désappointé.

— Voudriez-vous que je fusse devenue la femme d'un homme comme Hurry, Deerslayer?

— Il y a du pour et du contre à dire sur cela. A mon avis, Hurry ne ferait pas le meilleur mari possible; mais je crois que bien des jeunes filles ne le jugeraient pas si sévèrement.

— Non, non; Judith sans nom ne voudrait jamais être appelée Judith March. Elle consentirait à tout plutôt qu'à cela.

— Judith Bumppo ne sonnerait pas si bien. Il y a beaucoup de noms qui sont moins doux à l'oreille que celui de March.

— Ah! Deerslayer! qu'est-ce que le son? Il faut qu'il parle au cœur et non à l'oreille. Tout paraît agréable quand le cœur est satisfait. Si Natty Bumppo se nommait Henry March, ce dernier nom me paraîtrait le plus agréable des deux, et le nom de Bumppo me paraîtrait horrible s'il était porté par Henry March.

— C'est cela même, oui, j'en vois la raison. Moi qui vous parle, j'ai une aversion naturelle pour les serpents; leur nom seul me fait horreur, et les missionnaires m'ont dit que cela est dans la nature humaine à cause d'un certain serpent qui, lors de la création du monde, a trompé la première femme; cependant, depuis que Chingachgook a mérité le titre de Grand-Serpent, ce nom est aussi doux à mon oreille que le chant des oiseaux au coucher du soleil par une belle soirée. Oui, c'est le sentiment, Judith, qui fait toute la différence dans les sons comme dans les traits.

— Cela est si vrai, Deerslayer, que je ne puis comprendre que vous trouviez étonnant qu'une jeune fille qui peut avoir quelque beauté ne juge pas nécessaire que son mari possède le même avantage, ou ce que vous regardez, vous autres hommes, comme un avantage en nous. La beauté d'un homme n'est rien pour moi, pourvu que ses traits proclament l'honnêteté de son cœur.

— Oui, l'honnêteté est le plus grand avantage à la longue; et ceux qui l'oublient le plus facilement en commençant, sont ceux qui le reconnaissent le mieux à la fin. Cependant, Judith, il y a bien des gens qui pensent plus aux profits actuels qu'aux avantages qu'il faut attendre du temps : ils regardent les uns comme assurés, et les autres comme incertains. Je suis pourtant charmé que vous voyiez les choses sous leur véritable point de vue, au lieu de les envisager comme ceux qui cherchent à se tromper eux-mêmes.

— C'est ainsi que je les regarde, Deerslayer, dit Judith avec emphase, quoique sa retenue naturelle ne lui permit pas d'en venir à une offre directe de sa main; et je puis dire du fond du cœur que je confierais plutôt le soin de mon bonheur à un homme qui n'aurait pour lui que sa franchise et ses sentiments honnêtes, qu'à un misérable à cœur faux et à langue fausse, qui posséderait des caisses pleines d'or, des maisons, des terres; oui, et qui serait même assis sur un trône.

— Ce sont de belles paroles, Judith; oui, véritablement de belles paroles; mais croyez-vous que le même sentiment les accompagnerait, si vous étiez au fait et au prendre? Si vous aviez d'un côté un jeune galant en habit écarlate, dont la tête laisserait après elle une piste comme le pied d'un daim, le visage lisse et vermeil comme le vôtre, les mains aussi douces et aussi blanches que si Dieu ne les avait pas données à l'homme pour qu'il pût vivre à la sueur de son front, la démarche aussi gracieuse qu'aurait pu la rendre un maître à danser; et de l'autre un homme qui, ayant passé sa vie en plein air, aurait le front aussi rouge que les joues, qui aurait eu à se frayer un chemin à travers les broussailles et les marécages, au point que ses mains seraient devenues aussi dures que les chênes sous lesquels il aurait si souvent dormi, qui aurait suivi la piste du gibier jusqu'à ce que ses pas fussent devenus aussi circonspects que ceux du chat sauvage, et dont les cheveux n'auraient d'autre parfum que celui du grand air et des forêts; si deux hommes semblables étaient devant vous en ce moment, et vous demandaient votre main, lequel croyez-vous que vous préféreriez ?

Les joues de Judith s'animèrent, car le portrait que son compagnon venait de tracer d'un jeune officier avait été autrefois particulièrement agréable à son imagination, quoique l'expérience et le désappointement eussent changé ses sentiments à cet égard, et leur eussent même donné un cours contraire; et cette image passagère eut sur elle une influence momentanée; mais elle la surmonta à l'instant, et le sang abandonna ses joues plus vite qu'il n'y était monté.

— Aussi vrai que Dieu est mon juge, répondit Judith d'un ton solennel, si deux hommes semblables étaient devant moi, comme je puis dire que l'un d'eux s'y trouve, je choisirais le second, ou je connais bien mal mon cœur. Je ne désire pas un mari qui vaille mieux que moi sous aucun rapport.

— Cela est agréable à entendre, et avec le temps cela pourrait induire un jeune homme à oublier son manque de mérite. Quoi qu'il en soit, Judith, vous pouvez à peine penser tout ce que vous dites. Un homme semblable à moi est trop grossier et trop ignorant pour prétendre à une jeune fille qui a eu une telle mère pour l'instruire. Je crois que la vanité est un sentiment naturel, mais une vanité semblable serait contre toute raison

— En ce cas, vous ne savez pas de quoi le cœur d'une femme est capable. Vous n'êtes pas grossier, Deerslayer, et l'on ne peut appeler ignorant celui qui a aussi bien étudié que vous tous les objets qu'il a sous les yeux. L'affection fait paraître toutes choses sous leurs couleurs les plus agréables, et tout le reste est négligé ou oublié. Quand les rayons du soleil pénètrent dans le cœur, il n'y a plus rien de sombre, et les objets les plus communs prennent un aspect brillant. C'est ce qui aurait lieu entre vous et la femme qui vous aimerait, quand même il arriverait que cette femme eût, sous certains rapports, ce que le monde appellerait quelque avantage sur vous.

— Vous sortez d'une race fort au-dessus de la mienne dans le monde, Judith, et l'inégalité, en mariage comme en amitié, n'amène ordinairement rien de bon. Je parle de cela comme d'une chose imaginaire, car il n'est nullement vraisemblable que, vous du moins, vous puissiez en parler comme d'une affaire pouvant jamais arriver.

Judith fixa ses yeux d'un bleu foncé sur la physionomie franche et ouverte de son compagnon, comme si elle eût voulu lire au fond de son âme. Elle n'y vit rien qui indiquât le détour ou la réserve, et elle fut obligé d'en conclure qu'il regardait cette conversation comme une discussion sur une proposition générale et imaginaire, et non sur un fait spécial et positif, et qu'il ne se doutait pas encore qu'elle prît un intérêt de cœur à la solution de cette question. D'abord elle en fut offensée; mais elle reconnut bientôt qu'il serait injuste de lui faire un crime de son humilité et de sa modestie, et cette nouvelle difficulté donna à la situation de l'affaire quelque chose de piquant qui augmenta encore l'intérêt qu'elle prenait à lui. En ce moment critique un changement de plan se présenta à son esprit, et avec une promptitude d'invention qui appartient particulièrement aux personnes spirituelles et ingénieuses, elle conçut et adopta sur-le-champ un projet dont elle crut que le résultat serait infailliblement de l'attacher à elle, projet qui partait de son imagination fertile et de son caractère décidé. Cependant pour que l'entretien ne se terminât pas trop brusquement, et qu'il ne pût avoir aucun soupçon de son dessein, elle répondit à la dernière remarque de Deerslayer avec la même chaleur et la même vérité que si elle eût persisté dans sa première intention.

— Je n'ai certainement pas lieu de tirer vanité de ma famille, après ce que j'ai lu cette nuit, dit-elle d'un ton mélancolique. — J'ai eu une mère, il est vrai, mais je n'en connais pas même le nom; et quant à mon père, il vaut peut-être mieux que je ne sache jamais qui il était, de peur que je ne parle de lui avec trop d'amertume.

— Judith, dit Deerslayer en lui prenant la main cordialement, et avec un ton de franchise et de sincérité qui alla droit au cœur de la jeune fille, il vaut mieux que nous n'en disions pas davantage cette nuit. Dormez sur tout ce que vous venez de lire et de sentir, et demain matin les choses qui vous paraissent à présent sombres et tristes prendront un aspect plus riant. Surtout ne faites jamais rien par amertume de cœur, ou parce qu'il vous semblerait que vous trouveriez quelque plaisir à faire retomber sur vous les fautes des autres. Tout ce qui s'est dit et passé entre nous cette nuit est votre secret, et jamais je n'en dirai mot à personne; non, pas même au Grand-Serpent, et s'il ne peut le tirer de moi, vous pouvez être bien sûre que personne ne le pourra jamais. Si vos parents ont commis quelques fautes, que leur fille n'en commette aucune. Songez que vous êtes jeune, et les jeunes gens peuvent toujours espérer un temps plus heureux. Vous avez plus d'esprit que bien des gens, et c'est un moyen de se tirer des difficultés. Quant à la beauté, vous en avez plus que je n'en ai jamais vu, et c'est un avantage partout. — Mais il est temps de prendre un peu de repos; car demain sera un jour d'épreuve pour quelques-uns de nous.

Deerslayer se leva en parlant ainsi, et Judith n'eut pas autre chose à faire que de l'imiter. La caisse fut refermée, et ils se quittèrent en silence. Judith alla prendre sa place à côté de Hist et de Hetty, et le jeune chasseur, s'enveloppant d'une couverture, s'étendit sur le plancher de la cabine où il était. Cinq minutes ne se passèrent pas avant qu'il fût profondément endormi; mais Judith resta longtemps éveillée. Elle savait à peine si elle devait regretter ou se réjouir de n'avoir pu se faire comprendre : d'une part sa délicatesse comme femme avait été ménagée, de l'autre elle éprouvait le désappointement de voir ses espérances déçues, ou du moins leur accomplissement différé, et elle restait dans l'incertitude d'un avenir qui se présentait sous un aspect si sombre. Alors vint la nouvelle résolution et le projet hardi qu'elle avait formé pour le lendemain; et quand enfin la fatigue lui ferma les yeux, son imagination lui présenta une scène de succès et de bonheur, grâce à l'influence d'un tempérament sanguin et d'un heureux pouvoir d'invention!

CHAPITRE XXV.

> Mais à présent, ma mère, une ombre est tombée sur mes plus brillantes visions; un sombre brouillard a couvert ce qui reste de ma courte carrière! Je ne puis plus trouver ni chants ni échos; la source qui les produisait est tarie.
> MARGUERITE DAVIDSON.

Hist et Hetty se levèrent au retour de la lumière, laissant Judith encore ensevelie dans le sommeil. Il ne fallut qu'une minute à la première pour faire sa toilette. Ses longs cheveux, noirs comme le jais, furent réunis pour former un simple nœud; son vêtement de calicot fut serré sur sa taille svelte, et ses petits pieds furent cachés dans des moccasins ornés à la manière de sa tribu. Une fois habillée, elle laissa sa compagne occupée des soins domestiques, et se rendit sur la plate-forme pour respirer l'air du matin. Là, elle trouva Chingachgook étudiant les rivages du lac, les montagnes et le firmament, avec la sagacité d'un habitant des bois et la gravité d'un Indien.

La rencontre des deux amants fut simple, mais affectueuse. Le chef lui montra une affection mâle, également éloignée de la faiblesse et de l'empressement d'un jeune homme, tandis que la jeune fille laissait voir dans son sourire et dans ses regards à demi détournés la tendresse timide de son sexe. Ni l'un ni l'autre ne parla, à moins que ce ne fût des yeux, quoique chacun d'eux entendît l'autre aussi bien que s'ils eussent épuisé tout un vocabulaire de mots et de protestations. Hist avait rarement paru plus à son avantage que ce matin-là : sortant des bras du repos, venant de faire ses ablutions, ses jeunes traits offraient une fraîcheur que les travaux des bois ne laissent pas toujours aux plus jeunes et plus jolies Indiennes. Non-seulement Judith, depuis leur courte connaissance, lui avait communiqué une partie de son goût en toilette, mais elle lui avait même donné quelques ornements choisis parmi les siens, et qui ne contribuaient pas peu à relever les grâces naturelles de la jeune Indienne. Son amant le remarqua, et un rayon de plaisir brilla un instant sur sa physionomie; mais elle reprit bientôt son air grave, et devint même triste et inquiète. Les escabelles dont on s'était servi la veille étaient encore sur la plate-forme; il en prit deux, les plaça contre le mur de la maison, s'assit sur l'une et fit signe à sa compagne de s'asseoir sur l'autre. Cela fait, il resta pensif et silencieux plus d'une minute, conservant l'air de dignité réfléchie d'un chef né pour prendre sa place autour du feu du conseil, pendant que Hist, avec l'air de patience et de soumission qui convenait à une femme de sa nation, épiait d'un regard furtif l'expression de sa physionomie. Enfin le jeune guerrier étendit un bras en avant, et dirigea lentement sa main vers le lac, vers les montagnes et vers le firmament, comme pour montrer ce glorieux panorama à l'heure du lever du soleil. Hetty suivit des yeux tous ses mouvements, et sourit de plaisir à mesure qu'une nouvelle beauté s'offrait à ses regards.

— Hugh! s'écria le chef, admirant une scène à laquelle il n'était pas lui-même habitué, car c'était le premier lac qu'il eût jamais vu.

— C'est ici le pays du Manitou, Hist! il est trop beau pour les Mingos. Cependant les chiens de cette tribu hurlent en meutes dans les bois. Ils pensent que les Delawares sont endormis au-delà des montagnes.

— Ils le sont tous à l'exception d'un seul, Chingachgook. Il y en a un ici, et il est du sang d'Uncas.

— Que peut faire un guerrier contre une tribu? — Le chemin qui conduit à nos villages est long et tortueux. Nous aurons à voyager sous un ciel couvert de nuages, et je crains, Chèvrefeuille des Montagnes, que nous ne soyons obligés de faire ce voyage seuls.

Hist comprit l'allusion, et devint triste. Il était pourtant doux à son oreille de s'entendre comparer par le guerrier qu'elle aimait au plus beau et au plus odoriférant des arbrisseaux qui croissaient sur leurs montagnes. Cependant elle continua à garder le silence, comme elle devait le faire quand il s'agissait d'un objet de grave intérêt dont il convenait aux hommes seuls de s'occuper, quoique ses habitudes acquises ne pussent cacher le léger sourire que l'affection satisfaite appelait sur sa jolie bouche.

— Quand le soleil sera là, continua le Delaware, montrant le zénith simplement en levant une main et un doigt, le grand chasseur de notre tribu retournera chez les Hurons, pour y être traité comme un ours, qu'ils écorchent et qu'ils font rôtir, même quand ils ont l'estomac plein.

— Le Grand-Esprit peut adoucir leurs cœurs, et les détourner de leurs projets sanguinaires. J'ai vécu chez les Hurons, et je les connais. Ils ont un cœur, et ils n'oublieront pas leurs propres enfants, qui peuvent tomber entre les mains des Delawares.

— Un loup hurle toujours, un porc mange sans cesse. Ils ont perdu des guerriers, leurs femmes mêmes crieront vengeance. Notre ami à face pâle a les yeux d'un aigle, et il peut voir dans le cœur d'un Mingo; il n'attend aucune merci. Il y a un nuage sur son esprit, quoiqu'il n'y en ait pas sur ses traits.

Il y eut une longue pause, pendant laquelle Hist passa une main sous le bras du chef comme si elle eût eu besoin de son appui, quoiqu'elle osât à peine jeter un coup d'œil à la dérobée sur ses traits, dont l'expression était devenue terrible au milieu des passions qui l'agitaient.

— Que dira le fils d'Uncas? demanda-t-elle enfin d'une voix timide. — C'est un des chefs de la tribu, et il est déjà célèbre dans le conseil, quoique si jeune encore. Quel parti son cœur lui présente-t-il comme le plus sage ? Sa tête parle-t-elle comme son cœur ?

— Que dit Wah-ta!-Wah, dans un moment où mon plus cher ami est en si grand danger ? Les petits oiseaux sont ceux qui chantent le mieux ; il est toujours agréable d'entendre leur voix. Je voudrais entendre chanter le Roitelet des Bois dans la difficulté où je me trouve. Son chant arriverait plus profondément jusqu'à mes oreilles.

Hist éprouva encore une fois la vive satisfaction que causent toujours les éloges quand ils nous sont accordés par ceux que nous aimons. — Le Chèvrefeuille des Montagnes était un nom que les jeunes guerriers delawares donnaient souvent à Hist, quoiqu'elle n'en trouvât jamais le son si agréable sur leurs lèvres que sur celles de Chingachgook ; mais ce dernier était le seul qui l'eût jamais appelée le Roitelet des Bois ; c'était une expression devenue familière dans sa bouche, et Hist aimait particulièrement à l'entendre, car elle y trouvait l'assurance que ses avis et ses sentiments étaient aussi agréables à son mari futur que son langage et le son de sa voix. Elle serra la main du jeune guerrier entre les deux siennes, et lui répondit :

— Wah-ta!-Wah dit que ni elle ni le Grand-Serpent ne pourront plus rire, et qu'ils ne dormiront jamais sans rêver aux Hurons, si Deerslayer périt sous le tomahawk des Mingos sans qu'ils fassent rien pour le sauver. Elle aimerait mieux retourner en arrière et faire son long voyage toute seule, que de laisser un nuage si noir couvrir le bonheur de toute sa vie.

— Bon ! Le mari et la femme n'auront qu'un cœur, ils verront des mêmes yeux, et seront animés des mêmes sentiments.

Il est inutile de rapporter la suite de cette conversation. Elle continua à rouler sur Deerslayer, et l'on verra ci-après quelle détermination prit le jeune couple. Cet entretien durait encore quand le soleil se montra au-dessus de la cime des pins, et versa des torrents de lumière sur le lac, sur les forêts et sur les collines. Le jeune chasseur sortit en ce moment de la cabine de l'arche, et monta sur la plate-forme. Son premier regard fut pour le firmament, dont aucun nuage ne couvrait l'azur ; le second fut pour admirer ce beau panorama d'eau et de verdure ; alors il fit un signe de tête à son ami, et adressa un sourire enjoué à la jeune Indienne.

— Eh bien, dit-il avec l'air calme et tranquille qui lui était ordinaire, celui qui voit le soleil se coucher à l'ouest, et qui s'éveille assez de bonne heure le lendemain matin, est sûr de le voir reparaître à l'est, comme un daim poursuivi par les chiens finit par retourner dans son fort. J'ose dire que vous avez vu cela bien des fois, Hist, et que vous n'avez jamais songé à vous en demander la raison.

Chingachgook et sa fiancée levèrent les yeux sur le grand luminaire, d'un air qui annonçait une surprise soudaine, et ils se regardèrent ensuite l'un l'autre comme pour se demander la solution de cette difficulté. L'habitude de voir les plus grands phénomènes de la nature empêche les sens d'en être frappés, et ces deux enfants des forêts n'avaient jamais songé à chercher quelles étaient les causes d'un mouvement qui s'opérait chaque jour, quelque difficile qu'il fût de l'expliquer. Quand cette question fut présentée à leur esprit d'une manière si subite, qu'ils en furent également frappés au même instant, et avec la même force que le serait un savant de quelque proposition nouvelle et brillante dans les sciences, Chingachgook seul jugea à propos d'y répondre.

— Les Faces-Pâles savent tout, dit-il ; — peuvent-ils nous dire pourquoi le soleil se cache quand il retourne à l'est pendant la nuit ?

— Ah ! ah ! voilà la science des Peaux-Rouges, dit Deerslayer en riant ; car il n'était pas insensible au plaisir de prouver la supériorité de sa race en expliquant ce problème, ce qu'il fit à sa manière particulière et d'un ton plus grave, quoique trop simple pour que personne eût pu y voir de l'affectation. — Ecoutez, Serpent, cela s'explique plus aisément que la cervelle d'un Indien ne peut se l'imaginer. Quoique le soleil semble voyager toute la journée dans le ciel, il ne change jamais de place ; c'est la terre qui tourne autour de lui, et cela est facile à comprendre. Qu'on se place, par exemple, près d'une roue de moulin pendant qu'elle est en mouvement, on verra qu'il y en a la moitié qui regarde le ciel, tandis que l'autre est dans l'eau. Il n'y a pas un grand secret à cela ; c'est tout simplement la nature. La seule difficulté, c'est de mettre la terre en mouvement.

— Comment mon frère sait-il que la terre tourne ? Peut-il le voir ?

— C'est là l'embarras, j'en conviendrai, Delaware, car je l'ai souvent essayé, et je n'ai jamais pu y réussir tout à fait. Quelquefois je me suis imaginé que je pouvais le voir, mais j'ai été obligé de reconnaître que c'était une chose impossible. Quoi qu'il en soit, elle tourne, comme le disent tous les blancs, et il faut bien les croire, puisqu'ils peuvent prédire les éclipses et d'autres prodiges qui jetaient la terreur dans toutes vos tribus, comme l'apprennent vos traditions.

— Bon! cela est vrai; nul homme rouge ne le niera. Mais quand une roue tourne, mes yeux la voient tourner, et ils ne voient pas tourner la terre.

— Ah! c'est ce que j'appelle l'obstination des sens. Voir est croire, disent certaines gens, et ils refusent de croire ce qu'ils ne voient pas. Ce n'est pourtant pas une aussi bonne raison qu'elle le paraît d'abord, chef. Vous croyez au Grand-Esprit, je le sais, et cependant vous seriez embarrassé de dire où vous l'avez vu.

— Chingachgook le voit partout, — dans toutes les bonnes choses, — comme le Mauvais-Esprit dans les mauvaises. — Il le voit ici, dans ce lac; là-bas, dans la forêt; là-haut, dans le firmament. — Il le voit dans Hist, dans Tamenund, dans Deerslayer, comme il voit le Mauvais-Esprit dans les Mingos. Je sais et je vois tout cela, mais je ne vois pas la terre tourner.

— Je ne m'étonne pas qu'on vous appelle le Grand-Serpent, chef; non, je n'en suis pas étonné : il y a toujours de l'intelligence dans vos discours, comme il y en a sur votre physionomie. Cependant votre réponse ne répond pas à mon idée. Je conviens que Dieu se montre dans tout ce qui existe dans la nature; mais il n'y est pas visible de la manière que je l'entends. Vous savez qu'il existe un Grand-Esprit, d'après ses œuvres, et les blancs savent que la terre tourne, d'après les résultats de son mouvement. C'est là toute la raison de la chose; mais pour en expliquer les détails, c'est plus que je ne saurais faire. Ce que je sais, c'est que c'est un fait que croient toutes les nations blanches, et ce que toutes les Faces-Pâles croient être vrai.

— Quand les rayons du soleil tomberont demain sur ce pin, où sera mon frère Deerslayer?

Le jeune chasseur tressaillit et regarda fixement son ami, quoique sans montrer aucune alarme. Il lui fit signe de le suivre, et le conduisit dans l'arche, afin de pouvoir continuer ce nouveau sujet d'entretien sans risquer d'être entendu par des êtres dont la sensibilité pourrait l'emporter sur la raison. Là il s'arrêta, et reprit la parole d'un ton plus confidentiel.

— Il n'était pas tout à fait raisonnable à vous, Serpent, de me faire une pareille question en présence de Hist, et quand il était possible que deux jeunes filles de ma couleur nous entendissent. Oui, cela était un peu moins raisonnable que la plupart des choses que vous faites. Mais n'importe, Hist n'y a rien compris, et les autres n'en ont rien entendu. — C'est une question plus facile à faire qu'il ne l'est d'y répondre. Personne ne peut dire où il sera quand le soleil se lèvera demain. — Je vous fais la même question, Serpent, et je suis curieux de savoir comment vous y répondrez.

— Chingachgook sera avec son ami Deerslayer. S'il est dans le pays des esprits, le Grand-Serpent y rampera à son côté ; s'il est encore sous le soleil, la lumière et la chaleur de cet astre tomberont sur l'un et sur l'autre.

— Je vous entends, Delaware, répondit le chasseur, touché du dévouement de son ami ; un tel langage est clair dans toutes les langues ; il vient du cœur et il va au cœur. Il est bien de penser et de parler ainsi, mais il ne serait pas bien de le faire. Vous n'êtes plus seul dans le monde ; car, quoique vous ayez à changer de loge et à accomplir d'autres cérémonies avant que Hist soit votre femme légitime, vous êtes déjà comme mariés en tout ce qui concerne les sentiments du cœur, le plaisir et le chagrin. — Non, non ; il ne faut pas que Hist soit abandonnée parce qu'un nuage un peu imprévu s'est placé entre vous et moi, et qu'il est un peu plus noir que nous ne nous y attendions.

— Hist est une fille des Mohicans ; elle sait obéir à son mari. Où il ira, elle le suivra. Tous deux seront avec le grand chasseur des Delawares, quand le soleil se montrera par-dessus ce pin demain matin.

— Que le ciel vous protége, chef ! c'est de la folie véritable. Pouvez-vous l'un ou l'autre ou tous deux changer la nature d'un Mingo ? Vos regards menaçants, les larmes et la beauté de Hist, ne peuvent changer un loup en écureuil, ni rendre un chat sauvage innocent comme un faon. Non, Serpent, vous y penserez mieux, et vous me laisserez entre les mains de Dieu. Après tout, il n'est nullement certain que ces vagabonds aient dessein de me mettre à la torture. Ils peuvent avoir de la pitié, et songer à la perversité d'une telle conduite, quoiqu'il soit difficile d'espérer qu'un Mingo se détournera du mal et laissera entrer la compassion dans son cœur. Cependant personne ne peut savoir positivement ce qui peut arriver, et une jeune créature comme Hist ne doit pas être risquée sur une incertitude. Le mariage est une affaire toute différente de ce que s'imaginent quelques jeunes gens. Si vous étiez garçon, ou comme garçon, Chingachgook, je m'attendrais à vous voir rôder autour du camp de cette vermine depuis le lever du soleil jusqu'à son coucher, cherchant à les tromper, infatigable comme un bon chien qui suit une piste, et faisant tout au monde pour m'aider et pour mettre l'ennemi en défaut ; mais deux sont quelquefois plus faibles que ne le serait un seul, et nous devons prendre les choses comme elles sont, et non comme nous voudrions qu'elles fussent.

— Ecoutez-moi, Deerslayer, reprit l'Indien avec une emphase qui annonçait sa détermination : si Chingachgook était entre les mains des Hurons, que ferait mon frère à face pâle? S'il était à ma place, s'enfuirait-il dans nos villages, pour dire aux chefs, aux vieillards et aux jeunes guerriers : — Voyez, voici Wha-ta!-Wha, un peu fatiguée, mais en sûreté; et voici le fils d'Uncas, également en sûreté, et moins fatigué que le Chèvrefeuille parce qu'il est plus fort? Ferait-il cela?

— Eh bien, voilà qui est incompréhensiblement ingénieux. Sur ma foi! il y entre assez d'astuce pour un Mingo. Dieu sait ce qui a pu vous mettre dans la tête de me faire une telle question. Ce que je ferais? D'abord, Hist ne serait pas en ma compagnie, car elle resterait aussi près de vous qu'il lui serait possible, et par conséquent tout ce que je pourrais dire relativement à elle ne serait que sottises; et quant à être fatiguée, elle ne pourrait l'être puisqu'elle n'aurait pas fait ce voyage, et pas un seul mot de votre discours ne sortirait de ma bouche. Vous voyez donc, Serpent, que la raison est contre vous, et vous ferez bien d'y renoncer; car raisonner contre la raison est indigne d'un chef de votre caractère et de votre réputation.

— Mon frère n'est pas lui-même. Il oublie qu'il parle à un homme qui s'est assis autour du feu du conseil de sa nation. Quand les hommes parlent, ils ne doivent pas dire des choses qui entrent par une oreille et qui sortent par l'autre; leurs paroles ne doivent pas être des plumes si légères, qu'un vent qui ne ride pas la surface de l'eau puisse les emporter. Il n'a pas répondu à ma question; et quand un chef fait une question, son ami ne doit point parler d'autre chose.

— Je vous comprends, Delaware; oui, j'entends fort bien ce que vous voulez dire, la vérité ne me permet pas de le nier. Cependant il n'est pas aussi aisé de vous répondre que vous paraissez le croire, et cela pour une raison toute simple que je vais vous dire. — Vous voulez que je vous dise ce que je ferais si j'avais, comme vous, une fiancée ici, sur ce lac, et un ami là-bas, dans le camp des Hurons, exposé à subir la torture; n'est-ce pas cela?

L'Indien fit un signe affirmatif, sans rompre le silence, et toujours avec gravité, quoique son œil étincelât en voyant l'embarras de son ami.

— Eh bien, je n'ai jamais eu de fiancée, jamais aucune jeune-fille n'a fait naître en moi la même espèce de sentiment que vous éprouvez pour Hist, quoique je prenne intérêt à toutes, comme Dieu le sait. Cependant mon cœur, comme on le dit, n'a jamais été touché de cette manière, et par conséquent je ne puis dire ce que je ferais. Un ami tire fort, je le sais par expérience, Serpent; mais d'après tout ce que j'ai vu et entendu dire de l'amour, je suis porté à croire qu'une fiancée tire encore plus fort.

— Très-vrai; mais la fiancée de Chingachgook ne le tire pas vers les villages des Delawares, elle le tire vers le camp des Hurons.

— C'est une noble fille, oui, avec ses petites mains et ses petits pieds, qui ne sont pas plus gros que ceux d'un enfant, et une voix qui est aussi agréable que celle de l'oiseau moqueur; c'est une noble fille, et elle est digne de la souche dont elle sort. Eh bien, de quoi s'agit-il, Serpent? car je suppose qu'elle n'a pas changé d'idée, et qu'elle n'a pas envie d'aller devenir la femme d'un Huron. Qu'est-ce que vous voulez faire?

— Wha-ta!-Wha n'habitera jamais le wigwam d'un Iroquois. Elle a de petits pieds, mais ils sont en état de la porter jusqu'aux villages de son peuple. Elle a de petites mains, mais son esprit est grand. Mon frère verra ce que nous pouvons faire quand le moment en sera venu, plutôt que de le laisser périr sous les tortures des Mingos.

— Ne faites rien d'imprudent, Delaware! Je suppose que vous voudrez faire ce qu'il vous plaira, et peut-être est-il juste que vous le fassiez, car vous ne seriez pas heureux si vous ne tentiez quelque chose; mais point de témérité. Je croyais que vous resteriez sur le lac jusqu'à ce que mon sort soit décidé; mais souvenez-vous-en bien, Serpent, la diablerie des Mingos peut inventer toutes les tortures que bon leur semblera; ils peuvent m'insulter et me vilipender, m'arracher les ongles, me brûler à petit feu, m'écorcher; rien ne me fera autant souffrir que de vous voir, vous et Hist, tomber entre les mains de l'ennemi en cherchant à faire quelque chose pour moi.

— Les Delawares sont prudents. Deerslayer ne les verra pas entrer les yeux fermés dans un camp ennemi.

Là se termina la conversation, Hetty étant venue annoncer que le déjeuner était prêt, et ils furent bientôt tous assis devant une table couverte de mets simples, suivant la coutume des frontières. Judith fut la dernière à y prendre sa place. Elle était pâle, et sa physionomie annonçait qu'elle avait passé la nuit péniblement, sinon sans dormir. A peine une syllabe fut-elle prononcée pendant le repas. Les trois femmes n'avaient pas d'appétit, mais les deux hommes en montrèrent autant qu'à l'ordinaire. On quitta la table de bonne heure, et il restait encore plusieurs heures à s'écouler avant que le prisonnier en congé fût obligé de dire adieu à ses amis. La connaissance de cette circonstance, et l'intérêt que tous prenaient à lui, firent qu'ils se rassemblèrent de nouveau sur la plate-forme pour rester près de lui, écouter ses discours, et lui prouver leur affection en allant au-devant de tous ses désirs. Deerslayer, autant que des yeux humains pouvaient s'en apercevoir, n'éprouvait aucune émotion, et il causait d'un ton naturel et enjoué, quoiqu'il évitât toute allusion directe au grand événement qui devait avoir lieu dans la soirée. Si l'on pouvait découvrir quelque symptôme indiquant que ses pensées se portaient sur ce sujet pénible, c'était dans la manière dont il parlait de la mort, et du grand et dernier changement qu'elle cause dans notre être.

— Ne vous affligez pas, Hetty, dit-il en cherchant à la consoler du chagrin qu'elle montrait encore de la perte de ses parents; ne vous affligez pas, puisque Dieu a prononcé que nous devons tous mourir. Vos parents, ou ceux que vous regardiez comme vos parents, ce qui est la même chose, sont partis avant vous; mais c'est l'ordre de la nature, ma bonne fille : les vieux s'en vont d'abord, et les jeunes les suivent. Mais quand on a eu une mère comme la vôtre, on ne peut avoir que de bonnes espérances sur la manière dont les choses tourneront pour elle dans un autre monde. Le Delaware que voilà croit qu'il ira chasser après sa mort dans la terre des esprits, et Hist et lui ont à ce sujet les idées qui conviennent à leur nature et à leurs dons comme Peaux-Rouges. Nous qui sommes du sang blanc, nous avons une doctrine différente. Je suis pourtant porté à croire que notre paradis et leur terre des esprits sont la même chose, et que le chemin qui y conduit est fréquenté par les hommes de toutes les couleurs. Il est impossible aux méchants d'y entrer, j'en conviens; mais je ne pense pas que les amis qui ont bien vécu soient séparés, quoiqu'ils soient de différentes races sur la terre. Tranquillisez-vous donc, Hetty, et attendez en paix le jour où vous reverrez votre mère, et où vous n'aurez plus à craindre ni peine ni chagrin.

— J'espère bien revoir ma mère, répondit Hetty avec simplicité; mais que deviendra mon père?

— Je ne sais que lui répondre, Delaware, dit le chasseur à son ami en dialecte indien; non, je ne sais quelle réponse lui faire. Le Rat-Musqué n'a pas été un saint sur la terre, et il est permis de douter un peu qu'il en soit un dans l'autre monde. — Hetty, continua-t-il en anglais, nous devons toujours espérer le mieux, c'est le plus sage, et c'est ce qui met l'esprit le plus en repos, quand on peut le faire. Je vous recommande de mettre votre confiance en Dieu, et de ne pas vous livrer à de fâcheux pressentiments et à des craintes inutiles. — Il est étonnant, Judith, combien les hommes se font d'idées différentes sur l'avenir, les uns s'imaginant une chose, les autres une autre. J'ai connu des missionnaires qui enseignaient que tout était esprit dans l'autre monde, et j'en ai vu qui disaient que les corps y seront transportés, à peu près comme le pensent les Peaux-Rouges ; que nous nous y promènerons en chair et en os, que nous nous y reconnaîtrons, et que nous y causerons avec nos amis comme nous le faisons ici.

— Laquelle de ces opinions vous plait davantage, Deerslayer ? demanda Judith. Vous serait-il désagréable de penser que vous retrouverez dans un autre monde tous ceux qui sont en ce moment sur cette plate-forme ? ou nous avez-vous connus assez ici pour être charmés de ne plus nous revoir ?

— Cette idée remplirait ma mort d'amertume. Il y a maintenant huit bonnes années que le Serpent et moi nous avons commencé à chasser ensemble, et la pensée que nous ne nous reverrions jamais serait cruelle pour moi. Il attend avec confiance le moment où nous chasserons de compagnie une espèce d'esprits de daims sur des plaines où il ne croîtra ni ronces ni épines, et où il n'y aura ni marécages ni autres obstacles à surmonter. Moi, je ne puis entrer dans toutes ces idées, vu qu'elles paraissent contre toute raison. Des esprits ne peuvent avoir besoin ni de nourriture ni de vêtements, et l'on ne peut légitimement chasser les daims que pour les tuer, ni les tuer que pour se nourrir de leur chair, ou se couvrir de leur peau. Or, je trouve difficile de croire que des esprits bienheureux s'occupent à chasser sans objet, et tourmentent de pauvres animaux uniquement pour s'en faire un amusement. Je n'ai jamais tiré un coup de fusil sur un daim, Judith, à moins que je n'eusse besoin de nourriture ou de vêtements pour moi ou pour les autres.

— Et ce souvenir, Deerslayer, doit être à présent une grande consolation pour vous.

— Sans doute, mes amis ; c'est cette pensée qui met un homme en état de songer sans crainte au terme de son congé. On pourrait y être exact sans cela, j'en conviens, car les Peaux-Rouges les moins honnêtes font quelquefois leur devoir à cet égard ; mais cela rend plus léger, sinon tout à fait à notre goût, ce qui semblerait bien lourd sans cela. Rien ne rend le cœur plus ferme qu'une conscience qui n'est chargée d'aucun poids.

Judith devint plus pâle que jamais, mais elle fit un grand effort pour maîtriser son émotion, et elle y réussit. Cependant la lutte avait été si forte, que la victoire la laissa peu disposée à parler, et ce fut Hetty qui prit la parole à sa manière simple et naturelle.

— Il serait cruel, dit-elle, dans ce monde et dans un autre, de tuer de pauvres daims quand on n'a besoin ni de leur chair ni de leur peau. Nul homme de bien ne voudrait le faire, n'importe qu'il soit blanc ou rouge. Mais il est impie à un chrétien de parler d'aller à la chasse de quelque créature que ce soit dans le ciel. Une pareille chose ne peut se faire devant la face de Dieu, et le missionnaire qui prêche une doctrine contraire doit être un loup sous une peau de mouton.—Je suppose que vous savez ce que c'est qu'un mouton, Deerslayer?

— Oui, oui, Hetty, et c'est une créature utile pour ceux qui préfèrent le drap à une peau pour se couvrir l'hiver. Je comprends la nature des moutons, quoique je ne m'en sois jamais beaucoup occupé, et je connais encore mieux celle des loups. Je puis me faire une idée d'un loup sous une peau de mouton, quoiqu'il me semble que ce serait une jaquette un peu chaude pour un pareil animal pendant les mois d'été.

— Et l'hypocrisie et tous les péchés sont aussi des jaquettes bien chaudes, ajouta Hetty, comme l'éprouveront ceux qui s'en couvrent. Ainsi le loup ne serait pas dans une situation plus pénible que le pêcheur. Les esprits ne s'occupent ni à chasser, ni à pêcher, ni à prendre des castors dans des trappes, ni à rien faire de ce que font les hommes, puisqu'ils n'ont pas les mêmes besoins à satisfaire. Ma mère m'a dit tout cela il y a bien des années, et je n'aime pas à entendre dire le contraire.

— En ce cas, ma bonne Hetty, vous ferez bien de ne pas faire part de votre doctrine à Hist quand vous serez tête à tête, et qu'elle aura envie de parler de religion; car je sais qu'elle a fortement dans l'idée que les guerriers ne font dans l'autre monde que chasser et pêcher, quoique je ne pense pas qu'elle croie qu'ils s'abaissent jusqu'à se faire trappeurs, ce qui n'est pas une occupation digne d'un brave. Mais, quant à la chasse et à la pêche, ils en ont à bouche que veux-tu; et cela sur des plaines giboyeuses, où le gibier n'est jamais hors de saison, et où les daims ont assez d'instinct et d'agilité pour qu'on ait du plaisir à les tuer. Je vous recommande donc de ne pas effaroucher Hist en lui communiquant vos idées à ce sujet.

—Hist ne peut être assez perverse pour croire de pareilles choses, répliqua Hetty avec chaleur.—Nul Indien ne chasse après sa mort.

— Nul Indien méchant, je vous l'accorde. Ceux-là seront obligés de porter les munitions, d'allumer le feu, de faire cuire les viandes, et de remplir toutes les fonctions qui sont indignes d'un homme. Faites pourtant attention que je ne vous donne pas ces idées comme les miennes, mais que ce sont celles de Hist; et pour l'amour de la paix, moins vous lui en direz sur ce sujet, et mieux cela vaudra.

— Et quelles sont vos idées sur le destin d'un Indien dans l'autre monde? demanda Judith, qui avait enfin retrouvé sa voix.

— Toute autre chose que de chasser. Je suis trop bon chrétien pour m'imaginer qu'un homme chasse et pêche après sa mort, et je ne crois pas qu'il y ait un manitou pour les Peaux-Rouges, et un autre pour les Faces-Pâles. On trouve différentes couleurs sur la terre, mais il n'y existe pas différentes natures. Il y a différents dons, mais il n'y a qu'une seule nature.

— Et quelle différence faites-vous entre les dons et la nature? La nature n'est-elle pas un don de Dieu?

— Certainement, Judith; c'est une pensée naturelle et ingénieuse, quoique, au fond, l'idée soit fausse. La nature est la créature même, ses désirs, ses besoins, ses idées, ses sentiments, tout ce qui est inné en elle. Cette nature ne peut jamais entièrement changer, quoiqu'elle puisse subir des améliorations et des détériorations. Quant aux dons, ils dépendent des circonstances. Ainsi un homme placé dans une ville a les dons des villes; et dans les forêts, ceux des forêts. Un soldat a le don de faire la guerre; et un missionnaire, celui de prêcher. Tous ces dons augmentent, se fortifient, et viennent à l'appui de la nature, fournissant une excuse pour mille idées et mille actions. Cependant, quant au fond, la créature est toujours la même, comme l'homme couvert d'un uniforme est semblable à celui qui est vêtu de peau. Les vêtements font un changement à l'œil, et peut-être en opèrent-ils un dans la conduite, mais ils n'en causent aucun dans l'homme. C'est en cela que se trouve l'apologie des dons, vu que vous attendez une autre conduite d'un homme vêtu de soie ou de velours, que de celui qui est couvert de bure ou d'une peau, quoique le Seigneur, qui a fait les créatures, et non les costumes, ne regarde que son ouvrage. Ce n'est pas tout à fait la doctrine des missionnaires, mais cela en approche autant qu'il est nécessaire à un homme de couleur blanche. — Hélas! je ne pensais guère que je parlerais aujourd'hui d'un pareil sujet, mais c'est une de nos imperfections de ne jamais savoir ce qui doit arriver. —

Entrez dans l'arche un moment avec moi, Judith; je désire vous parler.

Judith y consentit avec un plaisir qu'elle put à peine cacher. Suivant le jeune chasseur dans la cabine, elle s'assit sur une escabelle, et Deerslayer ayant pris dans un coin Killdeer, la carabine qu'elle lui avait donnée, il s'assit à son tour, et plaça cette arme sur ses genoux. Après l'avoir examinée de nouveau dans toutes ses parties avec un air d'intérêt affectueux, il entama le sujet dont il voulait parler à Judith.

— J'ai compris, Judith, que vous m'avez dit que vous me faisiez présent de cette carabine, et j'ai consenti à l'accepter parce qu'une arme à feu ne peut être d'une grande utilité à une jeune femme. Celle-ci a une grande réputation, et elle la mérite : elle ne doit donc être confiée qu'à une main sûre; car la meilleure réputation peut se perdre, si l'on n'en est pas très-soigneux.

— Peut-elle être en des mains plus sûres que celles dans lesquelles elle se trouve en ce moment, Deerslayer? Thomas Hutter, quand il s'en servait, manquait rarement son coup; avec vous elle sera...

— Mort certaine, dit le jeune chasseur en riant. J'ai connu autrefois un chasseur aux castors qui avait un fusil qu'il appelait ainsi; mais c'était de la vanterie, car j'ai vu des Delawares qui atteignaient tout aussi bien leur but avec une flèche, à courte distance. Quoi qu'il en soit, je ne renierai pas mes dons, — car c'est un don, Judith, et non la nature, — et c'est pourquoi je conviendrai qu'il ne serait pas très-facile de placer cette carabine en de meilleures mains que les miennes. Mais combien de temps y restera-t-elle? De vous à moi, il faut que je dise la vérité, quoique je n'aimasse pas à la dire si clairement au Grand-Serpent ou à Hist, vu que, me connaissant depuis bien plus longtemps, leurs sentiments pour moi doivent être plus vifs que les vôtres. Ainsi donc, combien de temps est-il probable que cette carabine, ou toute autre, m'appartiendra? C'est une question sérieuse, et pourtant il faut y répondre. Or, s'il m'arrivait ce soir ce qu'il est probable qu'il m'arrivera, Killdeer se trouverait sans maître.

Judith éprouvait elle-même une torture morale en l'entendant parler ainsi; mais, appréciant le caractère singulier de son compagnon, elle réussit à conserver une apparence de calme, quoique, s'il n'eût été exclusivement occupé de la carabine, un aussi bon observateur n'aurait pu manquer de remarquer l'agonie mentale qu'elle souffrait en l'écoutant. Cependant elle eut assez d'empire sur elle-même pour lui répondre d'un air tranquille :

— Que voudriez-vous que je fisse de cette arme, si les choses venaient à se passer comme vous semblez vous y attendre?

— C'est précisément ce dont je voulais vous parler, Judith; — tout justement cela. — Il y a Chingachgook, — il est certainement bon tireur, quoiqu'il soit loin d'être parfait, et peu de Peaux-Rouges le sont jamais. — Mais, comme je le disais, il tire bien, et il se perfectionne tous les jours. En outre il est mon ami, et mon meilleur ami; peut-être parce qu'il ne peut y avoir aucune jalousie entre nous, vu que tous ses dons sont rouges, et que les miens sont tout à fait blancs. Je voudrais donc laisser Killdeer au Grand-Serpent, s'il m'arrivait quelque chose qui me mît hors d'état de faire honneur à un présent si précieux, Judith, et d'en soutenir la réputation.

— Laissez Killdeer à qui bon vous semblera, Deerslayer. Cette carabine est à vous, et vous pouvez en faire ce qu'il vous plaira. Chingachgook l'aura, si tel est votre désir, dans le cas où vous ne viendriez pas la réclamer vous-même.

— Hetty a-t-elle été consultée sur cette affaire? Les biens du père passent à ses enfants, et non à un seul d'entre eux.

— Si vous fondez nos droits sur la loi, Deerslayer, je crains que ni elle ni moi nous n'ayons rien à prétendre. Thomas Hutter n'était pas plus le père d'Esther que de Judith. Nous sommes Judith et Esther, et nous n'avons pas d'autre nom.

— Il peut y avoir de la loi dans ce que vous dites là, Judith, mais je n'y trouve pas beaucoup de raison. Suivant la coutume des familles, tout ce qui appartenait à Thomas Hutter est maintenant à vous, et il n'y a personne ici qui puisse vous le contester. Si donc Hetty voulait seulement dire qu'elle y consent, mon esprit serait parfaitement à l'aise sur cette affaire. Il est vrai que votre sœur n'a ni votre esprit ni votre beauté; mais sa faiblesse d'esprit est une raison pour nous d'avoir plus de respect pour ses droits.

Judith ne répondit rien, mais se mettant à une fenêtre de la cabine, elle appela Hetty. Lorsqu'elle eut appris ce dont il s'agissait, celle-ci déclara sur-le-champ qu'elle consentait très-volontiers à accorder à Deerslayer la propriété de la carabine. Le jeune chasseur parut alors complétement heureux, du moins pour le moment; et, après avoir encore examiné et admiré cette arme, il déclara sa résolution de la mettre à l'épreuve avant son départ. Nul enfant n'aurait pu avoir plus d'empressement à faire valoir le mérite de sa trompette ou de son arbalète que n'en montra ce simple habitant des forêts à prouver les bonnes qualités de sa nouvelle arme. Remontant sur la plate-forme, il prit à part le Delaware, et l'informa que cette célèbre carabine lui appartiendrait dans le cas où quelque malheur lui arriverait à lui-même.

— C'est un nouveau motif pour que vous soyez circonspect, Serpent, ajouta-t-il, et pour que vous ne vous jetiez pas inconsidérément dans quelque danger; car la possession d'une telle arme vaudra une victoire à toute la tribu. Les Mingos en crèveront d'envie, et ce qui vaut encore mieux, c'est qu'ils n'oseront s'approcher à la légère d'un village où ils sauront qu'il existe une pareille carabine. Songez bien à cela, Delaware, et n'oubliez pas que vous aurez probablement bientôt à prendre soin d'une arme qui a toute la valeur d'une créature, sans en avoir les défauts. Hist peut et doit vous être précieuse, mais Killdeer sera l'objet de l'amour et de la vénération de toute votre peuplade.

— Une carabine aussi bonne qu'une autre, répondit Chingachgook en anglais, un peu piqué d'entendre son ami rabaisser sa fiancée au niveau d'une arme à feu. Toutes bois et fer, — toutes tuer. — Femme chère au cœur, carabine bonne seulement pour tirer.

— Et qu'est un homme dans les bois, s'il n'a pas quelque arme pour tirer? tout au plus un misérable trappeur, ou un pauvre faiseur de balais et de paniers, — un homme qui peut bêcher la terre pour récolter du grain, mais qui ne connaîtra jamais la saveur de la venaison, qui ne saura jamais distinguer un jambon d'ours d'un jambon de cochon. — Alors, Serpent, une autre occasion semblable ne s'offrira peut-être jamais, et il me tarde de voir ce que peut faire cette célèbre carabine. Vous prendrez votre mousquet, et en me servant de Killdeer, je n'ajusterai que négligemment, afin d'en mieux voir les vertus secrètes.

Comme cette proposition tendait à donner une nouvelle direction aux idées mélancoliques, et ne pouvait avoir aucun fâcheux résultat, elle fut accueillie avec empressement, et les deux sœurs apportèrent toutes les armes à feu avec une vivacité voisine de l'enjouement. L'arsenal de Hutter était bien garni, et il s'y trouvait plusieurs fusils qui étaient toujours chargés, et en état de service si l'occasion l'exigeait. On n'eut donc besoin que de renouveler les amorces, et comme les femmes entendaient cette besogne aussi bien que leurs compagnons, ce fut l'affaire d'un instant.

— Allons, Serpent, nous commencerons par essayer humblement les fusils ordinaires du vieux Tom, et nous finirons par votre mousquet et Killdeer, dit Deerslayer, charmé de se voir encore une fois l'arme en main et sur le point de déployer son adresse. Voici des oiseaux en abondance, les uns dans le lac, les autres au-dessus, et ceux-ci voltigeant autour du château, à distance raisonnable. Voyons, Delaware, choisissez celui que vous voulez alarmer. Le plus près de nous est un plongeon—là-bas, du côté de l'est, et c'est une créature qui plonge à la première lueur d'une amorce, et qui met à l'épreuve la bonté de l'arme et celle de la poudre.

Chingachgook n'était pas grand parleur. Dès que le plongeon lui eut été montré, il l'ajusta et fit feu. L'oiseau plongea à la première lueur de l'amorce, comme Deerslayer s'y attendait, et la balle glissa sans le toucher sur la surface du lac, frappant d'abord l'eau à quelques pouces de l'endroit où le plongeon nageait quelques instants auparavant. Le jeune chasseur sourit d'un air cordial, mais il se prépara à tirer à son tour, ses yeux restant fixés sur cette nappe d'eau tranquille. Bientôt un point noir parut sur l'eau, et un instant après le plongeon se remontra pour respirer et secouer ses ailes. En ce moment même, une balle lui traversa la poitrine, et il resta mort, étendu sur le dos. Deerslayer était alors debout, la crosse de sa carabine appuyée sur la plate-forme, et aussi tranquille que si rien ne fût arrivé, mais riant à sa manière silencieuse.

— Il n'y a pas grand mérite à cela, dit-il, comme s'il eût craint qu'on ne fît trop de cas de son adresse; tout dépendait de la promptitude de la main et du coup d'œil. J'ai pris l'oiseau à son désavantage, sans quoi il aurait pu plonger une seconde fois avant que la balle l'atteignît. Mais le Serpent est trop sage pour se fâcher de pareils tours, y étant habitué depuis longtemps. — Vous souvenez-vous, chef, du jour où vous croyiez être sûr d'une oie sauvage, et où un peu de fumée sortant de mon fusil la fit disparaître à vos yeux? Mais tout cela n'est rien entre amis, et il faut bien que la jeunesse plaisante. Mais voici l'oiseau qu'il nous faut, car il est aussi bon pour rôtir que pour donner une preuve d'adresse, et il ne faut rien perdre de ce dont on peut faire son profit. — Un peu plus au nord, Serpent.

Chingachgook regarda du côté indiqué, et il y vit un grand canard noir flottant majestueusement sur l'eau. A cette époque où le repos de la solitude était encore si profond, tous les petits lacs dont l'Etat de New-York est rempli étaient le rendez-vous des oiseaux aquatiques de passage, et celui de Glimmerglass, comme les autres, avait été fréquenté par toutes les variétés du canard, de l'oie, de la mouette et du plongeon. Depuis que le vieux Tom s'y était établi, la plupart de ces oiseaux l'avaient abandonné pour d'autres lacs plus éloignés et plus solitaires; cependant quelques-uns de chaque espèce continuaient à s'y arrêter, comme ils le font encore même aujourd'hui. En ce moment on y voyait une centaine d'oiseaux dormant sur l'eau ou y lavant leurs plumes, quoique aucun d'eux n'offrît un point de mire si favorable que celui que Deerslayer venait de montrer à son ami. Le chef delaware, suivant son usage, ne parla point, mais se mit à l'œuvre. Cette fois, il ajusta l'oiseau avec plus de soin que la première, et il réussit en proportion ; l'oiseau eut une aile cassée, et il courut sur l'eau en glapissant et en s'éloignant de ses ennemis.

— Voici un oiseau dont il faut finir les souffrances, dit Deerslayer en le voyant faire un effort inutile pour prendre son vol ; et voici l'œil, la main et le mousquet qui le feront.

Le canard continuait à se débattre sur l'eau, quand la balle fatale le frappa, et lui sépara la tête du cou, aussi net que si c'eût été l'effet d'un coup de hache. Hist avait poussé un cri de plaisir en voyant le succès du jeune Indien, mais elle affecta un air de mécontentement de l'adresse supérieure de son ami. Le chef au contraire poussa son exclamation ordinaire de joie et de surprise, prouvant qu'il savait admirer un rival, et combien il était inaccessible à l'envie.

— Ne songez pas à Hist, Serpent, n'y songez pas, s'écria Deerslayer en riant. Ses sourcils froncés ne peuvent ni étouffer, ni noyer, ni tuer, ni embellir. Il est naturel à une femme, après tout, de partager la victoire ou la défaite de son mari, et vous êtes déjà comme mari et femme, en tant qu'il s'agit d'affection. Mais voici un oiseau qui vole sur nos têtes, et qui mettra également à l'épreuve la bonté des armes et celle du coup d'œil.

Un aigle de l'espèce de ceux qui fréquentent l'eau et qui vivent de poisson, volait en ce moment à une grande hauteur au-dessus du château, attendant l'occasion de fondre sur quelque proie, ses petits élevant leurs têtes au-dessus des bords d'un nid qu'on aurait pu voir sur la cime nue d'un pin mort. Chingachgook prit en silence un autre mousquet, le leva vers l'oiseau, et après avoir bien ajusté, fit feu. Un cercle plus étendu, que l'aigle commença alors à décrire, indiqua que le messager envoyé à l'oiseau avait passé près de lui, quoiqu'il ne l'eût pas atteint. Deerslayer, dont le coup d'œil était aussi sûr que la main était prompte, tira dès qu'il fut certain que son ami avait manqué son coup. L'aigle descendit si rapidement que le jeune chasseur crut un instant l'avoir blessé ; mais voyant l'oiseau commencer à décrire un nouveau cercle, et lui soupçonnant l'intention de s'éloigner, il annonça lui-même qu'il n'avait pas mieux réussi que son ami, et lui cria de prendre son mousquet.

— Je crois lui avoir enlevé quelques plumes, Serpent, dit-il, mais son sang n'a pas coulé, et ce vieux fusil n'est pas ce qu'il lui faut. — Vite, Delaware; le mousquet que vous tenez est meilleur que le précédent. — Judith, donnez-moi Killdeer; voici le moment de voir s'il mérite sa réputation.

Il se fit un mouvement général. Chacun des compétiteurs se prépara à faire feu, et les trois femmes attendaient le résultat avec impatience. Après sa descente rapide, l'aigle avait parcouru un circuit plus étendu que les premiers, et s'était élevé ensuite, au-dessus du château, à une hauteur encore plus grande qu'auparavant. Chingachgook mesura des yeux la distance, et dit qu'il croyait impossible de tuer un oiseau à cette hauteur, surtout quand il était précisément au-dessus de leurs têtes. Un léger mouvement de Hist fut pour lui une inspiration soudaine, et il fit feu : l'événement sembla prouver qu'il avait bien calculé. L'aigle continua sa carrière sans rien changer à son vol, le cou allongé vers la terre, comme par mépris pour ses ennemis.

— Maintenant, Judith, s'écria Deerslayer les yeux étincelants, nous allons voir si Killdeer n'est pas aussi Killeagle [1]. — Faites-moi place, Serpent, et voyez comme je vais l'ajuster, car il n'y a rien qu'on ne puisse apprendre.

Il coucha l'aigle en joue à plusieurs reprises, tandis que l'oiseau continuait à s'élever plus haut, et l'ajusta avec le plus grand soin. L'éclair brilla, la détonation le suivit; l'aigle tourna sur un côté, et descendit lentement en se soutenant, tantôt sur une aile, tantôt sur l'autre, et quelquefois battant de toutes les deux avec une sorte de désespoir, comme s'il se fût senti blessé à mort. Enfin il tomba comme une masse sur l'avant du scow. On le releva, et l'on vit que la balle l'avait percé entre l'aile et l'os de la poitrine.

---

1. *Killdeer*, tue-daim. — *Killeagle*, tue-aigle.

CHAPITRE XXVI.

> Elle appuya son sein, plus insensible que le marbre, sur deux tables de pierre placées devant elle. Dans ce sein sommeillait le juge impartial, strict observateur de la justice, distribuant les châtiments et les récompenses; devant ses yeux était ouvert le compte de toutes nos dettes, le registre où sont inscrits le bien et le mal, la vie et la mort. Jamais le cœur d'un mortel n'a été assez pur pour ne pas trembler de mille terreurs à la lecture de ce compte.
> G. FLETCHER.

— Nous avons agi inconsidérément, Serpent, — oui, Judith, nous avons agi inconsidérément, en ôtant la vie à une créature, sans autre motif que la vanité, s'écria Deerslayer tandis que le Delaware soulevait par ses ailes l'oiseau énorme, dont les yeux mourants étaient fixés sur ses ennemis avec ce regard que l'être sans défense jette toujours sur ses persécuteurs. — Il aurait mieux convenu à deux enfants de satisfaire ainsi leur caprice qu'à deux guerriers marchant sur le sentier de guerre, quoique pour la première fois. Eh bien, pour m'en punir, je vous quitterai sur-le-champ, et quand je serai seul avec ces barbares Mingos, il est plus que probable que j'aurai occasion de me rappeler que la vie est douce, même pour les animaux des bois et les oiseaux de l'air. — Tenez, Judith, voici Killdeer, reprenez-le, et gardez-le pour quelque main qui en soit plus digne.

— Je n'en connais aucune qui en soit plus digne que la vôtre, Deerslayer, répondit Judith avec vivacité. — Cette carabine ne peut appartenir qu'à vous.

— S'il ne s'agissait que d'adresse, Judith, vous pourriez avoir raison; mais il faut savoir *quand* on doit se servir d'une arme à feu, aussi bien que *comment* il faut s'en servir. Il paraît que je n'ai pas encore suffisamment appris le premier point; ainsi, gardez cette carabine jusqu'à ce que je sois plus instruit. La vue d'une créature dans les angoisses de la mort, quoique ce ne soit qu'un oiseau, inspire des pensées salutaires à un homme qui ne sait pas dans combien peu de temps son heure peut arriver, et qui est presque sûr qu'elle arrivera avant que le soleil se couche. Je donnerais toute la gloriole de mon triomphe, toute la vanité de mon coup d'œil, pour que ce pauvre aigle fût sur son nid avec ses petits, louant le Seigneur, — en tant que nous pouvons le savoir, — de lui avoir accordé force et santé.

Ceux qui l'écoutaient furent étrangement surpris de ce repentir soudain, causé par un fait si commun, qu'on ne s'arrête guère à en peser les conséquences pour les êtres sans défense qui en sont les victimes, et à songer à leurs souffrances. Le Delaware comprit ce que son ami disait, quoiqu'il ne comprit guère le sentiment qui le faisait parler, et pour couper la difficulté il prit un couteau et sépara la tête de l'oiseau de son corps.

— Quelle chose est le pouvoir! continua le jeune chasseur; et quelle chose c'est de le posséder, sans savoir comment on doit s'en servir! Il n'est pas étonnant, Judith, que les grands manquent si souvent à leurs devoirs, quand les plus petits trouvent si difficile de faire ce qui est bien, et de ne pas faire ce qui est mal. Et voyez comme un acte d'injustice en entraîne d'autres à sa suite. Sans l'expiration de mon congé, qui me force à retourner chez les Mingos, je trouverais le nid de cette créature, quand je devrais rôder quinze jours dans les bois, — quoique le nid d'un aigle ne soit pas bien difficile à trouver pour ceux qui connaissent bien la nature de cet oiseau, — oui, j'y rôderais quinze jours, plutôt que de ne pas le trouver afin de mettre fin aux souffrances de ses petits.

— Je suis charmée de vous entendre parler ainsi, dit Hetty, et Dieu se souviendra moins du tort que vous avez eu, que du chagrin que vous en montrez. Pendant que vous tiriez, je pensais qu'il était cruel de tuer ainsi d'innocents oiseaux, et j'avais dessein de vous le dire; mais, je ne sais comment cela s'est fait, j'étais si curieuse de voir si vous pourriez atteindre un aigle à une si grande hauteur, que cela m'a rendue muette jusqu'à ce qu'il fût trop tard pour parler.

— C'est cela, ma bonne Hetty, c'est justement cela. Nous voyons tous nos fautes et nos bévues quand il est trop tard pour y remédier. Quoi qu'il en soit, je suis charmé que vous n'ayez point parlé, car je ne crois pas qu'un mot ou deux m'eussent arrêté en ce moment, de sorte que mon péché reste ce qu'il est en lui-même, et n'est point aggravé par la circonstance d'avoir refusé d'écouter un bon avis. Eh bien! les reproches de la conscience sont difficiles à supporter en tout temps, mais il y a des moments où la difficulté augmente.

En se livrant à des sentiments si naturels à l'homme, et si bien d'accord avec ses principes de droiture, Deerslayer ne se doutait guère qu'il était dans les intentions de cette Providence impénétrable qui couvre tous les événements de son manteau avec une uniformité si mystérieuse, que cette faute, qu'il était disposé à se reprocher si sévèrement, devînt le moyen de déterminer son propre destin dans ce monde. Il serait prématuré de dire ici de quelle manière, et dans quel instant l'influence de cette intervention devait se faire sentir, mais on le verra dans le cours des chapitres suivants. Le jeune chasseur quitta l'arche d'un air chagrin, et alla s'asseoir en silence sur la plate-forme. Le soleil était déjà parvenu à une certaine hauteur, et cette circonstance, jointe aux idées qui l'occupaient, le porta à se préparer à partir. Dès que le Delaware s'aperçut du dessein de son ami, il alla apprêter la pirogue, et Hist s'occupa des petits arrangements qu'elle crut pouvoir lui être agréables. Tout cela se fit sans aucune ostentation, mais Deerslayer s'en aperçut et sut en apprécier le motif. Lorsque tout fut prêt, ils vinrent rejoindre les deux sœurs, qui n'avaient pas quitté l'endroit où le jeune chasseur s'était assis.

— Il faut que les meilleurs amis se séparent, dit celui-ci quand il les vit tous groupés autour de lui. — L'amitié ne peut rien changer aux voies de la Providence, et quels que puissent être nos regrets, il faut que nous nous quittions. J'ai souvent pensé qu'il y a des moments où nos paroles font sur l'esprit une impression plus qu'ordinaire, et où l'on se rappelle plus longtemps un avis qu'on a reçu, et c'est quand il est probable que c'est le dernier qui sortira de la bouche qui le donne. Personne ne sait ce qui peut arriver dans le monde; il n'est donc pas mal à propos, quand des amis se quittent et qu'il peut arriver que la séparation soit longue, de se dire quelques mots par forme de souvenir: si vous voulez tous, à l'exception d'un seul, passer sur l'arche, je vous parlerai tour à tour, et, ce qui est encore plus, j'écouterai ce que vous aurez à me dire; car c'est un pauvre donneur d'avis que celui qui ne veut pas en recevoir.

Dès qu'il eut exprimé ses désirs, les deux Indiens se retirèrent; laissant les deux sœurs à côté de lui; un regard de Deerslayer engagea Judith à s'expliquer.

— Vous pouvez donner vos avis à Hetty en vous rendant à terre, dit-elle précipitamment; mon intention est qu'elle vous y accompagne.

— Cela est-il sage, Judith? Il est vrai qu'en général la faiblesse d'esprit est une grande protection parmi les Peaux-Rouges; mais quand les Indiens sont courroucés et altérés de vengeance, on ne saurait dire ce qui peut arriver. D'ailleurs..... d'ailleurs......

— D'ailleurs? — Que voulez-vous dire, Deerslayer? demanda Judith, dont la voix et les manières avaient une douceur qui allait presque jusqu'à la tendresse, quoiqu'elle fît les plus grands efforts pour maîtriser son émotion et ses craintes.

— D'ailleurs il peut se passer des choses dont il vaut mieux que les yeux d'une jeune fille comme Hetty ne soient pas témoins, quoiqu'elle soit douée de si peu de raison et de mémoire. Ainsi vous feriez mieux de me laisser partir seul, et de la retenir ici.

— Ne craignez rien pour moi, Deerslayer, dit Hetty; je suis faible d'esprit, et l'on dit que c'est une sauvegarde pour pouvoir aller partout; si ce n'en est pas une, j'en trouverai une autre dans la Bible que je porte toujours avec moi. — C'est étonnant, Judith, combien les hommes de toute espèce, trappeurs et chasseurs, rouges et blancs, Mingos et Delawares, ont de crainte et de respect pour la Bible.

— Je suis convaincu que vous n'avez réellement rien à craindre, Hetty, dit Judith, et c'est pourquoi j'insiste pour que vous alliez au camp des Hurons avec notre ami. Cela ne peut nuire à personne, pas même à vous, et votre présence peut être fort utile à Deerslayer.

— Ce n'est pas le moment de disputer, Judith; il en sera donc ce qu'il vous plaira. — Allez vous préparer, Hetty, et attendez-moi sur la pirogue, car j'ai quelques mots à dire à votre sœur avant de partir, et il est inutile que vous les entendiez.

Judith et son compagnon gardèrent le silence jusqu'à ce que Hetty les eût laissés seuls. Alors Deerslayer reprit la parole comme s'il eût été interrompu par l'incident le plus ordinaire, et sans aucun signe extérieur d'émotion.

— Des paroles prononcées à l'instant d'une séparation, et qui peuvent être les dernières qu'on entendra sortir de la bouche d'un ami, ne s'oublient pas facilement, comme je vous l'ai déjà dit; ainsi, Judith, je vous parlerai comme un frère, vu que je ne suis pas assez vieux pour pouvoir dire comme un père. D'abord, je veux vous mettre en garde contre vos ennemis. Vous en avez deux qui ne vous perdent pas de vue, et qui, pour ainsi dire, vous marchent sur les talons. Le premier est une beauté peu commune, ce qui est pour quelques jeunes filles un ennemi aussi dangereux que tout une peuplade de Mingos; et ce qui exige beaucoup de vigilance, non pour se soustraire à l'admiration et aux éloges, mais pour s'en méfier et pour en déjouer l'astuce. Pour cela il ne faut que se souvenir que la beauté fond comme la neige, et qu'une fois partie elle ne revient plus. Les saisons s'en vont et reviennent. Si nous avons l'hiver avec ses frimas et ses tempêtes, et le printemps avec ses arbres sans feuilles et ses gelées blanches, nous avons aussi l'été avec son beau soleil et son firmament glorieux, et l'automne avec ses fruits et le manteau splendide dont cette saison couvre les forêts, et dont on ne trouverait pas l'égal dans toutes les boutiques des villes de l'Amérique. Tout sur la terre danse en rond, la bonté de Dieu nous ramenant ce qui est agréable quand nous avons eu assez de ce qui ne l'est pas. Mais il n'en est pas de même de la beauté : Dieu la prête quelque temps à la jeunesse pour en user, non pour en abuser; et comme je n'ai jamais vu une jeune fille que la Providence ait traitée à cet égard avec autant de libéralité que vous, Judith, je vous donne cet avis, comme si c'étaient mes dernières paroles. Méfiez-vous de cet ennemi, car la beauté est notre amie ou notre ennemie, suivant que nous usons de ce don.

Il était si agréable à Judith d'entendre parler de ses charmes en termes si peu équivoques, qu'elle aurait pardonné bien des choses à qui que ce fût qui en aurait fait un tel éloge. Mais en ce moment, et par suite d'un sentiment plus excusable, il aurait été difficile à Deerslayer de l'offenser sérieusement; et elle l'écouta avec une patience qu'elle eût été indignée qu'on supposât qu'elle pût avoir seulement huit jours auparavant.

— Je vous comprends, Deerslayer, répondit-elle avec une douceur et une humilité qui surprit un peu le jeune chasseur, et j'espère être en état de profiter de vos avis. Mais vous ne m'avez encore parlé que d'un des ennemis que j'ai à craindre : quel est l'autre?

— L'autre cède le terrain à votre bon sens et à votre jugement, Judith, et je vois qu'il n'est pas aussi dangereux que je le supposais. Quoi qu'il en soit, puisque j'ai entamé ce sujet, autant vaut aller franchement jusqu'au bout. — Votre premier ennemi, Judith, c'est, comme je viens de vous le dire, votre beauté extraordinaire; le second, c'est la circonstance que vous ne savez que trop bien vous-même que vous possédez cet avantage. Si le premier est à craindre, le second ne le rend que plus dangereux, en ce qui concerne la paix d'esprit; de sorte que...

Nous ne pouvons dire jusqu'où auraient été ses commentaires sur ce texte, s'il ne se fût interrompu en voyant Judith fondre en larmes et s'abandonner à un accès de sensibilité d'autant plus violent qu'il lui avait été difficile de le réprimer jusque alors. Ses sanglots lui coupaient la respiration à un tel point, que Deerslayer en fut presque effrayé; et du moment qu'il s'aperçut que ses discours avaient produit beaucoup plus d'effet qu'il ne s'y attendait, il se repentit d'avoir été si loin. Des signes de contrition apaisent ordinairement les hommes les plus austères, mais le caractère de Deerslayer n'avait pas besoin de preuves aussi fortes pour sentir des regrets aussi vifs que ceux que la jeune fille éprouvait elle-même. Il se leva comme si une vipère l'avait mordu, et les accents d'une mère qui cherche à consoler sa fille sont à peine plus doux que le ton avec lequel il exprima ses regrets d'avoir été trop loin.

—J'avais de bonnes intentions, Judith, lui dit-il, mais je n'avais pas dessein d'émouvoir à un tel point votre sensibilité; mes avis ont été trop loin, oui, je le vois, et je vous en demande pardon. L'amitié est une chose bien étrange! Elle nous reproche, tantôt de ne pas avoir fait assez, et tantôt d'avoir trop fait. Je reconnais que je m'étais exagéré vos dangers; mais comme je prends à vous un intérêt aussi vif que véritable, je me réjouis de l'avoir fait, car cela me prouve que vous valez encore beaucoup mieux que ma vanité et mes idées ne m'avaient porté à le supposer!

Judith s'était couvert le visage des deux mains; elle les laissa tomber, et ses yeux ne versaient plus de larmes. Sa physionomie avait en ce moment quelque chose de si attrayant, et un sourire la rendait si radieuse, que le jeune chasseur la regarda un instant avec une extase qui le rendit muet.

— N'en dites pas davantage, Deerslayer, s'écria-t-elle à la hâte; je ne puis supporter de vous entendre vous adresser ainsi des reproches à vous-même. Je n'en reconnais que mieux ma faiblesse, depuis que je vois que vous l'avez découverte. La leçon que vous m'avez donnée, quelque amère qu'elle m'ait paru un instant, ne sera pas oubliée. Nous n'en parlerons pas plus longtemps, car je ne me sens pas assez de courage, et je ne voudrais pas que le Delaware, Hist, ou même Hetty, s'aperçussent de ma faiblesse.—Adieu, Deerslayer : que Dieu vous protége comme votre cœur franc et honnête le mérite, et j'aime à croire qu'il le fera.

Judith avait repris la supériorité qui appartenait naturellement à son éducation, à ses sentiments élevés et à ses avantages personnels, au point de pouvoir conserver l'ascendant qu'elle avait obtenu à la fin de cette conversation interrompue d'une manière aussi singulière qu'elle avait été amenée. Le jeune chasseur ne chercha point à la renouer, et la laissa agir à sa guise. Quand elle serra une de ses mains dures entre les deux siennes, il ne fit aucune résistance, et reçut cette espèce d'hommage avec le même sang-froid et le même calme qu'un souverain aurait reçu un semblable tribut d'un de ses sujets, ou une maîtresse de son amant. Le sentiment qu'elle éprouvait avait animé la physionomie de la jeune fille, et sa beauté n'avait jamais paru plus resplendissante que lorsqu'elle jeta un dernier regard sur le jeune chasseur, regard qui exprimait l'inquiétude, l'intérêt et la plus douce pitié. Presque au même instant elle entra dans la maison et elle ne reparut plus. On l'entendit pourtant parler à Hist par la fenêtre pour l'avertir que leur ami l'attendait.

—Vous connaissez assez la nature et les usages des Peaux-Rouges, Wah-ta!-Wah, pour savoir dans quelle situation mon congé m'a placé, dit Deerslayer en delaware, dès que la jeune Indienne, avec l'air de patience et de soumission de toutes ses semblables, se fut approchée de lui; vous comprendrez donc aisément qu'il est très-probable que je vous parle pour la dernière fois. J'ai peu de chose à vous dire, mais ce peu vient de ce que j'ai vécu longtemps dans votre tribu, et de ce que j'en ai observé avec soin tous les usages. La vie d'une femme est dure dans tous les pays, mais je dois dire, sans avoir de préjugé en faveur de ma couleur, qu'elle est plus dure parmi les Peaux-Rouges que parmi les Faces-Pâles. C'est un point dont les chrétiens peuvent être orgueilleux, si l'orgueil convient à un chrétien, en quelque situation que ce soit, ce dont je suis très-enclin à douter. Quoi qu'il en soit, toutes les femmes ont leurs épreuves. Les blanches ont les leurs en ce que je pourrais appeler la voie naturelle, les rouges la subissent par une sorte d'inoculation. Portez convenablement votre fardeau, et si vous le trouvez un peu lourd, songez qu'il est encore plus pesant pour la plupart des Indiennes. Je connais bien le Grand-Serpent, — je puis dire que je le connais... cordialement;—il ne sera jamais le tyran d'une femme qu'il aime; mais il s'attendra à être traité en chef, et en chef mohican. Il y aura quelques jours nuageux dans votre wigwam; il s'en trouve chez toutes les nations, n'importe leur couleur; mais, en ayant soin de tenir ouvertes les fenêtres du cœur, les rayons du soleil pourront toujours y entrer. Vous sortez vous-même d'une bonne souche, ainsi que Chingachgook, et il n'est pas vraisemblable qu'aucun de vous l'oublie, et fasse quelque chose qui puisse déshonorer ses pères. Cependant l'amour est une plante délicate, et qui ne peut vivre longtemps quand elle est arrosée de larmes. Que le sol de votre bonheur en mariage ne soit donc humecté que par la rosée de la tendresse.

— Mon frère à face pâle est fort sage. Wah conservera dans sa mémoire tout ce que sa sagesse vient de lui dire.

—C'est parler en femme judicieuse, Wah-ta!-Wah. Ecouter avec attention de bons conseils et les suivre avec résolution, c'est la plus grande protection d'une femme.—Et à présent, priez le Serpent de venir me parler un moment, et emportez avec vous mes désirs et mes prières pour votre bonheur. Quoi qu'il puisse m'arriver, je penserai à vous et à votre mari futur jusqu'à la fin, et mes souhaits seront pour que vous soyez heureux l'un et l'autre en ce monde et dans celui qui vient après, qu'il soit conforme aux idées des Indiens ou à la doctrine des chrétiens.

Hist ne versa pas une larme en le quittant; elle était soutenue par la ferme résolution d'une femme dont le parti était pris; mais les sentiments qui l'animaient faisaient étinceler ses yeux noirs, et ses jolis traits exprimaient une détermination qui faisait contraste avec leur douceur habituelle. Une minute s'était à peine écoulée quand le Delaware s'avança vers son ami avec le pas léger et silencieux d'un Indien.

—Approchez par ici, Serpent,—plus hors de la vue des femmes, dit Deerslayer; car j'ai plusieurs choses à vous dire qu'il ne faut pas qu'elles entendent, ni même qu'elles soupçonnent. Vous connaissez trop bien la nature d'un congé et le caractère des Mingos pour avoir aucun doute sur ce qui doit m'arriver quand je serai de retour dans leur camp. Quelques mots suffiront donc sur ces deux points. Mais en premier lieu, chef, je désire vous parler de Wahta!-Wah, et de la manière dont vous autres Peaux-Rouges vous traitez vos femmes. Je suppose qu'il est dans les dons de votre race que les femmes travaillent et que les hommes chassent. Mais il faut en tout de la modération. Quant à la chasse, je ne vois pas de bonne raison pour qu'il soit nécessaire d'y mettre des bornes; mais Wah sort de trop bonne souche pour s'éreinter à travailler comme une squaw ordinaire. Un homme ayant vos moyens et votre rang n'aura jamais besoin de blé, de pommes de terre, ni de rien de ce qui croît dans les champs. J'espère donc qu'une houe ne sera jamais placée dans les mains de votre femme. Vous savez que je ne suis pas tout à fait un mendiant, et tout ce que je possède en armes et en munitions, en peaux et en calicot, je le donne à Wah-ta!-Wah, si je ne viens pas le réclamer à la fin de cette saison. Il me semble que cela devra la dispenser de tout travail dur, du moins d'ici à longtemps. Je suppose qu'il est inutile de vous recommander de l'aimer, puisque vous l'aimez déjà; et quand on aime véritablement, il est probable que l'on continuera. Néanmoins cela ne peut vous faire mal de m'entendre dire que les paroles de bonté ne tournent jamais sur le cœur, ce qui arrive aux paroles d'amertume. Je sais fort bien, Serpent, que vous êtes un homme moins porté à parler dans son wigwam que devant le feu du conseil; mais nous pouvons tous avoir nos moments d'oubli, et la pratique d'agir et de parler avec bonté est un moyen merveilleux pour maintenir la paix dans une hutte, comme à la chasse.

— Mes oreilles sont ouvertes, répondit gravement le Delaware; les paroles de mon frère y ont pénétré si avant, qu'elles ne peuvent plus en sortir. Elles sont comme les anneaux d'une chaîne sans fin, et qui ne peuvent tomber. Que mon frère continue à parler : le chant du roitelet et la voix d'un ami ne fatiguent jamais.

— Oui, j'ai encore quelque chose à vous dire, chef; et si je vous parle de moi, vous m'excuserez, vu notre ancienne amitié. — Si les choses en viennent au pire, il ne restera guère de moi que des cendres avant la fin de la nuit prochaine. Je n'aurai donc pas besoin de sépulture, et ce ne serait qu'une vanité à laquelle je ne tiens pas. Cependant il ne serait peut-être pas mal de chercher dans les cendres du bûcher, et s'il s'y trouvait des restes de mes os ou quelques débris de mon corps, il serait plus décent de les ramasser et de les enterrer que de les laisser pour être rongés et dévorés par les loups. Tout cela ne fait pas une grande différence au bout du compte, mais les hommes de sang blanc et chrétiens ont une sorte de don pour aimer à être enterrés.

— Tout cela sera fait comme le dit mon frère. Si son esprit est plein, qu'il le vide dans le cœur de son ami.

— Je vous remercie, Serpent; mon esprit est à l'aise; oui, il est passablement à l'aise. Il est vrai qu'il me vient des idées qui ne sont pas ordinaires; mais en luttant contre les unes et en laissant sortir les autres par ma bouche, tout finira par être à sa place. Il y a pourtant une chose, chef, qui me semble déraisonnable et contre nature, quoique les missionnaires disent que c'est la vérité, — et comme je suis de leur religion et de leur couleur, je suis tenu de les croire : — ils disent que les Indiens peuvent tourmenter et torturer le corps de leur ennemi à la satisfaction de leur cœur, le scalper, le taillader, le déchirer, le brûler, et n'en laisser que des cendres qui seront emportées par les quatre vents du ciel, et que pourtant, quand la trompette de Dieu sonnera, ce corps redeviendra tout entier en chair et en os, tel qu'il était auparavant.

— Les missionnaires sont de braves gens, ils ont de bonnes intentions; mais ce ne sont pas de grandes médecines[1]. Ils pensent ce qu'ils disent, Deerslayer, mais ce n'est pas une raison pour que les

---

1. Expression indienne signifiant de grands sorciers.

guerriers et les orateurs soient tout oreilles. Lorsque Chingachgook verra le père de Tamenund avec sa chevelure, et le corps peint comme pendant sa vie, alors il croira les missionnaires.

— Voir est croire, bien certainement. — Hélas! et quelques-uns de nous peuvent voir ces sortes de choses plus tôt que nous ne le pensons. — Je comprends ce que vous voulez dire, du père de Tamenund, Serpent, et l'idée n'est pas mauvaise. Tamenund est à présent un vieillard de quatre-vingts ans bien comptés, et son père fut scalpé, torturé et brûlé, quand son fils, le prophète actuel, était encore tout jeune. Sans doute si l'on pouvait voir ce que vous dites, il ne serait pas bien difficile de croire tout ce que les missionnaires nous disent. Je ne me déclare pourtant pas contre leurs opinions, car il est bon que vous sachiez, Serpent, que le grand principe du christianisme est qu'il faut croire sans voir; et l'on doit toujours agir conformément aux principes de sa religion, quelle qu'elle soit.

— Cela est étrange pour une nation sage. L'homme rouge regarde de tous ses yeux, afin de voir et de comprendre.

— Oui, chef, cela est plausible et agréable à l'orgueil humain. Et pourtant cette idée n'est pas aussi profonde qu'elle le paraît. Si nous pouvions comprendre tout ce que nous voyons, il pourrait y avoir non-seulement du bon sens, mais de la sûreté, à refuser d'ajouter foi à ce qui nous paraît incompréhensible; mais quand il y a tant de choses auxquelles on peut dire que nous n'entendons rien, il n'y a ni utilité ni raison à être difficile sur une en particulier. Quant à moi, Delaware, toutes mes pensées n'ont pas roulé sur le gibier, toutes les fois que j'ai été seul à la chasse, suivant la piste du daim, ou l'attendant à l'affût. J'ai passé agréablement bien des heures dans ce que ma nation appelle *contemplation*. Dans ces occasions, l'esprit est actif, quoique le corps soit indolent. Un endroit découvert sur la côte d'une montagne, et d'où l'on puisse voir de bien loin le ciel et la terre, est la meilleure place pour se former une idée juste du pouvoir du Manitou, et de sa propre impuissance. En ces occasions, on n'est pas disposé à s'arrêter à de petites difficultés dans la compréhension, vu qu'il y en a de bien plus grandes qui les cachent. Il m'est assez facile de croire dans de pareils moments; et si le Seigneur, dans l'origine, forma l'homme avec de la terre, comme on dit que cela est écrit dans la Bible, et qu'il le réduise en poussière après sa mort, je ne vois pas qu'il lui soit bien difficile de lui rendre son corps, quoiqu'il n'en reste plus que des cendres. Toutes ces choses sont hors de la portée de notre intelligence, quoique nous puissions en sentir la possibilité. Mais de toutes les doctrines, celle qui trouble et déconcerte le plus mon esprit est celle qui nous apprend à croire qu'il y aura un paradis pour les Faces-Pâles, et un autre pour les Peaux-Rouges : cela peut séparer, après leur mort, ceux qui ont vécu amicalement ensemble pendant toute leur vie.

— Les missionnaires apprennent-ils à leurs frères blancs à penser ainsi? demanda l'Indien d'un ton sérieux et empressé. — Les Delawares croient que les hommes de bien et les guerriers intrépides chasseront ensemble dans les mêmes bois, de quelque tribu qu'ils soient, et que les méchants et les lâches iront de compagnie avec les loups et les chiens chercher de la venaison pour leurs wigwams.

— Il est étonnant combien les hommes ont d'idées différentes sur le bonheur et le malheur qui les attendent après leur mort! s'écria Deerslayer emporté par l'énergie de ses pensées. Les uns croient au feu et aux flammes; les autres se figurent que la punition d'une mauvaise vie sera de manger avec les chiens et les loups : ceux-ci s'imaginent que le ciel est un séjour où ils peuvent satisfaire toutes leurs passions terrestres, et ceux-là le regardent comme un palais construit en or et pavé de pierres précieuses. Eh bien! j'ai aussi mes idées sur ce sujet, Serpent, et les voici : — Toutes les fois qu'il m'est arrivé de me fourvoyer, j'ai toujours reconnu que c'était par suite de quelque aveuglement d'esprit qui ne me permettait pas de voir ce qui aurait été mieux; et quand cet aveuglement se dissipait, alors venaient le chagrin et le repentir. Or, je pense qu'après la mort, quand le corps est laissé de côté, ou, si nous le recouvrons, qu'il est purifié de toutes ses imperfections, notre esprit voit chaque chose sous son jour véritable, et ne peut jamais s'aveugler sur la vérité et la justice. Les choses étant ainsi, tout ce qu'on a fait dans la vie se voit alors aussi clairement que le soleil en plein midi; celui qui a fait le bien est donc dans la joie, et celui qui a fait le mal dans le chagrin. Il n'y a rien de déraisonnable dans cette opinion, et elle est conforme à l'expérience de chacun.

— Je me figurais que les blancs croyaient que tous les hommes étaient pervers. Qui peut donc jamais arriver au ciel des Faces-Pâles?

— Cela est ingénieux; mais ce n'est pas ce que les missionnaires enseignent. Vous serez christianisé quelque jour, Serpent, et alors tout cela vous paraîtra assez clair. Il faut que vous sachiez qu'un grand acte a eu lieu en réparation de nos iniquités, ce qui, à l'aide de Dieu, met tous les hommes en état d'obtenir le pardon de leurs fautes, et c'est là l'essence de la religion de l'homme blanc. Je ne puis vous en dire davantage sur ce sujet, car Hetty m'attend sur la pirogue, et mon congé va expirer ; mais j'espère que le temps viendra où vous sentirez toutes ces choses, car il faut les sentir, et non en raisonner. Adieu, Delaware ; voici ma main : vous savez que c'est celle d'un ami, et vous la serrerez comme telle, quoiqu'elle ne vous ait jamais rendu la moitié des services que j'aurais désiré.

L'Indien prit la main qui lui était offerte, et la serra avec toute la chaleur de l'amitié. Rentrant ensuite dans ses manières stoïques, que tant de gens prennent pour de l'indifférence, il prit un air de réserve, et se prépara à se séparer de son ami avec dignité. Deerslayer mit plus de naturel dans ses adieux, et il se serait même peu inquiété de laisser paraître au grand jour tous ses sentiments, si les manières et le langage récent de Judith ne lui eussent inspiré une crainte secrète et inexplicable de quelque scène inattendue. Il était trop humble pour avoir quelque soupçon des véritables sentiments dont elle était animée, mais il était trop bon observateur pour ne pas avoir remarqué la lutte qu'elle avait à soutenir contre elle-même, et qui avait été plus d'une fois sur le point d'amener la découverte de la vérité. Il lui parut assez évident qu'elle cachait dans son sein quelque chose d'extraordinaire ; et avec une délicatesse qui aurait fait honneur à l'homme le plus discret d'une société civilisée, il ne voulut pas chercher à pénétrer un secret dont l'aveu aurait pu être ensuite une source de regrets pour cette jeune fille. Il résolut donc de partir sur-le-champ, sans donner lieu à de nouvelles manifestations de sensibilité en lui-même ou dans les autres.

— Dieu vous protége, Serpent, Dieu vous protége ! s'écria-t-il en sautant dans la pirogue ; votre manitou et mon dieu savent seuls si nous nous reverrons jamais, dans combien de temps et dans quel lieu. Je regarderai comme un grand bonheur et comme une ample récompense du peu de bien que j'ai pu faire pendant ma vie, s'il nous est possible de nous retrouver par la suite, et de vivre ensemble comme nous l'avons fait si longtemps dans les bois agréables que nous avons sous les yeux.

Chingachgook lui fit de la main un signe d'adieu. Tirant ensuite sur sa tête la légère couverture qu'il portait, comme un Romain se serait couvert le visage de sa toge pour cacher son chagrin, il se retira à pas lents dans l'arche pour se livrer dans la solitude à sa douleur et à ses réflexions. Deerslayer ne prononça pas un seul mot, jusqu'à ce que la pirogue fût à mi-chemin du rivage. Alors

Hetty rompit le silence; et, à cette interruption, il cessa de ramer tout à coup.

— Pourquoi retournez-vous chez les Hurons, Deerslayer? demanda-t-elle d'une voix douce et mélodieuse. On dit que je suis faible d'esprit, et c'est pour cela qu'ils ne me font aucun mal ; mais vous, vous avez autant de bon sens que Hurry Harry, et même davantage, à ce que dit Judith, quoique je ne voie pas comment cela est possible.

— Avant que nous débarquions, Hetty, il faut aussi que je vous dise quelques mots, et cela sur des choses qui touchent vos propres intérêts. Cessez de ramer, ou plutôt, pour que les Mingos ne nous soupçonnent pas de quelque manœuvre pour leur échapper, ce qui leur fournirait un prétexte pour nous traiter encore plus durement, ne faites que toucher l'eau légèrement d'une rame, pour que la pirogue ne reste pas tout à fait stationnaire. — C'est cela, précisément le mouvement qu'il faut. Je vois que vous ne manquez pas d'adresse pour saisir les apparences, et qu'on pourrait se servir de vous pour ruser, si la ruse nous était permise en ce moment. Hélas! la fausseté et une langue menteuse sont de mauvaises choses, et ne conviennent nullement à notre couleur, Hetty ; et pourtant il y a du plaisir et de la satisfaction à vaincre une Peau-Rouge en astuce dans le cours d'une guerre légitime. Mon voyage dans ce monde a été court, car il est probable qu'il touche à sa fin ; mais je puis voir qu'un guerrier ne marche pas toujours à travers les ronces et les épines. Le sentier de guerre a son beau côté, comme beaucoup d'autres choses. Il faut seulement avoir la sagesse de le voir et la fermeté de s'y maintenir.

— Et pourquoi votre sentier de guerre, comme vous l'appelez, Deerslayer, serait-il si près de sa fin ?

— Parce que mon congé approche de la sienne, ma bonne fille, et qu'il est probable qu'ils se termineront à peu près en même temps, l'un marchant tout naturellement sur les talons de l'autre.

— Je ne sais ce que vous voulez dire, Deerslayer. Ma mère me disait toujours qu'on devait me parler plus clairement qu'à beaucoup d'autres, parce que je suis faible d'esprit. Ceux qui ont l'esprit faible ne comprennent pas aussi facilement que ceux qui ont du bon sens.

— Eh bien ! Hetty, je vais vous dire la vérité toute simple. Vous savez que je suis en ce moment prisonnier des Hurons, et les prisonniers ne peuvent pas faire toujours ce qu'il leur plaît.

— Mais comment pouvez-vous être prisonnier quand vous êtes

sur le lac, dans une pirogue de mon père, et que les Hurons sont dans les bois, et n'ont pas une seule pirogue? Ce ne peut être la vérité, Deerslayer.

— Je voudrais de tout mon cœur que vous eussiez raison, mais le fait est que vous vous trompez. Tout libre que je vous parais, je suis réellement pieds et poings liés.

— Quel malheur d'être faible d'esprit! Je ne puis ni voir ni comprendre que vous soyez prisonnier ou lié. Si vous êtes lié, avec quoi vos pieds et vos mains sont-ils attachés?

— Avec un congé, Hetty; et c'est une courroie qui serre de plus près que toutes les chaînes du monde. Une chaîne peut être rompue, mais il n'en est pas de même d'un congé. Les cordes peuvent être coupées avec un couteau ou détachées par l'adresse, mais on ne peut ni couper ni dénouer un congé.

— Quelle espèce de chose est donc un congé, s'il est plus fort que le chanvre et le fer? Je n'en ai jamais vu.

— J'espère que vous n'en sentirez jamais aucun, Hetty, car les liens d'un congé enchaînent la volonté, et c'est pourquoi on les sent et on ne les voit pas. Je suppose que vous savez ce que c'est qu'une promesse.

— Une promesse? certainement : c'est dire que vous ferez une certaine chose, et cela vous oblige à tenir votre parole. Ma mère tenait toujours les promesses qu'elle me faisait, et elle me disait que j'agirais mal si je ne tenais pas toutes les miennes, soit à elle-même, soit à tout autre.

— Vous avez eu une bonne mère, sous quelques rapports, quoi qu'elle puisse avoir été sous quelques autres. — Or, ce congé est une promesse, et, comme vous le dites, il faut la tenir. Je suis tombé entre les mains des Mingos; ils m'ont permis d'aller voir mes amis, à condition que je serais de retour dans leur camp aujourd'hui à midi, pour qu'ils puissent m'infliger tous les tourments que leur esprit infernal pourra imaginer pour se venger de la mort d'un de leurs guerriers qui est tombé d'un coup de ma carabine; de celle d'une jeune fille que Hurry a tuée, et d'autres désappointements qu'ils ont éprouvés sur le lac. A présent, je suppose que vous comprenez ma situation.

Hetty fut quelque temps sans répondre. Elle cessa tout à fait de ramer, comme si une idée nouvelle pour elle eût embarrassé son esprit, et ne lui eût permis aucune autre occupation. Alors elle reprit la conversation.

— Et croyez-vous que les Hurons auront le cœur de faire ce que vous venez de dire? Ils m'ont paru avoir de la douceur et de la bonté.

— Oui, à l'égard d'une fille comme vous, Hetty; mais quand il s'agit d'un ennemi, et d'un ennemi portant une carabine dont il sait passablement se servir, c'est une autre affaire. Je ne dis pas qu'ils aient une haine particulière contre moi à cause de ce que j'ai déjà fait, car ce serait me vanter, comme on pourrait dire, sur le bord de ma fosse; mais il n'y a point de vanité à dire qu'ils savent que j'ai donné la mort à l'un de leurs plus braves guerriers; et toute leur tribu leur ferait un reproche s'ils n'envoyaient pas l'esprit d'une Face-Pâle tenir compagnie à l'esprit d'un de leurs frères rouges, toujours en supposant qu'il puisse le rejoindre. Je n'attends d'eux aucune merci, et mon principal chagrin est d'avoir rencontré cette calamité sur mon premier sentier de guerre, car c'est un accident auquel tout soldat doit s'attendre tôt ou tard.

— Les Hurons ne vous feront aucun mal, Deerslayer, s'écria Hetty fortement agitée; — ce serait une perversité et une cruauté: j'ai la Bible avec moi pour le leur prouver. Croyez-vous que je vous aie accompagné pour vous voir mettre à la torture?

— Non certainement, ma bonne Hetty, non; et c'est pourquoi j'espère que, lorsque le moment en sera venu, vous vous retirerez, afin de ne pas être témoin de ce qui vous affligerait et que vous ne pourriez empêcher. Mais je n'ai pas cessé de ramer pour vous entretenir de mes embarras et de mes difficultés; c'est de ce qui vous concerne vous-même que je veux parler le plus clairement possible.

— Que pouvez-vous avoir à me dire sur ce sujet, Deerslayer? Personne ne m'en a parlé depuis que ma mère est morte.

— Tant pis, ma pauvre fille, tant pis; car, avec votre faiblesse d'esprit, vous avez besoin qu'on vous en parle souvent, pour vous mettre en état d'éviter les piéges et les embûches de ce monde pervers. — Je suppose que vous n'avez pas encore oublié Hurry Harry?

— Moi! — moi avoir oublié Harry March! — Comment pourrais-je l'avoir oublié, puisqu'il est notre ami, et qu'il ne nous a quittés que la nuit dernière? La grande et belle étoile que ma mère aimait tant à regarder se montrait tout juste au-dessus de la cime de ce grand pin sur cette montagne quand il est entré dans la pirogue; et quand vous l'avez mis à terre sur la pointe de la baie de l'est, elle ne s'était élevée au-dessus que de la longueur du plus beau ruban de Judith.

— Et comment pouvez-vous savoir où j'ai été et quand j'y suis arrivé, vu que vous n'étiez pas avec nous et que la nuit était si obscure?

— Oh! je savais assez bien tout cela. Il y a plus d'une manière de calculer le temps et la distance. Quand l'esprit est occupé ainsi, il est plus sûr qu'aucune horloge. Le mien est faible, je le sais; mais il ne me trompe jamais en ce qui concerne le pauvre Hurry Harry.

— Judith ne l'épousera jamais, Deerslayer.

— Voilà le point où je voulais arriver, Hetty; — oui, nous y voilà. Je suppose que vous savez qu'il est naturel aux jeunes gens d'avoir les uns pour les autres un sentiment d'affection, surtout quand il arrive que l'un est un jeune homme et l'autre une jeune fille. Or, une fille de votre âge, qui a l'esprit faible, qui n'a plus ni père ni mère, et qui vit dans une solitude qui n'est fréquentée que par des trappeurs et des chasseurs, a besoin d'être sur ses gardes contre des dangers dont elle ne se doute guère.

— Quel mal peut-il y avoir à bien penser d'un de nos semblables? répondit Hetty avec la simplicité d'un enfant, tandis que le sang lui montait aux joues par une sorte d'instinct, quoiqu'il lui eût été impossible de dire pourquoi elle rougissait. — La Bible nous dit d'aimer nos ennemis; pourquoi donc n'aimerions-nous pas nos amis?

— Ah! Hetty! l'amour dont parlent les missionnaires n'est pas l'espèce de sentiment que je veux dire. Répondez-moi à une question, ma bonne fille: Vous croyez-vous assez d'esprit pour remplir les devoirs d'épouse et de mère?

— Ce n'est pas une question qu'il convienne de faire à une jeune fille, Deerslayer; et je n'y répondrai pas, répliqua Hetty du même ton qu'une mère gronderait un enfant d'avoir commis une indiscrétion. — Si vous avez quelque chose à dire sur Hurry, je vous écouterai; mais il ne faut pas en dire de mal, car il est absent, et il n'est pas bien de mal parler des absents.

— Votre mère vous a donné tant de bonnes leçons, Hetty, que je crains pour vous moins que je ne le faisais. Cependant une jeune fille sans parents, qui n'a pas tout l'esprit qu'elle pourrait avoir, et qui n'est pas sans beauté, doit toujours courir quelque danger dans une contrée comme celle-ci. Je n'ai pas dessein de dire du mal de Hurry, qui, au total, n'est pas un méchant homme pour un homme de son métier; mais il est bon que vous sachiez une chose: elle n'est pas très-agréable à vous dire, mais il le faut pourtant: — Hurry est éperdument amoureux de votre sœur Judith.

— Eh bien! qu'importe cela? Tout le monde admire Judith; elle est si belle! et Hurry m'a dit bien des fois qu'il désire l'épouser. Mais cela n'arrivera jamais, car Judith ne l'aime pas; elle en aime un autre, et elle parle de lui en dormant. Mais il ne faut pas me demander son nom, car je ne le dirais pas pour tout l'or et tous les joyaux de la couronne du roi George. — Si deux sœurs ne pouvaient garder les secrets l'une de l'autre, qui le pourrait alors?

— Je ne désire certainement pas que vous me disiez ce secret, Hetty; et ce ne serait pas un grand avantage pour un homme sur le point de mourir. Ni la tête ni le cœur ne sont responsables de ce que la langue dit quand l'esprit est endormi.

— Je voudrais savoir pourquoi Judith parle tant en dormant d'officiers, de fausses langues et de cœurs honnêtes; je suppose que c'est ma faiblesse d'esprit qui l'empêche de me le dire. — Mais n'est-il pas bien étrange que Judith n'aime point Hurry, lui qui est le jeune homme le plus brave qui soit jamais venu sur les bords de ce lac, et qui est tout aussi beau qu'elle est belle? Mon père disait que ce serait le plus beau couple de tout ce pays, quoique March ne plût pas à ma mère plus qu'à Judith. Au surplus, on dit qu'on ne peut savoir ce qui arrivera que lorsque les choses sont arrivées.

— Hélas! hélas! pauvre Hetty! — Mais il n'y a pas grande utilité à parler à ceux qui ne peuvent vous comprendre; ainsi je n'en dirai pas davantage sur le sujet dont je voulais vous parler, quoiqu'il pèse sur mon esprit. — Reprenez la rame, Hetty, et avançons vers le rivage, car le soleil est presque à son plus haut point, et mon congé va expirer.

La pirogue s'approcha alors rapidement de la pointe sur laquelle Deerslayer savait que ses ennemis l'attendaient, et où il commençait à craindre de ne pas arriver assez tôt pour tenir sa promesse à la lettre. Hetty, voyant son impatience, quoiqu'elle n'en comprît pas précisément la cause, seconda ses efforts de manière à ne lui laisser aucun doute qu'il n'arrivât assez à temps; le jeune chasseur alors se pressa moins, et Hetty se remit à jaser avec sa confiance et sa simplicité ordinaires; mais le reste de leur conversation n'offrirait aucun intérêt au lecteur.

CHAPITRE XXVII.

> Tu as été bien occupée aujourd'hui, ô mort, et cependant tu n'as fait que la moitié de ta besogne. Une foule de tes victimes assiègent les portes de l'enfer, et pourtant deux fois dix mille esprits, qui ne songent pas à faire divorce avec leurs habitations mortelles, doivent, avant que le soleil se couche, entrer dans le séjour des ténèbres.
>
> SOUTHEY.

Un homme connaissant parfaitement le cours des astres aurait vu qu'il s'en fallait encore de deux ou trois minutes que le soleil fût à son zénith quand Deerslayer débarqua sur la pointe où les Hurons étaient alors campés presque en face du château. Ce campement était semblable à celui qui a déjà été décrit, si ce n'est que la surface du sol, dans tous les environs, était plus unie et moins couverte d'arbres. Ces deux circonstances faisaient que le local n'en convenait que mieux à l'objet pour lequel il avait été choisi, l'espace sous les branches ayant quelque ressemblance avec un tapis de verdure couvert d'arbres. Favorisé par sa position et par la source qui s'y trouvait, cet endroit avait souvent servi de rendez-vous aux sauvages et aux chasseurs, et l'herbe croissant bientôt sur les places où ils avaient allumé du feu, c'était une sorte de pelouse, beauté qui est assez rare dans les forêts vierges. Les bords du lac étaient moins garnis de buissons que le reste de ses rives, de sorte que l'œil pénétrait dans les bois dès qu'on avait mis le pied sur le sable, et qu'on voyait d'un seul coup d'œil presque toute l'étendue de la pointe.

Si c'était un point d'honneur pour les guerriers indiens de tenir leur parole, quand ils avaient promis de revenir à une heure fixe pour recevoir la mort, un autre trait qui les caractérisait était de ne montrer aucune impatience de connaître leur destin, et de n'arriver que le plus près possible du moment qui avait été fixé. S'il était bien de ne pas excéder le temps qui avait été accordé par la générosité de l'ennemi, il était encore mieux de ne pas le devancer. C'était une sorte d'effet dramatique qui se rattachait à quelques-uns des plus graves usages des aborigènes américains, et c'était sans doute le résultat d'un sentiment naturel. Nous aimons tous le merveilleux, et quand il est accompagné d'un dévouement chevaleresque et d'une stricte fidélité à l'honneur, il se présente à notre admiration sous une forme doublement attrayante. En ce qui concerne Deerslayer, quoiqu'il fût fier de prouver ce qu'il appelait son sang blanc, en s'écartant souvent des coutumes des hommes rouges, il les adoptait fréquemment ainsi que leurs sentiments, sans y songer, parce qu'il ne pouvait en appeler à d'autres arbitres de sa conduite que leur goût et leur jugement. En cette occasion, il n'aurait pas voulu montrer une hâte inutile par un retour trop accéléré, car on l'aurait regardé comme un aveu tacite qu'il avait demandé plus de temps qu'il n'en avait besoin; mais d'une autre part, si l'idée s'en fût présentée à son esprit, il aurait un peu accéléré ses mouvements pour ne pas avoir l'air de ne revenir qu'au dernier instant du délai qui lui avait été fixé. Le hasard avait déjoué cette dernière intention ; car lorsqu'il mit le pied sur la pointe, et qu'il s'avança d'un pas ferme vers le groupe des chefs gravement assis sur un arbre tombé, le plus âgé d'entre eux leva les yeux vers une ouverture entre les branches, et fit remarquer à ses compagnons que le soleil arrivait en ce moment à l'endroit connu pour marquer le zénith. Une exclamation à voix basse, mais générale, annonça la surprise et l'admiration des Hurons, et les chefs se regardèrent entre eux, quelques-uns avec envie et désappointement, quelques autres avec surprise de l'exactitude précise de leur victime, le petit nombre avec un sentiment plus généreux et plus libéral. L'Indien américain regardait toujours ses victoires morales comme les plus nobles. Il faisait plus de cas des cris et des gémissements que les tourments arrachaient à sa victime, que du trophée de sa chevelure, et de ce trophée que de sa mort. Tuer un ennemi sans rapporter cette preuve de sa victoire, paraissait à peine honorable, et ces grossiers et féroces habitants des forêts, comme leurs frères plus civilisés des cours et des camps, s'étaient fait des points d'honneur arbitraires et fantastiques pour supplanter les principes de la justice et les décisions de la raison.

Les Hurons avaient été divisés d'opinion sur la question de savoir si leur prisonnier reviendrait. La plupart d'entre eux n'avaient pas même cru possible qu'une Face-Pâle revînt volontairement pour subir d'horribles tortures; mais quelques-uns des plus vieux s'attendaient à une autre conduite de la part d'un homme qui avait montré tant de sang-froid, de bravoure et de droiture. La majeure partie avait pourtant consenti à l'absence momentanée du prisonnier, moins dans l'espoir de le voir tenir sa promesse que pour pouvoir faire un reproche aux Delawares du manque de parole d'un homme qui avait passé une si grande partie de sa vie dans leurs villages. Ils auraient de beaucoup préféré que Chingachgook eût été leur prisonnier et leur eût manqué de foi; mais le chasseur à face pâle n'était pas un mauvais remplaçant, puisqu'ils n'avaient pu faire un captif de cette tribu qu'ils détestaient. Dans le dessein de rendre leur triomphe plus signalé s'il se passait une heure sans que le jeune chasseur reparût, tous les partis détachés et tous les espions avaient été rappelés dans le camp, et toute la troupe, hommes, femmes et enfants, était alors rassemblée pour être témoin de ce qui allait se passer. Comme le château était en pleine vue, et à une distance peu éloignée, il était facile de le surveiller en plein jour; et comme ils savaient qu'il ne pouvait s'y trouver que Hurry, le Delaware et les deux jeunes filles, ils ne craignaient pas qu'ils pussent s'échapper sans être vus. Un grand radeau, ayant un parapet de troncs d'arbres, avait été préparé afin de s'en servir pour attaquer l'arche ou le château, suivant que l'occasion l'exigerait, dès que le sort de Deerslayer aurait été décidé; les chefs ayant pensé qu'il commençait à être dangereux de différer leur départ pour le Canada au-delà de la nuit suivante. En un mot, la troupe n'attendait que le résultat de cette seule affaire pour amener les choses à une crise sur le lac, avant de commencer sa retraite vers le lac Ontario.

C'était une scène imposante que celle vers laquelle Deerslayer s'avançait en ce moment. Les chefs étaient assis sur le tronc de l'arbre tombé, et l'attendaient avec un grave décorum. À leur droite étaient les guerriers armés; à leur gauche, les femmes et les enfants; au centre, devant eux, était un espace d'une étendue considérable, couvert partout par la cime des arbres, mais où il ne se trouvait ni broussailles, ni bois mort, ni aucun autre obstacle à la marche. Les arches formées par le feuillage des branches supérieures jetaient leur ombre sur ce lieu, que les rayons du soleil, cherchant à se frayer un passage à travers les feuilles, contribuaient à éclairer. Ce fut probablement une pareille scène qui donna à l'esprit de l'homme la première idée des effets que l'architecture gothique pouvait produire dans une église; car ce temple construit par la nature en produisait un à peu près semblable, en ce qui concerne l'ombre et la lumière.

Comme cela n'était pas rare parmi les tribus errantes des aborigènes, deux chefs partageaient, à un degré presque égal, la principale et primitive autorité sur ces enfants de la forêt. Plusieurs autres avaient le titre de chefs; mais les deux dont nous parlons avaient une influence si supérieure à celle des autres, que, lorsqu'ils étaient d'accord, personne ne contestait leurs ordres; et quand ils étaient d'avis contraire, la tribu hésitait, comme des hommes ayant perdu le principe qui dirigeait toutes leurs actions. Il était aussi conforme à l'usage, et nous pourrions peut-être ajouter à la nature, que ces deux chefs dussent leur élévation, l'un à son esprit, et l'autre à des qualités purement physiques. Le premier était un vieillard connu par son éloquence dans la discussion, par sa sagesse dans le conseil, et par sa prudence dans toutes ses mesures; son compétiteur, sinon son rival, était un guerrier qui s'était distingué à la guerre, d'une férocité sans exemple, et dont l'intelligence n'était remarquable que par l'astuce et par les expédients qu'il y puisait. Le premier était Rivenoak, avec qui nos lecteurs ont déjà fait connaissance; l'autre se nommait la Panthère, dans la langue du Canada, le français étant celle d'une partie de cette colonie. Le nom de ce chef était censé indiquer ses qualités, suivant l'usage des hommes rouges, la férocité, l'astuce et la perfidie étant peut-être les traits distinctifs de son caractère. Ce titre lui avait été conféré par les Français, et il n'en faisait que plus de cas d'après cette circonstance, les Indiens se soumettant, dans la plupart des choses de cette nature, à l'intelligence supérieure de leurs alliés à face pâle. On verra par la suite si ce sobriquet était mérité.

Rivenoak et la Panthère étaient assis à côté l'un de l'autre, attendant l'arrivée du prisonnier, quand Deerslayer mit un pied sur le sable. Ni l'un ni l'autre ne prononcèrent une syllabe avant que le jeune chasseur se fût avancé au milieu du cercle, en face d'eux, et qu'il eût lui-même proclamé son arrivée. Il le fit d'un ton ferme, quoique avec la simplicité qui le caractérisait.

—Me voici, Mingos, dit-il dans le dialecte des Delawares, que la plupart des Hurons comprenaient; me voici, et voilà le soleil. L'un n'est pas plus fidèle aux lois de la nature que l'autre ne l'a été à sa parole. Je suis votre prisonnier, faites de moi ce qu'il vous plaira. Mes affaires avec les hommes et avec la terre sont terminées : il ne me reste qu'à aller trouver le dieu des hommes blancs, conformément au devoir et aux dons d'un homme blanc.

Un murmure d'approbation échappa même aux femmes après qu'il eut prononcé ces paroles, et le désir d'adopter dans la tribu un homme d'un caractère si intrépide fut un instant presque général. Cependant tous ne le partageaient pas, et parmi les principaux récalcitrants se trouvaient la Panthère, et sa sœur le Sumac, ainsi nommée à cause du grand nombre de ses enfants, qui était veuve du Loup-Cervier, le guerrier que Deerslayer avait tué d'un coup de carabine, comme les Hurons le savaient alors. Le premier cédait à sa férocité naturelle, l'autre était dévorée d'une soif de vengeance qui l'empêchait encore de se livrer à un sentiment plus doux. — Il n'en était pas de même de Rivenoak. Ce chef se leva, et étendant le bras avec un geste de courtoisie, il parla au prisonnier avec un air d'aisance et de dignité qui aurait pu faire envie à un prince. Comme il n'avait pas dans toute sa tribu son égal en sagesse et en éloquence, c'était à lui qu'il appartenait de répondre au prisonnier.

— Face-Pâle, vous êtes honnête, dit l'orateur huron. Mon peuple est heureux d'avoir pour prisonnier un homme, et non un renard cauteleux. Nous vous connaissons à présent, et nous vous traiterons en brave. Si vous avez tué un de nos guerriers, et aidé à en tuer d'autres, vous avez une vie qui vous appartient, et vous êtes prêt à la donner en retour. Quelques-uns de mes guerriers pensaient que le sang des Faces-Pâles était trop clair, et qu'il ne voudrait pas couler sous les couteaux des Hurons; vous leur avez prouvé qu'il n'en est rien. Votre cœur est aussi brave que votre corps. C'est un plaisir de faire un prisonnier comme vous. Si mes guerriers disaient, que la mort du Loup-Cervier ne peut être oubliée, qu'il ne doit pas voyager seul vers la terre des esprits, et qu'il faut lui envoyer son ennemi pour le rejoindre et lui tenir compagnie, ils n'oublieront pas qu'il est tombé sous la main d'un brave, et nous vous enverrons à lui avec de tels signes de notre amitié, qu'il ne sera pas honteux de voyager avec vous. — J'ai parlé; vous savez ce que j'ai dit.

— Oui, Mingo; cela est vrai comme l'Evangile. Vous avez parlé, et je sais non-seulement ce que vous avez dit, mais encore, ce qui est plus important, ce que vous avez voulu dire. J'ose dire que votre guerrier, le Loup-Cervier, était un homme brave, digne de votre amitié et de votre respect; mais je ne me sens pas indigne de lui tenir compagnie sans avoir un passe-port de vos mains. Au surplus, me voici prêt à entendre le jugement que portera votre conseil, si toutefois l'affaire n'était pas déjà décidée avant mon retour.

— Les chefs ne voudraient pas siéger en conseil pour juger une Face-Pâle avant de l'apercevoir au milieu d'eux, répondit Rivenoak en regardant autour de lui d'un air un peu ironique; ils disent que ce serait la même chose que de siéger en conseil pour juger les vents, qui s'en vont où ils veulent, et reviennent si bon leur semble, et non autrement. Il y a eu une voix qui a parlé en votre faveur,

Deerslayer; mais c'était une voix solitaire, comme celle du roitelet dont la compagne a péri sous les serres du faucon.

— Je remercie cette voix, à qui que ce soit qu'elle appartienne, Mingo, et je dirai que c'était une voix aussi véridique que les autres étaient menteuses. Un congé est un lien aussi solide pour un blanc, s'il est honnête, que pour une Peau-Rouge; et quand cela ne serait pas, je ne voudrais jamais déshonorer les Delawares, parmi lesquels on peut dire que j'ai reçu mon éducation. Mais les paroles ne servent à rien et ne conduisent qu'à des fanfaronnades. Me voici; faites de moi ce qu'il vous plaira.

Rivenoak fit un signe d'acquiescement, et eut une courte conférence avec les chefs. Dès qu'elle fut terminée, quelques jeunes guerriers sortirent des rangs des hommes armés et disparurent. Il fut ensuite signifié au prisonnier qu'il avait la liberté de se promener où il le voudrait sur la pointe, pendant que le conseil délibérerait sur son sort. Cette marque de confiance était plus apparente que réelle, car les jeunes guerriers dont il vient d'être parlé formaient déjà une ligne de sentinelles à l'endroit où la pointe se réunissait à la terre, et le prisonnier ne pouvait s'échapper d'aucun autre côté. On avait même reculé la pirogue sur laquelle il était arrivé au-delà de la ligne des sentinelles, et on l'avait placée dans un endroit où elle semblait à l'abri de toute tentative pour s'en emparer. Ces précautions ne venaient pas précisément d'un manque de confiance; mais on savait que le prisonnier avait tenu sa parole, il n'avait rien promis de plus, et s'il avait réussi à s'échapper, les Hurons eux-mêmes auraient regardé cet exploit comme honorable pour lui. Les distinctions faites par les sauvages dans des cas semblables sont si délicates, qu'ils laissent quelquefois à leurs victimes une chance pour se soustraire à la torture, pensant qu'il est aussi glorieux pour eux de reprendre un prisonnier dans le moment où il fait pour se sauver des efforts proportionnés au danger de sa situation, qu'il le serait pour lui de déjouer leur vigilance.

Deerslayer n'ignorait pas ses droits, et il se promettait de ne négliger aucune occasion d'en user; mais le cas lui paraissait désespéré; il savait qu'une ligne de sentinelles avait été établie, et il lui paraissait impossible de la forcer. Il n'aurait pas trouvé très-difficile de gagner le château à la nage; mais à l'aide de la pirogue, les sauvages l'auraient atteint avant qu'il y fût arrivé. En se promenant sur la pointe, il examina les lieux avec grand soin, pour voir s'ils n'offraient aucun moyen de se cacher; mais il ne put en trouver, et d'ailleurs tous les yeux fixés sur lui, quoique en affectant de ne pas le regarder, ne lui permettaient pas d'espérer qu'un tel expédient lui réussît. La crainte et la honte d'échouer dans quelque tentative de ce genre n'avaient aucune influence sur lui, car il se faisait toujours un point d'honneur de raisonner et de sentir en homme blanc plutôt qu'en Indien, et il regardait comme un devoir de faire tout ce qui lui serait possible pour sauver sa vie, pourvu que ce fût sans agir contre ses principes. Il hésitait pourtant à faire cette tentative, car il pensait aussi qu'il devait voir une chance de succès avant de rien entreprendre.

Pendant ce temps, l'affaire se discutait dans le conseil des chefs avec régularité. Ils s'étaient retirés à l'écart, et personne n'était admis parmi eux que le Sumac, car la veuve du guerrier tué avait le droit exclusif d'être entendue dans une pareille occasion. Les jeunes guerriers se promenaient d'un air d'indifférence indolente, et attendaient avec toute la patience des Indiens la fin des délibérations de leurs chefs, et les femmes préparaient le repas qui devait terminer la journée, quel que fût le destin de Deerslayer. Personne ne montrait la moindre émotion; cependant deux ou trois vieilles femmes qui causaient ensemble indiquaient, par les regards sinistres qu'elles lançaient sur le prisonnier et par leurs gestes menaçants, qu'elles ne lui étaient pas favorables, tandis qu'un groupe de jeunes filles jetaient sur lui à la dérobée des coups d'œil qui exprimaient la pitié et le regret. A l'exception de l'extrême vigilance des sentinelles, un observateur indifférent n'aurait aperçu dans le camp aucun mouvement, aucune sensation qui annonçât qu'il s'y passait quelque chose d'extraordinaire. Cet état de choses dura environ une heure.

L'incertitude est peut-être le sentiment le plus difficile à supporter. Quand Deerslayer était arrivé, il s'attendait à subir au bout de quelques minutes toutes les tortures que la soif de la vengeance pourrait suggérer aux Hurons, et il s'était préparé à les souffrir avec courage; mais le délai lui parut plus cruel que les souffrances, et il commençait à songer à faire quelque effort désespéré pour s'échapper, — peut-être pour accélérer la fin de cette scène, — quand on l'avertit tout à coup de revenir devant ses juges, qui étaient prêts à le recevoir, toute la troupe rangée autour d'eux, comme à son arrivée.

—Tueur de Daims, dit Rivenoak dès que le prisonnier fût devant lui, les chefs ont écouté des paroles sages, et ils sont prêts à parler. Vous êtes un homme dont les pères sont venus du côté du soleil levant; nous, nous sommes les enfants du soleil couchant. Nous tournons le visage vers les grands lacs d'eau douce quand nous regardons du côté de nos villages. Ce peut être un pays sage et plein de richesses du côté du matin, mais c'en est un fort agréable du côté du soir. Nous aimons à porter nos regards dans cette direction. Quand nous regardons du côté de l'est, nous avons de l'inquiétude, car il en arrive tous les jours, à la suite du soleil, de grands canots qui amènent ici de nouveaux hommes blancs, comme si leur pays en était plein à déborder. Les hommes rouges sont déjà en petit nombre, et ils ont besoin de remplir leurs rangs. Un de nos meilleurs wigwams est devenu vide par la mort de son maître, et il se passera longtemps avant que le fils soit assez âgé pour s'asseoir à la place de son père. Voilà sa veuve ; elle a besoin de venaison pour se nourrir, elle et ses enfants, car ses fils sont encore comme les petits du rouge-gorge qui n'ont pas quitté le nid. C'est votre main qui l'a frappée de cette terrible calamité. Elle a deux devoirs à remplir, l'un envers son mari, le Loup-Cervier ; l'autre envers ses enfants. Chevelure pour chevelure, sang pour sang, mort pour mort, voilà le premier. Le second est de donner de la nourriture à ses enfants. Nous vous connaissons, Tueur de Daims. Vous avez de l'honneur ; quand vous dites une chose, c'est qu'elle est vraie ; vous n'avez qu'une langue, et elle n'est pas fourchue comme celle d'un serpent. Votre tête n'est jamais cachée sous l'herbe, chacun peut la voir. Ce que vous promettez, vous le faites. Vous êtes juste ; quand vous avez fait le mal, vous désirez le réparer le plus tôt possible. — Eh bien ! voici le Sumac ; elle est seule dans son wigwam ; ses enfants crient autour d'elle pour lui demander de la nourriture. Voici un mousquet, il est chargé et amorcé ; prenez-le, allez tuer un daim, portez-le au Sumac, nourrissez ses enfants, et dites-lui que vous la prenez pour femme. Après cela, votre cœur ne sera plus delaware, et deviendra huron ; le Sumac n'entendra plus crier ses enfants, et ma tribu retrouvera le guerrier qu'elle a perdu.

— Je craignais cela, Rivenoak, répondit Deerslayer, oui, je craignais que vous n'en vinssiez là. Quoi qu'il en soit, la vérité est bientôt dite, et elle mettra fin à toute proposition de ce genre. Je suis blanc et chrétien, Mingo ; et il ne me convient pas de prendre une femme rouge et païenne. Ce que je ne ferais pas en temps de paix et sous le soleil le plus brillant, je le ferai encore moins pour sauver ma vie, quand ma tête est sous un nuage. Il est possible que je ne me marie jamais, et la Providence, en me plaçant dans les forêts, a probablement voulu que je vécusse seul ; mais s'il m'arrivait de me marier, ce ne serait qu'une femme de ma couleur qui entrerait dans mon wigwam. Quant à fournir de la nourriture aux enfants de votre guerrier, le Loup-Cervier, je le ferais de tout mon cœur, si je pouvais le faire sans me déshonorer ; mais cela est impossible, vu que je n'habiterai jamais un village de Hurons. Que vos jeunes guerriers fournissent de la venaison au Sumac, et lorsqu'elle se remariera, qu'elle prenne un mari dont les jambes ne soient pas assez longues pour le conduire sur un territoire qui ne lui appartient pas. Nous avons combattu à armes égales, et il a succombé. Ce n'est que ce qu'un brave doit attendre, et il doit toujours y être prêt. Quant à avoir le cœur d'un Mingo, attendez-vous plutôt à voir des cheveux blancs sur la tête d'un enfant, ou des mûres de ronces sur un pin. Non, non, Huron, mes dons sont blancs, en ce qui concerne une femme, et mon cœur est delaware en tout ce qui touche les Indiens.

Deerslayer avait à peine cessé de parler, qu'un murmure général annonça le mécontentement avec lequel on l'avait entendu. Les vieilles femmes surtout exprimaient hautement leur ressentiment ; et le Sumac elle-même, qui était assez vieille pour être la mère du jeune chasseur, n'épargnait pas les imprécations. Mais toutes les manifestations de désappointement et de colère n'étaient rien auprès de la rage dont était transporté la Panthère. Ce chef féroce avait regardé comme une dégradation de permettre à sa sœur de devenir la femme d'un homme à face pâle, et surtout d'un Anglais ; il n'avait consenti qu'à contre-cœur à un arrangement qui n'avait rien d'inusité parmi les Indiens ; et il n'avait cédé qu'aux vives instances de sa sœur. Il était alors blessé au vif en voyant un prisonnier méprisé refuser l'honneur qu'on voulait bien lui faire. L'animal dont il portait le nom ne regarde pas sa proie avec plus de férocité qu'on n'en voyait briller dans ses yeux fixés sur le captif, et son bras ne fut pas lent à seconder la fureur qui l'enflammait.

— Vil roquet des Faces-Pâles, s'écria-t-il, va hurler avec les chiens de ta race dans les bois sans gibier qui leur sont destinés !

L'action suivit de près ces paroles. Il parlait encore quand il saisit son tomahawk, et il le lança contre Deerslayer. Heureusement pour celui-ci, le son de la voix de l'Indien avait attiré ses yeux, sans quoi ce moment aurait terminé sa carrière. Cette arme dangereuse fut lancée avec tant de dextérité, et dans des intentions si meurtrières, qu'elle aurait fendu la tête du jeune chasseur s'il n'eût levé le bras et saisi le manche du tomahawk qui arrivait en tournant, avec une adresse au moins égale à celle qui avait été mise à le lancer. La violence du coup était telle qu'il souleva le bras de Deerslayer au-dessus de sa tête, et précisément dans l'attitude convenable pour une attaque semblable contre son ennemi. Nous ne pouvons dire si la circonstance de se trouver tout à coup armé et dans une attitude menaçante, fût pour Deerslayer une tentation d'user de représailles, ou si un premier mouvement de ressentiment l'emporta sur sa prudence et sa patience ordinaires; son œil étincela, une petite tache rouge parut sur chacune de ses joues, et réunissant toute son énergie pour armer son bras de toute sa force, il lança à son tour le tomahawk contre son ennemi. Ce coup était inattendu, et ce fut ce qui en assura le succès. La Panthère n'eut le temps ni de lever le bras, ni de baisser la tête pour l'éviter. La petite hache frappa sa victime en ligne perpendiculaire au-dessus du nez et entre les yeux, et lui fendit littéralement le front en deux parties. Le sauvage fit un saut pour s'élancer sur le prisonnier, mais il tomba de son long au milieu de l'espace vide laissé dans le demi-cercle, rendant le dernier soupir. Tous les Hurons coururent à la Panthère pour le relever et lui donner des secours, et aucun d'eux ne songea plus au prisonnier. Deerslayer profita de ce moment pour faire un effort désespéré; et il prit la fuite avec la rapidité d'un daim. Quelques instants après, tous les Hurons, hommes, femmes et enfants, abandonnant le corps inanimé de la Panthère, étaient à sa poursuite en poussant des cris horribles.

Quelque imprévu qu'eût été l'événement qui avait décidé le jeune chasseur à tenter cette épreuve d'agilité, il n'était pas tout à fait sans y être préparé. Pendant l'heure qui venait de s'écouler, il avait mûrement réfléchi sur les chances d'un pareil coup de hardiesse, et il avait calculé toutes les causes qui pouvaient le faire réussir ou échouer. Dès le premier moment qu'il se mit en course, ses membres furent donc complétement sous l'influence d'une intelligence qui tirait le meilleur parti de tous leurs efforts, et, dans un instant si important, il n'éprouva ni indécision ni hésitation. Ce fut à cette seule circonstance qu'il dut le premier succès qu'il obtint, celui de traverser sans accident la ligne des sentinelles. La manière dont il en vint à bout, quoique assez simple, mérite d'être rapportée.

Quoique les bords de la pointe ne fussent pas garnis d'une frange de buissons comme presque toutes les autres rives du lac, cette circonstance ne venait que de ce que cet endroit était fréquenté par les chasseurs et les pêcheurs, qui les coupaient pour en faire du feu. Cette frange reparaissait à l'endroit où la pointe se rattachait à la terre; elle y était aussi épaisse que partout ailleurs, et s'étendait en une longue ligne du nord au sud. Ce fût de ce côté que Deerslayer dirigea sa course rapide; et comme les sentinelles étaient un peu au-delà de l'endroit où commençaient les buissons, le fugitif avait gagné le couvert avant que l'alarme leur fût communiquée. Il était impossible de courir au milieu d'épaisses broussailles, et pendant trente à quarante toises il marcha dans l'eau sur le bord du lac, où il n'en avait que jusqu'aux genoux; mais c'était un obstacle qui nuisait à la vitesse de ceux qui le poursuivaient aussi bien qu'à la sienne. Dès qu'il trouva un endroit favorable, il traversa la ligne des buissons et entra dans le bois.

Plusieurs coups de fusil furent tirés sur lui pendant qu'il marchait dans l'eau, et surtout quand il fut entré dans la forêt; mais la direction de la ligne de sa fuite, qui croisait celle du feu, la confusion générale qui régnait parmi les Hurons, et la précipitation avec laquelle ils tiraient, sans se donner le temps de l'ajuster, firent qu'il ne reçut aucune blessure. Les balles sifflaient à ses oreilles, elles cassaient des branches à ses côtés, mais pas une ne toucha même ses vêtements. Le délai causé par ces tentatives infructueuses fut très-utile au fugitif, qui avait une avance de plus de cinquante toises sur ceux des Hurons qui le suivaient de plus près, avant qu'on eût pu mettre de l'ordre et du concert dans la poursuite. Le poids de leurs mousquets retardait leur course, et après les avoir déchargés dans un espoir vague de le blesser, ils les jetèrent par terre, en criant aux femmes et aux enfants de les ramasser et de les recharger le plus tôt possible.

Deerslayer connaissait trop bien la nature désespérée du parti qu'il avait pris pour perdre un seul de ces instants précieux; il savait aussi que son seul espoir était de suivre une ligne droite; car, s'il tournait d'un côté ou de l'autre, le nombre de ses ennemis ferait qu'il serait bientôt devancé. Il prit donc une route diagonale pour gravir la montagne, qui n'était ni très-haute, ni très-escarpée, quoique la montée fût assez difficile pour la rendre pénible à un homme dont la vie dépendait de ses efforts. Là, il ralentit sa course pour reprendre haleine, et se contenta de marcher à grands pas dans les parties qui lui offraient plus de difficultés à surmonter. Les Hurons le suivaient en hurlant de fureur; mais il n'y fit aucune attention, sachant qu'ils avaient à vaincre les mêmes obstacles qui l'avaient retardé, avant de pouvoir arriver à la hauteur qu'il venait d'atteindre. Il était alors près du sommet de la montagne, et il vit, d'après la conformation du terrain, qu'il fallait qu'il descendit dans une vallée profonde avant d'arriver à la base d'une seconde montagne; s'étant hâté de gagner le sommet, il regarda tout autour de lui pour voir s'il découvrirait quelque abri où il pût se cacher. Rien de semblable ne s'offrit à ses yeux, mais il aperçut un gros arbre tombé à quelques pas de lui, et les situations désespérées exigent des remèdes analogues. Cet arbre était couché en ligne parallèle à la vallée, près du sommet de la montagne : sauter sur cet arbre et se placer en long presque sous son tronc énorme ne fut l'affaire que d'un instant; mais auparavant il se montra debout sur le haut de la montagne et poussa un cri de joie, comme s'il eût triomphé en voyant la descente qui s'offrait à lui. Le moment d'après, il était étendu sous l'arbre.

Après avoir adopté cet expédient, il sentit aux pulsations de toutes ses artères quelle était la violence des efforts qu'il avait faits. Il pouvait entendre son cœur battre, et sa respiration ressemblait à l'action d'un soufflet en mouvement rapide. Peu-à-peu cependant il respira plus librement, et son cœur cessa de battre comme s'il eût voulu sortir de sa poitrine. Bientôt il entendit les pas des Hurons qui gravissaient l'autre côté de la montagne, et leurs voix ne tardèrent pas à annoncer leur arrivée. Les premiers qui atteignirent le sommet de la hauteur poussèrent un cri de joie. Craignant ensuite que le fugitif ne leur échappât à la faveur de la descente, ils sautèrent par-dessus l'arbre tombé, et entrèrent dans le ravin, espérant apercevoir leur prisonnier avant qu'il fût arrivé dans la vallée. D'autres arrivèrent bientôt, en firent autant, et Deerslayer commença à espérer qu'ils étaient tous passés. Il survint pourtant encore quelques traîneurs, et il en compta jusqu'à quarante, car il les comptait pour s'assurer à peu près combien il pouvait en rester en arrière. Ils ne tardèrent pas à arriver dans la vallée, à plus de cent pieds au-dessous de lui, et quelques-uns avaient même commencé à gravir la seconde montagne, quand ils s'arrêtèrent et eurent l'air de se consulter ensemble pour savoir de quel côté le fugitif pouvait avoir dirigé sa course. C'était un moment critique, et un homme dont les nerfs eussent été moins fermes, et qui aurait été moins maître de ses premiers mouvements, se serait levé pour s'enfuir. Deerslayer n'en fit rien : il resta immobile à sa place, surveillant tous les mouvements des Hurons et achevant de reprendre haleine.

Les Hurons ressemblaient alors à une meute de chiens en défaut. Ils parlaient peu; mais ils couraient çà et là, examinant les feuilles mortes qui couvraient la terre, comme un chien cherche à retrouver la piste qu'il a perdue. Le grand nombre des moccasins qui y avaient laissé leur empreinte rendait cet examen difficile, quoique les traces laissées par le pied tourné en dedans d'un Indien les fassent aisément distinguer de celles que laisse le pied d'un homme blanc. Croyant enfin qu'il n'y avait plus de Hurons à sa poursuite derrière lui, Deerslayer sauta tout à coup de l'autre côté de l'arbre. Il parut avoir fait avec succès ce changement de position, et l'espoir commença à renaître dans son cœur. Après avoir perdu quelques instants à écouter les sons qui se faisaient entendre dans la vallée, il se mit en marche sur les genoux et les mains vers le sommet de la montagne, qui, à ce qu'il espérait, le cacherait bientôt à ses ennemis. Il y réussit, et se mettant sur ses pieds, il marcha à grands pas, mais sans courir, dans une direction contraire à celle qu'il avait suivie en commençant à fuir. De grands cris qu'il entendit tout à coup dans la vallée lui causèrent de l'inquiétude, et il remonta sur le sommet pour en reconnaître la cause. A peine y fut-il arrivé que les Hurons l'aperçurent et se remirent à sa poursuite. Comme on avait le pied plus sûr en suivant la chaîne des hauteurs, Deerslayer ne voulut pas redescendre la colline; mais les Hurons, jugeant, d'après la conformation générale du terrain, que les hauteurs ne tarderaient pas à descendre au niveau de la vallée, suivirent ce dernier chemin, tandis que quelques-uns couraient vers le sud pour l'empêcher de s'échapper de ce côté, et que d'autres s'avançaient vers le lac pour lui couper la retraite le long de ses rives.

La situation de Deerslayer était alors plus critique qu'elle ne l'avait encore été. Il était entouré de trois côtés, et il avait le lac du quatrième. Mais il avait bien calculé toutes ses chances, et il prit ses mesures avec sang-froid, même en courant de toutes ses forces. Comme presque tous les habitants de ces frontières, agiles et vigoureux, il n'aurait craint à la course aucun des Indiens qui le poursuivaient, et qui n'étaient redoutables pour lui en ce moment qu'à cause de leur nombre; il n'aurait pas hésité à fuir en droite ligne s'il eût été sûr de les avoir tous derrière lui; mais il savait qu'il n'en était rien, et quand il vit que la hauteur commençait à s'incliner vers la vallée, il coupa sa première course à angle droit, et descendit rapidement la colline en se dirigeant vers le rivage.

Deerslayer avait alors un autre projet en vue, quoique non moins désespéré que le premier. Abandonnant toute idée de s'échapper par les bois, il s'avança à la hâte vers la pirogue. Il savait en quel endroit elle avait été placée, et s'il pouvait y arriver, il n'aurait qu'à courir la chance de quelques coups de mousquet, et le succès était certain. Aucun des guerriers n'avait gardé ses armes, dont le poids aurait retardé sa marche ; elles étaient entre les mains des femmes et des enfants les plus âgés ; encore la plupart de ceux-ci avaient préféré se mettre à la poursuite du fugitif. Le risque n'était donc pas bien grand, et tout semblait favorable à l'exécution de son plan. Le terrain continuait à aller en pente jusque alors, et il courait de manière à pouvoir espérer de voir bientôt la fin de ses fatigues.

Pendant qu'il se rapprochait ainsi de la pointe, il rencontra plusieurs femmes et quelques enfants. Les premières essayèrent de lui jeter des branches sèches entre les jambes ; mais la terreur inspirée par la mort de la Panthère était telle, qu'aucune n'osa s'approcher de lui assez près pour l'inquiéter. Il passa près d'elles d'un air triomphant et arriva enfin à la frange de buissons. Il la traversa et se trouva encore une fois sur le bord du lac, et à moins de cinquante pas de la pirogue. Il cessa de courir, car il sentait combien il lui importait alors ne pas perdre haleine ; il s'arrêta même un instant pour boire de l'eau dans le creux de sa main et humecter ses lèvres desséchées. Cependant chaque moment était précieux, et il fut bientôt à côté de la pirogue. Le premier coup d'œil qu'il y jeta lui apprit qu'on en avait retiré les rames. C'était un cruel désappointement après tous les efforts qu'il avait faits, et il pensa un instant à renoncer à tout espoir et à braver ses ennemis en rentrant dans leur camp avec dignité. Mais un hurlement infernal qui ne peut partir que du gosier du sauvage d'Amérique lui annonça l'arrivée prochaine des Hurons les plus agiles qui le poursuivaient, et l'instinct de la vie l'emporta. Ayant donné une direction convenable à l'avant de la pirogue, il entra dans l'eau en la poussant devant lui, et réunissant toutes ses forces et toute sa dextérité pour faire un dernier effort, il s'y élança de manière à tomber de son long au fond de cette légère nacelle sans nuire à l'impulsion qu'il lui avait donnée. Il y resta couché sur le dos, tant pour reprendre haleine que pour se mettre à l'abri des coups de fusil. Si cette impulsion, ou l'action d'un vent ou d'un courant favorable pouvaient le conduire à une distance du rivage qui lui permît de ramer avec ses mains, il ne doutait pas qu'il n'attirât l'attention de Chingachgook et de Judith, qui viendraient à son aide sur une autre pirogue. Etendu au fond de son esquif, il calculait à quelle distance il était de la terre par la cime des arbres qu'il voyait. Les voix nombreuses sur le rivage annonçaient que les Hurons y étaient rassemblés, et il crut même les entendre parler de mettre du monde sur le radeau, qui, heureusement pour lui, était à une assez grande distance de l'autre côté de la pointe.

Peut-être, pendant toute cette journée, la situation de Deerslayer n'avait-elle pas été plus critique qu'en ce moment ; du moins il ne l'avait jamais trouvée si difficile à supporter. Il resta deux ou trois minutes sans oser faire aucun mouvement, se fiant à son oreille, et comptant que, si quelque Huron tentait d'approcher de lui à la nage, le bruit de l'eau le lui apprendrait. Une ou deux fois, il crut entendre le bruit de cet élément agité par un bras circonspect, mais ce n'était que celui que faisait l'eau en frappant sur le sable ; car il est rare que l'eau de ces petits lacs soit assez complétement tranquille pour ne pas avoir un mouvement de hausse et de baisse le long du rivage, comme pour imiter l'Océan. Tout à coup toutes les voix se turent, et il y succéda un silence semblable à celui de la mort, et une tranquillité aussi profonde que s'il n'eût existé dans tous les environs que la vie végétale. La pirogue s'était alors assez éloignée du rivage pour que Deerslayer, toujours dans la même position, ne vît plus que l'azur du firmament. Il ne put supporter longtemps cette incertitude, car il savait que ce silence si profond était de mauvais augure, les sauvages n'étant jamais si silencieux que lorsqu'ils vont frapper un coup, comme la panthère avance le pied sans bruit quand elle va prendre son élan. Il prit son couteau, et il allait faire un trou dans l'écorce afin de voir le rivage ; mais il songea que les Hurons pourraient s'apercevoir de cette opération, et qu'ils apprendraient ainsi vers quel point ils devaient diriger leurs balles. En ce moment un coup de feu partit, et la balle perça les deux côtés de la pirogue, à moins de dix-huit pouces de l'endroit où était sa tête. Ce coup ne pouvait partir de bien loin, mais Deerslayer avait essuyé de plus près le feu des Hurons, trop peu de temps auparavant, pour en être épouvanté. Il resta tranquille encore une demi-minute, et alors la cime d'un chêne se montra de nouveau à ses yeux.

Ne pouvant s'expliquer la cause de ce changement, il ne put retenir plus longtemps son impatience. Trainant son corps le long de la pirogue avec la plus grande précaution, il appliqua un œil à l'un des trous faits par la balle, et heureusement il obtint de là une assez bonne vue de la pointe. La pirogue, par une de ces impulsions imperceptibles qui décident si souvent du sort des hommes aussi bien que le cours ordinaire des choses, avait incliné vers le sud, et descendait lentement le lac. Il fut heureux pour Deerslayer qu'il l'eût poussée assez vigoureusement en partant pour qu'elle eût doublé l'extrémité de la pointe avant de prendre cette direction, sans quoi elle serait retournée vers le rivage. Cependant il en passa assez près pour qu'il pût apercevoir la cime de quelques arbres. Il ne pouvait en être alors à plus de cent pieds, mais heureusement un léger courant d'air, venant du sud-ouest, commençait à l'en éloigner.

Le jeune chasseur sentit la nécessité urgente de recourir à quelque expédient pour s'écarter davantage de ses ennemis, et, s'il était possible, pour informer ses amis de sa situation. La distance rendait le dernier projet difficile, et la proximité de la pointe faisait que l'exécution du premier était indispensable. Une grande pierre ronde et lisse était, suivant l'usage, à chaque extrémité de la pirogue, tant pour servir de lest que pour s'y asseoir. Celle qui était à l'arrière était à la portée de ses pieds, et il réussit à la tirer entre ses jambes jusqu'à ce qu'il pût la saisir avec ses mains, après quoi il la fit rouler jusqu'à ce qu'elle fût à côté de l'autre sur l'avant, ce qui maintint l'assiette de la nacelle, tandis qu'il se glissait lui-même le plus loin possible sur l'arrière. Avant de quitter le rivage, et dès qu'il s'était aperçu qu'on avait enlevé de la pirogue les deux rames, il y avait jeté une branche de bois mort, et elle était à portée d'une de ses mains. Otant le bonnet de chasse qu'il portait, il le mit sur un bout de ce bâton, et le laissa paraître au-dessus du bord de la pirogue, aussi loin de lui qu'il le put. Il n'eut pas plutôt exécuté cette ruse de guerre, qu'il eut la preuve qu'il n'avait pas suffisamment apprécié l'intelligence de ses ennemis. Au mépris de cet artifice, un coup de mousquet fut tiré vers une autre partie de la pirogue, et la balle lui effleura la peau du bras gauche. Il reprit son bonnet, et le remit sur-le-champ sur sa tête comme une sauvegarde. Mais, ou les Hurons ne s'aperçurent pas de cette seconde ruse, ou — ce qui est le plus probable — ils se croyaient sûrs de reprendre leur prisonnier, et voulaient l'avoir vivant entre leurs mains.

Pendant quelques minutes, Deerslayer resta immobile; mais l'œil toujours appliqué au trou fait par la première balle, et donnant sur le rivage, il se réjouit beaucoup en voyant qu'il s'éloignait de plus en plus de la terre, et quand il regarda par-dessus le bord de la pirogue, il ne vit plus aucune cime d'arbre. Mais il remarqua bientôt que sa nacelle tournait lentement, car les deux trous faits par la même balle ne lui offraient plus que les deux extrémités du lac. Il pensa alors à son bâton, dont un bout était en crosse, ce qui lui donnait quelque facilité à s'en servir pour ramer sans être obligé de se lever. Il en fit l'épreuve, et elle réussit mieux qu'il ne l'avait espéré ; mais la grande difficulté était de faire voguer sa nacelle en droite ligne. Les clameurs qui recommencèrent sur le rivage lui apprirent qu'on avait découvert sa nouvelle manœuvre, et, un instant après, une balle entrant par l'arrière lui passa sous le bras, traversa toute la longueur de la pirogue, et sortit par l'avant. Cela lui persuada qu'il continuait à s'éloigner, et le porta à redoubler ses efforts. Il faisait mouvoir avec plus d'ardeur que jamais le bâton qui lui servait de rame, quand une autre balle le cassa. Le son des voix qu'il entendait paraissant s'éloigner de plus en plus, il résolut de s'abandonner à la dérive jusqu'à ce qu'il se crût hors de portée des balles. Il ne trouva pas d'expédient plus prudent, et il fut encouragé à persister dans ce dessein en sentant un souffle d'air lui rafraîchir le visage, ce qui prouvait que le vent avait un peu augmenté.

CHAPITRE XXVIII.

> Ni les pleurs de la veuve, ni les cris de l'orphelin ne peuvent arrêter le conquérant dans sa marche ; ni la mer en fureur ni le ciel menaçant ne suspendent la course du pirate ; leur vie, dévouée à l'égoïsme, se passe au milieu du sang et du pillage ; la crainte d'une mauvaise renommée ne peut ni calmer leur ardeur ni réprimer leur injustice ; mais, parvenus au pouvoir, à la richesse et à la grandeur, quoique coupables, ils se font craindre ou haïr de leurs semblables.
> CONGRÈVE.

Il y avait une vingtaine de minutes que Deerslayer était dans la pirogue, et il commençait à s'impatienter de ce qu'aucun signe ne lui annonçât le secours qu'il espérait de ses amis. La position de la pirogue ne lui permettait de voir le lac que dans sa longueur ; et quoiqu'il crût qu'il devait être à une cinquantaine de toises en face du château, il l'avait passé de plus que cette distance à l'ouest. Le profond silence qui régnait l'inquiétait aussi, car il ne savait s'il devait l'attribuer à quelque nouvel artifice des Indiens ou à la distance qui le séparait d'eux. Enfin, fatigué d'écouter et de ne rien entendre, et de regarder sans rien voir, il resta couché sur le dos et ferma les yeux, se disant que si les Hurons pouvaient si complétement maîtriser leur soif de vengeance, il pouvait bien aussi avoir le même calme, et confier son destin à l'intervention du vent et des courants.

Environ dix minutes s'étaient passées de cette manière, quand il crut entendre un léger bruit qui semblait venir du frottement de quelque corps contre la cale de la pirogue. Comme de raison, il ouvrit les yeux sur-le-champ, dans l'attente de voir sortir de l'eau la tête ou le bras d'un Indien. Quelle fut sa surprise en voyant sur sa tête un dôme de feuillage! Il se leva à l'instant, et le premier objet qui frappa ses yeux fut Rivenoak, qui avait aidé la pirogue à s'avancer sur le sable qui bordait le rivage de la pointe, et qui avait occasionné le grattement que Deerslayer avait entendu. Le changement de la dérive avait été causé par celui du vent et par un courant du lac.

—Venez, dit le Huron avec calme, en faisant un geste d'autorité pour ordonner au prisonnier de monter sur le rivage. Mon jeune frère est assez longtemps resté sur l'eau pour être fatigué. Il ne sera plus en état de courir, à moins qu'il ne donne un peu d'exercice à ses jambes.

—L'avantage est à vous, Huron, répondit Deerslayer en sautant lestement à terre et en suivant le chef indien. La Providence vous a aidé d'une manière inattendue. Je suis de nouveau votre prisonnier; mais j'espère que vous conviendrez que je sais me tirer de prison aussi bien que tenir une parole.

—Mon jeune ami est un élan, répliqua le Huron, il a de longues jambes, et elles ont donné de la besogne à mes guerriers; mais il n'est pas un poisson, et il n'a pu trouver son chemin dans le lac. Nous n'avons pas voulu le tuer avec nos mousquets; car le poisson se prend avec des filets, et non à coups de feu. Quand il redeviendra élan, nous le traiterons en élan.

—Dites ce qu'il vous plaira, Rivenoak, et profitez de votre avantage: nous n'aurons pas de dispute sur ce point. Je suppose que c'est votre droit, et je sais que c'est un de vos dons: or chacun doit se conformer aux dons qu'il a reçus. Quoi qu'il en soit, quand vos femmes se mettront à m'injurier et à me vilipender, comme je pense que cela ne tardera pas, dites-leur de songer que si une Face-Pâle défend sa vie aussi longtemps qu'il le peut légitimement, il sait aussi y renoncer décemment, quand il voit que son temps est venu. Je suis votre prisonnier, faites de moi ce que vous voudrez.

—Mon frère a fait une longue course sur les montagnes, et a eu une promenade agréable sur l'eau, dit Riveñoak d'un ton plus doux et de manière à montrer des intentions pacifiques ; il a vu les bois, il a vu l'eau ; qu'aime-t-il le mieux? Il en a peut-être vu assez pour changer d'avis et être disposé à écouter la raison.

— Expliquez-vous, Huron. Vous avez quelque chose dans l'esprit, et plus tôt vous me le direz, plus tôt vous aurez ma réponse.

— C'est aller droit au but. Il n'y a pas de détours dans les paroles de mon frère, quoiqu'il soit un renard à la course. Je lui parlerai, ses oreilles sont à présent plus ouvertes qu'elles ne l'étaient, et ses yeux ne sont plus fermés. Le Sumac est plus pauvre que jamais. Naguère, elle avait un mari, un frère et des enfants. Son mari est parti sans lui faire ses adieux, et ce n'est pas sa faute, car le Loup-Cervier était bon mari. C'était un plaisir de voir la quantité de venaison, de canards et d'oies sauvages, et de chair d'ours qu'il suspendait dans son wigwam pour sa provision d'hiver. Le voilà parti, et il ne pourra plus en apporter même dans la plus belle saison. Qui donc fournira des vivres à sa veuve et à ses enfants à présent? Quelques-uns de nous pensaient que le frère n'oublierait pas sa sœur, et qu'il veillerait à ce que son wigwam ne restât pas vide l'hiver prochain. Nous pensions cela ; mais la Panthère a suivi le mari de sa sœur sur le sentier de mort. Tous deux maintenant sont à courir à qui arrivera le premier dans la terre des esprits. Les uns croient que le Loup-Cervier court le plus vite, les autres que la Panthère saute le plus loin. Le Sumac pense qu'ils voyageront tous deux si vite, et qu'ils iront si loin, que ni l'un ni l'autre ne reviendra jamais ici. Qui donc la nourrira, elle et ses enfants? Ce doit être l'homme qui a dit au mari et au frère du Sumac de quitter son wigwam pour qu'il s'y trouvât place pour lui. C'est un grand chasseur, et nous savons qu'il empêchera le besoin d'en approcher.

— Oui, Huron, oui ; cela est bientôt arrangé d'après vos idées ; mais c'est à contre-poil des principes d'un homme blanc. J'ai entendu parler de Faces-Pâles qui ont sauvé leur vie de cette manière, et j'en ai connu qui auraient préféré la mort à une pareille captivité. Quant à moi, je ne cherche ni le mariage ni la mort.

— Mon frère y réfléchira pendant que les chefs se prépareront pour le conseil. On lui dira ce qui sera décidé. Qu'il se souvienne combien il est dur de perdre un mari et un frère. — Allez, quand nous aurons besoin de lui, le nom de Deerslayer sera appelé.

Cette conversation avait eu lieu tête à tête. De toute la troupe qui était rassemblée sur ce même lieu deux heures auparavant,

Rivenoak seul était visible. Les autres semblaient l'avoir entièrement abandonné. Les seules marques qui se faisaient voir que les Indiens avaient tout récemment campé dans cet endroit, étaient leurs feux à peine éteints, et la terre qui montrait encore les traces de leurs pieds. Un changement si subit et si inattendu causa beaucoup de surprise et quelque inquiétude à Deerslayer, car il n'avait jamais rien vu de semblable pendant son long séjour chez les Delawares. Il soupçonna pourtant, et avec raison, que les Hurons n'avaient fait que camper dans quelque autre endroit, et que le but de ce changement mystérieux était de lui inspirer des inquiétudes et des craintes.

Rivenoak s'enfonça sous le couvert de la forêt, et laissa Deerslayer seul. Un homme qui n'aurait pas été au courant de pareilles scènes aurait cru le jeune chasseur en pleine liberté; mais celui-ci, quoique un peu surpris de l'aspect dramatique des choses, connaissait trop bien ses ennemis pour s'imaginer qu'il était libre de ses mouvements. Cependant il ignorait jusqu'à quel point les Hurons avaient dessein de porter leurs artifices, et il résolut de décider la question le plus tôt possible. Affectant une indifférence qu'il était loin d'éprouver, il se promena en long et en large, s'approchant toujours davantage de l'endroit où il avait débarqué. Tout à coup, il doubla le pas, sans avoir l'air de vouloir fuir, et, traversant les buissons, il s'avança sur le rivage. La pirogue avait disparu, et après avoir suivi la côte au nord et au sud, et l'avoir bien examinée, il ne put voir où on l'avait placée. Il était donc évident qu'on avait voulu la cacher à ses yeux.

Deerslayer comprit mieux alors sa situation présente. Il était prisonnier sur cette étroite langue de terre, sans aucun doute gardé à vue, et sans autre moyen de s'échapper qu'à la nage. C'était un expédient presque désespéré; il y songea pourtant encore une fois; mais la certitude que la pirogue serait envoyée à sa poursuite le détourna de cette tentative. Tandis qu'il était sur le rivage, il remarqua un endroit où l'on avait coupé les buissons, dont les branches étaient amoncelées les unes sur les autres. Il en écarta quelques-unes, et vit qu'elles couvraient le corps de la Panthère. Il se douta qu'on avait pris ce parti pour le garder jusqu'à ce qu'on eût trouvé une place convenable pour l'enterrer, et mettre sa chevelure à l'abri du couteau à scalper. Il regarda douloureusement le château; tout y paraissait silencieux et désolé, et un sentiment d'isolement et d'abandon s'emparant de lui, ses idées devinrent encore plus sombres.

— Que la volonté de Dieu se fasse! murmura-t-il en quittant le rivage pour retourner sous les arches de feuillage de la forêt; que la volonté de Dieu soit faite sur la terre comme elle l'est dans le ciel! J'espérais que mes jours ne se termineraient pas si tôt. Mais qu'importe après tout? encore quelques hivers et quelques étés, et la fin en serait arrivée; c'est la loi de nature. Hélas! l'homme jeune et actif pense rarement que la mort est possible, jusqu'à ce qu'il la voie en face et qu'elle lui dise que son heure est venue.

Tandis qu'il faisait ce soliloque, il retourna à l'ancien camp des Hurons, et il y trouva Hetty, qui l'attendait évidemment. Elle portait sa Bible sous son bras, et son visage, ordinairement couvert d'une ombre de douce mélancolie, portait des marques de tristesse et d'accablement.

— Ma bonne Hetty, lui dit Deerslayer en s'approchant d'elle, tout mon temps à été si cruellement occupé depuis notre arrivée ici, que je vous avais complétement oubliée. Nous nous revoyons, à ce qu'il paraît, pour nous affliger de ce qui va arriver. — Je voudrais savoir ce que sont devenus Chingachgook et Hist.

— Deerslayer, s'écria Hetty d'un ton de reproche, pourquoi avez-vous tué le Huron? Ne savez-vous pas vos commandements? Il y en a un qui dit : « Tu ne tueras point. » On m'a dit que c'est le frère de la femme dont vous aviez déjà tué le mari.

— Tout cela est vrai, vrai comme l'évangile; je ne le nierai pas. Mais il faut vous souvenir que lorsqu'on est en guerre, bien des choses sont légitimes qui ne le seraient pas en temps de paix. Le mari a été tué en combat à découvert, — à découvert en ce qui me concerne, car il s'est tenu bien à couvert autant qu'il l'a pu; — et le frère s'est attiré lui-même son destin en lançant son tomahawk contre un prisonnier sans armes. — Avez-vous vu cela, Hetty?

— Oui, je l'ai vu, et j'en ai été fâchée, Deerslayer. J'espérais qu'au lieu de rendre coup pour coup vous auriez rendu le bien pour le mal.

— Ah! Hetty, cela est fort bon à dire parmi les missionnaires, mais on ne peut vivre ainsi dans les bois. La Panthère avait soif de mon sang, et il a été assez fou pour mettre une arme entre mes mains en voulant m'ôter la vie. Il aurait été contre nature de ne pas lever le bras après une pareille tentative, et c'eût été faire honte à mon éducation et à mes dons. Non, non; je suis aussi disposé que personne à rendre à chacun ce qui lui est dû, et j'espère que c'est ce que vous direz à ceux qui vous questionneront probablement sur ce que vous avez vu ici.

— Avez-vous dessein d'épouser le Sumac, à présent qu'elle n'a plus ni mari ni frère pour la nourrir ?

— Quelles sont donc vos idées du mariage, Hetty ? La jeunesse doit-elle épouser la vieillesse, — la Face-Pâle une Peau-Rouge, — le chrétien une païenne ? Cela serait contre la raison et la nature, et vous le verrez si vous y réfléchissez un moment.

— J'ai souvent entendu dire à ma mère, répondit Hetty en détournant la tête, plutôt par instinct que par sentiment des convenances, qu'on ne devait se marier que lorsqu'on s'aimait plus que comme frère et sœur, et je suppose que c'est ce que vous voulez dire. — Le Sumac est vieille, et vous êtes jeune.

— Oui, et elle est rouge et je suis blanc. D'ailleurs, Hetty, supposons que vous eussiez épousé quelque jeune homme de votre âge, de votre religion et de votre couleur, Hurry Harry, par exemple, — Deerslayer le prenait pour exemple uniquement parce qu'il était le seul jeune homme qu'ils connussent tous deux, — et qu'il eût péri à la guerre, prendriez-vous pour second mari celui qui l'aurait tué ?

— Oh ! non, non, non ! s'écria Hetty en frémissant ; — ce serait n'avoir ni cœur ni entrailles. Nulle femme chrétienne ne voudrait ni ne pourrait le faire. Je sais que je ne serai jamais la femme de Hurry ; mais s'il était mon mari, nul homme ne le deviendrait jamais après lui.

— Je savais bien que vous parleriez ainsi quand vous comprendriez les circonstances. Il est moralement impossible que j'épouse jamais le Sumac, et quoique les mariages indiens se contractent sans prêtres et sans beaucoup de religion, un homme blanc qui connaît ses devoirs et ses dons peut en profiter pour s'y soustraire en temps convenable. Je crois que la mort serait quelque chose de plus naturel, et je la préférerais à un mariage avec cette femme.

— Ne dites pas cela trop haut ! s'écria Hetty avec impatience ; je suppose qu'elle n'aimerait pas à l'entendre. Je suis sûre que, toute faible d'esprit que je suis, Hurry aimerait mieux m'épouser que de souffrir des tortures ; et je crois que cette idée me tuerait si je pensais qu'il préférât mourir plutôt que de m'épouser.

— Sans doute, sans doute ; mais vous n'êtes pas le Sumac ; vous êtes une jeune chrétienne, ayant un bon cœur, un sourire agréable et des yeux pleins de douceur. Hurry pourrait être fier de vous avoir pour femme, non pour se tirer de la misère et de l'affliction, mais dans ses jours de plus grande prospérité. Quoi qu'il en soit, suivez mon avis, et ne parlez jamais à Hurry de pareilles choses. Il n'est qu'un simple habitant des frontières, après tout.

— Je ne lui en parlerais pas pour tout au monde, s'écria Hetty regardant autour d'elle comme si elle eût été effrayée, et rougissant sans savoir pourquoi. Ma mère disait toujours que les jeunes filles ne doivent jamais faire d'avances, ni dire ce qu'elles pensent avant qu'on le leur demande. Oh! jamais je n'oublie ce que j'ai entendu dire à ma mère. — C'est bien dommage que Hurry soit si beau, Deerslayer : sans cela il ne serait pas courtisé par tant de jeunes filles, et il saurait plus tôt ce qu'il veut faire.

— Pauvre fille! pauvre fille! la chose n'est que trop claire ; mais le Seigneur prendra en pitié un cœur simple et plein de bons sentiments. — Si vous aviez de la raison, Hetty, vous regretteriez d'avoir fait connaître vos secrets à d'autres. Mais n'en parlons plus. — Dites-moi donc ce que sont devenus tous les Hurons, et pourquoi ils vous laissent rôder sur toute la pointe, comme si vous étiez aussi leur prisonnière?

— Je ne suis pas prisonnière, Deerslayer ; je suis libre, et je vais et viens où je veux et comme bon me semble. Personne n'oserait me faire mal, car Dieu en serait irrité, comme je puis le leur montrer dans la Bible. — Non, non, Hetty Hutter ne craint rien ; elle est en bonnes mains. — Les Hurons sont là-bas plus avant dans les bois, et ils nous surveillent tous deux avec soin, soyez-en bien sûr ; les femmes et les enfants en sont chargés. Les hommes s'occupent à enterrer la pauvre fille qui a été tuée par Hurry, pour que ni les ennemis ni les bêtes sauvages ne puissent la trouver. Je leur ai dit que mon père et ma mère sont enterrés dans le lac, mais je n'ai pas voulu leur indiquer l'endroit ; car je ne veux pas qu'on enterre des païens dans notre cimetière de famille.

— Eh bien! c'est une terrible précipitation que d'être ici bien portant et vigoureux, et d'être ensuite emporté dans une heure pour être jeté dans un trou et caché aux yeux de tous les vivants. Mais personne ne sait ce qui peut lui arriver sur le sentier de guerre.

Le remuement des feuilles et le craquement de branches mortes interrompirent la conversation, et apprirent à Deerslayer l'arrivée de ses ennemis. Ils entourèrent l'espace découvert qui devait être le théâtre de la dernière scène, et au centre duquel se trouvait la victime, — les hommes armés étant distribués parmi les femmes et les enfants, de manière à rendre la fuite impossible au prisonnier. Mais celui-ci ne songeait plus à fuir ; la tentative qu'il venait de faire lui avait démontré l'inutilité d'en faire une nouvelle. Il s'armait de toute son énergie pour subir son destin avec un calme qui fit honneur à sa couleur et à son courage, sans montrer de lâches alarmes ni s'abaisser à une jactance sauvage.

Quand Rivenoak arriva dans le cercle, il y reprit la place qu'il y avait occupée la première fois. Plusieurs des guerriers les plus âgés étaient près de lui; mais, depuis la mort de la Panthère, il n'existait aucun chef dont l'influence pût balancer son autorité. On sait pourtant qu'il n'entrait rien de ce qu'on peut appeler monarchique ou despotique dans l'association des tribus sauvages du nord de l'Amérique, quoique les premiers colons, apportant avec eux les idées et les opinions de leur pays, accordassent souvent les titres de rois et de princes aux principaux chefs de ces peuplades primitives. L'influence y était certainement héréditaire; mais il y a tout lieu de croire qu'elle existait plutôt comme suite d'un mérite héréditaire ou de qualités acquises, que comme un droit résultant de la naissance. Rivenoak ne devait rien à la sienne. Il ne devait son rang qu'à ses talents et à sa sagacité, et, comme le dit Bacon en parlant en général des hommes d'État distingués, — à une réunion de grandes qualités et de bassesse; — vérité dont la carrière de cet homme célèbre offre elle-même un exemple.

Après les armes, l'éloquence est la route la plus sûre à la faveur populaire, dans la vie civilisée comme dans la vie sauvage, et Rivenoak, comme tant d'autres avant lui, avait réussi, autant en rendant le mensonge agréable à ses auditeurs qu'en leur exposant savamment la vérité, ou en développant une saine logique. Il avait pourtant obtenu une grande influence, et il n'était certainement pas sans y avoir des droits. Le chef huron n'était pas porté, comme tous les hommes qui raisonnent plus qu'ils ne sentent, à lâcher toujours la bride aux passions les plus féroces de sa tribu. On l'avait trouvé, en général, du côté de la merci dans toutes les scènes de torture causées par un esprit de vengeance depuis qu'il était arrivé au pouvoir. Dans l'occasion présente, il lui répugnait d'en venir aux dernières extrémités, quelque forte qu'eût été la provocation; mais il ne voyait pas trop comment il pourrait l'éviter. Le Sumac était plus irritée du refus qu'elle avait essuyé que de la mort de son mari et de son frère, et il était peu probable qu'elle pardonnât à un homme qui, en termes si peu équivoques, avait préféré la mort à sa main. Sans ce pardon pourtant il y avait peu d'apparence que la tribu oubliât la double perte qu'elle avait faite, et Rivenoak lui-même, quoique disposé à l'indulgence, regardait le destin de Deerslayer comme à peu près décidé.

Quand toute la troupe fut rangée autour du prisonnier, un grave silence, d'autant plus menaçant qu'il était profond, régna dans toute l'assemblée. Deerslayer vit que les femmes et les enfants préparaient des éclats pointus de racines de pins; et il savait que c'était pour les lui enfoncer dans la chair et les allumer. Deux ou trois jeunes gens tenaient en mains les cordes d'écorces qui devaient l'attacher. La fumée d'un feu allumé à quelque distance annonçait que des tisons enflammés s'y préparaient. Plusieurs guerriers passaient leurs doigts sur le tranchant de leur tomahawk pour voir s'il avait le fil; d'autres s'assuraient si leurs couteaux ne tenaient pas dans leurs gaînes; tous semblaient impatients de commencer leur horrible besogne.

— Tueur de Daims, dit Rivenoak, certainement sans donner aucun signe de sympathie ou de merci, mais d'un ton calme, et avec dignité, il est temps que mon peuple sache ce qu'il a à faire. Le soleil n'est plus sur nos têtes; fatigué d'attendre les Hurons, il a commencé à descendre vers les pins qui couvrent cette montagne; il chemine rapidement vers le pays de nos pères, les Français, et c'est pour avertir ses enfants que leurs wigwams sont vides et qu'ils devraient déjà être chez eux. Le loup qui rôde dans les bois a sa tanière, et il y retourne quand il veut voir ses petits. Les Iroquois ne sont pas plus pauvres que les loups. Ils ont leurs villages, leurs wigwams, leurs champs de blé, et les bons esprits sont las d'être seuls à y veiller. Il faut que mon peuple s'en retourne et prenne soin de ses affaires. Il y aura de la joie dans le village quand notre cri s'y fera entendre. Mais ce sera un cri de douleur, qui fera comprendre que le chagrin doit le suivre, — un cri de douleur pour une chevelure perdue, — seulement pour une, car nous avons celle du Rat-Musqué, dont le corps est avec les poissons. Deerslayer doit décider si nous en emporterons une autre attachée à côté de la première. — Deux de nos wigwams sont vides, il nous faut à chaque porte une chevelure — morte ou vivante.

— Emportez-les mortes, Huron, répondit Deerslayer d'un ton ferme, mais sans aucun mélange de jactance. Je suppose que mon heure est venue, et ce qu'il faut, il le faut. Si vous êtes déterminés à me faire mourir dans les tortures, je ferai de mon mieux pour les supporter, quoique personne ne puisse dire jusqu'à quel point il en sera en état, jusqu'à ce qu'il soit mis à l'épreuve.

— Le chien à face pâle commence à mettre sa queue entre ses jambes, s'écria un jeune sauvage nommé le Corbeau-Rouge, sobriquet qui lui avait été donné par les Français à cause de son bavardage aussi continuel qu'insignifiant. Ce n'est pas un guerrier; il a tué le Loup-Cervier en tournant la tête en arrière, de peur de voir brûler l'amorce de son propre fusil. Il grogne déjà comme un pourceau; et quand les femmes des Hurons commenceront à le tourmenter, il criera comme les petits du chat sauvage. C'est une femme delaware couverte de la peau d'un Anglais.

— Dites ce qu'il vous plaira, jeune homme, dites ce qu'il vous plaira, répliqua Deerslayer sans s'émouvoir; vous n'en savez pas davantage, et je m'en soucie fort peu. De vaines paroles peuvent mettre une femme en colère, mais elles ne peuvent rendre un couteau plus affilé, le feu plus chaud, ni un mousquet plus certain.

En ce moment, Rivenoak intervint, fit une réprimande au Corbeau-Rouge, et ordonna qu'on liât le prisonnier. Il donna cet ordre, non par crainte qu'il ne s'échappât ou qu'il n'eût pas assez de fermeté pour endurer les tortures sans être garrotté, mais dans le dessein ingénieux de lui faire sentir qu'il ne lui restait aucun espoir, et d'ébranler peu à peu sa résolution. Deerslayer ne fit aucune résistance, et se laissa lier les bras et les jambes avec tranquillité, sinon avec enjouement; mais ses liens furent serrés de manière à le faire souffrir le moins possible. C'était le résultat des ordres secrets du chef, qui espérait encore que le prisonnier, pour éviter des souffrances plus sérieuses, consentirait enfin à prendre pour femme le Sumac. Dès que le corps de Deerslayer fut entouré de liens de telle sorte qu'il ne pût faire aucun mouvement, on le porta près d'un jeune arbre, auquel on l'attacha de manière à ce qu'il ne pût tomber. Ses bras furent étendus le long de ses cuisses, et on lui passa des cordes d'écorces autour du corps, si bien qu'il semblait incorporé au tronc de l'arbre. On lui ôta alors son bonnet, et on le laissa debout, mais soutenu par ses liens, pour supporter comme il le pourrait la scène qui allait commencer.

Mais, avant d'en venir aux extrémités, Rivenoak voulait mettre à l'épreuve la résolution de son prisonnier, par une nouvelle tentative pour amener un compromis. Ce compromis ne pouvait avoir lieu que d'une seule manière; car il fallait que la veuve du Loup-Cervier renonçât à la vengeance à laquelle elle avait droit. Il lui fit donc dire d'avancer dans le cercle et de veiller à ses intérêts, nul agent ne paraissant pouvoir aussi bien réussir que la partie principale. Les femmes indiennes, quand elles sont jeunes, sont ordinairement douces et soumises, elles ont la voix agréable, le son en est musical, et elles ont sans cesse le sourire sur les lèvres. Mais un travail dur et opiniâtre les prive presque toujours de ces avantages avant qu'elles arrivent à un âge que le Sumac avait atteint depuis longtemps. Pour rendre leur voix dure, il semblerait qu'il faut des passions fortes et malignes; mais quand elles sont une fois excitées, leurs cris peuvent devenir assez aigres et assez discordants pour prouver qu'elles possèdent cette particularité distinctive de leur sexe parmi les sauvages d'Amérique. Le Sumac n'était pourtant pas tout à fait sans attraits, et il y avait si peu d'années qu'elle passait encore pour belle dans sa tribu, qu'elle n'avait pas bien appris toute l'influence que le temps et des travaux pénibles exercent sur la beauté d'une femme. D'après les instructions secrètes de Rivenoak, quelques femmes avaient travaillé à lui persuader qu'elle ne devait pas encore renoncer à l'espoir de déterminer le jeune chasseur à entrer dans son wigwam, plutôt que de partir pour le pays des esprits, quoiqu'il s'y fût montré si peu disposé jusque là. Tout cela résultait du vif désir qu'avait le chef huron de ne rien omettre pour réussir à transplanter dans sa tribu l'homme qui passait pour le meilleur chasseur qui existât dans tout le pays, et pour donner un mari à une femme dont l'humeur serait probablement insupportable, si elle trouvait que les membres de sa tribu n'avaient pas pour elle tous les soins et les égards auxquels elle croyait avoir droit.

Suivant les conseils secrets qui lui avaient été donnés, le Sumac entra donc dans le cercle pour faire un dernier appel à la justice du prisonnier avant qu'on en vînt aux dernières extrémités. Elle ne s'était pas fait prier pour y consentir, car elle souhaitait aussi vivement avoir pour mari un chasseur célèbre et connu dans toutes les tribus, qu'une jeune fille, dans un pays civilisé, désire donner sa main à un homme riche. Comme on supposait que les devoirs d'une mère étaient l'objet principal qui la faisait agir, elle n'éprouva aucun embarras, et elle s'approcha du jeune chasseur, tenant par la main deux de ses enfants.

—Vous me voyez devant vous, Face-Pâle, lui dit-elle, et vous devez en savoir le motif. Je vous ai trouvé, et je ne puis trouver ni le Loup-Cervier ni la Panthère. Je les ai cherchés sur le lac, dans les bois, dans les nuages. Je ne sais où ils sont allés.

—Personne ne le sait, Sumac, répondit le prisonnier; quand l'esprit quitte le corps, il passe dans un monde que nous ne connaissons pas, et le plus sage pour ceux qui restent en arrière, c'est d'espérer qu'il arrive à bon port. Sans doute vos deux guerriers sont allés dans votre pays des esprits, où vous les reverrez en temps convenable. La femme et la sœur d'hommes si braves devait s'attendre à quelque événement de ce genre.

— Que vous avaient fait ces guerriers, cruel, pour les tuer ainsi ? C'étaient les meilleurs chasseurs et les plus intrépides jeunes gens de toute leur tribu.. Le Grand-Esprit voulait qu'ils vécussent jusqu'à ce qu'ils fussent desséchés comme les branches du chêne, et qu'ils tombassent par leur propre poids.

— Allons, allons, Sumac, reprit Deerslayer, qui aimait trop la vérité pour écouter avec patience de pareilles hyperboles, même sortant du sein déchiré d'une veuve, c'est porter un peu trop loin les priviléges d'une Peau-Rouge. Ni l'un ni l'autre n'était pas plus un jeune homme qu'on ne pourrait vous appeler une jeune femme; et quant à ce que le Grand-Esprit voulait qu'ils mourussent autrement qu'ils ne l'ont fait, c'est une grande méprise, vu que tout ce que veut le Grand-Esprit est toujours sûr d'arriver. Ensuite il est assez clair qu'aucun de vos amis ne m'a fait aucun mal; mais si je leur en ai fait, c'est parce qu'ils voulaient m'en faire. C'est la loi naturelle : je les ai tués pour ne pas être tué moi-même.

— Cela est vrai. Sumac n'a qu'une langue, et elle n'a pas deux manières de raconter une histoire. L'homme blanc a tué les Peaux-Rouges pour ne pas être tué par eux. Les Hurons sont justes, ils l'oublieront. Les chefs fermeront les yeux et feront semblant de ne pas l'avoir vu. Les jeunes gens croiront que le Loup-Cervier et la Panthère sont allés chasser dans des bois bien loin d'ici, et Sumac prendra ses enfants par la main, entrera dans le wigwam de l'homme blanc, et lui dira : — Voyez ! voici vos enfants; ils sont aussi les miens; nourrissez-nous, et nous vivrons avec vous.

— Ces conditions sont inadmissibles, Sumac; je suis sensible à vos pertes, et je sens qu'elles sont pénibles à supporter; mais je ne puis accepter vos conditions. Quant à vous fournir de la venaison, si nous vivions dans le voisinage l'un de l'autre, cela ne me serait pas bien difficile; mais pour devenir votre mari et le père de vos enfants, je vous dirai, pour vous parler franchement, que je n'en ai aucune envie.

— Regardez cet enfant, barbare ! il n'a plus de père pour lui apprendre à tuer un daim et à enlever une chevelure. Voyez cette petite fille, quel jeune homme viendra chercher une femme dans un wigwam qui n'a plus de chef? J'en ai encore d'autres dans mon village dans le Canada, et le Tueur de Daims aura autant de bouches à nourrir qu'il peut le désirer.

— Je vous dis, femme, s'écria Deerslayer dont l'imagination ne secondait nullement l'appel que faisait la veuve à sa sensibilité, et que les tableaux qu'elle lui présentait commençaient à rendre plus rétif ; je vous dis que tout cela n'est rien pour moi. Les orphelins doivent être nourris et soignés par leurs parents et les membres de leur tribu, et non par d'autres. Quant à moi, je n'ai pas d'enfants, et je n'ai pas besoin de femme. Retirez-vous donc, Sumac, et laissez-moi entre les mains de vos chefs ; car ma couleur, mes dons et la nature même se récrient contre l'idée de vous avoir pour femme.

Il est inutile d'appuyer sur l'effet que produisit une réponse si positive. S'il y avait dans le sein de la veuve quelque chose qui ressemblât à de la tendresse, — et quel cœur de femme fut jamais entièrement dépourvu de cette qualité de son sexe ? — ce sentiment disparut à une réplique si peu équivoque. L'orgueil mortifié, le désappointement, la fureur, un volcan de courroux, firent une explosion soudaine, comme si elle eût perdu l'esprit au coup de baguette d'un magicien. Poussant des cris de rage qui firent retentir la forêt, elle se jeta sur le prisonnier et le saisit par les cheveux, qu'elle semblait résolue à lui arracher. Il se passa quelques instants avant qu'on pût l'éloigner de sa victime. Heureusement pour Deerslayer, la fureur de cette femme fut aveugle, car, dans l'impuissance totale où il était de se défendre, elle aurait pu le sacrifier à sa vengeance avant qu'on eût eu le temps de venir à son secours. Elle ne réussit pourtant qu'à lui arracher une ou deux poignées de cheveux avant qu'on l'entraînât.

Cette insulte à la veuve fut regardée comme faite à toute la tribu, moins pourtant par respect pour elle que par égard pour l'honneur des Hurons. Le Sumac elle-même était considérée comme ayant dans son caractère autant d'acidité que le fruit de l'arbuste dont elle portait le nom, et à présent qu'elle avait perdu ses deux grands appuis, son mari et son frère, peu de personnes se donnaient la peine de déguiser l'aversion qu'elle leur inspirait. Cependant il était devenu un point d'honneur de punir la Face-Pâle qui avait dédaigné une Huronne, et qui avait déclaré froidement qu'il préférait mourir plutôt que de décharger la tribu du soin de fournir aux besoins d'une veuve et de ses enfants. Les jeunes gens manifestèrent leur impatience de commencer les tortures ; les vieux chefs ne montrèrent aucune disposition à permettre un plus long délai, et Rivenoak se trouva obligé de donner le signal de cette œuvre infernale.

CHAPITRE XXIX.

> L'ours hideux ne craignait pas alors d'être attaché au poteau et déchiré par des chiens cruels ; le cerf était paisible dans son fort ; le sanglier écumant ne redoutait pas l'épieu du chasseur : ronces et buissons, tout était tranquille dans le désert.
>
> DORSET.

C'ÉTAIT une des pratiques ordinaires aux sauvages, en pareilles occasions, de mettre à l'épreuve la fermeté des nerfs de leurs victimes. D'une autre part, l'Indien à la torture se faisait un point d'honneur de ne montrer aucune crainte et de paraître insensible à la douleur ; mais il provoquait la fureur de ses bourreaux à des actes de violence pour se procurer une mort plus prompte. On avait vu plus d'un guerrier accélérer la fin de ses souffrances par des sarcasmes insultants et des reproches injurieux, quand il sentait que son système physique cédait à l'agonie de souffrances inventées avec un raffinement diabolique, porté bien plus loin que tout ce qu'on rapporte des inventions infernales des persécutions religieuses. Cette heureuse ressource d'avoir recours aux passions de ses ennemis pour se dérober à leur férocité était refusée à Deerslayer, par les idées particulières qu'il s'était faites des devoirs d'un homme blanc, et il avait fortement résolu d'endurer toutes les souffrances plutôt que de déshonorer sa couleur.

Dès que les jeunes guerriers apprirent qu'il leur était permis de commencer, quelques-uns des plus hardis et des plus empressés s'avancèrent dans l'arène, leur tomahawk à la main, et se préparèrent à lancer cette arme dangereuse. Leur but devait être de frapper l'arbre le plus près possible de la tête de la victime, mais sans la toucher. C'était une tentative si hasardeuse, qu'on ne la permettait qu'à ceux qui étaient connus pour être les plus experts dans l'art de lancer le tomahawk, de peur qu'une mort trop prompte ne mît fin trop tôt au cruel amusement qu'on se proposait. Même dans les mains les plus sûres, il était rare que le prisonnier échappât sans blessure à cette première épreuve, et il arrivait quelquefois même qu'il était tué, quoique sans intention. En cette occasion, Rivenoak et les vieux chefs craignaient que le souvenir du destin de la Panthère ne fit naître dans quelque esprit impétueux la tentation de donner la mort au prisonnier de la même manière, et peut-être avec le même tomahawk qui lui avait servi pour le tuer lui-même. Cette circonstance rendait l'épreuve du tomahawk doublement critique pour Deerslayer.

Il paraît pourtant que tous ceux qui entrèrent dans ce que nous appellerons la lice étaient plus disposés à montrer leur adresse qu'à venger la mort de leurs deux compagnons. Chacun d'eux fit ses préparatifs avec un sentiment de rivalité plutôt qu'avec un désir de vengeance, et parut plus empressé que féroce. Rivenoak crut voir des signes qui lui firent espérer qu'il pourrait sauver la vie du prisonnier, quand la vanité des jeunes guerriers aurait été satisfaite ; toujours en supposant qu'il ne perdrait pas la vie dans l'épreuve délicate qu'il allait subir.

Le premier qui se présenta fut un jeune homme nommé la Corneille, n'ayant pas encore eu l'occasion d'obtenir un sobriquet plus belliqueux. Il était plus remarquable par ses prétentions que par sa dextérité et ses exploits, et ceux qui le connaissaient bien crurent que la vie du prisonnier courait un grand risque, quand ils le virent se mettre en place et lever son tomahawk. Il était pourtant sans malveillance, et il ne songeait qu'à se distinguer par-dessus tous les autres. Deerslayer se douta du manque de réputation de ce jeune guerrier, en voyant les vieux chefs s'approcher de lui pour lui faire des recommandations et des injonctions. Ils n'auraient pas même consenti qu'il fût admis à cette épreuve, sans le respect qu'ils avaient pour son père, vieux guerrier plein de mérite, qui était resté dans le Canada. Notre héros maintint pourtant tout l'extérieur du sang-froid. Il se disait que son heure était venue, et que ce serait une merci du ciel plutôt qu'une calamité s'il recevait la mort avant d'être abandonné à la torture. Après avoir pris différentes attitudes, pour se donner un air d'importance, et avoir fait force gestes qui promettaient plus qu'il n'était en état de faire, la Corneille lança son tomahawk, qui, après avoir fait en l'air ses évolutions ordinaires, passa à trois ou quatre pouces de la joue du prisonnier, et s'enfonça dans un gros chêne qui était à quelques toises par derrière. C'était décidément un coup manqué, et un ricanement général le proclama, à la grande mortification du jeune homme ; mais il s'éleva aussi un murmure d'admiration étouffé, mais universel, quand on vit la fermeté avec laquelle Deerslayer avait attendu le coup. La tête était la seule partie de son corps qu'il pût remuer, et l'on s'attendait à le voir la tourner d'un côté ou de l'autre pour éviter le coup, ce qui aurait permis de lui en faire un reproche et une honte. Mais il les désappointa par une force de nerfs qui rendit sa tête aussi immobile que l'arbre auquel il était attaché. Il ne voulut pas même avoir recours à l'expédient naturel et ordinaire de fermer les yeux; les guerriers indiens, les plus vieux et les plus braves, ne s'étant jamais, en pareilles circonstances, refusé cet avantage avec plus de dédain.

A la Corneille succéda l'Elan. C'était un guerrier de moyen âge, connu particulièrement par son adresse à lancer le tomahawk, et les spectateurs attendaient avec confiance une nouvelle preuve de sa dextérité. Il était loin d'avoir la moindre bienveillance pour le prisonnier, et il l'aurait volontiers sacrifié à la haine qu'il avait généralement contre tous les blancs, si le désir de soutenir sa réputation ne l'eût emporté. Il prit sa place tranquillement et avec un air de confiance, leva sa petite hache, avança rapidement un pied, et lança son arme au même instant. Deerslayer vit arriver le tomahawk en tournant, et crut qu'il lui apportait le coup de la mort. L'instrument fatal ne le toucha pourtant pas, mais il attacha sa tête à l'arbre en s'y enfonçant avec une touffe de ses cheveux. Des acclamations générales exprimèrent la satisfaction des spectateurs, et l'Elan lui-même prit malgré lui quelque intérêt au prisonnier, dont la fermeté l'avait seule mis en état de donner une telle preuve d'adresse.

Après lui vint le Garçon-Bondissant. Il entra dans le cercle comme un chien qui saute ou une chèvre qui cabriole. C'était un de ces jeunes gens dont le corps est si élastique, que leurs muscles semblent toujours en mouvement, et une habitude contractée dès son enfance le rendait positivement incapable de se mouvoir autrement. Il était pourtant aussi brave qu'adroit, et il avait acquis de la renommée comme guerrier et comme chasseur. Il aurait obtenu depuis longtemps un nom plus noble, si un Français de haut rang dans le Canada ne lui eût donné ce sobriquet en plaisantant, et il l'avait conservé religieusement comme venant de son père, qui vivait de l'autre côté du grand lac d'eau salée. Le Garçon-Bondissant se plaça en face du prisonnier, et se mit à sauter en le menaçant tantôt d'un côté, tantôt de l'autre, tantôt en front, espérant lui arracher quelque signe de crainte. Cette manœuvre plusieurs fois répétée épuisa enfin la patience de Deerslayer, et il parla pour la première fois depuis qu'il était attaché à l'arbre.

— Lancez votre tomahawk, Huron, s'écria-t-il, lancez-le donc, ou il oubliera ce qu'il a à faire. Vous avez l'air d'un faon qui veut montrer à sa mère qu'il est en état de sauter, tandis que vous êtes un guerrier, et qu'un autre guerrier vous défie, vous et tous les vôtres. N'avez-vous pas peur que vos jeunes filles se moquent de vous?

Quoique Deerslayer n'eût pas eu dessein de produire un tel effet, ces dernières paroles mirent en fureur le jeune guerrier Bondissant, et à peine furent-elles prononcées, que le tomahawk partit. Et il ne fut pas lancé sans bonne volonté, car l'Indien avait pris la ferme détermination de le tuer. S'il eût eu des intentions moins meurtrières, le danger aurait peut-être été plus grand. Sa colère ne lui avait pas permis de bien calculer son coup, et son arme, passant près de la joue du prisonnier, lui effleura la peau de l'épaule. C'était la première fois qu'un des Hurons avait manifesté un autre dessein que d'effrayer le prisonnier et de donner une preuve de son adresse. Ses compagnons s'en étaient aperçus, et ils firent sortir de la lice le Garçon-Bondissant, en le réprimandant d'un empressement qui avait été sur le point de terminer trop tôt leur amusement.

A ce personnage irritable succédèrent plusieurs autres guerriers, qui lancèrent le tomahawk avec un air d'indifférence insouciante, et dont quelques-uns jetèrent même le couteau, entreprise encore plus délicate et plus dangereuse. Cependant ils montrèrent tous une adresse qui fut heureuse pour le prisonnier. Il reçut à la vérité quelques égratignures, mais dont aucune ne pouvait passer pour une blessure. La fermeté inébranlable avec laquelle il supporta toutes les attaques le fit respecter par tous les spectateurs, et quand les chefs déclarèrent que le prisonnier avait soutenu honorablement les épreuves du tomahawk et du couteau, il n'existait pas un seul individu qui conservât réellement des sentiments hostiles contre lui, sauf le Sumac et le Garçon-Bondissant. Il est vrai que ces esprits mécontents s'étaient réunis, et alimentaient réciproquement leur fureur; et quoiqu'ils renfermassent une partie de leur malveillance dans leur sein, il était à craindre qu'ils ne parvinssent bientôt à faire des autres autant de démoniaques, comme cela arrivait ordinairement dans de pareilles scènes parmi les sauvages.

En ce moment, Rivenoak se leva, et dit que la Face-Pâle avait prouvé qu'il était un homme. Il pouvait avoir vécu parmi les Delawares, mais cette tribu ne l'avait pas changé en femme. Enfin il demanda si les Hurons désiraient pousser les choses plus loin. Mais la scène qui venait d'avoir lieu avait trop amusé même les femmes les plus douces, pour qu'on pût consentir qu'elle se terminât ainsi, et la continuation en fut unanimement demandée. Le chef politique, qui désirait incorporer dans sa tribu un chasseur si célèbre, aussi vivement qu'un ministre des finances d'une cour d'Europe désire inventer une nouvelle taxe, cherchait tous les moyens plausibles pour arrêter à temps les épreuves, car il savait fort bien que si elles allaient assez loin pour enflammer les passions féroces de sa troupe, il serait aussi difficile d'empêcher l'écoulement des eaux des grands lacs de son pays que d'arrêter ses guerriers dans leur carrière sanguinaire. Il appela donc près de lui quatre ou cinq des meilleurs tireurs de sa tribu, et leur ordonna de soumettre le prisonnier à l'épreuve du mousquet, en leur recommandant de soutenir leur réputation, et de prouver leur adresse en envoyant leurs balles le plus près possible du prisonnier sans le toucher.

Quand Deerslayer vit ces guerriers d'élite entrer dans le cercle les armes à la main, il éprouva le même soulagement qu'un malheureux qui est depuis longtemps dans les angoisses de la mort, et qui la sent enfin s'approcher. La moindre déviation du point de mire pouvait devenir fatale, puisque la tête du prisonnier étant le but, ou pour mieux dire le point près duquel il fallait que la balle passât sans y toucher, un pouce ou deux de différence dans la ligne de projection devaient déterminer la question de vie ou de mort.

Dans cette épreuve du mousquet, il n'y avait pas même autant de latitude que dans le cas de la pomme de Gessler. L'épaisseur d'un cheveu était tout l'espace qu'un habile tireur se permettait dans une occasion semblable. Il arrivait souvent qu'une balle lancée par une main trop empressée ou trop peu adroite frappait le prisonnier à la tête, et quelquefois un guerrier, exaspéré par le courage et les sarcasmes de la victime, lui donnait la mort avec intention, dans un moment de fureur indomptable. Deerslayer savait tout cela, car il avait passé bien des longues soirées d'hiver dans les wigwams des Delawares à entendre raconter les relations de scènes semblables. Il croyait fermement toucher à la fin de sa carrière, et il éprouvait une sorte de plaisir mélancolique à penser que ce serait son arme favorite qui terminerait ses jours. Cependant une légère interruption eut lieu avant que cette nouvelle scène commençât.

Hetty avait vu tout ce qui s'était passé, et son faible esprit en avait été ému au point de se trouver entièrement paralysé. Peu à peu elle était sortie de cet état presque léthargique, et elle avait été indignée de la manière dont les Indiens traitaient son ami sans qu'il l'eût mérité. Quoique ordinairement timide comme le jeune faon, elle était toujours intrépide pour la cause de l'humanité; les leçons de sa mère, le penchant de son propre cœur, et peut-être, pouvons-nous dire, les conseils de cet esprit pur et invisible qui semblait veiller sur elle et diriger toutes ses actions, se réunissant pour maîtriser les craintes naturelles à son sexe, et pour l'armer de hardiesse et de résolution, elle s'avança dans le cercle d'un air doux et timide, suivant sa coutume, mais le visage animé, et parlant comme si elle se fût sentie soutenue par l'autorité de Dieu.

— Pourquoi tourmentez-vous ainsi Deerslayer, hommes rouges? s'écria-t-elle; que vous a-t-il fait pour que vous menaciez ainsi ses jours? Qui vous a donné le droit de le juger? Supposez qu'un de vos couteaux ou de vos tomahawks l'eût atteint, lequel de vous pourrait guérir cette blessure? D'ailleurs, nuire à Deerslayer, c'est nuire à votre ami. Quand mon père et Hurry Harry sont venus pour enlever vos chevelures, il a refusé de les accompagner, et il est resté dans la pirogue. Vous tourmentez votre ami en tourmentant ce jeune homme.

Les Hurons l'écoutèrent avec une grave attention, et quand elle eut cessé de parler, un d'entre eux, qui savait l'anglais, traduisit son discours dans leur langue. Dès que Rivenoak eut compris ce qu'elle avait dit, il lui répondit dans son propre dialecte, et l'interprète traduisit sa réponse en anglais.

— Ma fille est la bienvenue à parler, dit le vieil orateur avec un ton de douceur et en souriant comme s'il eût parlé à un enfant. — Les Hurons sont charmés d'entendre sa voix, et ils écoutent ce qu'elle dit, car le Grand-Esprit se sert souvent de pareilles langues pour parler aux hommes. Mais, pour cette fois, elle n'a pas ouvert les yeux assez grands pour voir tout ce qui s'est passé. Deerslayer n'est pas venu pour enlever nos chevelures, c'est la vérité. Pourquoi n'est-il pas venu? Elles sont sur nos têtes; nous y avons laissé croître la touffe de guerre; un ennemi hardi doit étendre le bras pour la saisir. Les Iroquois [1] sont une nation trop grande pour punir ceux qui enlèvent des chevelures : ils aiment à voir les autres faire ce qu'ils font eux-mêmes. Que ma fille regarde autour d'elle, et qu'elle compte mes guerriers. Si j'avais autant de mains que quatre guerriers, mes doigts seraient en moindre nombre que mes Hurons ne l'étaient quand ils sont arrivés ici. Maintenant il me manque une main entière. Où sont les doigts de cette main? Deux ont été coupés par cette Face-Pâle, et mes guerriers veulent voir

---

1. Les Iroquois étaient divisés en quatre tribus dont les Hurons étaient une. C'est pourquoi l'auteur donne indifféremment à la peuplade dont il s'agit ici le nom de Hurons ou d'Iroquois.

s'il l'a fait avec bravoure, ou par trahison comme le renard cauteleux ou la perfide panthère.

— Vous savez vous-même, Huron, comment l'un d'eux a succombé. Vous l'avez vu tous, et je l'ai vu aussi, quoique ce fût une scène trop sanglante pour la regarder. Ce n'a pas été la faute de Deerslayer. Votre guerrier en voulait à sa vie, et l'homme blanc s'est défendu. Je ne sais si la Bible dit que cela était juste, mais tout homme en aurait fait autant. Si vous voulez savoir quel est ici le meilleur tireur, donnez un mousquet à Deerslayer, et vous verrez qu'il tire mieux qu'aucun de vos guerriers; oui, et même que tous mis ensemble.

Si quelqu'un avait pu regarder une pareille scène avec indifférence, il se serait amusé de l'air de gravité avec lequel les sauvages écoutèrent la traduction de cette requête extraordinaire. Nul sarcasme, nul sourire ne se mêlèrent à leur surprise, car Hetty était à leurs yeux un être trop sacré pour que ces hommes grossiers et féroces osassent se moquer de sa faiblesse d'esprit. Au contraire, le chef lui répondit avec égard et respect.

— Ma fille ne parle pas toujours comme un chef devant le feu du conseil, dit Rivenoak, ou elle n'aurait pas fait cette demande. Deux de mes guerriers sont déjà tombés sous les coups du prisonnier, et leur tombe est trop étroite pour en contenir un troisième. Les Hurons n'aiment pas que leurs morts soient si serrés. Si quelque autre esprit doit partir pour un monde bien éloigné du nôtre, ce ne doit pas être celui d'un Huron; il faut que ce soit l'esprit d'une Face-Pâle. — Allez, ma fille, allez vous asseoir près du Sumac; que les hommes rouges montrent leur adresse, et que le blanc prouve qu'il n'a pas peur de leurs balles.

Hetty n'était pas en état de soutenir une longue discussion, et, habituée à obéir aux ordres des autres, elle se conforma à celui qu'elle venait de recevoir, alla s'asseoir sur un tronc d'arbre à côté du Sumac, et détourna la tête pour ne pas voir ce qui allait se passer.

Les guerriers reprirent alors leurs places, et se disposèrent de nouveau à donner des preuves de leur dextérité. Ils avaient en vue un double but : celui de mettre à l'épreuve la fermeté du prisonnier, et celui de montrer qu'ils avaient la main sûre, même dans un instant où différentes passions agitaient leur cœur. Ils étaient placés à peu de distance de leur victime, et par conséquent il leur était plus facile de prendre leur point de mire de manière à ne pas toucher le prisonnier. Mais si le peu d'éloignement diminuait le danger de Deerslayer, il ne rendait que plus difficile l'épreuve à laquelle ses nerfs étaient soumis. Sa tête n'était éloignée du bout des mousquets qu'à la distance nécessaire pour que ses yeux ne fussent pas atteints par l'amorce, et il pouvait regarder dans leurs canons en attendant le fatal messager qui allait en sortir. Les Hurons cauteleux le savaient fort bien, et à peine un seul d'entre eux appuyat-il son fusil sur son épaule sans ajuster d'abord le front du prisonnier, dans l'espoir que le courage lui manquerait, et qu'ils jouiraient du triomphe de voir leur victime trembler de leur cruauté ingénieuse. Cependant, chacun des compétiteurs prenait le plus grand soin de ne pas l'atteindre; car la honte de tuer trop tôt un prisonnier ne le cédait qu'à celle d'avoir tiré trop loin du but. Plusieurs coups furent tirés successivement, et toutes les balles passèrent à quelques lignes de la tête de Deerslayer, sans qu'aucune le blessât. Cependant personne ne put découvrir en lui l'agitation d'un muscle, ni le moindre mouvement d'une paupière. Cette fermeté indomptable, qui excédait tout ce que ces Hurons avaient jamais vu en pareille occasion, pouvait s'attribuer à trois causes distinctes. La première était la résignation à son destin, jointe à un caractère naturellement résolu, car notre héros s'était mis fortement dans l'esprit qu'il fallait qu'il mourût, et il préférait ce genre de mort à tout autre; la seconde, la grande habitude qu'il avait de cette arme, ce qui la dépouillait à ses yeux de toute la terreur qu'elle inspire; et la troisième, la pratique qu'il en avait acquise à un si haut degré, qu'en regardant dans le canon du mousquet dirigé contre lui, il pouvait calculer, à quelques lignes près, l'endroit que la balle devait atteindre. Tous ses calculs se trouvèrent si exacts, qu'une sorte d'orgueil prit enfin la place de la résignation, et quand cinq ou six Hurons eurent logé chacun leur balle dans l'arbre, il ne put s'empêcher de leur exprimer son mépris pour ce qu'il regardait comme leur manque d'adresse.

— Vous pouvez appeler cela tirer, Mingos, dit-il; mais nous avons des squaws chez les Delawares, et j'ai connu de jeunes Hollandaises sur les bords du Mohawk qui tirent mieux que vous. Déliez-moi les bras, mettez-moi une carabine entre les mains, et je me charge de clouer à tel arbre que vous voudrez la plus mince touffe de guerre qu'un de vous peut avoir sur sa tête, à la distance de cinquante toises, et même de cent, pourvu qu'on puisse voir l'objet, et cela dix-neuf fois sur vingt, et même vingt fois sur vingt, si la carabine est bonne, et qu'on puisse y compter.

Un murmure sourd et menaçant suivit ce froid sarcasme, et le courroux des guerriers s'enflamma en entendant un tel reproche sortir de la bouche d'un homme qui méprisait leur adresse au point de ne pas même cligner un œil quand on lui tirait un coup de mousquet à une distance qui était à peine suffisante pour ne pas lui brûler le visage. Rivenoak vit que le moment était critique, et, conservant encore l'espoir de faire entrer dans sa tribu un chasseur si renommé, sa politique intervint à temps pour empêcher qu'on n'eût recours sur-le-champ à des tortures qui auraient nécessairement causé sa mort au milieu de tourments inouïs. Il s'avança au milieu du groupe de guerriers irrités, leur adressa la parole avec sa logique astucieuse, et parvint à arrêter l'accès de férocité qui était sur le point d'éclater.

— Je vois ce que c'est, dit-il; nous avons fait comme les Faces-Pâles, qui ferment leurs portes le soir, par crainte des hommes rouges. Ils y emploient tant de barres, que lorsque le feu y prend pendant la nuit, ils sont brûlés avant d'avoir eu le temps de les détacher. Nous avons trop serré les liens du prisonnier; les cordes empêchent ses membres de trembler. Détachez-le, et nous verrons de quoi son corps est fait.

Il arrive souvent que, lorsqu'on éprouve de grandes difficultés dans un projet qu'on a fort à cœur, on adopte avec empressement tout expédient proposé, quelque douteux qu'en soit le succès, plutôt que d'y renoncer. L'idée du chef fut saisie à l'instant, et plusieurs mains se mirent à couper les cordes qui attachaient notre héros à l'arbre. En une demi-minute, il se trouva aussi libre qu'il l'était quand il s'était mis à fuir sur la montagne. Il lui fallait pourtant quelques instants pour recouvrer l'usage de ses membres, la circulation de son sang ayant été gênée par ses ligatures, et le politique Rivenoak les lui accorda sous le prétexte que, lorsque ses membres auraient repris leur vigueur ordinaire, son corps serait plus disposé à céder à la crainte et à en donner des marques. Son but véritable était pourtant de laisser aux passions furieuses qui agitaient le cœur de ses guerriers le temps de se calmer, et il y réussit. Cependant Deerslayer, en secouant les bras, en frappant des pieds, et en faisant quelques pas, sentit bientôt son sang circuler librement, et recouvra toutes ses forces physiques comme s'il ne lui fût rien arrivé.

Il est rare que les hommes songent à la mort quand ils sont dans la force de leur santé. Après avoir été garrotté de manière à ne pouvoir faire aucun mouvement, et sur le point, comme il avait tout lieu de le croire, d'être envoyé dans l'autre monde, se trouver tout à coup, et d'une manière si inattendue, les membres libres, et en possession de toutes ses forces, fut pour lui comme un retour soudain à la vie, et il sentit renaître des espérances auxquelles il avait entièrement renoncé. A compter de ce moment, tous ses plans changèrent. Il ne fit en cela qu'obéir à la loi de la nature; car, en le représentant comme résigné à son destin, nous n'avons pas voulu dire qu'il désirât la mort. Il ne songea plus qu'aux différents moyens qu'il pourrait trouver pour se soustraire à la cruauté de ses ennemis, et il redevint l'habitant des bois, vigoureux, déterminé, ingénieux et fécond en ressources. Son esprit reprit toute son élasticité; il ne songea plus à se soumettre à son sort, il ne s'occupa qu'à rêver aux ruses et aux subterfuges qu'on pouvait adopter dans une guerre contre des sauvages.

Dès que ses liens eurent été détachés, les Hurons se formèrent en cercle autour de lui pour lui ôter tout moyen de s'échapper, et le désir d'abattre sa fierté s'accrut en eux à mesure qu'ils virent qu'il serait plus difficile de la dompter. Il y allait maintenant de leur honneur, et les femmes mêmes perdirent tout sentiment de compassion, pour ne songer qu'à soutenir la réputation de leur tribu. Les voix des jeunes filles, douces et mélodieuses comme la nature les avait faites, se mêlèrent aux cris menaçants des hommes, et l'insulte faite au Sumac en devint une pour tout son sexe. Cédant à ce tumulte naissant, les hommes se retirèrent un peu à l'écart, en disant aux femmes qu'ils leur abandonnaient le prisonnier pour quelque temps; car c'était l'usage en pareilles occasions que les femmes cherchassent à inspirer une sorte de rage à la victime par leurs invectives, leurs injures et leurs sarcasmes, pour l'abandonner ensuite aux tortures quand la disposition de son esprit l'aurait mis hors d'état de supporter l'agonie des souffrances corporelles. La troupe ne manquait pas d'instruments propres à produire cet effet, car elle avait le Sumac, qui avait la réputation d'une harpie, et une couple de vieilles semblables à l'ourse, qui avaient été probablement amenées pour conserver la décence et la discipline morale, ce qui se voit chez les sauvages comme dans la vie civilisée. Il est inutile de répéter tout ce que l'ignorance et la férocité purent inventer pour faire naître la fureur dans l'esprit du prisonnier, la seule différence entre cette explosion d'injures prononcées par des mégères et une scène pareille parmi nous ne consistant que dans les figures et les épithètes, et en ce que les Huronnes donnaient au prisonnier les noms des animaux les plus vils et les plus méprisés qu'elles connussent.

Mais l'esprit de Deerslayer était trop occupé pour qu'il s'inquiétât des injures de quelques sorcières déchaînées, et leur rage croissant avec son indifférence, comme son indifférence croissait avec leur rage, les furies devinrent impuissantes par suite de leurs propres excès. Voyant que cette tentative avait échoué, les guerriers mirent fin à cette scène, d'autant plus qu'on faisait très-sérieusement des préparatifs pour le commencement de tortures qui soumettraient le courage moral du prisonnier à l'épreuve d'horribles souffrances physiques. Cependant une annonce soudaine et inattendue, faite par un éclaireur des Hurons, enfant de dix ou douze ans, arrêta momentanément ces apprêts sinistres. Mais comme cette interruption tient de très-près au dénouement de notre histoire, nous en rendrons compte dans un chapitre séparé.

CHAPITRE XXX.

> C'est ce que tu crois; — c'est ce que chacun croit, — distinguant ce qui est de ce qui paraît être. Mais, ici une autre moisson que celle que demande la faux du paysan fut faite par des mains plus sévères, à l'aide de la baïonnette, du sabre et de la lance.
>
> Scott.

Il était hors du pouvoir de Deerslayer de savoir quelle cause avait produit cette stagnation subite dans les mouvements de ses ennemis; ce fut le cours des événements qui le lui apprit. Il s'aperçut que c'était surtout parmi les femmes qu'il régnait une forte agitation, tandis que les guerriers étaient appuyés sur leurs armes, dans une sorte d'attente qui n'était pas sans dignité. Il était évident qu'aucune alarme n'avait été donnée, mais il n'était pas aussi clair que tout dût se passer amicalement. Rivenoak était certainement instruit de tout, et par un geste du bras il parut donner ordre que chacun gardât la place qu'il occupait dans le cercle.

L'explication de ce mystère ne se fit attendre que deux ou trois minutes. Judith parut à l'extérieur de la ligne formée par le cercle, et elle fut admise sur-le-champ dans l'intérieur.

Si Deerslayer fut surpris de cette arrivée inattendue, puisqu'il savait qu'elle n'avait aucun droit à obtenir cette exemption aux peines de la captivité qui avait été si libéralement accordée à sa sœur à cause de la faiblesse de son esprit, il ne le fut pas moins du costume sous lequel elle arrivait. Elle avait quitté la parure simple mais élégante qu'elle portait habituellement, pour se revêtir de la riche robe de brocard dont il a déjà été parlé, et qui avait une fois produit en elle un effet presque magique. Ce n'était pas assez. Accoutumée à voir les dames des forts décorées de tous leurs atours, elle avait complété sa mise de manière à n'en négliger aucun détail, et à ne laisser apercevoir aucun manque de goût, même à ceux qui auraient été initiés dans tous les mystères de la toilette des dames. Sa tête, ses pieds, ses bras, ses mains, son buste, sa draperie, tout était en harmonie; et le but qu'elle se proposait, et qui était d'imposer aux sens de sauvages ignorants en leur faisant croire qu'ils voyaient en elle une femme de haut rang et d'importance, aurait pu être atteint même devant des gens habitués à distinguer entre les personnes. Indépendamment de sa beauté et de ses grâces naturelles, Judith tenait de sa mère des manières élégantes et distinguées, de sorte que son brillant costume n'aurait pu être porté avec plus d'avantage. Etalée dans une capitale, cette parure splendide aurait pu être essayée par mille femmes avant qu'il s'en trouvât une seule qui pût y faire autant d'honneur que la belle créature dont elle servait alors à décorer la personne.

Elle n'avait pas mal calculé l'effet que produirait son apparition. Du moment qu'elle se montra dans le cercle, Judith se trouva, jusqu'à un certain point, indemnisée des risques effrayants qu'elle courait en voyant la sensation non équivoque de surprise et d'admiration qu'elle produisait. Les vieux guerriers à figure rébarbative firent entendre leur exclamation favorite Hugh! et elle fit une impression encore plus sensible sur les jeunes gens. Les femmes mêmes laissèrent échapper des exclamations de plaisir. Il était rare que ces enfants de la forêt vissent une femme blanche élevée au-dessus des derniers rangs de la société, et quant au costume, jamais pareille splendeur n'avait brillé à leurs yeux. Les plus beaux uniformes français ou anglais n'étaient rien, comparés au lustre du brocard, et tandis que la rare beauté de Judith ajoutait à l'effet produit par sa parure, cette parure ornait sa beauté de manière à surpasser ses espérances. Deerslayer lui-même parut au comble de la surprise, tant de l'éclat qu'il voyait dans la personne et dans la mise de Judith, que de l'indifférence qu'elle montrait pour les dangers qu'elle avait bravés par suite de la démarche qu'elle venait de faire. Chacun attendit qu'elle expliquât le motif de sa visite, motif qui semblait à la plupart des spectateurs aussi inexplicable que son apparition.

— Lequel de ces guerriers est le principal chef? demanda Judith à Deerslayer, dès qu'elle vit qu'on attendait qu'elle entamât l'entretien. Ce que j'ai à dire est trop important pour que je m'adresse à un homme d'un rang inférieur. Expliquez d'abord aux Hurons ce que je vous dis, et répondez ensuite à ma question.

Deerslayer lui obéit sur-le-champ, et chacun écouta avec la plus vive attention l'interprétation des paroles d'un être si extraordinaire. Sa demande parut très-convenable dans la bouche d'une femme qui leur semblait elle-même du rang le plus élevé. Rivenoak y répondit en s'avançant vers elle, de manière à ne laisser aucun doute qu'il n'eût droit à la distinction qu'il réclamait.

— Je puis croire ce Huron, reprit Judith jouant son rôle avec un air de dignité qui aurait fait honneur à une actrice, car elle cherchait à donner à ses manières cette condescendance courtoise qu'elle avait vue dans la femme d'un officier-général dans une occasion semblable, quoique d'un genre plus pacifique. Il m'est facile de croire que vous êtes ici le principal chef, car je vois sur votre physionomie des traces de pensées et de réflexion. C'est donc à vous que je dois m'adresser.

— Que la Fleur-des-Champs parle, répondit le vieux chef dès que les paroles de Judith lui eurent été expliquées. Si ses paroles sont aussi agréables que ses regards, elles ne sortiront jamais de mes oreilles, et je les entendrai encore longtemps après que l'hiver du Canada aura tué toutes les fleurs et glacé tous les discours de l'hiver.

Tout tribut d'admiration plaisait toujours à Judith, et le discours du vieux chef l'aida à conserver son sang-froid tout en nourrissant sa vanité. Souriant involontairement, en dépit du désir qu'elle avait de maintenir un air de réserve, elle reprit la parole :

— Maintenant, Huron, écoutez-moi bien. Vos yeux vous disent que je ne suis pas une femme ordinaire. Je ne vous dirai pas que je suis la reine de ce pays, car elle habite une contrée bien éloignée ; mais il existe sous nos puissants monarques des rangs de divers degrés, et j'en occupe un. Je n'ai pas besoin de vous dire quel est précisément ce rang, car vous ne pourriez le comprendre. Consultez seulement vos yeux, ils vous apprendront qui je suis, et ils vous diront qu'en m'écoutant, vous écoutez une femme qui peut être votre amie ou votre ennemie, suivant l'accueil qu'elle recevra de vous.

Elle parla ainsi d'un ton ferme et imposant qui était réellement surprenant dans la circonstance où elle se trouvait. Son discours fut traduit en dialecte indien par Deerslayer, et il fut écouté avec un respect et une gravité qui étaient d'un augure favorable. Mais il n'est pas facile de remonter jusqu'aux sources des pensées des Indiens. Judith attendait une réponse avec une inquiétude mêlée de doute et d'espoir. Rivenoak était un orateur exercé, et il répondit aussi promptement que le comportaient les idées des Indiens sur le décorum : car ils pensent qu'un certain délai, avant de répondre, annonce plus de respect, et prouve que les paroles qu'on vient d'entendre ont été mûrement pesées.

— Ma fille est plus belle que les roses sauvages de l'Ontario, et sa voix est aussi agréable à l'oreille que le chant du roitelet, répondit ce chef circonspect et cauteleux qui, seul de tous les Hurons, ne s'en était pas laissé imposer par la parure magnifique et la beauté transcendante de Judith, et dont l'admiration était mêlée de méfiance. L'oiseau-mouche n'est guère plus gros que l'abeille, et pourtant son plumage est aussi brillant que les plumes de la queue du paon. Le Grand-Esprit couvre quelquefois de très-petits animaux d'un vêtement splendide, tandis qu'il n'accorde à l'élan qu'un poil grossier. Toutes ces choses sont au-dessus de l'intelligence des pauvres Indiens, qui ne comprennent que ce qu'ils voient et ce qu'ils entendent. Ma fille a sans doute un très-grand wigwam quelque part dans les environs du lac; les Hurons ne l'ont pas découvert à cause de leur ignorance.

— Je vous ai dit, chef, qu'il serait inutile de vouloir vous expliquer quel est mon rang, puisque vous ne pourriez me comprendre. Il faut vous fier à vos yeux pour cette connaissance; quel est l'homme rouge ici qui ne puisse le voir? Les vêtements que je porte ne ressemblent pas à la couverture que vos squaws jettent sur leurs épaules, et des ornements d'un genre qui approche des miens ne se voient que sur les femmes et les filles des premiers chefs. A présent, écoutez-moi, Huron, et apprenez pourquoi je me suis rendue seule au milieu de vous, et quel est le motif de ma visite. Les Anglais ont des jeunes guerriers aussi bien que les Hurons, et en grand nombre, vous le savez.

— Les Yengeese sont aussi nombreux que les feuilles des arbres. Il n'y a pas un Huron qui ne le sache.

— Je vous comprends, Huron. Si j'avais amené du monde avec moi, il aurait pu en résulter des malheurs. Mes jeunes guerriers et les vôtres auraient pu se regarder de mauvais œil, surtout si les miens avaient vu ce jeune blanc prêt à subir la torture. C'est un grand chasseur estimé dans tous les forts, voisins ou éloignés. Il y aurait eu une querelle, et la piste des Iroquois retournant dans le Canada aurait été couverte de sang.

— Il y en a déjà tant, que nos yeux en sont aveuglés, répondit le chef d'un air sombre ; et mes guerriers se plaignent de ce que tout ce sang est huron.

— Sans doute, et le sang huron aurait encore coulé si j'étais venue entourée de Faces-Pâles. J'ai entendu parler de Rivenoak, et j'ai pensé qu'il vaudrait mieux le laisser retourner en paix dans son village pour qu'il y dépose ses femmes et ses enfants. S'il veut ensuite venir chercher nos chevelures, nous irons à sa rencontre. Il aime les animaux d'ivoire et les petits fusils : voyez, je lui en ai apporté, car je suis son amie. Quand il les aura placés parmi tout ce qui lui appartient, il partira pour son village, et y arrivera avant qu'aucun de mes guerriers puisse l'atteindre. Alors il montrera aux Iroquois du Canada quelles richesses il est venu chercher, maintenant que nos pères, qui sont au-delà du grand lac d'eau salée, se sont envoyé la hache de guerre l'un à l'autre ; et j'emmènerai avec moi ce grand chasseur, dont j'ai besoin pour que ma maison ne manque pas de venaison.

Judith, qui connaissait assez bien le mode d'élocution particulier aux Indiens, avait cherché à exprimer ses idées à leur manière sentencieuse, et y avait réussi au-delà de son attente. Deerslayer avait rendu ses expressions avec une grande fidélité, d'autant plus volontiers qu'elle s'était abstenue avec soin de tout mensonge positif, hommage qu'elle rendait à l'aversion bien connue du jeune chasseur pour toute espèce de fausseté qu'il regardait comme une bassesse indigne d'un homme blanc. L'offre des deux pistolets dont l'un avait été mis hors de service par l'accident qui a été rapporté, et de deux tours ou éléphants du jeu d'échecs, fit une forte sensation parmi les Indiens en général ; mais Rivenoak l'accueillit avec froideur, malgré l'enthousiasme que lui avait causé la première vue de la représentation d'un animal à deux queues. En un mot ce sauvage plein de sang-froid et de sagacité ne se laissa pas éblouir aussi aisément que ses compagnons, et, avec un sentiment d'honneur que la moitié du monde civilisé aurait cru surérogatoire, il refusa d'accepter un présent dont il n'était pas disposé à offrir l'équivalent.

— Que ma fille garde ses pourceaux à deux queues pour les manger quand elle manquera de venaison, dit-il, et qu'elle garde aussi ses petits fusils à double canon. Les Hurons tueront des daims quand ils auront faim, et ils ont de longs mousquets pour combattre leurs ennemis. Ce chasseur ne peut quitter mes jeunes guerriers maintenant. Ils veulent voir s'il a un courage aussi ferme qu'il s'en vante.

— Je nie cela, Huron, s'écria Deerslayer avec chaleur ; je le nie positivement, comme étant contre la raison et la vérité. Personne ne m'a jamais entendu me vanter, et personne ne l'entendra jamais, quand même vous m'écorcheriez tout vivant, et que vous me feriez rôtir ensuite avec toutes vos cruautés infernales. Je puis être humble et malheureux, je suis votre prisonnier, mais il n'est pas dans mes dons de me vanter.

— Mon jeune ami à Face-Pâle se vante de ne jamais se vanter, dit Rivenoak avec un sourire ironique, — il doit avoir raison. — Mais j'ai entendu chanter un oiseau étranger. Il y a un plumage dont aucun Huron n'a jamais vu le semblable. Nous serions honteux de retourner dans notre village et de dire à nos frères que nous avons rendu notre prisonnier, séduits par le chant et les belles plumes de cet oiseau, sans pouvoir leur dire quel en est le nom. Mes guerriers ne savent s'ils doivent dire que c'est un roitelet ou un oiseau de paradis. Ce serait une honte pour eux. On ne voudrait plus permettre à nos jeunes gens de parcourir les bois sans avoir leurs mères avec eux pour leur apprendre le nom des oiseaux.

— Vous pouvez demander mon nom à votre prisonnier ; il vous dira que je me nomme Judith, et il est beaucoup parlé de l'histoire de Judith dans le meilleur livre des Faces-Pâles, la Bible. Si je suis un oiseau portant de belles plumes, je porte aussi un beau nom.

— Non, répondit le chef, laissant voir l'artifice qu'il avait employé en parlant anglais de manière à se faire comprendre, — non ; pas demander au prisonnier, — est fatigué, — a besoin de repos. — Demander à ma fille l'Esprit-Faible. — Près de moi, ma fille ; vous répondre. — Hetty votre nom, n'est-ce pas ?

— Oui, c'est ainsi qu'on m'appelle, quoique ce nom soit écrit Esther dans la Bible.

— Ecrit aussi dans la Bible ! — Tout écrit dans la Bible, donc ? — N'importe ! Son nom à elle ?

— Judith ; c'est ainsi qu'il est écrit dans la Bible, — c'est ma sœur Judith, fille de Thomas Hutter, que vous appeliez le Rat-Musqué, quoiqu'il ne fût pas un rat musqué, mais un homme comme vous. Il demeurait dans une maison sur le lac, et c'était assez pour vous.

Un sourire de triomphe parut sur le visage ridé du vieux chef, en voyant qu'il avait complétement réussi en s'adressant à une jeune fille aussi véridique que l'était Hetty. Quant à Judith, du moment que Rivenoak interrogea Hetty, elle vit que tout était perdu, car nul signe, nulle prière, n'auraient pu engager sa sœur à faire un mensonge. Elle sentit qu'il était impossible de faire passer dans l'esprit des sauvages une fille du Rat-Musqué pour une princesse ou une grande dame ; et elle vit échouer le moyen hardi et ingénieux qu'elle avait imaginé pour sauver le prisonnier, par une des causes les plus simples et les plus naturelles du monde. Elle jeta un coup d'œil sur Deerslayer, comme pour l'inviter à faire un effort pour les sauver tous deux.

— Cela est impossible, Judith, répondit le jeune chasseur à cet appel muet, qu'il comprit, mais dont il sentit l'inutilité, complétement impossible. C'était une idée hardie et digne de la femme d'un général ; mais ce Mingo là-bas, — Rivenoak s'était retiré à quelque distance avec ses chefs, et ne pouvait les entendre, — ce Mingo là-bas est un homme peu commun, et toute ruse qui est contre nature ne peut réussir contre lui ; il faut des choses qui se présentent à lui dans un ordre naturel pour couvrir ses yeux d'un brouillard. C'en était trop d'espérer que vous lui feriez croire que vous étiez une grande dame vivant dans ces montagnes ; et je ne doute pas qu'il ne pense que la parure que vous portez fait partie du butin de votre père, — ou du moins de l'homme qui passait pour l'être, et qui l'est probablement, si tout ce qu'on dit est vrai.

— Dans tous les cas, Deerslayer, ma présence ici sera une sauvegarde pour vous pendant quelque temps ; ils n'essaieront pas de vous torturer sous mes yeux.

— Pourquoi non, Judith ? Croyez-vous qu'ils auront plus de ménagements pour une femme blanche que pour leurs squaws ? Il est probable que votre sexe vous mettra à l'abri des tourments, mais il ne sauvera pas votre liberté, ni peut-être votre chevelure. Je regrette que vous soyez venue ici, Judith ; cela ne peut me faire aucun bien, et il peut en résulter beaucoup de mal pour vous.

— Je puis partager votre destin, répondit-elle avec un généreux enthousiasme.—Ils ne vous feront aucun mal en ma présence, si je puis l'empêcher.—D'ailleurs.....

— D'ailleurs quoi ? Judith ? Quel moyen avez-vous d'empêcher la cruauté diabolique des Indiens ?

— Peut-être aucun, répondit-elle avec fermeté ; — mais je puis souffrir avec mes amis, — mourir avec eux, s'il le faut.

— Ah ! Judith, vous pouvez souffrir, mais vous ne mourrez pas avant le terme que Dieu a fixé à vos jours. Il n'est pas probable qu'une femme si jeune et si belle ait un sort plus rigoureux que de devenir la femme de quelque chef, si vous pouvez vous résoudre à prendre un Indien pour mari. Il aurait bien mieux valu que vous fussiez restée sur l'arche ou dans le château; mais ce qui est fait est fait. — Mais vous allez dire quelque chose, quand vous vous êtes arrêtée au mot *d'ailleurs*.

— Il pourrait n'être pas sûr d'en parler ici, répondit-elle à la hâte en passant devant lui nonchalamment pour pouvoir lui dire un mot à voix basse. — Une demi-heure est tout pour nous. Aucun de vos amis n'est resté oisif.

Le jeune chasseur ne lui répondit que par un regard reconnaissant. Il se tourna ensuite vers ses ennemis, comme s'il eût été prêt à braver les tourments. Une courte consultation avait eu lieu entre les chefs, et ils venaient de prendre leur détermination. Le projet miséricordieux de Rivenoak avait été fort affaibli par l'artifice de Judith, qui, venant à manquer, avait produit un effet tout à fait contraire à son attente. Cela était tout naturel, car les Indiens devaient être piqués en voyant qu'ils avaient été sur le point d'être dupes du stratagème d'une jeune fille. Aucun d'eux ne doutait alors qu'elle ne fût réellement fille du Rat-Musqué, le bruit généralement répandu de sa beauté contribuant à les en convaincre. Quant à sa parure extraordinaire, c'était un mystère qui se confondait avec celui des animaux à deux queues, et elle n'eut plus aucune influence sur leurs esprits.

Quand Rivenoak revint près de son prisonnier, sa physionomie n'était plus la même; il avait renoncé au désir de le sauver, et il n'était plus disposé à retarder plus longtemps les tortures. Ce changement survenu dans ses idées s'était communiqué aux jeunes guerriers, et ils faisaient les derniers préparatifs pour l'ouverture de cette scène. Des branches sèches furent rapidement amoncelées près d'un jeune arbre. Les éclats de racines de pins qui devaient lui être enfoncées dans la chair avant de les allumer furent rassemblés. — Les cordes destinées à l'attacher à l'arbre furent apportées. Tout cela se fit en profond silence. Judith suivait des yeux tous ces mouvements presque sans pouvoir respirer, tandis que Deerslayer n'en paraissait pas plus ému qu'un des arbres de la forêt. Cependant quand des guerriers s'approchèrent de lui avec des cordes, il jeta sur Judith un regard qui semblait lui demander s'il devait résister ou se soumettre. Un geste expressif qu'elle fit lui conseilla ce dernier parti. Il fut donc attaché à l'arbre une seconde fois, exposé à toutes les insultes et à tous les actes de cruauté. Chacun était alors si activement occupé, que pas un mot ne fut prononcé. Le feu fut bientôt mis au bûcher, et l'on en attendit le résultat avec impatience.

L'intention des Hurons n'était pourtant pas d'ôter la vie à leur victime par le moyen du feu; leur but était uniquement de mettre à l'épreuve son courage moral en l'exposant à la plus forte chaleur que le corps humain puisse supporter sans mourir. Leur dessein était de finir par emporter avec eux sa chevelure, mais ils voulaient d'abord vaincre sa résolution, et arracher de lui des gémissements, des plaintes, des cris de douleur. Dans cette vue, le bûcher avait été placé à une distance convenable de l'arbre, où la chaleur pût bientôt devenir insupportable sans mettre ses jours en danger. Néanmoins, comme cela arrivait souvent en pareilles occasions, la distance n'avait pas été bien calculée, et les flammes commençaient à darder leurs langues fourchues à une proximité du visage de la victime qui lui aurait été fatale un moment plus tard, quand Hetty, armée d'un bâton, se précipita à travers la foule, et dispersa de tous côtés les branches embrasées. Plus d'une main se leva pour punir cette audace; mais les chefs réprimèrent le courroux de leurs jeunes compagnons, en leur rappelant la faiblesse d'esprit de la coupable. Hetty était insensible au risque qu'elle courait; mais dès qu'elle eut exécuté cet acte audacieux, elle resta debout au milieu du cercle, regardant autour d'elle, les sourcils froncés, comme si elle eût voulu reprocher aux sauvages leur barbarie.

— Que Dieu vous récompense de cet acte de bravoure et de présence d'esprit, chère sœur! murmura Judith, abattue à un tel point qu'elle était incapable de tout mouvement. C'est Dieu lui-même qui vous avait donné cette sainte mission.

— L'intention était bonne, Judith, dit la victime; elle était excellente, et il en était temps; car si j'avais avalé en respirant une bouffée de ces flammes, tout le pouvoir des hommes ne pouvait me sauver la vie. S'il doit arriver quelque chose, il faut que cela arrive bientôt, sans quoi il sera trop tard. Vous voyez qu'ils ont attaché mon front à l'arbre avec un bandeau, pour ne laisser aucune chance à ma tête. Oui, l'intention était bonne, mais il y aurait peut-être eu plus de pitié à laisser les flammes faire leur devoir.

— Cruels Hurons, Hurons sans pitié! s'écria Hetty avec indignation; voudriez-vous brûler un homme, un chrétien, comme vous brûleriez une souche de bois? Ne lisez-vous donc jamais la Bible? Croyez-vous que Dieu puisse jamais oublier une telle atrocité?

A un geste de Rivenoak, on réunit les tisons épars, tandis que les femmes et les enfants s'occupaient avec activité à ramasser et à apporter de nouvelles branches sèches. La flamme se montrait pour la seconde fois, quand une jeune Indienne se fit jour pour entrer dans l'intérieur du cercle, et dispersa avec le pied les branches qui commençaient à s'enflammer. A ce second désappointement, tous les Hurons poussèrent de grands cris ; mais quand l'Indienne leva la tête vers eux, et qu'ils reconnurent les traits de Hist, les cris de fureur firent place à des exclamations de surprise et de plaisir. Pendant une minute personne ne songea au prisonnier, et tous les Hurons, jeunes et vieux, se groupèrent autour de Hist pour lui demander la cause de son retour soudain et inattendu. Ce fut en ce moment critique que Hist dit quelques mots à voix basse à Judith, en lui plaçant dans la main un petit objet sans que personne le vit. Elle se tourna ensuite vers les jeunes Huronnes, qui avaient toutes de l'amitié pour elle, et entra avec elles en conversation. De son côté, Judith reprit son sang-froid et agit avec promptitude. Elle remit sur-le-champ à Hetty le petit couteau à lame bien tranchante qu'elle venait de recevoir de Hist, croyant que c'était le moyen le plus sûr de le faire passer à Deerslayer. Mais l'intelligence bornée de Hetty déjoua les espérances bien fondées des trois autres. Au lieu de lui rendre la liberté des mains, et de lui remettre le couteau pour qu'il s'en servît quand il jugerait le moment favorable, elle commença par couper ouvertement le bandeau qui attachait son front à l'arbre. Les Hurons s'en aperçurent, ils coururent à elle, et ils l'entraînèrent à l'instant où elle coupait une corde passée autour de sa poitrine. Cette découverte fit soupçonner Hist, et quand on la questionna, l'Indienne intrépide, à la grande surprise de Judith, avoua sans hésiter la part qu'elle avait prise à ce qui venait de se passer.

— Et pourquoi n'aurais-je pas cherché à secourir Deerslayer ? demanda-t-elle d'un ton ferme. Il est frère d'un chef delaware, et mon cœur est tout delaware. Avancez, misérable Briarthorn ; effacez de votre visage les couleurs iroquoises, et montrez aux Hurons le lâche que vous êtes, vous qui mangeriez la charogne de vos frères plutôt que de manquer d'aliments. Mettez-le en face de Deerslayer, chefs et guerriers, et je vous ferai voir quel misérable vous avez reçu dans votre tribu.

Ce discours hardi, prononcé dans leur propre dialecte, et d'un air plein de confiance, produisit une forte sensation parmi les Hurons. La trahison fait toujours naître la méfiance, et quoique Briarthorn se fût efforcé de bien servir ses ennemis naturels, ses efforts n'avaient abouti qu'à le faire tout au plus tolérer parmi eux. Son désir d'obtenir Hist pour femme l'avait d'abord porté à la trahir, ainsi que sa tribu ; mais il avait bientôt trouvé des rivaux plus puissants que lui parmi ses nouveaux amis, et à peine lui avait-il été permis de rester dans leur camp, où il était surveillé d'aussi près que Hist l'était elle-même, et où il paraissait rarement devant les chefs. Il avait eu le plus grand soin de ne pas se montrer à Deerslayer, qui, jusqu'à ce moment, avait même ignoré qu'il fût dans le camp des Hurons. Interpellé de cette manière, il lui était impossible de rester derrière les autres. Il n'effaça pourtant pas de son visage les couleurs iroquoises, qui le déguisaient si bien, que lorsqu'il se fut avancé dans le cercle le jeune chasseur ne le reconnut pas. Prenant un ton de bravade, il demanda avec hauteur ce qu'on avait à dire contre Briarthorn.

— C'est à vous-même que vous devez faire cette question, s'écria Hist avec chaleur, quoique ses idées semblassent moins concentrées sur le même objet, et qu'elle en parût distraite par quelque autre chose, comme s'en aperçurent Deerslayer et Judith, sinon d'autres. Demandez-le à votre propre cœur, lâche déserteur des Delawares, et ne venez pas ici avec la face d'un homme innocent. Allez vous regarder dans une source, et reconnaissez sur votre peau menteuse les couleurs de vos ennemis naturels. Revenez ensuite vous vanter de la manière dont vous avez fui de votre tribu, et dont vous avez pris une couverture française pour vous couvrir. Peignez-vous ensuite tout le corps de couleurs aussi brillantes que celles de l'oiseau-mouche, vous n'en serez pas moins aussi noir que le corbeau.

Hist avait montré une douceur si uniforme pendant tout le temps qu'elle avait passé avec les Hurons, qu'ils furent au comble de la surprise en l'entendant parler ainsi. Quant à Briarthorn, le sang lui bouillait dans les veines, et il fut heureux pour Hist qu'il ne fût pas en son pouvoir de faire tomber sa vengeance sur elle, en dépit de l'amour qu'il avait eu.

— Que désire-t-on de Briarthorn? demanda-t-il avec arrogance. Si l'homme blanc est las de la vie, s'il craint les tourments, parlez, Rivenoak, et je l'enverrai rejoindre les guerriers que nous avons perdus.

— Non, chef; non, Rivenoak, s'écria Hist avec vivacité; Deerslayer ne craint rien, ni personne, et moins que personne un corbeau. Faites couper ses liens, placez-le en face de cet oiseau croassant, et nous verrons lequel des deux ira joindre vos guerriers.

Hist fit un mouvement en avant pour prendre le couteau d'un jeune homme et faire elle-même ce qu'elle avait proposé; mais, à un signe de Rivenoak, un vieux guerrier la retint. Le chef surveillait avec méfiance tous les mouvements de la jeune Indienne; car, même en parlant du ton le plus animé, elle avait un air d'inquiétude et d'attente qui ne pouvait échapper à un observateur si attentif. Elle jouait bien son rôle, mais deux ou trois vieux chefs étaient convaincus que c'était un rôle qu'elle jouait. Elle se trouva donc trompée dans son espoir au moment où elle se flattait d'avoir réussi. Rivenoak ordonna alors que tout le monde reprît sa place dans le cercle, et qu'on préparât encore une fois le bûcher pour l'allumer, le délai ayant été assez long et n'ayant amené aucun résultat.

— Attendez, Hurons! Attendez, chef! s'écria Judith, sachant à peine ce qu'elle disait; une minute de plus! un seul instant!

Elle fut interrompue par un nouvel incident, encore plus extraordinaire que les autres. Un jeune Indien, venant à pas précipités, perça à travers le cercle des Hurons, et se trouva au centre en un instant, de manière à montrer ou une entière confiance, ou une témérité voisine de la folie. Cinq ou six sentinelles veillaient sur les bords du lac à différents points plus ou moins éloignés, et la première idée de Rivenoak fut que c'était l'un d'eux qui apportait quelque nouvelle importante. Cependant les mouvements de l'étranger étaient si rapides et la peinture dont était couvert son corps, qui n'avait guère plus de draperie qu'une statue antique, avait si peu de signes distinctifs, qu'il fut impossible, dans le premier moment, de reconnaître s'il était ami ou ennemi. Trois bonds l'avaient porté à côté de Deerslayer, dont il coupa tous les liens en un clin d'œil, avec une précision qui rendit au prisonnier l'usage de tous ses membres. Ce ne fut qu'alors que l'étranger jeta un regard sur quelque autre objet. Il se redressa, se retourna, et montra aux Hurons étonnés le front noble et l'œil d'aigle d'un jeune guerrier portant les couleurs et les armes des Delawares. Il tenait de chaque main une carabine dont la crosse reposait sur la terre, et à l'une desquelles étaient attachés le sac à balles et la poire à poudre; c'était Killdeer, et il la remit à son maître, tout en lançant des regards assurés et audacieux sur les Hurons qui l'entouraient. La présence de deux hommes armés, quoique au milieu d'eux, fit tressaillir les Hurons. Leurs fusils, la plupart non chargés, avaient été laissés à l'écart sous différents arbres, et ils n'avaient d'autres armes que leurs couteaux et leurs tomahawks. Cependant ils avaient trop de sang-froid pour montrer de la crainte, et d'ailleurs il n'était guère probable que deux hommes osassent attaquer une troupe si nombreuse, et chacun pensait que quelque proposition allait suivre une démarche si audacieuse. L'étranger ne trompa point leur attente, car il leur adressa la parole.

— Hurons, dit-il, la terre est grande; il y a place derrière les grands lacs d'eau douce pour les Iroquois, et de ce côté-ci pour les Delawares. Je suis Chingachgook, fils d'Uncas, et parent de Tamenund. Wah est ma fiancée, et cet homme blanc est mon ami. Mon cœur fut percé quand je vis qu'il me manquait, et je le suivis dans votre camp pour veiller à ce qu'il ne lui arrivât aucun mal. Toutes les jeunes filles delawares attendent Wah, et sont surprises qu'elle soit absente si longtemps. Disons-nous adieu, et partons chacun de notre côté.

— Hurons! s'écria Briarthorn, cet homme est votre ennemi mortel; c'est le Grand-Serpent des Delawares. S'il vous échappe, vos moccasins laisseront des traces de sang depuis l'endroit où nous sommes jusqu'au Canada. Moi, je suis tout Huron.

En parlant ainsi, le traître lança son couteau contre la poitrine nue du Delaware. Hist, qui était près de Briarthorn, détourna le coup en lui poussant le bras, et l'arme meurtrière alla s'enfoncer dans un pin. L'instant d'après, une arme semblable brilla dans la main du Grand-Serpent, partit, et perça le cœur du transfuge. Une minute s'était à peine écoulée depuis l'instant où Chingachgook s'était élancé dans le cercle, jusqu'à celui où Briarthorn tomba comme un arbre au dernier coup de hache. La rapidité des événements avait tenu les Hurons dans l'inaction; mais cette catastrophe leur fit sentir qu'il était temps d'agir : ils poussèrent leur cri de guerre, et tous se mirent en mouvement. En cet instant, un bruit inusité se fit entendre dans la forêt, et tous les Hurons, hommes et femmes, s'arrêtèrent pour écouter. C'était un son sourd et régulier, comme si l'on eût frappé la terre avec des marteaux de paveurs. Quelque chose se montra dans le lointain à travers les arbres; on distingua ensuite une troupe de soldats marchant d'un pas mesuré; ils avancèrent au pas de charge dès qu'ils aperçurent l'ennemi, et l'on reconnut l'uniforme écarlate des Anglais.

Il serait difficile de décrire la scène qui suivit : un ordre admirable régnait d'un côté; de l'autre, ce n'étaient que confusion, efforts frénétiques et désespoir. Les Hurons poussèrent des cris de fureur, les soldats y répondirent par des acclamations joyeuses. Pas un coup de fusil ne fut tiré, mais la troupe continuait à marcher, la baïonnette en avant. Les Hurons se trouvaient dans une position très-désavantageuse : ils étaient entourés de trois côtés par l'eau du lac, et de l'autre un détachement d'environ soixante soldats bien armés et bien disciplinés leur coupait la retraite. Les guerriers indiens coururent chercher leurs armes, et tous, hommes,

LE TUEUR DE DAIMS.

femmes et enfants, ne songèrent plus qu'à chercher un couvert. Au milieu de cette scène de confusion, Deerslayer agit avec un sang-froid et une présence d'esprit que rien ne pouvait surpasser. Après avoir placé Hist et Judith derrière deux gros arbres, il chercha Hetty pour la mettre également en sûreté; mais elle avait été entrainée par un groupe de femmes huronnes. Se plaçant ensuite sur le flanc des Hurons qui fuyaient vers le sud de la pointe dans l'espoir de se sauver à la nage, il vit deux de ceux qui s'étaient montrés les plus acharnés contre lui, marchant à côté l'un de l'autre. Ce fut de sa carabine que partit le premier coup de feu qui se fit entendre, et la même balle les fit tomber tous deux. Les Hurons firent alors une décharge générale. Le Grand-Serpent y répondit par son cri de guerre, joint à un coup de sa carabine; mais les soldats continuèrent à avancer sans faire feu; un seul coup de mousquet partit de leurs rangs, et il avait été tiré par Hurry, qui avait été leur guide et qui les suivait comme volontaire. Bientôt après, on entendit pourtant les cris, les gémissements et les exécrations qui accompagnent ordinairement l'emploi de la baïonnette, et la scène devint une de celle dont nous avons vu de notre temps un si grand nombre dans les guerres contre les sauvages, et où ni l'âge ni le sexe ne mettent à l'abri de la mort.

CHAPITRE XXXI.

> La fleur qui sourit aujourd'hui périt demain; tout ce dont nous désirons arrêter le passage nous tente et fuit loin de nous. Que sont les plaisirs de ce monde? un éclair pendant la nuit, aussi court qu'il est brillant.
> SHELEY.

Il est à peine nécessaire de mettre sous les yeux des lecteurs le tableau qu'offrait alors la pointe de terre sur laquelle les Hurons avaient placé leur dernier camp. Les troncs d'arbres, les feuilles et la fumée avaient caché une grande partie de ce qui s'y était passé, et la nuit ne tarda pas à étendre son voile sur le lac et sur l'immense désert qui se prolongeait alors presque sans interruption depuis les bords de l'Hudson jusqu'à l'océan Pacifique. Nous passerons donc au jour suivant, dont le matin fut aussi serein et aussi souriant que s'il ne se fût passé rien d'extraordinaire dans la soirée précédente.

Quand le soleil se leva, tout signe d'alarme et d'hostilités avait disparu du bassin du Glimmerglass. Les événements terribles de la veille n'avaient laissé aucune trace sur cette nappe d'eau tranquille. Les heures suivaient leur cours ordinaire suivant l'ordre prescrit par une main toute puissante. Les oiseaux effleuraient la surface de l'eau ou prenaient leur essor au-dessus des plus hauts pins, les uns et les autres obéissant également aux lois irrésistibles de leur nature. En un mot, rien n'avait changé, si ce n'est l'air de mouvement et de vie qu'on voyait dans le château, changement qui aurait frappé l'œil le moins observateur. Une sentinelle, portant l'uniforme de l'infanterie légère, se promenait sur la plate-forme d'un pas mesuré, et une vingtaine d'hommes, appartenant au même corps, y passaient le temps comme bon leur semblait, ou étaient assis sur l'arche. Leurs armes étaient placées en faisceau sous les yeux de leur compagnon qui était en faction. Deux officiers examinaient le rivage en face à l'aide de la longue-vue dont il a été si souvent parlé. Leurs regards se dirigeaient vers la fatale pointe où l'on voyait encore entre les arbres des habits écarlates, et des soldats, la pioche en main, occupés du triste devoir d'enterrer les morts. Plusieurs hommes du détachement portaient sur leur personne la preuve que les Indiens n'avaient pas été vaincus sans faire résistance, et le plus jeune des deux officiers avait un bras en écharpe. Son compagnon, qui commandait le détachement, avait été plus heureux : c'était lui qui tenait la longue-vue, et qui faisait la reconnaissance dont ils s'occupaient tous deux.

Un sergent s'approcha pour faire un rapport, et il appela le plus âgé des deux officiers du nom du capitaine Warley. Quand il eut à parler à l'autre, il le nomma l'enseigne Thornton. Le premier était l'officier qui, comme on peut se le rappeler, avait été nommé dans la dernière conversation entre Judith et Hurry. Dans le fait, c'était le même individu dont le nom avait été très-souvent prononcé, dans les propos légers des oisifs des forts, avec celui de la belle mais indiscrète Judith. C'était un homme d'environ trente-cinq ans, ayant des traits fortement prononcés et des joues rouges, mais qui y joignait une tournure militaire et un air à la mode qui pouvaient faire impression sur l'esprit d'une jeune fille connaissant aussi peu le monde.

— Croig nous comble de bénédictions, dit-il au jeune enseigne avec un ton d'indifférence, en remettant la longue-vue à son domestique. A la vérité, ce n'est pas sans raison : il est plus agréable d'avoir à servir ici miss Judith Hutter que d'enterrer là-bas les morts, quelque romantique que soit la situation, et quelque brillante qu'ait été la victoire. — A propos, Wright, Davis vit-il encore?

— Il y a dix minutes qu'il est mort, capitaine, répondit le sergent; je savais ce qui en résulterait dès que j'ai vu que la balle l'avait frappé dans l'estomac. Je n'ai jamais vu un homme tenir bon longtemps avec un trou dans l'estomac.

— Non, ce n'est pas une issue commode pour emporter quelque chose de très-nourrissant, dit Warley en bâillant. — Deux nuits de suite passées sans dormir, Arthur, c'est trop fort pour les facultés humaines. Je suis aussi stupide qu'un de ces ministres hollandais sur les bords du Mohawk. — J'espère que votre bras ne vous fait pas trop souffrir, mon cher enfant?

— Il m'arrache de temps en temps une grimace, comme je suppose que vous le voyez, capitaine, répondit le jeune homme en riant, quoique ses traits prouvassent qu'il souffrait. Mais il faut le supporter. J'espère que Graham pourra bientôt me donner quelques minutes pour examiner ma blessure.

— Cette Judith Hutter est une charmante créature, après tout, Thornton, et ce ne sera pas ma faute si elle n'est pas vue et admirée dans les parcs de Londres, reprit Warley, qui songeait fort peu à la blessure de son compagnon. Ah! j'oubliais!—votre bras.—Sergent, allez sur l'arche, et dites au docteur Graham que je le prie de venir examiner le bras de M. Thornton, dès qu'il n'aura plus besoin près du pauvre diable qui a eu une jambe cassée.—Oui, c'est une charmante créature. Elle avait l'air d'une reine hier, avec sa robe de brocart. — Je trouve tout changé ici; le père et la mère morts, la sœur morte ou mourante; il ne reste de toute la famille que la beauté!—Notre expédition a été heureuse, au total, et elle s'est terminée mieux que la plupart des escarmouches avec les Indiens.

— Dois-je supposer, capitaine, que vous allez déserter vos drapeaux dans le grand corps des garçons, et finir la campagne par un mariage?

— Moi!—moi, Tom Warley, m'enrôler dans la grande confrérie! Sur ma foi, mon cher enfant, vous ne me connaissez guère si vous vous imaginez une pareille chose. Je suppose qu'il y a dans les colonies des femmes qu'un capitaine d'infanterie légère pourrait ne pas dédaigner; mais elles ne se trouvent ni sur les bords d'un lac caché dans les montagnes, ni même sur les rives du Mohawk où nous sommes postés. Il est vrai que mon oncle le général m'a fait une fois la faveur de m'offrir une femme qu'il m'avait choisie dans le comté d'York; mais elle n'était pas belle, et sans beauté je ne voudrais pas d'une princesse.

— Et avec de la beauté vous épouseriez une mendiante?

— Oui, ce sont là les idées d'un enseigne, l'amour dans une chaumière, — la porte et puis la fenêtre, — la vieille histoire. Nous ne servons pas dans un corps où l'on se marie, mon cher enfant. — Voyez le colonel, le vieux sir Edwin, jamais il n'a songé à prendre une femme, et quand un homme est sur le point d'obtenir le grade de lieutenant-général, il est à peu près en sûreté. Le lieutenant-colonel est un célibataire *confirmé*, comme je l'ai dit à mon cousin l'évêque. Le major est veuf, ayant essuyé un an de mariage pendant sa jeunesse. Sur dix capitaines, un seul est entré dans la nasse nuptiale, et on le laisse toujours au quartier-général du régiment, comme une sorte de *memento mori* pour les recrues. Quant aux officiers subalternes, pas un n'a encore eu la hardiesse d'introduire une femme dans le régiment. — Mais je vois que votre bras vous fait souffrir, et j'irai voir moi-même ce qu'est devenu le docteur Graham.

Le chirurgien qui avait accompagné le détachement était occupé tout différemment de ce que le capitaine avait supposé. Quand le combat avait cessé, et tandis qu'on séparait les morts des blessés, la pauvre Hetty avait été trouvée parmi les derniers, le corps traversé par une balle, blessure qui, au premier examen, fut déclarée mortelle. Personne ne put dire comment elle avait reçu cette blessure. C'était sans doute un de ces hasards qui accompagnent toujours des scènes semblables à celle qui a été rapportée dans le chapitre précédent. Le Sumac, toutes les vieilles femmes et quelques jeunes filles avaient péri par la baïonnette dans la confusion, attendu la difficulté de distinguer les sexes, tant le peu de vêtements que portaient les hommes et les femmes étaient à peu près semblables. Quelques guerriers avaient échappé en se jetant à la nage, et il n'y en eut qu'un petit nombre qui furent faits prisonniers, parce qu'ils étaient blessés. Rivenoak était du nombre. Quand le capitaine Warley et l'enseigne entrèrent dans l'arche, ils le trouvèrent assis sur l'avant, la tête et une jambe entourées de bandages, mais ne montrant aucun signe visible d'accablement ou de désespoir. Il était facile de voir qu'il déplorait la perte de ses compagnons; mais c'était en silence, avec dignité, et d'une manière convenable à un guerrier et à un chef.

Les deux officiers trouvèrent le chirurgien dans la principale chambre de l'arche. Il venait de s'éloigner du lit de la malheureuse Hetty, et ses traits écossais, durs et marqués de petite-vérole, avaient une expression de regret mélancolique qu'on n'était pas accoutumé à y voir. Tous ses soins avaient été inutiles, et il s'était retiré sans aucun espoir qu'elle vécût encore plus de deux à trois heures. Le docteur Graham était accoutumé à voir la mort sous toutes les faces, et cette vue ne faisait, en général, que peu d'impression sur lui. En tout ce qui concerne la religion, son esprit, à force de réfléchir et de raisonner sur les choses purement matérielles, était devenu sceptique : une confiance fondée sur la religion lui paraissait une faiblesse. Mais quand il vit une jeune fille douce et simple comme Hetty, soutenue en un pareil moment par ses sentiments religieux, et cela d'une manière à laquelle des guerriers et des héros auraient pu porter envie, il se trouva touché de ce spectacle à un point qu'il aurait été honteux d'avouer. Edimbourg et Aberdeen fournissaient, comme aujourd'hui, une assez bonne portion des officiers de santé du service britannique, et le docteur Graham, comme son nom et sa physionomie l'indiquaient, était né dans le nord de la Grande-Bretagne.

— C'est un vrai phénomène dans le fond d'une forêt, et dans un être qui n'est qu'à demi doué de raison, dit-il avec un accent décidément écossais, quand Warley entra avec l'enseigne ; et je désire, Messieurs, que, lorsque nous serons tous trois appelés à quitter le régiment d'ici-bas, nous soyons aussi résignés à passer à la demi-paie d'une autre existence, que cette pauvre fille dont l'esprit n'est pas très-sain.

— N'y a-t-il aucun espoir qu'elle puisse survivre à sa blessure ? demanda Warley les yeux fixés sur Judith, dont les joues pâles s'étaient empreintes de deux grandes taches rouges dès l'instant qu'il était entré dans la chambre.

— Pas plus qu'il n'y en a pour Charles Stuart, répondit le docteur. — Approchez, Messieurs, et jugez-en vous-mêmes. Il y a dans l'esprit de cette pauvre fille une espèce de lutte entre la vie et la mort, qui en fait une étude intéressante pour un philosophe. — Monsieur Thornton, je suis à votre service maintenant, et si vous voulez passer avec moi dans la chambre voisine, nous pourrons jeter un coup d'œil sur votre bras, tout en raisonnant autant qu'il nous plaira sur les opérations et les sinuosités de l'esprit humain.

Le chirurgien et l'enseigne se retirèrent, et le capitaine eut le loisir de jeter un coup d'œil autour de lui, et de chercher à connaître la nature des sentiments des individus groupés dans cette chambre. La pauvre Hetty avait été placée sur son lit, moitié couchée, moitié assise, sa physionomie annonçant l'approche de la mort, mais adoucie par l'expression de ses traits, dans lesquels semblait concentrée toute l'intelligence qu'elle avait jamais possédée. Judith et Hist étaient près d'elle, la première assise, et plongée dans une profonde affliction; la seconde debout, et lui prodiguant des soins malheureusement inutiles. Deerslayer était debout au pied du lit, appuyé sur Killdeer. L'ardeur martiale dont ses traits avaient brillé la veille s'était éclipsée, et il avait repris son air habituel de franchise et de bienveillance, auquel se joignait une expression de regret et de pitié. Le Grand-Serpent était à l'arrière-plan du tableau, droit et immobile, mais observateur si attentif que rien de ce qui se passait ne lui échappait. Hurry complétait le groupe, assis sur une escabelle près de la porte, comme un homme qui se sentait déplacé dans une telle scène, mais qui aurait eu honte de s'y soustraire sans motif.

— Qui est cet homme en habit écarlate? demanda Hetty dès qu'elle eut aperçu l'uniforme du capitaine.—Est-ce l'ami de Hurry, Judith?

— C'est l'officier qui commande le détachement qui nous a sauvés tous des mains des Hurons, répondit Judith à voix basse.

— Suis-je sauvée aussi? je croyais que j'allais mourir du coup de fusil que j'ai reçu. Au surplus, ma mère est morte, mon père aussi; mais vous vivez, Judith, ainsi que Hurry. Je craignais qu'il ne fût tué, quand j'ai reconnu sa voix au milieu des soldats.

— Ne vous inquiétez pas, chère sœur, s'écria Judith, craignant en ce moment, peut-être plus qu'en tout autre, que sa sœur ne trahît son secret; — Hurry se porte bien, ainsi que Deerslayer, et le Delaware aussi.

— Mais comment se fait-il qu'ils aient tiré sur une pauvre fille comme moi, et qu'ils aient laissé aller tant de soldats sans leur faire aucun mal? Je ne croyais pas que ces Hurons fussent si méchants.

— C'est par accident, ma pauvre Hetty, par un accident bien malheureux. Aucun d'eux ne vous aurait fait le moindre mal volontairement.

— J'en suis charmée. — Cela me semblait étrange. Les hommes rouges ne m'avaient jamais fait aucun mal jusqu'ici; je serais fâchée de croire qu'ils aient changé de conduite. — Je suis bien contente aussi, Judith, qu'ils n'aient pas blessé Hurry. — Je ne crois pas que Dieu permette jamais qu'il arrive aucun malheur à Deerslayer.

Il est pourtant fort heureux que les soldats soient arrivés, car le feu brûle.

— Oui, ma sœur, très-heureux. Que le saint nom de Dieu en soit à jamais béni !

— Je suppose, Judith, que vous connaissez quelques-uns des officiers ; vous en connaissiez tant !

Judith ne répondit rien ; elle se couvrit le visage des deux mains et poussa un profond gémissement. Hetty la regarda avec surprise ; mais, supposant assez naturellement que la situation dans laquelle elle se trouvait elle-même causait le chagrin de sa sœur, son bon cœur la porta à chercher à la consoler.

— Ne songez pas à moi, chère Judith, dit-elle ; je ne souffre pas, et s'il faut que je meure, ma mère et mon père sont morts avant moi, et ce qui leur est arrivé peut bien m'arriver aussi. Vous savez que de toute la famille je suis la personne à qui l'on doit le moins penser ; et quand une fois je serai au fond du lac, tout le monde m'aura bientôt oubliée.

— Non, ma pauvre Hetty ; non, non ! s'écria Judith avec un violent transport de chagrin. — Moi, du moins, je ne vous oublierai jamais. — Oh ! que je me trouverais heureuse si je pouvais changer de place avec vous, et être la créature pure et innocente que vous êtes !

Le capitaine Warley était resté jusqu'alors debout, le dos appuyé contre la porte de la chambre. A l'instant où cet élan irrésistible de chagrin, peut-être de repentir, échappa à Judith, il se retira à pas lents d'un air pensif, et ne fit même aucune attention à l'enseigne quand il passa près de lui pendant que le chirurgien lui pansait le bras.

— Je n'ai pas perdu ma Bible, Judith ; je l'ai ici, reprit Hetty d'un ton de triomphe ; mais je ne puis la lire ; je ne sais ce que j'ai sur la vue aujourd'hui. Vous me semblez couverte d'un brouillard et comme dans l'éloignement, — et il en est de même de Hurry, à présent que je le regarde. — Eh bien ! je n'aurais jamais cru que Hurry March pût paraître à mes yeux sous un jour si terne. — Pourquoi donc vois-je si mal aujourd'hui, Judith ? Ma mère avait coutume de dire que j'avais les meilleurs yeux de toute la famille. — Oui, j'avais l'esprit faible, mais ma vue était excellente.

Judith gémit encore ; mais pour cette fois ce n'était aucun sentiment se rattachant à elle-même ni aucun souvenir du passé qui en étaient cause, c'était le chagrin pur et sincère occasionné par sa tendresse pour une sœur expirante ; et en ce moment elle aurait volontiers donné sa vie pour sauver celle de Hetty. Cet effort de généreux enthousiasme excédant le pouvoir de l'humanité, elle sentit qu'il ne lui restait en partage que l'affliction. En ce moment, poussé par une impulsion secrète à laquelle il ne put résister, Warley rentra dans la chambre, quoiqu'il sentît qu'il aurait volontiers quitté en ce moment pour jamais l'Amérique, si cela lui eût été possible. Au lieu de s'arrêter à la porte, il s'avança près du lit, et Hetty l'aperçut, car elle pouvait encore distinguer les objets qui étaient auprès d'elle.

— Etes-vous l'officier qui est venu avec Hurry? lui demanda-t-elle les yeux fixés sur lui. Si cela est, nous devons tous vous remercier, car, quoique j'aie été blessée, vous avez sauvé la vie des autres. Henri March vous a-t-il dit où vous nous trouveriez et combien nous avions besoin de votre secours?

— La nouvelle de l'incursion des Iroquois, répondit Warley, charmé de pouvoir se soulager le cœur par cette communication amicale, nous a été apportée par un coureur indien d'une tribu qui nous est alliée, et je reçus ordre de marcher à l'instant contre eux. Chemin faisant, nous rencontrâmes Hurry, et certainement cela fut heureux, car il nous servit de guide dans les bois. Un autre bonheur fut que nous entendîmes quelques coups de fusil qui non-seulement nous portèrent à accélérer notre marche, mais qui nous dirigèrent vers l'endroit où notre présence était nécessaire. Le Delaware nous vit sur le rivage à l'aide d'une longue-vue, et lui et sa squaw nous rendirent d'excellents services. — Au total, mis Judith, ce fut réellement un heureux concours de circonstances.

— Ne me parlez de rien d'heureux, Monsieur, répondit Judith le visage appuyé sur ses mains; le monde ne m'offre que misère, et je voudrais ne plus entendre parler de ma vie ni de mousquets, ni de combats, ni de soldats, ni d'hommes.

— Connaissez-vous ma sœur? demanda Hetty au capitaine avant qu'il eût le temps de préparer une réponse. Comment savez-vous qu'elle se nomme Judith? Vous ne vous trompez pas, c'est bien son nom; et moi je suis Hetty, fille de Thomas Hutter.

— Pour l'amour du ciel, chère sœur, s'écria Judith d'un ton suppliant, ne parlez plus de tout cela.

Hetty parut surprise; mais, accoutumée à déférer aux désirs des autres, elle cessa d'adresser à Warley des questions qui étaient si pénibles à Judith. Baissant les yeux sur sa Bible, qu'elle tenait entre ses mains comme un avare tiendrait un écrin de pierres précieuses dans un naufrage ou au milieu d'un incendie, son esprit se porta vers l'avenir, et fit disparaître en grande partie le souvenir du passé.

— Nous ne serons pas longtemps séparées, Judith, dit-elle à sa sœur. Quand vous mourrez, il faudra vous faire enterrer dans le lac à côté de notre mère.

— Plût au ciel que j'y fusse en ce moment, Hetty !

— Non, cela ne se peut, Judith : il faut mourir avant qu'on ait le droit d'être enterré. Ce serait un péché de vous enterrer avant que vous soyez morte. J'ai pourtant pensé une fois à m'enterrer moi-même dans le lac. Mais Dieu n'a pas permis que je commisse ce péché.

— Vous ! vous, Hetty, avoir eu une pareille pensée ! s'écria Judith au comble de la surprise, car elle savait qu'aucune parole ne sortait des lèvres de sa sœur qui ne fût religieusement vraie.

— Oui, Judith, j'ai eu cette pensée, répondit la pauvre fille mourante, avec l'air d'humilité d'un enfant qui avoue une faute dont elle se repent ; mais Dieu l'a oublié, — non, car Dieu n'oublie rien, — mais il me l'a pardonné. C'était après la mort de ma mère, et je sentais que j'avais perdu le meilleur ami, sinon le seul que j'eusse dans ce monde. Il est vrai que mon père et vous, vous étiez pleins de bonté pour moi ; mais j'avais l'esprit si faible, que je sentais que je ne pouvais que vous causer de l'embarras. Et vous étiez l'un et l'autre si souvent honteux d'avoir une telle fille et une telle sœur, et il est si dur de vivre dans un monde où chacun vous regarde comme au-dessous de lui, que je pensai que, si je m'enterrais à côté de ma mère, je serais plus heureuse dans ce lac que dans notre hutte.

— Pardon, chère sœur ! — pardon, chère Hetty ! — Je vous conjure à genoux de me pardonner, si j'ai pu, par quelque parole ou par quelque action, faire naître dans votre esprit l'idée d'un acte si désespéré !

— Levez-vous, Judith ; agenouillez-vous devant Dieu, mais non devant moi. — Oui, c'est ce que je pensai quand ma mère fut morte. Je me rappelai tout ce que j'avais dit et tout ce que j'avais fait qui lui avait causé quelque peine, et j'aurais volontiers baisé ses pieds pour en obtenir le pardon. Je crois que c'est ce qui doit toujours arriver quand on voit mourir quelqu'un. Cependant, à présent que j'y pense, je ne me souviens pas d'avoir éprouvé la même chose à la mort de mon père.

Judith se leva, se couvrit le visage de son tablier, et pleura. Il y eut un long intervalle de silence, un intervalle de plus de deux heures. Pendant ce temps, Warley entra dans la chambre et en sortit bien des fois. Il semblait être mal à l'aise quand il était absent, et ne pouvait y rester quand il s'y trouvait. Il donna divers ordres qui furent exécutés, et il y avait un air de mouvement parmi les soldats, surtout lorsque le lieutenant, M. Croig, ayant terminé le devoir peu agréable de faire enterrer les morts, envoya demander ce qu'il devait faire avec la partie du détachement qui était sous ses ordres. Hetty sommeilla un peu, et pendant ce temps Deerslayer et Chingachgook sortirent de l'arche pour conférer ensemble. Au bout de deux heures, le chirurgien, qui avait été revoir Hetty, passa sur la plate-forme, et, avec un air de sensibilité qu'on n'avait jamais remarqué en lui, annonça qu'elle approchait rapidement de sa fin. A cette nouvelle, tous ceux qui avaient déjà quitté sa chambre se hâtèrent d'y rentrer. La violence du chagrin avait réduit Judith à l'inaction, et Hist s'acquittait seule de tous les petits soins qui peuvent faire paraître moins dur le lit de la mort, et qui semblent appartenir exclusivement aux femmes. Hetty n'avait subi aucun autre changement visible qu'une faiblesse générale, annonce de l'approche de la dissolution du corps. Tout ce qu'elle possédait d'esprit était aussi lucide que jamais, et son intelligence, sous quelques rapports, était peut-être même plus active qu'elle l'eût jamais été.

— Ne vous affligez pas tant pour moi, Judith, dit Hetty; je reverrai bientôt ma mère. Je crois la voir déjà, et ses traits sont aussi doux et aussi souriants qu'ils avaient coutume de l'être. Quand je serai morte, Dieu me donnera peut-être tout mon esprit, et alors je serai une compagne plus convenable pour ma mère que je l'aie jamais été.

— Vous serez un ange dans le ciel, Hetty, dit Judith en sanglotant. Nul esprit n'y sera plus digne de ce séjour de toute sainteté.

— Je n'entends pas cela tout à fait; cependant je sais que ce doit être la vérité; je l'ai lu dans la Bible. — Mais comme il fait noir! Est-ce déjà la nuit? A peine puis-je vous voir. — Où est donc Hist?

— Moi ici, pauvre fille. Vous pas voir?

— Je vous vois; mais je ne pouvais dire si c'était vous ou Judith. — Je crois que je ne vous verrai plus longtemps, Hist.

— Moi bien fâchée, pauvre Hetty; mais vous tranquille; — un ciel pour jeune fille à face pâle comme pour guerrier rouge.

— Où est le Serpent? — je voudrais lui parler. — Qu'il me donne sa main. — Bien, je la sens. — Delaware, chérissez tendrement cette jeune Indienne; je sais combien elle vous aime, et vous devez l'aimer aussi. Ne la traitez pas comme tant d'Indiens traitent leurs femmes, et soyez pour elle un véritable mari. — Maintenant, faites venir Deerslayer près de moi, et qu'il me donne la main.

Deerslayer s'approcha de son lit, et se soumit à tous les désirs de la pauvre Hetty avec la docilité d'un enfant.

— Je sens, Deerslayer, lui dit-elle, que vous et moi nous n'allons pas nous séparer pour toujours. — C'est une étrange idée; je ne l'avais jamais eue. Je voudrais savoir d'où elle vient.

— C'est Dieu qui vous encourage dans cette extrémité, Hetty. C'est de lui que vient cette idée, et il faut la respecter. — Oui, nous nous reverrons; mais il se passera encore du temps, et ce sera dans un pays éloigné.

— Avez-vous dessein aussi d'être enterré dans ce lac? Si cela est, c'est une explication de ce que je sens.

— Cela est peu probable, Hetty, très-peu probable. Mais il y a pour les âmes chrétiennes une contrée où il ne se trouve, dit-on, ni lacs ni bois, quoique je ne voie pas de raison pour que les bois en soient bannis, puisque on doit y trouver tout ce qui est agréable. Il est plus vraisemblable que mon corps sera enterré dans une forêt; mais j'espère que mon esprit ne sera pas loin du vôtre.

— Soit! Mon esprit est trop faible pour comprendre tout cela; mais je sens que vous et moi nous nous reverrons. — Mais où êtes-vous donc, ma sœur? — Où êtes-vous tous? — Je ne vois plus que des ténèbres. La nuit est donc tout à fait tombée?

— Je suis ici, chère sœur, — à vos côtés; ce sont mes bras qui vous entourent. — Parlez, Hetty, désirez-vous quelque chose en ce cruel moment?

Hetty avait alors entièrement perdu le sens de la vue. Cependant la mort, en s'approchant d'elle, s'était dépouillée de la moitié de ses horreurs, comme par compassion pour une créature qui n'avait reçu en partage que la moitié des facultés mentales. Elle était pâle comme un cadavre; mais sa voix, quoique basse, était claire et distincte, et sa respiration n'avait rien de pénible. Néanmoins, quand sa sœur lui fit cette question, une rougeur presque imperceptible se répandit sur ses joues décolorées. Judith fut la seule qui remarqua cette douce expression de la sensibilité d'une femme, même à l'article de la mort, et elle en comprit aisément la cause.

Approchant sa bouche de l'oreille de sa sœur assez près pour n'être entendue que par elle, Judith lui dit : — Hurry est dans cette chambre, ma chère Hetty; le ferai-je approcher pour recevoir vos souhaits pour lui?

Un léger serrement de main lui répondit affirmativement. Judith alla chercher Hurry et l'amena près du lit de sa sœur. Il est probable que jamais cet habitant grossier des frontières ne s'était trouvé dans une situation qui le fît paraître si gauche, quoique le penchant que Hetty avait conçu pour lui fût d'une nature trop pure et trop céleste pour qu'il eût jamais pu en avoir le moindre soupçon. Il laissa Judith placer ses mains dans celles de la mourante, et attendit le résultat en silence.

— Voici Hurry, chère sœur, dit Judith penchée sur sa sœur, osant à peine parler assez haut pour s'entendre elle-même ; parlez-lui, et laissez-le se retirer.

— Que lui dirai-je, Judith ?

— Tout ce que la pureté de votre cœur vous portera à lui dire, Hetty ; fiez-vous-y, et vous n'avez rien à craindre.

— Adieu, Hurry ! murmura Hetty en lui serrant doucement la main. — Je voudrais que vous fissiez tous vos efforts pour ressembler davantage à Deerslayer.

— Elle prononça ces mots avec difficulté ; une rougeur encore plus faible que la première parut sur son visage ; elle laissa aller la main de Hurry, et tourna la tête de l'autre côté comme si elle n'eût plus rien de commun avec le monde. Le sentiment mystérieux qui l'avait attachée à ce jeune homme, sentiment qui lui était presque inconnu à elle-même, et qu'elle n'aurait jamais conçu si elle avait eu l'usage complet de sa raison, disparut pour toujours, perdu dans des pensées d'un caractère plus élevé, mais à peine plus pur.

— A qui pensez-vous, chère sœur ? lui demanda Judith à voix basse ; désirez-vous quelque chose ?

— Je vois ma mère ; — je la vois dans le lac, — entourée d'une foule d'êtres brillants. — Mais pourquoi n'y vois-je pas mon père ? — cela est bien étrange ! je vois ma mère ; et vous, je ne puis vous voir. — Adieu, Judith !

Elle ne prononça ces derniers mots que quelques minutes après les autres, et Judith resta encore quelque temps courbée sur sa sœur, avant de s'apercevoir que son esprit s'était envolé. Ainsi mourut Hetty, un de ces liens mystérieux entre le monde matériel et immatériel, qui, tout en paraissant privés d'une partie de ce qui semble nécessaire à notre état d'existence sur la terre, offrent un si beau modèle de la pureté de celui qui doit le suivre.

CHAPITRE XXXII.

> La fille d'un baron être trompée ! ce serait un crime. Etre compagne d'un proscrit ! à Dieu ne plaise ! Il vaut mieux que le pauvre écuyer vive seul dans la forêt plutôt que vous n'ayez à dire quelque jour que je vous ai indignement trompée. Ainsi donc, ma bonne fille, ce que j'ai de mieux à faire, c'est d'aller dans la forêt et d'y vivre en solitaire, en banni.
> *Notbrowne Mayde.*

Cette journée se passa dans la tristesse, quoique dans l'activité. Les soldats qui avaient été employés à enterrer leurs victimes, furent ensuite chargés de donner la sépulture à leurs propres morts; et la scène de la matinée laissa une impression profonde de mélancolie sur l'esprit de tous ceux qui n'avaient pas à s'occuper de ce devoir. Les heures se succédèrent ainsi jusqu'à ce que le soir arrivât, et alors on rendit aussi les derniers devoirs à la pauvre Hetty. Son corps fut placé dans le lac à côté de celui de la mère qu'elle avait tant aimée et respectée. Le chirurgien, tout esprit fort qu'il était, remplit le devoir prescrit par les convenances et l'usage, en lisant sur sa tombe le service funèbre, comme il l'avait fait sur la sépulture de trois soldats qui avaient perdu la vie. Les larmes de Judith et de Hist coulèrent librement, et les yeux de Deerslayer parurent humides quand il les fixa sur l'eau limpide qui couvrait le corps d'un être dont le cœur était plus pur que les sources qui sortaient des montagnes; Chingachgook lui-même se détourna pour ne pas laisser apercevoir une émotion qui lui semblait une faiblesse, et les militaires qui accompagnaient le corps sur l'arche assistèrent à la cérémonie d'un air grave et compatissant.

Cette cérémonie termina la besogne de cette journée. L'officier commandant donna ordre que chacun se retirât de bonne heure, car il avait dessein de se remettre en marche pour retourner à sa garnison, le lendemain au lever du soleil. Immédiatement après les obsèques de Hetty, il avait fait partir un détachement conduisant les blessés et les prisonniers, qui devaient regagner le fort à petites journées, sous la conduite de Hurry. L'arche les débarqua à l'endroit où l'on a vu Hurry March et Deerslayer arriver au commencement de cette histoire, et ils étaient déjà campés sur le haut de la longue chaîne de montagnes qui va en descendant jusqu'à la vallée du Mohawk, quand le soleil se coucha. Le départ de ce détachement simplifia beaucoup les opérations du lendemain, le corps principal n'étant encombré ni de bagages, ni de blessés, ni de prisonniers, et se trouvant par conséquent plus libre dans ses mouvements.

Judith n'eut de communication avec aucune autre personne que Hist, après la mort de sa sœur, jusqu'à l'instant où elle se retira pour la nuit. On avait respecté sa douleur, et on les avait laissées seules près du corps de la défunte jusqu'au dernier moment. Les tambours interrompirent le silence qui régnait sur le lac, et en éveillèrent les échos si peu de temps après la cérémonie funèbre, en battant la retraite, qu'elles n'avaient plus à craindre qu'on vînt les troubler. L'astre qui avait présidé au rendez-vous donné par Hist à Chingachgook se leva sur une scène aussi silencieuse que si le repos de la nature n'y eût jamais été troublé par les passions des hommes. Une sentinelle fut de garde toute la nuit sur la plate-forme, et, dès le premier rayon de l'aurore, le tambour battit le réveil.

La précision militaire avait alors succédé aux mouvements précipités et irréguliers des habitants des frontières, et après avoir fait à la hâte un déjeuner frugal, la troupe s'avança vers le rivage avec un ordre et une régularité qui ne permettaient ni bruit ni confusion. De tous les officiers, il ne restait que Warley. Croig commandait le détachement qui était parti la veille; Thornton était avec les blessés, et, comme de raison, Graham accompagnait ses patients. La caisse de Hutter et tout ce qu'il y avait de passable dans son mobilier avaient été emportés avec les bagages de la troupe, et il n'en restait que ce qui ne valait pas la peine d'être emporté. Judith ne fut pas fâchée de voir que le capitaine respectait son chagrin, et que, s'occupant entièrement de ses devoirs comme commandant, il la laissait complétement livrée à ses réflexions. Tout le monde savait que le château allait être tout à fait abandonné; mais personne ne songeait à demander ou à donner des explications à ce sujet.

Les soldats s'embarquèrent sur l'arche, ayant leur capitaine à leur tête. Warley avait demandé à Judith de quelle manière elle voulait partir, et ayant reçu pour réponse qu'elle désirait rester au château avec Hist jusqu'au dernier moment, il ne voulut pas risquer de l'offenser par des offres de service ou par des avis. Il n'y avait qu'un seul chemin sûr pour arriver sur les bords du Mohawk, et il ne doutait pas qu'ils ne se rencontrassent et qu'il ne pût renouer connaissance avec elle.

Quand toute la troupe fut à bord de l'arche, on mit du monde aux avirons, et le scow s'avança pesamment vers l'endroit dont il a été si souvent parlé. Deerslayer et Chingachgook tirèrent alors de l'eau deux pirogues et les placèrent dans le château. Ils en barricadèrent ensuite les portes et les fenêtres, et en sortirent par la trappe de la manière qui a déjà été décrite. En quittant les palissades sur une autre pirogue, ils trouvèrent Hist sur la dernière; le Delaware alla sur-le-champ l'y joindre, et prenant les rames il commença à s'éloigner, laissant Judith sur la plate-forme. Trop simple pour concevoir aucun soupçon, Deerslayer y fit aborder sa pirogue, y fit descendre Judith, dont les yeux étaient encore humides; et dès qu'elle y fut, il rama en se dirigeant du même côté que son ami.

Pour arriver au point de débarquement général, il fallait passer en ligne diagonale à très-peu de distance du banc sur lequel avaient été déposés les restes de Thomas Hutter, de sa femme et de Hetty. Lorsque la pirogue en approcha, Judith, pour la première fois, adressa la parole à son compagnon pour lui demander de s'y arrêter une minute ou deux.

— Je ne reverrai peut-être jamais cet endroit, Deerslayer, lui dit-elle, et là se trouvent les corps de ma mère et de ma sœur. Ne croyez-vous pas que l'innocence d'un de ces deux êtres puisse obtenir de Dieu le salut des deux?

— Je ne suis pas missionnaire, Judith, et je n'ai été instruit que bien pauvrement; mais je ne l'entends pas ainsi. Chaque esprit est responsable de ses fautes, quoique la clémence de Dieu puisse pardonner à un repentir sincère.

— En ce cas, ma pauvre mère doit être dans le ciel, car elle s'est amèrement, bien amèrement repentie; et sûrement ses souffrances dans ce monde peuvent l'exempter de souffrir encore dans l'autre.

— Tout cela est au-dessus de moi, Judith; je tâche de faire le bien en cette vie, comme étant le plus sûr moyen de me trouver bien dans l'autre. Hetty était une jeune fille comme on en voit peu, comme tous ceux qui l'ont connue doivent en convenir, et son âme, du moment qu'elle a quitté son corps, était aussi digne de faire société avec les anges que celle d'aucun saint qui soit dans la Bible.

— Je crois que vous ne faites que lui rendre justice. Hélas! hélas! faut-il qu'il y ait tant de différence entre deux êtres qui ont été nourris par le même sein, qui ont demeuré sous le même toit et couché dans le même lit! Mais n'importe. — Placez la pirogue un peu plus à l'est, Deerslayer, le soleil m'éblouit, et je ne puis voir jusqu'au fond de l'eau. Hetty a été placée à la droite de ma mère.

— Certainement. Vous me l'aviez déjà demandé, et chacun est charmé de faire ce que vous désirez, Judith, quand vous faites ce qui est juste.

Judith le regarda quelques instants avec une attention silencieuse, et jeta ensuite un coup d'œil en arrière vers le château.

— Ce lac va bientôt se trouver entièrement abandonné, dit-elle, et cela dans un moment où l'on y serait plus en sûreté que jamais. Ce qui vient de s'y passer empêchera les Iroquois de se hasarder à s'en approcher d'ici à longtemps.

— Oui, je crois qu'on peut y compter. Quant à moi, je n'ai pas dessein de revenir de ce côté, tant que cette guerre durera; car, à mon avis, nul moccasin huron ne laissera son empreinte sur les feuilles de cette forêt, jusqu'à ce que leurs traditions aient oublié de rappeler à leurs jeunes gens la déroute qu'ils y ont essuyée.

— Aimez-vous donc tellement les actes de violence et l'effusion du sang? je pensais mieux de vous, Deerslayer. Je vous croyais capable de trouver votre bonheur dans une maison tranquille avec une femme que vous aimeriez et qui vous aimerait, prête à étudier tous vos désirs, et entouré d'enfants bien portants et soumis, disposés à suivre vos pas dans le sentir de la droiture et de l'honnêteté.

— Quelle langue et quels yeux vous avez, Judith! Sur ma foi, vos discours et vos regards se donnent la main. Ce que les uns ne peuvent faire, les autres sont à peu près sûrs d'en venir à bout. En un mois de temps, une fille comme vous suffirait pour gâter le meilleur guerrier de toute la colonie.

— Me suis-je donc tellement trompée, Deerslayer? est-il bien vrai que vous préfériez la guerre aux affections domestiques?

— Je comprends ce que vous voulez dire, Judith; oui, je crois le comprendre; mais je ne pense pas que vous me compreniez tout à fait. Je suppose que je puis me dire un guerrier à présent, car j'ai combattu et j'ai été vainqueur, ce qui suffit pour mériter ce nom chez les Delawares. Je ne nierai pas que j'aie quelque penchant pour ce métier qui est honorable et qui convient à l'homme, mais je n'aime nullement l'effusion du sang. Cependant quand on est jeune, on est jeune, et un Mingo est un Mingo. Si les jeunes gens de cette contrée restaient tranquilles chez eux et souffraient que ces vagabonds parcourussent tout le pays, autant vaudrait nous faire Français tout d'un coup. Je ne suis pas un mangeur de fer, Judith, ni un homme qui se bat pour le plaisir de se battre; mais je ne vois pas grande différence entre abandonner un territoire avant la guerre, par crainte d'une guerre, et le céder après une guerre, à moins que ce ne soit le parti le plus honorable.

— Nulle femme ne voudrait jamais voir son mari ou son frère se soumettre tranquillement aux insultes et aux injustices, Deerslayer, quoiqu'elle pût déplorer la nécessité de le voir s'exposer aux dangers de la guerre. Mais vous avez déjà fait assez en chassant les Hurons de ces environs, car c'est principalement à vous qu'est dû l'honneur de cette victoire. Maintenant, écoutez-moi avec patience, et répondez-moi avec cette franchise qu'il est aussi agréable de trouver dans votre sexe, qu'il est rare de l'y rencontrer.

Judith resta alors quelques instants en silence; car, à présent qu'elle était sur le point de s'expliquer, sa modestie naturelle reprenait tout son pouvoir, malgré l'encouragement et la confiance qu'elle puisait dans le caractère simple et franc de son compagnon. Ses joues, un instant auparavant si pâles, se recouvrirent de rougeur, et ses yeux reprirent quelque chose de leur ancien éclat. Le sentiment qu'elle éprouvait donna de l'expression à ses traits et de la douceur à sa voix, et rendit plus séduisante sa beauté naturelle.

— Deerslayer, dit-elle enfin, ce n'est pas le moment de montrer de l'affectation, d'user de subterfuges ou de manquer de franchise. Ici, sur la tombe de ma mère, sur celle de ma sœur, de cette Hetty qui aimait tellement la vérité et qui la disait toujours, tout ce qui ressemblerait à de la dissimulation serait déplacé. Je vous parlerai donc sans aucune réserve, et sans crainte d'être mal comprise. Il n'y a pas huit jours que je vous connais; mais il me semble que nous nous connaissons depuis des années. Tant d'événements, et d'événements si importants, ont eu lieu pendant ce court espace de temps, que les chagrins et les dangers d'une vie entière semblent s'être accumulés dans quelques jours, et ceux qui ont souffert ensemble et agi de concert ne doivent pas se regarder comme étrangers. Je sais que bien des gens pourraient mal interpréter ce que je vais vous dire; mais j'espère que vous jugerez plus généreusement ma conduite envers vous. Nous ne sommes pas ici au milieu des piéges et des artifices des établissements, et nous n'avons pas besoin de chercher à nous tromper l'un l'autre. J'espère que je me fais comprendre.

— Certainement, Judith; peu de personnes conversent aussi bien et aussi agréablement que vous, et l'on a autant de plaisir à vous entendre qu'à vous voir.

— Vous me l'avez déjà dit, et c'est ce qui me donne le courage de continuer. Cependant, Deerslayer, il n'est pas facile à une fille de mon âge d'oublier toutes les leçons qu'elle a reçues dans son enfance, toutes ses habitudes, toute sa méfiance d'elle-même, et de dire ouvertement tout ce que son cœur lui inspire.

— Pourquoi cela, Judith? Pourquoi les femmes, aussi bien que les hommes, n'agiraient-elles pas franchement et loyalement à l'égard de leurs semblables? Je ne vois pas pourquoi vous ne parleriez pas aussi clairement que moi quand vous avez à dire quelque chose de réellement important.

L'humble opinion que le jeune chasseur avait de lui-même, et qui l'empêchait encore de soupçonner la vérité, aurait découragé Judith, si elle n'eût été bien résolue, de tout son cœur et de toute son âme, à faire un effort désespéré pour se soustraire à un avenir qu'elle n'envisageait qu'avec effroi. Mais ce motif l'éleva au-dessus de toutes les considérations ordinaires, et elle fut presque surprise, pour ne pas dire confuse, de se sentir le courage de persister dans sa détermination.

— Je veux, — je dois vous parler aussi franchement que je pourrais parler à la pauvre Hetty, si cette chère sœur vivait encore, répondit Judith en pâlissant au lieu de rougir, la résolution dont elle était armée faisant sur elle un effet contraire à celui qu'elle produit ordinairement sur toute femme en pareille occasion; oui, je n'obéirai qu'au sentiment qui a pris dans mon cœur l'ascendant sur tous les autres. — Vous aimez les forêts, et vous préférez à tout autre le genre de vie que nous menons ici, loin des villes et des demeures des blancs?

— J'aime les forêts comme j'aimais mes parents lorsqu'ils vivaient, Judith. L'endroit où nous sommes serait pour moi toute la création, si cette guerre était une fois terminée, et que les colons voulussent bien en rester à quelque distance.

— Pourquoi donc le quitter? — Il n'appartient à personne, — personne du moins n'y a de meilleurs droits que moi; et ces droits, je consens à les partager avec vous. Si c'était un royaume, Deerslayer, je dirais la même chose avec autant de plaisir. Retournons donc au château, dès que nous aurons paru au fort devant le prêtre, et ne le quittons plus avant que nous soyons appelés dans ce monde où nous trouverons les esprits de ma mère et de ma sœur.

Un assez long intervalle de silence s'ensuivit, Judith s'étant couvert le visage des deux mains après l'effort qu'elle avait fait sur elle-même pour offrir si clairement sa main au jeune chasseur, et Deerslayer réfléchissant avec surprise et chagrin à la proposition qu'il venait d'entendre. Ce fut lui qui rompit enfin le silence, et il donna à sa voix un accent de douceur plus qu'ordinaire, de crainte d'offenser Judith.

—Vous n'y avez pas assez réfléchi, Judith. Votre cœur a été trop vivement affecté par tout ce qui vient de se passer; et, vous imaginant que vous êtes sans parents dans le monde, vous vous pressez trop de chercher quelqu'un pour remplacer ceux que vous avez perdus.

— Si je vivais au milieu d'une foule d'amis, Deerslayer, je penserais comme je le fais, et je tiendrais le même langage, répondit Judith sans se découvrir le visage.

— Je vous en remercie, Judith; je vous en remercie du fond du cœur; mais je ne suis pas homme à vouloir profiter d'un moment de faiblesse, quand vous oubliez tous les avantages que vous avez sur moi, et que vous vous figurez que la terre et tout ce qu'elle contient se trouvent dans cette petite pirogue. Non, non, Judith, ce serait manquer de générosité, et je ne puis accepter une telle proposition.

—Vous le pouvez! s'écria Judith avec impétuosité, et sans songer davantage à se dérober à ses yeux; vous le pouvez, et sans laisser à aucun de nous le moindre sujet de repentir. Nous pouvons dire aux soldats de laisser sur la route tout ce qui nous appartient, et nous trouverons le moyen de le remporter au château à notre retour, car le lac ne verra plus les ennemis, du moins pendant cette guerre. Il vous sera aisé de vendre vos peaux au fort et d'y acheter le peu de choses qui pourront nous être nécessaires; car pour moi, une fois que nous en serons partis, je désire n'y retourner de ma vie. Et pour vous prouver, Deerslayer, ajouta-t-elle avec un sourire si attrayant, que le jeune chasseur trouva difficile d'y résister, pour vous prouver que je ne désire rien au monde que de vous appartenir et d'être votre femme, le premier feu que nous ferons au château, quand nous y serons de retour, sera allumé avec la robe de brocart, et alimenté par tout ce que vous jugerez peu convenable à une femme destinée à vivre avec vous.

— Hélas! vous êtes une créature bien aimable et bien séduisante, Judith, et personne ne le niera, s'il veut dire la vérité. Ces tableaux sont toujours agréables à l'imagination, mais ils peuvent ne pas se réaliser aussi heureusement que vous le pensez. — Oubliez donc tout cela, Judith; reprenons nos rames pour rejoindre le Serpent et Hist, et n'y songeons pas plus que si rien n'eût été dit sur ce sujet.

Judith se sentit cruellement mortifiée, et, qui plus est, profondément affligée. Mais il y avait dans les manières de Deerslayer une fermeté tranquille qui ne lui laissa aucun espoir, et qui lui annonça que, pour cette fois, sa beauté tant admirée n'avait pas produit l'effet qu'elle en attendait. On dit que les femmes pardonnent bien rarement à ceux qui méprisent leurs avances ; mais, toute fière et impétueuse qu'elle fût, Judith ne conçut pas une ombre de ressentiment contre le jeune chasseur franc et ingénu. La seule idée qui l'occupait en ce moment était de bien s'assurer qu'il n'existait entre eux aucun malentendu. Après un autre intervalle de silence pénible, elle résolut de décider l'affaire par une question trop directe pour que la réponse pût être équivoque.

— A Dieu ne plaise que nous nous préparions des regrets pour l'avenir, faute de sincérité en ce moment! dit-elle. — Je crois vous avoir bien compris. — Vous ne voulez pas m'accepter pour femme, Deerslayer?

— Il vaut mieux pour l'un et pour l'autre que je ne prenne pas avantage de votre offre, Judith. Nous ne pouvons jamais nous marier.

— Vous ne m'aimez donc point? — Peut-être même ne pouvez-vous trouver d'estime pour moi au fond de votre cœur?

— J'y trouve toute l'amitié d'un frère, Judith ; je vous rendrais tous les services possibles, même au risque de ma vie. — Oui, je m'exposerais volontiers pour vous aux mêmes dangers que pour Hist, et c'est autant que je puisse dire pour quelque femme que ce soit. Mais je n'éprouve ni pour l'une ni pour l'autre, — faites-y attention, Judith, je dis *ni pour l'une ni pour l'autre*, — un sentiment qui serait assez fort pour me porter à quitter mon père et ma mère, s'ils vivaient encore. Ils ne vivent plus ; mais s'ils vivaient, je ne connais pas la femme pour qui je voudrais les quitter.

— Cela suffit, répondit Judith d'une voix presque étouffée. — Je comprends ce que vous voulez dire. Vous ne pouvez vous marier sans amour, et cet amour vous ne l'éprouvez pas pour moi. — Ne me répondez pas si j'ai raison ; je comprendrai votre silence, et cela sera assez pénible en soi-même.

Deerslayer lui obéit ; il ne fit aucune réponse. Pendant plus d'une minute, Judith eut les yeux fixés sur lui, comme si elle eût voulu lire au fond de son âme, tandis qu'il était assis sur l'arrière, sa rame jouant avec l'eau, et les yeux baissés comme un écolier qui a été grondé. Judith, sans dire un mot de plus, prit sa rame et mit la pirogue en mouvement. Deerslayer alors seconda ses efforts, et ils furent bientôt sur la ligne que les Delawares avaient suivie, et dont l'eau ne conservait aucune trace.

Pendant le reste de la route qu'ils avaient à faire, pas un mot ne fut échangé entre le jeune chasseur et sa belle compagne. Comme Judith était assise sur l'avant de la pirogue, elle avait nécessairement le dos tourné vers Deerslayer, sans quoi il est probable que l'expression des traits de la jeune fille l'aurait porté à se hasarder à lui adresser quelques mots d'amitié; car, contre tout ce qu'on aurait pu supposer, le ressentiment n'était pas entré dans le cœur de Judith, quoique ses joues fussent empreintes, tantôt de la rougeur de la mortification, tantôt de la pâleur du chagrin. Ce dernier sentiment était pourtant celui qui avait l'ascendant, et il était visible à ne pouvoir s'y méprendre.

Comme ils s'étaient arrêtés, et qu'ils n'avaient pas fait ensuite de grands efforts en ramant, l'arche était arrivée, et les soldats avaient débarqué quand la pirogue toucha au rivage. Chingachgook était à quelque distance avant eux; mais il s'était arrêté avec Hist pour attendre Deerslayer dans un endroit d'où il fallait suivre deux routes différentes pour aller, d'un côté sur les bords du Mohawk, et de l'autre dans les villages des Delawares. Les soldats avaient pris le premier chemin, après avoir repoussé l'arche dans le lac, sans s'inquiéter de ce qu'elle deviendrait. Judith vit tout cela, mais sans y faire attention : le Glimmerglass n'avait plus de charmes pour elle. Dès qu'elle eut mis le pied sur le sable, elle marcha rapidement en avant sans jeter un seul coup d'œil en arrière, et elle passa même près de Hist sans faire attention à elle, — peut-être sans la voir; et la jeune Indienne timide n'osa pas essayer d'attirer sur elle les regards de la belle blanche.

— Attendez-moi ici, Serpent, dit Deerslayer, qui suivait les pas de Judith, quand il arriva près de Chingachgook; je vais conduire Judith jusqu'au détachement, et je viendrai vous rejoindre.

Quand ils furent à une centaine de toises des deux Delawares, et à peu près à la même distance du détachement, Judith se retourna.

— Cela suffit, Deerslayer, dit-elle d'un ton mélancolique; je suis sensible à votre attention, mais elle est inutile; dans quelques minutes, j'aurai rejoint le détachement. Comme vous ne pouvez faire avec moi le voyage de la vie, je ne désire pas que vous continuiez plus longtemps celui-ci avec moi. — Mais un instant; avant de nous séparer, je voudrais vous faire une seule question, et je vous conjure, au nom de votre amour pour la vérité, au nom de la crainte que vous devez avoir de Dieu, ne me trompez point par votre réponse. — Je sais que vous n'aimez aucune autre femme, et je ne vois qu'une raison qui vous empêche de pouvoir, — de vouloir m'aimer. Dites-moi donc, Deerslayer ; — ici elle s'arrêta ; les mots qu'elle allait prononcer semblaient l'étouffer ; cependant, ralliant tout son courage, tandis que ses joues, changeant de couleur à chaque instant, passèrent rapidement de la rougeur la plus vive à la pâleur de la mort : — dites-moi si Henri March ne vous a rien dit qui ait pu avoir de l'influence sur vos sentiments ?

La vérité était l'étoile polaire de Deerslayer ; il l'avait toujours en vue, et il lui était presque impossible d'éviter de la dire, même quand la prudence exigeait le silence. Judith lut sa réponse dans ses traits, et, le cœur presque brisé par le sentiment intime qui lui disait qu'elle la méritait, elle lui fit à la hâte un signe d'adieu, et s'enfonça dans la forêt en courant. Pendant quelques instants, Deerslayer resta indécis sur ce qu'il devait faire ; mais enfin il retourna sur ses pas, et alla rejoindre les deux Delawares. Ils campèrent tous trois cette nuit sur les bords de la rivière qui porte le même nom, et le lendemain soir ils arrivèrent dans un des villages de la tribu, Chingachgook et Hist en triomphe, leur compagnon comme un guerrier admiré et honoré, mais accablé d'un chagrin qu'il fallut plusieurs mois d'activité pour dissiper.

La guerre qui venait de commencer fut active et sanglante. Chingachgook se distingua par ses exploits, au point que son nom n'était jamais prononcé sans éloges ; et un an après, un autre Uncas, le dernier de sa race, fut ajouté à la longue ligne de guerriers qui avaient illustré ce nom dans la tribu des Mohicans. Quant à Deerslayer, il se fit une grande réputation sous le nom de Hawkeye, ou Œil-de-Faucon, comme on l'appelait dans le Canada, et le son de sa carabine devint aussi redoutable aux oreilles des Mingos que la foudre du Manitou. Ses services furent bientôt mis en réquisition par les officiers de l'armée, et il s'attacha particulièrement à l'un d'eux, avec qui il eut des rapports constants pendant presque toute sa vie.

Quinze ans se passèrent avant que Deerslayer eût l'occasion de revoir le lac de Glimmerglass. Après plusieurs années de paix, on était à la veille d'une nouvelle guerre encore plus importante que la précédente, et il marchait vers les forts du Mohawk avec son constant ami Chingachgook pour se joindre aux Anglais. Un jeune homme de quatorze ans les accompagnait, car Hist sommeillait déjà sous les pins des Delawares, et ce trio était devenu inséparable. Ils arrivèrent sur les bords du lac comme le soleil se couchait. Rien n'y était changé. Le Susquehannah en sortait toujours entre des rives élevées et sous un dôme de feuillage ; le petit rocher était rongé peu à peu par l'action des eaux ; mais il aurait fallu le revoir au bout d'un siècle pour en remarquer le décroissement. Les montagnes avaient leur parure ordinaire, riche et mystérieuse, et la nappe d'eau, brillant dans la solitude, semblait une perle entourée d'émeraudes.

Le lendemain, le jeune homme trouva une des pirogues sur le rivage, assez délabrée, mais qu'un peu de travail remit en état de service. Ils s'y embarquèrent tous trois, et Chingachgook fit voir à son fils l'endroit où avait été placé le premier camp des Hurons, d'où il avait réussi à enlever Hist. Ils débarquèrent ensuite sur la pointe qui avait été le champ de bataille, et ils y virent quelques-uns des signes qui font reconnaître des localités semblables. Des animaux féroces avaient déterré plusieurs corps, et des ossements humains étaient épars çà et là sur la terre. Le jeune Uncas regarda ce spectacle avec un œil de pitié, quoique les traditions eussent déjà fait naître en son cœur l'ambition d'être un guerrier.

De cette pointe, la pirogue se dirigea vers le bas-fond sur lequel on voyait encore les restes du château, qui formaient une sorte de ruine pittoresque. Les tempêtes des hivers en avaient renversé la couverture, et la pourriture avait attaqué les troncs d'arbres qui en formaient les murailles. On n'avait touché à aucune des fermetures ; mais les saisons disposaient à leur gré de tout l'intérieur ; les palissades et les pilotis menaçaient ruine, et il était évident qu'après le retour de quelques hivers et de quelques tempêtes, le premier ouragan jetterait tous les restes de l'édifice dans le lac, et le ferait disparaître à jamais de cette magnifique solitude. Ils ne purent retrouver le banc sur lequel avaient été enterrés Hutter, sa femme et Hetty : ou les éléments en avaient dispersé les sables, ou ceux qui le cherchaient en avaient oublié la position.

L'arche fut découverte échouée sur la rive orientale, où elle avait dû être poussée longtemps auparavant par les vents du nord-ouest, qui sont les plus fréquents sur ce lac. Elle était à l'extrémité sablonneuse d'une longue pointe basse, située à environ deux milles du Susquehannah. Le scow était plein d'eau, la carie en attaquait les bois, et la cabine n'avait plus de toit. Quelques meubles massifs y restaient encore ; et le cœur de Deerslayer battit quand il trouva dans le tiroir d'une table un ruban ayant appartenu à Judith. Cette vue lui rappela la beauté et les faibles de cette jeune fille. Il n'avait jamais eu d'amour pour elle, mais il prenait encore à elle un tendre intérêt. Il prit ce ruban, et l'attacha à la crosse de Killdeer, présent qu'elle lui avait fait.

A quelques milles plus haut sur le lac, on trouva une autre pirogue, et les deux sur lesquelles ils avaient quitté le lac quinze ans auparavant étaient encore sur la pointe où ils les avaient laissées en partant. Celle sur laquelle ils étaient, et celle qu'ils avaient vue sur la rive orientale, étaient les mêmes qui avaient été tirées hors de l'eau et placées dans le château. Le plancher, en s'écroulant, les avait fait tomber dans le bassin en dessous du bâtiment, la dérive les avait entraînées par une brèche faite par le temps aux palissades, et enfin le vent les avait jetées à la côte comme des épaves.

D'après tous ces signes, il était probable que le pied de l'homme n'avait pas marché depuis quinze ans sur les bords de ce lac. Le hasard ou la tradition en avait fait de nouveau un lieu consacré à la nature, les guerres fréquentes et le peu de population des colonies renfermant encore les établissements dans des bornes étroites. Chingachgook et son ami s'en éloignèrent avec des idées mélancoliques. C'était la scène de ce qu'ils appelaient—leur premier sentier de guerre,—et cette pensée leur rappelait des heures de tendresse, de dangers et de triomphe. Ils se remirent en route vers le Mohawk en silence, pour aller chercher de nouvelles aventures, aussi périlleuses et aussi remarquables que celles qui avaient accompagné le commencement de leur carrière sur les bords de ce beau lac. A une époque plus éloignée, ils revinrent au même endroit, et l'Indien y trouva son tombeau.

Le temps et les circonstances ont jeté un mystère impénétrable sur tout ce qui concerne Hutter et sa femme. Ils ont vécu, ils ont commis des fautes, ils sont morts et ils ont été oubliés. Personne n'a pris à eux assez d'intérêt pour chercher à soulever le voile qui les couvre, et la fin d'un siècle va même effacer le souvenir de leur nom. L'histoire des crimes a toujours quelque chose de révoltant, et il est heureux que peu de gens aiment à la lire. Les fautes de cette famille sont évoquées devant le tribunal de Dieu, et elles sont enregistrées pour être rendues publiques quand le jour du grand jugement sera arrivé.

Le destin de Judith n'est pas moins mystérieux. Quand Hawkeye, — car c'est ainsi que nous devons à présent appeler notre héros, — arriva dans les forts sur le Mohawk, il chercha à découvrir ce qu'elle était devenue, mais il ne put y réussir. Personne ne la connaissait, personne ne se rappelait même son nom. D'autres officiers avaient remplacé à plusieurs reprises les Warley, les Croig, les Thornton et les Graham qu'on a vus figurer dans nos dernières pages. Cependant un vieux sergent de la garnison, récemment arrivé d'Angleterre, dit à notre héros que sir Thomas Warley, retiré du service, vivait alors dans un domaine qu'il possédait dans le comté d'York, et qu'il avait chez lui une dame d'une beauté rare, qui avait sur lui beaucoup d'influence, mais qui ne portait pas son nom. Etait-ce Judith, retombée dans ses anciennes erreurs, ou quelque autre victime des passions de cet homme, c'est ce que Hawkeye ne sut jamais, et il ne serait ni agréable ni utile de chercher à s'en assurer. Nous vivons dans un monde de fautes et d'égoïsme, et aucun tableau qui le représente autrement ne peut être fidèle. Heureusement pour la nature humaine, quelques rayons émanés de cet esprit pur à la ressemblance duquel l'homme a été fait se montrent encore pour offrir un contraste avec sa difformité, et pour atténuer ses vices, sinon pour les faire excuser.

FIN DE DEERSLAYER.

www.ingramcontent.com/pod-product-compliance
Lightning Source LLC
Chambersburg PA
CBHW071723230426
43670CB00008B/1104